Cougn...

Harry Bridges 357
WPA
Mers el Kebir

FRANKLIN D. ROOSEVELT

Les Américains : naissance et essor des Etats-Unis, 1607-1945, vol. 1, Paris, Seuil, Points Histoire, 1986.

Etats-Unis 68, l'année des contestations, Bruxelles, Complexe, La mémoire du siècle n° 52, 1988.

La Guerre de Sécession : les Etats désunis, Paris, Gallimard, Histoire n° 157, 1992.

La Deuxième Guerre mondiale : chronologie commentée, Bruxelles, Complexe, Bibliothèque Complexe, 1995.

Les Juifs pendant l'Occupation, Paris, Seuil, Points Histoire, 1997.

Les Américains : les Etats-Unis de 1607 à nos jours, Paris, Seuil, Points Histoire, 2002.

La libération de la France : juin 1944-janvier 1946 (en collab.), Paris, Perrin, tempus n° 80, 2004.

Les Américains : les Etats-Unis de 1945 à nos jours, vol. 2, Paris, Seuil, Points Histoire, 2008.

Comprendre les Etats-Unis d'aujourd'hui, Paris, Perrin, tempus n° 204, 2008 et 2009.

Les Juifs américains, Paris, Seuil, Points Histoire n° 218, 2009.

Chronologie commentée de la Seconde Guerre mondiale, Paris, Perrin, tempus n° 326, 2010.

Saint-Maur-des-Fossés : quand la banlieue peut avoir une âme, avec Joëlle Conan, Paris, Gallimard, Découvertes n° 562, 2010.

Pour en savoir plus
sur les Éditions Perrin
(catalogue, auteurs, titres,
extraits, salons, actualité…),
vous pouvez consulter notre site internet :
www.editions-perrin.fr

collection tempus

André KASPI

FRANKLIN D. ROOSEVELT

PERRIN
www.editions-perrin.fr

Secrétaire générale de la collection :
Marguerite de Marcillac

tempus est une collection des éditions Perrin.

CHAPITRE PREMIER

Le couronnement
4 mars 1933

A Washington, le 4 mars 1933, l'hiver livre sa dernière bataille. La veille, une pluie glacée, mêlée à de la neige, est tombée sur la ville. Les nuages diffusent une lumière grisâtre, et le soleil fait de temps à autre de timides apparitions. Un temps maussade, qui annonce la fin des grands froids, pas encore le début du printemps. C'est dans cette atmosphère que Washington se prépare à la fête qui a lieu tous les quatre ans, lorsque commence un nouveau mandat présidentiel. Le président qui entre en fonction se nomme Franklin Delano Roosevelt. Une figure légendaire dans notre mémoire, avec son fume-cigarette, ses lorgnons, un visage qu'éclaire un large sourire ou un éclat de rire, l'incarnation du dynamisme et de l'optimisme. Voilà l'image que nous avons gardée, celle d'un président triomphant. A moins que ne surgisse l'image de l'homme de 1945, le président de Yalta, épuisé par la maladie et douze années d'écrasantes responsabilités, guetté par la mort. Entre ces deux dates, la société américaine est bouleversée, le monde, frappé par la Seconde Guerre mondiale, et les Etats-Unis ont accédé à la superpuissance. Un étourdissant chambardement débute le 4 mars 1933.

Le rituel

L'entrée en fonction d'un président des Etats-Unis ressemble à un couronnement et suit, avec peu d'innovations, un immuable rituel. La scène se déroule à Washington, la capitale fédérale. Une ville encore provinciale, endormie, marquée par les influences du Sud. Quelle différence avec New York, Chicago ou Los Angeles, de vrais centres urbains qui débordent d'énergie ! Quel ennui, lorsqu'on la compare avec Boston qu'entourent ses prestigieuses universités et qui s'enorgueillit de son passé !

Et pourtant, Washington ne manque pas d'ambitions. Dans les dernières années du XVIIIe siècle, le major L'Enfant a dressé pour la future capitale de la République des plans grandioses, mais la réalisation a été lente. A peine le Capitole et la demeure du président ont-ils été construits, les Anglais les incendient en 1814. Un coup de badigeon sur l'une, qui devient la Maison Blanche ; de nouveaux bâtiments pour abriter le Sénat et la Chambre des représentants, que surmonte une statue de la Liberté de six mètres ; en 1884 un obélisque à la gloire de George Washington qu'il a fallu près de quarante ans pour terminer et les trois pointes du « triangle fédéral » sont érigées. C'est le siège du pouvoir politique. Au-delà, Union Station, la gare ferroviaire, bel exemple d'architecture fonctionnelle des débuts du XXe siècle, et la Bibliothèque du Congrès, construite de 1888 à 1897 sur le modèle d'un palais de la Renaissance italienne et de l'Opéra de Paris.

Au lendemain de la Grande Guerre, Washington embellit. Des bâtiments administratifs, dans lesquels s'installent les ministères, apparaissent le long de l'avenue de Pennsylvanie, entre la Maison Blanche et le Capitole, et le Lincoln Memorial donne d'imposantes perspectives à la ville. Le Mall, de vastes jardins qui relient le monument de George Washington aux bâtiments du Congrès, est complètement dégagé. Des travaux sont entrepris pour assainir Foggy Bottom et y transférer le département d'Etat. Il reste encore beaucoup à faire pour que Washington prenne l'aspect de la ville d'aujourd'hui. Il n'empêche que les progrès accomplis impressionnent et qu'avec son demi-million d'habitants, presque tous vivant de la fonction publique, le Washington de 1933 fait pâle figure auprès de Londres ou de Paris[1]. C'est que les Etats-Unis n'ambitionnent pas de tenir une place primordiale dans le monde et que le gouvernement fédéral empiète le moins possible sur les droits des Etats. Washington vivote, parce que la capitale reflète une époque et un système politique : les Etats-Unis d'hier.

La fête du 4 mars brise le train-train quotidien. Des dizaines de milliers de visiteurs sont attendus. Les dignitaires du Parti démocrate viendront célébrer l'entrée en fonction de l'héritier de Wilson. Des citoyens de New York partageront la gloire de leur gouverneur. Des touristes et des voisins du Maryland ou de Virginie assisteront aussi au spectacle. Sans oublier les Washingtoniens, un peu blasés et, malgré tout, friands de cérémonies officielles. On attend plusieurs centaines de milliers de personnes. Les invités se tiendront au pied du Capitole, à deux pas de la tribune sur laquelle les héros du jour prendront place. Les autres tâcheront, le long de l'avenue de Pennsylvanie, d'apercevoir les célébrités, en se tordant le cou, en montant sur les branches des arbres et, pour les plus jeunes, en se perchant sur les épaules de leurs parents.

La grande nouveauté, c'est l'omniprésence de la radio. Sans doute l'entrée en fonction de Hoover, en 1929, a-t-elle déjà été radiodiffusée. Cette fois-ci, les moyens techniques sont beaucoup plus importants. D'un bout à l'autre des Etats-Unis, cent soixante-dix-huit stations retransmettront les différents moments de la journée. L'Angleterre, l'Allemagne, la Suisse, la Hollande, l'Afrique du Sud, la Nouvelle-Zélande et l'Australie seront, elles aussi, reliées à Washington. Le réseau ABC aura dix-neuf micros disséminés sur le parcours, à la Maison Blanche, au Capitole, dans les hôtels où logent les personnalités, le long des principales artères. Les reporters intervieweront, micro en main. Des automobiles, des avions, des dirigeables serviront de relais[2]. Les Américains et bon nombre d'anglophones dans le monde éprouveront ainsi l'impression que subitement, pour quelques heures, Washington est devenu un lieu où il se passe quelque chose, peut-être même un grand centre de la vie internationale.

Les élections de 1932

L'événement, on n'en finit pas de l'attendre. Les élections présidentielles ont eu lieu le 8 novembre 1932. Les citoyens ont alors choisi les cinq cent trente et un grands électeurs qui composent le collège électoral. Franklin Roosevelt a remporté une victoire incontestable : quarante-deux des quarante-huit Etats lui ont accordé la majorité absolue de leurs suffrages. Aucun doute ne subsiste. Il succédera à Hoover. Mais la Constitution fixe la date de la passation des pouvoirs au 4 mars, soit quatre mois plus tard. Il fallait, en effet, beaucoup de temps à la fin du XVIIIe siècle, lors de la mise en place des institutions, pour collationner les résultats et les transmettre. Si depuis les moyens de communication ont été révolutionnés par le chemin de fer, le télégraphe et le téléphone, on a continué de penser qu'un nouveau président ne devait pas se hâter d'assumer le pouvoir : il faut qu'il forme son équipe, qu'il choisisse soigneusement les hommes qui entreront dans le Cabinet et ceux qui occuperont les plus hautes fonctions de l'administration. La force d'inertie s'est ajoutée à ces considérations.

Il y a pourtant de quoi s'inquiéter. Au moins une fois dans l'histoire des Etats-Unis, l'intervalle des quatre mois a engendré une situation catastrophique. C'était en 1860. Lincoln venait d'être élu à la présidence. Il allait prendre la place du président Buchanan, dont la politique la plus évidente consistait à ne rien décider. Le vent de la sécession soufflait sur les Etats du Sud. En février, naissait la Confédération ; la guerre éclatait en avril. Lincoln n'avait pas eu le temps de rassurer, d'apaiser les tensions et d'éviter le drame. Une leçon pour les politiques ? Pas vraiment, puisque le 20ᵉ amendement à la Constitution, proposé par le sénateur George Norris et adopté le 2 mars 1932 seulement, n'entrera en vigueur qu'un an plus tard. Trop tard pour qu'il affecte la transition de Hoover à Roosevelt. A compter de 1937, le président assumera ses fonctions dès le 20 janvier, et le Congrès siégera à partir du 3.

Pour le moment, le Sénat et la Chambre, élus en 1930, tiennent session jusqu'au 3 mars. Le nouveau Congrès doit attendre la session d'automne pour commencer ses travaux. C'est le règne de l'absurdité : pendant « la période des canards boiteux », Hoover exerce les fonctions présidentielles, alors qu'il vient d'essuyer une grave défaite. Malgré son triomphe, Roosevelt n'est investi d'aucune autorité. Des sénateurs et des représentants, dont 30 % viennent d'être battus ou n'ont pas sollicité le renouvellement de leur mandat, détiennent toujours le pouvoir législatif. L'interrègne revêt des allures grotesques. Raison de plus pour que l'impatience s'accroisse en ce début de mars 1933.

Roosevelt à Washington

Le rythme du scénario se précipite enfin[3]. Le jeudi
2 mars, Roosevelt arrive à Washington. Accompagné de
sa femme, de ses enfants, d'amis et de conseillers, poursuivi par une meute de journalistes, il sort d'Union Station par une porte dérobée pour échapper à la foule.
Dans l'une des automobiles que la Maison Blanche a
mises à sa disposition, il gagne immédiatement l'hôtel
du « Mayflower ». Les photographes ont tout juste eu le
temps de saisir son sourire, « le sourire d'un homme qui
va jouer un rôle, écrit le *New York Times*, un sourire
mêlé d'une pointe d'excitation, avec un peu de plaisir
nerveux ».

Le 3 mars, le futur président travaille avec son équipe.
Il confère notamment avec Cordell Hull, qui sera son
secrétaire d'Etat, et avec William Woodin, le nouveau
secrétaire au Trésor. Les Américains apprennent à
connaître les membres du Cabinet : outre Hull et Woodin, George Dern à la Guerre, Claude Swanson à la
Marine, Homer Cummings à la Justice, Harold Ickes à
l'Intérieur, Henry Wallace à l'Agriculture, Daniel Roper
au Commerce, James Farley aux Postes. Une nouveauté
les étonne, les ravit ou les irrite. Une femme siégera au
Cabinet. Frances Perkins, en effet, sera secrétaire au Travail. C'est une première dans l'histoire politique des
Etats-Unis. Deux républicains (Ickes et Wallace) retrouvent des démocrates de toutes les tendances. L'équilibre
régional est assuré par la présence de sudistes,
d'hommes de l'Est et du Middle West. Dans l'ensemble,
une équipe attrayante qui ne risque pas de faire
ombrage au président. D'après Arthur Krock, journaliste
au *New York Times*, elle a pour caractéristique « le zèle
plus que le brillant, mais elle comprend autant d'éléments expérimentés, (...) déterminés et intègres que

n'importe lequel des groupes qui se sont assis autour de la table ovale de la Maison Blanche[4] ».

Du côté de Hoover, la dispersion ne saurait tarder. Pendant quatre ans, auprès d'un président qui en 1928 passait pour un génie et en 1932 pour un esprit borné, des hommes ont travaillé avec acharnement. Une majorité d'électeurs les a désavoués. Il est temps de quitter Washington. Jusqu'au dernier moment, Hoover se préoccupe des grands problèmes, signe des lettres, fait des recommandations et procède à des nominations, mais le cœur n'y est plus guère. Il a annoncé qu'il se retirerait en Californie, son Etat natal, après avoir passé quelques jours à New York. L'heure des adieux a sonné. Voici la dernière conférence de presse, les derniers mots au personnel de la Maison Blanche, le dernier chèque de 500 dollars que le Trésor verse au président, les derniers instants de « présidente » de Mme Hoover. Autant de pages que l'on tourne avec mélancolie...

Dans l'après-midi du 3 mars, Hoover reçoit son successeur. Pas question pour chacun des deux hommes de laisser libre cours aux sentiments. Dans cette réunion mondaine autour d'un thé qui, à cause des circonstances exceptionnelles, remplace le dîner traditionnel, ils restent sur leurs gardes. La rencontre prend fin sur un incident. Roosevelt, qui connaît les usages, suggère à Hoover de ne pas sacrifier à la coutume et de ne pas lui rendre sa visite. Son interlocuteur lui jette alors un regard assassin : « M. Roosevelt, lui lance-t-il, quand vous aurez été à Washington aussi longtemps que je l'ai été, vous apprendrez que le président des Etats-Unis ne rend visite à personne. » Froissé, agacé comme il ne l'a jamais été, Roosevelt retourne au « Mayflower » et continue à s'entretenir avec des hommes politiques et des membres de son entourage.

Son épouse, elle, est d'humeur plus contemplative. Le matin du 3, elle a accepté de donner une interview à

Lorena Hickok, une journaliste de ses amies. Ensemble, elles vont revoir la maison que les Roosevelt ont habitée, lorsque Franklin était secrétaire-adjoint à la Marine. Puis, elles prennent la direction de Rock Creek Park. Il y a là une statue qu'a sculptée un artiste américain, Augustus Saint Gaudens. Une femme symbolise la Douleur. Eleanor explique : « Dans le passé, quand nous habitions ici, j'étais plus jeune et moins sage. Il m'arrivait d'être très malheureuse et de m'apitoyer sur moi-même. Alors, quand je le pouvais, je venais jusqu'ici, seule. Je m'asseyais et regardais cette femme. Je suis toujours repartie en me sentant mieux. Et plus forte. » Eleanor éprouve sans aucun doute, ce jour-là, plus que Franklin le poids du changement et des responsabilités. A des journalistes qui l'interrogeaient à New York, elle a fait remarquer que la tâche de son mari serait écrasante, qu'il est extrêmement difficile de « guider une nation dans une période comme celle-ci[5] ».

Ce qu'Eleanor dit en peu de mots, des observateurs le précisent. Elliott Thurston, du *Philadelphia Record*, rappelle à ses lecteurs qu'aucun « président n'a hérité de problèmes et de responsabilités aussi lourds que Roosevelt ». Et le *Daily News* de Jackson (Mississippi) brosse un tableau précis et effrayant : « Les bateaux sont immobilisés dans les ports, et leurs quilles pourrissent. Les trains de marchandises ne servent à rien. Les trains de passagers sont vides. Onze millions de personnes sont sans emploi. Les affaires sont arrêtées. Le Trésor croule sous le poids de l'or. (…) Les entrepôts débordent de blé et de maïs. Le coton envahit le marché. La production alimentaire est monstrueuse et invendable. Et pourtant, ils sont des millions à mendier leur nourriture. Les mines sont fermées. Les pétroliers se livrent à une concurrence sans merci. Les fermiers[6], désespérés, se transforment en justiciers pour empêcher les saisies. Les usines ne tournent plus. L'industrie est paralysée. Sur les

routes, 200 à 300 000 jeunes encore imberbes vagabon-
dent. La fumée d'une usine est une curiosité[7]. »

Description apocalyptique ? Tout prouve, au contraire,
que le journaliste a rassemblé en quelques lignes les observations de tous les témoins de l'époque. Au moment où
Washington met la dernière main aux préparatifs de la
fête, où Franklin Roosevelt va enfin accéder à la présidence, les Etats-Unis touchent le fond. Le régisseur frappe
les trois coups, mais, dans les coulisses, que de misères !

« La douloureuse intensité de la détresse »

Comment décrire ce qu'André Maurois appelle « la
douloureuse intensité de la détresse des Etats-Unis » ?
Sans doute les statistiques parlent-elles à notre imagination. Le krach boursier d'octobre 1929 a pris une
ampleur qui a surpris les profanes et les experts et
débouché sur une interminable dépression. Chaque
année dément les prévisions des optimistes impénitents,
y compris celles de Hoover qui cherche à redonner
confiance à ses concitoyens. Calculé en dollars constants
(valeur 1929), le Produit national brut est tombé de
104,4 milliards à 94,4 en 1930, à 87,8 en 1931, à 74,8
en 1932 et atteint 72,7 en 1933. Le taux de chômage,
pour autant qu'il repose sur des chiffres fiables, de 3,2 %
en 1929, a grimpé à 24,9 % en 1933. Quand Roosevelt
devient président des Etats-Unis, 38 760 000 Américains
ont un emploi et 12 830 000 n'en ont pas[8]. Certes, les
prix baissent et l'on peut manger pour 10 cents par
repas. Encore faut-il les avoir ! Toutes les activités économiques, à des degrés divers, sont touchées. De 1929 à
1933, la production de chaussures baisse de 3,4 %, mais
celle des locomotives de 86,4 %. Les industries de
consommation, comme le textile, la fabrication de ciga-
rettes, la production d'essence, souffrent moins que les

constructions navales, la sidérurgie, la métallurgie, ou l'automobile. Ceux qui ont la chance de travailler sont obligés d'accepter une baisse sensible des salaires et de la durée du travail. Avec des inégalités spectaculaires suivant la région, le niveau de qualification, l'âge, le sexe. Une certitude au moins domine. C'est que rien n'assure aux chômeurs de véritables secours, dans un pays qui n'a pas encore mis sur pied de système de sécurité sociale. Quant aux fermiers, ils souffrent depuis une dizaine d'années de l'affaissement des prix agricoles. La dépression ne fait qu'accentuer leurs difficultés. Le boisseau de blé, qui se vendait 1,04 dollar en 1929, ne vaut plus que 39 cents en 1932. Le boisseau de maïs tombe de 82 à 32 cents ; la livre de coton, de 17 à 7 cents. Le revenu national de l'agriculture en 1932 correspond à 45,9 % de celui de 1929[9].

Peu importe aux uns et aux autres de savoir quelles sont les véritables causes de la dépression. D'ailleurs, les experts ne sont pas d'accord. Pour les uns, parmi lesquels figure Hoover, c'est la faute aux étrangers. Les Français et les Anglais ne paient pas ou paient mal leurs dettes de guerre à l'Amérique tout en s'efforçant de revaloriser leur monnaie. Les Allemands ont exagérément attiré les investissements et les prêts américains. Pour les autres, et Roosevelt se range dans leur camp, la dépression a des origines proprement américaines, notamment la spéculation boursière effrénée des années vingt et l'insuffisance du contrôle fédéral.

Sur un point, toutefois, un consensus minimum apparaît. La reprise, estime-t-on, dépend en grande partie de la confiance. Il faut que les Américains reprennent espoir. Plus facile à dire qu'à faire ! Hoover a bien essayé, par le verbe et par des mesures législatives, d'élever le moral de ses compatriotes. En vain. Les électeurs de novembre 1932 le lui ont bien fait comprendre. Roosevelt promet de faire beaucoup mieux, mais sur ses véritables intentions il entretient le suspense. Le matin du 4 mars, les journaux se demandent comment il va agir. Ses plans sont secrets, note le *New York Times*, et il a rejeté l'idée que lui soumettaient ses conseillers de révéler tout de suite ses objectifs. William Allen White, l'un des meilleurs analystes de la presse écrite, lui fait confiance. Non sans ajouter que « personne ne connaît son cœur et peu ont percé le masque de son sourire ».

Des témoignages accablants

Les témoignages sont accablants sur une misère qui, depuis novembre 1932, ne cesse de s'aggraver. Ce qui étonne dans cette profonde détresse, c'est qu'un pays aussi prospère que les Etats-Unis puisse être frappé par la disette, quand ce n'est pas la famine, dont on pourrait donner une longue liste d'exemples, plus tragiques les uns que les autres. A un reporter venu enquêter dans une ville minière, une petite fille répond : « Aujourd'hui, c'est à ma sœur de manger. » Un autre journaliste décrit la vie de ces pauvres faméliques qui survivent sur une décharge publique. Outre les descriptions qui visent à émouvoir, il y a les faits, et des faits indéniables. Un journal de New York, l'*Evening Graphic*, relève pour 1932 une centaine de cas de patients hospitalisés pour malnutrition. Pour la seule ville de New York, vingt-neuf personnes meurent de faim en 1933. En Virginie occidentale, les Quakers nourrissent par priorité les enfants qui ont perdu 10 % de leur poids. Là ne s'arrêtent pas les terrifiantes découvertes de l'observateur. On aurait pensé que les campagnes échapperaient à ce fléau. Les paysans ne parviennent-ils pas toujours à manger ? Erreur qui tient à des idées reçues. Les prix, on le sait, ont chuté. Les agriculteurs ne ramassent plus les fruits et les légumes. Ou bien ils détruisent leurs récoltes dans une vaine tentative pour stimuler les cours. Dans la mesure où bon nombre d'entre eux pratiquent la mono-culture, ne pas vendre, c'est n'avoir aucune ressource, donc ne pas pouvoir acheter le strict nécessaire. Même à la campagne, les garde-manger sont vides[10]. Les fermiers de l'Oklahoma, ces « Okies » misérables que Steinbeck a fait revivre dans *Les Raisins de la colère*, n'ont pas été inventés par le romancier. Victimes des vents dessé-chants et de la crise économique, ils ont bien existé.

Dans les villes poussent les bidonvilles que, par déri-sion, on surnomme des « hoovervilles ». Au cœur de New York, à deux pas des gratte-ciel de Manhattan, en plein Central Park, l'Amérique du tiers monde côtoie l'Amérique de l'abondance. Les sans-logis s'installent n'importe où. A Youngstown dans l'Ohio, les hauts four-neaux sont arrêtés, faute de commandes. Ils sont immé-diatement « squattés ». Certains cherchent refuge à côté de l'incinérateur municipal. A la périphérie des villes, des cabanes sont érigées, faites de tôles, de papier gou-dronné, de toiles plus ou moins étanches. A la recherche d'un travail ou d'une région que la crise n'aurait pas frappée, des milliers d'hommes, de femmes et d'enfants errent d'un point à l'autre, dorment dans des wagons de marchandises, voyagent accrochés aux essieux pour échapper aux contrôleurs. Partout, le spectacle de la désolation, de la désespérance, la conviction qu'il n'y a plus rien à faire, sinon à s'abandonner, pieds et poings liés, à un destin qu'on ne comprend pas.

La passivité pourrait laisser place à l'esprit révolution-naire. Un historien, George Soule, pose, en août 1932, la question qui fait trembler : « Allons-nous vers une révolution[11] ? » Sans doute montre-il avec brio que les gens bien nourris s'inquiètent à tort, que dans les soupes populaires, dans les villes industrielles désormais silen-cieuses, dans les campagnes où l'abondance des récoltes accroît le dénuement des fermiers, la révolution ne menace pas. Il y a pourtant, ici ou là, des propos, voire des attitudes qui laissent présager le pire. Dans le Michigan, on dit que si la situation ne s'améliore pas, ils descendront « dans la grand-rue, casseront les vitrines et prendront ce dont ils ont besoin ». Le président du Baltimore and Ohio, une grosse compagnie de chemins de fer, reconnaît en 1931 que le capitalisme a fait faillite et que lui-même n'hésiterait pas à voler plutôt que de mourir de faim. A New York, deux jeunes socialistes sont interpellés par la police, alors qu'en pleine nuit ils collaient une affiche subversive sur les murs des banques : « Fermées. Le socialisme les rouvrira. » Des fermiers, endettés et ruinés, résistent avec force aux pouvoirs publics qui veulent les chasser de leurs terres. Dans le Nebraska, ils ont formé une « armée rouge ». Dans l'Iowa, ils ont intercepté des camions-citernes et vidé dans le fossé leur cargaison de lait. Ailleurs, ils menacent les banques, les compagnies d'assurances, les tribunaux. Ils réclament à cor et à cri un moratoire de leurs dettes. Des émeutes de la faim couvent à New York et à Chicago. Les orateurs du Parti communiste font recette. Il n'est pas rare que, dans telle ou telle ville plus gravement touchée, des épiceries et des boucheries soient dévalisées, que l'*Internationale* retentisse.

Ces incidents, épars, sporadiques, spontanés, ne constituent pourtant pas une révolution. Il manque des structures politiques qui canaliseraient, donc consolideraient le mouvement. Beaucoup de ces révoltés réclament de quoi manger, du travail, un logement, sans se demander si le capitalisme ou le socialisme leur permettra d'atteindre leurs objectifs. Il n'empêche que les avertissements succèdent aux avertissements et que soudain tout devient possible. A bord d'un train qui traverse l'Amérique, un banquier de Los Angeles annonce ses prévisions : « Il y aura une révolution, c'est certain. Les fermiers se soulèveront. Les ouvriers également. Les rouges gouverneront le pays – ou bien ce seront les fascistes. A moins, bien sûr, que Roosevelt ne fasse quelque chose[12]. »

Pour le moment, le secrétaire à la Guerre du président Hoover a rapproché de Washington des troupes fédérales. On ne sait jamais... Le maire de New York quant à lui fait connaître sa volonté de ne pas laisser tomber la ville aux mains des rouges. Le 4 mars, sur le trajet du cortège officiel, des précautions spéciales ont été prises. Des mitrailleuses sont en position. On se croirait en temps de guerre, note Arthur Krock. En temps de guerre, certainement non, mais en pleine panique bancaire.

La lecture des journaux est édifiante. Voilà que les Américains ont perdu confiance dans leur système bancaire. Quand ils ont compris l'étendue de la catastrophe, ils se sont précipités aux guichets des banques pour récupérer leur argent. Ils ont ainsi porté un coup fatal à bon nombre d'établissements que la dépression avait déjà mis à mal. Pour éviter le pire, les pouvoirs publics, en l'occurrence les gouverneurs des Etats, proclament la fermeture provisoire des banques, des *banking holidays*, ou bien instaurent de strictes limites aux retraits des clients. Chaque jour, les quotidiens dressent la liste des Etats qui ont été touchés. Le 2 mars 1933, la Californie, l'Alabama, l'Oklahoma, la Louisiane fixent des jours de fermeture ; le Mississippi restreint les retraits. Déjà, le Tennessee, le Kentucky, l'Ohio, l'Indiana, la Pennsylvanie, l'Arkansas, le Maryland, le Michigan, l'Idaho – à la fois des Etats ruraux et des Etats fortement industrialisés – ont pris des mesures de sauvegarde. Un exemple significatif : la Banque nationale, un établissement qui dessert la capitale fédérale, n'autorise ses clients à retirer que 5 % des dépôts antérieurs au 28 février. Le jour même où Roosevelt prête serment, le *New York Times* annonce, en première page, que « dans chaque Etat de l'Union, y compris le district de Columbia, les opérations bancaires sont totalement ou partiellement suspendues. » Pour que ses lecteurs se retrouvent dans une situation passablement embrouillée, la *Chicago Daily Tribune* publie une carte sur laquelle quatre groupes se distinguent : les 38 Etats dans lesquels les banques sont fermées ; les 8 autres où les banques autorisent des retraits limités ; les 2 dont quelques banques seulement ont établi des restrictions. Le dernier à proclamer un *banking holiday* est le Delaware dont le gouverneur décide de franchir le pas, faute de pouvoir résister à la contagion des Etats voisins. Un vent de panique souffle de la côte Atlantique à la côte Pacifique. A la veille du 4 mars, il prend les allures d'une tempête.

La crise bancaire

Il est vrai que la méfiance à l'égard des banques est apparue au lendemain du krach boursier. A juste titre d'ailleurs. Des premiers jours de 1930 à l'extrême fin de 1932, 773 établissements bénéficiant du statut de banques nationales ont fait faillite, ce qui correspond à des dépôts de l'ordre de 700 millions de dollars. En outre, 3 604 banques dont les activités sont limitées au territoire d'un Etat ont également disparu avec plus de 2 milliards de dépôts. La réaction du client ordinaire est aisée à comprendre. Quand il le peut et où il le peut, il retire son argent, le cache dans son coffre-fort personnel, sous son matelas ou au fond de son jardin. A moins qu'il ne parvienne à l'expédier à l'étranger, mais existe-t-il encore des pays qui puissent échapper à la crise ? La circulation monétaire devient de plus en plus difficile. Des villes comme Richmond ou Atlanta impriment des certificats de paiement qui témoignent à la fois de leur ingéniosité et de la gravité de la situation. Le 31 octobre 1932, le Nevada proclame la fermeture des banques pour douze jours et donne ainsi un répit aux établisse-

ments locaux. Le 4 février 1933, la Louisiane suspend
les opérations bancaires. Le phénomène fait boule de
neige jusqu'au 4 mars, quand l'Etat de New York lui-
même, quartier général des banquiers américains,
ordonne la fermeture des guichets. Le 2 mars, la Banque
fédérale de Réserve révèle que, la semaine précédente,
la circulation monétaire a augmenté de 732 millions et
que les réserves en or ont baissé de 226 millions. La
moitié au moins de cette diminution s'explique par la
thésaurisation. Conséquence immédiate : les clients se
ruent sur les banques encore ouvertes. Dans la seule
journée du 3 mars, le Trésor perd 109 millions de ses
réserves en or[13].

Les responsables politiques suivent de très près la
situation. Depuis des mois, Hoover tâche d'arrêter la
panique en stigmatisant les thésauriseurs, en faisant
intervenir la Reconstruction Finance Corporation, organisme chargé de porter secours aux entreprises en difficulté. En vain.

Après les élections de novembre 1932, le président
sortant cherche à obtenir la collaboration de Roosevelt.
Hoover estime que la situation économique est meilleure
depuis la fin de l'été, que la guérison est freinée, sinon
empêchée par les incertitudes qui planent sur le programme de son rival démocrate. Aussi suffirait-il que
celui-ci proclame son intention de suivre, sur le plan
monétaire, financier et économique, une politique ortho-
doxe pour que la confiance revienne, que les nuages se
dissipent et que la dépression faiblisse.

Raisonnement surprenant de la part d'un homme
aussi intelligent ! Comment imaginer que Roosevelt collaborera avec lui pendant la « période des canards boiteux », au point de renoncer à sa liberté de manœuvre et
d'abandonner, sans aucun doute, l'essentiel de son programme électoral ? Si Roosevelt donnait son accord,
cela voudrait dire que Hoover, défait le 8 novembre,

serait vainqueur malgré tout le lendemain. Les deux hommes se rencontrent le 22 novembre et le 20 janvier. Les conversations portent sur les dettes de guerre, c'est-à-dire sur l'organisation économique des relations internationales, mais les deux hommes ne parviennent pas à se mettre d'accord. D'autant moins que Roosevelt laisse entendre clairement qu'avant le 4 mars, il n'exercera pas le pouvoir, et deviner que l'échec de plus en plus patent de son prédécesseur lui fournira, à lui le nouveau président, un extraordinaire tremplin. En définitive, Hoover ne peut pas et Roosevelt ne veut pas arrêter la dégringolade.

Il faut reconnaître qu'au-delà du système bancaire américain, c'est tout le tissu économique et financier du monde capitaliste qui se déchire. Le problème des dettes de guerre alliées et celui des réparations allemandes entre dans une phase critique, qui aboutira très vite au non-paiement des unes et des autres. L'étalon-or a vécu. Plus que jamais, les changes sont flottants. La crise bancaire aux Etats-Unis est le symptôme d'une maladie mondiale. Elle signale à tous ceux qui cherchent à garder les yeux fermés que la dépression n'est pas limitée aux Etats-Unis et frappe tout autant l'Europe occidentale.

La fermeture des banques entraîne de graves conséquences. En premier lieu, dès que le marché de New York interrompt ses activités, le dollar cesse d'être coté sur les places étrangères. A Paris, par exemple, les banques françaises et américaines refusent de payer les chèques tirés sur des banques fermées. Du coup, le marché de l'or est à son tour suspendu. Aux Etats-Unis même, bien des voyageurs sont dans l'incapacité de régler leurs achats et leur note d'hôtel. A commencer par Eleanor Roosevelt qui se demande comment régler le « Mayflower » et verser à ses fils l'argent de poche qu'ils attendent. « J'allai trouver mon mari, raconte-t-elle, pour lui faire part de mes inquiétudes. (...) Il se contenta de sourire et me dit de ne pas me tourmenter ; tout cela s'arrangerait. » Les hôtels de Washington refusent les chèques tirés sur des banques d'autres villes ; les mandats télégraphiques sont limités à 100 dollars. Quelques-uns acceptent des reconnaissances de dettes et même prêtent à leurs clients l'argent du retour. A Salt Lake City, la ville émet des certificats de paiement qui permettent d'acheter un minimum de choses. A Pasadena, près de Los Angeles, un hôtel de luxe met en circulation une monnaie de papier qui se substitue à la monnaie officielle. Tout est bon pour remplacer les billets : les timbres, les jetons de téléphone, la monnaie mexicaine ou canadienne, les reconnaissances de dettes. Le « Congress Hotel » de Chicago publie une annonce avisant ses clients que, « compte tenu des circonstances présentes, nous accordons à nos clients qui possèdent des cartes de crédit le privilège de signer des chèques dans nos restaurants et dans nos salles publiques ».

Mais on ne comprendrait pas l'atmosphère de ces jours dramatiques si l'on s'en tenait à l'anecdote ou si l'on se bornait à s'apitoyer sur le sort des voyageurs aisés. Le témoignage d'une habitante de Chicago expliquant pourquoi elle a couru à la banque pour retirer son argent est significatif entre tous : « La petite somme d'argent que nous avions à la banque, c'était tout ce qui nous séparait de la soupe populaire. » Plus de travail, des investissements qui ont perdu leur valeur, une maison qu'on ne peut ni vendre ni louer à bon prix. « Si nous avions perdu nos maigres ressources, personne n'aurait pu ou voulu payer nos notes chez l'épicier ou nous acheter le charbon indispensable pour résister au blizzard[14]. »

De là également une irritation croissante à l'encontre du monde de la finance. Les hommes d'affaires ont été les héros des années vingt. On ne cessait de les donner en exemple. On les met à présent sur le banc des accusés. Une commission sénatoriale enquête en janvier 1933 sur les pratiques financières des *businessmen*. Et elle en apprend de belles sur les trucages, la fraude fiscale et les combines en tous genres. La confiance est ébranlée. D'ailleurs, que peut proposer un homme d'affaires pour résoudre la crise ? Rien ou presque rien : des remèdes aussi traditionnels qu'inefficaces. Lui aussi, assiste, désemparé, au spectacle d'une économie qui s'en va à vau-l'eau. Comme ses concitoyens, il attend qu'un nouveau président prenne ses fonctions et propose des solutions miraculeuses.

L'attentat

L'attentat auquel échappe Franklin Roosevelt est un premier miracle. A Miami, le 15 février 1933, il vient de passer une dizaine de jours avec des amis sur le yacht de Vincent Astor. En fin d'après-midi, il fait, comme d'habitude, un bref compte rendu de ses activités aux journalistes, salue la foule qui l'accueille et bavarde avec Anton J. Cermak, le maire de Chicago, un démocrate influent qui était opposé à sa candidature et a fait le voyage pour faire la paix avec lui. Il est un peu plus de 21 heures 30, quand l'auto de Roosevelt démarre. Des coups de feu éclatent. Le nouveau président n'est pas touché, mais quatre personnes sont blessées et Cermak s'écroule. Le tireur est un maçon d'origine italienne, Joseph Zangara, qui a acheté son revolver pour 8 dollars et a décidé de tuer l'homme d'Etat pour montrer son hostilité au pouvoir politique ; il est immédiatement arrêté, peu après condamné à mort et exécuté.

Ce qui retient l'attention des Américains et suscite leur admiration, c'est l'attitude de Roosevelt au moment de l'attentat : il garde son calme. Bien plus, il donne à son chauffeur l'ordre de s'arrêter en dépit des injonctions répétées des gardes du corps et décide de transporter Cermak dans son auto jusqu'à l'hôpital. Tout au long du trajet, il tient le maire de Chicago dans ses bras et lui parle. Il reste à ses côtés une bonne heure, rend visite aux autres victimes, puis se retire sur le yacht pour y passer la nuit. Une maîtrise absolue. A deux heures du matin, Roosevelt s'endort. Insensibilité ? Point du tout. De fait, comme la plupart des hommes et des femmes qui n'ignorent rien des dangers qu'ils courent, il manifeste un indéracinable fatalisme. Quelques semaines auparavant, il a rapporté les propos de son cousin Ted. A en croire le premier des présidents Roosevelt, le seul danger vient d'un assassin qui n'aurait pas peur de mourir en même temps que sa victime ; les autres sont des fous faciles à maîtriser.

Avertie, Eleanor s'entretient avec son mari par téléphone. « Ce sont des choses auxquelles il faut s'attendre », dit-elle. Sans doute les Américains ont-ils, consciemment ou non, conclu de cet épisode que leur futur président est protégé par la Providence, à la différence de Lincoln, de Garfield et de McKinley, trois présidents assassinés.

Roosevelt apparaît donc, en cette fin d'hiver, comme l'homme qui a surmonté les pires épreuves. Il a également vaincu la poliomyélite. Et, pour ne laisser aucun doute sur sa bonne santé, il est le premier dans l'histoire de son pays à produire un certificat médical. Il a d'ailleurs mené sa campagne électorale tambour battant. Autre signe qui ne trompe pas, voilà qu'il a échappé aussi aux balles d'un assassin. N'est-ce pas une preuve de prédestination ? N'a-t-il pas vocation à sauver une nation plongée dans le désarroi ?

Il n'en reste pas moins que les deuils, les bruits de guerre, la montée des périls accompagnent son entrée en fonctions. Anton Cermak meurt dans les premiers jours de mars. Le sénateur Thomas Walsh, que Roosevelt a choisi pour diriger le département de la Justice, succombe à une crise cardiaque dans le train qui le conduit à Washington, et c'est pour saluer sa mémoire que les drapeaux sont en berne. Emil Ludwig, le premier biographe de Roosevelt, raconte que « l'inquiétude générale était telle que la police confisqua le paquet de sandwiches apporté par un sénateur et le jeta dans l'eau pour noyer la machine infernale qui pourrait s'y cacher[15] ».

A l'étranger, rien de très encourageant. Adolf Hitler a accédé au poste de chancelier du Reich le 30 janvier, et les élections du 5 mars, précédées par une campagne de violences et d'intimidations, donnent la victoire aux nazis, qui recueillent plus de 17 millions de voix, soit 6 de plus qu'en novembre 1932. Les Japonais ont envahi la Mandchourie en 1931 et s'apprêtent à occuper la province du Jehol. Que dire de l'Italie de Mussolini, des mystères de l'Union soviétique et de l'affaiblissement des puissances démocratiques d'Europe occidentale ? Décidément, dans cet ouragan qui assaille la planète, dans cette crise sans précédent qui frappe les Etats-Unis, le navire américain pourrait sombrer, corps et biens, si le capitaine ne saisissait la barre avec fermeté.

L'intronisation

Pour Roosevelt, la journée du 4 mars commence à 10 heures. En compagnie de son épouse, de sa mère et de son fils aîné, il se rend à l'église épiscopalienne de Saint-Jean. A la différence de la cathédrale, pas d'escaliers à gravir et la possibilité d'entrer par une porte latérale. Les Roosevelt y retrouvent une centaine de personnes, des fidèles, des secrétaires, l'entourage. Le Révérend Peabody, recteur de l'école Groton où Franklin et ses fils ont suivi leurs études secondaires, officie. C'est un service très court. Le pasteur invoque la protection divine : « Puissent ton fils Franklin, notre futur président, et tous ses conseillers être éclairés et avoir les forces nécessaires pour Te servir ! Qu'il commande et décide suivant Ta volonté ! » Un psaume et une prière terminent la cérémonie, puis les Roosevelt retournent au « Mayflower ».

Peu avant 11 heures, deux grosses limousines s'arrêtent devant l'hôtel. Elles ont pour mission de conduire à la Maison Blanche le futur président et sa femme. Franklin a revêtu l'habit de cérémonie – pantalon rayé, veste à queue de pie, chemise plastronnée – et, par-dessus, une pelisse dont il ne manque pas de dire qu'elle a appartenu à son père. Au pied de la résidence présidentielle, Hoover rejoint son successeur, qui est resté assis dans la première des automobiles. Une innovation qui s'explique par le handicap physique de Roosevelt. Les épouses prennent place dans la deuxième auto. Cinq autres véhicules suivent. Des cavaliers protègent le cortège, qui se dirige lentement vers le Capitole en empruntant l'avenue de Pennsylvanie. La foule, contenue par des cordes, applaudit. Assis côte à côte, Roosevelt derrière le chauffeur avec Hoover à sa droite, les deux hommes offrent un contraste qui a frappé tous les témoins. Hoover a la mine renfrognée. Il ne desserre pas les dents et salue à peine les spectateurs qui applaudissent. Roosevelt, jovial comme à son habitude, fait semblant de croire que les ovations sont destinées à Hoover, puis répond à la foule en agitant son chapeau haut de forme. La conversation se réduit à quelques mots. Roosevelt fait des efforts pour briser la glace. En vain. Hoover finit, toutefois, par mentionner le nom d'un de ses collaborateurs auquel il souhaiterait que Roosevelt accorde une faveur. Eleanor raconte : « Mon mari devait souvent me parler plus tard du trajet en voiture de la Maison Blanche au Capitole aux côtés de M. Hoover et de ses efforts pour entretenir une conversation cordiale avec un interlocuteur muet. (…) Mon mari était optimiste jusqu'à la moelle, mais il comprit qu'il n'en allait pas de même pour l'homme assis près de lui[16]. »

Arrivé au Capitole, à 11 h 20, du côté du Sénat, Roosevelt entre dans le bâtiment, appuyé sur le bras de son fils James. Une rampe d'accès a été construite tout exprès pour lui éviter de monter des marches. Il pénètre dans l'une des salles de commissions pour attendre l'heure des cérémonies officielles. Hoover, lui, s'installe dans « la salle du président » et pendant une demi-heure signe les derniers textes de lois qui lui sont soumis. A 11 h 50, toujours au bras de son fils, Roosevelt se dirige vers la salle du Sénat pour assister à la prestation de serment de son vice-président, John Nance Garner. Trop tôt, lui fait-on savoir, et c'est quelques minutes plus tard qu'il fait son entrée. Des visiteurs de marque, les diplomates en poste à Washington, les familles et les entourages occupent les fauteuils des galeries. De nouveau, Hoover et Roosevelt sont assis côte à côte, en silence. Après avoir prêté serment, Garner prononce quelques mots. A 12 h 27, tout est fini.

Le spectacle se déplace sur l'esplanade du Capitole, en plein vent, face à cent mille personnes qui, tant bien que mal, ont trouvé place sur les pelouses. Il est 13 heures. Au premier plan, Franklin Roosevelt. A sa droite, revêtu de sa toge noire, le Chief Justice, qui préside la Cour suprême, Charles Evans Hughes, l'ancien adversaire de Woodrow Wilson aux élections présidentielles de 1916, l'ancien secrétaire d'Etat des présidents Harding et Coolidge. A sa gauche, James Roosevelt, puis Hoover, plus renfrogné que jamais. En arrière, les membres de l'ancien et du nouveau Cabinet. Peu de femmes : Mme Hoover, Sara, Eleanor qui porte un tailleur bleu, sa couleur favorite et, perdue dans le brouhaha, Frances Perkins, toujours habillée de noir. La musique des *marines* joue *Hail to the Chief !*, l'équivalent de notre *Aux champs*. Franklin Roosevelt prête serment à la Constitution des Etats-Unis sur une bible familiale du XVIIe siècle, ouverte à l'Epître de saint Paul aux Corinthiens (13, 13). Il répète mot à mot la formule que prononce le Chief Justice, au lieu de se contenter du « Je le jure » traditionnel. Puis il sort le texte de son discours et le lit :

Le discours du 4 mars

« Aujourd'hui est un jour de consécration nationale. Je suis certain que mes compatriotes attendent de moi qu'en accédant à la présidence je leur parle avec l'honnêteté et l'esprit de décision que réclame la situation présente de notre pays.

« Plus que jamais le moment est venu de dire la vérité, toute la vérité, avec franchise et audace. Nous ne devons pas refuser de faire face honnêtement aux conditions dans lesquelles se trouve aujourd'hui le pays. Notre grande nation survivra comme elle a survécu ; elle renaîtra et prospérera.

« Alors, laissez-moi exprimer ma ferme conviction que la seule chose que nous ayons à craindre, c'est la crainte elle-même[17], cette terreur sans nom, irrationnelle, injustifiée qui paralyse les efforts nécessaires pour transformer une retraite en une progression.

« Dans les moments les plus sombres de notre vie nationale, des dirigeants sincères et énergiques ont su le comprendre et ont bénéficié du soutien du peuple, ce qui est indispensable pour vaincre. Je suis persuadé qu'une fois de plus, en ces jours critiques, vous accorderez votre soutien aux dirigeants. (...)

« Nous sommes frappés par une invasion de sauterelles. En comparaison avec les périls que nos ancêtres ont surmontés parce qu'ils avaient des convictions et n'avaient pas peur, nous avons bien des raisons d'être reconnaissants. La Nature nous offre ses richesses et les efforts humains les ont multipliées. L'abondance est à notre porte. (...) En premier lieu, c'est que les maîtres des échanges de marchandises ont échoué par leur entêtement et leur incompétence. Ils ont reconnu leur échec et abdiqué. Leurs pratiques sans scrupules sont mises en accusation devant l'opinion publique et rejetées dans les cœurs et les esprits des hommes.

« Ils n'ont aucune vision, et, faute de vision, le peuple périt. Les marchands du Temple ont abandonné leurs sièges dans le temple de la civilisation. Nous pouvons à présent restaurer les antiques vérités dans ce temple. La restauration suivra l'application des valeurs sociales, plus nobles que le seul profit matériel. Le bonheur, ce n'est pas simplement la possession d'argent. C'est la joie de réaliser, dans l'excitation de l'effort créatif. (...) La première et la plus importante de nos tâches est de remettre les gens au travail. Ce n'est pas un problème insoluble, si nous l'abordons avec sagesse et courage. Cette tâche peut être menée à bien, au moins partiellement, si le gouvernement, la considérant comme il considérerait les exigences de la guerre, mais réalisant par la même occasion des projets grandement nécessaires pour stimuler et réorganiser l'utilisation de nos ressources naturelles, offre directement des emplois. (...) Cette tâche sera facilitée par des efforts résolus pour relever le prix des produits agricoles et, de cette manière, le pouvoir d'acheter la production des villes. (...)

« Elle peut être facilitée, si la tragédie de nos maisons et de nos fermes modestes, hypothéquées et saisies en nombre croissant, est évitée. Elle peut être facilitée, si l'on insiste pour que les administrations au niveau de l'Union, des Etats et des collectivités locales s'efforcent de réduire très nettement leurs dépenses de fonctionnement. Elle peut être facilitée par l'unification des activités de secours qui sont aujourd'hui souvent éparpillées, improductives et inégales. Elle peut être facilitée par la planification et le contrôle de la nation sur tous les moyens de transport et de communication, sur toutes les autres sociétés qui possèdent de façon irréfutable un caractère d'intérêt public.

« Il y a bien des manières par lesquelles la tâche peut être facilitée, mais elle ne peut pas l'être simplement par des mots. Nous devons agir, et agir promptement.

« Finalement, en nous acheminant vers la reprise du travail, nous réclamons deux garde-fous contre le retour des maux de l'ordre ancien. Il doit y avoir une surveillance stricte des activités bancaires, des opérations de crédit et d'investissement. Il faut mettre fin à la spéculation avec l'argent des autres, et des dispositions doivent être prises pour mettre sur pied une monnaie adéquate et solide.

« Voilà les grandes orientations de l'offensive. Je présenterai au Congrès, réuni en session extraordinaire, des mesures détaillées pour y parvenir. Je réclamerai l'aide des Etats. (…) J'assume sans hésitation la direction de la grande armée de notre peuple, décidée à s'attaquer avec discipline à nos problèmes communs.

« L'action (…) est possible en maintenant la forme de gouvernement que nous avons héritée de nos ancêtres. Notre constitution est assez simple et pratique pour qu'il soit toujours possible de faire face à des nécessités exceptionnelles en changeant l'accent ou des dispositions sans rien perdre de l'essentiel. C'est ainsi que notre système constitutionnel a démontré qu'il était le plus résistant, le meilleur mécanisme politique que le monde moderne ait inventé. Il a su s'adapter à l'expansion de notre territoire, aux guerres, aux conflits internes les plus âpres, aux relations avec le monde.

« Il faut espérer que l'équilibre normal entre le pouvoir exécutif et le pouvoir législatif sera totalement adéquat pour que nous réalisions la tâche sans précédent qui nous attend. Mais il se peut que des exigences jusque-là inconnues et la nécessité d'agir sans retard obligent pour un temps d'abandonner cet équilibre normal des procédures publiques. Suivant mes devoirs constitutionnels, je suis prêt à recommander les mesures que peut réclamer une nation malade dans un monde malade (…). Je demanderai au Congrès de me donner l'instrument pour affronter la crise, c'est-à-dire des pouvoirs exécutifs étendus pour mener la guerre contre une situation exceptionnelle, des pouvoirs aussi étendus que si nous étions envahis par un ennemi étranger. (…)

« Nous n'avons pas perdu confiance dans l'avenir de la démocratie. Le peuple des Etats-Unis n'a pas démérité. Il m'a donné un mandat pour une action directe et vigoureuse. Il réclame la discipline et une direction qu'assumera le gouvernement. Il a fait de moi l'instrument de ses vœux. C'est ainsi que j'accepte le don qui m'est fait. (…) Nous demandons humblement la bénédiction de Dieu. Qu'il protège chacun d'entre nous ! Qu'il me guide dans les jours à venir[18] ! »

Pour bien saisir la portée du discours, il faut le lire attentivement et complètement. Mieux encore, il fau-

drait l'entendre, car l'essentiel est peut-être dans le ton.
Tous les témoins s'accordent pour brosser de Roosevelt
un portrait impressionnant. Disparu, le jeune homme
superficiel qui a fait, un quinzaine d'années auparavant,
les beaux jours de la société élégante de Washington...
Méconnaissable, le politicien tout sourire qui sait char-
mer ses amis comme ses ennemis. Introuvable, l'homme
du monde, courtois, spirituel, causeur impénitent. Si l'on
en croit Arthur Krock, il avait « les traits menaçants,
comme s'il avait voulu montrer un visage étranger à ses
amis de toujours ». John Herrick, de la *Chicago Sunday
Tribune*, ressent le même choc que son confrère :
« D'une voix aussi frappante que le vent qui fouettait les
drapeaux, aussi courageuse que le rouge, le blanc et le
bleu des étendards, il mit au défi la nation de le suivre
jusqu'à la victoire. » L'heure est au lyrisme. Aussi Herrick
poursuit-il : « Le visage de l'homme est celui d'un
homme qui avance. Et il a avancé pour se rendre maître
de sa propre infirmité, pour conquérir le poste de gouverneur de l'Etat de New York. » Le journaliste compare,
enfin, l'orateur aux colonnes corinthiennes qui l'entourent, tant il se tient droit. Bref, ici, l'image accompagne
le verbe. Et le verbe s'élève à la hauteur des circonstances. On peut rêver à l'impact stupéfiant que la télévision aurait donné au discours du 4 mars.

Est-ce le meilleur discours de Roosevelt ? Sans doute.
C'est, pour l'essentiel, son œuvre personnelle. Frank
Freidel en a minutieusement reconstitué l'élaboration. A
la mi-février, un premier jet a été rédigé par Raymond
Moley, le principal des *braintrusters*. Louis Howe,
l'ami, le *manager*, a apporté sa contribution. Les 26 et
27 février, séance de travail à Hyde Park. Le 27 au soir,
Roosevelt renvoie son entourage, prend un bloc de
papier jaune ligné et écrit. A son retour dans le bureau,
Moley relit le nouveau texte. A 1 h 30 du matin, tout est
prêt. Il n'y aura plus, ensuite, que des changements

mineurs. A deux exceptions près : la première concerne le passage sur la crainte, ajouté la veille de l'entrée en fonctions. La deuxième touche au début. Roosevelt l'a modifié au dernier moment et c'est un peu avant midi, le 4 mars, qu'il a décidé de recourir à l'adjectif « nationale ». En somme, des idées qui proviennent de l'entourage et de Roosevelt ; une structure, un contenu, des mots que Roosevelt lui-même a choisis.

Le discours suit deux lignes directrices. Roosevelt tâche de redonner confiance à ses concitoyens en leur rappelant que le pays a été et redeviendra prospère, qu'un potentiel existe toujours, qu'il suffit d'exploiter de nouveau et intelligemment. Cette confiance ne saurait reposer que sur des valeurs spirituelles. L'orateur puise dans la Bible les images et les formules qu'il propose : la fuite des marchands du Temple, l'invasion des sauterelles, l'invocation finale à Dieu sont autant d'exemples significatifs. Il laisse deviner l'usage qu'il fera de la fonction présidentielle. Sur ce point, il s'est exprimé bien avant le 4 mars. La présidence, a-t-il dit en substance, n'est pas simplement une fonction administrative. C'est « un lieu où s'exerce une direction morale ». Dans l'esprit de Roosevelt, tous les grands présidents des Etats-Unis ont fait passer un message moral, sinon spirituel. Wilson et Theodore Roosevelt ont réussi mieux que les autres, dans la mesure où ils ont fait de la Maison Blanche une « chaire ». Somme toute, la présidence est le lieu idéal à partir duquel peuvent être définies et appliquées les « règles simples de la conduite humaine ». C'est évidemment cette conception qui explique, dans le discours, la référence au bonheur, à « la joie de réaliser », au frisson que procure l'effort créateur. Il ne faut surtout pas en déduire que Roosevelt serait un prédicateur, une sorte de pasteur métamorphosé en politicien, qui s'emploierait à enflammer les foules par l'exaltation d'on ne sait quel intégrisme religieux. Au contraire, ses convictions religieuses, réelles, visibles tout au long de cette journée historique, restent dans les limites du raisonnable. Elles font entrevoir les objectifs. Elles soustendent l'action politique, mais ne la déforment pas.

L'action, voilà l'autre ligne directrice. C'est ce que les contemporains ont le plus souvent retenu. Le nouveau président promet d'agir – comme si son prédécesseur ne l'avait pas fait. Roosevelt répond à l'attente, à l'interminable attente de ses compatriotes. L'action devrait déboucher sur la réduction, voire la disparition du chômage, sur la hausse des prix agricoles, sur le retour à la terre des populations urbaines excédentaires, sur le rétablissement d'une monnaie solide, sur le contrôle des activités bancaires et boursières. Ce programme est à la fois vaste et vague. Les circonstances justifient que le président n'entre pas dans le détail. L'essentiel, c'est que ses auditeurs sachent qu'il a l'intention de faire bouger les gens et les choses. Même si, sur certains points comme la politique étrangère, Roosevelt se contente de propos allusifs.

Cet appel aux armes se concrétise par une phrase qui, en 1933, prend une force particulière. « Je demanderai au Congrès (...) des pouvoirs exécutifs étendus. » Il est vrai que, peu après, Roosevelt en appellera aux principes fondamentaux de la démocratie. Mais s'il obtient des pouvoirs étendus, ne deviendra-t-il pas un dictateur ? Ne pourrait-il pas se muer en un Mussolini américain ? Edmund Wilson, qui écrit dans *The New Republic*, un hebdomadaire de gauche, ne dissimule pas ses craintes : « La seule chose qui se détache clairement, note-t-il, c'est la menace d'une dictature. » La foule n'at-elle pas applaudi ce passage ? C'est « un peu terrifiant, pense Eleanor. On a le sentiment qu'ils feraient n'importe quoi, si quelqu'un leur disait ce qu'il faut faire. » Reste que le Congrès, celui qui a été élu en novembre 1932, sera convoqué en session extraordinaire et pourra tenir le rôle qui est le sien.

Parmi les républicains comme parmi les démocrates, aux Etats-Unis comme à l'étranger, le discours reçoit un accueil très favorable. De Tokyo à Rome, de Londres à Buenos Aires, le concert de louanges ne comporte pas de fausses notes. Aux Etats-Unis, les mots et les expressions qui reviennent le plus souvent sont : « courage », « ère nouvelle », « réponse aux problèmes », « sens élevé du devoir ». Les membres du Congrès applaudissent, chacun à sa manière, sauf le représentant Schafer, un républicain du Wisconsin, qui reproche à Roosevelt d'aller dans deux directions opposées, de vouloir simultanément dépenser beaucoup et réduire les impôts, de se prononcer à la fois pour une monnaie forte et une circulation monétaire plus abondante.

La presse, elle aussi, est quasi unanime. Des journalistes se réjouissent que le « gros bâton » de Franklin ressemble à celui de Theodore, « une tradition chez les Roosevelt », que les promesses de la campagne électorale soient tenues, que le progressisme renaisse de ses cendres. Ce qui frappe, c'est l'esprit combatif du président – une observation que font en même temps le *Times* de Seattle, le *Plain Dealer* de Cleveland, le *News* de Detroit, la *Chronicle* de Houston et le *Washington Post*. Ils en tirent la conclusion que le pays a maintenant un leader comme dans toutes les crises qu'il a traversées et surmontées, « un leader qui a l'intention de montrer le chemin », observe le *Courier-Journal* de Louisville. Peur d'une dictature ? En général, non. Les journaux rappellent que le recours aux pouvoirs extraordinaires a quelque chose de dictatorial, mais que les circonstances l'exigent, et l'opinion publique l'approuve. Au fond, si le Congrès joue le jeu, il empêchera que le président ne devienne un dictateur. Beaucoup apprécient le passage sur les « marchands du Temple ». C'est « une mise en accusation qui nous touche », s'écrie le *Deseret News* de Salt Lake City, « le rejet du pivot sur lequel a tourné le pouvoir en Amérique dans les douze dernières années », ajoute le *News* de Dayton. La conclusion revient à la *New York Herald Tribune* : « Le pays fondera son espoir et attendra qu'on lui montre la voie, en se tournant vers l'esprit du discours de Roosevelt plus que vers des propositions spécifiques. Nous pensons qu'il peut y avoir un accord général sur un point. C'est que le nouveau chef de l'exécutif parle avec courage et confiance, comme le leader d'une nation qui comprend les difficultés qu'il affronte et qu'elle affronte sans peur. »

Faut-il s'interroger sur les réactions de Hoover ? Il a écouté, presque toujours impassible. De temps à autre, il a très discrètement manifesté son désaccord. A la fin du discours, il serre la main de Roosevelt, puis s'éclipse pour prendre le train de New York. Pendant plusieurs mois, il ne dira rien, comme pour mieux laisser à son successeur la responsabilité entière du pouvoir.

La fête

Roosevelt est maintenant le président des Etats-Unis. Après les moments graves et solennels, c'est la fête. Certains ont conseillé de supprimer les réjouissances qui, traditionnellement, accompagnent l'entrée en fonctions d'un nouveau président : les circonstances qui accablent le pays, le nécessaire retour à la simplicité jeffersonienne ou jacksonienne… Pas question, décide Roosevelt. Il veut que ses amis et ses partisans célèbrent dans la joie le retour au pouvoir des démocrates. Il a tout exprès invité Mme Wilson et les wilsoniens encore vivants pour que, d'une certaine manière, 1933 soit la revanche de 1921. C'est aussi, pour l'homme qui entre à la Maison

Blanche, une victoire sur la maladie, le triomphe d'une vie et le début d'une aventure sans équivalent.

Du Capitole, Roosevelt retourne à la Maison Blanche. Il y déjeune simplement. Le lunch est constitué par des *hot dogs*. Quelques invités entourent la famille. Puis, le président prend place à la tribune officielle, sur l'avenue de Pennsylvanie, et assiste deux heures durant, sans manifester le moindre signe de lassitude, bien au contraire, à un défilé multicolore qu'acclament un demi-million de spectateurs. En tête, le général Douglas MacArthur, le chef d'état-major de l'armée des Etats-Unis, « l'un des deux hommes les plus dangereux du pays », d'après Roosevelt, le responsable d'une puissance militaire qui, à l'époque, n'occupe que le dix-septième rang dans le monde. Il est suivi par les musiques de l'Armée, des *Marines* et de la Flotte, puis par un régiment de la Garde nationale de Virginie qui marche au son de *Dixie*, l'hymne sudiste. Viennent ensuite les anciens combattants, les gouverneurs des Etats qui ont fait le déplacement, les grands électeurs qui forment le collège électoral, les représentants des organisations civiques et des associations culturelles. Au-dessus des têtes, volent un dirigeable et des avions militaires.

Roosevelt ne dissimule pas sa joie. Il salue avec enthousiasme la Flotte, qui lui rappelle ses fonctions de secrétaire-adjoint à la Marine ; il applaudit les démocrates de New York, tout spécialement Al Smith et l'état-major du parti, revêtus des costumes traditionnels de Tammany Hall. Il sourit, parle à ses voisins, exprime avec de grands éclats de rire sa satisfaction devant les forces vives de la nation. Avec lui et les dix-huit mille marcheurs du défilé, l'Amérique retrouve sa joie de vivre. Et son humour, car, au beau milieu de la parade, voici quatre jardiniers noirs qui poussent des tondeuses à gazon. Une manière de rappeler la prophétie de Hoover selon qui, si Roosevelt gagnait les élections, l'herbe pousserait dans les rues des villes !

A 17 heures, Roosevelt réunit son Cabinet à la Maison Blanche et assiste aux prestations de serment. Eleanor Roosevelt reçoit deux mille cinq cents invités dans les salons de la résidence présidentielle. La réception se termine à 19 heures. Une demi-heure auparavant, le Président a pris le temps de recevoir personnellement de petits paralytiques. Le dîner de famille rassemble soixante-quinze personnes, des Roosevelt, des Delano, les membres des familles apparentées. Et la journée n'est pas achevée. Il y a encore, dans la soirée, un bal qui débute par l'interprétation de la *Bannière étoilée* par Rosa Ponselle, une cantatrice du Metropolitan Opera, et se poursuit par un concert au cours duquel on joue du Wagner, du Verdi, du Brahms et du Woodin (car le nouveau secrétaire au Trésor est aussi un compositeur), sans oublier les feux d'artifice et les bals populaires.

Roosevelt n'a pas attendu la fin des festivités pour retourner à son bureau. Le samedi de fête n'est pas terminé qu'il est déjà au travail.

CHAPITRE II

Un jeune homme de bonne famille
1882-1910

L'histoire d'un homme se résume-t-elle à celle de sa famille ? En partie peut-être, en totalité certainement pas. Bien d'autres influences exercent leurs effets. Au fil des années, il ne cesse de se transformer. En fait, il y eut plusieurs Franklin Roosevelt. Le tout premier, celui des vingt-cinq premières années, n'annonce pas le président du New Deal, le chef d'une démocratie en guerre, le leader d'un Parti démocrate renouvelé et plongeant ses racines dans le terreau populaire. Le jeune Franklin naît dans une famille patricienne, voire aristocratique. Ses relations, ses goûts, ses comportements, son éducation sont ceux d'un milieu conservateur. D'ailleurs, quelle distance entre l'Amérique de 1882, et celle de 1932 ! C'est beaucoup plus qu'un demi-siècle, ce sont des années-lumière qui séparent ces deux planètes…

Lorsque Franklin vient au monde, la guerre de Sécession a pris fin depuis dix-sept ans seulement. Le conflit fratricide a fait 600 000 morts et 400 000 blessés, tous des Américains victimes d'autres Américains. Un traumatisme qui a laissé de profondes cicatrices. Les anciens combattants continuent de témoigner, de rappeler à la conscience nationale les souffrances qu'ils ont endurées et les droits qu'ils revendiquent. Cinq ans auparavant, en

1877, les troupes du Nord qui occupaient encore une partie du Sud ont levé le camp. Non sans mal, non sans compromis des deux côtés, les vaincus ont accepté les conditions des vainqueurs. Le Nord est passé d'une relative bienveillance à la rigueur, puis de la rigueur au laxisme. Lincoln a été assassiné en 1865. Le Ku Klux Klan, première manière, a surgi en 1866 et disparu en 1871. Les esclaves ont été émancipés, mais n'en demeurent pas moins des citoyens de seconde catégorie. Dans les Grandes Plaines, les guerres indiennes ne s'achèvent qu'en 1890. Dans les ports de la côte atlantique, le flot des immigrants grossit et fait peur à beaucoup ; en 1882, l'immigration chinoise est interdite. L'agitation anticatholique, jusque-là sporadique, reprend de plus belle. En 1877, un hôtel de Saratoga, dans l'Etat de New York, ferme ses portes à Joseph Seligman, dont le péché irrémédiable est d'être juif. Et pour la deuxième fois en moins de vingt ans, un président des Etats-Unis, James A. Garfield, est assassiné en 1881.

Dans le même temps, une vague de fond emporte les Etats-Unis vers la modernité. Le premier transcontinental a été achevé en 1869. Désormais, un voyageur peut traverser dans son wagon cet immense pays. Les fermiers ont entrepris d'exploiter les Grandes Plaines, qu'ils assimilaient naguère encore à un « grand désert ». L'agriculture produit ; elle produit même tellement qu'elle est au bord de la surproduction. Les Etats-Unis sont un véritable pays de cocagne. Rien ne peut arrêter la progression du blé, du maïs, du coton, de l'élevage. L'industrialisation, elle aussi, marche à pas de géant. L'extraction du fer et du charbon, la fabrication des aciers, l'activité des industries textiles, alimentaires, du cuir, autant de signes d'une surprenante métamorphose. Fait significatif : en 1882, John D. Rockefeller met au point la formule du *trust* : des sociétés de raffinage du pétrole confient leurs actions à des gérants – *trustees* –, qui administrent l'ensemble pour le bien de toutes. Un mot révolutionnaire dans le vocabulaire économique, promis au plus bel avenir et à toutes les déformations. Autre signe des temps : les Etats-Unis mettent de l'ordre dans un système monétaire passablement compliqué, affaibli par la guerre civile, les spéculations et les découvertes de métaux précieux. Le métal-argent recule au profit du métal-or, mais le bimétallisme n'est pas encore supprimé. Le monde des débiteurs, qui souhaitait un affaiblissement du dollar, proteste contre une politique favorable aux créanciers.

D'étranges inventions changent ou vont changer la vie. En 1874, Samuel Glidden a inventé le fil de fer barbelé. Graham Bell a déposé, en 1876, le brevet d'invention du téléphone. Peu après, Thomas Edison réussit ses expériences en électricité et met au point l'ampoule à incandescence, puis le phonographe, tandis que George Eastman fabrique le premier rouleau de pellicules en 1880 et s'apprête à jeter sur le marché un appareil photographique portable, le « kodak ». Waterman perfectionne le stylo à encre en 1884. Le gratte-ciel fait son apparition à Chicago en 1885. La statue de la Liberté attend que New York érige le socle sur lequel elle sera placée en 1886. Un pharmacien d'Atlanta, John Pemberton, crée, par hasard, une nouvelle boisson, le Coca-Cola...

Bref, le temps s'accélère. De prodigieuses transformations ont bouleversé le monde, que l'Angleterre domine plus que jamais par sa puissance économique. Pour les 50 millions d'Américains dénombrés par le recensement de 1880, l'heure est à l'optimisme, en dépit des ombres qui obscurcissent le tableau. Au pays des villes-champignons, des « entrepreneurs » comme Rockefeller, Carnegie, Vanderbilt, Gould et beaucoup d'autres, sont tous promus au rang de héros nationaux. Sur ces vastes étendues qui émerveillent, au milieu des ressources qui paraissent inépuisables, le rêve est roi.

Les Roosevelt

A Hyde Park, le long de l'Hudson, à une centaine de kilomètres au nord-ouest de New York, un drame a manqué se produire. Le soir du 29 janvier 1882, un dimanche, Sara Roosevelt ressent les premières contractions. L'accouchement est imminent. James, son mari, fait venir le médecin de Poughkeepsie, tandis qu'une infirmière continue de veiller la future mère. Les heures passent, la souffrance s'accroît : l'enfant ne vient pas. A la fin de l'après-midi du 30 janvier, le médecin, de plus en plus pessimiste, croit la mort du bébé inévitable. Il faut sauver Sara. Il lui administre une dose de chloroforme, extrait enfin l'enfant et le ranime. « A neuf heures moins le quart, note James dans son Journal, ma Sallie a donné naissance à un superbe et gros garçon. Il pèse dix livres, sans ses vêtements. » Peu après, Sara se réveille : « Pauvre enfant, poursuit son mari ! Elle a traversé des moments très difficiles. »

En un temps où la mortalité infantile était élevée, où il n'était pas rare qu'au moment de l'accouchement la mère succombe ou frôle la mort, la naissance du petit Roosevelt paraît bien ordinaire. Mais pour la jeune femme qui, à vingt-six ans, accouche pour la première fois – Franklin sera son unique enfant –, c'est plus qu'une péripétie. Les psychologues diront si l'épisode tragique de la naissance explique l'attachement particulier de la mère pour l'enfant, les liens très étroits qui unissent et uniront les deux êtres. Quoi qu'il en soit, Sara n'a pas l'intention de déléguer ses devoirs maternels. Ce garçon, potelé, tout rose, elle veut le materner et s'en occupera attentivement. « J'aimais le baigner et l'habiller, note-t-elle. (...) Je pense que toutes les jeunes mamans ont un peu peur, au début, de laisser tomber leur bébé. Je n'étais pas, de ce point de vue, différente des autres. Pourtant, j'avais le sentiment (...) que chaque mère doit s'initier à prendre soin de son bébé, qu'elle ait ou non les moyens de confier cette tâche à une autre[1]. »

Au fait, ce « bébé Roosevelt », comment le prénommer ? James cède à l'insistance de sa femme qui voudrait choisir le prénom et le nom de son père : Warren Delano. Rien de plus habituel. Mais un autre Warren Delano, âgé de quelques jours, vient de mourir dans la proche famille ; les parents, le frère et la belle-sœur de Sara, sont inconsolables. Il faudrait choisir un autre prénom. Sara songe alors à son oncle, Franklin. C'est ainsi que le 20 mars, presque deux mois après sa naissance, « bébé Roosevelt » est baptisé et reçoit les prénoms de Franklin Delano. Son parrain est Elliott Roosevelt, frère de Theodore, le futur président des Etats-Unis, lequel Elliott aura bientôt une fille, Anna Eleanor, qui épousera Franklin. Le monde des Roosevelt est bien petit...

Les origines

Du beau monde, d'ailleurs, qu'on dirait sorti tout droit d'un roman d'Edith Wharton[2], car la romancière a minutieusement décrit le milieu auquel appartiennent les Roosevelt. La famille s'est établie en Amérique du Nord dans la première moitié du XVIIe siècle. Un certain Claes Martenzen van Roosevelt a quitté la Hollande pour immigrer à la Nouvelle-Amsterdam qui, en 1664, devient New York. Bientôt propriétaire d'une ferme dans Manhattan, il épouse une Anglaise dont il a un fils, Nicholas, qui lui-même aura trois fils, parmi lesquels Johannes, l'ancêtre de Theodore Roosevelt, et Jacobus,

l'ancêtre de Franklin. Jacobus ne tarde pas à angliciser
son prénom en James. Et la fortune de la famille
s'accroît : achat et vente de terres, commerce du sucre
avec les Antilles. Les marchands épousent des filles de
marchands, ce qui permet d'additionner les patrimoines,
les capitaux et le savoir-faire.

Le fils de James, Isaac, naît en 1726. Comme son
père, il achète et vend du sucre. Plus encore que lui, il
atteint une certaine notoriété. A l'époque, le mécontentement gronde contre la métropole : l'Angleterre impose
des limites au commerce du sucre. En 1733, une loi fixe
à 6 pence par gallon la taxe sur les mélasses étrangères.
Les marchands des colonies, y compris Isaac, violent la
loi sans scrupules. Le *Sugar Act* de 1764 abaisse le droit
à 3 pence, ce qui rend sa perception plus efficace. Nouvelles protestations dans les colonies. Isaac prêche la
modération. Cela ne l'empêche pas, en 1776, en tant
que délégué au Congrès de New York, de se prononcer
pour l'indépendance, puis de participer à l'élaboration
de la constitution de son Etat. Isaac « le patriote[3] » est,
malgré tout, un conservateur, un fédéraliste qui préfère
Hamilton à Jefferson, un marchand qui répugne à
l'ostentation et respecte le repos dominical (le sabbat,
comme on dit), l'un des membres de cette aristocratie
new-yorkaise qui se méfie des immigrants et des parvenus, un peu moins prestigieux que les Livingston, les
Schuyler ou les Van Rennselaer, mais figurant tout de
même au nombre des *happy few*.

Dans cette branche de la lignée Roosevelt, les fils ont
pour prénom Isaac ou James. Tradition oblige. Le fils
d'Isaac, James, marche dans les pas de son père non
sans se comporter en original. S'il vit dans une maison
située près de Washington Square, il n'en possède pas
moins un domaine dans ce qui est aujourd'hui Harlem
(entre la 110e et la 125e rues). Il le vend à John Jacob
Astor, qui saura conserver le terrain jusqu'à ce qu'il

atteigne des prix astronomiques, et achète une propriété le long de l'Hudson, près de Poughkeepsie. Comme beaucoup de marchands qui ont réussi, il fait sa mue. Le voici *gentleman farmer*. Parmi les onze enfants qu'il a eus de ses trois femmes successives, un garçon porte le prénom d'Isaac. Etrange personnage que cet Isaac ! Après des études à Princeton, il est devenu médecin en 1812, à l'âge de vingt-deux ans. Mais ce médecin, qui déteste le spectacle de la souffrance et la vue du sang, décide de ne pas pratiquer son art et se livre avec ravissement aux joies de la botanique. Quand son père achète et aménage le domaine de Mount Hope, Isaac s'y retire, car le monde lui est insupportable. A trente-sept ans, cet original épouse une jeune fille de dix-huit ans, Mary Rebecca Aspinwall, qui appartient à une riche famille de marchands et d'armateurs. Isaac continue à mener une vie tranquille, sans cesse inquiet sur le sort des siens, plutôt pessimiste sur l'avenir, fort sensible à l'influence des idées religieuses, à l'écart du monde qui se fait.

Son fils ne lui ressemble guère. Né en 1828, James Roosevelt a sans doute le sérieux, la droiture de son père et, à mesure qu'il prend de l'âge, éprouve une passion grandissante pour la campagne. Ce n'est pas qu'il redoute les aventures financières, même si elles ne donnent pas de résultats satisfaisants, mais surtout il aime les voyages. Certes, il a passé son enfance et une partie de son adolescence auprès de son père. Il a appris à chasser, à pêcher, à s'occuper des chevaux et a fréquenté une école bon chic bon genre de Poughkeepsie. A quinze ans, il entre à l'Université de New York d'abord, à Union College dans la ville de Schenectady ensuite. Il y reçoit une solide éducation, imprégnée de religion, et une culture classique, aux côtés des fils des meilleures familles. Pas question de prendre un métier ni même de suivre la moindre formation professionnelle. Pour quoi faire ? Au milieu du xixᵉ siècle, les Roosevelt ne sont plus des marchands. Ils jouissent d'une belle fortune, vivent de leurs rentes, sauf à se mêler, de temps à autre, au gré des circonstances, à des spéculations financières, industrielles ou commerciales.

En 1848, James veut aller en Europe pour faire « le grand tour du continent ». Isaac craint le pire et veut l'en empêcher. Comment imaginer que l'on puisse quitter la vallée de l'Hudson, vivre au milieu des révolutions, risquer de succomber aux microbes de l'étranger ? James ne s'en laisse pas conter. Ses parents finiront même par le rejoindre sur le vieux continent pour quelques semaines. L'Angleterre, la Suisse, l'Allemagne, l'Italie où la légende familiale, enjolivée plus tard par Franklin, veut qu'il ait combattu aux côtés de Garibaldi… Revenu aux Etats-Unis en mai 1849, James entre peu après à Harvard, obtient son baccalauréat en droit et est admis au Porcellian, l'un des clubs les plus sélects de la ville universitaire.

Pendant deux ans, il fait partie d'un cabinet d'avocats, juste le temps de rencontrer Sam Houston, l'une des figures légendaires du Texas, et d'entrer, grâce à l'entremise d'un de ses oncles Aspinwall, au conseil d'administration d'une société charbonnière du Maryland. Le charbon conduit aux chemins de fer ; si Isaac s'est contenté d'acheter des actions d'une ligne locale, son fils devient directeur général du Cumberland and Pennsylvania et voyagera, jusqu'à la fin de sa vie, en wagon privé pour gérer ses affaires et participer aux réunions des conseils d'administration. James Roosevelt n'a rien, il est vrai, d'un requin de la finance, rien non plus d'un roi de l'industrie. D'ailleurs, au fil des ans, son père prend de plus en plus à ses yeux figure de modèle. En 1853, James épouse Rebecca Brien Howland, une parente éloignée, qui lui donne, l'année suivante, un fils,

James Roosevelt Roosevelt, connu, sa vie durant, sous le diminutif de Rosy. Les deux époux voyagent : l'Angleterre, les stations thermales d'Allemagne, l'hôtel du New York à Florence, l'hôtel de l'Oncle Tom à Paris. Ces séjours en Europe n'ont point pour mobile la curiosité intellectuelle ou on ne sait quel désir de découvrir, de mieux connaître, de suivre l'évolution des civilisations. Les 30 000 Américains qui chaque année embarquent sur les paquebots britanniques vivent entre eux, témoignent les uns vis-à-vis des autres de leur statut social, voient la France sans les Français, l'Allemagne sans les Allemands, l'Italie sans les Italiens. Ils ne font pas du tourisme ; ils vont en villégiature et imitent les aristocrates anglais. S'ils apprennent les langues étrangères, c'est pour mieux suivre les opéras et donner des ordres aux domestiques…

La guerre civile ne touche pas James et Rebecca. Il est démocrate depuis peu, mais n'éprouve aucune inclination pour les affaires publiques, moins encore pour une politique dominée à New York par les Irlandais, braillards, vulgaires, trop combinards aux yeux d'un gentleman. Sans doute pour manifester son statut social, James quitte l'Eglise réformée hollandaise et devient épiscopalien[4] comme sa femme. S'il tente d'accroître sa fortune par d'audacieuses spéculations sur les chemins de fer, c'est sans conviction, comme si le goût du jeu lui venait par bouffées ; on dirait volontiers qu'il a des accès de fièvre capitaliste. A sa mort, il laissera 300 000 dollars de biens. Cornelius Vanderbilt, l'un des rois des chemins de fer, léguera à ses héritiers plus de 70 millions. James aime sa vie dorée, oisive, campagnarde[5].

Malheureusement, sa femme meurt en 1876. Veuf à quarante-huit ans, il est désorienté. L'année suivante, il fait la cour à la sœur aînée de Theodore, mais l'idylle tourne court. En 1880, il rencontre une amie de la jeune femme, Sara Delano, et l'épouse en octobre.

Les Delano

Sara appartient au même monde que James. La famille Delano n'est pas d'origine hollandaise, mais franco-luxembourgeoise. Philippe de La Noye a débarqué à Plymouth avec les Pèlerins de 1621. Parce qu'il était persécuté pour ses convictions huguenotes ? Il semble plutôt qu'il ait suivi dans le Nouveau Monde une jeune Anglaise dont il était amoureux et qui ne voulait pas de lui. En fait, le premier Delano, tout comme le premier Roosevelt, s'anglicise très rapidement. Les descendants de Philippe de La Noye habitent sur la côte du Massachusetts où ils mettent en valeur une énorme exploitation agricole. Puis, ils construisent des bateaux, pêchent la baleine, prospèrent dans le commerce maritime. Un Warren Delano du XVIIIᵉ siècle gagne beaucoup d'argent dans le transport des pommes de terre, du bois, du sel et du maïs jusqu'aux Canaries et à la Nouvelle-Orléans. Il investit dans l'armement maritime, passe deux semaines sur un bateau-prison de la flotte anglaise au temps de la guerre anglo-américaine de 1812-1814, avant de prendre sa retraite dans son village de Fairhaven.

Son fils, qui porte le même nom, fait mieux encore. La mer reste le théâtre de ses exploits, une tradition dans la famille, mais il navigue sur les mers lointaines. Ce sont des voyages qui durent des mois, des séjours à l'étranger de plusieurs années. Warren Delano II trafique avec les Chinois. Il a vingt-quatre ans, lorsqu'il entreprend son premier voyage en Extrême-Orient après avoir contourné le cap Horn, puis s'établit à Canton où il est associé à une firme de Boston. Il ne fonde pas le commerce sino-américain, qui existe depuis trois quarts de siècle et n'a pas l'ampleur du commerce sino-britannique, mais le développe. Les Américains achètent

du thé et de la soie. Ils vendent des peaux et des four-
rures, du bois de santal, du ginseng, des objets de quin-
caillerie. Un commerce complexe, reposant sur la ruse et
les dessous de table, car l'Empereur voudrait bien res-
treindre l'influence de ces diables d'étrangers. Une vie
colorée, malgré tout, avec ses facilités matérielles et de prodigieuses possibilités d'enrichissement. Dans sa vieillesse,
Delano métamorphosera son expérience chinoise en
épopée et vivra entouré d'innombrables souvenirs rapportés de Chine.

Le commerce de l'opium

Derrière la façade, il y a le produit qui procure les plus
gros profits : l'opium, acheté aux Indes, revendu en
Chine à un prix fort avantageux, malgré l'interdiction
que l'Empereur tente de faire respecter. Le commerce de
l'opium serait-il immoral ? Pas du tout, répond Delano.
« En tant que marchand, je soutiens qu'il a été honnête,
honorable, légitime, qu'il ne soulève pas plus d'objections que l'importation de vins, de brandies et d'eaux-de-
vie aux Etats-Unis. » La guerre de l'opium (1840-1843)
n'arrête pas les commerçants américains. Bien au
contraire, ils profitent de leur statut de neutralité.

En 1843, Delano rentre aux Etats-Unis, épouse Catherine Robbins Lyman qu'il emmène avec lui à Canton.
Trois ans plus tard, c'est le retour définitif en Amérique
– du moins les deux époux le croient-ils. Les enfants
naissent : onze en tout, dont plusieurs meurent en bas
âge. Les Delano vivent à la campagne, le long de l'Hudson, non loin de Newburgh, dans un domaine que Warren a baptisé Algonac. Il mène la vie d'un *gentleman
farmer*. La Chine entre dans la mémoire familiale. Survient la crise financière de 1857. Warren, au bord de la
ruine, réduit les dépenses de la famille, songe à vendre

Algonac et, à cinquante ans, décide en 1860 de repartir pour la Chine. Cette fois-ci, son quartier général est à Hong Kong, où il achète du thé et vend de l'opium. Pendant trois ans, il vit de l'autre côté de la planète, tandis que sa famille l'attend à Algonac. Il engrange de substantiels profits, d'autant plus substantiels qu'à présent les hôpitaux américains doivent faire face à l'afflux des blessés de la guerre de Sécession et achètent de grosses quantités d'opium qu'ils utilisent sous forme de morphine. En juin 1862, Delano fait venir sa femme et ses sept enfants (âgés de seize à deux ans) : 128 jours de navigation, une température de 45 degrés sur la mer de Chine… bref, un voyage inoubliable qui enrichit la saga familiale. Quand les Delano finissent par rentrer en Amérique, la vie reprend à Algonac, cette fois sans mauvaise surprise, car Warren a mieux su placer ses économies et laissera à sa mort un million de dollars, trois fois plus que James Roosevelt[6].

Algonac

Algonac[7] est dominé par Warren qui impose à tous et à toutes ses opinions, son mode de vie, ses lubies. Catherine et ses enfants vivent dans l'adoration du père. Il soutient entre autres choses qu'il faut manger du beurre pour éviter la tuberculose, et que les démocrates, à ses yeux, sont tous des canailles. Les parents tiennent avec soin un Journal dans lequel ils notent chaque événement, une habitude que conservera Sara Roosevelt. Ils ont l'habitude de lire à haute voix dans le salon. Ils apprennent à leurs enfants à ne pas incommoder les autres par l'expression de la douleur ou la mention d'ennuis personnels. Ensemble, ils forment un univers à part qui, le temps d'une villégiature, se disperse aux quatre coins du monde. Par exemple, Sara visite à douze ans l'Exposition universelle de Paris où elle aperçoit l'impératrice Eugénie, le tsar Alexandre II et Guillaume Ier de Prusse. Avec ses parents elle habite Dresde quelques mois.

A dix-huit ans, elle fait ses débuts dans la société. Des débuts remarqués, car, avec ses quatre sœurs, elle offre le spectacle de la grâce et de la beauté. Les soupirants ne manquent pas, mais Warren Delano veille. Sara a vingt-six ans, quand elle rencontre James Roosevelt. Epouser un homme de cinquante-deux ans ? Warren Delano n'est pas favorable à ce projet. Non point qu'il n'aime pas ce soupirant-là, mais la différence d'âge l'inquiète. A quoi son entourage fait observer que lui-même a épousé à trente-sept ans une jeune fille de dix-huit ans. Delano se résigne, d'autant que Sara court le risque, si elle n'accepte pas la proposition de James, de n'en avoir plus d'autre.

Le mariage a lieu à Algonac. Les chroniqueurs mondains des journaux de New York citent les invités, décrivent le déroulement et s'extasient sur la toilette de la mariée. James et Sara passent un mois à Hyde Park, puis partent en voyage de noces pour l'Europe : Londres, Paris, Marseille, Cannes, Nice, Monte-Carlo, la riviera italienne, Venise... « Nous avons fait de nombreuses visites dans les musées, rapporte Sara dans son *Journal*. Nous sommes allés à Fiesole. (...) Nous avons déjeuné avec notre consul, le colonel Schuyler Crosby, dîné avec les John Bigelow, passé une charmante soirée avec les Charlie Woolsey. Nous nous sommes promenés dans les jardins de Boboli et fait beaucoup de choses agréables. »

Franklin en son monde

Hyde Park, le sanctuaire, le bercail, le quartier général. C'est là que Franklin est né, qu'il a passé la plus

grande partie de son enfance, qu'il est revenu régulièrement dans les années les plus animées de sa vie politique, qu'il est enterré et que ses archives ont été
rassemblées. En un mot, Franklin Roosevelt de Hyde
Park, comme on dit Theodore Roosevelt d'Oyster Bay.
James et Rebecca avaient choisi de s'installer à Mount
Hope, la retraite d'Isaac. Mais en 1865, au cours d'un de
leurs séjours en Europe, Mount Hope a disparu dans un
gigantesque incendie, peut-être allumé volontairement
par un domestique. James a vendu le terrain pour
45 000 dollars et acheté, pour le même prix, un autre
terrain le long de l'Hudson, à trois kilomètres au nord.
Au fil des années, il étend sa propriété qui finit par couvrir 400 hectares. Springwood devient Hyde Park. James
est alors une sorte de seigneur qui exerce sa bienveillance sur des fermiers (en 1925, un quart de siècle
après sa mort, le village compte seulement neuf cents
habitants). Le but de James, c'est, une fois de plus, de
ressembler à un *gentleman farmer* anglais. Il surveille les
travaux des champs, en tire profit, siège au conseil
d'administration de l'Eglise épiscopalienne, laisse les fermiers libres de mener à leur guise leur vie politique, fait
des dons aux œuvres de charité. Il profite surtout des
avantages de la campagne, chasse, pêche, patine, monte
à cheval, pilote son bateau, reçoit des amis qui appartiennent au même milieu que lui. Hyde Park, sa tranquillité, sa sécurité, ses relations inégalitaires et tout à
fait acceptées, non loin de New York, la métropole où
débarquent des millions d'immigrants, sales, misérables,
incapables de s'exprimer en anglais – deux Amériques
qui se côtoient et s'ignorent.

A cet environnement ouaté Franklin Roosevelt a toujours témoigné un indéfectible attachement. Pour lui,
Hyde Park, c'est l'enracinement ; ce sont les bonnes
vieilles valeurs rurales qui n'ont rien à voir avec la
dépravation des villes ; de là également son intérêt

constant pour les saisons et les cultures. De Harvard, il écrit à sa mère qu'il rentrera dimanche « pour être à la maison avant que les arbres ne se dénudent ». Gouverneur de l'Etat de New York, il interdira aux Ponts-et-Chaussées de rectifier les courbes de la route, de déplacer la moindre pierre des murs, de toucher aux arbres. Président des Etats-Unis, il s'inquiétera de la mise en vente d'un terrain voisin qui pourrait devenir un centre commercial et actionne la machine gouvernementale pour sauver Hyde Park, où sa passion pour la végétation le poussera à planter 220 000 arbres. C'est dire combien Roosevelt est lié à Hyde Park, à ses voisins – qui, pourtant, ne soutiendront pas l'homme politique –, à la terre au point de vouloir se faire passer pour un fermier.

Le monde de son enfance est peuplé de serviteurs en tous genres, de cochers, de chauffeurs, de jardiniers, de cuisiniers, sans oublier les nurses et les gouvernantes. Sa préceptrice est suisse. Mlle Jeanne Sandoz enseigne, en français, au petit Franklin l'arithmétique, les sciences, la poésie, l'histoire et lui donne aussi des leçons d'anglais et d'allemand. A onze ans, tout naturellement, il écrit en français une lettre qu'il envoie à Mlle Sandoz, en vacances en Suisse : « Chère Mademoiselle, quelle sorte de voyage avez-vous eu ? La mer était-elle très agitée ? Combien et quelle sorte de personnes aviez-vous dans votre cabine ? Et combien le voyage a-t-il coûté ? Avez-vous eu le mal de mer ? J'espère que vous [avez] trouvé vos amis bien en Suisse. Mlle Inkstand n'est pas du tout gentille. Elle vient de la Chine. [...] J'aimerais bien savoir qui est le président de la Suisse. Est-ce qu'il y a un représentant de chaque canton dans l'Assemblée fédérale ? Combien de conseils y a-t-il dans l'Assemblée fédérale et combien de sénateurs pour chaque canton ? Il faut que je sorte maintenant. Espérant que vous répondrez à toutes mes questions, je suis votre fidèle Tlevesoor[8]. »

Au-dessus de ce monde, le père et la mère. Jusqu'en 1890, James conserve, en dépit de son âge, une excellente santé. Il prend soin de son fils, l'initie aux activités de plein air et refuse obstinément de tenir le rôle d'un gendarme. James découvre avec son deuxième fils l'art d'être grand-père. Puis, il tombe malade : une faiblesse cardiaque qui ne fera qu'empirer et finira, dix ans plus tard, par l'emporter. Dès lors, sa présence se fait plus discrète. Il est le malade que Sara et Franklin soignent, auquel il convient d'éviter les chocs affectifs. On le choie, on le protège. Sara est un tout autre personnage. Elle a hérité de Warren Delano le sens de l'autorité, en impose à tous et continuera d'en imposer jusqu'à 1941, l'année de sa mort. Elle sait ce qu'elle veut et le fait savoir. Par exemple, elle n'aime pas le genre de vie de Rosy[9], le premier fils de James, qui a le même âge qu'elle ; il a épousé une fille Astor et fait du désœuvrement et des passe-temps luxueux les deux piliers de son existence.

Sara ne cesse de veiller attentivement sur chacun des instants de la vie de son fils. Peut-être reporte-t-elle sur Franklin l'affection qu'elle a éprouvée ou qu'elle n'aurait jamais vraiment éprouvée pour James. Pour dépeindre son emprise, le mot « autocrate » est celui qui revient le plus souvent. Dans les détails, d'abord. A huit ans et demi, Franklin écrit avec enthousiasme à son père : « Maman est partie ce matin et je vais prendre un bain tout seul. » Enfin ! Dans les domaines fondamentaux, Sara veut faire de son fils un gentleman qui aurait le sens des responsabilités. Son oncle lui offre-t-il un poney ? Ce sera, précisent les parents, à condition que le jeune garçon paie de sa poche la nourriture de l'animal. L'enfant, qui vit dans le monde des adultes, doit se comporter comme un adulte. L'enseignement pratique et la littérature l'aideront à emprunter cette voie difficile. Pas question de le punir par des châtiments corporels ; la fessée n'existe pas. Le père, plutôt la mère, réprimande, en cas de nécessité. Un jour, Franklin et Sara jouent aux petits chevaux. La mère gagne la partie. Le fils demande à changer de chevaux, mais perd une deuxième fois et quitte alors la table, furieux. Sara ramasse les pièces et annonce avec fermeté qu'elle ne jouera plus avec lui tant qu'il n'acceptera pas calmement la défaite. Le jeune garçon a quelquefois des accès d'humeur. « Je suis malheureux », dit-il à sa mère. Elle lui demande ce qui lui manque. « La liberté », répond-il. Soit. Promesse est faite de ne plus lui imposer aucune règle. Franklin pourra faire ce qu'il veut, aller où il veut. Le soir, il rentre à la maison, « très sale, fatigué (…), prêt à se jeter sur son lit ». Résultat : « Le jour suivant, de son propre mouvement, il reprit la routine quotidienne[10]. »

A vrai dire, les distractions ne manquent pas. Franklin joue souvent avec les enfants des voisins et des fermiers, tout en apprenant très vite quelle place il occupe dans la société. Des visiteurs viennent, de temps à autre, à Hyde Park, parmi lesquels une petite fille qui est sa cousine éloignée, Eleanor, la fille de son parrain. Ou bien de vastes réunions familiales se tiennent à Algonac, chez le grand-père Delano, où l'enfant rencontre une multitude de cousins et de cousines. L'été, Sara et James emmènent leur fils à Campobello, une île au large des côtes du Maine où les Roosevelt ont une propriété. La lecture est l'un de ses passe-temps favoris. Franklin lit des ouvrages d'histoire, les livres de Rudyard Kipling, *Les Aventures de Robinson Crusoé*, des magazines scientifiques et même le dictionnaire.

La découverte de l'Europe

Les voyages en Europe sont fréquents. A trois ans, lors de son premier retour aux Etats-Unis, il manque périr noyé quand le paquebot est sur le point de sombrer. D'autres traversées suivront. James est persuadé que les cures thermales lui font du bien et que rien ne vaut les stations allemandes. C'est à Bad Nauheim que Franklin a l'occasion d'aller, l'espace de quelques mois, dans une école publique. Les séjours à l'étranger développent sa connaissance du français et de l'allemand. Mais le jeune garçon partage les préjugés de ses parents : les Allemands sont grossiers, les Français, charmants et légers, les Anglais exercent une véritable domination sur la culture. Aux Etats-Unis, le wagon privé de James transporte la famille en différents lieux. Les Roosevelt visitent Washington en 1887. James est un ami du président Grover Cleveland, et toute la famille est reçue à la Maison Blanche. Cleveland souhaite que James accepte le poste de ministre des Etats-Unis en Hollande. Roosevelt refuse pour lui-même, mais obtient, en revanche, que Rosy soit envoyé à Vienne comme premier secrétaire d'ambassade. Au terme d'un dîner amical à la Maison Blanche, le président met sa main sur la tête de Franklin et prononce des mots prophétiques : « Mon petit bonhomme, je fais pour toi un souhait étrange. C'est que tu ne sois jamais président des Etats-Unis[11]. » S'il a vraiment tenu ces propos, il a dû étonner les parents du « petit bonhomme », qui n'avaient jamais songé qu'une si horrible chose puisse arriver à leur Franklin. « L'idéal le plus élevé que je pouvais concevoir pour notre garçon, déclarera plus tard Sara, c'est qu'il grandisse et ressemble à son père, un Américain honnête et honorable, juste et aimable, un excellent Américain. »

Encore un trait de caractère de Franklin, qui apparaît très tôt : il adore les collections de timbres, d'oiseaux empaillés, d'estampes navales. Ce goût repose sur des activités auxquelles il s'adonne régulièrement avec enthousiasme : la chasse et l'ornithologie, la lecture d'ouvrages géographiques. D'après son médecin personnel, le président possédera 150 albums de timbres et passera plus de 2 000 heures à les classer au cours de ses trois mandats présidentiels. Il n'aura pas moins de 15 000 livres (dont 2 500 sur la seule histoire de la marine américaine), 1 200 estampes et 37 albums de photos représentant des bateaux[12]. Influence des aventures maritimes des Delano ? De leur avidité à tout noter et à tout conserver ? Influence du père qui a initié son fils aux joies du yachting ? Effet d'une enfance plutôt solitaire ? Volonté d'échapper à l'autocratie maternelle ? Sur ce dernier point, il convient de ne pas noircir le tableau. Franklin n'a pas eu une jeunesse malheureuse, au contraire. Il a su s'adapter aux conditions particulières de son existence, aux faveurs que la fortune familiale lui a dispensées, à la présence un peu pesante de sa mère. Il a su jouer de son charme naturel, de ses talents de séducteur, de son humour pour obtenir ce qu'il souhaitait. Bref, il a gardé un souvenir brillant, extraordinairement agréable de cette période de sa vie qui s'achève en 1896.

A Groton

A quatorze ans, Franklin entre à Groton, une école située dans le Massachusetts, qui prépare à l'enseignement universitaire. Deux ans plus tard que les autres pensionnaires, car ses parents ont préféré le garder un peu plus longtemps à Hyde Park. L'école vient d'être fondée par le Révérend Endicott Peabody. Le « recteur » Peabody appartient à la bonne société. Son père a représenté la banque Morgan à Londres, sa cousine a épousé Theodore Roosevelt. Et les Peabody s'enorgueillissent d'avoir débarqué en Nouvelle-Angleterre au XVIIᵉ siècle. Le « recteur » a passé sa jeunesse en Angleterre où il a admiré les collèges privés et l'Eglise anglicane. Devenu

pasteur épiscopalien, le voici à la tête de la communauté
de Tombstone, dans l'Arizona, la bourgade dans laquelle
a eu lieu « le règlement de comptes d'OK Corral ». Rien
à voir, on le devine, avec la *gentry* anglaise. En 1883, il
obtient de John Pierpont Morgan une donation d'une
quinzaine d'hectares à 50 kilomètres au nord de Boston,
réunit les sommes nécessaires pour construire des bâtiments de brique rouge et ouvre l'école dont il rêve
depuis longtemps. Les inscriptions ont commencé avant
même que ne soient jetées les fondations. Les familles
qui « comptent dans la société » de Boston, de New York
ou de Philadelphie tiennent à y envoyer leurs fils. Franklin Roosevelt y a été inscrit dès l'âge de dix-huit mois !
De grands noms l'ont précédé ou le suivront : Averell
Harriman, Dean Acheson, Sumner Welles[13].

Très vite Groton est devenu une pépinière pour les
élites américaines. Le programme de Peabody est original pour les Etats-Unis : une scolarité de six années, des
classes à effectifs réduits (moins de trente élèves), point
de brimades à l'anglaise comme le fouet ou la soumission aux aînés, mais la volonté « de cultiver le caractère
viril et chrétien, compte tenu du développement moral,
physique et intellectuel ». L'une des idées majeures du
fondateur est d'inculquer à ses élèves la notion de service : servir Dieu, son Eglise, ses semblables, son pays.
Peu importe que l'on soit riche et puissant. L'essentiel est
de ne pas oublier ce que l'on doit à la société et à
l'humanité tout entière. Ce que Frank Freidel appelle
« son fonds tory » et « ses penchants socialistes ». De là,
l'insistance de Peabody à inviter à l'école des conféren-
ciers qui attirent l'attention des élèves sur la pauvreté
des villes, sur la situation religieuse en Chine, sur la
guerre des Boers. Dans le domaine des convictions,
Peabody n'est pas l'homme des états d'âme ni des discussions byzantines. Sa foi est simple autant qu'inébranlable. Son caractère, un peu rude, a de quoi surprendre,

surtout un garçon qui, pendant les quatorze premières
années de sa vie, n'a pas quitté l'atmosphère feutrée de
Hyde Park. Les coupables, par exemple, ceux qui ont
enfreint le règlement de l'école, sont invités à se rendre
dans le bureau du « recteur » et savent qu'ils vont affronter une épreuve pénible. L'anglomanie est omniprésente.
Pour le dîner, les pensionnaires doivent mettre une chemise blanche, une cravate et des chaussures noires. Sur
le trottoir en bois qui relie le dortoir aux salles de cours,
la priorité revient aux anciens. Le vocabulaire scolaire,
les sports sont plus anglais qu'américains. Les élèves qui
n'ont pas respecté les traditions sont placés sous un robi-
net d'eau froide ou enfermés dans un placard.

Franklin Roosevelt s'est-il bien adapté à cette vie ?
« Tant que je vivrai, déclarera-t-il, l'influence du Dr et de
Mrs. Peabody est et sera plus forte que celle de quiconque excepté mon père et ma mère. » En fait, son intégration est progressive. Ses résultats scolaires sont bons
en français et en allemand, médiocres en anglais, faibles
en grec. Dans le domaine des sciences et dans celui de
l'économie, il est moyen, sans plus. D'ailleurs, à Groton,
un esprit trop brillant crée l'embarras, en particulier
l'embarras de se mettre trop en vue, alors que l'idéal est
à la discrétion. En revanche, Franklin chante bien, se fait
admettre peu à peu par ses camarades qui, eux, fréquentent l'Ecole depuis l'âge de douze ans et parvient, non
sans mal, à obtenir une place dans l'équipe de football ;
il se livre aussi aux plaisirs du ski et de la luge.

En fait, Franklin prend confiance en lui-même. Il
participe activement aux débats que l'école organise,
s'enflamme en 1898 contre l'Espagne qui opprime Cuba,
assiste avec ravissement à la conférence que Theodore
Roosevelt, alors secrétaire-adjoint à la Marine, donne à
Groton, lit les œuvres de l'amiral Mahan[14] et termine sa
scolarité en 1899. Il a reçu comme prix de latin les quarante volumes des œuvres de Shakespeare. La bataille

est finie et gagnée, mais sa nostalgie est évidente :
« Jamais plus nous n'entendrons les déclamations dans
la vieille école. Plus d'un garçon souhaiterait redevenir
un élève de première année. » Le « recteur », qui
jusqu'à sa mort conservera de l'amitié pour son disciple, note sur le dernier bulletin : « Il a été un étudiant
parfaitement loyal et un élève très satisfaisant tout au
long de son séjour. C'est avec regret que je quitte Franklin. » Il n'est pas sûr, en revanche, que Franklin ait
noué à l'école de solides amitiés. La plupart des Grotoniens deviendront banquiers ou hommes d'affaires et
voteront pour le parti républicain, très rarement pour
Roosevelt.

A Harvard

Etape suivante : Harvard. La plus ancienne des universités américaines continuait à jouir d'une extraordinaire réputation. Sous la présidence de Charles Eliot,
une pléiade d'illustres professeurs, parmi lesquels les
philosophes William James et George Santayana, les historiens Edward Channing et Frederick Jackson Turner,
formaient des étudiants promis au plus bel avenir. Un
demi-siècle auparavant, James Roosevelt y avait fait son
droit. Theodore Roosevelt était lui aussi diplômé de Harvard. Somme toute, la tradition familiale, la pression
sociale, l'attrait d'une institution prestigieuse expliquent
le choix du jeune Franklin et de ses parents. Comme
l'argent ne lui manque pas, il n'est pas question qu'il
vive à la dure avec des étudiants moins fortunés. En
compagnie d'un ami de Groton, il loue un appartement
dans l'une des belles résidences qui portent le surnom
significatif de Gold Coast (la Côte de l'Or). Bien
entendu, on se retrouve entre Grotoniens, ne fût-ce que
pour évoquer le bon vieux temps du « recteur ».

Mais surviennent brusquement des bouleversements dans la vie familiale. Le cousin Theodore, qui a fait une superbe guerre contre les méchants Espagnols de Cuba, est élu, en novembre 1900, à la vice-présidence des Etats-Unis. Franklin n'a pas encore l'âge de voter, mais il a clamé son soutien au candidat, et son père, traditionnellement démocrate, a rompu avec ses habitudes pour voter républicain.

Second événement : la santé de James Roosevelt décline très sensiblement. Les vacances de l'été 1900 à Campobello sont les dernières où la famille se réunit au complet. Sara est de plus en plus préoccupée par son « cher invalide », qu'elle installe pour un temps en Caroline du Sud. Fin novembre, après un nouvel accident cardiaque, James rentre à New York avec Sara pour se rapprocher de ses médecins. Le 5 décembre, Franklin, appelé de toute urgence par sa mère, se précipite à New York, bientôt rejoint par Rosy, son demi-frère. James meurt le 8 au matin. L'enterrement a lieu à Hyde Park, dans le caveau que le défunt a fait creuser pour sa première femme et lui-même. Franklin est certainement très affecté, mais, à son âge, dans la situation d'un étudiant qui découvre Harvard et les plaisirs d'une vie indépendante, les distractions ne manquent pas. Il semble bien, surtout, que l'avenir de sa mère ait été son souci primordial. A quarante-six ans, pleine d'une énergie qu'elle a consacrée à son mari, Sara est soudainement privée de ses tâches essentielles. La grande maison de Hyde Park est vide. Riche grâce à ce que lui ont légué James et Warren Delano, elle n'a pas la moindre intention de se remarier. Elle n'a pas davantage l'habitude de se plaindre ni même de montrer son chagrin. Il n'empêche que de lourdes responsabilités pèsent désormais sur ses épaules.

La mère et le fils se rapprochent encore. En compagnie de quelques amis, ils vont passer l'été de 1901 en

Europe. Dix semaines d'éloignement qui leur donnent l'occasion de rencontrer l'empereur Guillaume II et d'être invités sur son yacht, d'aller à Dresde où Sara évoque ses souvenirs d'enfance, de passer par Zurich, Genève et Paris. C'est à Paris qu'ils apprennent que le président William McKinley a été grièvement blessé par un anarchiste. Aux abords des côtes américaines, une nouvelle les attend : McKinley est mort et le cousin Theodore est maintenant président des Etats-Unis.

Pour Sara, le retour de Franklin à Harvard est difficile à supporter. Elle a beau suivre pas à pas ce qu'il fait, en prendre note dans son journal, applaudir à ses succès et sous-estimer ses insuccès, épousseter la collection d'animaux empaillés, elle n'en peut plus. Elle décide alors, en mars 1903, de déménager à Boston, chez des amis. Elle y reste deux mois. Franklin lui rend des visites régulières, l'accompagne au théâtre et dans ses promenades. Quand il a un empêchement, elle ne proteste pas, mais n'en pense pas moins. Pendant l'été, le jeune homme part en vacances avec un ami, sans elle. Petit drame familial. On n'en finirait pas de disséquer au scalpel leurs relations, des relations de tendresse réciproque, de retenue, d'impatience quelquefois de la part du fils, d'exigences de la part de la mère. Ce qui demeure, c'est que Franklin est devenu le centre vital des intérêts de Sara. Sa vie à elle ne prend un sens que si elle est liée à sa vie à lui. Au moment où, à vingt et un ans, Franklin se sent des ailes, le besoin d'une indépendance totale et l'absolue volonté de ne rien brusquer. Elle, c'est lui. Lui, ce n'est pas seulement elle.

Ce n'est pas que les cours le passionnent. Sans doute reste-t-il à Harvard jusqu'en 1904, alors que son passage par Groton lui a fait gagner une année et qu'il a obtenu son B.A. (le *Bachelor of Arts*, l'équivalent, toutes proportions gardées, du diplôme de premier cycle de l'enseignement supérieur) en 1903. Mais, quand un professeur aussi célèbre que Turner vient à Harvard donner des conférences sur l'histoire de la Frontière, Roosevelt préfère partir en croisière dans les Antilles[15]. Le reste est à l'avenant. Il ne court pas le risque d'échouer et ne fait pas l'effort d'essayer de réussir brillamment. L'abstraction le rebute, tout ce qui n'a pas d'application immédiate et directe lui paraît inutile. Les cours, dit-il à son compagnon de chambre, sont « comme une lampe électrique qui n'a pas de fil. L'ampoule est utile pour avoir de la lumière, mais elle ne sert à rien si on ne peut pas l'allumer ». Plus tard, lorsqu'il racontera son séjour à Harvard, il ne mentionnera que les plaisanteries, les « coups fumants », les canulars – à commencer par l'histoire de ce professeur d'anglais qui, trop myope, n'avait pas vu que l'un après l'autre, ses étudiants avaient enjambé la fenêtre pour aller se promener dans le jardin.

En fait, les traits saillants de la carrière universitaire de Franklin Roosevelt tiennent en deux mots : le *Crimson* et le Porcellian. Le *Crimson*, c'est le journal des étudiants de Harvard. Roosevelt fait partie de la rédaction, grimpe les échelons de la hiérarchie et finit en 1904 par présider à ses destinées. C'est même pour cela qu'il a prolongé d'une année son passage à l'université. La légende veut qu'il ait obtenu deux *scoops*. Le premier, quand, avec un toupet étonnant, il demande au président de l'Université, à l'automne de 1900, pour qui il votera aux prochaines élections présidentielles et obtient une réponse qu'il s'empresse de publier. En fait, Roosevelt reconnaîtra que le *scoop* aurait dû être attribué à un autre. Le deuxième concerne le cousin Theodore. Au printemps de 1901, Franklin apprend que le vice-président viendra faire une conférence sur le campus et diffuse la nouvelle. A vrai dire, les activités journalistiques de Roosevelt sont plus terre à terre. Il gère, encourage les équipes sportives, rédige des éditoriaux

sur la vie des étudiants. L'énergie dont il manque pour
briller sur un terrain de football ou derrière des avirons,
il l'utilise pour diriger le journal.

L'affaire du Porcellian est plus complexe. Le Porcellian
est un club d'étudiants très fermé, dans lequel on n'est
admis qu'après avoir été élu par les membres ; James et
Theodore Roosevelt y ont siégé. Franklin n'est pas
admis, on ne sait pourquoi. A-t-il été victime d'une réaction antigrotonienne ? Lui a-t-on reproché d'être exagérément studieux, comme le croyait sa mère ? Toujours
est-il qu'il ne s'en est jamais consolé. Quinze ans plus
tard, alors qu'il fait partie du gouvernement des Etats-
Unis, il parlera encore de cet échec comme de « la plus
grande déception de ma vie[16] ». D'après Eleanor, cela lui
a donné « un complexe d'infériorité ». C'est, en tout cas,
une preuve incontestable de l'immense intérêt qu'il
manifeste pour les activités sociales en général, pour
l'estime des autres en particulier.

L'enfance d'Eleanor

Une préoccupation, autrement plus importante,
occupe son esprit au cours de l'hiver 1903-1904. Pour la
fête de Thanksgiving, la famille Delano est réunie à Fairhaven dans le Massachusetts. Franklin prend sa mère à
part et lui annonce « une nouvelle tout à fait étonnante ». Il va se marier. Sara en est bouleversée. Quoi !
ce garçon de vingt et un ans, bien bâti, plein de dynamisme, qui n'a même pas fini sa scolarité à Harvard, sur
lequel elle comptait pour combattre la solitude, « son »
Franklin est sur le point de fonder une famille ! « Ma
très chère maman, lui écrit-il. Je sais le chagrin que je
t'ai causé et je m'en serais gardé, si j'avais pu l'éviter. Je
me connais et depuis longtemps. Je sais que je ne chan-
gerai pas de sentiments. (…) Je suis l'homme le plus

heureux du monde, le plus chanceux également. Tu sais, chère maman, qu'entre nous rien ne changera de ce que nous avons été et de ce que nous serons l'un pour l'autre. Seulement, à présent, tu auras deux enfants à aimer et qui t'aimeront. Eleanor, tu le sais, sera dans tous les sens du mot une fille pour toi[17]. » Si au moins Sara pouvait élever d'irréfutables critiques contre le choix de son fils… Impossible… Eleanor Roosevelt est irréprochable. Elle est exactement la femme qui conviendrait à Franklin, s'il avait l'âge de se marier.

Elle est née en 1884[18]. Son père, Elliott Roosevelt, le frère cadet de Theodore, a été, on s'en souvient, le parrain de Franklin. Sa mère, Anna Hall, a ébloui la société new-yorkaise par sa grâce et sa beauté, après avoir été élevée, sur les bords de l'Hudson, dans l'une des familles les plus anciennes de New York. Anna et Elliott se sont beaucoup aimés. Leur mariage, célébré le 1er décembre 1883, a été « l'un des plus brillants événements sociaux de l'année ». Theodore a servi de témoin. Dans la foule des invités, il y avait James et Sara Roosevelt, les cousins de Hyde Park. Les jeunes mariés ont commencé par mener la grande vie : réceptions, bals, voyages à l'étranger, sports de l'élite fortunée. Mais, peu après la naissance d'Eleanor, Elliott s'est métamorphosé. A vrai dire, il n'a jamais eu l'énergie dévastatrice de Theodore. De santé fragile, attiré par les mondanités plus que par des activités régulières, il n'avait certainement pas l'ambition de tenir un rôle politique ni même d'accroître une fortune déjà considérable.

Au printemps de 1887, Elliott décide d'abandonner les fonctions, pourtant honorifiques, qu'il occupe chez son beau-frère pour s'adonner entièrement à l'équitation et à l'alcool. Anna ne réussit pas à le retenir sur cette pente dangereuse. Tout comme elle est impuissante face aux innombrables aventures sentimentales, dans lesquelles se lance Elliott aux Etats-Unis comme en France. La naissance d'un garçon, lui aussi prénommé Elliott, n'y fait rien, ni celle d'un troisième enfant, un garçon également, Hall. De temps à autre, Elliott promet de revenir sur le droit chemin. Serments d'ivrogne, et bientôt promesses de drogué. La déchéance continue. Anna refuse de vivre plus longtemps avec son mari, que sa famille envoie dans le Sud pour qu'il s'y refasse une santé et une réputation. Peine perdue. Les enfants, restés auprès de leur mère, aperçoivent de temps à autre leur père, une sorte d'exilé, un fantôme qu'on maintient à distance respectable. En 1892, à vingt-huit ans, Anna subit une opération chirurgicale, contracte la diphtérie et en meurt. Les deux enfants survivants (le petit Elliott est mort en 1891) sont confiés à la grand-mère Hall. Quant au père, toujours interdit de séjour, il sombre dans le *delirium tremens*. Selon Theodore, Elliott buvait six litres d'alcool chaque matin... En août 1894, il meurt à son tour, au terme d'une vie ratée de trente-quatre ans.

Comment de tels drames n'auraient-ils pas marqué Eleanor ? Elle a d'abord été une petite fille heureuse, en particulier auprès de son père, si prestigieux à ses yeux, qui jouait avec elle et lui a toujours témoigné une profonde affection. Anna, elle, était plus distante. Parfois, elle se moquait d'Eleanor qu'elle jugeait trop sérieuse, sinon triste, et qu'elle appelait : « Grand-mère ». Très tôt, la fillette a été habitée par la peur : peur de la mer, à la suite d'un quasi-naufrage dont elle fut victime avec ses parents ; peur d'être séparée des personnes qu'elle aime, notamment son père qu'elle continue de placer au-dessus de tous malgré les critiques dont il est l'objet ; peur de manquer d'affection. A douze ans, la voilà orpheline. Sa grand-mère n'est pas une mauvaise femme. Le reproche qu'on pourrait lui adresser, c'est d'assumer ses multiples et lourdes responsabilités avec difficulté. Ses filles ont les problèmes de leur âge, ses fils se laissent aller, eux aussi, à l'alcoolisme et transforment parfois la propriété familiale de Tivoli en champ de tir. La grand-mère tâche de régenter la maisonnée tant bien que mal, plutôt mal que bien. Il lui reste peu de temps ou peu de sentiments pour dispenser l'affection qu'Eleanor et son jeune frère réclament.

Eleanor cherche refuge dans l'étude. Elle s'y livre avec détermination et intelligence. Elle apprend le français, lit beaucoup de poésie, rêve davantage. Quelques visites à l'extérieur lui apportent réconfort et distraction, par exemple à Oyster Bay, chez l'oncle Theodore. Elle sait qu'elle n'a pas la beauté de sa mère, et son entourage le lui fait comprendre. Une dentition proéminente, un menton un peu trop effacé : « Pauvre chère âme, dit l'une de ses tantes. Elle est très simple. Ni sa bouche ni ses dents n'ont, semble-t-il, le moindre avenir. Mais il se pourrait que le vilain petit canard se mue en cygne[19]. » En fait, le vilain petit canard n'est pas dépourvu de charme ni d'élégance, d'intelligence ni de caractère. Encore faudrait-il les mettre en valeur.

A l'âge de quinze ans, Eleanor part pour l'Angleterre où, trois années durant, elle est pensionnaire dans une école créée et dirigée par une Française, Marie Souvestre. C'est sans doute la première chance de sa vie. Mlle Souvestre, qui a eu pour élève en France la sœur aînée de Theodore et d'Elliott, exerce une profonde influence sur Eleanor. D'abord, elle lui donne confiance en elle-même. La jeune fille prend conscience qu'elle existe en tant que personne, puisque quelqu'un d'autre suit ses progrès, la conseille, veille sur son instruction et sur sa toilette. Allenswood, c'est un peu le Groton des jeunes filles. On y pratique le même mode de vie réglé, voire spartiate. On y donne la même importance à la vie du groupe. Le directeur, ici la directrice, exerce la même autorité souveraine. Avec, toutefois, un je-ne-sais-quoi de moins rigoureux, une pointe d'affection dont Eleanor ressent le besoin. De plus, Mlle Souvestre ouvre l'esprit de ses pensionnaires aux réalités du monde qui les entoure. Elle suit passionnément l'affaire Dreyfus, les progrès des syndicats, la guerre des Boers, dans laquelle elle prend parti contre les Anglais. A ses côtés, Eleanor visite Florence, puis la France, la Belgique, l'Allemagne... Des liens étroits se nouent entre les deux femmes. La directrice avoue qu'elle éprouve pour son élève un sentiment maternel. Eleanor nage dans le bonheur. « J'ai passé ici trois années qui ont été les années les plus heureuses de ma vie », reconnaît-elle. Et Marie Souvestre écrit en 1902 à la grand-mère Hall : « Plus je la connais, plus je comprends quelle petite-fille indispensable et dévouée elle sera pour vous. Quant à moi, comme son départ laissera un trou dans ma vie ! » Dans le dernier bulletin qu'elle rédige, elle ajoute : « Elinor (*sic*) a eu une admirable influence sur l'école. Elle a gagné l'affection de beaucoup et le respect de toutes. Je ressens personnellement la perte d'une véritable amie[20]. »

Le coup de foudre

Grand-mère Hall ne souhaite pas qu'Eleanor retourne en Angleterre pour une quatrième année. A dix-huit ans, toute jeune fille de bonne famille doit faire « ses débuts ». Dès lors, la chasse aux maris est ouverte. Eleanor n'échappera pas à la règle. En décembre 1902, elle paraît au grand bal du Waldorf, revêtue d'une robe qui a été tout exprès commandée à Paris, intimidée et gauche, effrayée à l'idée qu'elle pourrait faire tapisserie à cause des beautés présentes et de son incapacité à danser avec grâce. Elle a retrouvé par hasard, une quinzaine de jours auparavant, son cousin Franklin qu'elle avait rencontré une ou deux fois dans son enfance et qu'elle a revu plusieurs fois au long de l'année 1902. Un beau garçon, ce Franklin, avec sa haute taille (1,83 m), bien dans sa peau, charmant et charmeur, jamais à court de plaisanteries, sans prétention ni vulgarité. Lui aussi a été séduit. Il l'a invitée à déjeuner, mais jamais en tête à tête, car une jeune fille de cette époque ne saurait, en quelque lieu que ce soit, rencontrer seule à seul un jeune homme. Dans son journal personnel, Franklin tient la comptabilité de ses rencontres et pousse des exclamations d'enthousiasme et de joie qui ne laissent pas de doutes sur ses sentiments.

Le plus extraordinaire ne réside pas dans l'idylle naissante, mais dans sa discrétion, voire sa clandestinité. Sara Roosevelt, alors installée à Boston pour être plus près de son fils, n'a rien deviné. Franklin a fait inviter Eleanor à Hyde Park avec d'autres amis et d'autres cousins : sa mère n'a rien compris. En dépit d'une intuition, d'une affection dévorante et d'une perspicacité toujours en éveil, elle n'a pas senti les changements qui annonçaient que son fils était amoureux. Ce qu'elle a appris à la fin du dîner familial de Thanksgiving l'a stupéfiée.

Toutefois, une question se pose. Franklin aime Eleanor, soit. Pourquoi l'épouser tout de suite, alors que son père s'est marié pour la première fois à vingt-cinq ans et Warren Delano dans la trentaine ? Il est vrai également que l'éducation sentimentale de Franklin paraît fort courte. Dans son adolescence, il n'a manifesté aucun intérêt particulier pour les filles – les conditions de vie à Groton ne s'y prêtaient pas. Peut-être même ont-elles renforcé chez les garçons un complexe de supériorité, en tout cas une réelle indifférence. A Harvard, Franklin a donné tout son temps au *Crimson*, même s'il a montré de la sympathie pour l'une de ses cousines, pour la fille de Rosy, sa nièce, ou pour quelque jeune beauté. Alice Roosevelt, la fille de Theodore, qui n'a jamais mâché ses mots, dit de lui qu'« il était le genre de garçon qu'on invite au bal, mais pas à dîner, un bon petit fils à maman dont les amis étaient sans intérêt, qui appartenait aux clubs de second ordre et qu'on ne rencontrait jamais aux soirées vraiment gaies ».

Franklin a sans doute conçu une affection relativement profonde pour Alice Sohier, une jeune fille du monde, très belle, qu'il a souvent rencontrée en 1901 et 1902. Il se peut qu'ils aient parlé mariage, bien qu'en 1902 Alice n'ait eu que dix-sept ans. Franklin a confié à son amie qu'il souhaitait fonder une famille et avoir une ribambelle d'enfants. Alice a pris peur et redouté que des grossesses à répétition ne mettent sa vie en danger. Comme elle l'a déclaré plus tard, elle n'a pas voulu devenir une « vache ». L'idylle a tourné court, très peu de temps avant que les rencontres avec Eleanor se multiplient.

En elle, Franklin aime l'intelligence, les bonnes manières, l'intérêt qu'elle témoigne pour les gens et le monde. En lui, elle retrouve un peu de son père en ce qui concerne la séduction, elle découvre la stabilité, et un homme sur qui compter, une famille offrant le refuge tant recherché. Pas de doute : c'est un mariage d'amour et d'amour partagé. S'y ajoutent, quoique mineures, deux autres explications. En se mariant, Franklin accède au monde des adultes. Il crée un foyer dont il sera le pilier. Il proclame son indépendance à l'égard de sa mère. N'a-t-il pas déjà évoqué avec Alice la perspective d'un mariage ? Pour faire allusion dans son Journal aux sentiments qu'il éprouve pour Eleanor, il recourt à de mystérieux signes cryptographiques. Plusieurs fois, il affronte le mécontentement de sa mère, notamment en décidant de partir sans elle pour l'Europe. Autant de preuves qu'il a décidé de s'émanciper. De plus, Eleanor est la nièce de Theodore, « ma nièce favorite », a même dit le président des Etats-Unis. Franklin n'est pas un vulgaire arriviste qui voudrait par un beau mariage se préparer un bel avenir. Rien d'ailleurs ne laisse supposer

qu'il ait pensé, dès ce moment, à entreprendre une carrière politique. Mais pour les jeunes gens de sa génération, Theodore Roosevelt est un modèle prestigieux.
Unir Oyster Bay et Hyde Park, rien de plus exaltant.
Rien de plus normal aussi. Entre les deux branches de la
famille Roosevelt, il y a déjà eu des mariages et il y a des
liens d'affection. La décision de Franklin d'épouser Eleanor n'est ni irrationnelle ni stupide. Un coup de cœur,
oui ; un coup de tête, non.

Pour contraindre Sara à accepter sa décision, Franklin
fait montre d'une fermeté inébranlable. Il ne reviendra
pas sur son choix. Une attitude d'autant plus nécessaire
que Sara a pris, malgré tout, depuis longtemps l'habitude d'obéir aux hommes de son entourage, son père
d'abord, son mari ensuite. Les jeunes gens ont également recours à la séduction. Le 2 décembre 1903, Eleanor écrit à Sara : « Je sais ce que vous ressentez et
combien cela doit être dur, mais je voudrais que vous
appreniez à m'aimer un peu. Sachez que j'essaierai toujours de faire ce que vous souhaitez, parce que j'ai
appris, l'été dernier, à beaucoup vous aimer. Il m'est
impossible de vous dire ce que je ressens pour Franklin.
Tout ce que je puis dire, c'est que je souhaite me montrer toujours digne de lui[21]. » Dans ses conversations et
ses lettres, Sara n'en résiste pas moins pied à pied. En
février 1904, elle emmène son fils en croisière dans les
Antilles. Au fond d'elle-même, elle espère que la distance, l'absence, le temps le feront changer d'avis, qu'il
oubliera et reviendra à la vie d'antan. Peine perdue ! Au
retour, les deux jeunes gens tombent dans les bras l'un
de l'autre. Réaliste, Sara se résigne. Mais puisqu'Eleanor
accepte de se comporter en fille obéissante et dévouée,
elle, Sara, se conduira en mère. Jusqu'alors, elle avait un
fils unique. Désormais, elle aura un fils et une fille, sur
lesquels elle tâchera de conserver son influence. En
épousant Eleanor, Franklin a cru conquérir son indépen-

dance. Illusion. Il n'a certainement pas assuré l'indépendance de sa future femme…

Le mariage

Dernier acte : le mariage proprement dit. L'annonce en est faite le 1er décembre 1904. Entre-temps, Franklin et sa mère ont déménagé à New York, pour que Franklin puisse suivre les cours de droit à l'Université Columbia. Le président des Etats-Unis a pris la peine d'écrire à son cousin : « Cher Franklin. La bonne nouvelle nous a grandement réjouis. J'aime Eleanor comme si elle était ma fille. Je vous aime, je vous fais confiance et je crois en vous. Il n'y a pas d'autre succès dans la vie, ni la présidence ni rien d'autre, qui puisse se comparer avec la joie et le bonheur que donne l'amour d'un homme et d'une femme véritables[22]. » Et le président accepte de conduire sa nièce jusqu'à l'autel. La cérémonie aura lieu après l'entrée en fonctions du président, car il vient d'être réélu, donc en mars 1905. Ce sera le 17 très exactement : ce jour-là, le président vient à New York pour la fête de saint Patrick. Le service sera célébré par le Révérend Peabody. Les invités sont innombrables, les cadeaux aussi, parmi lesquels treize horloges ! Une seule fausse note, malgré tout amusante. Au cours de la réception, le président occupe la vedette. Il trône et tient l'auditoire sous le charme. On se presse autour de lui, et les mariés se retrouvent seuls, abandonnés. Ils font alors comme les autres et vont écouter les bonnes histoires de l'oncle Ted…

L'homme rangé

Dans la vie de Franklin Roosevelt, les années 1905-1910 manquent de faits saillants, comme si le jeune homme sombrait, corps et biens, dans la grisaille des mondanités et des joies familiales. Franklin poursuit ses études à Columbia, assiste distraitement aux cours, obtient des notes médiocres. Lors de sa première année, il avance une excuse : du droit et des fiançailles, c'est trop pour un seul homme, surtout que les préparatifs du mariage réclament son attention constante et que la lune de miel l'entraîne en Europe pour trois mois d'Angleterre en Italie, en passant par la France et l'Allemagne ! Mais les années suivantes ne sont pas meilleures. Selon Eleanor, « le droit qu'il étudie à Columbia ne le rendra jamais heureux, à moins que cela ne lui procure des contacts sociaux[23] ». En un mot, l'abstraction le rebute. Il aspire à entrer de plain-pied dans la vie active. A vrai dire, l'explication, exagérément bienveillante, ne convainc pas.

Au printemps de 1907, Franklin passe les examens d'entrée au barreau, sans s'acharner à obtenir son doctorat. Dans les meilleures facultés de droit, dira-t-il plus tard pour se justifier, ce n'est pas le droit qu'on apprend, mais une manière de penser. Il est recruté par un cabinet d'avocats d'affaires à New York, chez Carter, Ledyard et Milburn, dont les bureaux sont situés dans le quartier de Wall Street. Pas de salaire pendant la première année. Après quoi, une rémunération assez faible qui devrait augmenter progressivement. Au contact des réalités quotidiennes, Franklin montrera-t-il qu'il s'intéresse au droit appliqué ? Pas vraiment. Il écrit à la main une pseudo-notice publicitaire selon laquelle il dit avoir pour spécialité d'obtenir le recouvrement des factures impayées, de rédiger gratuitement pour les dames des considérations sur la prohibition des boissons alcoolisées, de chloroformer les chiens et d'éduquer les enfants suivant l'avis des grands-mères. C'est un canular de plus que complètent des épigrammes sur l'activité fébrile qui règne dans le cabinet. Franklin Roosevelt ne prend pas son travail au sérieux. Il n'y place pas davantage ses plus hautes ambitions.

Il faut préciser qu'il n'est pour l'instant qu'un apprenti-avocat à qui l'on confie des tâches subalternes. Il apprend beaucoup sur le tas, par exemple dans ses relations avec les tribunaux municipaux. Point de grandes causes à défendre. Celles dont s'occupe le cabinet n'incitent même pas le jeune homme à se poser les questions qu'il devrait. Car le cabinet soutient les trusts que le président Theodore Roosevelt fait de son mieux pour contenir. Somme toute, Franklin admire le cousin Ted et, indirectement, travaille contre lui. Lié à l'un des grands avocats du cabinet, il passe des heures et des jours à suivre le fonctionnement du Yacht Club de New York et du club Knickerbocker, deux institutions très fermées qui ramènent Franklin à son goût pour les relations mondaines.

La naissance des enfants

S'il est médiocre avocat, il est bon père de famille. Il voulait des enfants : en dix ans, Eleanor accouche six fois. En 1906, naissance d'Anna ; en 1907, de James ; en 1909, d'un premier Franklin qui ne survit pas ; en 1910, d'Elliott ; en 1914, d'un deuxième Franklin ; en 1916, de John. La vie n'est pas facile pour Eleanor, accablée de responsabilités domestiques bien qu'elle dispose du personnel nécessaire, et accaparée par son rôle de mère et d'épouse pour le plus grand profit de Sara. Le jeune ménage dispose de revenus appréciables. La fortune de James Roosevelt est entre les mains de sa veuve, excepté un fonds de 100 000 dollars sur lequel Franklin perçoit 5 000 dollars par an. Eleanor, elle, jouit de 7 500 dollars par an qui proviennent du legs de ses parents. Avec 12 500 dollars, une famille bourgeoise est plus qu'à l'aise dans le New York de 1905-1910. Mais la présence des enfants entraîne de grosses dépenses, et Franklin a des distractions qui coûtent cher. Bref, Sara continue, et ce jusqu'à sa mort, à compléter les fins de mois du ménage. Elle offre des cadeaux qui sont autant de maillons d'une chaîne dorée. Bien des années plus tard, Eleanor dira de sa belle-mère : « Je pense qu'elle a toujours regretté que mon mari ait de l'argent à lui qui venait de son père et que j'aie moi-même un petit revenu. » L'aîné des petits-fils, James, s'exprimera plus crûment : « L'atout de grand-maman, c'est qu'elle tenait les cordons de la bourse pour la famille. Pendant des années, elle nous a tenus enserrés, y compris papa, dans un collier doré[24]. »

Il existe une preuve éclatante de cette dépendance financière. A la fin de 1905, Sara montre aux jeunes mariés les plans d'une maison qu'elle s'apprête à faire construire dans Manhattan. Trois ans plus tard, la construction est terminée[25]. La maison comporte deux entrées, l'une pour Sara, l'autre pour Franklin et Eleanor. Tout est installé à l'intérieur suivant les goûts de Sara, sans que les autres occupants aient été consultés. Il y a deux salles à manger et deux salons, mais il suffit de faire coulisser une porte pour que les salles à manger n'en fassent qu'une et que les salons soient réunis en un seul. Bien sûr, Sara donne pour ses enfants des dîners et des réceptions. S'ils décident de recevoir chez eux, elle se charge de décorer la table. Franklin est-il absent ? Eleanor laisse-t-elle paraître une fatigue due à une grossesse ou à un accouchement ? Sara est aux petits soins pour elle, persuadée en toute bonne foi qu'elle ne peut que rendre service, convaincue qu'elle n'en fait jamais trop et prête à verser l'indispensable complément. En fait, c'est la « reine mère » qui gouverne.

Presque toujours, Eleanor se soumet. Quant à Franklin, il profite des avantages de la situation, tout en donnant l'impression qu'il n'en voit pas les inconvénients. Au fond, entre une femme qui l'aime et une mère qui l'idolâtre, il se laisse vivre, ne refuse aucune invitation même s'il doit s'y rendre seul, pilote son bateau et, chaque été, passe en famille des vacances à Campobello. Il aurait pu, comme son père, songer à quitter New York pour profiter des agréments de Hyde Park, mais il se serait privé des délices de la vie mondaine. Il aurait pu, comme Rosy, son demi-frère, se livrer aux passe-temps des oisifs fortunés, mais l'air du temps poussait les jeunes gens à un certain activisme. En 1910, Franklin a vingt-huit ans. Il n'est certainement pas malheureux. Il cherche sa voie. Tout lui est encore possible.

CHAPITRE III

Sur les pas de Theodore Roosevelt
1910-1920

1910-1920 : dix années décisives dans l'existence de Franklin Roosevelt. Il a connu trois expériences sans lesquelles sa carrière politique aurait été impensable. La première touche au processus électoral : il apprend à mener une campagne, à serrer des mains, à prononcer des discours, en un mot à se faire élire. Il entre en politique à vingt-huit ans pour n'en plus sortir jusqu'à la fin de sa vie. La deuxième expérience est plus courte et ne se renouvellera pas : pendant deux ans, il participe aux travaux d'une assemblée législative, le Sénat de l'Etat de New York. Parlementaire à Albany, la capitale politique de l'Etat, il est contraint de négocier avec ses collègues sur des propositions de lois, de siéger dans des commissions spécialisées, de défendre les intérêts de sa circonscription. C'est l'école de la souplesse et des compromis. Enfin, de 1913 à 1920, il entre de plain-pied dans la politique nationale. Membre du gouvernement de Woodrow Wilson, il est responsable des affaires navales au moment où la Grande Guerre entraîne l'Europe, puis l'Amérique, dans le cataclysme. Il termine cette période en se présentant en 1920 à la vice-présidence des Etats-Unis.

C'est dire combien cette décennie est instructive pour lui et combien elle lui apporte. Il suffit d'entendre le président Roosevelt, vingt à trente années plus tard, pour comprendre quel poids ont eu ces années d'apprentissage. Mais tout au long de ces années, une ombre plane sur la vie du jeune homme, celle de Theodore Roosevelt, son lointain cousin, son oncle par alliance. Pour toute une génération, Theodore a valeur de modèle, et Franklin y échappe d'autant moins que, pour des raisons familiales, il est en contact avec le grand homme, au point de marcher sur ses traces. Attitude étrange, au premier abord, si l'on songe que Theodore Roosevelt est, bon an mal an, un membre éminent du Parti républicain, tandis que Franklin est un démocrate fidèle. Quoi qu'il en soit, d'un Roosevelt à l'autre, la filiation saute aux yeux, bien qu'elle ne se résume pas à une simple et pure imitation.

L'entrée en politique

En apparence, rien de plus banal que les premiers pas politiques de Franklin Roosevelt. En 1910, il exerçait le métier d'avocat dans un cabinet d'affaires de New York. Au début de l'année, il reçoit dans son bureau John E. Mack, le procureur élu du comté de Dutchess. Entretien strictement personnel. La conversation dévie sur les questions politiques. Mack parle de son comté, qui est situé à deux pas de Hyde Park. Tout à trac, il suggère à Roosevelt de se présenter aux élections de novembre. Il y aura sans doute une vacance à la Chambre des représentants de l'Etat : Lewis Chanler, le démocrate sortant, ne sera pas candidat. Pourquoi le jeune Roosevelt ne tenterait-il pas sa chance ? Une idée séduisante, à laquelle Franklin ne résiste pas.

Peu après, il fait le voyage de Poughkeepsie pour rencontrer les responsables locaux du parti, partager avec eux un pique-nique composé de choucroute, de bière et de clams. Il vient démontrer aux professionnels de la politique qu'il pourrait devenir l'un des leurs. A vrai dire, ce qui retient l'attention, ce sont les motivations. Mack et ses amis constatent que Franklin est un homme dynamique, plein de bonne volonté, solidement implanté dans la vallée de l'Hudson et que jadis son père a fait une très courte carrière politique. De plus, Franklin est un Roosevelt, un nom que tous les Américains connaissent et que beaucoup révèrent. Peu importe le prénom ! Dernière considération qui ne manque pas d'importance : les Roosevelt, y compris ceux de Hyde Park, ont de la fortune. Si Franklin est candidat, il financera sa propre campagne et n'oubliera pas de verser sa contribution à la campagne des autres candidats démocrates. Il n'y a pas de déception de ce côté-là, puisque Franklin Roosevelt donnera directement et indirectement 2 500 dollars. En conclusion, Franklin réunit toutes les qualités pour faire un bon candidat et contribuer au renouvellement des listes démocrates.

Si le jeune homme n'a pas hésité à donner son accord, c'est qu'il songe à la politique depuis longtemps. Il ne serait pas allé jusqu'à solliciter qu'on le choisît. Un homme de son milieu et de son éducation attend qu'on vienne le chercher. Mais dans le cabinet d'avocats, on a parlé plus d'une fois, sur un ton mi-sérieux mi-plaisant, d'une carrière qui le mènerait un jour à la Maison Blanche. Cela ne paraissait nullement improbable, du moins à l'intéressé qui imaginait un fabuleux plan de carrière : parlementaire à Albany, secrétaire-adjoint à la Marine, gouverneur de l'Etat de New York, président des Etats-Unis. Rêve de jeune homme ambitieux ? Sans doute, mais c'est exactement la carrière de Theodore Roosevelt, comme si elle n'était que la seule voie possible. Dans cette perspective, la proposition de Mack permet à Franklin de franchir le premier obstacle.

La volonté de réussite personnelle n'exclut pas le désir de faire de grandes choses. L'ambition de Franklin est identique à celle des progressistes qui veulent réformer la société américaine. Le mouvement a pris son essor au début du siècle. Dans cette Amérique enrichie et impérialiste qui attire des millions d'immigrants, il s'agit de maintenir vivantes les valeurs spirituelles et culturelles qui ont fait le pays. La libre entreprise, donc la lutte contre les trusts, les libertés fondamentales, donc la protection du système démocratique, le droit au bonheur, donc le combat contre la misère et l'exploitation, autant de courants qui traversent la société, tout comme la défense de l'environnement et l'« exportation » des idéaux démocratiques, par exemple en Amérique latine. Ces réformes, elles ne pourront être menées à bien que par des hommes nouveaux, désintéressés, sans liens compromettants avec les forces de la corruption, déterminés et énergiques, véritables incarnations de la puissance nouvelle des Etats-Unis. L'homme-phare, c'est Theodore Roosevelt. En mars 1909, il quitte la Maison Blanche, après avoir, huit ans durant, exercé la magistrature suprême et tenu, dans les vingt dernières années, le rôle de mentor et de symbole. Prendre parti, se présenter aux élections, gérer les affaires d'un comté, d'un Etat ou de la nation, autant de tâches que l'élite doit assumer. Un devoir quasiment sacré, et non le passe-temps momentané de *gentlemen farmers* plus intéressés par leurs chevaux ou leur tabac que par leurs électeurs et leurs responsabilités sociales.

Pour Franklin, le message est dépourvu d'ambiguïté. Etudiant à Harvard, dans sa deuxième année universitaire, il a écrit une dissertation sur *La famille Roosevelt de New York avant la Révolution*. L'un des passages de ce texte reflète à la fois son attitude et celle de sa génération : « Quelques-unes des célèbres familles hollandaises de New York n'ont plus aujourd'hui que leur nom. Elles comptent peu de membres, manquent d'esprit de progrès et d'un véritable sens de la démocratie. L'une des causes, peut-être la principale, de la virilité des Roosevelt, c'est leur état d'esprit véritablement démocratique. Ils n'ont jamais cru que, parce qu'ils sont nés avec une situation avantageuse, ils pourraient mettre les mains dans les poches et réussir. Au contraire, ils ont pensé qu'étant nés dans une situation avantageuse, ils n'auraient aucune excuse de ne pas faire leur devoir auprès de la collectivité. C'est parce que cette idée les a pénétrés dès leur naissance qu'ils sont parvenus, dans presque tous les cas, à se montrer de bons citoyens[1]. »

Si Franklin entre en politique, ce n'est pas avec la bénédiction de Tammany Hall, la « machine » démocrate de New York, mais avec la volonté de purger le monde politique. Pas question non plus de se limiter à un bref passage, comme James Roosevelt, ni de craindre de se salir les mains en allant au charbon. Si Eleanor lui prodigue son soutien et ses encouragements, Sara ne comprend pas que son fils accepte de fréquenter des inconnus, des combinards de la pire espèce, de gens qui n'appartiennent pas à son monde et passent leur temps, cigare au bec et chope de bière à la main, dans d'interminables discussions. Différence entre les générations ? Tant pis ! Franklin sait que Theodore l'approuve, même si l'ancien président regrette que son cousin et neveu préfère les démocrates aux républicains.

L'élection au Sénat de New York

Reste un point capital : Chanler, le représentant sortant dont on disait qu'il abandonnerait ses activités politiques, décide de se maintenir. Franklin n'a donc plus de circonscription. Les responsables du parti lui adressent une autre proposition. Le Congrès de l'Etat comprend aussi un Sénat, dont les membres, élus en même temps que ceux de la Chambre, sont moins nombreux puisqu'ils représentent des circonscriptions plus étendues. Or il faudrait un candidat démocrate pour la circonscription qui regroupe trois comtés, Dutchess, Columbia et Putnam. La position a davantage de prestige que celle de représentant du seul comté de Dutchess, mais que de risques ! La majorité est foncièrement républicaine, et depuis cinquante ans, un seul démocrate y a été élu. Les fermiers de l'arrière-pays mettent tous les démocrates dans le même panier. Pour eux, ce sont des gens de New York, de ces Irlandais catholiques qui ne connaissent pas les problèmes agricoles et traînent interminablement sur les trottoirs de Brooklyn et de Manhattan, recrutant pour leur profit et protégeant des immigrants de fraîche date qui ne comprennent rien à l'Amérique et charrient avec eux les vices de l'Ancien Monde. Sans doute Roosevelt connaît-il par cœur les campagnes de l'Etat de New York dont il fait partie et où il se sent à l'aise. Lui, l'un des « seigneurs de l'Hudson », comment éprouverait-il des sympathies pour les sachems[2] de Tammany ? N'empêche qu'il a choisi, comme son père, de porter les couleurs démocrates. D'après les experts, il détient une chance sur cinq d'être élu dans la circonscription sénatoriale qu'on lui propose : s'il est battu, personne ne lui en fera grief. Il aura, malgré tout, appris à faire campagne et pourra, plus tard, demander au parti un dédommagement, par exemple une circonscription plus favorable. Et s'il l'emporte… Optimisme, calcul et chance, trois ingrédients majeurs qui expliquent les réussites. La chance de Roosevelt, c'est qu'en 1910, le Parti républicain traverse une zone de turbulences. La vieille garde approuve le conservatisme du président William Taft, tandis que les réformateurs aspirent au retour au pouvoir de Theodore Roosevelt. Pour le moment, le parti n'a pas éclaté, mais son unité est de plus en plus fragile. Les divisions de l'électorat illustrent celles de l'état-major.

Le 6 octobre, la convention démocrate, réunie à Poughkeepsie, désigne Franklin Roosevelt comme le candidat du parti aux élections sénatoriales du 26ᵉ district. Il reste un mois avant le scrutin. Roosevelt a déclaré qu'il ne serait pas inerte. Et avec son plus éclatant sourire, il ajoute : « Nous avons de vrais problèmes et un excellent programme à présenter au peuple. Avec l'appui des électeurs indépendants de ces comtés, nous avons peu à craindre des résultats du 8 novembre[3]. » Commentaire des quotidiens locaux : voilà « une nouvelle et importante recrue » pour les démocrates, surtout que le candidat a versé une grosse contribution. D'après la rumeur, écrit un journaliste, c'est un jeune homme aux idéaux élevés qui se fera une place au sein des assemblées. A condition, bien sûr, d'être élu.

Une campagne originale

Franklin ne peut guère compter sur son parti pour l'aider à faire campagne, car il n'y a pas de « machine » démocrate dans les trois comtés à majorité républicaine de l'Etat. Alors, il s'associe à Richard Connell, candidat du parti à la Chambre fédérale des représentants. Connell a de l'expérience et du savoir-faire. Tous ses discours, il les commence par « mes chers amis » et les termine en exaltant le patriotisme des auditeurs tout en sortant de ses poches de petits drapeaux qu'il agite avec enthousiasme. Il serre toutes les mains qui sont à la portée des siennes, sans négliger les enfants en qui il a la sagesse d'apercevoir de futurs électeurs. Connell connaît villes et villages de la circonscription comme sa poche. Roosevelt peut donc se laisser guider. En outre, l'apprenti-candidat recourt à une tactique originale. Puisque les deux candidats ont l'intention de parcourir la région et de s'arrêter aussi souvent que possible, Roosevelt loue une automobile rouge, une Maxwell à deux cylindres, au prix de 20 dollars par jour. Une véritable révolution. De quoi se faire remarquer ! Les fermiers ne risquent-ils pas de voter contre un homme dont l'auto effraie les animaux ? Qu'à cela ne tienne ! Le chauffeur arrêtera le moteur aussi souvent que nécessaire et rangera le véhicule au bord de la route pour laisser le passage aux charrettes et aux troupeaux. Le reste du temps, il pourra filer, sans dépasser la limite de vitesse que l'Etat de New York a fixée à 30 km/h. Cet ingénieux procédé donne des résultats spectaculaires. Roosevelt prend la parole dans six réunions par jour au moins. Dès qu'il aperçoit un électeur le long de la route, il descend de sa Maxwell et prononce quelques mots. Ni la pluie ni la poussière ne le rebutent. « Il était mince alors, grand, l'air tendu, parfois nerveux, note Eleanor. Il avait le teint pâle, les cheveux blonds, des yeux bleus profondément enfoncés, des traits réguliers ; pas une ride encore, mais, par moments, une contraction énergique de la mâchoire révélait que sous sa jeunesse apparemment malléable se cachaient une force et une opiniâtreté toute hollandaises[4]. » Eleanor ne dissimule pas son admiration. Ni ses craintes : la première fois qu'elle entend son mari parler en public, elle s'étonne de ses « longues pauses » et redoute « qu'il ne puisse pas continuer ».

Franklin Roosevelt n'est pas encore un grand orateur. Son accent, son maintien trahissent des origines sociales qui n'ont rien de populaire. Il a beau appeler les uns et les autres par leur prénom, ce n'est pour le moment qu'un signe de bonne volonté. Sa mère n'a pas tort de manifester son étonnement, lorsque des politiciens professionnels osent s'adresser à « Frank », comme s'ils étaient de la même classe sociale. Et pourtant, peu à peu, Roosevelt gagne tant de terrain que ses adversaires font courir le bruit que le candidat, un parachuté, n'a aucune connaissance des problèmes de son district. Ils rappellent, non sans un brin de perfidie, que dans son cabinet d'avocat il défend les intérêts du *Business*. Ils font de leur mieux pour que les électeurs ne confondent pas Theodore et Franklin. Roosevelt, lui procède avec méthode. Il ne cherche pas à convaincre les électeurs de Poughkeepsie, dont les sentiments démocrates sont connus, mais consacre son temps aux campagnes, combat avec énergie l'influence dont jouissent les « machines » des partis, exalte « le bon gouvernement » que mériteraient les Etats-Unis en général, l'Etat de New York en particulier. Il parle maïs, élevage, protection douanière, dans les termes les plus vagues, mais avec la détermination de celui qui veut que les choses changent. Il dénonce la corruption, la gestion des républicains, surtout des républicains conservateurs. Un message que ne désavouerait pas Theodore. D'ailleurs, Franklin joue sur la confusion, emploie les mêmes mots, prend les mêmes attitudes, défend les mêmes positions que son illustre cousin. Ce qui ne l'empêche pas à l'occasion, pour détendre son auditoire, de déclarer : « Je ne suis pas Teddy. »

Le miracle se produit. Roosevelt bat son concurrent avec 15 708 voix contre 14 568. A Hyde Park, son succès est encore plus net : 406 voix contre 258 au candidat républicain. Sans doute fera-t-on observer qu'en d'autres lieux les démocrates progressent également et que, dans le pays tout entier, ils ont bénéficié de l'affaiblissement des républicains. Mais de cette première expérience Roosevelt tire plusieurs enseignements. Il a fait une excellente campagne, sans complexes, ardente et originale. Son électorat est pour partie démocrate, pour partie républicain, les deux éléments s'unissant dans un progressisme assez vague. L'ombre de l'ancien président n'a pas fait de tort à Franklin, bien au contraire. Pour lui c'est un début prometteur. Il arrive à Albany, auréolé d'une gloire naissante et de la sympathie qui entoure l'une des grandes familles du pays.

Sénateur à Albany

En janvier 1911, Roosevelt et sa famille rompent avec le passé. Dès le mois de novembre, le nouveau sénateur s'est mis à la recherche d'une maison à Albany. Il l'a trouvée dans State Street pour un loyer mensuel de 400 dollars. « Cette maison, écrit-il dans son Journal, ressemble, en comparaison de New York, à un palais. Quel confort d'avoir trois étages au lieu de six[5] ! » Le jour de l'An, Eleanor, Franklin et leurs deux fils, James et Elliott, s'installent, rejoints peu après par Anna, la fille aînée. La signification de ce déménagement est double. Sur le plan familial d'abord. Pour la première fois depuis son mariage, Eleanor n'est plus sous la surveillance de sa belle-mère. Sara est venue à Albany pour voir. Elle a assisté aux cérémonies qui marquent les débuts politiques du sénateur, mais continue de vivre à New York. « J'écrivais à ma belle-mère presque tous les jours, se souvient Eleanor, comme je le faisais depuis des années dès que nous nous trouvions séparées, mais à présent je devais me débrouiller seule et je voulais être indépendante. Je m'apercevais que quelque chose en moi aspirait violemment à l'autonomie[6]. » La métamorphose d'Eleanor, à peine perceptible pour l'instant commence alors. Cette jeune femme de vingt-sept ans, mère de trois enfants, épouse d'un sénateur dont on parle, ne peut pas ne pas évoluer. A Albany, elle fréquente bien évidemment beaucoup d'hommes politiques (dont certains sont promis à un bel avenir), écoute les conversations, tient salon, en vertu d'un indéracinable sens du devoir, ce qu'elle appelle « mon devoir d'épouse de partager les goûts de mon mari, qu'il s'agisse de politique, de littérature ou de cuisine ». Elle ne manque ni d'argent ni de personnel, et chaque enfant est élevé par une nurse. Mais lorsque surviennent les électeurs de Franklin (« Durant trois heures d'horloge des gens venus des trois comtés ne cessèrent de défiler »), il faut savoir faire face. On ne devient pas aisément l'épouse d'un politicien, que sa fonction oblige d'être tout à tous, après avoir vécu depuis sa naissance dans le monde des riches.

Sur le plan politique, le déménagement revêt une autre signification. Roosevelt n'était nullement obligé de vivre à Albany. Le Congrès siégeait quelques semaines par an, et la plupart de ses membres louaient une chambre dans l'un des hôtels de la ville, vivotaient avec une indemnité annuelle de 1 500 dollars (quatre mois à peine du loyer que payaient les Roosevelt) et, dès que possible, retournaient chez eux pour y reprendre leurs activités. Roosevelt, lui, désire montrer qu'il ne prend pas son mandat à la légère. En dépit des innombrables sollicitations auxquelles le soumettent sa position et son métier, il se donne l'image d'un politicien professionnel et s'offre les moyens de tenir une place primordiale dans la lutte pour un « bon gouvernement ». Du coup, sa maison ressemble à un quartier général pour tous ceux qui partagent ses conceptions. Au fond, il est plus agréable de discuter dans le salon confortable de State Street, de grignoter les sandwiches et les gâteaux que prépare Eleanor, de boire une bière ou plusieurs, de fumer le cigare que d'arpenter les couloirs d'un hôtel médiocre et de débattre dans des chambres anonymes. Décidément, Roosevelt n'est pas un sénateur comme les autres.

Roosevelt en 1911

Le *New York World* propose à ses lecteurs un portrait suggestif : « Un parent éloigné du colonel Roosevelt, trente-deux ans[7], l'allure élancée, le visage maigre et intellectuel, ressemblant à un étudiant en théologie plus qu'à un politicien. Des lorgnons cerclés d'or entourent son long nez. (...) Il est riche et possède, d'après ses amis, une fortune considérable. Il a des capacités, du charme et de la personnalité[8]. » Frances Perkins, qui fait connaissance avec Franklin en 1910, au cours d'un thé dansant à New York, évoque, pour sa part, « ce grand jeune homme à faux col haut et à pince-nez » et ne lui trouve « rien de particulièrement intéressant ». Elle le retrouve à Albany, dans les bâtiments du Sénat, « grand et mince, fort animé et alerte, faisant le tour de la pièce allant et venant dans les salles des commissions, parlant rarement avec ses collègues, qui l'évitaient plus ou moins ; rien de particulièrement séduisant (cela devait venir plus tard) ; sur ce visage, un sérieux d'emprunt ; souriant peu, avec une malheureuse habitude, si naturelle qu'il en était inconscient, de rejeter la tête en arrière ». L'analyse se précise : « Au fond, poursuit Frances Perkins, il n'aimait pas beaucoup les gens ; (...) il était sourd aux espoirs, aux craintes, aux aspirations qui sont le lot de l'humanité commune[9]. » Qui reconnaîtrait dans ce portrait le président du New Deal ?

Roosevelt n'a pas l'intention de rester dans l'ombre. Il s'efforce immédiatement de se faire un prénom. A la manière de Theodore qui, membre de la Chambre des représentants de l'Etat de New York, avait consacré ses premiers efforts à mener une enquête sur un scandale financier, Franklin découvre l'affaire qui lui permettra de prendre la tête d'un groupe de démocrates progressistes. Jusqu'au 17e amendement à la Constitution fédérale qui entre en vigueur le 8 avril 1913, les citoyens des Etats ne désignent pas leurs deux sénateurs fédéraux au suffrage universel. Ils confient cette mission à leurs assemblées législatives. Dans l'Etat de New York, les élections de novembre 1910 ont envoyé à Albany une majorité démocrate. En toute logique, le sénateur fédéral, qui sera donc élu par les deux assemblées de l'Etat, sera démocrate et succédera à un républicain. Arithmétique oblige. Mais qui sera ce démocrate ? Tammany Hall est dominé par un *boss*, Charles F. Murphy, qui fait la pluie et le beau temps dans la vie politique de la ville de New York et qui, avec l'appui de ses alliés, impose sa volonté aux démocrates de l'Etat tout entier. En outre, il bénéficie de la connivence du *boss* républicain qui déteste Theodore Roosevelt. C'est ainsi que Tammany porte à la présidence du Sénat de l'Etat Robert Wagner, qui jouera un rôle important dans l'histoire du *New Deal*, et à la présidence de la Chambre des représentants Al Smith, dont il sera souvent question dans les chapitres suivants. Pour le poste de sénateur fédéral, Tammany choisit William F. Sheehan, surnommé « Billy-aux-yeux-bleus », un homme d'affaires millionnaire qui a fait fortune dans les tramways et n'a pas cessé d'incarner les liens compromettants entre le *Business* et le Parti démocrate. Une demi-douzaine de parlementaires ont tiré profit de ses largesses et lui doivent leur élection. Il a beaucoup contribué à emplir les coffres de Tammany. Magnifique occasion pour les progressistes de combattre la néfaste influence des *bosses*.

Roosevelt entre dans la lutte. Ce n'est pas lui qui l'a déclenchée, mais un collègue de Brooklyn. Il se contente d'offrir un lieu de réunion, le prestige de son nom et son obstination. Un apport considérable. Tammany ne s'y trompe pas et voit dans Roosevelt son principal adversaire. La méthode de Franklin est simple. Les deux assemblées comptent au total 200 membres, dont

114 démocrates. Pour être élu, il faut une majorité absolue, mais ce sont les démocrates qui la détiennent. Encore convient-il qu'ils s'accordent sur un nom. Le groupe parlementaire, le *caucus*, désigne son candidat à la majorité absolue des présents, qui sont dès lors obligés de respecter la discipline de vote. La solution, pour les adversaires de Sheehan, consiste à ne pas assister à la réunion du *caucus*. Ce que font Roosevelt et une vingtaine d'autres démocrates, interdisant ainsi l'élection de Sheehan. Non seulement les rebelles ne cèdent pas, mais ils gagnent à leur cause d'autres législateurs. Les chefs de Tammany ne décolèrent pas. Ils tentent tour à tour la conciliation, la fermeté, les menaces. En vain. Sheehan vient même déjeuner chez Roosevelt pour négocier ; c'est l'échec. Une rumeur circule, qui fait de Roosevelt l'ennemi acharné des Irlandais et des catholiques ; elle n'a pas d'écho parce qu'elle est sans fondements. En dehors d'Albany, d'autres progressistes applaudissent, comme Woodrow Wilson, le nouveau gouverneur démocrate du New Jersey, comme l'oncle Ted qui fait discrètement connaître son approbation. Les journalistes viennent voir de près le combat de David contre Goliath. Parmi eux, Louis Howe, qui découvre l'homme dont il s'efforcera de faire le président des Etats-Unis.

Les semaines passent. Les rebelles ne possèdent pas les moyens financiers de Roosevelt et voient avec terreur se prolonger la session du Congrès. A la fin de mars, un compromis règle le différend. Ils acceptent avec soulagement la candidature du juge James O'Gorman, plus lié encore que Sheehan à Tammany, mais défenseur des idées libérales et capable de montrer une réelle indépendance d'esprit. Ces trois mois d'agitation laisseront de profondes cicatrices. Le contentieux entre Roosevelt et la « machine » du parti est grave. L'affaire favorise l'adoption par l'Etat de New York du 17ᵉ amendement et apporte, à peu de frais, gloire et réputation au sénateur du 26ᵉ district.

Un sénateur progressiste

Roosevelt est-il vraiment un sénateur progressiste ? Sans doute, puisqu'il milite aussi pour l'instauration d'élections primaires. Son raisonnement nous paraît aujourd'hui irréfutable. Les partis politiques, soutient-il, définissent les grandes lignes d'un programme. Au besoin, ils suscitent des candidatures. Il appartient au peuple de trancher. A l'intérieur de chaque parti, la base doit choisir l'homme qui défendra ses couleurs ; la base et non la « machine ». Car tant que la « machine » continuera de décider, elle continuera d'exercer un pouvoir excessif : le pouvoir de récompenser ses amis et de punir ses ennemis. Sans doute les électeurs ont-ils une part de responsabilité dans le laisser-aller qui prévaut. Les primaires apporteront un remède efficace. Dans la mesure où l'idée des primaires est populaire, Roosevelt s'y rallie sans réserve. Peu importent les détails techniques de la loi ; ce qui compte, c'est que le jeune sénateur choisit de défendre le principe du « bon gouvernement ». En ce sens, il appartient au camp progressiste et ne fait rien pour améliorer ses relations avec Tammany.

Il est plus prudent quand il s'agit d'accorder le droit de vote aux femmes. Cette fois-ci, il ne quitte pas des yeux son électorat, en grande majorité rural, qui, sur le plan des mœurs, demeure traditionaliste. Sa formule révèle son pragmatisme : « Je ne suis pas hostile au suffrage féminin, dit-il, mais à mon avis, c'est une grande question que de savoir si le peuple de notre Etat dans sa totalité lui est favorable ou non[10]. » Sans position ferme sur le fond, Roosevelt préférerait qu'un référendum tranche. Il saurait ainsi où est la bonne route. Il a

raconté plus tard qu'il avait été convaincu par une suf-
fragette. Comme il ne détestait pas faire du passé – et de
son passé – une série d'histoires drôles, il décrivait
l'entrée fracassante dans son bureau de cette militante
des droits de la femme. Elle se serait assise sur la table
et lui aurait assené d'irrésistibles arguments. Plus soucieuse de la vérité historique, Eleanor précise qu'« il sou-
tenait déjà le vote des femmes deux mois avant cette
visite mémorable[11] ». Roosevelt a donc franchi le pas, ce
n'est pas sans mérites, en 1911. Eleanor, par exemple,
continuait de penser que « les hommes étaient des êtres
supérieurs. (…) Mais puisque mon mari se déclarait
féministe, il me fallait sans doute l'être aussi[12] ». Somme
toute, Roosevelt est l'homme des audaces à pas comptés.

Dans les années trente, le président Roosevelt usera
d'une belle formule. Le chef, dira-t-il, est celui qui suit
ses troupes ; c'est la clef de la survie politique. Dès les
années 1910, le sénateur Roosevelt n'agit pas autrement. Elu par les fermiers de trois comtés, il fait ce qu'ils
attendent de lui. Deux exemples le démontrent amplement. On pourrait penser que Roosevelt se montre très
actif en matière législative dès qu'il est question de produits laitiers, de fruits et de légumes, mais l'occasion ne
se présente pas. Le sénateur assure ses électeurs qu'il
veille attentivement sur le prix du lait, qu'il est lui aussi
un fermier, que les problèmes de la campagne le passionnent. La preuve, c'est qu'il combat toutes les
mesures qu'on peut attribuer aux mœurs relâchées des
villes : les paris sur les courses hippiques, les matches
dominicaux de base-ball, autant de propositions diabo-
liques. Les dépenses inutiles, comme ces 381,54 dollars
affectés à la réparation d'un pont, sont contraires à
l'éthique puritaine. De bons prétextes pour agacer Tammany Hall, même si Roosevelt ne structure pas le groupe
des opposants, même si, sur d'autres problèmes, il
accepte de faire des compromis. En revanche, et ce sera

le deuxième exemple, Roosevelt est un partisan déterminé de la conservation – entendons par là la défense –
de l'environnement. Comme son oncle et cousin, c'est un
écologiste avant l'heure. La protection des forêts
l'obsède et ne cessera de le préoccuper.

Est-ce à dire que les problèmes des travailleurs ne
l'intéressent pas ? A l'entendre, rien de plus faux. En
mars 1912, une loi est adoptée à Albany, qui limite la
semaine de travail à cinquante-quatre heures. Un très
notable progrès, qui suit le grand incendie de 1911, à
New York, dans un atelier de confection. Roosevelt
s'attribue une part de la victoire. En 1938, il racontera
avec une irrésistible conviction : « Quand nous siégions
dans les assemblées législatives, le sénateur Wagner et
moi, nous fûmes traités de communistes et de socialistes
parce que nous avions œuvré en faveur de la semaine de
travail de cinquante-quatre heures pour les femmes et
les enfants dans l'industrie[13]. » La vérité est plus complexe. Il n'est même pas certain que Roosevelt ait voté
pour la proposition de loi. D'après Frances Perkins qui
ne lui est nullement hostile, il manifesta alors une solide
indifférence et « ne prêta aucun concours actif à ce projet ». Au contraire, l'un des suppôts de Tammany, Big
Tim Sullivan, « un pauvre, moi », comme il le déclarait
fièrement, a joué un rôle capital.

Alors, peut-être faut-il conclure, comme Frances Perkins, que « comparé à tous ces durs, (…) Franklin Roosevelt ne semblait être qu'un bon jeune homme ordinaire,
convenable, intelligent et correct[14] ». Pourtant, ce Roosevelt de 1912 est un loyal démocrate qui n'a nullement
l'intention de passer dans l'autre camp. Plus encore
qu'au parti, il appartient au mouvement progressiste, à
cette génération qui veut mettre fin à la corruption et ne
sent pas vraiment l'urgence des questions sociales. En un
certain sens, ce sénateur de trente ans est encore prisonnier. Prisonnier de son milieu qui l'a privé de tout

contact avec la misère, avec le monde du travail industriel, avec les immigrants et les *sweat shops*. Prisonnier
de son électorat qui déteste les grandes villes, pense
droit mais petit et ne s'enflamme que pour les problèmes
ruraux. Prisonnier de son modèle enfin, c'est-à-dire de
Theodore Roosevelt, hostile aux trusts si le *Big Government* ne vient pas équilibrer le *Big Business*, s'exaltant à
l'idée que les Etats-Unis sont devenus une puissance
impérialiste, plus sensible à la démocratie politique qu'à
la démocratie sociale. Au fond, rien d'étonnant à cela,
car l'apprentissage du politicien ne fait que commencer.

Louis Howe

L'année 1912 marque une étape importante. C'est une
année d'élections législatives et présidentielles. Roosevelt doit choisir et fait de bons choix. Par flair ou par
conviction. Le voici soudain propulsé au premier plan de
l'actualité politique, non pas seulement dans l'Etat de
New York, mais sur le plan national. Premier choix décisif : il s'associe à Louis Howe. Une étrange association, à
vrai dire. Si Roosevelt symbolise la réussite sociale, la
beauté et la vigueur physique, le succès politique, Howe,
lui, illustre l'échec. Un tout petit bonhomme qu'on compare à un gnome, laid, ridé comme un enfant qui aurait
brutalement vieilli. Howe lui-même assure qu'il est « l'un
des quatre hommes les plus laids de l'Etat de New York,
si l'on peut attribuer le nom d'homme à ce qui reste de
moi[15] ». Il prend garde de ne pas citer les trois autres et
ajoute qu'il fait peur aux enfants. Howe se traîne comme
si chaque jour il vivait ses derniers instants. Il souffre
d'asthme, de bronchite chronique et de troubles cardiaques. Pour ne rien arranger, il fume cigarette sur
cigarette, laisse tomber les cendres sur l'unique costume
qu'il porte inlassablement. On imagine aisément les

réactions de Sara et d'Eleanor devant le nouveau compagnon de leur cher Franklin : elles sont atterrées. Pourtant, Howe n'est pas dépourvu de qualités. Il a le sens de l'humour. S'il dépense sans compter aux courses, s'il est tout à fait incapable de remplir un chèque et de savoir ce qu'il possède sur son compte en banque, il sent parfaitement l'opinion publique. Son intuition politique est de premier ordre. Son expérience, il est vrai, remonte à l'époque où son père possédait un journal à Saratoga Springs. Louis y a fait ses premières armes de reporter et d'analyste. Lorsque le journal disparaît, il travaille comme pigiste pour des journaux de New York. Sa spécialité consiste à « couvrir » les événements de Saratoga Springs pendant l'été et ceux d'Albany pendant l'hiver. C'est ainsi qu'il a découvert Roosevelt, son cadet de onze ans. Les deux hommes ont sympathisé. Le journaliste admire le courage de l'homme politique. Le sénateur apprécie l'expérience du chroniqueur politique et y aura recours.

Très tôt, semble-t-il, Howe s'est convaincu que Roosevelt est appelé à un brillant avenir. A la fin de 1912, il s'adresse à lui par cette étonnante formule : « Au bien-aimé et révéré futur président. » Encore une plaisanterie sans doute, mais Howe ne tarde pas à y croire. Faire de Franklin Roosevelt le président des Etats-Unis devient son idée fixe. On dirait que, conscient de ses propres faiblesses, il a décidé de reporter sur un autre, plus beau, plus riche, plus jeune, plus séduisant, des ambitions qu'il ne peut pas satisfaire. Un cas exemplaire de transfert. Howe pousse si loin son obsession qu'il en oublie sa femme et son fils pour consacrer tout son temps, toute son énergie à la carrière de Franklin, plus tard à celle d'Eleanor.

Pour l'instant, le plus urgent, c'est d'assurer la réélection de Roosevelt. Impossible, bien sûr, de compter sur l'aide de Tammany qui, tout au contraire, se réjouirait de la défaite du rebelle. Déjà ses amis ont été punis en 1911, et lui n'a échappé à la sentence que parce qu'il possède une fortune personnelle et un nom célèbre. Mais combien de temps sera-t-il épargné, nul ne le sait. La première des chausses-trapes serait de ne pas le désigner comme candidat du parti démocrate. Roosevelt l'évite de peu. A la fin d'août, il est parvenu *in extremis* à repousser l'assaut. Mais le sort lui réserve d'autres coups. Après avoir rejoint Eleanor et les enfants à Campobello, il part avec eux, en bateau, pour New York. C'est là qu'à peine arrivés, la catastrophe fond sur les époux : tous deux tombent malades. C'est la typhoïde. Au moment le plus crucial de la campagne électorale !

Or la lutte s'annonce redoutable. L'oncle Theodore a rompu avec le Parti républicain. Il est de nouveau candidat à la présidence des Etats-Unis, cette fois sous l'étiquette « progressiste », à la tête d'un parti qu'il a fondé tout exprès. Dans chaque circonscription, y compris celle de Franklin, il y a un candidat progressiste. Certes, les républicains sont profondément divisés, mais l'électorat progressiste peut se rassembler derrière Theodore Roosevelt et ses partisans. La maladie contraint Franklin à faire appel à Howe : qu'il prenne en main la campagne, qu'il la dirige par procuration ! Pour cinquante dollars par semaine (le double de ce que lui rapportaient ses piges), Howe accepte de se lancer à corps perdu dans l'aventure. Cette fois-ci, le candidat ne serrera pas de mains, ne louera pas de Maxwell, ne prononcera pas de discours prometteurs. Howe envoie 11 000 lettres. Avec le même engagement : s'il est réélu, Roosevelt accédera par ancienneté à la présidence de la commission de l'Agriculture et combattra de toutes ses forces les intermédiaires qui se sucrent sur le dos des fermiers. Pour faire passer le message, Howe recourt à la publicité dans les journaux : « Quand Franklin D. Roosevelt dit qu'il se battra pour quelque chose, cela signifie qu'il n'abandonnera pas avant d'avoir gagné. Vous le savez bien. » Sara découvre avec effarement que son nom figure dans la « réclame ». Une habitude à prendre...

Pendant ce temps, Howe ne ménage pas ses efforts. Il parcourt la circonscription, met sur pied des comités de soutien, place des amis dans l'administration. Il ne manque pas, chaque jour, de rendre compte à son patron, tout en lui conseillant avec fermeté de faire le nécessaire pour que la fièvre tombe. Le 5 novembre 1912, la victoire récompense tant de dévouement. Roosevelt obtient le plus grand nombre de voix, bien que ses adversaires aient ensemble un total plus élevé, mais la majorité simple suffit pour être élu. Grâce à Howe, Franklin Roosevelt a encore un avenir politique.

L'appui à Wilson

Il a même un avenir plus brillant que ne l'imaginent ses électeurs. C'est qu'il a pris parti pour Woodrow Wilson et que Wilson vient d'être élu président des Etats-Unis. Theodore Roosevelt s'est démené comme un beau diable. Il distance, de loin, le candidat républicain, William Taft, le président sortant, et de beaucoup plus loin le candidat socialiste, Eugene Debs. Il n'empêche que la division des républicains a ouvert la route de la Maison Blanche au démocrate. Or Franklin Roosevelt a choisi de soutenir Wilson, à la fin de 1911, au moment où le Parti démocrate hésitait. Le sénateur de New York a alors rendu visite au gouverneur du New Jersey, et les deux hommes sont tombés d'accord. Ni l'un ni l'autre n'éprouvent de sympathie pour les « machines », tous deux aspirent à des réformes. Et pourtant, quelle différence de tempérament entre le calviniste austère, moraliste, marqué par sa carrière universitaire, et le patricien de l'Hudson, bon vivant, vaguement opportuniste, peu porté à la réflexion et moins encore à la méditation ! Dans l'esprit de Franklin Roosevelt, Wilson prendrait-il la place de Theodore ? Il s'en expliquera en 1935 : « Theodore Roosevelt, contrairement à Wilson, ne faisait pas appel aux principes fondamentaux et ne stimulait pas les convictions morales et sociales. D'un autre côté, Wilson ne parvenait pas, comme savait le faire Theodore Roosevelt, à créer chez les gens l'enthousiasme pour des événements spécifiques, même si ces événements spécifiques restaient superficiels vis-à-vis des principes fondamentaux[16]. »

Et si l'explication était moins tortueuse ? Avec Franklin Roosevelt, Wilson a trouvé un soutien dans l'Etat de New York, un soutien capable d'affaiblir la toute-puissance de Tammany Hall et d'attirer, par son nom et sa gloire naissante, une fraction de l'électorat progressiste. Roosevelt, lui, voit dans Wilson un nouveau leader démocrate qui possède de l'ascendant et défend, avec brio et une impressionnante clarté intellectuelle, les idées progressistes. A la convention démocrate de Baltimore, à la fin de juin 1912, Franklin a rencontré les grands du parti, s'est frotté aux délégués des autres Etats, lui qui n'a même pas été admis à siéger dans la délégation du New York. Sans doute a-t-il pris la tête d'un petit groupe de wilsoniens qui fait beaucoup de bruit. Sans doute s'attribue-t-il un peu facilement la victoire que Wilson arrache après quarante-six tours de scrutin. Mais, au fond, il a publiquement exprimé ses préférences, secoué la tranquille assurance de Tammany Hall, aplani les chemins du Seigneur. Il attend vraisemblablement qu'un poste couronne ses efforts, si Wilson est élu président en novembre. Un signe qui ne trompe pas : réélu au Sénat de l'Etat de New York, Roosevelt décide de ne pas prolonger la location de sa belle maison d'Albany et lui préfère un petit appartement. Une solution d'attente ?

Au gouvernement fédéral

Entrer dans le Cabinet du président Wilson... Roosevelt y pense, sans aucun doute, depuis le 5 novembre. « Au cours de l'hiver, écrit Eleanor, il fut question pour mon mari de fonctions administratives à Washington. » Puis elle ajoute : « En avril, le président réclama Franklin auprès de lui[17]. » Ah ! qu'en termes discrets ces choses-là sont dites. De fait, Roosevelt s'est à nouveau entretenu, dès la mi-janvier, avec Wilson qui n'a pas encore pris ses fonctions. Officiellement, les deux hommes parlent de la nomination des fonctionnaires fédéraux dans l'Etat de New York. Plusieurs indices, toutefois, portent à croire que le jeune sénateur n'a pas caché ses ambitions ; peut-être même a-t-il mentionné le poste de secrétaire-adjoint à la Marine. Les semaines passent. Le 23 février, Josephus Daniels est nommé secrétaire à la Marine. Roosevelt attend toujours. Le 4 mars, alors qu'il se trouve à Washington pour assister aux cérémonies qui marquent l'entrée en fonctions de Wilson, il tombe sur McAdoo, secrétaire au Trésor et futur gendre du nouveau président, qui lui propose d'être son assistant ou le contrôleur général du port de New York. Deux postes importants. Roosevelt fait la moue ; il n'aime pas beaucoup les questions financières et fiscales. Il rencontre également Daniels qui lui offre le poste de secrétaire-adjoint à la Marine. Surprise, réelle ou simulée, et enthousiasme, tout à fait réel. Cela me plairait *bully well* [sacrément bien], répond-il en utilisant l'expression favorite de Theodore. Et il précise : « Toute ma vie, j'ai adoré les bateaux et je me suis intéressé à la marine[18]. » Affaire conclue. Daniels obtient sans difficulté l'approbation du président, puis, comme le veut la coutume, il consulte les deux sénateurs du New York. O'Gorman accepte du bout des lèvres. Quant à Elihu Root, qui fut le secrétaire à la Guerre de McKinley et le secrétaire d'Etat de Theodore Roosevelt, il fait une seule observation : « Vous connaissez les Roosevelt, n'est-pas ? Toutes les fois qu'un Roosevelt se met à courir, il prend la tête. » Il est vrai, et personne dans le monde politique ne l'a oublié, qu'en 1898, le secrétaire-adjoint à la Marine avait pour nom Theodore Roosevelt et qu'en l'absence momentanée de son supérieur hiérarchique, il avait ordonné au commodore Dewey de se préparer à prendre Manille – le début d'une grande aventure impériale pour les Etats-Unis et d'une marche à pas forcés vers la Maison Blanche pour le cousin Ted. Franklin ne déteste pas le rapprochement. Aux journalistes il pose la question : « Aujourd'hui, c'est un Roosevelt qui occupe le poste. (...) Vous souvenez-vous de ce qui est arrivé la dernière fois qu'un Roosevelt était assis dans ce fauteuil[19] ? » Pour être plus clair, il évoque dans un discours l'éventualité d'une guerre. En ce cas, il aimerait combattre à bord d'un bâtiment de la marine, mais, précise-t-il, « je suppose que je devrais (...) marcher sur les pas de TR et former un régiment de *Rough Riders*[20] ». En dépit d'un profond respect pour Wilson, le modèle reste le même.

Le 17 mars, un lundi, Franklin Roosevelt s'assoit à son nouveau bureau. Il envoie immédiatement une lettre à sa mère : « Je suis baptisé, confirmé, vacciné et j'ai prêté serment. Me voici en pleine mer. Depuis plus d'une heure, je signe des papiers qu'il me faut accepter en toute confiance. Mais j'espère que la chance m'empêchera d'échouer en prison. Très bien. Je devrai travailler comme une turbine neuve pour remplir mes fonctions. J'y arriverai, même si cela prend tout l'été[21]. » Deux jours plus tard, il n'a rien perdu de son excitation, dont il donne une idée à sa femme : « M. Daniels est absent et le sera aussi demain. J'assure l'intérim et j'en ai jusqu'aux oreilles. Aujourd'hui, j'ai dû signer 300 ou

400 papiers et je commence à me mettre à jour. » C'est plus que de l'enthousiasme. Il exulte véritablement. Dans cette petite capitale fédérale qu'animent les changements des équipes gouvernementales, Franklin Roosevelt virevolte dans le tourbillon des dîners, des bals et des réceptions. Ce qui le ravit, c'est de transformer son *hobby* en une activité professionnelle au service du pays. Car, on l'a vu, il adore piloter un navire, comparer sur des estampes les bâtiments de diverses époques, collectionner tout ce qui touche à la mer et à la navigation. Cet homme de trente et un ans aime le pouvoir. Lorsqu'il fait une inspection, le salut de dix-sept coups de canon qui lui est réservé le transporte au septième ciel. Il prend soin de dessiner un fanion qui sera celui du secrétaire-adjoint à la Marine ; il se lie d'amitié avec de vieux amiraux et de jeunes officiers. Dès que l'occasion se présente – quand il ne la crée pas lui-même –, il monte à bord d'un bâtiment pour naviguer, passer en revue des navires, gagner Campobello ou Hyde Park. Avec le plus grand naturel, Roosevelt incarne la marine américaine. Il est la flotte à lui tout seul.

De là à conclure qu'il entretient des relations détestables avec Daniels... Erreur. Daniels est un journaliste de la Caroline du Nord, fondamentaliste comme Bryan[22], raciste comme les Blancs du Sud l'étaient à cette époque, pacifiste, populiste, un petit provincial tombé dans le monde des ambitieux qu'il connaît mal et qu'il apprécie peu, ignorant des réalités internationales, fuyant les réceptions. Il est à mille lieues de Roosevelt, mais jouit d'un indestructible bon sens, sachant parler aux membres du Congrès, en bons termes avec le président Wilson et d'un abord à la fois simple et sympathique. Avec l'inconscience et l'irrespect de la jeunesse, Roosevelt n'a pas manqué de le critiquer, de se gausser de lui, de tempêter contre ses hésitations et ses maladresses. L'adjoint a dit, à plusieurs reprises, à des

proches et à des moins proches, que le véritable chef du
département de la Marine, celui qui comprend vraiment
la complexité des problèmes, c'est lui, et non Daniels. Le
secrétaire à la Marine ne se fâche pas. Il a éprouvé pour
Roosevelt un coup de foudre et lui conservera son amitié, quelles que soient les circonstances, sauf à faire sentir de temps en temps qu'il est le chef, que l'adjoint n'est
que l'adjoint. C'est là le secret d'une collaboration qui a
duré sept années et qui recommencera dans les années
trente, quand Daniels sera nommé ambassadeur des
Etats-Unis à Mexico.

L'avant-guerre selon Roosevelt

De 1913 à 1920, on peut distinguer trois périodes. Les
deux premières années correspondent à l'avant-guerre.
De 1914 à 1917, les Etats-Unis maintiennent tant bien
que mal leur neutralité, tandis que l'Europe est à feu et
à sang. Enfin, l'Amérique devient belligérante aux côtés
de l'Angleterre, de la France et de l'Italie. Au cours de
chacune de ces périodes, le rôle de Franklin Roosevelt
est différent. Il commence par apprendre son métier
d'administrateur, à négocier avec le Congrès, en un mot
il se fait au train-train de la gestion des affaires. Par
exemple, il met au net des contrats avec les sidérurgistes
pour la construction d'un cuirassé, ou s'initie aux pourparlers avec les syndicats de la construction navale.
Comme le souhaite Daniels, il veille à dépenser le moins
possible, mais n'approuve pas sans réticences la décision
de celui-ci d'interdire aux officiers de consommer de
l'alcool à bord des navires de la flotte. Pour remplir ces
tâches, il s'entoure d'une petite équipe dans laquelle se
retrouve l'infatigable Howe.

Tout en prenant racine à Washington, il n'oublie pas
les affaires de son Etat. En 1914, il caresse l'ambition

d'être élu sénateur fédéral et se présente dans les primaires démocrates. Tammany Hall suscite un concurrent qui le bat. Roosevelt comprend alors qu'il lui faut mettre de l'eau dans son vin et amorcer entre lui et la « machine » un rapprochement, l'un et l'autre reconnaissant qu'une alliance, si froide soit-elle, vaut mieux qu'une guérilla permanente.

Parce qu'il a beaucoup voyagé à l'étranger, en Europe comme en Amérique latine, et que la marine est l'un des principaux instruments de la défense nationale, Roosevelt se passionne pour les questions internationales. Il suit attentivement les événements du Mexique en 1913-1914, lorsque soudain, de l'autre côté de l'Atlantique, éclate la Grande Guerre. Les Etats-Unis choisissent la neutralité. Roosevelt fait partie de ceux qui pensent que l'engagement de son pays dans ce que les Américains appellent la « guerre européenne » est inévitable. Autant s'y préparer sans tarder. Il faudrait construire plus de navires, réparer les bâtiments en mauvais état, en somme augmenter les budgets pour le département de la Marine comme pour celui de la Guerre. Sa position est proche de celle de Theodore Roosevelt et très éloignée de celle de Bryan, le secrétaire d'Etat, de Daniels et de Wilson. Il reste, malgré tout, relativement discret. Solidarité gouvernementale oblige.

Proche de Theodore Roosevelt

Lorsque, en juin 1915, un mois après le torpillage du *Lusitania*, Bryan démissionne plutôt que d'approuver le langage ferme du président Wilson à l'endroit de l'Allemagne, Roosevelt regrette, dans une lettre à Eleanor, que Daniels ne suive pas l'exemple du secrétaire d'Etat. En 1915 et 1916, tandis que les incidents navals se multiplient et que les Etats-Unis se bornent à lancer des mises en garde, Roosevelt estime de plus en plus qu'il ferait un excellent secrétaire à la Marine. En février 1916, le secrétaire à la Guerre démissionne ; des rumeurs circulent. Roosevelt pourrait bien le remplacer. Mais Wilson lui préfère Newton D. Baker, un pacifiste qui a été, durant quatre ans, maire de Cleveland. Roosevelt ne contient plus son impatience. Il ne cache pas ses sympathies. Il est en excellents termes avec Cecil Spring Rice, l'ambassadeur de Grande-Bretagne, et Jules Jusserand, l'ambassadeur de France. Les Anglais et les Français sont pour lui des alliés, ce qui n'est le cas ni des Allemands ni des Austro-Hongrois. Ce sont les mêmes amitiés et les mêmes sentiments que ceux de Theodore. Franklin Roosevelt donne l'impression d'être, au sein du gouvernement, le plus républicain des démocrates, en tout cas celui qui entretient le plus de contacts avec les membres de l'autre parti. Il continue pourtant à soutenir fidèlement le président Wilson qui, en novembre 1916, sollicite le renouvellement de son mandat, propose un programme de paix et se fait réélire de justesse. Son désir de participer à la bataille, Roosevelt l'exprime en surveillant de près l'intervention des *marines* à Haïti.

Les Etats-Unis dans la guerre

Changement de décor au début de 1917. Les Etats-Unis déclarent la guerre à l'Allemagne le 6 avril. Les partisans d'une marine forte pourront enfin atteindre leurs objectifs. Roosevelt ne cache pas qu'en ce domaine il a l'intention de mener une politique active. Il fera la guerre, comme le cousin Ted l'a faite en 1898, et aidera (mais en vain) l'ancien président qui voudrait, en mai 1917, obtenir l'autorisation de lever une division de volontaires. Dès le 22 février, il a évoqué la possibilité d'une participation de la flotte américaine aux combats et propose qu'Américains, Britanniques et Français tiennent une conférence, au moment choisi par Washington, pour délimiter les zones de patrouille, mettre en commun la recherche des bases ennemies dans la mer des Antilles, etc. Lorsqu'une mission française, dirigée par René Viviani, vice-président du Conseil, et le maréchal Joffre, débarque à Hampton Roads, elle est accompagnée jusqu'à Washington par Breckinridge Long, le sous-secrétaire d'Etat, le général Scott, le chef de l'état-major, et Franklin Roosevelt. Comme si, dans ces journées historiques, Roosevelt saisissait toutes les occasions pour occuper une place primordiale.

Cette attitude ne change pas tout au long du conflit. A Eleanor il écrit le 25 juillet 1917 : « Depuis que je suis rentré lundi matin, j'ai été bousculé et si heureux que je n'ai pas pris le temps de m'asseoir une seconde pour réfléchir[23]. » Ainsi en est-il pendant l'hiver et le printemps qui suivent. Pourtant la flotte américaine n'est pas engagée dans des combats navals. Elle tient, en revanche, un rôle déterminant dans l'organisation et l'acheminement des convois, pourchasse tant bien que mal les sous-marins allemands et se renforce. Roosevelt gesticule, disent les méchantes langues ; il remue du vent et mérite le surnom de « plumeau à poussière ». Pour les autres, il est la véritable cheville ouvrière de l'effort de guerre. En fait, ses responsabilités sont circonscrites. Il entre dans ses prérogatives de suivre la construction des petits patrouilleurs pour la surveillance des côtes, en dépit des réticences de Daniels et de bon nombre d'officiers qui estiment que ces bâtiments ne serviront à rien – en quoi ils n'ont pas tout à fait tort. Roosevelt milite également pour que des mines sous-marines verrouillent la mer du Nord entre la Scandinavie et l'Ecosse. L'idée, il ne l'a pas inventée, mais il a contribué à la mettre en pratique. Le minage a commencé en mars 1918 et ne sera pas achevé le jour de l'armistice. D'après l'Amirauté

britannique, l'opération a provoqué la perte de six U-
boots tout au plus, soit un prix de revient moyen de
13 millions de dollars par sous-marin.

Roosevelt n'est, malgré tout, pas satisfait. Il nourrit
une ambition, celle de revêtir l'uniforme et de combattre
les armes à la main. Le souvenir des collines de San
Juan le hante. Plusieurs fois, il a réclamé le droit de
s'engager. Impossible, lui a-t-on répondu. L'administration fédérale a besoin de lui à Washington, pas en
Europe. Au début de l'été de 1918, des amis de New
York souhaiteraient qu'il soit candidat au poste de gouverneur de l'Etat, mais lui ne songe qu'aux champs de
bataille. Au moins pour faire une tournée d'inspection,
pour apercevoir les théâtres d'opérations et ne plus être
l'un de ces bureaucrates sédentaires et frustrés qui peuplent l'administration. La permission lui est finalement
accordée.

Sur le front

Le 9 juillet, il embarque sur un destroyer. La grande
aventure commence, celle dont ont rêvé les hommes de
sa génération, côtoyer les dramatiques réalités de la
guerre, vivre dans l'épopée, fuir le confort de Washington. La première étape le conduit à Londres, où il rencontre les principaux dirigeants politiques, y compris le
ministre de l'Armement, qui a nom Winston Churchill.
Puis le voici à Paris où il est reçu par Georges Clemenceau, avant d'entreprendre une tournée de quatre jours
sur le front, à Château-Thierry, au Bois-Belleau, sur la
Vesle, à Nancy, à Verdun, partout où les troupes américaines se sont déjà illustrées et dans le secteur qui leur
a été réservé. Il fait un crochet par l'Italie, rend ensuite
visite aux armées belges, inspecte les forces navales
américaines en Europe et prend le chemin du retour.

Il débarque à New York le 19 septembre. A-t-il vécu une expérience traumatisante comme il l'affirmera publiquement en 1936 dans son discours de Chautauqua (New York) : « J'ai vu la guerre. J'ai vu la guerre sur terre et sur la mer. J'ai vu couler le sang des blessés. J'ai vu des hommes cracher leurs poumons gazés. J'ai vu des villes détruites. J'ai vu deux cents hommes, boitant, épuisés, revenir du front ; ils étaient les survivants d'un régiment d'un millier d'hommes qui étaient montés en ligne quarante-huit heures plus tôt. J'ai vu des enfants mourir de faim. J'ai vu la douleur des mères et des épouses. Je hais la guerre[24]. » Cette profession de foi pacifiste est fort belle. Elle reflète peut-être les sentiments du président Roosevelt, point ceux du secrétaire-adjoint. Pendant la plus grande partie de sa mission en Europe, il a tenu un journal qui couvre soixante-cinq pages imprimées. On y découvre l'excitation d'un bureaucrate en goguette, d'un administrateur qui, pour quelques jours, patauge gaiement dans la boue, s'enthousiasme au récit des batailles, voit de ses yeux le danger avant de prendre un bon repas. L'action, l'action, l'action, comme l'aimait le cousin Ted, comme l'aime Franklin...

Il n'est plus temps de revêtir l'uniforme. Les pourparlers d'armistice sont engagés dans les premiers jours d'octobre. Et surtout, à peine a-t-il quitté le sol de France, Roosevelt sent la fièvre monter. La traversée de retour est pour lui une épreuve fort pénible. A son arrivée à New York, c'est sur une civière qu'il descend du bateau. Il lui faudra un bon mois pour guérir de la grippe espagnole, compliquée par une double pneumonie, qu'il a contractée. L'indispensable convalescence terminée, l'armistice est signé. Plus d'espoir de jouer un rôle héroïque. C'est le début d'un drame conjugal qui exercera, sur la vie de Franklin Roosevelt et celle d'Eleanor, une influence capitale.

Lucy Mercer

Le drame débute comme une comédie de boulevard. Eleanor soigne son époux avec d'autant plus d'attention qu'il souffre d'une maladie à l'époque mortelle. Un jour, faisant les poches d'un de ses costumes, à moins que ce soit par hasard, elle tombe sur un paquet de lettres. Elles ont été écrite à Franklin par Lucy Mercer. Leur contenu ne laisse aucun doute sur les sentiments que les deux correspondants éprouvent l'un pour l'autre. Le vaudeville tourne à la tragédie. Comment Franklin pourrait-il nier l'évidence ? Eleanor voudrait-elle ne pas en croire ses yeux, les aveux de son mari suffiraient à la convaincre. Un quart de siècle plus tard, elle se souviendra encore de l'émotion qu'elle a ressentie : « Le monde dans lequel je vivais s'écroula. Je fus pour la première fois face à face, en toute honnêteté, avec moi-même, avec mon entourage et mon monde. Cette année-là, je suis vraiment devenue adulte[25]. »

Depuis 1913, Eleanor avait adapté sa vie aux exigences de Washington et réglé son emploi du temps comme du papier à musique. Les enfants occupaient une place grandissante : une fille et quatre garçons, dont la plus âgée avait douze ans en 1918, réclamaient toute son attention. En outre, il était impossible d'échapper aux corvées de la vie mondaine qu'imposaient les fonctions officielles de Franklin. Les conventions sociales obligeaient Eleanor à faire des visites ou du moins à déposer sa carte, à recevoir régulièrement au thé ou à dîner. D'autant plus que les Roosevelt, à la différence de bien d'autres membres du gouvernement, étaient accueillis partout à bras ouverts. Le lundi, Eleanor allait au domicile des épouses des juges à la Cour suprême ; le mardi, au domicile des épouses des représentants ; le mercredi, au domicile des épouses des membres du

Cabinet ; le jeudi, au domicile des épouses des sénateurs ; le vendredi, au domicile des épouses des ambassadeurs. L'emploi du temps, on en conviendra, était
éprouvant. De plus Eleanor rentrait toujours chez elle à
17 heures pour prendre soin des enfants. A fréquenter le
beau et le moins beau monde, elle découvrit de nouveaux milieux sans perdre vraiment tous ses préjugés.
Elle fut ravie, par exemple, de rencontrer Cecil Spring
Rice, Jules Jusserand et leurs épouses, des membres du
Cabinet, le vieux Henry Adams. Mais elle n'en continuait
pas moins à détester les Juifs. En 1913, raconte-t-elle :
« Je suis allée à une réception juive, (…) chez les Baruch
lundi soir. C'était atterrant. Je ne veux plus entendre
parler d'argent et de bijoux. » Elle reçoit à déjeuner Félix
Frankfurter : « Un petit homme intéressant, mais très
juif[26]. » Tous ceux qui n'appartiennent pas à son monde
lui semblent bizarres, ridicules, surprenants, étrangers.

Elle fait, pourtant, des efforts pour servir la carrière
de son mari. Elle adopte scrupuleusement les opinions
qu'il exprime et ne dévie pas d'un iota des règles de l'étiquette. C'est une épouse parfaite, charmante, un peu
condescendante, très intimidée en société, une mère
attentive qui n'est pas exagérément chaleureuse, une
belle-fille qui échappe un peu à Sara et entretient toujours avec elle une correspondance suivie et filiale. Elle
a le sens de ses responsabilités sociales. Dès que le
conflit éclate en Europe, elle participe à des œuvres de
bienfaisance, accentue encore ses efforts après avril
1917 et manifeste le même esprit patriotique que Franklin. Toutefois, elle vit la guerre par procuration. Son
mari lui raconte ce qu'il fait, ce qu'il voit, ce qu'il entend.
Somme toute, Eleanor est irréprochable. Tout au plus
manque-t-elle d'enthousiasme, surtout depuis qu'elle a
épousé un extraverti, jovial et bon vivant.

Franklin Roosevelt, quant à lui, est le joli cœur de
Washington. Il est de tous les bals. Il éclaire de ses éclats

de rire et de ses histoires drôles les dîners en ville.
Quand il fait une imitation de Josephus Daniels, la
bonne société pouffe. Il respire la même joie de vivre
que Theodore. Et avec Alice Roosevelt Longworth, la
fille aînée de l'ancien président, il forme un joyeux duo
qui raffole des plaisirs, des équipées et des farces en tous
genres. En peu de mots, un journaliste exprime son
admiration : « Son visage est allongé, fermement dessiné, empreint de confiance. Quelques rides, à peine
sculptées, barrent un front droit. Ses yeux d'un bleu
intense sortent d'une ombre légère. Une bouche, nette et
fine, s'ouvre brusquement pour rire librement et sans
retenue. Sa voix est haut perchée. (…) Dans la capitale
où la moquerie va bon train, on l'appelle l'homme par
excellence[27]. » Franklin est un incomparable séducteur.
Profite-t-il de son charme ? On le murmure, sans que
des preuves viennent confirmer la rumeur. Ce qui rendrait vraisemblable l'hypothèse d'« aventures », c'est que
chaque été Eleanor emmène les enfants à Campobello
pour un ou deux mois. Franklin vit alors seul à Washington. Et, comme le dit perfidement la cousine Alice, « il
méritait du bon temps. Il avait épousé Eleanor ». De
plus, après six accouchements, Eleanor décide de n'avoir
plus d'enfants et recourt à la seule méthode qui paraissait alors efficace : l'abstinence. En revanche, la bonne
société américaine baigne encore dans une atmosphère
profondément victorienne. Flirter, soit ; mais aller plus
loin… La famille demeure une valeur qu'on défend avec
vigueur. Pour être un politicien acceptable, il faut être
un bon fils, un bon mari, un bon père et avoir de bonnes
mœurs.

Pour remplir les fonctions de secrétaire privée, Eleanor a recruté en 1914 Lucy Mercer, une jeune fille de
vingt-deux ans, de très bonne famille. L'un de ses
ancêtres du côté paternel a signé la déclaration d'Indépendance ; un autre a été archevêque. Ses parents ont

dépensé beaucoup d'argent, puis se sont séparés sans jamais divorcer en raison d'un catholicisme particulièrement rigoureux. Lucy a fait ses études dans un couvent autrichien. A son retour aux Etats-Unis, elle a accepté cette place de secrétaire chez les Roosevelt, parce qu'elle a besoin de gagner sa vie et que la fonction n'a rien de déshonorant. Une « secrétaire sociale », c'est un peu une dame de compagnie qui doit savoir répondre aux lettres, dîner avec les invités de la famille, remplacer, si c'est nécessaire, la maîtresse de maison, éventuellement donner le bain aux enfants et sortir le chien. Lucy a toutes les qualités requises. Elle connaît les bonnes manières. Charmante, pleine de vie, elle sait mener une conversation. Même Sara, dont on n'ignore pas les exigences, déclare *urbi et orbi* qu'elle est satisfaite. Passant par Washington en mars 1915, elle écrit à Eleanor : « Miss Mercer est ici. Elle est tellement gentille et séduisante ! Elle vous adore[28]. »

Rien d'étonnant si elle accompagne Franklin, en l'absence d'Eleanor, chez Alice Roosevelt Longworth à la campagne. Ils sortent en groupe. Ils sortent seuls. Eleanor a parfois des soupçons. Pendant l'été de 1916, elle s'étonne ainsi que Franklin tarde à la rejoindre à Campobello. L'année suivante, éclate une mini-crise. Franklin rassure et gronde une épouse qui paraît douter de la profondeur de ses sentiments. Elle s'impatiente. Il fait un geste de bonne volonté et prend aussitôt le chemin de Campobello. Elle rappelle discrètement à Lucy que l'une est la patronne, l'autre l'employée. Un dimanche d'octobre 1917, Franklin échange des propos plutôt vifs avec sa mère qui défend la morale traditionnelle, une manière de remettre le fils prodigue sur le droit chemin.

Ce qu'Eleanor découvre au début de l'automne de 1918 la confirme dans les pires craintes. Elle est la victime d'une horrible machination. Sa confiance dans l'homme qu'elle aime n'a plus de sens. Ses attaches sont brisées. Plus rien ne sera comme avant. Elle propose alors un marché à Franklin : ou bien il renonce à revoir Lucy et les conventions sociales seront sauves bien que la blessure ne puisse guérir ; ou bien elle lui rend sa « liberté ». Franklin est placé devant un dilemme. Il aime ses enfants et ne veut certainement pas les traumatiser. De plus, la tendresse qu'il éprouve pour Eleanor n'a pas fondu comme neige au soleil. Sa mère fait pression, à son tour, en indiquant qu'elle cessera d'aider financièrement son fils s'il rompt son mariage. Pourtant, il aime Lucy et serait prêt à divorcer. En fin de compte, deux considérations l'empêchent de franchir le pas. Lucy Mercer, elle-même fort catholique, n'épouserait pas un homme divorcé – si Eleanor et Sara n'ont pas pris conscience de cette impossibilité, c'est qu'elles ne connaissent pas les catholiques. En outre, Roosevelt a compris qu'en choisissant la « liberté », il renoncerait implicitement à sa carrière politique et devrait commencer par démissionner de son poste à la Marine, car Daniels ne plaisante pas avec la morale. Et Roosevelt ne pourra pas de sitôt briguer le moindre mandat électif. Sans doute Louis Howe a-t-il aussi, dans cette perspective, contribué à arrondir les angles entre les époux et préparé un semblant de réconciliation.

Incontestablement, la déchirure est profonde. En apparence, tout continue comme si de rien n'était. Bien plus, Franklin fait amende honorable et accompagne son épouse à l'office du dimanche. Eleanor reprend ses habitudes et se libère un peu plus de sa dépendance à l'égard de son époux. Le mariage est sauvé, mais il n'en reste plus qu'une sorte d'association, ni plus ni moins. Quant à Lucy Mercer, elle épousera Winthrop Rutherfurd et, pendant quelques années, ne verra plus Franklin Roosevelt.

Candidat à la vice-présidence

Le 1er janvier 1919, Eleanor et Franklin embarquent sur le *George Washington*. Direction : la France. Cette fois-ci, le secrétaire-adjoint à la Marine a pour mission de contrôler le départ des Américains, notamment le démantèlement des bases navales. C'est une excellente occasion de revoir les champs de bataille et de les faire visiter à son épouse. Au retour, en février, ils voyagent à bord du même navire, qui ramène le président Wilson pour un court séjour aux Etats-Unis. C'est alors que Roosevelt prend connaissance du pacte de la Société des Nations. Preuve qu'en France il a été tenu à l'écart des négociations et qu'il n'est qu'un secrétaire-adjoint « technique » auquel les grands dossiers de politique échappent. Preuve également que sa conversion aux idées wilsoniennes ressemble à un coup de foudre. Il croit ce que croit Wilson. Il n'est pas tenté par l'attitude des républicains, moins encore depuis que le cousin Ted est mort, le 6 janvier 1919. Roosevelt garde en mémoire les paroles de Wilson : « Les Etats-Unis doivent participer, sauf à briser le cœur du monde, car ils forment la seule nation que tous sentent désintéressée et à qui tous font confiance[29]. » La formule lui plaît. Il l'utilisera.

En cette année 1919, il ne participe guère au combat de Wilson. A la Marine, il accomplit sa tâche, la tâche obscure de la démobilisation, aux perspectives peu attrayantes. Aux élections législatives de novembre 1918, les républicains ont remporté la majorité des sièges. Les augures prévoient qu'en novembre 1920 ils s'empareront aussi de la présidence et que le wilsonisme se perdra dans les sables. A moins que Wilson ne fasse des miracles. La société américaine subit les contrecoups de la guerre. La prohibition des boissons alcoolisées divise la nation. L'extension du suffrage universel aux femmes n'accorde pas de sursis au mouvement progressiste. La chasse aux sorcières, qui s'en prend aux « rouges » – communistes, socialistes et, assimilés aux « rouges », anarchistes –, rend le climat politique bien étouffant, tout en provoquant la surenchère des démagogues. L'immigration de masse recommence et déclenche une vive campagne pour que désormais le nombre des entrées soit strictement limité. Des violences raciales éclatent ici ou là. Les Etats-Unis sont plus riches, bien que l'inégalité entre les citoyens soit profonde. Le pays ressemble à un superbe paquebot que la tempête ferait tanguer.

Désarçonné comme beaucoup d'autres, Franklin Roosevelt espère que les Américains accepteront, malgré tout, la SDN et les traités de paix. Il assiste, navré et impuissant, à l'effondrement physique de Wilson qui, en septembre 1919, est frappé d'hémiplégie. Dans son entourage familial, des maladies sans gravité, des difficultés financières – dont le sauve l'inévitable soutien de Sara –, un obscur scandale sur une base navale ne le tirent pas d'une certaine morosité. A Washington, les démocrates sont pessimistes. Seule lueur d'espoir : le nom de Roosevelt revient souvent dans les conversations. Beaucoup croient qu'il serait le meilleur candidat à la présidence. Ce n'est pour le moment qu'une vue de l'esprit, au mieux l'indice d'une réelle popularité. D'autres, plus réalistes, le verraient bien candidat à la vice-présidence, co-listier de Herbert Hoover qui n'a pas encore dit s'il est démocrate ou républicain et moins encore s'il sera candidat à la présidence. Les supputations vont bon train. De fait, Roosevelt arrange le passé récent à son profit, s'attribue les mérites de la préparation de 1915-1917 et les réussites de 1917-1918, tout en prenant ses distances avec Daniels (qui pardonne comme d'habitude) et avec Wilson (qui, lui, ne pardonne pas).

Dans les derniers jours de juin 1920, le Parti démo-crate tient sa convention nationale. Si malade et affaibli qu'il soit, Wilson n'a pas renoncé à solliciter un troisième mandat, ne fût-ce que pour lancer une croisade en faveur de la SDN et des traités de paix. S'il renonce à la course à l'investiture, McAdoo sera candidat. James Cox, qui vient d'exercer trois mandats de gouverneur de l'Ohio, lui disputera les suffrages du parti. A. Mitchell Palmer, l'Attorney General qui s'est illustré dans la chasse aux sorcières, sera aussi sur les rangs. Si bien que la convention est divisée. Il ne faut pas moins de quarante-quatre tours de scrutin pour qu'une majorité des deux tiers finisse par désigner James Cox. Mais qui sera le candidat du parti à la vice-présidence ? « J'y ai bien entendu beaucoup pensé, répond Cox. Mon choix, c'est le jeune Roosevelt. Son nom est bon. Il convient sur le plan géographique. Il est hostile à Tammany. » Et d'ajouter qu'il faut néanmoins l'approbation de Tam-many Hall et qu'il choisit Roosevelt sans le connaître. Charles Murphy, le *boss* de New York, donne sa bénédic-tion avec l'arrière-pensée qu'il débarrassera l'Etat de New York d'une personnalité encombrante.

« Soudain, j'entendis prononcer mon nom, rapporte Franklin. Sur le moment, je ne voulus pas le croire. Puis mes amis m'appelèrent. Le tout dura dix minutes. On me choisit parce que j'étais connu depuis la guerre. Et puis, on pensait que ma situation au gouvernement me met-trait à même de servir de lien entre Cox, lequel était peu connu dans le gouvernement, et Wilson. Je fus évidem-ment très content. Je n'avais que trente-huit ans, et il n'y avait eu jusqu'alors qu'un seul cas de vice-président plus jeune. Theodore Roosevelt, lui, ne l'avait été qu'à quarante-deux[30]. » Toujours l'ombre de Teddy, avec la satisfaction implicite pour Franklin d'avoir surpassé le modèle ! Theodore Roosevelt a été secrétaire-adjoint à la Marine, puis gouverneur de l'Etat de New York avant de briguer la vice-présidence. Franklin, lui, saute une étape. Involontairement ou non, il n'hésite pas à se présenter comme l'héritier du cousin Ted. Certains électeurs le prennent même pour son fils, en dépit des mises en garde d'un des fils du défunt président. Les bonnes histoires que Franklin distille dans ses discours ont pour but de souligner les divergences de Theodore avec la majorité des républicains, donc d'attirer aux démocrates une partie non négligeable de l'électorat républicain.

Aux côtés de James Cox

Cela n'empêche pas Roosevelt d'accompagner Cox lorsqu'il rend visite au président Wilson. Un grand malade, le bras gauche paralysé, qui s'exprime d'une voix inaudible, un fantôme du passé. Cox et Roosevelt promettent de se battre pour la Société des Nations. Ils le font à leurs risques et périls, car elle n'est pas très populaire, et il vaut mieux, comme Warren Harding, le candidat républicain, promettre « le retour à la normale ».

Après avoir démissionné de son poste de secrétaire-adjoint en août 1920, Roosevelt se lance à corps perdu dans la bataille. Il traverse vingt Etats en dix-huit jours à bord d'un train spécial et prononce en moyenne sept discours par jour. Il découvre la diversité régionale des Américains et de leurs problèmes. « Pendant trois mois de l'année 1920, se souvient-il, j'appris à connaître le pays comme seul un candidat ou un commis voyageur peut le connaître. J'acquis l'impression que nous étions parvenus, dans une large mesure, à l'épuisement des ressources à exploiter, aux limites des lieux à découvrir. (...) Je compris qu'il était temps, oui grand temps de commencer à planifier (...) pour faire face aux besoins évidents de la nation sur le plan économique et social[31]. »

Une seule maladresse, mais de taille, dans cette campagne : le 18 août, à Butte, dans le Montana. Comme ailleurs, Roosevelt défend le pacte de la SDN. A l'argument de ses adversaires suivant lequel la Grande-Bretagne disposera de six voix grâce à ses dominions, Roosevelt répond que les Etats-Unis peuvent compter sur Cuba, Haïti, Saint-Domingue, le Panama, le Nicaragua et quelques autres Etats latino-américains qui voteront exactement comme eux. Levant les yeux de son texte, il ajoute : « J'ai écrit moi-même la constitution de Haïti, et je pense que cette constitution est plutôt bonne[32]. » Cette bévue, qui, par surcroît, n'est pas conforme à la vérité historique, poursuivra longtemps Roosevelt.

Le scrutin du 2 novembre est sans surprise : Harding recueille 16 152 200 voix ; Cox, 9 147 353. Dans l'Etat de New York, aucun candidat démocrate n'est élu à aucune fonction. C'est la déroute pour Wilson, les wilsoniens et le mouvement progressiste, la fin d'une époque. La carrière de Roosevelt est-elle interrompue ? Reprendra-t-elle un jour ? Il va avoir trente-neuf ans. Les sept années passées à Washington lui ont donné une très utile expérience. Elles lui ont apporté également une réputation nationale. La défaite démocrate de 1920 ne peut lui être attribuée. Au contraire, il a infusé du sang neuf dans les veines du parti et élargi ses horizons. En 1920, il entre dans la période de maturité. Il quitte la vie politique, prend un peu de recul, traverse l'inévitable désert des politiciens. Mais tous les espoirs lui sont permis. L'au-revoir à Washington n'a rien d'un adieu.

CHAPITRE IV

L'homme malade
1921-1928

La poliomyélite frappe Franklin Roosevelt en 1921. Ce sera le drame majeur dans la vie de cet homme. Il a alors trente-neuf ans, sa fille Anna, quinze, le plus jeune de ses fils, cinq. Au beau milieu d'une vie réussie et relativement heureuse, d'une carrière déjà brillante dont on attend bien davantage encore. Désormais, Roosevelt ressemble à l'image que nous avons conservée de lui. Paralysé des deux jambes, tantôt il est cloué sur une chaise roulante, tantôt il se déplace difficilement à l'aide d'attelles orthopédiques, appuyé sur une canne ou un bras secourable. Son oncle maternel disait que la maladie avait provoqué chez lui « une seconde naissance ». L'homme qui triomphe de l'épreuve n'est plus celui qui tourbillonnait dans le monde doré de New York et de Washington. Sur le plan physique comme sur le plan psychologique, la poliomyélite a engendré de très profonds bouleversements qui ont atteint Franklin Roosevelt, au premier chef, et son entourage.

Retour à la vie privée

Au début de l'année 1921, Roosevelt retourne à ses premières activités professionnelles. Il n'a jamais exercé avec un grand enthousiasme son métier d'avocat. Ce qu'il aime par-dessus tout, c'est s'engager dans la bataille politique, mener campagne pour convaincre le plus grand nombre, administrer les affaires du pays, fréquenter « les princes qui nous gouvernent » et tâcher de devenir l'un d'eux. La campagne pour les élections présidentielles qui vient de prendre fin l'a rapproché de l'ambition ultime de tout politicien américain. Sans doute n'a-t-il nourri aucune illusion sur la possibilité d'une victoire démocrate en 1920. Mais lorsqu'on est candidat à la vice-présidence à trente-neuf ans, tous les espoirs sont permis. Il suffit d'attendre et d'y croire.

Et pourtant, les lendemains de la défaite sont pénibles. Les démocrates quittent Washington, la tête basse. Les républicains occupent les places et s'emploient à démontrer que leurs prédécesseurs, y compris le secrétaire-adjoint à la Marine, ont laissé un héritage peu enviable. Roosevelt doit se résoudre à abandonner la capitale fédérale au passé. Il faut avoir une infatigable imagination pour entrevoir un avenir plus souriant. Dans l'Etat de New York, ni la situation présente ni les perspectives n'incitent à l'optimisme. Les deux sièges de sénateur sont occupés, et bien occupés. Un nouveau venu, fût-il Franklin Roosevelt, ne parviendrait pas à s'emparer de l'un d'entre eux. Al Smith sera sans doute candidat au poste de gouverneur en 1922, avec le soutien de Tammany Hall. Quant aux autres fonctions électives de l'Etat, elles feraient déchoir l'ancien collaborateur du président Wilson. En un mot, c'est le chômage politique. Pour combien de temps ? Dieu seul le sait. D'ailleurs, l'époque n'est pas favorable à une renaissance du progressisme. Les Etats-Unis entrent dans la société d'abondance et dans une sorte de modernité qui effraie plus d'un Américain. Les tensions sociales et religieuses sont vives, mais le temps n'est pas propice aux réformes.

Contraint de gagner sa vie, Roosevelt revient aux
affaires privées. Très curieusement, lui qui a fait partie
d'une équipe hostile au principe des trusts, il établit son
quartier général à Wall Street. Une manière de suivre
l'évolution du pays, de rester tout près du véritable
centre de décision qui, dans les années vingt, se situe à
l'extrême sud de Manhattan. Roosevelt cumule deux
emplois. Le matin, il occupe la vice-présidence de la
Fidelity and Deposit Company, la troisième société de
vente par actions aux Etats-Unis, où il gagne 25 000 dollars par an. Son patron, un ancien de Harvard, n'est pas
très exigeant et attend de Roosevelt que son nom, sa
présence et ses relations stimulent les affaires de la maison. En somme, Roosevelt monnaie sa réputation.
L'après-midi, il est, avec deux associés, à la tête d'un
cabinet d'avocats d'affaires. Dans un cas comme dans
l'autre, point de tâches absorbantes. Pour Roosevelt, ce
n'est ni le calvaire ni la joie sans mélange. Il a besoin
d'argent pour maintenir son train de vie et n'est pas très
regardant sur les spéculations menées autour de lui ni
sur les affaires qu'on défend. Avec le sourire et beaucoup de désinvolture, il devient, suivant sa propre
expression, « l'un de ces jeunes capitalistes ». Mais il
n'en profite pas pour accroître sa fortune personnelle,
car il demeure attaché à la défense des bonnes causes,
qu'il affectionne : Harvard, l'Eglise épiscopalienne, le
Yacht Club, les Boy Scouts, puis la Fondation Woodrow
Wilson. Il prononce aussi d'innombrables discours. Il ne
manque pas d'activités. Peut-être même en a-t-il trop. A
l'approche de l'été de 1921, il éprouve une fatigue générale. Le 27 juillet, il rend visite aux Boy Scouts du New
Jersey. Une rencontre animée, au cours de laquelle on
tourne en dérision la prohibition des boissons alcoolisées. Roosevelt défile avec ses protégés. C'est même la
dernière photographie sur lequel on le voit marcher.
Ensuite, il prend un bain dans le lac, qui se trouve à

l'intérieur du camp. Après quoi, il part pour Campobello où sa femme et ses enfants ont déjà commencé leurs vacances d'été.

La poliomyélite

Pour éviter le voyage par le train, long et d'autant plus épuisant que la chaleur humide de l'été le rend insupportable, Roosevelt embarque sur le *Sabado*, un yacht que possède le patron de la Fidelity and Deposit. Roosevelt adore piloter et ne se prive pas de ce plaisir. La navigation aux abords de la baie de Fundy n'est pas facile. Elle réclame de l'expérience, de l'attention, beaucoup de patience. Pendant les moments de calme, Roosevelt pêche la morue avec tant d'ardeur qu'emporté par son élan, il tombe dans les eaux très froides de l'océan. Le 10 août, ayant retrouvé les siens depuis la veille, il continue de mener sa vie tambour battant : une virée en bateau avec les enfants, une expédition avec les pompiers locaux pour lutter contre un incendie qui embrase l'une des îles de la baie, une baignade d'une heure pour se refaire une santé et, pour conclure, retour au petit trot jusqu'à la maison sans prendre le temps de se sécher. C'est un emploi du temps exténuant. Mais Franklin et tous les Roosevelt de sa génération seraient déshonorés s'ils ne faisaient montre d'une telle énergie.

Cette fois-ci, toutefois, Roosevelt n'en peut plus. « Quand j'atteignis la maison, raconte-t-il, le courrier était arrivé. Il y avait plusieurs journaux que je n'avais pas lus. J'étais trop fatigué pour m'habiller. Jamais je n'avais éprouvé une telle sensation[1]. » Le dîner n'arrange rien. Se croyant victime d'un simple lumbago, Roosevelt monte se coucher. Le drame éclate, le lendemain matin, le 11 août : « Quand je sortis du lit, ma jambe gauche resta à la traîne. Mais je m'arrangeai pour aller me raser.

Je fis un effort pour me convaincre que mes ennuis venaient des muscles de la jambe, qu'ils disparaîtraient avec un peu d'exercice. Mais ma jambe refusa de fonctionner ; puis ce fut l'autre[2]. » Le thermomètre révèle une température inquiétante. Eleanor demande à un ami de la famille, le Dr. Bennett, qui habite Lubec, la ville voisine, d'accourir au chevet du malade. Le médecin observe la paralysie, note les souffrances musculaires de Franklin et diagnostique un refroidissement.

Le vendredi 12 août, l'état du malade s'aggrave. Roosevelt ne peut plus du tout mouvoir ses jambes. La paralysie est quasi totale au-dessous de la ceinture. Elle gagne même les membres supérieurs, puisqu'il ne parvient pas à tenir un crayon entre le pouce, l'index et le majeur. Le 13 août, « le Dr. Bennett et moi, écrit Eleanor Roosevelt, décidâmes d'avoir la meilleure opinion que nous puissions avoir dans les délais les plus brefs. Louis Howe (qui, grâce au Ciel, était à nos côtés et nous a rendu les plus grands services) partit avec le Dr. Bennett pour Lubec. Ils parcoururent les stations balnéaires aux alentours et conclurent que le meilleur praticien disponible était le bon vieux Dr. Keen, de Philadelphie. Il accepta de venir en auto et de passer la nuit à la maison. Il arriva vers 19 heures 30. Il fit un examen minutieux. Il recommença ce matin. Il pense qu'un caillot de sang, provoqué par une soudaine congestion, s'est installé dans la partie inférieure de la moelle épinière et a momentanément bloqué les possibilités de mouvement, mais non les sensations[3]. » Prescription du Dr. Keen : des massages réguliers. Pronostic : dans dix à quinze jours, on en saura davantage sur la nature de la maladie, et dans quelques mois, la paralysie aura totalement disparu.

Deux jours plus tard, la température diminue et le malade reprend des forces. Mais la paralysie ne disparaît nullement. La vessie ne fonctionne plus : il faut introduire un cathéter pour permettre l'évacuation de l'urine. Eleanor assure tous les soins. Elle a fait mettre un lit de camp à côté du lit de son mari. Quant au Dr. Keen, il est plutôt pessimiste. Il envoie une longue lettre à Eleanor : « Plus il réfléchit, plus il incline à ne pas tenir compte du caillot et à penser que l'inflammation a provoqué une lésion de la moelle épinière, qui pourrait avoir des effets autrement plus prolongés qu'il ne l'a cru dans sa première estimation[4]. » Par le même courrier, le médecin envoie le montant de ses honoraires : 600 dollars.

Le diagnostic n'aurait sans doute pas progressé sans l'intuition de Frederic Delano, l'oncle de Franklin. C'est par correspondance qu'il a appris les signes de la maladie. N'ayant aucune confiance dans les diagnostics successifs, il se rend à Boston pour consulter à Harvard des spécialistes de la paralysie infantile. On lui répond que, compte tenu de la description clinique, Franklin est atteint de poliomyélite et qu'il faut arrêter immédiatement les massages, qui sont dangereux.

L'oncle persuade Eleanor et le Dr. Keen d'appeler en consultation un spécialiste de la poliomyélite. Le 25 août, deux semaines après le premier accès de fièvre, le Dr. Robert Lovett fait le voyage de Boston à Campobello. Il constate la paralysie des membres inférieurs, une température d'environ 38°, le blocage des muscles dorsaux qui empêche le malade de s'asseoir seul, une faiblesse certaine dans les bras, l'interruption du fonctionnement de la vessie et, en conséquence, la possibilité d'une infection rénale. Lovett diagnostique la poliomyélite sans hésiter, et son pronostic est réservé. Interrogé par Louis Howe, il ne conclut pas que Roosevelt recouvrera l'usage de ses jambes. Cela dépendra du patient lui-même : « S'il montre un intérêt assez grand pour reprendre une vie active, si son désir de guérir est assez puissant, il y a sans doute une chance[5]. » Ce qui menace Franklin pour le moment, avertit le médecin, c'est « une

dépression mentale et, de temps à autre, l'irritabilité ».
Le traitement ? Pas de médicaments ; tout au plus des
somnifères ; pas de massages qui accentueraient la douleur ; des bains chauds qui peuvent soulager. Le plus difficile à faire comprendre à la famille, écrit Lovett à son
confrère, c'est qu'il n'y a rien d'autre à faire.

Le désespoir

Comment dépeindre l'atmosphère qui règne à Campobello, la gravité de la maladie, les incertitudes du traitement, les soins physiques et psychologiques à dispenser
au malade ? Les mots sont insuffisants et les apparences,
trompeuses. Derrière les sourires de convenance, à l'abri
d'une façade sereine, c'est le désespoir qui se cache et
éclate soudain. Franklin fait semblant de plaisanter :
« Je prends des vacances beaucoup plus longues que je
n'en avais l'intention sous l'œil sévère d'un médecin qui
refuse que je fasse autre chose que jeter un coup d'œil
sur mon courrier et signer quelques lettres par jour[6]. »
Plus tard, il devait avouer que les tout premiers jours de
sa maladie avaient été affreux, qu'il avait douté de Dieu,
mais qu'il fallait bien ne pas désespérer davantage la
famille et les proches. Le 1er septembre, le Dr. Bennett
écrit au Dr. Lovett : « M. Roosevelt m'a paru un peu
énervé hier[7]. » Les muscles ne fonctionnent pas. Le
patient se demande si cela vient de l'interruption des
massages ou d'une autre cause qu'il ne saisirait pas. Le
Dr. Lovett a parlé d'une sensible amélioration qui se pro-
duirait dans les quinze jours. Ne concernera-t-elle que
les membres supérieurs ? En ce cas, elle est visible. Vaut-
elle aussi pour les membres inférieurs ? Elle ne se produit pas. Que dire à Franklin ?

Dans ces circonstances douloureuses, Eleanor est
remarquable. Elle a commencé par envoyer les enfants

faire du camping, pour assurer le calme dans la maison. Quand elle apprend qu'il s'agit de paralysie infantile, elle redoute la contagion, mais Lovett lui répond que, compte tenu du temps d'incubation, il n'y a pas de risques. Elle soigne son mari et lui tient lieu jour et nuit d'infirmière. Quand une infirmière professionnelle s'installe à Campobello, Eleanor continue de jouer son rôle. Elle écrit pour annoncer la maladie aux membres de la famille, aux amis, aux compagnons de travail. Encore faut-il prévenir Sara qui est en voyage en Europe et ne débarquera à New York que le 31 août :

« Très chère maman. Franklin a été très malade et à son grand regret ne peut aller vous chercher mardi. » Suivent des nouvelles des enfants et ce chaleureux mot d'accueil : « Nous sommes tous très contents de vous savoir de retour. Vous n'imaginez pas ce que cela nous fait de vous savoir de nouveau à nos côtés[8]. » Informée dès sa descente du bateau, Sara se précipite à Campobello. Voici la scène des retrouvailles, telle qu'elle la raconte à son frère : « Je suis arrivée ici hier à 13 heures 30. Et je suis immédiatement (…) tombée sur un fils courageux, souriant, superbe, qui m'a dit : "Eh bien ! Je suis heureux que vous soyez de retour, maman, et je ferai une fête pour vous." Il s'était rasé lui-même et paraît avoir un bon moral. Au-dessous de la ceinture, il ne peut pas bouger. Ses jambes, dont j'ai toujours été fière, doivent être déplacées souvent parce qu'elles lui font mal, quand il conserve longtemps la même position. Eleanor et lui ont tout de suite décidé de ne pas se laisser abattre, et l'atmosphère chez eux est gaie. C'est pourquoi j'ai fait comme eux et suivi leur remarquable exemple. (…) Le Dr. Bennett vient de faire sa visite et a dit : "Ce garçon ira très bien." Ils sont allés dans sa chambre et je les ai entendus rire ensemble. Eleanor la première[9]. »

Ce ton enjoué, Franklin le conserve dans les lettres qu'il écrit. A son associé dans le cabinet d'avocats, il fait remarquer qu'en dépit de ses cheveux gris, le voici revenu à l'enfance, puisqu'il est frappé de paralysie infantile. Au milieu de septembre, il est transporté à l'hôpital presbytérien de New York, dans le service du Dr. Draper, un ami du Dr. Lovett. Il fait le voyage par train. Mais pour atteindre la gare, il a fallu ruser avec les journalistes, à l'affût d'un *scoop*, ignorant de quoi souffre Roosevelt. Un communiqué destiné à la presse est rédigé par Louis Howe, le 16 septembre. Roosevelt est victime de la poliomyélite, annonce-t-il, mais ne restera pas handicapé.

La poliomyélite est aujourd'hui une maladie qu'on voit de moins en moins dans les pays développés, une sorte de survivance des temps passés comme la variole ou le choléra. Mais elle était encore fréquente dans la décennie qui a suivi la Deuxième Guerre mondiale. Elle avait la réputation d'être un fléau, une épidémie quasi imparable. En 1916, les Etats-Unis, en particulier la région du Nord-Est, avaient été touchés. C'est l'une des raisons qui expliquent que les spécialistes de Boston disposaient d'une expérience récente et gardaient l'esprit ouvert à l'éventualité d'une récurrence. Des précautions spéciales étaient recommandées, notamment l'utilisation d'eau bouillie. Transmise par un virus charrié par les eaux, la poliomyélite présente la redoutable caractéristique d'être contagieuse. De mauvaises conditions d'hygiène, comme le déversement des eaux usées, constituent le plus redoutable des bouillons de culture. La poliomyélite frappait surtout les enfants, qui offrent une résistance moindre au virus. Les adultes ayant toujours bénéficié d'une protection immunologique due à d'excellentes conditions de vie couraient néanmoins le risque d'être frappés à leur tour.

C'est évidemment ce qui s'est produit sur Franklin Roosevelt. En dépit des apparences, rien d'étonnant qu'à trente-neuf ans il soit victime de la paralysie infantile.

Peut-être conviendrait-il d'ajouter que chez lui le terrain est plus favorable que chez d'autres. Déjà en 1912, il a été frappé par la typhoïde. Au cours de l'été 1917, il a souffert d'une grave infection de la gorge. L'année suivante, il n'a échappé ni à la grippe (dont la forme la plus grave, la grippe espagnole, a tué des millions de personnes dans le monde) ni à la pneumonie. De là à déduire qu'il souffre d'une extrême vulnérabilité aux maladies... Josephus Daniels disait, en plaisantant, qu'il attirait les microbes.

Il serait hasardeux et indémontrable d'insister sur les causes psychosomatiques de chacune de ses maladies. Il reste que la succession des maladies peut avoir affaibli son organisme et ses résistances. On a essayé de soutenir qu'au cours de l'été 1921 Roosevelt était particulièrement affecté par une enquête qui portait sur un scandale : le département de la Marine aurait dépêché des contrôleurs sur une base navale qui, pour dénoncer les homosexuels, se seraient livrés eux-mêmes à la sodomie. Roosevelt en aurait subi un choc émotionnel qui l'aurait considérablement diminué. Cette interprétation laisse sceptique[10]. Pour convaincre, elle devrait être confrontée par de solides preuves.

Le mystère n'en subsiste pas moins sur les circonstances dans lesquelles Franklin Roosevelt est entré en contact avec le virus. En tombant à l'eau dans la baie de Fundy ? En se baignant aux environs de Campobello ? C'est peu probable, compte tenu de la période d'incubation. Pendant son séjour dans le camp des Boy Scouts ? En plongeant dans une piscine de Washington ? En mangeant des huîtres ? On peut s'étonner que les deux premiers médecins consultés aient posé des diagnostics si erronés. Mais les symptômes ne sont pas toujours évidents lors de leur première apparition, et tout médecin peut avoir en tête une piste qui le conduit dans une impasse. En revanche, il est surprenant qu'ils aient si

longtemps persisté dans l'erreur et qu'il ait fallu, pour
les en sortir, le diagnostic du Dr. Lovett.

Un diagnostic plus rapide aurait-il changé le sort du
malade ? Malheureusement non. L'action du virus était
encore inconnue. On ne savait pas qu'il pénètre par la
bouche, se fixe d'abord dans l'intestin avant de se déplacer, par le sang, jusqu'à la moelle épinière – étant
entendu que, chez un sujet en état de résister, il reste
dans l'intestin, puis est évacué. A l'époque, la recherche
fondamentale en est encore à ses balbutiements : on
analyse mal le déclenchement de la paralysie, on le pré-
vient plus mal encore. Le vaccin ne sera inventé qu'en
1954 par Salk sous la forme inactivée, qu'en 1957 par
Sabin sous la forme d'un vaccin oral vivant atténué.

Du temps de Roosevelt, on ne savait pas traiter la
maladie. Les médecins administraient un sérum dont
l'inefficacité était totale. Ils constataient la progression
du mal ; ils ne l'arrêtaient pas. Dans son immense mal-
heur, Roosevelt eut, malgré tout, la chance que ses
membres supérieurs ne fussent pas eux aussi atteints, ce
qui aurait fait de lui un tétraplégique, et que son système respiratoire ne fût pas touché, ce qui, en l'absence
de la technique du poumon d'acier, l'aurait tué.

Vaincre le handicap

Pendant sept ans, jusqu'à 1928, Franklin Roosevelt
s'efforce de s'adapter, lentement, douloureusement, à un
handicap physique qui, de toute évidence, ne disparaîtra
pas. Pourtant, il a longtemps cru qu'il recouvrerait
l'usage de ses jambes. Les preuves ne manquent pas. En
septembre 1921, après la publication du communiqué
rédigé par Louis Howe, il écrit à Adolph S. Ochs, le propriétaire du *New York Times* : « Les médecins sont unanimes à me dire que l'attaque a été bénigne et qu'elle

n'aura pas sur moi des effets permanents. J'ai nourri le noir soupçon qu'ils me disaient des choses gentilles pour me faire plaisir. Mais maintenant que j'ai lu la même déclaration qui a été faite officiellement dans le *New York Times*, je me sens soulagé parce que je sais évidemment qu'il doit en être ainsi[11]. » En 1928, ayant constaté une légère amélioration, il envisage de se présenter aux élections pour le poste de gouverneur de l'Etat de New York. Mais il y renonce dans un premier temps, car il veut guérir complètement avant de rentrer dans la vie politique.

A vrai dire, les signes d'une réelle et profonde amélioration sont très peu nombreux. A l'hôpital presbytérien de New York, la dégradation de son système musculaire se poursuit. Les observations du Dr Draper en donnent la preuve irréfutable : « Les masses musculaires s'affaiblissent sensiblement de chaque côté de la colonne vertébrale dans la région lombaire et à la hauteur des fessiers. Le triceps droit est faible. Les muscles des avant-bras sont inhabituellement et considérablement noués. (...) Peu de mobilité des extenseurs des orteils de chaque pied. » Le médecin redoute, en outre, que son patient ne puisse rester assis, faute d'avoir conservé intacts les grands dorsaux. Cette crainte se dissipe à la mi-octobre, mais « la ceinture pelvienne, les muscles des cuisses et presque tous les muscles des jambes sont en très mauvais état[12] ».

Franklin Roosevelt a, pourtant, décidé de lutter. Il quitte l'hôpital le 28 octobre 1921. Rentré chez lui, il commence par circuler sur un fauteuil roulant et sait que l'étape suivante correspondra à l'utilisation des béquilles, puis des cannes. Il espère qu'après les cannes il pourra se déplacer sans appui. Son optimisme est hélas ! excessif. D'abord, il souffre le martyre, car la paralysie engendrée par la poliomyélite n'affecte pas tous les muscles. Ceux qui ne sont pas touchés sont, du fait de l'inactivité des autres, terriblement douloureux. Ainsi, au début de 1922, ses chevilles et ses mollets gonflent. Les muscles des cuisses, bloqués, empêchent la jambe de se déplier et provoquent une intense douleur. Les contractions sont épuisantes physiquement et nerveusement. La physiothérapie n'y peut rien : il faut plâtrer pendant un mois.

Juste après le déplâtrage, des attelles orthopédiques sont fixées aux jambes. C'est un système mécanique fort compliqué qui enchâsse les membres inférieurs de la plante des pieds aux hanches avec un fermoir quand le handicapé se tient debout. Le tout pèse 3,5 kg par jambe. Bien entendu, Roosevelt ne peut se déplacer sans béquilles. Il apprend donc, avec une infinie patience et une volonté farouche, à mouvoir son corps. Le Dr. Lovett lui a rappelé que le recours aux béquilles est un art qui nécessite des efforts. Les témoins se souviennent d'avoir vu Franklin à Hyde Park aller de plus en plus loin, balançant son corps de gauche à droite et de droite à gauche, progressant avec peine, mais progressant quand même, le front couvert de sueur.

Une lettre à Lovett témoigne des progrès accomplis au cours de l'été de 1922 : « J'ai fidèlement suivi l'entraînement à la marche, au point qu'à présent mes deux jambes se meuvent naturellement. Je peux rester sur mes pieds pendant une heure sans être fatigué. Je crois que l'équilibre revient aussi. Quoique je puisse monter les escaliers si j'ai une rampe, je ne peux pas monter les marches avec mes béquilles seulement. Je doute que je réussisse cet exploit avant longtemps[13]. » La paralysie des jambes doit être compensée par la force accrue des bras et du torse. Très vite, Franklin apprend à se balancer en prenant son élan sur une lanière pour atteindre son fauteuil roulant.

Le Dr. Lovett l'a beaucoup encouragé à prendre des bains chauds et à nager. Il a même fait construire à l'hôpital pour enfants de Boston une sorte de piscine dans laquelle ses malades suivent des séances de rééducation. Roosevelt songera un temps à faire creuser une piscine de ce genre à Hyde Park, mais en 1924, l'un de ses amis lui parle de Warm Springs en Georgie, un établissement thermal alimenté par des sources chaudes qui ont permis à des paralytiques, notamment des victimes de la poliomyélite, de ressentir un mieux-être. Il s'y rend immédiatement. Les bâtiments sont dans un état lamentable, mais les qualités minérales et la température de l'eau font des miracles. Roosevelt sent tout de suite un semblant de vie dans ses orteils. Il croit à la guérison prochaine, revient régulièrement, investit 200 000 dollars, accueille d'autres malades, achète dans le voisinage une ferme de 700 hectares et fait de Warm Springs sa deuxième résidence. La guérison ne vient pas, sans doute parce qu'elle est impossible. Mais l'amélioration est notable. Warm Springs lui procurera le soulagement, un peu de bonheur, et ce jusqu'au dernier jour de sa vie, puisque c'est là qu'il mourra.

Tant d'efforts pour rien ? Il est difficile d'en décider. Comme en témoignent les photographies, jusqu'en 1921, Roosevelt est un homme plutôt longiligne. Son corps, sans aucun doute musclé, n'est pas celui d'un athlète. Aux approches de la quarantaine, il y a encore en lui une sorte de gracilité juvénile, une fragilité physique qui rehausse l'élégance naturelle, une attitude patricienne, vaguement hautaine. Dans les deux ou trois années suivantes, ce n'est plus le même homme. Il perd un peu de ses cheveux ; sa figure, élargie, porte les traces de la souffrance et de la maladie. Il ressemble maintenant à un athlète, dont on devine la forme et la force des muscles. Tous les jours, il se livre à d'interminables exercices. Loin de renoncer à l'activité débordante dont il avait l'habitude, il l'amplifie encore. En dépit de cette vigueur nouvelle, il n'a pas vaincu la paralysie. Plus jamais il ne pourra marcher seul.

Le premier de ses mérites est d'avoir su s'adapter à une infirmité définitive. Il apprend à mouvoir le fauteuil roulant, à se traîner par terre d'un point à l'autre d'une pièce, à conduire une automobile spécialement aménagée, à avancer avec ses attelles s'il peut s'appuyer sur le bras d'un autre. En mai 1923, le Dr. Lovett rédige une fiche sur l'état de santé de son patient : bras, figure et cou normaux ; intestins, fonctions sexuelles, vessie : état normal ; muscles abdominaux faibles ; difficulté à plier le corps en avant ; paralysie au-dessous de la ceinture. La conclusion de son confrère, le Dr. Draper : « Je ne peux m'empêcher de penser qu'il a pratiquement atteint les limites de ses possibilités. J'espère seulement que je me trompe[14]. » Le Dr. Draper ne se trompe pas.

Rien n'est plus difficile que d'évaluer les effets de la poliomyélite sur la santé morale de Franklin Roosevelt, car ils ne sont pas mesurables. Les traits de caractère qu'on souligne chez le malade existaient auparavant. Peut-être avaient-ils moins de relief ou moins d'occasions de s'exprimer. Dire que Roosevelt a manifesté un extraordinaire courage, qu'il n'a rien perdu de son optimisme et qu'il a témoigné une obstination exceptionnelle, qui pourrait le nier ? Ses lettres, les témoignages, les anecdotes le confirment. Ces qualités, qui étaient déjà les siennes avant 1921, frappent à présent davantage l'observateur. Il faut rappeler que l'essentiel de son éducation a porté sur le comportement : on ne livre pas ses sentiments les plus profonds, on n'embarrasse pas les autres en montrant qu'on souffre. Il faut faire contre mauvaise fortune bon cœur, prier sans ostentation, avoir confiance en Dieu, ne pas renoncer[15]. Dès lors, l'analyse échappe à l'historien, qui est réduit à des commentaires subjectifs, sans pouvoir les conforter. La meilleure arme de Roosevelt, c'est de croire qu'il guérira. Certains de ses correspondants lui recommandent la méthode Coué. D'autres lui suggèrent de prendre un élixir miraculeux ou de porter une ceinture électrique spéciale. Pour lui, tout faire pour guérir signifie qu'il ne renonce pas au traitement physiothérapeutique, si pénible et décevant soit-il, ni aux distractions comme la pêche en mer qui sembleraient inaccessibles à un homme paralysé des deux jambes. Sans doute doit-il s'adapter à une immobilité et à une dépendance nouvelles pour lui. Dépendance à l'égard de ceux et de celles qui lui dispensent des soins, l'aident à vivre et à survivre. Il se laisse aller de temps à autre à un accès de colère. On raconte que sa fille Anna, rangeant des livres dans la bibliothèque sous sa direction, fit tomber une pile d'ouvrages. Franklin lui adressa une violente réprimande. La jeune fille fondit en larmes et se réfugia auprès de sa mère qui la consola et lui expliqua ce que son père souffrait. Anna revint dans la bibliothèque. Franklin avait surmonté sa colère. Etait-ce une colère à l'encontre d'Anna ou de sa propre faiblesse ?

L'immobilité est une tragédie pour cet homme qui eu l'habitude de bouger et de se dépenser sans compter. Il continue de rêver qu'il marche, qu'il grimpe et dévale des pentes, qu'il parcourt des kilomètres. Ses collections de timbres-poste et d'estampes marines lui sont une compensation. Bien qu'il ne se mue pas du jour au lendemain en un intellectuel avide de lectures, Roosevelt lit, lit très vite, et beaucoup plus qu'auparavant[16]. La musique, en revanche, ne fait toujours pas partie de son univers. Il faut rappeler, à sa décharge, que la radio balbutie et qu'aller au concert ne lui est certainement pas facile. Il est tenté par l'écriture, mais à peine a-t-il commencé à noircir quelques feuilles qu'il abandonne. Ni son *Histoire des Etats-Unis* ni sa biographie de John Paul Jones ne verront le jour ; elles ne dépassent pas le stade de l'introduction. Roosevelt ne sait pas refuser lorsqu'on lui propose d'écrire un ouvrage. S'il ne tient pas ses promesses en ce domaine, c'est qu'il préfère l'action à la méditation. D'ailleurs, l'action elle-même donne lieu à une forme d'écriture. Il enverra beaucoup de lettres au cours de ses voyages, de ses parties de pêche ou de ses séjours à Warm Springs.

L'action, c'est aussi et surtout pour Roosevelt la conversation, une manière rapide et vivante de s'informer, au risque de tomber sur un importun dont il ne réussirait pas à se débarrasser, faute de disposer d'une suffisante mobilité. Il recourt alors à l'arme absolue, celle qu'il ne cessera pas de perfectionner. C'est lui qui fait la conversation et empêche son interlocuteur, fasciné, voire médusé, de dire un mot. Enfin, le verbe sert au rapprochement. Roosevelt n'est jamais solitaire. Il n'ennuie pas son entourage, parce qu'il adopte un ton enjoué, charme par sa conversation et fait oublier qu'il a souffert et continue de souffrir. Deux anecdotes illustrent cette remarquable attitude. Il vient de reprendre son activité professionnelle à New York et se rend au bureau sur ses béquilles. Au beau milieu du hall d'entrée, il glisse sur le sol en marbre. Sans perdre son calme ni sa dignité, il se remet en position assise et, tout sourire, appelle à l'aide. Autre anecdote : Roosevelt prend l'habitude de déjeuner dans son bureau ; des collègues viennent le rejoindre. Il plaisante, rit et fait rire. Sa paralysie ? « Il n'en parlait jamais. Il était toujours plein de vie et d'optimisme[17]. »

Somme toute, son invalidité lui a appris la maîtrise de soi, la compassion et la patience, à lui qui a été un jeune homme impatient et gâté. Savoir attendre, ne rien brusquer, laisser mûrir une situation. D'après Eleanor, « une fois qu'il avait pris sa décision, il savait qu'il fallait attendre pour voir les résultats et qu'il ne servait à rien de se faire des soucis. (…) Il fallait attendre pour voir ce qui se passerait[18]. » Dans le même temps, il saisit tout ce que la vie a de fragile. Après une conférence qu'elle avait donnée, Eleanor dut répondre à la question suivante : « Pensez-vous que sa maladie ait affecté le mental de votre mari ? » Elle réfléchit un instant et fit cette observation : « Toute personne qui a beaucoup souffert doit avoir une plus grande sympathie et une plus grande compréhension pour les problèmes de l'humanité[19]. » Lui à qui tout réussissait, qui s'imposait dans le monde par son humour, sa vigueur, son dynamisme, a connu l'humilité, a eu peur d'être abandonné et a soudainement la révélation que d'autres souffrent ou ont souffert. A Hyde Park, travaillait une servante sourde. Elle raconta qu'en dépit de sa surdité, elle entendait le rire de Franklin et que voir un handicapé si gai lui redonnait confiance. Sans doute est-ce cette communion de sentiments qu'a réalisée Roosevelt. Ce qui revient à dire qu'il sut, à force de volonté, accepter sa condition, au point qu'il n'hésitait pas à montrer à ses enfants ses jambes amaigries pour indiquer sur quels muscles il était en train de porter ses efforts. Accepter sa condition pour communiquer avec les autres… Car pour lui il n'a jamais été question de se replier sur soi, de quitter le monde, d'entrer en invalidité comme d'autres entrent en religion. A ses yeux, s'il veut continuer à faire partie du monde, l'invalide se reconnaît comme tel, se fait reconnaître comme tel et dès lors occupe la place qui est la sienne.

La nouvelle Eleanor

La métamorphose d'Eleanor Roosevelt est encore plus profonde. Certes, à la veille de la poliomyélite, ce n'est déjà plus la jeune femme timide d'il y a vingt ans, incertaine d'elle-même, encore sous le coup du drame familial qu'elle a vécu. Elle n'est plus davantage l'épouse effacée, la mère dépassée, voire désorientée, d'une

famille nombreuse. La crise conjugale de 1918 l'a durablement mûrie et a changé pour toujours son attitude
vis-à-vis de Franklin. Et puis, pas à pas, elle est entrée
dans la vie politique. Comment faire autrement, quand
on vit à Washington, quand votre mari est candidat à la
vice-présidence des Etats-Unis ? Observatrice attentive,
elle donne des conseils et ne tarde pas à assumer des
fonctions au sein du Parti démocrate. Interrogée par un
journaliste en 1920, elle déclare qu'en dehors de sa vie
familiale, elle s'intéresse à la politique. Son parti, ce fut
d'abord le Parti républicain. Quand on est la nièce de
Theodore Roosevelt, impossible qu'il en soit autrement.
Aujourd'hui, elle est démocrate, parce que les républicains sont trop conservateurs et que les démocrates
défendent à la fois les causes progressistes et la Société
des Nations. Donc, sur ce point, pas de querelles de
ménage, bien qu'Eleanor et Franklin aient de vives discussions sur les questions politiques. Mais, en dépit de
son activité en faveur de la SDN, de la solidité de ses
jugements, de sa clarté d'esprit, Eleanor joue un rôle
mineur dans la carrière de son mari. La maladie de
celui-ci change tout.

En premier lieu, elle est promue au rang de chef de
famille. A elle d'assumer les principales responsabilités
dans l'éducation des enfants, dans la gestion du ménage,
dans l'attention constante qu'il faut prodiguer au
malade. Elle n'oublie pas de l'inciter à faire ses exercices
physiques. Elle le stimule, l'encourage, le houspille
quand il fait mine de s'accorder le moindre répit. Elle n'a
plus à tenir la place d'une infirmière, toujours sur le qui-
vive, comme ce fut le cas pendant l'été 1921. Elle évite
de participer aux excursions maritimes qui, au mieux, ne
l'amusent pas, au pire, la rendent malade. Elle accompagne Franklin à Warm Springs aussi peu souvent que
possible, car elle déteste le spectacle qu'offrent le
racisme et la pauvreté du Sud. Enfin, elle a décidé, une

fois pour toutes, que, dans ses relations avec Franklin, la tendresse serait un lien durable, mais qu'il n'y aurait plus de place pour les élans du cœur. En un mot, la vie sentimentale de Franklin ne la préoccupe pas. Qu'il apprécie la compagnie de sa jeune et jolie secrétaire, Missy LeHand, peu importe. Qu'il ait sans doute d'autres aventures, Eleanor n'est pas jalouse. Bien au contraire, elle est soulagée. C'est un poids en moins sur ses épaules. Elle a confiance dans les soins que Missy prodigue à Franklin.

Quant aux enfants, Eleanor remplit auprès d'eux son rôle de mère sans ménager ses efforts. Ils n'ont plus ce père qui les initiait aux sports, aux jeux de plein air, aux activités physiques de toutes sortes. C'est elle qui leur apprendra à nager. Auparavant, elle doit suivre elle-même des cours de natation dans la piscine de l'YMCA de New York et prendre également des cours de plongeon. Pour transporter sa progéniture et ne pas renoncer aux parties de campagne, elle obtient son permis de conduire et s'élance hardiment sur les routes, quitte à heurter l'un des piliers d'entrée de Hyde Park et à atterrir, un peu plus tard, dans le fossé. Comme ses fils entrent à Groton l'un après l'autre – à douze ans, et non à quatorze comme leur père –, Eleanor leur rend régulièrement visite. Avec sa fille, les difficultés surgissent sans cesse. Anna traverse la crise de l'adolescence : elle veut être certaine qu'on l'aime et éprouve le sentiment que ses parents en général, et sa mère en particulier, la délaissent. De là des scènes de jalousie qui dégénèrent en crises de larmes, provoquent, au moins une fois, l'effondrement d'Eleanor et finissent avec le temps par se résoudre. Elle se marie en 1926, et, l'année suivante, donne naissance à une petite fille. Franklin n'est pas à New York. Eleanor, elle, est présente et participe activement à l'accouchement. « Elle pèse 7 livres et demie, écrit-elle à son mari. Ses yeux sont bleus ; ses cheveux, noirs ; sa bouche est grande et ses oreilles sont plates[20]. » Franklin et Eleanor, grands-parents ! On comprend qu'à quarante-trois ans, Eleanor prenne de l'assurance dans sa vie familiale.

Eleanor en politique

Elle en prend aussi en dehors de la famille, et c'est là la nouveauté. A l'origine de cette transformation, deux forces convergentes. Si Franklin revient à la vie politique, il aura besoin d'être informé et représenté : Eleanor sera désormais ses oreilles et ses jambes. Le hasard fait aussi qu'elle noue une forte amitié avec des femmes qui suivent les événements politiques et sociaux, qui y participent souvent et l'initient. C'est ainsi qu'elle entre à la section féminine du Parti démocrate de l'Etat de New York. Si elle a un nom – et quel nom ! –, elle n'a pas d'expérience ni même d'opinions très marquées sur les droits des femmes ou sur les questions sociales. Au début de 1922, elle prononce son premier discours politique à la fin d'un banquet destiné à recueillir des fonds. Elle manque d'assurance. Pourtant, elle continue de parler en public sans trouver le ton ni le comportement qui conviennent. C'est Louis Howe qui vient à son secours : « Si vous avez quelque chose à dire, dites-le et asseyez-vous[21]. » Conseil entendu. Elle prend goût maintenant au journalisme, puisque, toujours avec l'aide de Howe, elle dirige le mensuel de la section féminine. Le parti lui accorde une confiance grandissante. En 1924, elle met sur pied des sections féminines locales.

Mais Eleanor Roosevelt n'est pas seulement une femme d'appareil. Ce qui lui plaît chez les démocrates – elle l'a dit et ne cesse de le redire –, c'est qu'« ils font confiance au peuple, au simple citoyen, au citoyen ordinaire, celui de tous les jours, ni démesurément riche ni désespérément pauvre, qui n'a pas un esprit supérieur mais moyen[22] ». La fréquentation de femmes qui croient, dur comme fer, dans l'action politique et le mouvement syndical renforce sa conviction. Rose Schneiderman, l'une des dirigeantes des syndicats féminins (*Women's Trade Union League*), attire à la WTUL Eleanor qui apprend ce que sont un salaire minimum, la semaine de 48 heures, une loi protégeant les enfants au travail, la discrimination raciale. A la Ligue des électrices (*League of Women Voters*), avec Elizabeth Read et Esther Lapp, elle prend conscience du rôle des féministes et des changements que la société américaine doit encore subir. Nancy Cook et Marion Dickerman complètent son éducation politique.

Les amies d'Eleanor

Le groupe d'amies se réunit tantôt à New York, tantôt à Hyde Park. Qu'importe si Sara Roosevelt s'indigne des fréquentations de sa belle-fille, s'étonne des manières de « ces femmes du peuple » et désire la voir retourner à l'existence d'antan ! Franklin, lui, n'a pas ces réticences. Il comprend que cette vie est indispensable à sa femme, tout comme Warm Springs lui est devenu nécessaire. Lorsque Marion, Nancy (son prénom est raccourci en Nan) et Eleanor décident d'établir à Hyde Park un atelier dans lequel seront fabriqués des meubles, il applaudit des deux mains et soutient sans réserves l'expérience de Val-Kill. Sans doute n'oublie-t-il pas que lui aussi tire profit des connaissances que ces femmes ont acquises et savent transmettre, qu'en les écoutant il entend une Amérique qu'il connaît mal, celle des immigrants de la dernière heure, des syndicats, des réformistes.

Enfin, Eleanor entre dans l'enseignement. Avec Marion, elle achète Todhunter School à New York. Eleanor y donne régulièrement des cours de littérature, de théâtre et d'histoire. Décidément, une vie bien remplie, une femme en mouvement qui n'en demeure pas moins une mère et, dans une certaine mesure, une épouse. On a murmuré qu'entre Eleanor et ses amies il y avait plus que de l'amitié, que des sentiments troubles les unissaient. Certaines d'entre elles n'étaient-elles pas des lesbiennes ? Il est vrai qu'Eleanor trouvait auprès d'elles une affection, un soutien de tous les instants. Elles savaient écouter et lui donnaient sans doute le sentiment de compter. Mais Eleanor n'a aucune inclination pour l'homosexualité. Lorsqu'on lui fait lire *Les Faux-monnayeurs*, le thème la choque profondément. En fait, elle n'éprouve pas ou n'éprouve plus d'attirance pour les relations sexuelles. Inutile de chercher un scandale qui n'existe pas. Aussi étonnant que cela puisse paraître, son héros reste Franklin, un Franklin avec lequel elle a parfois des querelles et se fâche, mais dont elle ne peut se passer. Sa conversation, ses idées lui sont indispensables. En 1931, il part pour la France où sa mère est tombée malade. Elle lui écrit une lettre qui révèle la profondeur de ses sentiments : « Je déteste te savoir parti, bien que je sache que c'était la meilleure des choses à faire. Nous sommes très dépendants l'un de l'autre, même si nous ne nous voyons pas souvent. Bons baisers à toi. Tu me manques. J'ai horreur de te sentir si loin[23]. » Peut-être derrière l'Eleanor politique et réformatrice, la jeune fille d'il y a trente ans n'a-t-elle pas complètement disparu.

Le retour de Franklin à la politique

Deux personnalités, très différentes et souvent opposées l'une à l'autre, tiennent dans la vie de Franklin Roosevelt, entre 1921 et 1928, une place primordiale : Sara

Roosevelt et Louis Howe. Sara est à la fois la mère qui sait par intuition et le chef de clan auquel depuis long-temps tous et toutes doivent obéissance. L'invalidité de Franklin déclenche une crise familiale. Sara veut proté-ger son fils contre la maladie. Rien ne lui serait plus néfaste, pense-t-elle, que les fatigues, les soucis et les vicissitudes de la vie ordinaire. Pour elle, la seule solu-tion, c'est que Franklin renonce à toutes ses fonctions, sauf à celles qui ne réclament aucun effort. Il se retirera à Hyde Park. Comme son défunt père, il mènera l'exis-tence d'un *gentleman farmer* plus ou moins égrotant, couvé par son entourage, en l'occurrence sa mère dévouée qui retrouvera, à vingt-cinq ans d'intervalle, le rôle qu'elle a tenu auprès de son mari. Cette retraite, soutient-elle, n'aurait rien d'extraordinaire ; on pourrait trouver, dans la vallée de l'Hudson et parmi les gens de son milieu, des cas similaires. En outre, Franklin a amplement et brillamment servi la noble cause que constitue le service public. C'est une sorte de devoir pour les hommes de sa classe sociale, certainement pas un métier et moins encore une obligation à laquelle on resterait fidèle pour l'éternité. Quant aux centres d'inté-rêts, ils ne manqueront pas : Franklin reviendra à ses timbres, à ses livres, à ses oiseaux empaillés. Quelques visites rompront la monotonie d'une vie paisible et repo-sante.

A sa grande surprise, Sara ne suscite pas l'enthou-siasme. Franklin refuse sans hésiter. Dès le mois de sep-tembre 1921, il accepte de siéger, quand sa santé le lui permettra, au comité exécutif du Parti démocrate de l'Etat de New York. Plus stupéfiant encore : Eleanor ne prend pas le parti de sa belle-mère, comme elle le faisait presque toujours auparavant, et soutient avec vigueur la décision de son mari. D'autres sources de friction ne tar-dent pas à surgir. Sara désapprouve les activités politiques d'Eleanor et ses « étranges » fréquentations féminines ;

elle ne comprend pas que sa belle-fille préfère vivre à Val-Kill plutôt que dans la demeure de Hyde Park. Et puis elle n'aime pas que les deux époux vivent loin l'un de l'autre, qu'ils mènent une existence séparée. Que se passe-t-il à Warm Springs ? Franklin n'est-il pas en train de répéter l'erreur qu'il a failli commettre avec Lucy Mercer ? Et pourquoi Louis Howe a-t-il établi résidence dans cette maison de New York où réside Eleanor ? Tout cela n'est conforme ni aux conventions ni à la morale.

Louis Howe est toujours le conseiller principal, le factotum et l'ami de Franklin et d'Eleanor. Rien de plus. Spécialiste des questions politiques, il sait quel type de relations nouer avec la presse. Malgré la poliomyélite de son héros, il continue de croire que Roosevelt fera et sera un excellent président des Etats-Unis. Pour Sara, Howe est « un petit homme, sale et laid », dont l'influence est dangereuse. Alors, parce qu'elle est de ces esprits dominateurs qui n'acceptent pas que leur domination faiblisse, qu'elle confond en vieillissant l'autorité et l'autoritarisme et qu'elle distingue mal la détermination de l'idée fixe, elle utilise deux armes qui sont à sa portée. Les enfants d'abord : grand-maman gâteau, elle intrigue pour dresser Anna contre sa mère, susciter sa jalousie contre Howe, l'ami des parents. La fortune ensuite : en donnant aux enfants au-delà du nécessaire, elle joue du pouvoir financier qu'elle détient.

Franklin n'a pas beaucoup de difficultés à résister. Vivant le plus souvent loin de sa mère, il peut, tout en respectant les règles de la politesse, écarter les suggestions, les conseils et les récriminations. Pour Eleanor, c'est plus éprouvant. Sara habite à ses côtés à New York. Il faut lui faire comprendre avec énergie que la maison de sa belle-mère n'est pas sa maison, que les enfants ne sont pas les siens, que ses piques à l'encontre de Nan, de Marion et des autres l'agacent et ne servent à rien. Les deux femmes ne tombent d'accord que sur un point :

elles sont, l'une et l'autre, irrévocablement favorables à la prohibition des boissons alcoolisées. Sur tout le reste, c'est la mésentente, cordiale ou violente. Quelques années plus tard, Eleanor rappellera à des interlocuteurs qui n'en croiront pas leurs oreilles qu'elle a été une belle-fille soumise, qu'elle a dû résister à une belle-mère abusive et tyrannique. L'ironie, c'est qu'Eleanor belle-mère ne sera pas non plus très facile.

Mener une vie normale, reprendre des activités professionnelles, cela veut dire en 1922 pour Franklin revenir à la Fidelity and Deposit Company et au cabinet d'avocats. Il le fait progressivement, du mieux qu'il peut. Il tente même sa chance dans des aventures commerciales et industrielles comme l'esprit du temps l'y pousse. Mais la réussite lui fait défaut. Il est, par exemple, l'un des promoteurs de Camco, une société de distributeurs automatiques qui ne rapporte rien, et l'un des directeurs de Photomaton, dont la fin lamentable coïncide avec le début du krach financier de 1929. De quoi alimenter plus tard les accusations de ses adversaires politiques, qui rappelleront avec insistance que Roosevelt a été un capitaliste et un spéculateur, qu'il a cherché à remplacer les hommes par les machines. Accusations pour le moins exagérées.

Les démocrates des années vingt

En fait, c'est dans le monde politique qu'il se sent à l'aise. Il vit au sein du Parti démocrate comme un poisson dans l'eau. Pourtant, rien n'est plus malaisé. Cette formation souffre, dans les années vingt, de très graves faiblesses. En premier lieu, c'est le parti minoritaire. Sans doute a-t-il remporté les élections de 1912, de 1914 et de 1916, parce que les républicains étaient divisés, qu'ils ont tardé à se réconcilier et que la guerre en

Europe a d'abord aidé les hommes au pouvoir. Les élections législatives de 1918 ont vu l'échec des démocrates, malgré l'appel de Wilson ou peut-être à cause de la maladresse du président, et les présidentielles de 1920 ont été un désastre. Le parti ne remontera pas la pente avant 1930. Les républicains incarnent la prospérité. Contrairement à ce que déclare Eleanor, les démocrates ne symbolisent même pas le réformisme. Ceux qui aspirent à une transformation profonde de la société américaine se reconnaissent plus volontiers dans le Parti progressiste, qui renaît de ses cendres en 1924, ou dans le Parti socialiste, qui survit en dépit d'une vigoureuse campagne menée contre les « rouges » en 1919-1920.

La deuxième faiblesse du Parti démocrate réside dans ses divisions. C'est une tradition qui remonte à ses origines, à la fin du xviiie siècle. Il a toujours été et demeure une coalition d'intérêts régionaux et un magma de convictions idéologiques. Or les conflits qui divisent la société américaine dans les années vingt sont très aigus et opposent les démocrates entre eux plus qu'ils n'opposent ceux-ci aux républicains. Les démocrates du Sud sont dans leur majorité des protestants souvent fondamentalistes, prohibitionnistes et hostiles à l'immigration. Ce qui, en clair, signifie qu'ils nourrissent un fort préjugé, quand ce n'est pas une haine, contre les catholiques, les Juifs, les Noirs et les Américains de fraîche date. Ils ne veulent pas entendre parler d'une religion contaminée par le rationalisme et soutiennent sans réserve l'idée que l'homme, création de Dieu, n'est pas le résultat de l'évolution des espèces. La prohibition est, pour eux, l'un des piliers de la société. Pas question d'adoucir la législation. Il vaudrait mieux la renforcer et la faire appliquer. Ils s'opposent, enfin, à l'immigration illimitée qui, à les en croire, met l'Amérique en danger. Ils applaudissent aux lois des quotas[24]. Ils rêvent de revenir à l'Amérique de grand-papa telle qu'ils l'imaginent et non pas telle qu'elle a existé. Parmi eux, les sympathies pour le Ku Klux Klan sont puissantes, même s'ils ne sont pas les seuls à approuver les objectifs du Klan.

Les démocrates du Nord ne leur ressemblent pas. Il y a dans leurs rangs beaucoup d'immigrants récents, quelques Noirs et quelques Juifs, un grand nombre d'Irlandais, de Polonais, d'Italiens. L'influence des catholiques est prédominante, bien que, à l'exemple de Roosevelt, les protestants ne soient pas absents. Ils n'aiment pas la prohibition qu'ils ont combattue. S'ils ont perdu la bataille, ils ne désespèrent pas de gagner la guerre, petit à petit, sur le plan local d'abord, sur le plan national ensuite. Leur influence est sensible surtout dans les grandes villes, notamment à New York où la « machine » du parti fait la pluie et le beau temps. Arrivés récemment aux Etats-Unis ou descendants directs des « masses pullulantes », ils désapprouvent les lois des quotas, seraient prêts à faire un geste en faveur des Noirs.

Dans le Middle West et l'Ouest, les positions sont moins tranchées, encore que les clivages demeurent. Comment un tel parti survit-il ? Un peu par fidélité au programme de Woodrow Wilson, mais la Société des Nations perd de ses soutiens. Un peu par son hostilité aux trusts et au *Business*, mais les liens du Parti démocrate avec le monde des affaires ne sauraient être sous-estimés. Reste, pour conforter un esprit unitaire plutôt vacillant, la guerre contre les républicains et l'aspiration au pouvoir.

Enfin, le Parti démocrate est orphelin. Il n'a plus de leader incontesté, plus de chef charismatique. Le président Wilson a perdu beaucoup de son prestige à son retour de Paris, et les effets de l'hémiplégie accentuent son isolement. La guerre de succession est ouverte. James Cox, le candidat malheureux aux élections présidentielles de 1920, ne fait pas le poids, d'autant moins qu'il a subi une humiliante défaite. Même s'il n'avait pas été victime de la poliomyélite, Franklin Roosevelt n'aurait pas pu s'imposer : trop jeune, encore trop incertain et pour beaucoup trop léger, Deux personnalités antithétiques revendiquent l'héritage. William Gibbs McAdoo, le gendre de Wilson, l'ancien secrétaire au Trésor, a amassé un capital de sympathie. Il incarne la Californie, le dynamisme d'une région en pleine expansion, la tradition progressiste. Il est, hélas ! impliqué dans le scandale du Tea Pot Dome, une affaire touchant à l'exploitation du pétrole dans l'Ouest avec de substantiels bakchichs qui ont récompensé la bonne volonté des membres républicains du Cabinet au temps du président Harding. Le Tea Pot Dome l'éclabousse, car il a été l'avocat d'une des personnalités compromises. Pour ne rien arranger, il bénéficie du soutien du Ku Klux Klan, ce qui souligne ses opinions sur bon nombre de questions brûlantes et choque les démocrates de l'Est.

Al Smith

Ceux-là préfèrent Al Smith, l'ancien gouverneur de New York, dont le mandat n'a pas été renouvelé en 1920. Une belle carrière politique, à l'ombre de Tammany Hall, avec un goût marqué et remarqué pour l'efficacité et les réformes, un champion de la bataille électorale, un professionnel du parti qui connaît tous les trucs et jouit à New York d'une immense popularité. Smith a pourtant quelques défauts. Catholique il est, catholique il reste avec fierté, un rien de provocation, la conviction que les autres Américains doivent se le tenir pour dit et accepter sans réserves un Américain d'origine irlandaise qui se vante que le Pape l'ait appelé « mon fils ». Dans les Etats-Unis de 1920-1929, la pilule passe mal. De plus, par son accent, sa démarche, ses vêtements et ses fréquentations, Smith est le New-Yorkais type – de quoi provoquer des réactions hostiles en dehors de la métropole. Les affaires de New York, il les connaît par cœur. Les affaires du pays, s'il ne les ignore pas tout à fait, ne l'intéressent guère. N'a-t-il pas déclaré un jour qu'il préférerait être un réverbère dans l'une des avenues de New York plutôt que gouverneur de la Californie ? Enfin, Smith est le chef d'orchestre du mouvement antiprohibitionniste. Lui-même boit, en pleine Prohibition, de quatre à huit verres de whisky par jour. Il échafaude des projets pour limiter dans son Etat les effets du 18e amendement. Comme on le dit plaisamment, McAdoo sent le pétrole et Smith sent l'alcool. Il ne s'en cache pas, au point de dire en public, par maladresse ou par provocation, devant les démocrates du Kansas qui sont de farouches prohibitionnistes : « J'ai toujours cru que le Wisconsin se situait sur l'autre rive du lac. (…) Je suis content de mieux connaître cet endroit qui produit de la bonne bière[25]. »

Entre Roosevelt et Smith, une étrange alliance se noue. Les deux hommes sont différents – qui en douterait ? –, mais ils ont besoin l'un de l'autre. Si Roosevelt veut revenir à la vie politique, c'est par New York, l'Etat plus que la ville, qu'il passera. Il lui faudra obtenir l'appui de Tammany Hall, pactiser avec Smith, l'homme fort du parti, même s'il n'aime pas ses manières et ne souscrit pas à toutes ses prises de position. D'ailleurs, Roosevelt est persuadé qu'à défaut de suivre Smith, le Parti démocrate de l'Etat de New York tomberait sous la coupe de William R. Hearst, le grand patron de presse, plus conservateur et nationaliste, plus égocentrique, qui conduirait ses troupes à de nouvelles défaites. C'est pourquoi, à la fin de 1922, Roosevelt fait savoir par une lettre ouverte qu'il soutiendra la candidature de Smith au poste de gouverneur de l'Etat lors des élections de novembre. Un bon coup politique, qui affaiblit Hearst et renforce l'alliance entre Smith et Roosevelt.

De son côté, Smith n'éprouve pas une sympathie débordante pour Roosevelt, qu'il connaît depuis l'avant-guerre, au temps où les deux hommes siégeaient à Albany. L'Irlandais de l'East Side (le quartier populaire de Manhattan), qui se flatte d'avoir fait ses études au marché de poissons de la rue Fulton, ressent sans doute haine et admiration pour le patricien de Hyde Park. Mais Roosevelt est protestant, d'une bonne vieille famille, bien implanté dans l'arrière-pays de l'Etat ; il dispose de nombreuses amitiés à Washington et dans le reste de l'Union – somme toute, une force complémentaire dont Smith aurait le plus grand tort de ne pas tenir compte.

« L'heureux guerrier »

Le rôle de Roosevelt est fort limité dans la campagne électorale de 1922. Si Smith retrouve son fauteuil de gouverneur, il ne le lui doit qu'en toute petite partie. En 1924, l'affaire est différente. Smith nourrit l'ambition d'être le candidat démocrate aux élections présidentielles. Le principal obstacle auquel il se heurte a nom McAdoo. Le soutien de Roosevelt sera capital. C'est pourquoi, à la convention du parti, dans la chaleur et l'humidité de l'été new-yorkais, il reçoit la mission de présenter, puis de défendre la candidature d'Al Smith.

C'est son grand retour, le début d'une seconde carrière. Il a refusé de circuler sur son fauteuil roulant. Les attelles orthopédiques solidement fixées, il avance sur des béquilles et sait qu'il peut compter, à tout moment, sur son fils James qui ne le quitte pas des yeux. Roosevelt a pénétré très tôt dans la salle de réunion pour éviter la foule. Il s'asseoit, radieux. Le 26 juin, il a la parole. James l'aide à fermer le mécanisme des attelles et à se lever. Accroché au bras de son fils, le menton en avant comme s'il lançait à lui-même un insurmontable défi,

Franklin s'avance lentement. James décrira son père en sueur et lui serrant le bras comme avec des pinces. L'auditoire retient son souffle. Franklin termine seul son ascension à la tribune, saisit le pupitre, s'y accroche, regarde la salle et sourit de toutes ses dents. Un triomphe, un véritable plébiscite. Pendant six minutes, l'auditoire est suspendu à ses lèvres. Reprenant un vers de Wordsworth que lui a soufflé un collaborateur de Smith, Roosevelt recommande chaleureusement la candidature de « l'heureux guerrier ». Les applaudissements déferlent. Saluent-ils l'homme courageux qui vient de réussir une remarquable performance physique et oratoire ou bien le politicien de New York qui a fait l'objet de la présentation ? On murmure que si Roosevelt n'était pas à demi paralysé, la convention n'hésiterait pas à lui accorder son investiture. L'Amérique admire. « Ses béquilles l'ont hissé au niveau des dieux », dit un banquier de New York. Le jeune homme fringant et svelte, plus ou moins dandy, d'il y a peu est devenu un héros national, un sage du Parti démocrate, un conseiller politique dont la voix porte loin.

En dépit de ce renfort, Smith ne parvient pourtant pas à l'emporter sur McAdoo. La convention s'enlise dans d'innombrables tours de scrutin qui ne débouchent sur aucune décision, faute d'atteindre l'indispensable majorité des deux tiers. Roosevelt exhorte McAdoo à renoncer à sa candidature, sans pour autant manifester une inaltérable passion pour celle de Smith. Au 103ᵉ tour de scrutin, après des jours et des jours de vote, la convention finit par désigner John W. Davis, le candidat du compromis, qui affrontera courageusement les républicains et recueillera à peine 29 % des suffrages populaires. Quant à Smith, il est réélu gouverneur du New York. Roosevelt continue de penser qu'avant d'affronter de nouveau une campagne électorale, il devra recouvrer l'usage de ses jambes.

Un wilsonien réaliste

Les positions politiques de Roosevelt sur les grands problèmes de l'heure méritent d'être analysées. La politique étrangère continue de l'intéresser, voire de le passionner. Tradition wilsonienne oblige. Il a fait campagne pour l'entrée des Etats-Unis dans la Société des Nations. C'est un thème de moins en moins populaire à mesure que les années passent. Il n'empêche que dès 1921, Roosevelt a mis sur pied une Fondation Woodrow Wilson qui vise à définir, suivant la formule de l'ancien président, « une méthode efficace pour que collaborent, à travers le monde, les forces libérales de l'humanité qui aiment la liberté et se donnent la mission de promouvoir la paix par la justice ». La mort de Wilson en 1924 le peine très certainement, ne serait-ce qu'en souvenir des années passées à Washington à ses côtés. Il a toujours montré du respect pour le « chef ». Mais Roosevelt ne fait plus de la SDN son cheval de bataille. La SDN, écrit-il en 1923, c'est un moyen de sauvegarder la paix, pas une garantie. L'essentiel serait que les Etats-Unis acceptent d'y siéger. S'il faut des réserves pour que le Sénat approuve le pacte, va pour les réserves. Si des minorités au sein du peuple américain réclament des garanties, va pour les garanties. S'il convient de stimuler l'intérêt des jeunes Américains pour les affaires internationales, tout doit être fait pour multiplier les lieux d'enseignement et de réflexion. Bref, la coopération entre les Etats est fondamentale pour consolider la paix. Les Etats-Unis ne sauraient y échapper ni choisir la voie d'un vain isolationnisme. Toutefois, les partisans de la coopération internationale commettraient la pire des erreurs s'ils adoptaient des positions dogmatiques et négligeaient l'évolution de l'opinion publique.

Sur les autres problèmes de politique étrangère, la pensée de Roosevelt est plus fluctuante. Il est partisan de la fermeté quant aux réparations allemandes et aux dettes de guerre alliées, mais ce n'est pas pour lui une préoccupation majeure. Il croit dans la solidité des traités de désarmement naval conclus à Washington en 1921-1922. Il plaide pour une meilleure compréhension de l'attitude japonaise et ne croit plus que l'antagonisme entre le Japon et les Etats-Unis finira par déboucher sur une guerre. L'article qu'il publie en 1928 dans *Foreign Affairs* fait le point sur ses conceptions dans le domaine international. Depuis 1921, montre-t-il, les républicains ont bradé l'héritage de Wilson et sapé la forte position morale des Etats-Unis ; les démocrates pourraient, s'ils revenaient au pouvoir, regagner le terrain perdu. Participation à la SDN, oui ; aux affaires européennes, non ; au Tribunal international, oui, à condition qu'un leader national sache mener les affaires des Etats-Unis. Somme toute, de bonnes paroles, un plaidoyer pour le désarmement et la coopération, le refus de l'ingérence dans les affaires des autres pays, de quoi plaire au plus grand nombre, sans que des solutions trop précises ne viennent briser le consensus. Le moins qu'on puisse dire, c'est que Roosevelt ne déteste pas le flou artistique, soit pour avoir insuffisamment réfléchi, soit pour ne point heurter une opinion majoritairement réticente et, de toute évidence, distraite.

To drink or not to drink ?

En revanche, sur la prohibition, sur l'immigration, sur le rôle des femmes, sur l'essor du *Business*, comment ne pas prendre parti nettement ? En 1920, Roosevelt n'a approuvé la prohibition que du bout des lèvres. Il ne s'est pas privé par la suite de la violer sans hésitations ni remords, bien qu'il n'aille pas jusqu'à se comporter comme Smith. Sa position publique est simple. Puisqu'il y a encore conflit entre les partisans d'une prohibition totale et ceux d'une prohibition partielle qui ne s'appliquerait ni à la bière alcoolisée ni aux vins légers, un référendum national pourrait trancher. Tout en assurant les « secs » qu'ils l'emporteraient haut la main, et les « mouillés » qu'ils triompheraient aisément. Roosevelt a compris que pour tenir un rôle influent au sein du Parti démocrate et pour briguer un poste à l'échelle de la nation ou de l'Etat de New York, il faut jouer sur les deux tableaux. Comme il n'a pas les convictions prohibitionnistes de Sara et d'Eleanor, qu'il déteste les provocations antiprohibitionnistes d'Al Smith, il reste dans l'entre-deux avec un art consommé de la nuance.

Quelle société ?

Son comportement est identique à propos des lois sur l'immigration. Il a beau incarner la vieille Amérique, il n'en manifeste pas moins la plus grande tolérance pour les immigrants récents. Il dénonce l'antisémitisme et l'anticatholicisme qui lui paraissent insupportables. Un progrès considérable par rapport au milieu dont il est issu ou aux opinions, inchangées, de sa mère. Dans le même temps, Roosevelt se demande tout haut si le *melting pot* fonctionne vraiment, si des barrières légales à l'immigration ne renforceraient pas l'identité nationale et n'éviteraient pas aux Etats-Unis les dangers de la subversion. Il est beaucoup plus ferme à propos de l'immigration japonaise. Elle doit, selon lui, être interdite – ce que décide la loi de 1924. Non seulement parce qu'elle n'est pas équilibrée par l'immigration américaine au Japon, mais parce que le mélange des races donne des résultats terrifiants et que les Japonais-Américains ne seront jamais des citoyens américains à part entière. Une position raciste qu'on retrouve chez Roosevelt en ce qui concerne les Noirs. Warm Springs ne reçoit pas de patients noirs. C'est la Georgie, un Etat du Sud, répond Roosevelt qui ne fait guère d'efforts pour changer les mentalités locales. Quant au rôle des femmes, sa position est, on le sait, moins ambiguë.

Sur l'essor du *Business*, il conserve une extrême prudence, car ce qu'il fait à Wall Street, et plus largement à New York, montre à l'évidence qu'il accepte l'air du temps. Son idée dominante est que les républicains se maintiendront au pouvoir tant que la prospérité durera. Les démocrates sont contraints de préparer une succession difficile qui aura lieu dans le marasme économique. Il leur faut en conséquence élaborer un programme inspiré à la fois par des idéaux élevés et par une philosophie progressiste. Roosevelt n'hésite pas à affirmer que le jeffersonisme est de nouveau à l'ordre du jour, que le combat contre les fédéralistes a repris, que le Parti démocrate est à la recherche d'un nouveau Jefferson. Des propos qui à première vue semblent bien fumeux, à moins qu'ils ne reflètent le succès en 1925 de l'ouvrage de Claude Bowers, *Jefferson and Hamilton*. Mais ils comportent deux significations essentielles. Le jeffersonisme, c'est la défense des droits des Etats. C'est aussi la défense des fermiers qui, dans les années vingt, sont les laissés-pour-compte de la prospérité, des petits entrepeneurs et des classes moyennes. C'est, enfin, la démocratie au profit du plus grand nombre. En ce sens, jeffersonisme et progressisme sont, sans être identiques, cousins germains. La deuxième signification relève de la tactique politicienne. Le nouveau Jefferson rassemblera un parti qui en a bien besoin. Il ne sera issu ni de l'aile conservatrice ni de l'aile radicale. Ni « sec » ni « mouillé », ni exagérément ruraliste ni exagérément favorable aux villes, il aspirera, comme tous les démocrates, à gouverner au centre. Le portrait ressemble, à s'y méprendre, à celui de Franklin Roosevelt.

La campagne de 1928

Les années passent. A bien des égards, la campagne de 1928 est identique à celle de 1924. Al Smith, réélu gouverneur du New York en 1924 et 1926, a bien l'intention de concourir, une fois de plus, pour la Maison Blanche. Une fois de plus, il demande à Roosevelt de prononcer un bon discours de présentation en sa faveur pour balayer les dernières hésitations des délégués à la convention. Le parti a réuni ses assises à Houston, au Texas. La radio est présente, avec en arrière-plan ses quinze millions d'auditeurs qui impressionnent les orateurs et donnent à l'événement un caractère national et immédiat. La rééducation de Roosevelt a progressé de façon spectaculaire. Il ne s'appuie plus sur des béquilles, mais sur des cannes. Le 27 juin, quatre ans presque jour pour jour après son grand discours de New York, il monte à la tribune au bras de son fils Elliott et fait entendre sa voix aux quatre coins du pays. Roosevelt est parfaitement conscient du retentissement de ses paroles ainsi qu'il l'explique au journaliste Walter Lippmann : « J'ai tenté l'expérience d'écrire et de prononcer mon discours pour le seul bénéfice de l'auditoire radiophonique et pour la presse plutôt que pour l'effet qu'il pourrait avoir sur les délégués à la convention. N'importe comment, Smith avait les voix nécessaires. Il m'a paru plus important de toucher les républicains et les indépendants dans le pays[26]. » Il est vrai que la convention, encore effrayée par les 103 tours de scrutin de 1924, a décidé de manifester plus de sagesse et investit Al Smith dès le premier tour. Un bon départ pour les démocrates. Fidèle à ses habitudes, Franklin Roosevelt prend ensuite le train pour Warm Springs, revient passer quelques jours à Hyde Park et repart pour Warm Springs.

Ce n'est pas qu'il refuse de faire campagne pour Al Smith, tout au contraire. Sa correspondance démontre qu'il défend sans ambiguïté le candidat démocrate qu'on accuse, ici ou là, d'être un suppôt du pape, le défenseur inconditionnel de l'alcool, un allié de Wall Street et du *Business*. Il va même jusqu'à chanter les louanges de Tammany Hall, dont en d'autres temps il a combattu la néfaste influence. Quant à Eleanor, en bonne militante, elle accomplit sa tâche sans rechigner. Les Roosevelt ont du mérite. Ils connaissent bien le candidat républicain, Herbert Hoover, qui a été secrétaire au Commerce de 1921 à 1928 et a servi auparavant, avec efficacité et dévouement, le gouvernement du président Wilson. Roosevelt éprouve de l'admiration pour lui. Et Smith le déçoit.

Le candidat démocrate ne manque pas d'utiliser le nom et la popularité de Roosevelt, mais continue à le classer dans la catégorie des poids coq du monde politique. Roosevelt ? Un homme superficiel qui n'a pas les qualifications nécessaires pour exercer un grand mandat politique, une voix qui passe bien à la radio, mais sans influence réelle. Qu'il n'espère pas être consulté ou appelé dans l'entourage du candidat ! Al Smith commet, en outre, des fautes impardonnables. Dès le 10 juillet, il fait élire à la tête du Parti démocrate John J. Raskob, à la fois bras droit de Du Pont de Nemours et président de la commission financière de General Motors, un catholique et antiprohibitionniste convaincu. Pourquoi pas ? pense tout haut Smith. Raskob défend les mêmes opinions politiques, les mêmes convictions religieuses que lui. Le choix d'un homme d'affaires, d'un *businessman* qui explique, avec un imperturbable sérieux, comment on peut faire fortune en mettant chaque semaine 15 dollars de côté, voilà qui va désarmer l'hostilité de Wall Street. Peut-être. Mais comment évaluer les dégâts dans les campagnes, dont le poids électoral est alors considérable ? Si Raskob est l'ami de Smith, c'est la preuve que Smith n'est plus le réformiste qu'il a été et qu'il est passé du côté des riches. N'est-ce pas, en plus, la mainmise de l'Eglise catholique sur la politique américaine ? Pourquoi, enfin, ce militant de l'antiprohibitionnisme occupe-t-il le centre de la campagne électorale, alors que la prohibition obsède un peu moins les esprits ?

Que dire aussi des maladresses de Smith ? « Quels sont les Etats à l'ouest du Mississippi ? » demande-t-il aux journalistes. Une plaisanterie qui tombe à plat et irrite des millions d'électeurs. La radio rend présents au pays cet accent faubourien, ces expressions populaires qui séduisent New York mais agacent le reste de l'Amérique. Henry Mencken[27] a su d'une phrase souligner les limites de cet homme « dont le monde commence à Coney Island et se termine à Buffalo ».

La succession de Smith

A la fin de septembre, les responsables démocrates du New York se réunissent pour désigner leur candidat au poste de gouverneur, c'est-à-dire le successeur de Smith. Ils savent que pour assurer l'élection de Smith à la présidence, il faut qu'une majorité des électeurs du New York votent démocrate aux élections présidentielles et gubernatoriales qui ont lieu le même jour. Le candidat-gouverneur doit être un bon, un très bon candidat qui aidera Smith. Il doit séduire la majorité des citoyens à la fois de la métropole et de l'arrière-pays. Ce qui restreint la liste des possibles. Un nom vient sur toutes les lèvres : Franklin Roosevelt. N'a-t-il pas soulevé l'enthousiasme de la convention nationale du parti ? N'est-il pas l'un des hommes politiques les plus populaires de New York ? Ne vient-il pas de montrer qu'il a considérablement réduit son handicap physique ?

Et puis, comme le dit Smith, « un gouverneur n'a pas besoin d'être un acrobate ».

Seulement, les volontés de la « machine » ne suffisent pas, car Roosevelt, soutenu par son épouse et par Howe, refuse d'être candidat. Il continue de séjourner à Warm Springs et laisse à Howe le soin de parler en son nom à New York. Les arguments qu'il avance sont forts : il désire se soigner jusqu'à la guérison complète qu'il sent proche ; il a pris à Warm Springs des responsabilités financières et morales qu'il entend assumer jusqu'au bout. En un mot, il n'est pas disponible. D'autres arguments, plus déterminants encore, ne sont pas exprimés publiquement. Ni Roosevelt ni Howe n'estiment que l'année 1928 sera favorable aux démocrates et prévoient que Smith sera battu. Si Franklin subissait le même sort, c'en serait fini de ses ambitions présidentielles, qu'il s'acharne à démentir à mesure qu'elles deviennent plus évidentes. S'il était élu, il serait gouverneur en pleine prospérité et achèverait son premier, voire son deuxième mandat trop tôt pour affronter un candidat républicain dans des conditions satisfaisantes. A quarante-six ans, il peut attendre avant d'engager cette partie de quitte ou double. A supposer qu'il change d'avis, il vaut mieux qu'il se fasse prier, qu'il soit le candidat que ses amis politiques sont allés chercher, qu'on le supplie de sauver le parti et Al Smith.

La tragi-comédie dure une semaine. Au nom de son patron, Howe dit non, tout en demandant à Roosevelt de confirmer le refus, et celui-ci confirme. Télégramme de New York à Warm Springs : si Roosevelt se présente, Herbert Lehman sera candidat aux fonctions de lieutenant-gouverneur[28]. Ce qui sous-entend qu'en cas de victoire, Lehman fera le travail et Roosevelt ira se reposer en Georgie. Le 29 septembre, Al Smith téléphone à Warm Springs. Nouveau refus. Les lettres et les télégrammes accentuent la pression. Le 1er octobre, nouvel appel de

Smith. Impossible d'atteindre Roosevelt qui n'est pas, ce jour-là, à Warm Springs. Smith demande alors à Eleanor d'appeler son époux. Elle joint Franklin alors qu'il est allé prononcer un discours dans une ville voisine et lui passe Smith et Raskob. La communication est inaudible. Rendez-vous est pris pour un appel à Warm Springs. Cette fois-ci, Raskob promet de financer Warm Springs. Smith insiste à son tour et assure que le gouverneur pourra se contenter de travailler quelques jours par an. Lehman intervient. Smith revient à la charge et pose la question de confiance : « Que fera Roosevelt si le parti le désigne comme candidat ? » L'intéressé répond qu'il n'en sait rien. Smith en tire la conclusion, logique, que l'affaire est dans le sac, puisque Roosevelt n'a plus refusé. Au grand désespoir de Louis Howe, à la surprise d'Eleanor, il sera candidat.

Il reste un mois avant le scrutin, fixé au 6 novembre. Roosevelt se jette dans la campagne électorale avec un immense plaisir. Il bénéficie de l'appui de l'indispensable Howe et de nouveaux collaborateurs comme Samuel Rosenman, qui écrit ses discours, ou Frances Perkins. Infatigable, il écoute, parle, montre une disponibilité à toute épreuve. Comme en d'autres circonstances, son sourire fait merveille. Sa poignée de main est quasiment charismatique. Arrive le jour du scrutin : Al Smith est battu à plate couture par Hoover dans la compétition pour le Maison Blanche. Dans l'Etat de New York, Hoover recueille 2 193 000 voix ; Smith, 2 090 000 : une humiliation pour le gouverneur sortant. Mais il y a plus surprenant encore : Roosevelt a obtenu 25 000 voix de plus que son concurrent républicain. C'est une victoire sur le fil du rasoir. Mais maintenant l'homme fort, l'homme-phare du Parti démocrate, c'est lui.

CHAPITRE V

Gouverneur de l'Etat de New York
1929-1932

Un spectacle bien réglé. Le 1er janvier 1929, le nouveau gouverneur de l'Etat de New York entre en fonctions. La cérémonie se déroule dans le bâtiment des assemblées législatives. C'est une sage précaution. Il fait froid. La neige est tombée en abondance et s'est transformée dans les rues en une gadoue gluante. Imposer aux spectateurs d'affronter de telles intempéries, ce serait, de toute évidence, provoquer des pneumonies. Alors, ce mardi-là, s'appuyant d'un côté sur le bras de son fils, de l'autre sur une canne, Franklin Roosevelt fait son entrée dans la salle, gagne lentement la tribune et prête serment sur la vieille bible de famille. Enfin gouverneur ! Pour Roosevelt, rien n'est plus familier que le décor. Il connaît Albany depuis si longtemps ! Il l'a vue grandir, à mesure qu'il prenait de l'âge. Il y est venu, enfant, avec son père. Il y a fait ses débuts politiques en 1911 et effectué de nombreux séjours par la suite. Après que la maladie eut réduit ses activités, il a plusieurs fois rendu visite au gouverneur Al Smith. Mais Albany, c'est aussi le symbole d'une revanche et l'annonce d'une autre carrière. D'une revanche sur la poliomyélite, qui n'a pas pu le clouer sur un fauteuil roulant et le condamner à l'inactivité permanente ; sur le monde politique qui a cru en 1921 que Roosevelt n'avait plus qu'un passé ; sur les républicains de la Prospérité, trop sûrs d'eux-mêmes et persuadés, à tort, que la victoire de Hoover entraînerait celle de leur candidat au poste de gouverneur. Roosevelt revient de loin, c'est un miraculé de la politique. Il n'a pas l'intention de s'arrêter en chemin. Toujours attentif à l'exemple de l'oncle Ted, il ne saurait oublier qu'une fois de plus il marche dans ses pas, qu'il occupe les mêmes fonctions, et qu'après avoir rempli son mandat de gouverneur, TR est parti pour la Maison Blanche.

Du Smith sans Smith

De fait, pendant les quatre ans qui précèdent son accession à la présidence, le gouverneur Roosevelt occupe le devant de la scène politique. Peu à peu, il devient le principal adversaire du président Hoover. Deux raisons expliquent cette évolution. D'abord, une raison structurelle. L'Etat de New York est un Etat clé de l'Union, plus encore hier qu'aujourd'hui, le plus peuplé, le plus puissant sur le plan financier, l'un des plus importants pour son industrie, son commerce, voire son agriculture. Sans contestation possible, la ville de New York joue le rôle de métropole, bien que Washington soit la capitale fédérale et Albany celle de l'Etat. Wall Street, Broadway, les installations portuaires le long de l'Hudson et de l'East River, Ellis Island, l'Empire State Building, terminé en 1931... autant de lieux, de symboles d'une puissance incontestée aux Etats-Unis comme à l'étranger. Rien de ce qui se fait dans l'Etat de New York ne saurait laisser indifférent. Et celui qui y exerce les principales responsabilités du pouvoir exécutif se métamorphose, bon gré mal gré, en une personnalité nationale.

Le gouverneur, pourtant, n'a pas la partie belle. Ses électeurs sont à la fois les résidents de la ville et de l'arrière-pays, des immigrants récents et des Américains de vieille souche, des adversaires et des partisans de la prohibition, des employés, des ouvriers, des fermiers, des citadins et des ruraux, des pauvres ou des quasi pauvres et des membres de la classe moyenne. Etre élu gouverneur, c'est déjà la quadrature du cercle. Gouverner l'Etat nécessite des talents particuliers, l'aptitude au compromis, une intense force de caractère. D'autant plus que si le gouverneur est l'élu de l'Etat tout entier, les législateurs, eux, sont les porte-parole de leur seule circonscription et qu'en leur sein le monde des campagnes et des petites villes jouit d'une sur-représentation. Roosevelt, gouverneur démocrate, est contraint de cohabiter avec un Congrès en majorité républicain. Les scrutins étant proches les uns des autres, à peine l'élu, quel qu'il soit, a-t-il pris ses fonctions, qu'il doit songer déjà à la campagne qui va suivre. Le politique qui survit à ces guéguerres mérite de briguer la présidence. Il a bénéficié d'un irremplaçable apprentissage.

La conjoncture renforce encore le rôle de phare que tient l'Etat de New York. Moins d'un an après son entrée en fonction, Roosevelt affronte les effets du krach boursier, puis de la dépression. Plus que toute autre ville, New York est frappée. Lutter contre la crise, le chômage, la misère, est-ce du ressort du gouverneur ou bien du président ? Sur ce point, la doctrine reste floue, encore que, par tradition, le gouverneur soit tenu d'agir avant que le président n'intervienne et plus que lui. C'est dire combien les paroles et les gestes de Roosevelt sont épiés, car les unes et les autres peuvent consolider ou affaiblir l'autorité de la Maison Blanche. Quel modèle le New York offrira-t-il à l'Union ? Roosevelt est un gouverneur sous surveillance.

La tâche lui a été facilitée par son prédécesseur. Gouverneur de 1919 à 1920 et de 1923 à 1928, Al Smith a fait de l'Etat l'un des rares bastions du progressisme.

Alors que les autres Etats renonçaient, au lendemain de la Grande Guerre, au réformisme, au contrôle des trusts, à la transformation des rapports sociaux, le New York de Smith a favorisé la construction de logements à bon marché, l'amélioration des conditions de vie dans les hôpitaux, l'augmentation des traitements des enseignants, la limitation à 48 heures de la semaine de travail pour les femmes, tout en abaissant les impôts de l'Etat. Une prouesse permise par la réorganisation du gouvernement, par sa plus grande efficacité et par le renforcement de l'indépendance de l'exécutif. Le prestige d'Al Smith, surtout parmi les progressistes, est considérable. Roosevelt assume donc une succession périlleuse.

Aussi n'est-il guère étonnant qu'il commence par faire du Smith sans Smith. A son programme figurent la baisse du prix de l'électricité, la création des assurances sociales, l'aide aux fermiers, l'humanisation du système pénitentiaire. En fait, ce sont les points 1 et 3 qui forment l'ossature du programme, et ce choix comporte une signification politique. Roosevelt s'appuie sur les campagnes et les petites villes, donc sur un électorat dont le progressisme est mâtiné de républicanisme. C'est la clientèle du cousin Ted. L'électorat démocrate lui est acquis, mais ne suffit pas à assurer sa réélection. Dès 1929, il est convaincu qu'il doit élargir ses bases politiques s'il veut remporter aux prochaines élections un succès moins étroit qu'en novembre 1928.

Un gentleman farmer à Albany

D'ailleurs, il ressent pour le monde des campagnes un attrait véritable et profond. Par tradition familiale, il est un *gentleman farmer* et tient à le rappeler. Une manière habile de faire un pas en direction des fermiers sans perdre le contact avec les citadins, une excellente occasion de jouer les conciliateurs, sinon les rassembleurs. Avec Henry Morgenthau, son voisin de Hyde Park, le fils de l'ancien ambassadeur en Turquie, il suit de près les problèmes de l'agriculture. Non pas, bien sûr, en trayant les vaches ou en cultivant son potager, mais en accordant une attention constante à la situation des campagnes. Il dit et répète que l'agriculteur n'est pas menacé par la famine, qu'il conserve une relative indépendance à l'égard des forces économiques et que bien des problèmes de la société moderne seraient résolus si un mouvement de retour à la terre s'amorçait. Au fond, il croit volontiers, comme jadis Thomas Jefferson, que tout le mal vient des villes et que dans les campagnes vit « le peuple élu de Dieu ».

Toutefois, l'agriculture américaine subit depuis le début des années vingt une crise sans précédent. Les prix dégringolent, les exportations chutent. La concurrence des productions européennes, latino-américaines et australiennes, le changement des régimes alimentaires aux Etats-Unis, l'excès d'optimisme qu'ont provoqué les bonnes affaires des années 1914-1920, tout concourt à assombrir l'horizon. Au moment où les industriels empochent d'énormes profits, les agriculteurs tirent le diable par la queue. Les fermiers de New York ne produisent ni maïs ni coton et moissonnent peu de blé. Ce sont avant tout des producteurs de lait, de beurre et de fromage, secondairement de fruits et de légumes. Leur situation n'est pas plus enviable que celle de leurs semblables des Grandes Plaines ou du Middle West. Ce qui les irrite particulièrement, et Roosevelt partage leur colère, c'est que les prix de détail sont à cent lieues des prix à la production. Les grandes villes paient cher un lait que les fermiers vendent à bon marché. Le niveau de vie du producteur et celui du consommateur en souffrent, alors que les intermédiaires engrangent les bénéfices. Les organisations agricoles et les experts proposent bien des solutions au plan national, mais rien de précis ne sera décidé jusqu'en 1933, sauf l'augmentation des droits de douane.

Le gouverneur Roosevelt mène une politique de l'environnement. La « conservation » permettrait de mettre en réserve les terres les moins fertiles ; le reboisement serait assuré ; les sols seraient protégés. On réduirait ainsi et on valoriserait donc la production agricole. A cela, il ajoute une politique d'aide dont il ne dissimule pas qu'elle ne vaut que pour le New York et s'appliquerait difficilement ailleurs : diminuer la ponction fiscale, favoriser la recherche au profit de l'agriculture, construire des routes qui sortiraient les fermiers de leur isolement, accélérer l'électrification des campagnes. Roosevelt fait adopter ces mesures sans difficultés majeures. Des agriculteurs appauvris sont de mauvais clients pour les produits industriels, les républicains le savent. Pour faire bonne mesure, le gouverneur encourage l'adoption d'une assurance-vieillesse, ce qui satisfait les démocrates des villes. Roosevelt est l'ami des fermiers et protège les salariés les plus défavorisés.

La fée Electricité

Le gouverneur suit un deuxième axe, autrement périlleux. Les Etats-Unis viennent d'entrer de plain-pied dans l'ère de l'électricité. Les Américaines découvrent avec émerveillement les réfrigérateurs qui remplacent les glacières, les radiateurs qui chassent les vieux poêles à charbon et les aspirateurs qui rendent le ménage moins pénible. Dans les dix dernières années, la production d'électricité a triplé et procure aux sociétés privées des revenus considérables. Jusqu'en 1925, l'Etat de New York possède les installations hydro-électriques les plus puissantes du pays avant d'être dépassé par les Etats de la côte Pacifique. Depuis la présidence de Wilson, les progressistes ont fait de la fabrication et de la distribution du courant électrique à bon marché l'un de leurs chevaux de bataille. Beaucoup d'entre eux réclament la nationalisation, à défaut d'un contrôle étroit des pouvoirs publics. L'électricité, soutiennent-ils, rend service à l'ensemble de la nation et ne doit donc pas être accaparée par une poignée de financiers, soucieux du profit avant tout. Cette cause, qui touche tous les Américains et, en particulier, l'Etat de New York, Roosevelt la défend dès son discours d'entrée en fonctions le 1ᵉʳ janvier 1929. Il ne faut pas, dit-il, que la commission des services publics se borne à arbitrer entre les sociétés propriétaires et l'intérêt général. Aux propriétaires de comprendre qu'ils gèrent un bien public et qu'ils sont tenus de proposer des prix raisonnables. D'autant plus, ajoute-t-il, qu'avec le Saint-Laurent les ressources en hydro-électricité sont illimitées et bouleverseront un jour la vie quotidienne des Américains. Somme toute, il conviendrait que la commission des services publics signe des contrats avec les sociétés propriétaires et s'entende avec elles sur les tarifs.

Ce programme a de quoi séduire les classes moyennes et les campagnes, soucieuses d'accéder au royaume de l'électricité ou bien de payer moins cher une énergie devenue indispensable. La position de Roosevelt va plus loin que celle des républicains. Ceux-ci sont liés aux groupes financiers, surtout le groupe Morgan qui domine la production d'hydro-électricité dans le New York. Le nouveau gouverneur poursuit la politique d'Al Smith qui a mis en place une surveillance, mais non une prise de participation des pouvoirs publics. Il n'obtient pourtant que des résultats limités. Le débat reprend avec vigueur. La discussion ne porte plus seulement sur les eaux du Saint-Laurent, mais sur les installations de Muscle Shoals qui, plus tard, formeront le cœur de la

Tennessee Valley Authority. On évoque aussi la construction d'un immense barrage sur le Colorado. Roosevelt a comparé la politique du Canada, où l'Etat occupe une place déterminante, à celle des Etats-Unis, où les sociétés privées disposent d'une large liberté de manœuvre. Pour le reste, les choses traînent d'une commission à l'autre. En fin de compte, rien n'est entrepris du côté du Saint-Laurent. Les négociations entre les Etats-Unis et le Canada prendront du temps. Mais le projet, la vision de l'avenir qu'il implique rehaussent le prestige de Roosevelt.

Le krach de Wall Street

Il n'empêche qu'on reste étonné par la politique du gouverneur Roosevelt en 1930. Le krach de Wall Street vient de se produire en octobre 1929 et la crise prend de l'ampleur. Le nombre des chômeurs augmente. Roosevelt ne fait pas mieux dans son Etat que Hoover au niveau fédéral. Tout au plus a-t-il conscience des bouleversements que subit le pays : New York est l'une des villes américaines qui souffrent le plus. Franklin et Eleanor voient dans les rues le triste spectacle des sans-emplois, des sans-abris qui construisent, en plein Central Park, une « hooverville », des affamés qui attendent patiemment qu'on leur distribue un peu de soupe et du pain, des vendeurs de pommes qui, à leur manière, rappellent que la crise de surproduction frappe l'agriculture au moment où les pauvres n'ont pas de quoi manger. En septembre 1930, Roosevelt observe que le chômage ne touche pas seulement les grandes villes, mais aussi les villes moyennes, les villages et les campagnes. Difficile, pourtant, de croire que les conceptions économiques et sociales de Roosevelt ont déjà changé et qu'il réclame l'intervention du gouvernement fédéral. Tout au contraire. En 1929, il a stigmatisé l'extension des pouvoirs de Washington. A la conférence des gouverneurs, il a défendu avec détermination les droits des Etats qui sont, dit-il, les piliers de la démocratie américaine. L'année suivante, il souligne combien la sauvegarde des libertés locales demeure « une nécessité fondamentale » et conclut : « Il est évident que presque tous les problèmes, anciens ou nouveaux, de gouvernement doivent être résolus (…) par chacun des Etats[1]. » Deux anecdotes rapportées par Frances Perkins, qui ne mesure pas son admiration pour Roosevelt, sont de ce point de vue fort significatives. Au début de 1930, alors qu'elle dénonce en public les statistiques fédérales sur le chômage, Roosevelt applaudit des deux mains ; il préfère qu'on ne lui ait pas demandé l'autorisation de contredire les services du président : « Je vous aurais probablement dit de ne pas le faire. » L'autre anecdote se résume en une observation : « La solution des problèmes posés par le chômage devint l'une des activités principales de Roosevelt gouverneur, écrit-elle. Il n'avait pas encore d'opinion nette sur ce qu'il fallait faire, mais il montra qu'il savait s'informer et apprendre[2]. » Incompréhension ? Manque d'imagination ? En réalité, « personne n'avait rien de bien précis à suggérer ». Il est à relever malgré tout que Roosevelt, depuis toujours lié aux banquiers de Wall Street, s'il prend ses distances, perçoit la dimension des nouveaux problèmes et évolue au même rythme que la grande majorité de ses concitoyens, n'a pas été un visionnaire.

Une bataille triangulaire

Sa préoccupation majeure dans la deuxième moitié de l'année 1930 est liée à la campagne qui conduira au scrutin de novembre. Le gouverneur de l'Etat est alors élu pour un mandat de deux ans. Une sage précaution, ont estimé les auteurs de la Constitution qui ont voulu préserver la souveraineté du peuple. Mais en aggravant la précarité du mandat, la précaution pourrait devenir faiblesse. Quoi qu'il en soit, le scrutin donne à Roosevelt l'occasion d'évaluer sa popularité. Cette fois-ci, sa victoire est un véritable triomphe. L'un de ses adjoints prévoyait une avance de 350 000 voix ; elle est en fait de 725 001 voix sur un total de 3 millions de suffrages exprimés. Roosevelt ne manque pas d'ajouter, dans un éclat de rire, que la voix qui lui permet de dépasser les 725 000, c'est la sienne. Rien d'étonnant s'il l'emporte dans la ville de New York, où Tammany Hall est parvenu à faire voter 91,1 % des citoyens en âge de se rendre aux urnes. Plus surprenant, en revanche, est son succès dans le reste de l'Etat qui, en général, manifeste des sympathies majoritaires pour les républicains[3].

A vrai dire, la bataille a été triangulaire. Entre le candidat des républicains et celui des démocrates, un candidat favorable à la prohibition a pris des voix au républicain, donc avantagé Roosevelt. Sans le prohibitionniste, le gouverneur sortant aurait été néanmoins réélu avec une avance nettement supérieure à celle de 1928. Les commentateurs auraient parlé d'une victoire confortable, pas d'un raz de marée. Voilà qui éclaire d'un jour particulier la vie politique de 1930. En dépit de la dépression et de ses drames, l'opinion continue de se passionner pour l'abrogation ou le maintien de la prohibition. Le candidat républicain, Charles H. Tuttle, a renoncé, le temps d'une campagne, à défendre vigoureusement le 18e amendement. Du coup, les prohibitionnistes ont rompu avec lui et suscité la candidature d'un des leurs. Quant à Roosevelt, il emprunte la voie de la modération. Ni « sec » ni « mouillé », il est « humide », estimant que la prohibition devrait relever des autorités locales. Que chacune d'elles décide si oui ou non elle interdira sur le territoire de sa compétence administrative les boissons alcoolisées. Et surtout, que ce problème n'empoisonne plus l'atmosphère des campagnes électorales ! Comme l'écrit joliment Emil Ludwig, « Roosevelt fut un des premiers à traiter comme il le méritait cet inintéressant problème, en disant qu'il ne fallait en aucun cas qu'il prît le pas sur la question de la force électrique. Il savait que l'eau a plus d'importance que le vin[4]. »

Tuttle a été un mauvais candidat. Il a concentré ses attaques sur le thème de la corruption qui, d'après lui, a envahi le Parti démocrate, surtout dans la ville de New York. Les électeurs attendaient mieux. Ils voulaient qu'on leur parle de prohibition, de la crise, des prix agricoles. Sur ces sujets, Tuttle a été muet. Quand le Parti républicain s'est rendu compte qu'il faisait fausse route, il a, au mois d'octobre, dépêché en toute hâte trois membres du Cabinet présidentiel pour dénoncer la politique de Roosevelt et chanter les louanges de Hoover. Les républicains ont immédiatement été accusés de recourir au « parachutage ». Roosevelt a saisi la perche avec avidité et s'est indigné de l'intervention de Washington : « Des trois messieurs distingués, l'un vient de l'Oklahoma (…) Il n'a jamais vécu dans le New York et ne connaît rien à la situation de l'Etat. (…) Les deux autres membres du triumvirat sont des citoyens de notre Etat. (…) Tous les deux ont été candidats au poste de gouverneur. (…) Tous les deux ont été battus. (…) Je dis à ces messieurs : nous vous serions reconnaissants de retourner à vos postes de Washington, de consacrer vos efforts et votre temps aux problèmes dont souffre la nation sous votre gouvernement. Soyez assurés que dans l'Etat-Empire nous saurons nous occuper de nous-mêmes et de nos problèmes[5]. »

Roosevelt est toujours l'excellent candidat que les New-Yorkais connaissent depuis vingt ans. Il a passé son été à parcourir l'Etat, à serrer des mains, à écouter les doléances, à promettre qu'il résoudra les problèmes. Depuis les premières semaines de 1929, il recourt à la radio, non pour y prononcer des discours solennels comme le font les hommes politiques d'alors, mais pour entretenir ses auditeurs des grands sujets qui les préoccupent. Sur le ton de la conversation familière, à la façon d'un conteur qui préfère une bonne histoire à une assommante série de statistiques. Il se sert à merveille de la technologie la plus moderne. C'est aussi une excellente occasion de combattre l'influence de la presse écrite qui lui est très souvent hostile et d'établir des liens, privilégiés, personnels quelquefois, avec ses électeurs. En ce qui concerne le financement d'une campagne de cette envergure, fort chère, Roosevelt a disposé de fonds importants. D'après Frank Freidel, qui a fait les comptes, le Parti démocrate a dépensé 128 000 dollars et doit rembourser une dette de 27 000 dollars. A quoi il faut ajouter plus de 200 000 dollars venus de sources diverses, y compris 2 000 dollars donnés par Sara Roosevelt. Du côté républicain, on a investi davantage : le parti a réuni 276 000 dollars et reconnaît un déficit de 103 000 dollars[6]. Ce n'est pas l'argent qui explique les résultats du scrutin.

C'est sur les thèmes que Roosevelt a porté tout son effort et livré bataille. Quand la convention démocrate le choisit en septembre 1930, il rappelle que son premier mandat s'est inscrit dans la continuité ; il était l'héritier d'Al Smith. Il se réfère au progressisme, à la conviction que les réformes doivent continuer, qu'une pause équivaudrait à un recul. A partir de ce constat, sa stratégie sera de souligner ce qu'il a fait et de comparer son bilan avec celui de Hoover, coupable à cause de « sa faiblesse et [de] son refus de regarder la situation en face ». Le président ne parvient pas, d'après Roosevelt, à traiter le problème du chômage, même pas à déterminer correctement le nombre des sans-emploi. Dans l'Etat de New

York, au contraire, le gouvernement « fait de son mieux pour améliorer une situation immensément difficile, dans laquelle nous a précipités l'administration républicaine[7] ». Il faudrait que le gouvernement fédéral agisse avec autant de vigueur que le gouvernement du New York. Mais les républicains composent « l'armée de la réaction, des bons à rien, des privilèges ». Dans ces conditions, Roosevelt propose de mettre à son ordre du jour la bataille pour de meilleurs salaires et de meilleures conditions de travail, la réforme pénitentiaire, l'assurance-vieillesse, le contrôle de la production électrique, un nouveau code fiscal pour les campagnes, le développement des parcs, des routes et des hôpitaux. Comment lutter contre la dépression ? Roosevelt ne croit pas qu'en ce domaine des lois soient efficaces. Il faut que chacun reconnaisse ses responsabilités. Pour illustrer son propos, il raconte une anecdote : il vient d'embaucher deux personnes à Hyde Park. Si chacun agissait ainsi, il n'y aurait plus de chômeurs.

De cette campagne il convient de retenir non pas les timides et irréalisables solutions auxquelles Roosevelt songe tout haut, mais son souci majeur de combattre la dépression et sa volonté d'être un contre-modèle. Lui qui ne fait campagne que pour le poste de gouverneur de l'Etat de New York, il fait semblant de combattre Tuttle, alors qu'il combat Hoover. Aux Américains qui souffrent et désespèrent il tâche d'apporter une lueur d'espoir. Le 31 octobre, dans son discours de Brooklyn, il promet que, dans les deux années à venir, il donnera la priorité absolue « au problème du chômage et à la dépression[8] ». Voilà pourquoi son triomphe de novembre revêt une triple signification. Roosevelt symbolise le retour des démocrates qui, aux élections pour le Congrès fédéral, viennent de conquérir la majorité des sièges[9]. Il apparaît bien comme un recours possible, capable de suppléer aux faiblesses de Hoover. Enfin, il a implicitement pris sa décision, celle de briguer la présidence des Etats-Unis.

Un gouverneur nouvelle manière

Ce n'est plus tout à fait le même gouverneur qui entre en fonctions le 1er janvier 1931. Il y a des signes qui ne trompent pas. Le montant des frais pour la cérémonie officielle, Roosevelt a décidé de le réduire d'un tiers. L'austérité l'impose, car la lutte contre le chômage bénéficie de la priorité des priorités. Certains chuchotent que le temps est venu pour les gouvernants de recourir à des mesures autoritaires, sinon dictatoriales. Ce serait, déclare Roosevelt, une « facilité inconsciente » qui témoignerait « d'un penchant dangereux à oublier un principe essentiel de la démocratie américaine[10] ». Dans le privé, pourtant, il suit avec intérêt l'expérience mussolinienne qui, dira-t-il plus tard, ne tournera mal qu'après l'accession de Hitler au pouvoir[11].

Quoi qu'il en soit, la crise est là. Elle va durer. Il ne suffira pas d'invoquer les bonnes volontés individuelles pour qu'elle disparaisse. Impuissant et consterné, le gouverneur assiste à l'effondrement de la Banque des Etats-Unis, un établissement privé dont le siège est à New York. Elle avait 58 succursales et 450 000 déposants, pour l'essentiel des ouvriers de la confection. Son nom inspirait confiance. Le 10 décembre 1930, 15 000 déposants font la queue sous la pluie pour essayer de recouvrer leurs avoirs. Le lendemain, c'est la faillite. Parmi les lettres qu'il reçoit, celle de la veuve d'un pasteur épiscopalien émeut Roosevelt : « On m'a dit et j'ai cru que les actions d'une grosse banque de New York comme celle-là constituaient un investissement sûr pour les veuves et les orphelins. (…) J'avais investi l'argent que nous avions économisé pour l'instruction de nos fils[12]. » Les fautes des banquiers, le désarroi des industriels et des commerçants, l'accablement des emprunteurs qui ne peuvent plus payer leurs traites ni compter sur un emploi, tout cela ne confère-t-il pas aux politiques de nouvelles responsabilités ? Un jour, un expert soutient devant Roosevelt la thèse du libéralisme pur et dur. Il faut laisser faire les lois du marché. Lorsque l'économie américaine aura touché le fond, elle repartira d'elle-même. Entre-temps, des millions de gens auront faim. C'est inévitable. « Les gens ne sont pas du bétail, vous savez », répond Roosevelt[13].

Le 28 août 1931 devant les assemblées législatives de l'Etat, il prononce un discours qui révèle un changement capital : « Qu'est-ce que l'Etat ? commence-t-il par demander. C'est le représentant légalement constitué d'une société organisée d'êtres humains. Ils l'ont créé pour assurer leur protection mutuelle et leur bien-être. L'Etat ou le gouvernement n'est qu'un mécanisme pour parvenir à l'aide et à la protection mutuelles. » De là une conclusion logique : « L'un des devoirs de l'Etat, c'est de prendre soin des citoyens qui sont les victimes de l'adversité et ne peuvent pas acquérir le strict nécessaire sans l'aide d'autrui. Toutes les nations civilisées reconnaissent cette responsabilité. (…) Le gouvernement doit aider ces citoyens infortunés, non point par charité, mais pour assurer son devoir social[14]. »

Lutter contre la crise

Que signifie concrètement cette déclaration d'intentions ? Jusqu'à 1931, la politique sociale de Roosevelt n'est pas originale. Le gouverneur agit comme le président. Les secours d'urgence sont distribués par des associations charitables et les organismes locaux, et si ces derniers n'ont plus de fonds, l'Etat intervient avec les

moyens du bord. A cela s'ajoute un programme de travaux publics que l'Etat, les comtés et les municipalités
sont chargés d'exécuter. En mars 1930, Roosevelt a mis
sur pied une commission de stabilisation industrielle
dont l'objectif est de protéger ceux qui ont un emploi, en
fait d'empêcher les licenciements. Faut-il prévoir une
assurance-chômage ? Unir les efforts de plusieurs Etats ?
Roosevelt fait son éducation sociale.

Dans son entourage, c'est Frances Perkins qui est
chargée de ce dossier brûlant. Assistante sociale de formation, fonctionnaire de l'Etat de New York au département du Travail depuis 1919, présidente en 1924 du
conseil industriel qu'Al Smith a créé, elle a pour mission
de traiter les problèmes judiciaires et législatifs qui touchent au monde du travail. Roosevelt lui confie, en janvier 1929, les fonctions de commissaire à l'Industrie.
Elle sera l'équivalent d'un ministre du Travail, la première femme à occuper des fonctions aussi importantes.
Le gouverneur lui accorde une confiance illimitée dès
qu'il s'agit des questions ouvrières. C'est elle qui, dans
une large mesure, l'initie aux complexités, aux horreurs
de la crise. Elle sait que pour comprendre une situation,
il a besoin d'exemples concrets et humains. « Je lui amenais des responsables ouvriers d'un peu partout,
raconte-t-elle, pour lui faire connaître la situation des
travailleurs dans leurs villes respectives. Je lui amenais
des patrons qui lui racontaient d'une voix presque brisée
comment ils avaient dû fermer[15]. »

La commission remet son rapport. Ses recommandations portent sur le court terme. Elle ne pense pas que la
crise puisse durer. Mais l'hiver 1930-1931 donne tort
aux optimistes. Il faut organiser des secours d'urgence
pour les sans-abris. Le gouverneur met à leur disposition
des casernes de la Garde nationale avec des lits et des
couvertures. La commission renouvelle ses efforts pour
encourager l'embauche, les prêts et pour coordonner

l'action des autorités locales. Changement significatif : la commission n'a plus dans son titre le mot « stabilisation » ; désormais, elle traite sans détours du chômage. De toutes parts, le gouverneur reçoit des appels à l'aide. Il n'y a plus d'argent au niveau local. Les travaux publics ne suffisent pas. De New York, le directeur de l'assistance sociale lance un cri d'alarme et demande que les assemblées législatives tiennent une session extraordinaire. En août 1931, Roosevelt franchit le pas. Il recommande aux assemblées l'adoption de cinq mesures :

1. La création d'une Administration temporaire des secours d'urgence (Temporary Emergency Relief Administration, TERA). Elle sera composée de trois membres et disposera de 20 millions pour secourir les plus défavorisés. « Temporaire », elle existera tant que durera l'urgence. Aucun risque, en conséquence, qu'elle contribue à gonfler le pouvoir exécutif ou à amplifier pour toujours l'autorité du gouverneur.

2. L'augmentation de 50 % de l'impôt sur le revenu que les contribuables versent à l'Etat de New York.

3. L'autorisation pour les municipalités et les comtés d'émettre des emprunts sur trois ans. Ainsi seront financés des travaux publics et les opérations en cours.

4. La limitation de la semaine de travail à cinq jours dans tous les contrats qui seront passés avec les pouvoirs publics.

5. Le déblocage d'un demi-million de dollars. L'indemnité aux anciens combattants sera versée à l'avance, ce qui réduira un peu la misère de ceux qui ont été mobilisés pendant la Grande Guerre et stimulera, dans une certaine mesure, la consommation.

Les cinq mesures sont adoptées. A la tête de la TERA, Roosevelt nomme Jesse Isidor Straus, président de la société Macy qui possède à New York des grands magasins avec à ses côtés un banquier républicain et un syndicaliste. Le directeur exécutif a pour nom

Harry Hopkins, un homme sympathique, un peu désordonné, rempli de bonnes intentions, qui tiendra jusqu'à 1945 un rôle capital auprès de Roosevelt. Hopkins a quarante et un ans. Il est né dans l'Iowa où son père fabriquait des harnais. Très jeune, il s'est lancé dans l'action sociale en faveur des enfants pauvres et des tuberculeux dans les quartiers misérables de New York. Fasciné par les riches tout en consacrant sa vie aux pauvres, fumeur invétéré et insatiable buveur de café alors que son ulcère à l'estomac empire et fait de lui un mort-vivant, grand amateur de poésie et de courses de chevaux, peu soigneux de sa personne, Hopkins préside la TERA à partir de 1932 et fait de cet organisme l'instrument d'une nouvelle politique sociale.

L'Etat de New York ouvre la voie de l'innovation. Les autres Etats tournent leurs regards vers Albany pour s'inspirer de sa politique de lutte contre le chômage. Le gouvernement fédéral ne tardera pas à suivre l'exemple, car la TERA est l'un des ancêtres du New Deal. En janvier 1932, le gouverneur demande 5 millions de plus, puis l'autorisation d'emprunter 30 millions, ce qui revient à accepter un déficit budgétaire que la diminution des impôts et l'accroissement des dépenses rendent inévitable. Mais il faut suivre ce chemin, car « nous avons maintenant pris en charge environ un million de personnes dans l'Etat, écrit Hopkins. La situation ici est très mauvaise. En dépit des déclarations "bêtifiantes" qui viennent de Washington et de la remontée des valeurs boursières, l'emploi ne cesse de décliner, et le nombre de ceux qui ont besoin de secours, d'augmenter[16]. » En janvier 1933, la TERA a dépensé 83 millions et, trois ans plus tard, près d'un milliard. Pour un organisme « temporaire », ce n'est pas si mal[17]. Dans sa première année de fonctionnement, elle a porté secours en proposant aux chômeurs des emplois et non pas simplement une indemnité de chômage. A défaut d'emplois, elle verse une aide de 23 dollars par mois, ce qui permet à une famille de se nourrir à peu près correctement. Ailleurs, on fait moins bien. L'Illinois, par exemple, ne peut verser qu'un dollar et demi par quinzaine et à Detroit, l'aide ne dépasse pas 5 cents par jour et par personne.

Roosevelt a le grand mérite d'avoir compris peu à peu l'étendue de la catastrophe et de n'avoir pas craint d'appliquer de nouvelles idées. En ce sens, il a montré plus d'audace que le président Hoover.

Al et Frank

Personne ne doute, en 1931, que le gouverneur Roosevelt sera candidat aux prochaines élections présidentielles. Les années qui viennent de s'écouler ont été décisives de ce point de vue. Elles ont remis en selle un politicien qu'on croyait trop malade pour reprendre le combat et souligné les réussites de l'administrateur. On peut se demander à quel moment Roosevelt a commencé à nourrir des ambitions présidentielles. De toute évidence, il n'a jamais perdu de vue cet objectif. Tout au plus a-t-il douté de son avenir lorsque la poliomyélite l'a frappé. Un doute vite dissipé, grâce à la confiance que lui ont témoignée son entourage et Louis Howe. Avec son beau succès de novembre 1930, la route de la Maison Blanche lui est ouverte. Lorena Hickok, une journaliste amie d'Eleanor, note simplement : « De 1928 à 1932, sa préoccupation majeure, outre l'exercice de sa charge de gouverneur, fut de devenir président[18]. » D'ailleurs, autour de lui ce n'est un secret pour personne. Toutefois, Louis Howe, dont il n'est pas nécessaire de rappeler la fidélité, est en désaccord avec Roosevelt sur le choix d'un calendrier ; il serait partisan de prendre son temps et de fixer à 1936 le coup d'envoi de la campagne présidentielle. Les deux hommes partagent pourtant l'idée qu'il faut constituer une « machine » personnelle, un réseau de relations qui devraient favoriser la candidature du gouverneur. A peine installé à Albany, Roosevelt adresse aux démocrates les plus actifs une lettre dans laquelle il suggère la reconstruction du parti sur des bases solides. Avec Howe, Samuel Rosenman et Jim Farley, il dispose de collaborateurs dévoués et efficaces. Rien de ce qu'il entreprend, de ce qu'il dit, de ce qu'il mène à bien ne saurait dès lors être compris si l'on oublie l'objectif. Déclare-t-il *urbi et orbi* qu'il n'est pas candidat ? La dénégation ne convainc personne. Et surtout pas Al Smith.

Les relations entre les deux hommes mériteraient de longs développements et pourraient servir de scénario à une tragi-comédie ou à un film. Depuis longtemps, ils forment une association inégalitaire. Smith est le grand homme du parti démocrate ; Roosevelt est un espoir. Pour Smith, Roosevelt porte un nom célèbre, appartient à un milieu prestigieux, mais il est dépourvu de qualités politiques et terriblement affaibli par la maladie depuis 1921. A ses yeux, Roosevelt est sa créature. En un mot, Smith est persuadé que Smith est irremplaçable et que Roosevelt ne sera jamais qu'une doublure. Il ne se console pas de sa déception de novembre 1928. Battu par Hoover, devancé par Roosevelt dans son propre Etat... Le monde à l'envers ! Le remplaçant a fait mieux que le titulaire. Si, au moins, Frank suivait les conseils d'Al...

Tout au contraire. Roosevelt n'a nullement l'intention d'être un gouverneur à éclipses qui s'occuperait de son Etat deux mois par an, et passerait le reste de son temps à Warm Springs. Elu pour gouverner, il entend gouverner. Son indépendance, il souhaite la conserver et le fait savoir. Juste après la passation des pouvoirs, Al Smith quitte Albany, avec le sentiment que son protégé est un ingrat. Frank garde dans l'ensemble les membres de l'ancienne équipe, mais il renvoie Robert Moses qui était le secrétaire d'Etat[19] de Smith. Et surtout, il ne veut pas de Belle Moskowitz, la collaboratrice dévouée de l'ancien gouverneur. Un tel geste est-il concevable ? Si elle restait auprès de Roosevelt, elle lui rendrait service, serait les yeux et les oreilles de son nouveau patron comme elle l'a été pour Smith... et symboliserait la dépendance de Frank à l'égard d'Al. Pourtant, sur le conseil d'Eleanor, Franklin se débarrasse de Belle. Il faut ajouter que Roosevelt a déjà en la personne de Howe un conseiller privé et attentionné. Un deuxième conseiller, loin de renforcer l'équipe, la diviserait[20]. Smith n'en revient pas.

Pour le moment, ce sont des coups d'épingle, des susceptibilités froissées, les inévitables frictions entre celui qui part et celui qui arrive. Il y a des circonstances aggravantes : sur le plan politique, Al Smith n'a plus de fonctions précises. Il est le chef d'un parti qui vient d'être battu. Position peu enviable. Cela ne l'empêche pas de soutenir, de la parole et de ses contributions, la réélection de Roosevelt en 1930. Mais, dès l'année suivante, le fossé prend les proportions d'un gouffre. Smith sait que Roosevelt briguera la présidence, mais il aimerait bien, lui, courir sa chance une deuxième fois. Il éprouve le sentiment d'une injustice que les circonstances auraient commise à son endroit. Il a perdu la bataille de 1928, pense-t-il, parce que l'anticatholicisme ambiant lui a porté préjudice et que beaucoup d'électeurs lui ont reproché son hostilité à la prohibition. Avec l'aggravation de la crise économique et l'impopularité croissante de Hoover, n'importe quel candidat démocrate, serait-il catholique et « mouillé », l'emportera. Pourquoi pas Smith ? Il a fait ses preuves, montré son dévouement à la cause progressiste, rendu d'inestimables services au parti. Tout naturellement, au moment où

l'étoile de Roosevelt monte au firmament du ciel politique, Smith conclut qu'il est le seul capable d'arrêter
cette résistible ascension. Ses alliés, il les trouve dans
l'aile conservatrice du parti, d'autant plus aisément que
le progressiste qu'il était a changé, et qu'il ne cesse de se
rapprocher de ses adversaires d'hier. Les rumeurs circulent. De petites phrases assassines sont attribuées à l'un
ou l'autre et soigneusement rapportées par les bonnes
âmes. La situation s'envenime et contribue encore à éloigner les deux hommes l'un de l'autre. Une preuve supplémentaire qu'au sein du monde politique, le gouverneur
Roosevelt est bien devenu une figure de proue.

Roosevelt le présidentiable

Toutefois, pour atteindre son objectif, il doit renforcer
les liens qui l'unissent à son parti et apparaître nettement comme le candidat capable d'attirer bon nombre
d'électeurs républicains, de réunir derrière lui une majorité. Depuis 1910, Roosevelt a rencontré sur sa route
Tammany Hall. Il a d'abord été, on s'en souvient, un
jeune homme en colère, décidé à faire plier la puissante
« machine ». Puis, il a compris qu'on ne détruit pas d'un
coup la grande muraille de Chine. Avant que la guerre
ne s'achève, il signe la paix avec Tammany. Par la suite,
Al Smith aidant, les relations sont satisfaisantes, sans
pourtant susciter l'enthousiasme d'un côté ni de l'autre.
Une nouvelle épreuve surgit en 1930. Les républicains
s'en prennent à Roosevelt sur le thème de la corruption.
Non pas que le gouverneur soit personnellement accusé.
Ce sont les démocrates de Tammany Hall, en particulier
le maire de la ville, qui font l'objet des attaques. Les
républicains demandent au gouverneur d'agir, au nom
de l'intérêt de l'Etat, en dépit de son affiliation au parti
des corrompus. Stratégie simpliste et efficace : si Roose-

velt cède à la pression des républicains, il rompra avec une partie de ses amis politiques ; s'il résiste, il donnera l'impression d'être un homme politique faible, plus soucieux de défendre ses complices que l'intérêt général.

Roosevelt commence par biaiser. La Constitution de l'Etat, répond-il, ne l'autorise pas à intervenir dans les affaires de la ville. Certes, mais à condition qu'on s'en tienne à la lettre de la Constitution. Les journalistes n'oublient pas de mentionner que, vingt ans auparavant, le jeune Roosevelt a agi avec plus de netteté et de courage. Une fois passée l'élection de novembre 1930 pour laquelle Tammany Hall a prodigué son concours, le gouverneur collabore avec les républicains et crée une commission d'enquête. Il prend ses distances avec la « machine » de New York, sauf à maintenir des contacts par l'intermédiaire de Howe ou d'autres collaborateurs. De là, les réticences de Tammany à mesure que la candidature de Roosevelt à la présidence se précise. Tammany préférerait Smith et tâchera, sans succès, de jouer un rôle indépendant à la convention nationale de 1932.

Il est vrai que Roosevelt gagne ailleurs les appuis qu'il perd à New York. Dans le Sud, où le Parti démocrate détient seul le pouvoir, on le considère comme un fils adoptif, et on le soutient sans réserves. Sa demeure de Warm Springs est baptisée, dès avant 1933, « la petite Maison Blanche ». Ses positions sur la prohibition sont assez vagues pour ne pas effrayer les « secs ». Il a conservé dans le Sud des amis du temps où il servait au gouvernement du président Wilson. Peu importe même que les politiciens de la région ne lui accordent parfois que la deuxième place dans la liste de leurs préférences, car la première place est occupée par l'un des leurs qui n'obtiendra pas à la convention nationale la fatidique majorité des deux tiers.

Si, dans le Nord-Est, la position de Roosevelt est moins assurée, elle progresse beaucoup dans l'Ouest et dans le Middle West, sans doute grâce au dynamisme de Jim Farley. C'est un permanent du parti, qui remplit les fonctions de secrétaire du comité démocrate de l'Etat, sans entretenir de liens exagérément étroits avec Tammany. Il n'est pas favorable à la prohibition, mais ne boit pas d'alcool. Et surtout, il est infatigable et loyalement dévoué à Roosevelt. Il ne se contente pas de tenir d'abondants fichiers qui rassemblent les amis du gouverneur ; il envoie beaucoup de lettres – suivant la technique expérimentée par Howe. Il les signe à l'encre verte, pour singulariser le candidat. Une astucieuse technique publicitaire. Au cours de l'été 1931, le voici qui sillonne le pays en rencontrant tous les responsables locaux. Le voyage est informel. Farley va d'un club des Elans à un autre club des Elans. Mais tout est soigneusement préparé. Farley ne cesse de parler politique. Il passe par dix-huit Etats en dix-neuf jours, serre d'innombrables mains et fait comprendre à ses interlocuteurs que le parti pourra enfin présenter un candidat irrésistible. A Seattle, il annonce aux journalistes que « le nom de Roosevelt est magique ». A son retour à New York, il donne une conférence de presse et témoigne d'un optimisme contagieux. Mission accomplie. Farley n'a pas déclenché une vague de fond. Il a conforté une tendance.

Est-ce à dire que Roosevelt pourrait rallier des électeurs républicains ? Sans doute. Il l'a toujours fait dans les diverses campagnes électorales qu'il a entreprises. En fait, il y a encore des Américains – il y en aura toujours même en 1944 – qui croient que le Roosevelt dont on parle tant c'est Teddy[21]. Cette confusion agace Franklin, qui rappelle alors que l'ancien président des Etats-Unis était seulement son cousin éloigné et l'oncle de sa femme. Mais il se sert en même temps de l'équivoque et de la légende qui s'est créée autour de Theodore Roosevelt. Il milite pour obtenir les fonds qui permettront de construire un mémorial à TR en plein New York et en pose, en 1931, la première pierre. L'année suivante, pour l'anniversaire de Jefferson, une grande fête démocrate, il fait éloge de Jefferson, de Franklin, de Jackson, de Lincoln et de Theodore Roosevelt. Bel éclectisme ! Il n'hésite pas à revendiquer l'héritage de Wilson avec celui de l'oncle Ted. Une observation mérite d'être citée. Elle émane d'Isaiah Bowman, le président de la Société géographique américaine qui, à son retour d'un voyage dans l'Ouest, écrit à Roosevelt : « On gagne les élections sur des idées simples. Les gens de l'Ouest pensent que vous incarnez l'esprit progressiste de TR. Le nom est le même. La différence d'affiliation politique a moins de signification. A cause de votre nom, il sera plus facile pour un républicain de voter pour vous[22]. »

Mais chez ce champion du progressisme, tout n'est pas clair. Roosevelt est en politique un artiste qui travaille dans le flou. Que de fois n'a-t-il pas souligné les dangers de l'intervention fédérale dans la vie économique et sociale ! En 1930, à la conférence des gouverneurs de Salt Lake City, il dénonce la politique de travaux publics que vient d'engager Hoover et regrette le temps du laisser-faire et du libéralisme manchestérien. Le président, poursuit-il, applique « une nouvelle théorie économique, d'après laquelle des salaires élevés (…) pourraient garantir la prospérité, quelles que soient l'offre et la demande ». Ce qui ne l'empêche pas, dans le même souffle, de vanter les mérites de l'assurance-chômage et de l'assurance-vieillesse[23]. De quoi désorienter bien des auditeurs… Son bilan de gouverneur dément une partie de ses propos. Peut-être est-il plus progressiste en actes qu'en paroles. Plus tard, en 1938, il en fournira une explication. Il reconnaît avoir prêché en faveur des droits des Etats contre l'intervention fédérale, parce que la concentration du pouvoir politique n'est justifiée que si les pouvoirs locaux ont échoué et si la législation fédérale touche à des domaines que ne peut pas aborder la législation de chacun des Etats.

Hoover et Roosevelt, Roosevelt et Hoover

La vérité, c'est que Roosevelt a des sincérités successives. Si l'on cherche à préciser la doctrine politique, économique et sociale sur laquelle il fonde son action, l'incertitude l'emporte sur toute autre impression. Il croit aux vertus de la démocratie, une démocratie qui repose sur la philosophie des droits naturels et que garantit la croyance en Dieu. Ses convictions religieuses, sa référence au Sermon sur la Montagne et au Décalogue, sa vision d'un Dieu bienveillant expliquent sa conception de la justice sociale. Le gouvernement assume des responsabilités, parce que les Etats-Unis sont entrés dans « l'âge de la conscience sociale[24] », en opposition avec la loi de la jungle où seuls, les forts survivent. Philosophie rudimentaire, on en conviendra, mais agrémentée d'un ingrédient fondamental : l'optimisme. « Dans la vie publique de mon mari, écrit Eleanor, je ne l'ai jamais entendu faire une observation qui laisserait penser qu'une crise ne pouvait pas être résolue[25]. » Est-ce là la différence majeure avec Herbert Hoover ?

Sur le plan politique, la comparaison entre les deux hommes est instructive. Roosevelt serait-il le bon qui a tout compris et Hoover le mauvais qui n'a rien fait ? Pas du tout. Depuis une vingtaine d'années, les historiens réhabilitent l'action et la présidence de Hoover. Vaincu de l'histoire, celui-ci n'en a pas moins une personnalité de premier plan. Il a connu une fort belle réussite dans sa vie professionnelle, mené une brillante carrière politique, défendu intelligemment une philosophie libérale qui convenait aux années vingt. Mieux encore, il s'est battu contre la crise, sans bien discerner, comme ses contemporains, les origines du cataclysme. Il a essayé divers remèdes : les déclarations rassurantes qu'on n'a pas manqué par la suite de lui rappeler, une politique volontariste pour encourager banquiers, syndicats et hommes d'affaires à embaucher ou du moins à maintenir le niveau des salaires, des mesures douanières, la mise sur pied d'une Reconstruction Finance Corporation ayant pour mission de distribuer des fonds aux entreprises en difficulté. Pourtant, Hoover est hostile à l'intervention publique dans la production d'électricité, à la dévaluation, à l'aide directe aux chômeurs, à une politique agricole plus énergique.

Contrairement aux accusations de Roosevelt, le président reste prudent. En prenant mille précautions, il s'éloigne de l'orthodoxie économique. Aux yeux de ses contemporains, il est le grand Ingénieur, le symbole de la Prospérité, l'incarnation d'un monde qui s'écroule. Roosevelt n'est pas l'anti-Hoover, mais il séduit par son charme et son optimisme. Quant à son programme, il s'esquisse, dessine les contours d'une politique à venir sans marquer de rupture avec les mesures que Hoover a fait adopter.

La vie quotidienne d'un gouverneur

Il est malaisé de cerner le gouverneur et le candidat à la présidence. Il est plus malaisé encore d'analyser l'homme privé, le père de famille, le chef d'un clan. A Albany, Roosevelt a pris des habitudes qu'il n'abandonnera plus. Chaque matin, à 8 heures, son valet de chambre le réveille. Il déjeune alors dans son lit tout en lisant les journaux, bavarde avec un invité de la veille ou embrasse l'un de ses petits-enfants qui serait venu le saluer. Puis, après avoir fait sa toilette, il gagne son bureau. Réceptions, déplacements, discussions… la jour-

née de travail est terminée aux environs de 18 heures.
C'est l'heure du thé qui se prolonge parfois jusqu'au
dîner de 20 heures.

A Hyde Park, Roosevelt revient à ses premières
amours. Il adore causer avec les paysans de la région :
la conversation porte tantôt sur la prochaine récolte,
tantôt sur la prochaine élection. Et puis, il y a l'inévitable promenade, dans une automobile spécialement
équipée. Roosevelt fait avec fierté le tour du propriétaire. Les repas à Hyde Park sont réglés par un rituel
immuable : Sara préside un bout de la table et donne au
maître d'hôtel ses ordres en français ; Franklin copréside
à l'autre bout et fait à lui seul l'essentiel de la conversation. Eleanor se contente d'un siège honorifique et d'une
participation à la conversation que sa modestie ou son
effacement rend intermittente. Sara Roosevelt est toujours aussi dominatrice. Elle a beau déclarer en français : « Autres temps, autres mœurs », admirer plus que
jamais son fils et gâter ses petits-enfants, elle entend,
dans la mesure du possible, régenter la maisonnée. Elle
continue, au cours de ses voyages à l'étranger, de rencontrer des personnalités de premier plan. De passage à
Paris en 1930, elle bavarde avec les Jusserand, le maréchal Joffre, Poincaré, Briand et Tardieu. Il est vrai que
son fils l'a rejointe et que ses fonctions de gouverneur de
l'Etat de New York le rendent très célèbre. Si Eleanor est
absente, Sara aide Franklin à recevoir ses invités. Et,
dans ces circonstances, la reine mère entend être à la
fois la mère et la reine. Elle ne se prive pas, d'ailleurs,
de dire tout haut ce qu'elle pense. Recevant Huey Long,
le sénateur de Louisiane, à Hyde Park, surprise par son
accoutrement et son comportement, elle murmure d'un
bout à l'autre de la table : « Qui est cet homme horrible ? » Belle Moskowitz, qu'elle n'aime pas, est pour
elle « une grosse Juive ». Bref, Sara est fidèle à elle-
même et aux idées de son milieu.

Albany, Hyde Park... le troisième lieu que fréquente Franklin, c'est Warm Springs. La station thermale s'est agrandie. Roosevelt s'y rend chaque année par le train. Le séjour, plus ou moins long suivant les exigences de son emploi du temps, lui fait beaucoup de bien. Il nage dans la piscine, joue au water polo avec d'autres paraplégiques ou fait « des courses de crabe » (assis sur une bouée, les concurrents pagaient avec leurs mains). C'est là qu'il recouvre son énergie, prend du recul tout en maintenant d'étroits contacts avec Howe resté à New York, bavarde avec les hommes politiques et les journalistes du Sud. Pourtant, ces séjours à Warm Springs comportent un danger pour son image. Certes, Roosevelt en revient chaque fois plus vigoureux. Dans une société qui découvre les loisirs, il n'a que quelques longueurs d'avance sur ses contemporains et pourrait comparer ses escapades à celles des hommes d'affaires qui abandonnent bureaux et téléphones pour jouir d'une semaine de vacances.

Mais Warm Springs n'est pas qu'un lieu de villégiature. Roosevelt donne beaucoup de son attention aux autres poliomyélitiques qui demandent à bénéficier des eaux et du traitement thérapeutique de la station. Il tient le rôle du grand frère, de l'ancien qui sort les malades de leur ghetto et contribue à rendre visible, donc acceptable, l'infirmité physique. Cette solidarité, il la ressent profondément, il la clame. Si l'on écrivait une histoire des handicapés aux Etats-Unis ou dans le monde, il conviendrait, pour expliquer l'évolution des mentalités, d'accorder à Roosevelt une place d'honneur. Il faut lire avec quel plaisir il fait part des embellissements et du succès de Warm Springs. A son ami Henry Morgenthau, il écrit : « Le temps est paradisiaque ; la piscine, parfaite, surtout depuis que les derniers travaux ont été terminés. » Et cette observation complémentaire en dit long sur son état d'esprit : « Les affaires marchent très fort et pour le troisième mois consécutif nous avons fait le plein, nous avons une longue liste d'attente[26]. »

Des rumeurs inquiétantes

Toutefois ces séjours à Warm Springs suscitent des rumeurs qui ne s'alimentent certainement pas aux meilleures intentions. Elles découlent d'une constatation : si Roosevelt part se reposer, c'est qu'il est fatigué ; s'il a fréquemment besoin de prendre du repos, c'est la preuve que sa santé est fragile, qu'il a cessé d'être un homme normal. Peut-être souffre-t-il d'une maladie secrète… Une lettre-circulaire assure, en 1930, que le gouverneur de l'Etat de New York est victime de la syphilis. La rumeur n'a pas disparu en 1932, puisque Hopkins est obligé de rassurer son frère : « Toutes ces histoires sur sa santé n'ont aucun sens. J'ai souvent vu le gouverneur dans les mois passés, et la quantité de travail qu'il accomplit est proprement étonnante[27]. » Pour répondre à des allégations odieuses et tout à fait injustifiées, Roosevelt envoie des lettres énergiques aux journaux, jure ses grands dieux qu'il n'est pas sous surveillance médicale et décrit les exercices physiques qui soulagent les muscles de ses jambes. Démentis insuffisants.

En octobre 1930, des médecins travaillant pour des compagnies d'assurances examinent Franklin. Très bon état de santé, concluent-ils. Bien mieux, sa capacité thoracique est supérieure à celle de Jack Dempsey. Les compagnies lui proposent de signer une police très avantageuse. Et Roosevelt de commenter : « Lui, c'est un ex[28]. Moi, pas. » Roosevelt n'est pas syphilitique, finissent par admettre les sceptiques, mais qu'il accède à la présidence et en moins de trois mois, il succombera sous le poids de sa tâche. En 1931, pour faire taire ceux qui le soupçonnent d'incapacité physique, il accepte la proposition d'un républicain. Le président de l'Académie de médecine de New York formera un comité médical qui examinera, durant plusieurs semaines, le gouverneur. Le rapport final est parfaitement positif et conclut que « sa force et son endurance sont en état de répondre à toutes les exigences de la vie privée et publique ». C'est la première fois dans l'histoire des Etats-Unis, et sans doute du monde, qu'un rapport de ce genre est publié. Une manière de faire oublier Wilson l'hémiplégique et tous les malades qui ont, malgré tout, gouverné leur pays. Un précédent qui est promis à un bel avenir.

Reste que Roosevelt est tenu, plus que n'importe qui, d'afficher sa bonne santé. Pas question de se montrer en public dans un fauteuil roulant : il s'appuie sur le bras d'un de ses fils et sur une canne. Les reporters sont priés de ne pas photographier le gouverneur (et plus tard le président) lorsqu'il est porté par son garde du corps, et les caricaturistes ne se permettraient pas de dessiner un handicapé. Ceux qui n'ont pas côtoyé Roosevelt aurait du mal à deviner qu'il ne peut pas marcher normalement. Aller aux quatre coins du pays, ne reculer devant aucun déplacement, tel est le défi qu'il doit relever. « Voici donc devant vous, déclare-t-il à son auditoire, l'infirme impuissant, incapable, dont parlent mes ennemis. J'ai déjà fait quinze discours aujourd'hui. Celui-là est le seizième[29]. » Il le fait même avec bonne humeur. Frances Perkins décrit son arrivée dans une salle du Capitole à Albany, où il vient donner une conférence de presse : « Lorsqu'il entra, appuyé sur le bras de Guernsey Cross, nous étions dans la pièce une centaine, dont beaucoup de gens étrangers au gouvernement. De l'autre main, il tenait une grosse canne. (...) Il lui fallut bien du temps. La tension des spectateurs croissait, tandis qu'ils s'attendaient, dans l'effroi, à ce qu'il n'y arrivât pas. Ce trajet semblait terriblement long. Péniblement,

lentement, gauchement, il avançait aux côtés de
Guernsey Cross. Arrivé à peu près à mi-chemin de la
table, il s'aperçut de cette tension, se mit à sourire et à
faire des signes de la tête, qu'il relevait gaiement. Il
agita sa canne, disant avec humour : "C'est parfait, j'y
arriverai[30]." » Il lui faut pourtant de l'humilité : pour se
déplacer jusqu'à une tribune, pour monter en auto et en
descendre, pour accéder à des salles par des portes déro-
bées, il dépend des autres. Et jamais, si l'on en croit les
témoins, il ne manifeste le moindre signe d'impatience.
Comme si les vicissitudes de la vie quotidienne n'étaient
rien à côté des souffrances qu'il a endurées.

La deuxième vie d'Eleanor

Dans les années 1929-1932, la métamorphose d'Eleanor est encore plus sensible que celle de Franklin. Elle
déborde maintenant d'activités, passe une partie de la
semaine à New York, l'autre à Albany, quand elle ne
voyage pas dans l'Etat, le pays ou le monde. Première
rubrique de ses activités : la politique. Elle poursuit avec
Louis Howe l'initiation qu'elle a commencée en 1921.
Elle tient maintenant un rôle capital au sein du parti et
dans les campagnes électorales, par exemple en 1928 en
faveur d'Al Smith. Très curieusement, elle ne brigue pas
de fonctions électives. Peut-être à cause de son mari.
Son explication vaut d'être citée : « Les femmes doivent
aller lentement. Je ne pense pas que beaucoup d'entre
elles soient prêtes à assumer des charges politiques, et
mieux vaut pour le moment qu'elles soient le moins
nombreuses possible à occuper des fonctions[31]. » Eleanor
a sans doute tendance à faire de ses propres incertitudes
la règle générale. Pour elle, le devoir compte plus que
tout. Franklin a décidé d'être candidat au poste de gouverneur ; plus tard, il ambitionnera la présidence. Son

épouse le sert dans la mesure de ses capacités. Elle accepte la situation nouvelle. Elle s'y résigne, car Eleanor n'aime que modérément la vie publique et n'hésite pas à le dire haut et fort.

Pourtant, sa position d'épouse du gouverneur lui pose des problèmes. Jusqu'alors, son objectif était de rappeler à tous l'existence de son mari et de lui apporter une bouffée d'air frais, un peu de l'atmosphère ambiante. Au lendemain de son installation à Albany, elle renonce à ses activités politiques. Au moins officiellement, car dans les coulisses elle continue de participer à la vie du parti, à écrire, sans les signer, des éditoriaux pour le *Democratic News*. Elle conseille son mari sur le choix de ses collaborateurs. Ainsi fait-elle pression pour que Frances Perkins accède au poste de commissaire à l'Industrie. Elle fait aussi entendre sa voix et donne son opinion, qu'on la lui demande ou non. Mais cette période de repli officiel ne dure pas. Eleanor reparaît très tôt dans les réunions du Parti démocrate et prononce des discours que les auditoires écoutent avec attention. Bien sûr, elle défend les droits des femmes, encore que son féminisme soit très modéré. Elle intervient aussi sur tous les problèmes sociaux, voire politiques et internationaux. Elle n'a pas relâché ses liens avec les syndicats. Comme auparavant, elle fait venir à Albany ou à Hyde Park celles et ceux qui aspirent à rencontrer le gouverneur ou que le gouverneur est heureux de découvrir. Sympathique, attentive aux questions individuelles, elle a la vocation d'un médiateur. Elle est celle qui sait, qui voit, qui dit. On s'adresse à elle pour qu'elle transmette. Les exemples abondent d'interventions dont elle a bien voulu se charger. Pour un garçon en prison, pour une dame de quatre-vingts ans qui ne peut pas payer la licence que l'Etat lui réclame pour son chien, pour l'épouse d'un fermier... Ce rôle de médiateur, elle le tient, parce que Roosevelt conforte l'impression qu'elle jouit d'une grande influence, sauf à rappeler de temps à autre, époque oblige, qu'il reste le maître, le *pater familias*.

Au cours de ses demi-semaines à New York, elle découvre les milliers de chômeurs qui tentent de survivre dans les rues et fait préparer à leur intention du café et des sandwiches, tout en distribuant des billets de 5 dollars qu'elle a gagnés en écrivant des articles ou en donnant des conférences. Le meilleur exemple du rôle d'Eleanor remonte à l'été de 1929. Le gouverneur décide alors d'inspecter les établissements publics. Pour cela, il emprunte une péniche qui appartient à l'Etat et va d'hôpital en prison, d'école en asile. Ici et là une automobile l'attend pour le transporter. Roosevelt recommande à sa femme d'abandonner le cortège officiel. Qu'elle juge de ses propres yeux, qu'elle aille voir, à l'écart du gouverneur, ce qui se passe réellement, pour en rendre compte après à son mari. Franklin a pris l'habitude de ces inspections au temps où il a dirigé en partie le département de la Marine. Il sait comment faire. Eleanor, elle, est encore naïve. Au retour d'une tournée improvisée, elle cite le menu d'un hôpital ; Franklin l'interroge : « As-tu cherché à savoir si les pensionnaires ont bien reçu cette nourriture ? » Il faut, dit-il, soulever les couvercles, ouvrir les portes des placards, observer le comportement des malades envers le personnel hospitalier. La curiosité de Franklin est insatiable. Sa mémoire des détails, il la compare à celle d'un éléphant. Eleanor réussit au point de devenir les yeux et les oreilles du gouverneur.

Inutile d'ajouter que son emploi du temps est serré. Tous les dimanches, elle prend le train du soir qui relie Albany à New York. Tous les mercredis, elle rentre à Albany pour remplir ses devoirs d'hôtesse de 16 heures 30 à 18 heures 30. Avant de quitter Albany, elle a dressé la liste des menus, réglé les problèmes d'intendance d'une maisonnée nombreuse où les invités défilent, doivent être accueillis à la gare, nourris, hébergés, reconduits. Il est vrai, confie-t-elle à un journaliste, qu'une femme se doit de remplir trois tâches principales : être – dans l'ordre décroissant d'importance – l'associée de son mari, la mère de ses enfants et la gestionnaire du foyer. Associée, en partageant avec son mari « un grand intérêt commun ». Ce qui, d'une certaine manière exclut l'amour ou du moins ne le rend pas indispensable. Mère, sans doute, mais les enfants ont grandi. Anna est mariée et a donné naissance à une petite fille. James ne tarde pas à suivre l'exemple de sa sœur. Les autres garçons poursuivent leurs études avec des fortunes diverses. En dépit d'une certaine froideur, Eleanor remplit ses devoirs maternels, suit de près la scolarité de ses enfants, les accompagne en Europe même si elle n'en a pas l'envie et regrette que son mari soit, sur le chapitre des relations familiales, plus négligent qu'elle.

Elle gère le foyer sans enthousiasme. Elle ne manque pas de répéter à ses interlocuteurs que son mari et elle n'attachent aucune importance à la nourriture. Franklin n'aime que le « canard sauvage », dit-elle. Allons donc ! Les témoins sont unanimes pour reconnaître que la cuisine d'Eleanor est médiocre, qu'elle n'a aucun goût pour l'art culinaire. Elle admet elle-même qu'elle a peu de temps à consacrer aux fourneaux, à peine une quinzaine de minutes par jour.

Une étrange association

Tout associés qu'ils soient, Franklin et Eleanor forment une étrange association. A Hyde Park, ils n'habitent pas sous le même toit. Il vit dans la maison principale ; elle se tient dans le cottage qu'elle a fait construire à une distance respectable de la maison.

Quand il faut sauver les apparences, Eleanor accepte de dormir dans la grande maison, pour une nuit ou deux, en faisant chambre à part. Elle se sent peu à l'aise chez sa belle-mère et préfère être chez elle. Il arrive que plusieurs jours passent sans que les époux se rencontrent, même s'ils se trouvent tous les deux à Hyde Park. Chacun reçoit ses amis. Eleanor continue de fréquenter assidûment Nancy Cook et Marion Dickerman. Elle fait connaissance, en 1932, de Lorena Hickok, une journaliste avec laquelle elle noue une amitié que certains trouvent un peu trouble. Franklin ne s'en offusque pas, pas plus qu'il ne s'inquiète de la sympathie qui naît et s'amplifie entre Eleanor et Earl Miller. Ancien boxeur, excellent cavalier, Miller fait partie de la Garde nationale. Il a reçu la mission de protéger l'épouse du gouverneur, « le vieux crabe », comme il la surnomme. Mais Earl ressent très vite de l'amitié pour cette femme à laquelle il apprend à monter à cheval, à tirer au revolver, à sourire devant les photographes, à ne pas se laisser impressionner par ceux qui détiennent une parcelle du pouvoir. L'amitié a-t-elle pris un autre tour ? Les mauvaises langues l'ont prétendu en oubliant sans doute qu'Eleanor n'a rien perdu de son éducation victorienne. Peut-être pour décourager la rumeur, Eleanor encourage un flirt entre Earl et Missy LeHand, puis le mariage d'Earl avec une lointaine cousine.

Somme toute, au cours de sa deuxième vie, Eleanor est à la recherche du bonheur personnel et semble près d'y atteindre. Val-Kill, la petite entreprise de meubles qu'elle a créée à Hyde Park, marche bien. Son enseignement à Todhunter la passionne. Pour rien au monde, elle n'y renoncerait, quitte à préparer les cours, en toute hâte et malgré la fatigue, dans le train du dimanche soir et à corriger les copies dans le train du mercredi. Elle a tracé d'une main ferme les contours de son monde. Sa personnalité a cessé d'être incertaine et vacillante. Elle est indépendante, même si Franklin reste l'homme modèle, le guide, la référence permanente, l'être avec lequel elle partage ses espoirs et ses soucis, même si elle se querelle avec lui sur la prohibition ou la participation des Etats-Unis à la SDN.

Les sentiments complexes qui unissent Eleanor et Franklin expliquent sans doute l'atmosphère qui prévaut au sein de la famille et dont beaucoup de témoins s'extasient. Il est vrai que chez les Roosevelt tout respire la joie. Le gouverneur reçoit beaucoup et n'accorde aucune importance à l'étiquette. La maison est toujours animée. Les neuf chambres d'amis sont rarement vides. Les repas fournissent l'occasion de réunir une dizaine, voire une vingtaine de convives traités dans le désordre et la gentillesse. Les journalistes, les hommes politiques, les amis, la famille, les secrétaires partagent le gâteau au chocolat que sert Eleanor. Franklin demande-t-il qu'on lui projette un film ? Toute la maisonnée prend place, y compris les domestiques, blancs comme noirs. Des chiens traversent en courant les pièces principales. Rien d'apprêté ; une simplicité qui, contrairement à d'autres exemples, est vraiment spontanée. Frances Perkins subit la fascination. « L'impression d'une grande famille, note-t-elle, un foyer sympathique[32]. » C'est la maison d'un gouverneur qui vit avec 50 000 dollars en 1929-1930, un peu moins ensuite. Dominant ce brouhaha, Franklin Roosevelt, toujours prêt à rire, à raconter une anecdote, à taquiner. Son agent littéraire s'effraie-t-il d'un bruit qui ressemble à l'armement d'un revolver ? Roosevelt le rassure : ce n'est que le cliquetis des attelles orthopédiques.

Pourtant, il suffirait d'un peu de sens critique pour mettre à nu chez les Roosevelt les mêmes tensions qui traversent toutes les familles. Les déceptions causées par les enfants, les reproches qu'ils adressent à leurs parents, l'agacement que suscitent certaines initiatives et les attitudes de Sara, l'indifférence des uns vis-à-vis des autres, autant de traits qu'il ne faut pas dissimuler. Les témoins n'en parlent guère, comme s'ils craignaient de commettre un crime de lèse-majesté. Les journalistes sont muets, car la déontologie de l'époque leur impose le silence sur la vie privée. Une sorte de voile pudique recouvre la vie quotidienne. Il faut reconnaître que les historiens sont désarmés.

CHAPITRE VI

L'Amérique au Bois dormant
L'année 1932

En 1933, André Maurois publie *Chantiers américains*, le livre de bord d'un tout récent voyage aux Etats-Unis. Il y raconte son entretien avec le général Hugh Johnson, le directeur de la Tennessee Valley Authority et aussi auteur de contes pour enfants. Johnson décrit la léthargie dont son pays souffre : « C'est trop bête. C'est comme une histoire de conte de fées. C'est comme si un charme avait été jeté par un génie malfaisant sur le palais de quelque Amérique au Bois dormant[1]. » Franklin Roosevelt tiendrait-il le rôle du prince charmant, d'un prince élu au suffrage universel ?

Il est vrai que nous avons de la peine à imaginer la détresse de l'année 1932. Les statistiques sont impressionnantes, mais ne remplacent pas le spectacle des rues et des campagnes, les récits accablants, le cauchemar qui a pris la place du rêve américain, le désarroi d'une nation que rien ni personne ne semble pouvoir guérir. L'année 1932 est l'année la plus tragique d'une histoire qui pourtant n'a pas toujours été rose. Cette fois-ci, les Etats-Unis ont coulé au creux de la vague. Dans ce pays qui avait cru, l'espace d'un moment, vaincre la misère, les observateurs sont saisis d'épouvante. Si la prospérité était spectaculaire, la déchéance ne l'est pas moins.

Or 1932 est aussi une année d'élections présidentielles, législatives et locales. Le grand cirque de la politique continue à donner ses représentations. Dans de telles circonstances économiques et sociales, les institutions politiques ont-elles encore un sens ? La démocratie offre-t-elle des solutions[2] ? Vaut-il la peine pour les électeurs de participer au scrutin et de choisir entre les démocrates et les républicains ? Quel programme les candidats peuvent-ils présenter ? Autant de questions fondamentales pour les Etats-Unis et, au-delà du drame américain, pour le monde occidental, au moment où la dictature de Mussolini, le totalitarisme stalinien et la menace nazie offrent d'autres modèles. Et pourtant, la vie politique aux Etats-Unis n'est pas sujette à des à-coups et déroule imperturbablement ses rythmes et ses rites. Il faudrait de très bons yeux et une remarquable force d'imagination pour apercevoir les premiers signes d'un bouleversement.

Le candidat

Franklin Roosevelt est le premier des hommes politiques à franchir le pas. Le 22 janvier 1932, une semaine avant de fêter son cinquantième anniversaire, il écrit au secrétaire général du Parti démocrate du Dakota du Nord pour lui faire connaître sa décision : il sera candidat aux élections primaires que le parti organise dans l'Etat. Ce n'est pas un coup de théâtre, pas même une surprise. Depuis une bonne année, sans qu'il le dise ni qu'il le reconnaisse, il fait la course en tête. Les analystes politiques ont pris l'habitude de voir en lui le candidat des démocrates, ce qui l'expose aux jalousies et aux attaques. Rouler en avant du peloton ne donne pourtant pas la certitude de gagner l'étape.

Son principal rival au sein du Parti démocrate, c'est Al Smith. Le 6 février, l'ancien gouverneur de New York prend à son tour le départ de la course à l'investiture, avec la ferme conviction que la victoire est à portée de main. Smith reste populaire auprès des électeurs des grandes villes. Ses amis lui fourniront les fonds nécessaires à la campagne. Mais la démarche n'exclut pas les risques, car d'autres candidats pourraient barrer la route à Roosevelt et à Smith et régler ainsi à leur profit la querelle entre les deux anciens alliés de New York. John Nance Garner, par exemple, un élu du Texas, siège à la Chambre des représentants depuis vingt-huit ans. Il vient, en décembre 1931, d'accéder au poste de *speaker*. Il bénéficie de l'appui du magnat de la presse Hearst, du Sud-Ouest des Etats-Unis et de nombreux permanents du parti. Peut-être Newton D. Baker, l'ancien secrétaire à la Guerre du président Wilson, se laissera-t-il, lui aussi, tenter. Le gouverneur de l'Oklahoma, Bill « Alfalfa » Murray, un paysan des Grandes Plaines aux grosses moustaches, serait un candidat possible. Albert Ritchie, le gouverneur du Maryland, clame ses ambitions. On avance également le nom de J. Hamilton Lewis, un vieux de la vieille parmi les populistes, aux favoris roses, aux vêtements si bariolés qu'il a gagné le surnom d'« Aurore boréale de l'Illinois ». Aucun n'est un candidat fantaisiste. Tous peuvent tirer profit de la règle des deux tiers qui prévaut encore à la convention nationale du Parti démocrate et d'un combat acharné entre Roosevelt et Smith.

Smith est confiant. Ce sont des hommes à lui qui dirigent le parti. Les délégués des divers Etats ne tarderont pas, croit-il, à rallier son camp. Dès le 23 février, il fait ses comptes : « J'ai pour moi les deux tiers de la Pennsylvanie, tout le Rhode Island, le New Jersey, le New Hampshire, le Massachusetts et le Vermont, et il est plus que vraisemblable que j'aurai la délégation tout entière du Texas que pilote Garner[3]. » Il pourrait ajouter que les trois quarts des délégués du New York lui sont acquis.

C'est dire que sa confiance, au printemps de 1932, n'a rien d'excessif. D'autant que des rumeurs malveillantes circulent de nouveau, comme s'il était impossible de les récuser : Roosevelt serait beaucoup trop malade pour exercer la magistrature suprême. Le mal qui l'a frappé n'est pas la poliomyélite, mais la syphilis. Et puis, il n'a pas d'idées politiques. Son programme est inexistant. En fait, il n'a « rien d'un croisé », écrit, le 8 janvier, le très célèbre journaliste Walter Lippmann. « Il n'est pas le tribun du peuple. Il n'est pas l'ennemi des privilèges. C'est un homme agréable qui, sans avoir une qualification particulière pour exercer la fonction, voudrait beaucoup être président[4]. » La presse du groupe Hearst l'accuse d'avoir été et de rester le champion indéfectible de la Société des Nations, l'homme lige de Wilson qui, dans la campagne électorale de 1920, a combattu pour une idée dont les Américains ne voulaient pas, dont ils veulent encore moins aujourd'hui.

Roosevelt se défend comme un beau diable. Les bulletins de santé devraient museler les rumeurs. Quant à sa position sur la SDN, il en présente une nouvelle version. Certes, il a souhaité que les Etats-Unis en soient membres, mais c'était il y a douze ans. Depuis, il a changé. Réaliste, il a compris que l'hostilité de l'Amérique persistera. « Je ne soutiens pas une participation américaine[5] », conclut-il. Applaudissements de Hearst et des isolationnistes. Grincements de dents des wilsoniens. Surprise et perplexité de beaucoup, qui finissent par croire que Lippmann a peint un juste portrait du candidat. De son côté, Smith rattrape une partie de son retard. Comme il doit empêcher Roosevelt d'obtenir la majorité des deux tiers des délégués à la convention, plus les candidats mineurs sont nombreux, plus il se réjouit. De ce point de vue, les élections primaires tiennent une place capitale.

Les primaires

A la fin de mars, Roosevelt remporte celles du Maine, du New Hampshire, de Georgie, de l'Iowa, du Dakota du Nord, du Washington ; l'Alaska (qui n'est pas encore un Etat mais un territoire) le soutient. Il peut compter sur le Sud qui n'éprouve aucune sympathie pour Smith et, à l'est du Mississippi, ne votera pas pour Garner. Ailleurs, la situation est instable. Elle est même fragile dans le Nord-Est, l'un des bastions du Parti démocrate. La preuve, c'est que le New York, sous l'influence de Tammany Hall, exprime sa préférence, mais non son total ralliement, pour Smith. Le Connecticut et le New Jersey suivent. Le Massachusetts emprunte le même chemin, ce qui équivaut pour le camp de Roosevelt à une défaite grave. Dans le Middle West et l'Ouest, les résultats sont plus embrouillés. En règle générale, les Etats ruraux préfèrent Roosevelt, qui sait parler aux fermiers et accorde une place privilégiée aux questions agricoles. Dans les Etats industriels, la candidature de Baker progresse, sauf à se dissimuler derrière celle d'un politicien local, un « fils favori » de l'Etat comme disent les Américains. La Californie, avec son grand poids démographique, économique et politique, correspond à un test crucial. La primaire démocrate y met en présence trois candidats : Roosevelt, Garner, Smith. Le scrutin du 3 mai donne 216 000 voix à Garner, 170 000 à Roosevelt, 138 000 à Smith ; Roosevelt a obtenu la majorité dans 36 des 58 comtés. La règle, toutefois, est que tous les délégués de l'Etat soutiendront celui des candidats arrivé en tête. En conséquence, 44 mandats sont acquis à Garner, aucun aux deux autres. Le coup est très dur pour Roosevelt.

A la veille de la réunion de la convention démocrate, prévue pour la dernière semaine de juin, les observateurs tirent des conclusions évidentes. Il est possible de

contester la popularité de Roosevelt qui peut compter
sur 690 délégués, soit plus que là majorité absolue mais
moins que celle des deux tiers (770). Il a beau bénéficier
du soutien de nombreux Etats, il lui manque l'appui du
Texas et de la Californie (en tout 90 délégués qui voteront pour Garner), de l'Ohio, du Missouri, de la Virginie
et des 209 délégués qui portent les couleurs de Smith.
En gagnant dans 10 Etats de l'Ouest, il a engrangé
86 voix, mais il a perdu les 44 suffrages de la Californie.
Contrairement aux prévisions de ses stratèges, Roosevelt
ne parviendra pas à obtenir l'investiture du parti au premier tour. Une menace redoutable ne peut dès lors être
exclue : que la convention, engluée dans d'interminables
scrutins comme en 1924, désigne, en fin de compte, par
lassitude, un candidat de compromis. Hypothèse vraisemblable depuis que les forces hostiles à Roosevelt ont
remporté de beaux succès dans le Nord-Est, le Middle
West et l'Ouest. Au sein du Parti démocrate, Roosevelt
est l'homme politique que le plus grand nombre porte à
la candidature à la Maison Blanche, mais le gouverneur
de New York ne fait pas, loin de là, l'unanimité.

Ainsi donc, cette candidature qui semblait incontestable en janvier paraît-elle, en juin, considérablement
affaiblie. Sans doute cela tient-il aux querelles de personnes, aux batailles locales, à la guéguerre politique,
sinon aux tendances suicidaires d'un parti qui est toujours à la recherche de son homogénéité. Une autre
explication mérite attention : dans la mesure où il a fait
la course en tête, Roosevelt devrait s'appuyer sur une
organisation efficace, en l'occurrence la « machine » du
parti (si elle n'était entre les mains des amis de Smith)
ou bien sa « machine » personnelle. Or, contrairement
aux apparences, Roosevelt tarde à mettre sur pied cet
entourage, inventif et efficace, dont il aurait tant besoin.
Du coup, son programme prend forme lentement dans
les contradictions et les ambiguïtés.

Le brain trust

Un soir de mars, Samuel Rosenman fait observer à Roosevelt que si l'investiture lui était accordée aujourd'hui ou demain et s'il devait lancer immédiatement une campagne pour les élections présidentielles, il serait bien embarrassé. Pas de programme précis, pas d'idées originales à injecter dans d'innombrables discours, pas assez d'informations sur les problèmes de l'heure, souvent techniques et en pleine évolution. Rosenman suggère alors qu'un petit groupe d'universitaires, chacun d'eux expert en un domaine, soit réuni autour de Roosevelt. Le premier mérite du candidat est d'avoir saisi la pertinence de la suggestion. De nos jours, la pratique est courante, mais il y a cinquante ou soixante ans, cela ne se faisait pas. Un homme politique demandait conseil à d'autres hommes politiques, à des hommes d'affaires ou à des praticiens, certainement pas à des intellectuels, tout juste bons à enseigner, à écrire des livres à la diffusion confidentielle, satisfaits de contempler le monde du haut de leur tour d'ivoire. Les Etats-Unis n'avaient pas échappé à la règle, tout au contraire. Le temps de la Prospérité avait métamorphosé le *businessman* en héros national. Les universitaires étaient réduits au rôle de marginaux raseurs et négligeables dont l'avis ne comptait pas. Roosevelt déclenche donc une révolution dans les esprits et les habitudes en constituant un *brain trust*[6]. Il est vrai que la dépression a détruit le prestige des hommes d'affaires et que les politiques suscitent la suspicion. Et si les experts de l'Université détenaient la clef du succès et de la reprise ? Peut-être sauront-ils par leurs connaissances et leur puissance de réflexion sauver un pays qui va à vau-l'eau.

Rosenman songe d'abord à Raymond Moley, qui possède les qualités requises. A trente-six ans, il est, après avoir reçu une formation de politologue, professeur à l'Université Columbia de New York, où il enseigne le droit public. Né dans l'Ohio, élevé dans une famille que le populisme a profondément marquée, il a lu et relu *Progress and Poverty* de Henry George[7]. Il a passé sa jeunesse dans l'admiration de William J. Bryan[8]. C'est un démocrate jusqu'au bout des ongles, dont les références politiques vont à Jefferson et à Jackson. Les ouvrages de Charles Beard, l'historien progressiste qui dénonce les origines économiques de la Constitution[9], l'enthousiasment. Le gouverneur Roosevelt le consulte à la fin de 1931 et dès le mois de janvier suivant, les deux hommes décident de travailler ensemble, si l'on en croit le témoignage de Moley qui diffère de celui de Rosenman.

Quoi qu'il en soit, Moley prépare le discours radiodiffusé que Roosevelt est invité à prononcer, le 7 avril, dans l'émission parrainée par Lucky Strike. Un discours remarqué, car le candidat insiste sur les responsabilités du gouvernement fédéral, promet d'améliorer le sort des pauvres, en particulier des petits fermiers écrasés par une interminable crise. Il s'en prend au président Hoover qui n'aide pas l'« homme oublié », l'inorganisé, le fantassin de l'économie. La belle formule d'« homme oublié » que Moley a empruntée à l'un de ses collègues économistes, fait hurler les conservateurs. Al Smith, parmi d'autres, étouffe de colère. Roosevelt, s'écrie-t-il, est un démagogue, qui lance aux masses un appel à la guerre des classes. Le 18 avril, Roosevelt doit faire machine arrière. Dans son discours de Saint Paul (Minnesota), il tient compte de la diversité du Parti démocrate. L'aile conservatrice du parti n'est pas négligeable ; pourquoi l'effaroucher ? Moley a tort de tout vouloir tout de suite. Il faut savoir composer. Le conseiller politique fait là la douloureuse expérience des prudences du candidat, de son sens politique et des indispensables compromis.

C'est Moley qui a recruté l'un de ses collègues de Columbia, Rexford G. Tugwell. Ce spécialiste des questions agricoles est un esprit extraordinairement brillant qui a passé deux mois en Union soviétique en 1927 et s'interroge sur les aléas de l'agriculture capitaliste – ce qui ne l'empêche pas de rejeter l'extrémisme et de militer pour un réformisme raisonnable. Tugwell ne demande qu'à agir. L'idée d'entrer dans l'entourage de Roosevelt le séduit, tout comme il séduit, par la vivacité et l'étendue de sa réflexion, le candidat et ses collaborateurs. Reste Adolf A. Berle qui, avec les deux précédents, forme le trio de base du *brain trust*. Au départ, Berle a soutenu la candidature de Newton Baker, mais accepte sans hésitation de rallier le camp de Roosevelt. Professeur de droit à Harvard et Columbia, il apporte au *brain trust* sa connaissance des mécanismes du crédit, du système industriel, ses idées sur la place du gouvernement dans la vie économique. Il vient de publier, avec Gardiner C. Means, un autre économiste, *The Modern Corporation and Private Property*, qui analyse les liens entre le crédit et le monde des affaires.

A côté des trois grands, le *brain trust* compte beaucoup d'oiseaux de passage. Il y collaborent un moment, puis s'en retournent à leurs chères études, soit qu'ils ne parviennent pas à s'adapter au travail du groupe, soit qu'ils cessent d'être consultés, à moins qu'ils ne désespèrent de faire passer leurs idées. Cette équipe, multiforme et extensible, n'a jamais été institutionnalisée. Ni parfaitement unie. Entre ses membres des tensions surgissent en effet. Moley ne tarde pas à découvrir que Tugwell est affligé d'un insupportable égocentrisme, que Berle a peut-être été un enfant prodige de l'économie, mais qu'en politique il est resté un enfant qui n'a rien d'un prodige. Tugwell s'estime, sur le plan intellectuel, bien supérieur à Moley. Bref, le ciel n'est jamais parfaitement dégagé. Les conflits qui les opposeront par la suite colorent les souvenirs et occupent une place exagérée dans les ouvrages que les acteurs ont rédigés après coup. Chacun réinventa le passé. Un fait toutefois, demeure acquis : Roosevelt a su imposer sa volonté au groupe.

Dans le cadre d'un rituel presque immuable. Moley, Rosenman et Basil O'Connor – surnommé Doc[10] – présentent la nouvelle recrue au patron. La scène a pour décor le palais du gouverneur à Albany. Premier acte : un dîner sympathique et frugal, agrémenté par une conversation vive, amusante, sans aucun rapport avec la campagne électorale, que dirige ou que monopolise Roosevelt. Le charme opère sur l'invité. Deuxième acte : on passe dans le bureau du gouverneur. L'invité est alors soumis à une rafale de questions, de plus en plus percutantes. Vers minuit, Roosevelt, fume-cigarettes à la main, conclut avec une vigueur qui étonne les participants, épuisés par l'effort intellectuel. Troisième et dernier acte : Moley, Rosenman et leur recrue se traînent jusqu'à la gare ferroviaire et prennent le dernier train pour New York. L'examen de passage est achevé. Les recalés comprendront ou apprendront plus tard qu'ils ont pontifié ou radoté, que Roosevelt n'a pas été convaincu. Les autres, heureux de servir, rédigeront des aide-mémoire, fourniront des idées qui apparaîtront, ici ou là, dans un discours. Ils contribueront à instruire le candidat et éprouveront la sensation exaltante de participer à l'histoire qui se fait.

Curieuse association ! D'un côté, un politicien attrayant, ouvert, infiniment moins superficiel que ne le décrivent certains journaux. Aucun visiteur, si prévenu soit-il à son encontre, ne résiste à son charme. Tous sont étonnés, enthousiasmés par la qualité des questions, la profondeur de la réflexion, l'intérêt porté à l'interlocuteur. De l'autre côté, des hommes qui accèdent, souvent pour la première fois, au centre de décision. Sans doute le gouverneur n'est-il pas le président des Etats-Unis. Les membres du *brain trust* sont convaincus que c'est l'affaire de quelques semaines ou de quelques mois. L'occasion est pour eux inespérée de confronter leurs idées neuves, leurs théories originales aux réalités politiques. Ce qu'ils proposaient sous une forme aride, compliquée, accessible à une infime minorité, ils sont contraints de le simplifier pour le rendre accessible au plus grand nombre. C'est un échange de bons procédés avec l'exaltation croissante que suscite l'espoir d'une victoire prochaine.

Il y a, pourtant, une étape intermédiaire, redoutable et pleine d'incertitudes. C'est la convention du Parti démocrate qui se réunit à Chicago. Il faut faire élire Roosevelt, en dépit du flottement que d'autres candidatures ont créé. La tâche ne relève pas du *brain trust*, mais de Howe, de Farley, lequel parcourt inlassablement le pays d'un *caucus* à l'autre, d'un comité à l'autre, le crayon à la main pour noter les gains de son patron et les noms des délégués qu'il faut conquérir.

La convention de Chicago

La stratégie de Roosevelt est à la fois complexe et prudente. Pour obtenir l'investiture du parti, il doit éviter de s'aliéner les délégués susceptibles de rallier son camp. Gare aux paroles maladroites et aux attitudes regrettables, la règle des deux tiers est là pour le lui rappeler. Elle donne une importance excessive à la minorité, qui dispose ainsi d'un pouvoir de blocage. Elle affaiblit le parti, dans la mesure où la convention recherche par nécessité le candidat qui plaît à plus de 66 % des délégués, donc un candidat insipide, inodore et incolore. Elle a été inventée pour rassurer les démocrates du Sud[11], qui y tiennent comme à la prunelle de leurs yeux. Roosevelt aurait intérêt à réclamer sa suppression, mais il affaiblirait du même coup le soutien dont il jouit dans les Etats du Sud. Aussi n'est-il pas question d'y toucher pour le moment ; on verra plus tard.

En revanche, Roosevelt et son état-major ne font pas de cadeaux à Al Smith. Grâce à la majorité absolue qu'ils détiennent, ils ravissent sans difficulté la présidence du parti à l'un des amis de Smith. Quant au programme du parti, il est largement inspiré par les idées de Roosevelt. Fait symptomatique et qui tranche sur l'atmosphère de 1928, la prohibition n'est plus la préoccupation majeure, et quatre délégués sur cinq ont voté pour son abrogation. Les problèmes économiques, en revanche, sont prédominants. De quoi couper l'herbe sous le pied de Smith et répondre aux vraies préoccupations des Américains.

Le spectacle commence le lundi 27 juin. Il a pour décor le stade de Chicago nouvellement construit, dans lequel, deux semaines auparavant, les républicains ont tenu leur propre convention et choisi tristement leur candidat, le président Hoover. Les acteurs sont les 3 210 délégués[12], venus des quarante-huit Etats et des territoires, assis sur des fauteuils rouges, entourés par 3 000 spectateurs qui ont reçu du maire de la ville, Anton Cermak, la mission de siffler Roosevelt et d'applaudir ses adversaires. La convention est comme d'habitude une fête débridée ; ce sont des flots d'éloquence, l'attente énervante du jour où l'on choisira le candidat du parti, la fatigue qui s'accumule à mesure que la semaine passe, que d'interminables séances traînent jusqu'au petit matin. C'est, enfin, l'agitation dans les hôtels environnants. Les entourages des candidats y réunissent les délégués qui n'ont pas encore fait leur choix et pourraient faire pencher la balance.

Dans l'après-midi du 30 juin, commence la longue série des discours de « nomination », chacun d'eux étant suivi par les manifestations obligées de délire des supporters. Le nom de Roosevelt est accompagné par un air qui deviendra l'hymne de la campagne : *Les jours heureux sont de retour*. Exaltant programme ! Pendant ce temps, les candidats restent chez eux, comme s'ils n'étaient pas au courant, attendant patiemment qu'on leur communique les résultats. Roosevelt est à Albany et, bien évidemment, suit, heure par heure grâce au téléphone et à la radio, les événements de Chicago. A 4 heures 28 du matin, le vote commence. Il faut une heure et demie pour que toutes les délégations fassent connaître leur choix. Les résultats ne sont pas surprenants. Roosevelt obtient 666 voix 1/4 ; Smith, 201 3/4 ; Garner, 90 1/4. Sept autres candidats se partagent les suffrages restants. Roosevelt n'a pas atteint la majorité des deux tiers, bien qu'il ait devancé très nettement ses principaux concurrents. Le deuxième tour suit immédiatement. Il va de soi que si Roosevelt ne trouve pas de nouvelles voix, ses soutiens s'affaibliront peu à peu ou brutalement. En fait, il recueille 677 suffrages 3/4, un léger mieux, contre 194 1/4 pour Smith et 90 1/4 pour Garner. La délégation du Mississippi, en principe acquise à la candidature de Roosevelt, manifeste des états d'âme. Va-t-elle faire défection ? Il faut la retenir pour qu'elle ne disperse pas ses voix. Un troisième tour a lieu immédiatement. Roosevelt passe à 682 voix. Smith glisse à 190 1/4 et Garner à 101 1/4.

Des rumeurs circulent parmi les délégués épuisés. Dans chacun des trois scrutins, Baker n'a obtenu que 8 voix 1/2, mais s'il devenait le candidat du compromis, il pourrait peut-être sortir la convention de l'impasse. Que faire ? Il est 9 heures 15 du matin. Les esprits sont embrumés par le sommeil. Il faut dormir ; la convention reprendra ses travaux en fin d'après-midi. L'heure des tractations, des promesses et des arrangements a sonné. Le problème qu'il appartient à Farley et à Howe de résoudre est d'ordre arithmétique. Pour gagner, Roosevelt a besoin des voix de Garner, donc du ralliement du

Texas et de la Californie. Farley entre en contact avec
Sam Rayburn, un représentant du Texas qui gère les
intérêts de Garner, puis téléphone à Hearst, qui régente
la délégation de Californie.

Citizen Hearst est le propriétaire d'un empire de
presse. Ses journaux diffusent, aux quatre coins du pays,
des opinions plutôt isolationnistes, souvent hostiles aux
immigrants, surtout aux Asiatiques. Hearst a nourri des
ambitions politiques qu'il n'a pu satisfaire et continue de
manifester son goût pour les affaires publiques. Son
influence en Californie et sur une partie de l'opinion est
déterminante. C'est encore un homme qui compte au
sein du Parti démocrate[13]. Hearst se trouve dans son
château de San Simeon sur la côte Pacifique. Farley fait
appel à Joseph Kennedy (le père du futur président), qui
est très lié avec lui. Quant à Garner, il est alors à
Washington. Farley demande, au nom des intérêts supérieurs du parti, que les voix de Garner se reportent sur
Roosevelt. Une convention qui n'arriverait pas à trancher nuirait à l'image des démocrates et les priverait
peut-être de la victoire aux élections de novembre. Roosevelt, enfin, a fait il y a quelques mois une concession
majeure en renonçant à défendre l'entrée des Etats-Unis
dans la Société des Nations. Comme ils ne veulent ni de
Smith, l'Irlandais de la grande ville avec son passé progressiste et « mouillé », ni de Baker qui incarne l'internationalisme wilsonien, Garner et Hearst donneraient à la
rigueur leur bénédiction à Roosevelt. Le premier a des
ambitions présidentielles, sans doute, mais elles ne sont
pas incurables. A défaut de la présidence des Etats-Unis,
il aimerait occuper celle de la Chambre fédérale des
représentants, surtout pas la vice-présidence dont il sait
que c'est une coquille vide. Ni Garner ni Hearst ne souhaitent que la convention de 1932 tombe dans la même
impasse que celle de 1924. Alors, ils franchissent le
Rubicon.

Tous deux demandent à leurs amis de voter pour Roosevelt au quatrième tour de scrutin. La délégation du Texas émet une seule condition : que Garner soit nommé candidat à la vice-présidence, en dépit des réserves du principal intéressé. Marché conclu. Au début de la soirée, le vote reprend. Les Etats sont appelés par ordre alphabétique. McAdoo monte à la tribune pour parler au nom de la Californie. Il sait qu'il vit un moment historique et ne veut pas le gâcher. « La Californie est venue ici pour désigner un président des Etats-Unis, commence-t-il par déclarer. Elle n'est pas venue pour précipiter la convention dans l'impasse ou pour participer à une bataille aussi affligeante que celle de 1924 ». Déjà les délégués qui l'écoutent ont compris. Un tonnerre d'applaudissements déferle sur la salle, bien que s'y mêlent des cris hostiles et des sifflets désapprobateurs. McAdoo poursuit : « La Californie doit prendre position ce soir (…), une position qui s'appuie sur le fait que quand un homme arrive à la convention avec derrière lui le soutien populaire au point qu'il recueille presque 700 voix… » Cette fois, le message est clair. Les cris de joie et les huées redoublent. McAdoo hurle dans le micro : « Mes chers amis, la Californie donne ses 44 voix à Franklin Delano Roosevelt. » Immédiatement informé à Albany, celui-ci laisse échapper un cri du cœur : « Ah ! ce bon vieux McAdoo[14] ! » Oubliées les bagarres de 1924, seuls survivent les souvenirs du gouvernement de Wilson et la joie d'avoir obtenu l'investiture du parti. A Chicago, dans le tumulte qu'on imagine, l'Illinois, l'Indiana, le Maryland suivent l'exemple de la Californie, avant même que le Texas n'exprime son choix. Au total, Roosevelt obtient 945 voix. La tradition veut qu'en de telles circonstances la convention fasse un geste de réconciliation, que toutes les factions enterrent leurs querelles et s'unissent contre l'adversaire commun, c'est-à-dire le candidat républicain, mais les partisans de

Smith refusent. L'investiture de Roosevelt, difficilement obtenue, est malgré tout incontestable, puisque la majorité des deux tiers est largement dépassée.

Le vainqueur accomplit alors un geste symbolique. L'usage exigeait que les candidats attendent chez eux que la décision de la convention leur soit notifiée, ce qui prenait plusieurs jours. Il n'était pas nécessaire ni même recommandé qu'ils aillent prononcer un discours devant les délégués. Roosevelt brise les habitudes. Le 2 juillet, à 7 heures 25, il monte à bord d'un petit avion qui décolle d'Albany pour s'envoler vers Chicago. Le symbole est triple : Roosevelt crée la surprise, montre qu'il agit et que pour lutter contre la dépression, le seul secours ne viendra que d'un président décidé à innover. Et qu'un homme comme lui, paralysé des deux jambes, soupçonné d'avoir les maladies les plus graves, parte en avion, n'est-ce pas réfuter les méchantes langues et ceux qui, hochant la tête, prétendent qu'un candidat handicapé est forcément un mauvais candidat ? Enfin, l'avion qui fait ses débuts pour le transport civil symbolise la modernité, donc l'ouverture vers les solutions les plus nouvelles. En un mot, un geste tout particulièrement « médiatique ». Malheureusement, l'avion prend du retard, parce qu'il affronte des vents violents, et doit faire escale pour se ravitailler en essence. A Chicago, le suspense monte. Le voyageur donne de ses nouvelles par radio. Il occupe la scène sans être présent. La désignation de Garner comme candidat à la vice-présidence offre une courte diversion, mais c'est Roosevelt que tous attendent.

Enfin parvenu à Chicago après neuf heures de vol, accompagné par sa femme, deux de ses fils, de Rosenman, de ses secrétaires et de ses gardes du corps, le candidat est conduit triomphalement au stade. Le discours qu'il prononce, rédigé par Rosenman et son équipe – sauf la première page qui est l'œuvre de Howe –, reprend les principaux thèmes des discours précédents. L'exorde retient l'attention, et Roosevelt y atteint l'un des sommets de son éloquence : « Je vous promets, je me promets un *New Deal*[15] pour le peuple américain. Tous ici, faisons-nous les prophètes d'un nouvel ordre, fondé sur la compétence et le courage. » C'est plus qu'une campagne politique. C'est un appel aux armes : « Donnez-moi votre appui, non pas seulement pour amasser des voix, mais pour gagner cette croisade qui permettra de rendre l'Amérique à son peuple. » Le *New Deal*, une autre belle formule, qu'un caricaturiste a relevée dès le lendemain. Une fois de plus, Rosenman ne l'a pas inventée. Elle figure dans un article de Moley, paru quelques jours avant le discours de Chicago ; on la trouve sous la plume d'Henry James et de Mark Twain, cinquante ans auparavant. Peut-être Rosenman n'a-t-il pas songé à l'effet extraordinaire qu'aurait l'expression. Peut-être Franklin Roosevelt s'est-il rappelé qu'en 1910, à Osawatomie dans le Kansas, l'oncle Ted avait prononcé un discours important qui commençait ainsi : « Je défends le *square deal*. Mais quand je dis que je suis pour le *square deal* (la donne carrée, sans fioritures), je ne veux pas dire seulement que je veux l'application loyale des règles présentes, mais je veux dire que je souhaite qu'on change les règles et qu'on s'efforce d'atteindre une réelle égalité des chances[16]. » Quelles qu'en soient les origines, la formule fait merveille. Elle servira de slogan. Sans le savoir ni le vouloir, les conseillers de Roosevelt viennent d'inventer une forme de la publicité politique.

Un programme à défendre

Roosevelt candidat du Parti démocrate, soit. Mais pour défendre quel programme ? On pourrait se reporter à la plateforme que la convention nationale a adoptée. Roosevelt déclare qu'il l'approuve « à 100 % ». Elle est, malgré tout, vague. Pour qu'elle passe auprès de l'opinion, il lui faut un habillage, une mise en forme. En outre, elle insiste encore trop sur la nécessité d'abroger la prohibition, comme si, plongé dans la crise économique et sociale la plus grave de son histoire, le pays n'aspirait qu'à libéraliser la législation sur l'alcool. Toutefois, l'analyse des conceptions de Roosevelt suscite inévitablement deux questions. Le candidat démocrate annonce-t-il, dès l'été de 1932, un programme cohérent qui prendra forme naturellement dans les mesures du New Deal ou se contente-t-il de faire des propositions qui ne forment pas un ensemble cohérent ? Si Roosevelt est avec succès tout à tous, tantôt libéral, tantôt conservateur, partisan du renforcement des pouvoirs fédéraux et de l'équilibre budgétaire, défenseur de la libre entreprise et de la planification, est-ce le signe d'une irrémédiable incohérence intellectuelle ou bien l'illustration d'une stratégie électorale ? Comment ne pas songer au jugement de Walter Lippmann ?

Pourtant, il parle, explique, propose, clarifie, monte au créneau pour être mieux compris. Désormais, la radio le sert, car le monde politique en a découvert l'efficacité et Roosevelt maîtrise à merveille ce nouveau moyen de communication. Infatigable conteur, il n'hésite pas à illustrer ses discours par des références à *Alice au pays des merveilles*. La parabole de Humpty et Dumpty lui permet de souligner l'absurdité de la politique commerciale de Hoover[17]. Et surtout, il emploie une méthode nouvelle. Chacun des grands problèmes fait l'objet d'un discours, longuement préparé et rédigé par le *brain trust*, l'entourage et le candidat lui-même. La campagne est une œuvre collective. L'agriculture, c'est à Topeka dans le Kansas qu'il en parle ; le rôle du gouvernement fédéral, au Commonwealth Club de San Francisco ; le poids de la législation douanière, à Salt Lake City ; le contrôle public des sources d'énergie, à Portland dans l'Oregon. Quitte à revenir sur le thème ailleurs, un peu plus tard. Roosevelt met sur pied une pédagogie efficace. Une fois assemblées, les pièces du puzzle devraient faire apparaître une image convaincante.

A vrai dire, la première conviction qui découle des discours de Roosevelt, c'est que la grande dépression n'a pas des origines étrangères. Elle plonge dans les excès de l'économie américaine. « Au sens large, disait Hoover, la cause première (…) fut la guerre de 1914-1918. » Après le krach boursier de 1929, « nous étions en voie d'en sortir, quand les difficultés européennes se levèrent avec la force d'un ouragan et nous frappèrent en avril 1931 ». Et Hoover d'aboutir à cette conclusion péremptoire : « Le grand centre de la tempête fut l'Europe[18]. » Pas du tout, répond Roosevelt. Dans ce débat sur les origines de la dépression, il trouve l'occasion de mettre en cause son adversaire. Ce sont « la diminution de nos prêts à l'étranger », « le flot montant de la spéculation aux Etats-Unis » qui ont fait éclater « la bulle des chimères ». Ailleurs qu'en Amérique, « le grand effondrement (…) n'a fait que suivre ». Bref, attribuer aux étrangers l'essentiel des responsabilités est un prétexte qui ne tient pas. Cette querelle passionnée nous paraît aujourd'hui un peu simpliste. Elle n'en est pas moins mobilisatrice.

Reste à poser le diagnostic. Les quatre cavaliers de l'Apocalypse incarnent les républicains. Le premier a pour nom Destruction ; le deuxième, Retard ; le troisième, Tromperie ; le quatrième, Désespoir. Hoover et ses amis ont encouragé la spéculation et la surproduction, caché la vérité au peuple, accusé à tort les nations étrangères et n'ont mis sur pied ni l'aide publique ni les réformes indispensables. La crise tient à la fois à la surproduction et à la sous-consommation. Faute d'avoir versé une partie de ses bénéfices aux salariés, qui sont aussi des consommateurs, et aux actionnaires qui lui ont fait confiance, le *Business* a oublié l'essentiel et le gouvernement a applaudi. Somme toute, l'extraordinaire prospérité des années vingt a ruiné la santé des Etats-Unis. Les gains de productivité ont été mal employés. Ils n'ont servi qu'à des usages improductifs.

De là d'évidentes conséquences. Il n'est pas question de bouleverser le système économique. D'ailleurs, la plateforme démocrate va dans le même sens que les discours de Roosevelt : le capitalisme est l'un des piliers, indestructibles et incontestables, de la société. Ce qui compte, c'est la manière dont on assure la gestion du système. Les républicains ne croient pas aux changements. Ils ont provoqué le chômage. Ils sont responsables de la misère. Il faut recourir, en fait, à ce que les Allemands des années cinquante appelleront l'« économie sociale de marché » : « Pour répartir plus équitablement la richesse et les produits, dit Roosevelt à Chicago le 1er octobre, il faut adapter notre législation économique de sorte qu'aucun groupe ne soit injustement favorisé aux dépens d'un autre ou d'une région. Lorsque nos lois aident un groupe à exploiter un autre groupe ou le laissent faire, les exploités ne peuvent plus acheter. Le gouvernement doit systématiquement éliminer les avantages, les faveurs, les privilèges, qu'ils dérivent des subventions douanières, du favoritisme bancaire, de l'imposition ou de toutes autres origines. » Cet *aggiornamento* est urgent. Dans cette guerre contre la crise, il équivaut à une mobilisation générale. Le président des Etats-Unis en sera le commandant en chef.

Pour les fermiers

Premier théâtre d'opérations : l'agriculture. Priorité étonnante, quand on songe à la société industrielle et

aux activités de services qui dominent les Etats-Unis de
1933 ! Mais Roosevelt sait ce qu'il fait et ce qu'il veut.
Gouverneur de l'Etat de New York, il a déjà mené une
politique agricole visant à aider, à aménager, à moder-
niser les campagnes. Les motivations électoralistes ne
sont pas non plus absentes. Son discours sur l'agriculture, il le prononce à Topeka, dans les Grandes Plaines,
à l'entrée de cet Ouest immense, encore largement agricole, enclin à voter républicain quand les prix grimpent
et démocrate quand ils chutent ; il y a là pour Roosevelt
un réservoir de voix. Et puis, les statistiques parlent
d'elles-mêmes. La part de l'agriculture dans le revenu
national décroît dans des proportions spectaculaires :
15 % en 1920, 7 % en 1932. Au cours de la Prospérité,
quand Babbitt incarnait la réussite matérielle des nouvelles classes moyennes, quand le prix des actions
s'envolait et que l'Evangile de la Richesse servait de référence, les fermiers américains plongeaient dans la crise
et n'en sortaient plus : une production excédentaire par
rapport aux besoins nationaux et internationaux, une
concurrence étrangère durement ressentie, des prix
impossibles à maintenir. Or les récoltes de 1930 et de
1931 sont abondantes et donc invendables. Dans les
villes, on meurt de faim. Les Grandes Plaines sont
balayées par des vents qui provoquent la désertification.
Les prix amorcent une nouvelle chute. La protection
douanière, encore renforcée en 1930, limite un peu plus
la liberté des échanges. D'ailleurs, ajoute Roosevelt, les
cinquante millions d'Américains qui vivent directement
ou indirectement de la terre achètent des produits et des
services que leur proposent cinquante à soixante millions d'autres Américains. Voilà le cœur du problème de
la sous-consommation : « Notre vie économique forme
aujourd'hui une immense toile. Quelle que soit notre
vocation, nous sommes contraints de reconnaître que
nous avons assez d'usines et de machines aux Etats-Unis

pour satisfaire tous nos besoins, mais que ces usines fermeront partiellement et que les machines s'arrêteront partiellement si le pouvoir d'achat des cinquante millions de fermiers est restreint ou s'il est nul comme c'est le cas aujourd'hui[19]. »

Les solutions ne manquent pas. L'inflation, par exemple, ferait remonter les prix, y compris ceux des produits agricoles. Il suffirait de redonner au métal-argent la place qu'il a eue au XIXᵉ siècle, au temps du bimétallisme. Compte tenu du bas prix de l'once d'argent, le bimétallisme équivaudrait à une dévaluation et tirerait les prix vers le haut. Les fermiers seraient soulagés, tant que les prix industriels n'auraient pas emprunté la même voie. Les propriétaires des mines d'argent de l'Ouest applaudiraient des deux mains. L'esprit de 1896, marqué par la revendication bimétalliste, renaîtrait de ses cendres, conformément au programme démocrate de 1932. Roosevelt, toutefois, perdrait à l'Est les voix qu'il gagnerait à l'Ouest.

Le plan McNary-Haugen semble plus raisonnable. Remontant au début des années vingt, il tente de résoudre l'inextricable problème des surplus agricoles. Supposons que la production annuelle de blé des Etats-Unis s'élève à 800 millions de boisseaux, dont 650 sont consommés par le marché intérieur. Un bureau fédéral achèterait le tout à « une valeur d'échange juste », soit le cours mondial plus les droits de douane sur le blé, environ 1,42 dollar le boisseau. Les fermiers recevraient 1 136 millions. Le bureau vendrait à l'étranger 150 millions de boisseaux à 1 dollar le boisseau, donc perdrait 42 cents par boisseau, au total 63 millions de dollars, que les fermiers rembourseraient proportionnellement à leurs ressources. Pour 800 millions de boisseaux, ils auraient donc reçu 1 136 millions moins 63 millions, soit 1 073 millions. Alors qu'au cours mondial, ils n'auraient touché que 800 millions de dollars. Reste à déterminer la parité de chaque produit agricole, c'est-à-dire sa « valeur d'échange juste » en fonction du taux d'inflation depuis 1914 et de l'évolution des prix industriels. Reste à fixer la liste des produits qui seront ainsi achetés et vendus par le bureau fédéral. Les versions du plan McNary-Haugen se succèdent. Quand l'une d'elles a été votée par le Congrès en 1927, le président Coolidge a mis son veto. Au nom de l'intérêt général, il refusait d'avantager une partie de la population aux dépens des consommateurs et de réserver à l'administration fédérale le droit de fixer les cours.

Le plan McNary-Haugen conserve de nombreux partisans dans les milieux agricoles et dans le monde politique, et l'entourage de Roosevelt n'y est pas insensible. Mais le candidat, lui, préfère une troisième solution : il conviendrait de réduire les superficies cultivées. Le président Hoover a timidement essayé, en recommandant des réductions volontaires. De quoi rassurer ceux qui redoutent l'extension des contrôles bureaucratiques, mais les recommandations, si sages soient-elles, ne suffisent pas. Il faudrait ajouter une incitation matérielle. Comment financer cette indemnité ? Les partisans d'une interprétation étroite de la Constitution font observer que tout financement autoritaire déclenchera l'hostilité de la Cour suprême et que la limitation de la production va à l'encontre de la loi Sherman antitrust. Tugwell, déjà convaincu, reçoit l'appui de Maynard L. Wilson, un professeur du Montana très influent auprès des organisations agricoles. Roosevelt, conscient que toute prise de position est une affaire délicate, approuve l'idée de la réduction, à condition que l'électorat de l'Est ne proteste pas trop. C'est pourquoi l'élaboration du discours de Topeka réclame des semaines de travail et la collaboration de vingt-cinq personnes, dont les représentants de la Farm Bureau Federation, l'une des plus actives associations de défense des agriculteurs.

Le discours est un chef-d'œuvre d'opportunisme électoral. Comme d'habitude, le grand coupable, le responsable de tous les maux, c'est le président Hoover, naïf,
cynique et incompétent, qui a rejeté toutes les initiatives
pour relever les prix agricoles. A long terme, Roosevelt
propose une planification de l'agriculture qui serait
assurée par un département de l'Agriculture renforcé,
permettrait le reboisement du territoire national et
déboucherait sur une nouvelle fiscalité pour le monde
rural. Dans l'immédiat, Roosevelt promet d'abaisser les
taux d'intérêts qui frappent les emprunts des fermiers et
de réduire les droits de douane pour « revigorer le flot
du commerce international » ; ni bureaucratie ni mécanisme qui provoquerait les représailles de l'Europe ni
financement externe. Le plan reposerait sur un consensus. Roosevelt ne dit pas qu'il rejette l'inflation ou le
plan McNary-Haugen. Il fait dans le vague et dans la
technique pour n'effrayer personne.

L'efficacité du discours ? Roosevelt contraint Hoover à
expliquer ce qu'il a fait et les raisons de l'échec, accule
les républicains à proposer des solutions miraculeuses
auxquelles, pour l'instant, personne ne croit. Il promet,
lui, de se battre, de faire mieux, donc d'agir. Hoover, en
disant aux fermiers qu'il n'y a pas de « remède évident »,
qu'il refuse de faire des promesses qu'il ne pourrait pas
tenir, a cédé du terrain, et Roosevelt, lui, a imposé le
champ de bataille : celui des généralités, nécessairement
ambiguës, qui plaisent à tous. Celles-ci n'excluent pas les
contradictions. Roosevelt attaque, avec une belle
vigueur, la protection douanière que la majorité républicaine d'avant 1930 a renforcée. Ce ne sont pas les droits
de douane, dit-il, qui font remonter les prix agricoles. Au
contraire. Ils empêchent les étrangers de rembourser
leurs dettes aux Etats-Unis, donc poussent à un relèvement des impôts pour subventionner les administrations
fédérales. Mais quels droits de douane le candidat

voudrait-il abaisser ? Si l'abaissement porte sur la production des autres, tout fermier est pour ; autrement, il
est contre. Dans le Middle West, les propos de Roosevelt
commencent à inquiéter. Le 25 octobre, il est obligé de
donner des garanties. Il est exclu qu'un président démocrate recommande l'abaissement des droits sur les produits agricoles. C'est alors au tour des industriels de
prendre peur. A quelle sauce douanière l'industrie sera-
t-elle accommodée, puisque l'abaissement n'affectera
pas l'agriculture ? Les ouvriers paieront-ils pour les fermiers ? Pas du tout, répond Roosevelt, « je ne défendrai
jamais une politique douanière qui cesserait de protéger
les ouvriers américains contre les pays qui emploient
une main-d'œuvre à bon marché ou qui repose sur un
niveau de vie inférieur à celui de nos travailleurs ».
Contradiction gênante pour les champions de la logique
cartésienne, mais nécessaire pour ne pas perdre de voix.

Pour le monde industriel

Il est encore plus complexe de reconstituer le programme de Roosevelt pour le monde industriel que dans
le domaine agricole. Le discours de San Francisco, au
Commonwealth Club, offre une clef. En grande partie
l'œuvre de Berle, il définit les lignes directrices qui guideront l'action de la prochaine présidence. Roosevelt
rappelle d'abord comment l'industrie a pris une importance croissante à la fin du XIXe siècle, au moment où les
Etats-Unis cessaient d'avoir une frontière de peuple-
ment, la fameuse soupape de sécurité qui offrait en principe des possibilités d'aventure et les conditions du
mieux-être. Depuis, le danger est évident, car un système très centralisé pourrait devenir « le despote du
XXe siècle ». « Il est évident que cette situation exige que
certaines valeurs soient reconsidérées. Celui qui se

contentera de construire de nouvelles usines, de créer de nouveaux chemins de fer, d'organiser de nouvelles entreprises sera plus dangereux qu'utile. L'époque du grand promoteur ou du Titan de la finance, à qui nous pardonnions tout pourvu qu'il construise et qu'il exploite, cette époque-là est révolue. Notre tâche actuelle n'est pas de découvrir ou d'exploiter des ressources naturelles ou de produire de nouvelles marchandises. Il s'agit d'une tâche plus sérieuse, moins spectaculaire, celle d'administrer les ressources et les installations industrielles que nous possédons déjà, de chercher à retrouver un marché étranger pour écouler notre production excédentaire, de faire face au problème d'une consommation insuffisante, d'ajuster la production à la demande, de distribuer la richesse et les produits plus équitablement, de mettre les organisations économiques existantes au service du peuple. » Suivent les recommandations qui forment le cœur du discours : « L'heure est venue de faire appel à un gouvernement éclairé. Telle que je la conçois, la tâche de ce gouvernement, en ce qui concerne les affaires, est d'encourager une déclaration des droits économiques, l'élaboration d'un ordre constitutionnel économique. » Pour cela, il suffit d'encourager les industriels et les financiers à ne pas se livrer aux excès de la concentration. Le gouvernement fédéral ne combattra pas le *Business*. Il l'encouragera dans l'intérêt général.

Ce n'est pas un projet révolutionnaire, bien que ce discours ait choqué les conservateurs des deux grands partis. Ni Woodrow Wilson ni même Thomas Jefferson n'en auraient désavoué la philosophie d'ensemble. Peut-être même le Theodore Roosevelt de 1912 serait-il allé plus loin dans la définition d'un *Big Government* faisant contrepoids au *Big Business*. Mais y découvrir l'annonce des mesures du New Deal serait sans doute excessif. Roosevelt énonce des principes et non des propositions précises. Ce qui ne l'a pas empêché, un mois plus tôt, à Colombus (Ohio), de stigmatiser la concentration économique et de souligner, non sans malice, qu'elle allait à l'encontre de l'individualisme cher à Herbert Hoover en 1922.

En revanche, il promet, s'il est élu, un contrôle accentué sur les transactions boursières et sur la bourse des valeurs, le recours aux banques fédérales de réserve pour empêcher la spéculation ainsi que la séparation entre banques commerciales et banques d'investissement. Face à l'évolution des compagnies ferroviaires, qui tantôt s'entretuent tantôt se partagent le gâteau, il propose d'instaurer une planification à l'échelle fédérale. Plus originale et découlant de la pensée progressiste est son idée de confier au gouvernement de Washington le soin de construire de grands barrages hydroélectriques sur le Colorado, la Tennessee, le Saint-Laurent et la Columbia. Cet appel du pied aux républicains progressistes est aussi l'assurance que Roosevelt ne veut pas d'une nationalisation totale de la production électrique, et rappelle la politique qu'il a suivie dans l'Etat de New York.

Très curieusement, Roosevelt ne manifeste aucune hâte à traiter le problème du chômage et celui du sous-emploi. Il en est tout à fait conscient, mais il se heurte à une contradiction dont il ne parvient pas à sortir. D'un côté, il a compris que les travaux publics, financés par le pouvoir fédéral, créent des emplois et valent mieux que le paiement d'une indemnité. Il soutient sur ce point la politique du président Hoover. Il lui apparaît clairement par ailleurs que ce n'est pas la meilleure des solutions, qu'elle vide les caisses des Etats, qu'elle contribue, à quelque niveau que ce soit, à provoquer le déficit budgétaire. Le 2 octobre, il évoque « sa philosophie de justice sociale par l'action sociale » : il faut veiller à la santé publique, aider les enfants handicapés, établir une assurance-vieillesse et augmenter les retraites. Autant de thèmes que les réformistes traitent depuis plus de vingt ans. Dix jours plus tard, à l'extrême fin d'octobre, il va plus loin. L'aide aux chômeurs, soutient-il, relève des pouvoirs locaux, c'est-à-dire, aux Etats-Unis, les comtés et les municipalités. Si les caisses sont vides, aux Etats de prendre leurs responsabilités, et s'ils ne le peuvent pas ou ne le peuvent plus, que le gouvernement fédéral entre en action ! Le candidat fait ensuite un pas de plus. La reprise économique, déclare-t-il, dépend d'un relèvement du pouvoir d'achat, donc d'une plus juste répartition du revenu national, d'un rôle plus actif du gouvernement fédéral qui aurait pour tâche de distribuer les secours aux chômeurs et de créer des emplois dans les parcs nationaux, dans la lutte contre les inondations, dans la construction des canaux.

A la mi-octobre, l'édifice s'écroule. Comme si Roosevelt n'y prenait pas garde. A Pittsburgh, il parle du budget fédéral, qu'il faut gérer comme on gère un budget familial sans vivre au-dessus de ses moyens. Un déficit passager, soit, un déficit permanent, casse-cou ! Roosevelt lance une violente attaque contre Hoover qui, depuis trois ans, ne combat pas avec assez de fermeté le déficit budgétaire et conduit le pays à la faillite. S'il est élu, il ne fera pas comme lui, mais imposera à l'administration fédérale de sévères économies, réduira les dépenses de 25 % et équilibrera le budget.

Mais alors, comment Roosevelt financera-t-il le programme d'aide sociale qu'au même moment il présente avec un égal enthousiasme ? Tout au plus prévoit-il une échappatoire : « Si la famine ou des besoins urgents d'une partie de nos concitoyens rendent nécessaires des engagements de dépenses supplémentaires, je n'hésiterai pas à dire toute la vérité au peuple américain et à lui demander d'autoriser de nouvelles dépenses. » Plus tard, lorsqu'il aura élaboré un grand programme de dépenses publiques et accepté le déficit budgétaire, il expliquera que l'équilibre vaut pour les dépenses ordinaires, pas pour les dépenses extraordinaires. Il aurait mieux valu reconnaître qu'en 1932 Keynes n'avait pas encore inventé le keynésianisme et que tout bon administrateur avait pour mission de faire coïncider les entrées et les sorties.

Un programme global ?

Au-delà des incertitudes et des contradictions, Roosevelt a le grand mérite d'avoir donné la priorité aux questions économiques. Il aurait pu consacrer de longs discours à la prohibition, sans risques majeurs, car même les Etats du Sud acceptaient alors de remplacer le 18e amendement par l'« option locale ». Un journal d'Oklahoma résume bien l'opinion du Sud et de l'Ouest : « Les fermiers de notre région ne se passionnent pas pour la prohibition en tant que problème à débattre dans la campagne. Ils restent "secs". Mais pour eux les questions économiques sont prioritaires. » Aussi Roosevelt prend-il position, sans passion, pour l'abrogation. Une manière efficace de régler un problème un peu dépassé.

Son silence sur la politique étrangère est plus surprenant. Les progrès du Parti nazi en Allemagne, l'expansionnisme du Japon, les ambitions de l'Italie fasciste, les dettes de guerre que les Associés européens n'ont pas fini de rembourser aux Etats-Unis, les réparations allemandes, l'interminable débat sur le désarmement, l'éventuelle reconnaissance diplomatique de l'Union soviétique, les relations avec l'Amérique latine, autant de questions sur lesquelles on attendrait que Roosevelt insistât avec force. Vaine attente. Hoover n'est d'ailleurs pas plus bavard et se contente de laisser Henry Stimson,

son secrétaire d'Etat, prononcer un unique discours sur
la politique étrangère. Pourquoi les deux candidats sont-
ils aussi silencieux ? Parce que les électeurs ne manifestent aucune curiosité. Et que Roosevelt est vraisemblablement d'accord avec Hoover sur l'essentiel.

L'ensemble des déclarations de Roosevelt constituent
à peine un programme. Le reproche lui en est adressé
dès 1932. Il ne faut pas juger le candidat à l'aune du
président. Ses déclarations de l'automne ne sont pas les
prémices des décisions du printemps suivant, encore
que, par certains côtés, l'homme du New Deal apparaisse en 1932. Sur les questions qui agitent la société de
son temps et de son pays, il défend des positions « centristes ». C'est un modéré qui ne l'est pas modérément.
Certains analystes font de louables efforts pour distinguer ce qui relève du « Nouveau Nationalisme » à la
Theodore Roosevelt de ce qui relève de la « Nouvelle
Liberté » à la Woodrow Wilson. Franklin Roosevelt
exprime la tradition progressiste, mais n'est pas socialiste. Il défend la propriété privée et le bien-fondé du
profit. Il souhaite une plus grande justice sociale, que le
gouvernement fédéral garantira en collaboration avec
les gouvernements des Etats. Tout au plus a-t-il insisté,
pendant la campagne, sur la nécessité d'une planification
qui vaudrait pour l'utilisation des sols, les ressources
forestières, les sources d'énergie hydro-électriques, le
réseau routier. Il a défendu le recours à la planification
dans son discours d'Oglethorpe University (Georgie). Le
gaspillage, la dispersion, la multiplication inutile, autant
de maux que ferait disparaître la « planification sociale ».
Bref, le temps du désordre est terminé. Finie, la domination du producteur ; indéfendable, la théorie suivant
laquelle plus la production augmente, plus la consommation sera stimulée : « Dans l'avenir, nous penserons
moins au producteur et plus au consommateur. » La
réflexion tourne court, dès que Roosevelt parle au pré-

sent. Il n'a pas de lapins à faire sortir de son chapeau. Il ne peut que rappeler l'indispensable pragmatisme : « Le pays a besoin et, à moins que je comprenne mal ses sentiments, le pays réclame une expérimentation audacieuse et permanente. Le bon sens, c'est de choisir une méthode et de l'essayer. Si elle ne marche pas, reconnaissez-le franchement et essayez-en une autre. Mais par-dessus tout, faites quelque chose. »

Roosevelt n'est certainement ni un doctrinaire ni un philosophe de l'action politique. Les théories économiques, il ne fait aucun effort pour les comprendre à fond. Il ne cherche pas plus à les distiller dans ses messages électoraux qu'il ne cherche à bâtir une construction impeccablement logique. Il puise dans le réservoir des bonnes idées, un réservoir inépuisable. A mesure que les semaines passent, le *brain trust* prend de l'ampleur et apporte des brassées d'idées nouvelles, parfois contradictoires. Qu'à cela ne tienne ! Roosevelt met de l'ordre, son ordre. En veut-on un exemple ? Au sujet de l'élaboration de propositions pour une nouvelle politique douanière, Moley a chargé un universitaire, Charles W. Taussig, et un sénateur, Cordell Hull, de faire un projet de discours. Les deux hommes suggèrent une réduction de 10 %. Puis, un autre *braintruster*, le général Hugh Johnson, recommande des négociations bilatérales. Roosevelt propose alors de fusionner les deux projets. Son œcuménisme faiblit, lorsqu'il apprend que de nombreux agriculteurs sont hostiles au moindre abaissement des barrières douanières. Quant aux influences que subit le candidat, la liste serait longue à dresser. Les milieux progressistes et conservateurs, les adversaires wilsoniens des trusts et les partisans purs et durs de la libre entreprise, des fermiers et des industriels, des ouvriers, le Sud, le Nord, l'Ouest… Roosevelt écoute, jauge, retient et s'efforce d'établir une synthèse.

Comment rassembler une majorité ?

Car l'objectif majeur du candidat, c'est d'être élu. Bien que les pronostics lui soient favorables, la prudence est encore nécessaire. Rassembler une majorité d'Américains en tenant compte de leurs intérêts contradictoires, de leur vision souvent étriquée des choses et des événements, de leur particularisme régional, c'est un peu la quadrature du cercle. Roosevelt parcourt, avec aisance, un terrain miné. Un faux pas pourrait lui être fatal. Il n'a pas peur, pourtant, d'avancer des propositions, de prendre des problèmes à bras-le-corps. Il s'exécute avec un remarquable talent d'orateur et de pédagogue. En dépit des incohérences qu'il n'évite pas et que lui imposent les circonstances, il anime la campagne. Somme toute, il fait un excellent candidat.

Jim Farley a préparé le terrain. Il a parcouru le pays en tout sens pour guérir les plaies que les élections primaires avaient ouvertes. Roosevelt entre en campagne, suivant la tradition, au lendemain du Labor Day, dans les premiers jours de septembre. En deux mois, il parcourt près de 20 000 kilomètres, serre des milliers de mains, parle à des centaines de milliers d'électeurs. Accompagnés par une armée de secrétaires, de conseillers politiques, d'experts en financement des campagnes, de rédacteurs de discours et de quelques membres de sa famille, il voyage en train ou en automobile. Il s'arrête dans d'innombrables villes et villages, prend place sur la plate-forme arrière d'un wagon pour parler à la foule ou sur la banquette d'une auto décapotée, jovial, attentif, déterminé, sûr de lui et du Parti démocrate. Au milieu d'une cohue de journalistes, il paraît infatigable. De New York à Los Angeles, de Jefferson City à Boston, il est partout[20]. En ces temps de morosité, sinon de désespoir, il incarne l'optimisme ; il est le porte-parole du renouveau, le pédagogue de la reprise économique, en un mot l'irrésistible.

Il s'oppose en tout à Herbert Hoover. Le président sortant a été désigné par la convention républicaine pour défendre une fois de plus les couleurs du parti, mais le cœur n'y est pas. L'impopularité de l'homme ne cesse de croître, à tel point qu'il est accueilli ici et là par des manifestations d'hostilité. Les républicains sont contraints de défendre ce qu'ils ont fait, sans pouvoir susciter l'enthousiasme sur ce qu'ils feront. Ils symbolisent la continuité, quand l'opinion réclame le changement. Et puis, les circonstances de l'été 1932 ne les aident pas. Hoover ne cesse pas d'annoncer la reprise. Depuis trois ans, il assure ses compatriotes que « la prospérité est au coin de la rue ». Mais la reprise n'arrive toujours pas. Le chômage, la misère, la chute des prix, les faillites sont des signes spectaculaires qui ne trompent pas. L'indice des affaires publié par le *New York Times* apporte quelques encouragements, mais ce ne sont que des statistiques qui ne convainquent pas.

La Bonus Army

En juillet 1932, le gouvernement fédéral commet la pire des maladresses. De nombreux anciens combattants de la Grande Guerre ont afflué à Washington dans le courant du mois de juin. Souvent accompagnés par leur famille, ils habitent sous des tentes, le long du Potomac, dans des conditions très précaires. Ils ont commencé en mai leur marche à travers le pays. Ils veulent percevoir tout de suite leur indemnité (le *bonus*) ; jusqu'à présent, en effet, le gouvernement s'est borné à leur remettre des certificats qui ne sont que des promesses de paiement. En principe, ils auraient dû attendre 1945, mais avec la crise, ils aspirent à un paiement anticipé. En 1931, le

Congrès accepte que les certificats garantissent d'éventuels emprunts pour 50 % de leur valeur. Veto de Hoover qui refuse d'accroître la masse monétaire. Le Congrès passe outre. Les anciens combattants demandent alors que le montant total de leur indemnité leur soit versé immédiatement, et c'est pour faire pression sur les assemblées que la marche sur Washington a été organisée. Le 17 juin, le Sénat refuse, conformément à la recommandation de Hoover. Les onze mille marcheurs sont désorientés. La plupart, écœurés par l'ingratitude de la nation, furieux contre le président, décident de rentrer chez eux avec les billets de chemins de fer que le gouvernement fédéral a distribués. Deux mille d'entre eux environ ne quittent pourtant pas Washington et espèrent encore. Leur campement ressemble de plus en plus à un bidonville. Les épidémies menacent. A deux pas du quartier officiel de la capitale, ils rappellent par leur présence que le président des Etats-Unis est contesté dans son autorité. Nombreux sont les Américains qui croient que les communistes et les anarchistes, en tout cas des forces subversives, ont infiltré les rangs des anciens combattants et qu'il est temps de mettre un peu d'ordre le long du Potomac.

Le 28 juillet, Hoover charge le chef d'état-major de l'armée, le général Douglas MacArthur, de contenir la *Bonus Army*, du moins ce qu'il en reste, dans son campement. MacArthur, assisté par le commandant Eisenhower et le commandant Patton, outrepasse ses ordres, clamant qu'il doit chasser des éléments « insurrectionnels », des suppôts du bolchevisme. Avec le soutien des chars, précédés par les gaz lacrymogènes, un millier de soldats – des fantassins et des cavaliers qu'appuie une unité de mitrailleuses – viennent déloger brutalement les anciens combattants de *Bonus City*. Les témoins rapportent des scènes odieuses. MacArthur fonce à la tête de ses troupes, comme s'il chargeait contre des ennemis et non des camarades de guerre. Les tentes sont incendiées ; les femmes et les enfants fuient devant les soldats. Les hommes en appellent à la solidarité des combattants. En vain. « Quel spectacle pitoyable ! commente le *Washington News*. Le grand gouvernement américain, le plus puissant dans le monde, dont les chars pourchassent des hommes sans armes, des femmes et des enfants. (...) Si on fait appel à l'armée pour faire la guerre aux citoyens désarmés, il n'y a plus d'Amérique[21]. » Hoover n'a pas désavoué MacArthur. Il n'a jamais pu ou jamais voulu prouver qu'il n'a pas été responsable de la brutalité de la répression. Il ne sait pas expliquer à l'opinion les motivations qui l'ont animé et donne l'image d'un homme qui n'a pas compris la gravité de la crise, qui reste insensible aux malheurs des autres, qui continue de croire qu'à force de travail et d'acharnement n'importe qui parviendra à surmonter les pires difficultés. A quelques semaines des élections présidentielles, il trébuche. Aurait-il pu agir autrement ? Plutôt que d'envoyer la troupe, répond Roosevelt à Tugwell, il aurait mieux fait d'offrir du café et des sandwiches et de parler avec les anciens combattants.

Que le président Hoover ait tenté de réveiller chez les électeurs la peur du communisme, c'est une preuve de plus qu'à la Maison Blanche on ne sait plus comment résister à la vague Roosevelt. Malgré les affiches et les tracts dont le Parti républicain est prodigue, malgré les discours radiodiffusés que multiplie Hoover, le président-candidat est acculé. Le dos au mur, il rappelle inlassablement les mesures que son gouvernement a prises. Il ne cesse de comparer la crise à une guerre mondiale ; son vocabulaire en porte témoignage. Il dresse avec complaisance la liste des résultats obtenus et conclut qu'il ferait mieux s'il avait plus de temps. D'une voix monocorde, il dénonce les erreurs, les incertitudes et les revirements de Roosevelt. Ses attaques visent souvent juste. Son adversaire, dit-il, est « un caméléon sur un plaid écossais ». Hoover ne craint pas de faire peur. Le candidat démocrate abaissera les droits de douane, soutient-il, à tel point que « l'herbe poussera dans les rues de centaines de villes et de milliers de villages ». Il laisse entendre que la philosophie économique et sociale de Roosevelt sent le soufre : « Ce sont les fumets que dégagent le chaudron des sorcières, le chaudron qui bouillonne en Russie. Ses effluves atténués traversent l'Europe. Beaucoup les laisseraient entrer aux Etats-Unis pour recueillir des voix en stimulant des manifestations contre les circonstances extraordinaires. » Le message ne convainc pourtant pas. Une majorité d'Américains tiennent le président pour responsable de la grande dépression. Il a trop souvent insisté sur ses capacités de Grand Ingénieur ; il s'est trop souvent attribué les mérites de l'infirmier qui sait tout, pour ne pas être accusé d'ignorer aujourd'hui les remèdes.

La victoire démocrate

Les Américains votent le 8 novembre 1932. Roosevelt recueille 22 809 638 voix ; Hoover, 15 758 901. Un très beau succès pour le candidat démocrate : il obtient 59,14 % des suffrages qui se sont portés sur les deux candidats principaux ou 57,42 % des suffrages exprimés. L'ampleur du succès est encore plus nette au sein du collège électoral où Roosevelt dispose de 472 mandats contre 59 pour Hoover. Il faut affiner l'analyse des résultats.

Première observation : le taux d'abstention est de 43,1 %. C'est beaucoup, encore que l'on ait vu pire depuis. L'abstentionnisme était faible dans les dernières décennies du XIXe siècle, variant alors entre 20 et 25 %. Il a franchi la barre des 50 % en 1920 et 1924, reculé en

1928, conservé son niveau en 1932. Le taux est calculé sur la population en âge de voter. Les élections sont organisées par les Etats, et non par l'Etat fédéral ; or chacun des Etats réclame des conditions de résidence et les Américains voyagent et déménagent souvent. De plus, les Etats du Sud multiplient les obstacles pour empêcher les Noirs d'accéder aux urnes. Enfin, la naturalisation des immigrants d'Europe centrale, orientale et méditerranéenne a peut-être accru la masse des indifférents, tout comme l'accession des femmes au suffrage universel a déçu les réformistes qui comptaient sur leur vote et ont constaté que bon nombre d'électrices ont rejoint le camp des abstentionnistes. Personne ne contestera qu'en 1932 la plupart de ceux qui n'ont pas fait l'effort de voter sont des Blancs et des pauvres. La consultation électorale, décisive pour l'avenir, susceptible d'orienter les Etats-Unis dans un sens ou dans l'autre (si l'on en croit les candidats), opposant deux hommes aussi différents l'un de l'autre, n'a donc pas intéressé les principales victimes de la crise. Ni Roosevelt ni les autres adversaires de Hoover ne sont parvenus à secouer l'apathie. Peut-être l'échec est-il, plus encore que celui des démocrates, celui des formations de gauche et d'extrême gauche qui auraient dû naturellement puiser des forces dans le réservoir, hélas extensible ! des chômeurs et des misérables.

Deuxième observation : le succès électoral de Roosevelt correspond aussi à un succès des démocrates. Aux élections législatives de 1930, ils ont déjà conquis la majorité des sièges à la Chambre des représentants. Deux ans plus tard, ils augmentent leur avance et obtiennent 310 sièges, soit 90 de plus que précédemment. Mieux encore, ils gagnent 13 sièges de sénateurs et détiennent dans la haute assemblée une majorité proche des deux tiers (60 démocrates sur 96 sénateurs). Ce sont là des résultats d'une importance cruciale. En accédant à la présidence, Roosevelt a la certitude de disposer d'une majorité législative. Il pourra, en principe, gouverner sans avoir à redouter la guérilla du législatif contre l'exécutif. En outre, dans toutes les régions des Etats-Unis, Roosevelt a fait mieux que Hoover, même si le républicain a remporté la majorité des suffrages populaires dans 6 des 48 Etats (Connecticut, Delaware, Maine, New Hampshire, Pennsylvanie, Vermont). Sa victoire est relativement modeste sur la côte Atlantique, de la Nouvelle-Angleterre au Potomac. Elle est plus nette autour des Grands Lacs et franchement écrasante dans l'Ouest, le Sud et le Sud-Ouest. C'est donc bien un succès national, plus marqué dans le fief des démocrates (le Sud) et dans les Etats ruraux qui ont subi l'empreinte du populisme.

Troisième observation : l'électorat démocrate subit une métamorphose depuis 1928. La coalition rooseveltienne est en cours de formation. Les fermiers du Middle West qui votaient traditionnellement pour les républicains ont cette fois choisi Roosevelt, qui a promis de faire monter les prix. Les démocrates bénéficient également du ralliement des électeurs noirs du Nord, bien que les démocrates du Sud soient toujours de farouches défenseurs de la ségrégation raciale ; Roosevelt a donné un espoir à la communauté alors que Hoover et les républicains l'ont déçue. Pour l'instant, le vote noir hésite entre les héritiers de Lincoln et les démocrates. Les études politologiques démontrent que les Américains d'origine allemande, irlandaise et italienne ont renforcé leur attachement au Parti démocrate, que les Juifs s'en sont rapprochés en 1928 et plus encore en 1932. S'agissant de la répartition socio-économique, le Parti démocrate a attiré davantage les plus démunis, tandis que les républicains ont recruté parmi les gens fortunés ou jouissant d'une aisance certaine.

De fait, la clientèle électorale de Roosevelt repose sur deux piliers. Le Sud est toujours « solidement » fidèle, sans états d'âme, maintenant que le candidat à la Maison Blanche n'est pas catholique, qu'il ne fait pas une bruyante campagne contre la prohibition, qu'il ne revendique pas l'appui des seuls citadins. Les « machines » du parti, celle de Frank Hague à Jersey City, celle de Kelly à Chicago, celle de Pendergast à Kansas City, Tammany Hall à New York, comptent tirer profit de leur soutien en obtenant des avantages, des récompenses, des faveurs. Ni à l'égard du Sud ni à l'égard des « machines », Roosevelt ne manifeste des intentions révolutionnaires. Il ne donne pas l'impression de vouloir tout remettre en cause. S'il lui est arrivé dans les années passées de militer pour des changements et de faire œuvre de progressiste, il a renoncé à ses ambitions réformatrices. Il sait que, pour appliquer son programme, il n'évitera pas d'avoir recours aux deux piliers du parti, tout comme il a dû compter sur eux pour battre le candidat républicain. A l'intérieur de son parti, il occupe la position du juste milieu, s'efforçant de réconcilier l'Amérique rurale et l'Amérique urbaine dans une commune hostilité à la politique de Hoover. Les ouvriers des villes ne l'ont pas encore complètement rejoint : 12 villes de plus de 100 000 habitants ne lui ont pas donné la majorité absolue. Les femmes et les ruraux ont exprimé leurs sympathies, pas leur soutien massif. Beaucoup restent anti-Hoover et ne sont pas vraiment pro-Roosevelt. Quoi qu'il en soit, la victoire de 1932 est, pour les démocrates, une revanche sur 1928, un rappel de 1916 et la promesse encore bien incertaine, que leur parti n'est pas voué à demeurer le parti de la minorité.

Quatrième observation : à l'extérieur de son parti, Roosevelt occupe également la position du juste milieu. Auprès des conservateurs qui soutiennent, nécessité fait loi, la candidature de Hoover, sans prendre toujours

conscience des innovations du président, Roosevelt est
tenu pour un dangereux extrémiste, voire le fourrier de
la révolution sociale. Certains ne manquent pas d'écrire
et de dire qu'il trahit sa classe sociale, les idées américaines et les principes démocratiques. Des accusations
tous azimuts. Pour les révolutionnaires, au contraire,
c'est un politique timoré, à moins qu'il n'incarne le capitalisme multiforme et ne porte, par opportunisme, le
masque de la réforme. Il convient en effet de ne pas
oublier une réalité politique et arithmétique : d'autres
candidats que Hoover et Roosevelt ont été présents dans
les élections présidentielles. Au nom du Parti socialiste,
Norman Thomas a recueilli 881 951 voix. Le communiste William Z. Foster a obtenu 102 875 voix ; William
D. Upshaw, du Parti de la prohibition, 81 869 ; Verne
L. Reynolds, du Parti socialiste du travail, 33 276 et
William H. Harvey, du Parti de la liberté, 53 425. Soit
1 153 306 suffrages, 2,9 % du total, qui ne sont pas allés
aux deux principaux candidats. Rien qui puisse affecter
le rapport des forces entre démocrates et républicains.

A la veille d'une révolution ?

Pourtant, l'arbre cache la forêt. Le bouillonnement des
colères et des frustrations inquiète plus d'un observateur. Le mot « révolution » vient souvent dans les
bouches et sous les plumes. Un progressiste de Californie note en juin que « la mention d'une révolution est
devenue bien commune ». En Caroline du Nord, rapporte un journaliste, on entend le mot révolution « dans
les milieux les plus conservateurs, (...) parmi les ruraux
et parmi les citadins, de la part des esprits les plus équilibrés et sérieux ». Quant aux périodiques, ils parsèment
leurs articles du mot. Ce n'est pas la seule imagination
des observateurs apeurés qui conduit à redouter le pire.

En 1931, il y a eu des émeutes de la faim dans des villes, par exemple à Oklahoma City, à Saint Paul et à Minneapolis. Dans le Middle West, des fermiers ont décidé de recourir à l'action violente, de ne pas payer leurs dettes, de brader leurs produits, de faire obstacle à la libre circulation des marchandises.

Cette agitation se traduit sur le plan politique. Faut-il ou non créer un troisième parti, comme en 1890-1892 au temps du populisme ? Vaut-il mieux consolider le Parti socialiste et son infatigable leader, Norman Thomas ? Bien des intellectuels le souhaitent, impatients de marquer leur lassitude à l'égard des partis traditionnels qui sont, à leurs yeux, englués dans la routine et le conformisme. Ah ! si les socialistes progressaient suffisamment pour que leur programme trouve un début d'application... Ils réclament de grosses dépenses fédérales pour financer des travaux publics et l'aide aux chômeurs. Ils demandent une assurance-chômage, une assurance-vieillesse, de meilleures retraites pour les salariés, l'abolition du travail des enfants, l'aide aux propriétaires et aux fermiers endettés, un salaire minimum, l'alourdissement de l'impôt sur le revenu, des subventions pour le monde agricole, la nationalisation des principaux secteurs de l'économie, la représentation proportionnelle (un mode de scrutin dont les Américains n'ont guère entendu parler), l'extension des droits civiques pour les Noirs, l'entrée des Etats-Unis dans la Société des Nations. Certaines de ces revendications paraissent tout à fait inaccessibles ; d'autres sont possibles dans un avenir plus ou moins proche et provoquent des discussions animées. En cette époque où la technique des sondages balbutie, on murmurait avant l'élection que Norman Thomas pourrait bien recueillir plusieurs millions de voix et tenir, sans même accéder à la présidence des Etats-Unis, un rôle de premier plan.

Que dire alors des communistes ? Pour soutenir la candidature de Foster, qui a mené la dure grève des sidérurgistes en 1919 contre l'U.S. Steel, cinquante-deux intellectuels ont signé un manifeste. Parmi eux, Sherwood Anderson, John Dos Passos, Lincoln Steffens, Edmund Wilson, plus tard Theodore Dreiser. Les communistes vilipendent « les intellectuels libéraux », « les réformistes » qui soutiennent le Parti socialiste, car ce parti qui défend la démocratie « aide indirectement le fascisme » en négligeant le problème de la lutte militante. Le Parti communiste, au contraire, a pour ambition de « renverser le capitalisme ». Pour cela, il aspire à conquérir le pouvoir politique, à mettre sur pied « un gouvernement des ouvriers et des paysans qui ouvrira la voie à un commonwealth socialiste ». Le modèle est bien sûr l'Union soviétique où l'utopie est en train de prendre forme. Et Foster de parcourir les Etats-Unis avec son colistier, James Ford, un Noir de l'Alabama. L'un et l'autre ont prononcé des discours qui appellent à la fondation des « Etats-Unis de l'Amérique socialiste ». Non sans risques, car, pour le moindre prétexte, ils sont jetés en prison. Sans grands effets non plus, car Foster est tombé malade en septembre. D'ailleurs, ni les stations de radio ni les journaux n'ont accordé beaucoup de place à leur campagne.

Il y a aussi le Parti des fermiers et du travail (National Farmer-Labor Party), présent dans le Minnesota. Le Parti des chômeurs (Jobless Party), dont les membres portent des chemises bleues, réclame l'étatisation des banques, des travaux publics et la mobilisation des fortunes. Sans oublier le Parti de la prohibition dont la création remonte à 1872 et qui, soixante ans plus tard, fait campagne pour des revendications semblables à celles du Parti démocrate en y ajoutant la défense de la prohibition et l'établissement d'une censure sur les films.

Gardons-nous de conclure, au vu des résultats électoraux de 1932, que cette agitation intellectuelle et rurale fait beaucoup de bruit pour rien. Les socialistes sont déçus, il est vrai. Mais leurs revendications seront « récupérées » et souvent adoptées. Les communistes, si peu nombreux soient-ils (7 500 adhérents en 1931, le double en 1932), n'en tiennent pas moins un rôle non négligeable dans les allées du pouvoir et sur les campus. Comment expliquer la faiblesse électorale des uns et des autres ? Par les querelles qui opposent entre eux les groupes et les partis de gauche, des querelles qui se prolongent par des batailles intestines. Ils n'ont pas non plus de personnalité charismatique qui puisse unifier le mouvement de protestation. Ils ne parviennent pas à convaincre les pauvres, les victimes, les apathiques, les électeurs potentiels des partis protestataires. Enfin, les petits partis sont laminés par les deux grands. C'est une tradition américaine dont les illustrations sont abondantes et instructives. Les Américains sont, par la nature de leur système électoral, poussés au pragmatisme. Mécontents et révoltés, ils choisissent pourtant le moins mauvais des deux principaux candidats.

En 1932, Roosevelt tire les marrons du feu. Son programme a la fraîcheur des programmes d'opposition. Mais la gauche révolutionnaire ne renonce pas. Elle surveillera le nouveau président. Vaincue avec Hoover, la droite n'abandonne pas, elle non plus, la lutte. Elle tentera d'éviter le pire, c'est-à-dire des glissements catastrophiques vers le socialisme. Roosevelt étant par tempérament un centriste, il sera, comme tel, condamné à repousser les assauts des deux extrêmes.

CHAPITRE VII

Les Cent Jours
Mars-juin 1933

Roosevelt aimait à raconter sa première matinée de chef d'Etat. Le dimanche 5 mars 1933, il pénètre dans le bureau ovale du président. Son bureau, depuis que, la veille, il a prêté serment à la Constitution. Autour de lui règne un calme absolu, comme si la vie s'était interrompue. Les tiroirs sont vides. Pas de dossiers qu'auraient oubliés Hoover et ses collaborateurs. La Maison Blanche ressemble à un champ de bataille que le vaincu aurait soigneusement nettoyé avant de disparaître. Subitement, Roosevelt éprouve l'angoisse de l'isolement, du silence, de l'énormité de la tâche à accomplir. Il appelle ses secrétaires. Immédiatement, le travail commence. La ruche s'anime. Il est vrai que, dès ce jour, la fièvre a saisi le monde politique.

Roosevelt a promis d'agir et d'agir vite. Il tient parole. Une avalanche de projets s'abat sur le Congrès dans les jours suivants. Les commissions de la Chambre et du Sénat siègent sans interruption. L'entourage du président manifeste quotidiennement une activité fébrile. Il faut faire quelque chose, tout de suite, dans tous les domaines. Avec l'inébranlable espoir que l'action immédiate donnera des résultats immédiats.

Les Cent Jours, un chiffre rond, le symbole de cette énergie débordante, la durée de la session extraordi-

naire du Congrès, du 9 mars au 16 juin, la lune de miel
entre le Congrès et la Maison Blanche. Quelle interprétation donner de cet impressionnant activisme ? Des historiens parlent d'un premier New Deal que suivaient,
au lendemain des élections législatives de novembre
1934, un deuxième New Deal, puis en 1937-1938 un
troisième New Deal. La division est commode. Elle n'est
pourtant pas incontestable, car, tout compte fait, la
continuité l'emporte sur les ruptures. En outre, il n'y a
pas d'homogénéité convaincante dans chacun des New
Deals – ce qui, de la part de Roosevelt, ne surprendra
personne[1]. En revanche, si les idées politiques qui soustendent l'ensemble des mesures paraissent hétérogènes,
voire opposées, les Cent Jours constituent une phase que
deux traits pourraient caractériser : une démarche hale-
tante, une méthode efficace.

Une démarche haletante

Voici le calendrier politique du mois de mars. Le 5,
Roosevelt et ses conseillers traitent du dossier des
banques. Un congé national est proclamé, ce qui veut
dire que les banques de tous les Etats sont fermées
jusqu'à nouvel ordre. Le lendemain, le Congrès est
convoqué en session extraordinaire pour le 9 – le temps,
dit-on, que les représentants et les sénateurs des Etats
les plus éloignés sautent dans le train et gagnent la capitale fédérale. Le 9, le jour même où s'ouvre la session,
une loi est adoptée, qui réorganise le système bancaire
et prépare la réouverture des guichets. Le 20, nouvelle
loi, pour assurer l'équilibre budgétaire. Deux jours plus
tard, la vente de la bière et du vin de moins de 3,2° est
légalisée et la loi Volstead de 1920 abrogée. Enfin, le 31,
pour lutter contre le chômage, un corps civil est créé qui
assurera la protection des ressources naturelles. Quand

on garde en mémoire qu'une proposition de loi doit être, dans chacune des deux assemblées, discutée par la commission compétente, débattue en séance plénière, adoptée en termes identiques par la Chambre des représentants et le Sénat, signée enfin par le président des Etats-Unis, l'ardeur et l'efficacité de mars ne peuvent que provoquer l'admiration. Les trois mois suivants suscitent la même admiration.

Peut-être pensera-t-on que la nouvelle équipe a engrangé dans ses cartons des plans précis, des projets minutieusement élaborés qu'elle avait hâte d'exposer et de faire adopter. Pas du tout. Le *brain trust*, il est vrai, a réfléchi depuis plusieurs mois aux origines de la crise, aux solutions envisageables et aux procédures pour les mettre en œuvre. Mais aucune décision n'est prise avant le 4 mars, sinon celle de ne pas collaborer avec Hoover et ses services. Tout au long des Cent Jours, Roosevelt se laisse porter par la vague d'enthousiasme qu'il a suscitée et qu'il entretient, par les événements qui surgissent, tout en donnant l'impression qu'il les guide. Il réagit plus qu'il n'agit. L'instrumentiste ne lit pas une partition, mais improvise à partir d'une ligne harmonique. L'étonnant est qu'il n'y ait pas de cacophonie.

La presse soutient le nouveau président sans réserves. Le *Transcript* de Boston, un journal républicain, observe que « l'esprit partisan a abandonné la pays ». Le *News and Observer* de Raleigh (Caroline du Nord) constate que « pour la première fois depuis la chute de 1929 la nation affronte la dépression dans l'unité nationale, derrière un seul leader ». Pour le *Post-Dispatch* de Saint-Louis, « le président et son parti sont souverains ». A Topeka, le *State Journal* rappelle que, dans la campagne électorale, il a pris parti contre Roosevelt, mais qu'à présent il soutiendra « la nouvelle administration pour chaque mesure qui pourra raisonnablement conduire à la reprise économique et à la prospérité du peuple ». Et

Business Week, qui n'a rien oublié de l'hostilité de Roosevelt au monde des affaires, souligne que les capitalistes, ceux qui ont perdu de l'argent comme ceux qui en ont encore ou espèrent en gagner beaucoup, attendent « l'espoir dans les yeux » que Roosevelt réussisse. Tous les commentateurs sont frappés et enchantés par la volonté d'agir manifestée par le président[2].

La situation bancaire exige la priorité absolue. Dès l'après-midi du 5 mars, c'est le branle-bas de combat à la Maison Blanche. Le premier problème est de savoir ce qu'il convient de faire. A supposer que le président proclame un congé national, n'outrepassera-t-il pas son autorité ? Ses conseillers juridiques le rassurent, et il décide alors de faire intervenir le gouvernement fédéral le lundi 6 à 1 heure du matin. Il n'y a pas de temps à perdre, précise-t-il dans sa proclamation, puisque l'or fuit les Etats-Unis, que la spéculation à l'étranger fait rage, que le désordre le plus effrayant règne dans le monde des banques. Pour le moment, le gouvernement fédéral n'émettra pas de monnaie de papier supplémentaire. Les Américains feront comme ils pourront pendant quelques jours. Dans la fièvre qu'on imagine, les experts se mettent à l'œuvre. En quarante-huit heures, les préparatifs sont achevés. Roosevelt termine de sa propre main, le matin du 9, le message qu'il destine au Congrès. Le débat commence à la Chambre un peu avant 13 heures. Les représentants n'ont même pas une copie de la proposition de loi et sont réduits à écouter le *speaker* qui leur lit le texte. Le *speaker* a d'ailleurs décidé que le débat serait limité à quarante minutes. A peine la Chambre a-t-elle donné son approbation que le Sénat est saisi. Il vote la proposition à 19 heures 30. Le président des Etats-Unis signe la loi à 20 heures 36. Il a fallu moins de huit heures pour décider que le gouvernement fédéral donnerait aux banques le droit de rouvrir suivant la situation de chacune. C'est sans doute la solution à la crise immédiate, mais, en même temps, dans une certaine mesure, une révolution dans le système bancaire puisque la loi interdit la thésaurisation et l'exportation de l'or, permet à la Reconstruction Finance Corporation[3] d'acheter une partie du capital des banques, accroît les pouvoirs des banques fédérales de réserve et établit une collaboration entre les banquiers et les hauts fonctionnaires du Trésor. Toutefois, elle n'engage aucunement le processus de nationalisation que réclamaient certains. Elle fait confiance aux banques. D'où la réflexion d'un législateur, déçu par la timidité de la loi : « Le président a chassé les marchands du Temple le 4 mars. Ils sont de retour le 9. » A quoi fait écho le commentaire désabusé de Moley : « La politique qui a triomphé de la crise bancaire était une politique tout entière conservatrice. » Son seul mérite « fut la rapidité et l'audace, avec lesquelles elle fut menée[4] ». Mais Moley fait cette observation, plusieurs années après 1933, alors qu'il a rompu avec Roosevelt.

La course contre la montre ne fait que commencer. Le 10 mars, le président annonce son intention de réduire les dépenses publiques et d'assurer, en conséquence, l'équilibre du budget fédéral ; il l'a promis à Pittsburgh au mois d'octobre 1932. Dans le même temps, il fait préparer un projet qui lui tient à cœur. Puisque le chômage bouleverse les structures sociales, que les jeunes sont tout particulièrement frappés et que la protection de l'environnement, en premier lieu des forêts, le préoccupe, pourquoi ne pas résoudre deux problèmes à la fois ? En tant que gouverneur de New York, Roosevelt avait déjà créé 10 000 emplois qui consistaient à planter des arbres. Sans qu'il entre dans ses intentions d'établir des camps militaires à la manière de Mussolini ou de Hitler, il cherche, dès le 9 mars, une solution satisfaisante avec le secrétaire à la Guerre et le secrétaire à l'Intérieur[5]. L'idée de travaux publics n'est pas neuve.

Reste à trouver le financement, qui ne doit pas perturber l'équilibre budgétaire. A la mi-mars, les détails du projet sont prêts, Roosevelt les peaufine, et le Congrès est saisi le 21 mars. Les membres du Civilian Conservation Corps (CCC, le Corps civil pour la protection de l'environnement) travailleront seulement dans les forêts, sur les sols menacés par l'érosion, là où il y a danger d'inondation. Des bons du Trésor assureront le financement. Ce sera excellent pour la santé des jeunes, excellent pour la sécurité des rues des villes, excellent pour le moral des chômeurs. C'est du fascisme ! s'écrie Norman Thomas. Une menace sur l'emploi des travailleurs, ajoutent les syndicats. Une intervention intempestive des pouvoirs publics, grommellent les conservateurs. La proposition n'en est pas moins adoptée en une semaine. Près de 250 000 emplois pour les dix-huit-vingt-cinq ans sont ainsi créés. En huit ans, deux millions de jeunes auront été employés pour un salaire mensuel de 30 dollars. Une victoire personnelle de Roosevelt.

Avant même d'en avoir fini avec le CCC, les législateurs débattent de deux autres textes : la loi sur l'agriculture et celle sur le relèvement industriel. Voilà un nouveau sujet d'étonnement. Le président a convoqué le Congrès pour traiter de la crise bancaire. En principe, rien de plus. Si les deux chambres sont déjà réunies, autant aborder et, si possible, régler les autres problèmes qui assaillent les Etats-Unis. Du coup, le rythme accéléré des propositions, des discussions et des décisions se poursuivra en avril et en mai.

L'AAA

Pendant la campagne électorale, Roosevelt n'a pas cessé de dire que la question agricole était au cœur de la crise, que la dépression avait pour origine un phénomène de sous-consommation, qu'en relevant le niveau de vie des campagnes, il ferait redémarrer l'industrie et le commerce. Encore faut-il emprunter la voie qui satisfera le plus grand nombre. Dès le 8 mars, Henry Wallace, secrétaire à l'Agriculture, et Tugwell s'attellent à la tâche. Mais les propositions qu'ils examinent sont si nombreuses que le gouvernement n'est pas certain de trouver la bonne issue. Le président adopte une ligne politique relativement claire : que le monde rural se mette d'accord, et ses recommandations formeront l'ossature de la nouvelle législation. Une première mouture est rédigée le 11 mars. Débats acharnés, conflits d'écoles qui n'ont rien de nouveau, car depuis dix ans les agriculteurs sont d'accord pour souligner la gravité de la crise et profondément divisés sur les remèdes. Roosevelt hésite un temps, puis, le 16 mars, décide de soutenir Wallace. Le message qu'il adresse au Congrès en même temps que la proposition qu'il recommande évoque le sauvetage de l'agriculture. Il s'agit, précise-t-il, « d'accroître le pouvoir d'achat de nos fermiers et la consommation des produits que fabriquent nos communautés industrielles ». En premier lieu, les superficies exploitées seront réduites ; la réduction affectera les productions de base : le blé, le coton, le maïs, les porcs, le riz, le lait et ses dérivés, le tabac. Les fermiers qui feront ainsi baisser leur production recevront une indemnité (le *benefit payment)*. Les fonds qui serviront à financer le paiement de l'indemnité proviendront d'une taxe sur la transformation des produits agricoles, taxe payée par les transformateurs eux-mêmes, par exemple les meuniers producteurs de farine de blé.

Le monde agricole ne manifeste pas une satisfaction générale. Les industriels de l'agro-alimentaire sont hostiles à une réduction des superficies cultivées. Les partisans du mcnary-haugénisme[6] préféreraient que le gouvernement fédéral subventionne les exportations.

Des représentants font observer que la taxe sera payée, en fin de compte, par les consommateurs et frappera donc les pauvres en priorité. Quelques-uns crient au communisme, d'autres, au fascisme. Néanmoins, la Chambre ne perd pas son temps. Le 22 mars, six jours après avoir pris connaissance du texte, les représentants l'approuvent par 315 voix contre 98. Au Sénat, la discussion est plus longue. La taxe fait l'objet de vives critiques : elle augmentera, dit-on, le prix de vente et non les revenus des agriculteurs, donc réduira la demande et accentuera les tendances déflationnistes contre lesquelles, pourtant, le gouvernement fédéral a lancé son offensive. Alors, dans ces conditions, on pourrait stimuler la hausse des prix par des moyens strictement monétaires. Et si l'on remonétisait l'argent ? Bonne affaire pour les propriétaires des mines d'argent de l'Ouest, que défendent avec vigueur les sénateurs des Etats riches de ce métal. Le 17 avril, il manque 10 voix seulement pour que soit adopté un amendement qui aurait rétabli la frappe illimitée de l'argent. Le lendemain, Roosevelt fait une concession. Il donne son accord à un amendement que présente le sénateur Thomas sur la frappe de l'argent, à condition que le président reste entièrement maître du jeu. Voulant avant tout que sa loi agricole soit votée, le président recule le moins possible. Son impatience est d'autant plus grande que les récoltes seront bientôt faites, puis engrangées. Il n'oublie pas non plus qu'une agitation de type populiste, vaguement teintée de socialisme, traverse les Etats du Middle West et des Grandes Plaines. On peut redouter le pire. A trop tarder, les autorités de Washington courent le risque d'affronter un typhon social.

D'un autre côté, les manipulations monétaires inquiètent beaucoup, au Congrès comme au sein du gouvernement. Les orthodoxes prédisent le début d'une inflation incontrôlable, le chaos, la certitude que toute coopéra-

tion internationale sera impossible, en un mot, l'enfer. Il
faut calmer les inquiétudes. La fuite de l'or à l'étranger,
qui a pris un tour angoissant, rend impossible l'accroissement du volume de la monnaie. Le maintien de la
convertibilité gêne considérablement les échanges commerciaux. Le 19 avril, le gouvernement américain
décroche alors le dollar de l'étalon-or : il laissera le dollar flotter à la baisse, jusqu'au moment qu'il jugera
opportun. Au fond, le président croit à une inflation
contrôlée. La Grande-Bretagne n'a pas raisonné autrement, lorsqu'elle a renoncé, en septembre 1931, à la
convertibilité de la livre sterling. Dans le même temps,
Roosevelt n'a pas abandonné l'idée que, grâce à la coopération internationale, les droits de douane seront
abaissés, les monnaies stabilisées et les activités économiques ranimées dans le monde. Quoi qu'il en soit, la
fuite de l'or oblige Roosevelt à agir. La pression des
argentistes le contraint à accepter l'amendement Thomas. Ainsi amendée, la proposition de loi sur l'agriculture est adoptée ainsi qu'une loi sur l'endettement des
fermiers. Le 12 mai, le président signe enfin l'Agricultural Adjustement Act[7].

Le même jour, la loi sur les secours d'urgence (Federal
Emergency Relief Act) met sur pied une administration
fédérale, la FERA, qui disposera de 500 millions de dollars pour aider les chômeurs. Une partie des fonds sera
distribuée directement aux Etats ; une autre servira à
financer avec les Etats (dans la proportion d'un quart
pour le fédéral et de trois quarts pour les Etats) des projets qui créeront des emplois. C'est un schéma presque
identique à celui qui a fonctionné dans l'Etat de New
York sous le gouverneur Roosevelt. Dans les deux cas,
c'est le même homme, Harry Hopkins, qui assume la
direction des opérations.

La TVA

Et puis, comme si ce mois de mai n'était pas assez rempli, une autre proposition de loi, d'une importance capitale, est discutée, adoptée et signée le 18. Elle fonde la Haute Autorité de la vallée de la Tennessee, la TVA. C'est une idée ancienne que les progressistes défendent avec vigueur depuis plus de quinze ans et que le candidat Roosevelt a décidé de soutenir. En 1916, une usine de nitrates a été installée à Muscle Shoals, sur la rivière Tennessee, en Alabama. Complétée en 1918, l'installation a bientôt produit 40 000 tonnes par an. Un barrage a été construit, le Wilson Dam. Après la guerre, le gouvernement fédéral a voulu céder le tout à des intérêts privés. Erreur, n'a cessé de proclamer le sénateur George Norris, le pouvoir fédéral devrait assumer ses responsabilités et participer activement à la mise en valeur de la région. Ni Coolidge ni Hoover ne se sont montrés sensibles à ses arguments. Lorsque le Congrès a créé un organisme fédéral pour faire fonctionner le barrage et les usines, les deux présidents ont opposé leur veto.

Roosevelt est d'un autre avis. Les projets de travaux publics pour produire de l'hydro-électricité le passionnent, on le sait. Il demande au Congrès, dès le 10 avril, d'établir une Tennessee Valley Authority qui disposerait de larges pouvoirs et serait placée sous la surveillance du Congrès et de la présidence. Elle aurait pour mission de contrôler le cours de la Tennessee et de ses affluents, d'arrêter l'érosion, de maîtriser les crues, d'améliorer la navigation. Elle stimulerait l'aménagement d'une voie fluviale qui relierait le Sud aux Grands Lacs. Elle aurait sous sa tutelle la fabrication d'engrais à Muscle Shoals, un programme de recyclage agricole et de reboisement, enfin la construction de barrages hydro-électriques. Si l'on ajoute la lutte contre la malaria, le creusement de lacs de divertissement, des essais architecturaux et la diffusion des livres par des bibliobus, on saisit l'ampleur de ce projet d'aménagement régional. Sept Etats (le Tennessee, la Caroline du Nord, le Kentucky, la Virginie, le Mississippi, la Georgie et l'Alabama) sont directement concernés. Aucune urgence ne pousse le président, sinon la misère dans laquelle sont plongés les riverains de la Tennessee. Aucune nécessité ne le contraint à ajouter à ses promesses électorales la vente et la distribution de l'électricité, sinon « les dures leçons du passé » qui ont souligné les conséquences d'un développement anarchique. On a dit de la TVA qu'elle était la vitrine du New Deal, une entreprise spectaculaire que l'on fait visiter, que l'on filme, que l'on montre en détail dans d'innombrables reportages. Ce n'est pas faux. La TVA est aussi un luxe que Roosevelt veut accorder tout de suite, dans le feu de la passion créatrice, au peuple américain. Un représentant du Massachusetts en fait « l'un des rêves soviétiques[8] » du pouvoir. Les historiens y voient le triomphe des planificateurs. Peut-être s'agit-il tout simplement de mettre de l'ordre dans le désordre économique, de confier au gouvernement fédéral la tâche de prévoir, d'organiser et de gérer, de faire en temps de crise ce qu'il a commencé de faire en temps de guerre.

Le NIRA

Les banques, la monnaie, l'agriculture, le développement régional..., tels sont les grands thèmes du printemps législatif de 1933. Ajoutons la lutte contre le chômage, encore timidement entreprise. Quant à l'industrie, Roosevelt y pense dès le mois de mars, sans très bien savoir quoi faire. Il faudrait stimuler sa renaissance, car elle est le pilier de la société américaine. Si elle sombre, les Etats-Unis ne sortiront pas de la dépres-

sion. Roosevelt a bien invité ses conseillers à une
réflexion sur ce thème, mais conversations et réunions
ne donnent rien. Le choc se produit le 6 avril. Ce jour-là,
le Sénat adopte la proposition d'un de ses membres,
Hugo Black, un démocrate de l'Alabama. Depuis
décembre 1932, Black suggère que la semaine de travail
soit limitée à trente heures. La loi vaudrait seulement
pour le commerce entre les Etats, le seul domaine économique, en principe, dans lequel le pouvoir fédéral
puisse intervenir. Les marchandises passant d'un Etat à
l'autre devraient être produites par des entreprises dont
les employés ne travailleraient pas plus de six heures par
jour ni plus de cinq jours par semaine. Procédé simple et
efficace – du moins beaucoup le croient – pour créer des
emplois, donc résorber le chômage.

Roosevelt ne partage pas cette opinion. La proposition, estime-t-il, n'est pas conforme à la Constitution et
ne résoudra pas le problème qu'elle entend traiter. Il
pousse ses collaborateurs et des personnalités venues de
tous les horizons à préparer une véritable mobilisation
industrielle, à la manière de ce que Wilson a fait en
1917-1918. Mais sur le thème du relèvement industriel,
les intérêts contradictoires s'affrontent. Les industriels
voudraient qu'on annule, au moins provisoirement, les
mesures antitrusts, car ils considèrent que les concentrations et les ententes sont indispensables pour surmonter
la crise. Mais ils ne souhaitent pas qu'on en revienne à
un capitalisme sauvage, qui revêtirait des aspects anar-
chiques. Les syndicats, quant à eux, accepteraient la suspension des lois antitrusts si les travailleurs bénéficiaient
d'une augmentation de salaires, de conventions collectives, d'une protection contre les bas salaires.

Le président prend alors, le 10 mai, une décision spectaculaire en demandant qu'on lui prépare une proposition de loi qui réunisse les revendications des uns et des
autres ; qu'ils restent enfermés dans une salle de travail

jusqu'à ce qu'ils soient d'accord, précise-t-il. L'élaboration dure une semaine. Si la Chambre donne son approbation avec empressement, le Sénat traîne les pieds, exprime son opposition à la levée des mesures antitrusts, proteste contre l'extension du pouvoir fédéral, regrette que les tendances inflationnistes ne soient pas plus marquées. Ce n'est que le 16 juin que Roosevelt signe la loi sur le relèvement industriel (National Industrial Recovery Act).

Le NIRA crée une administration fédérale, la NRA (National Recovery Administration), que dirigera le général Hugh Johnson. Il contient trois points principaux. Premièrement, des codes de concurrence loyale seront élaborés par chaque secteur d'activité. Ils fixeront des prix de vente raisonnables et éviteront la concurrence sauvage. Le président des Etats-Unis sera le garant et donnera son aval, en conférant aux entreprises le droit d'arborer un aigle bleu. Les codes prohiberont les prix trop bas, prévoiront un nombre maximal d'heures de travail et un salaire minimum. La législation antitrusts est provisoirement abandonnée. Deuxièmement, une administration des travaux publics, la Public Works Administration ou PWA, placée sous la direction du secrétaire à l'Intérieur, disposera d'un budget de 3,3 milliards pour entreprendre des travaux de construction, donc embaucher une partie des chômeurs. Troisièmement, la proposition Black est retirée. A la place, la section 7a du NIRA garantit aux travailleurs le droit de « s'organiser et de mener des négociations collectives par l'intermédiaire des représentants qu'ils ont choisis ». Un Bureau national du travail (National Labor Board), que présidera le sénateur Robert Wagner, veillera à l'application du droit aux négociations collectives.

C'est encore le 16 juin, le dernier jour de la session extraordinaire, que le Congrès adopte une réforme du système bancaire (le Glass-Steagall Banking Reform

Act[9]) qui donne la garantie du gouvernement aux dépôts inférieurs à 5 000 dollars, sous le contrôle de la Federal Bank Deposit Insurance Corporation (FDIC). Ce même 16 juin, une réorganisation des sociétés ferroviaires est votée, et les fermiers bénéficient d'un allégement de leurs dettes par le Farm Credit Act. Au cours de la semaine précédente, d'autres mesures, tout aussi importantes, ont été prises : abrogation de la clause or dans les contrats privés et publics, facilités de remboursement pour les propriétaires de maisons. On dirait que le Congrès a livré un sprint final pour démontrer qu'après cent jours d'activité intensive, il conserve toute sa vigueur, toutes ses forces, en un mot son énergie créatrice. La réussite législative du président Roosevelt n'en laisse pas moins perplexes les observateurs de la vie politique. Aucun président n'a fait autant en si peu de temps. Parmi ses successeurs, personne ne rééditera l'exploit, même pas Lyndon Johnson au moment où les Américains bâtissent la Grande Société.

Une méthode efficace

A ce succès, nul mystère. Roosevelt applique une méthode efficace, et notamment dans ses relations avec le Congrès. A l'issue des élections de novembre 1930, le Sénat comprend 48 républicains, 47 démocrates et 1 indépendant. Deux ans plus tard, le changement est significatif : 60 démocrates, 35 républicains, 1 indépendant. A la Chambre des représentants, aux 220 démocrates, 214 républicains et 1 indépendant succèdent, en 1933, 310 démocrates, 117 républicains et 5 indépendants[10]. Roosevelt dispose d'une très confortable majorité, ce qui explique, à n'en pas douter, sa démarche exceptionnelle. Sans doute la discipline de vote n'existe-t-elle pas au Congrès des Etats-Unis. Les partis sont unis sur le papier, beaucoup moins dans la pratique quotidienne. Mais les membres du Congrès ont été élus en même temps que Roosevelt, souvent plus malaisément que lui. Ils reflètent les changements de l'électorat. Les analystes politiques ont pourtant commencé par faire de sombres prévisions. Walter Lippmann a redouté, par exemple, que les législateurs ne manifestent un indomptable esprit d'indépendance à l'égard du président et que Roosevelt ne parvienne pas à imposer son influence. En février 1933, un sénateur l'a ainsi mis en garde : les démocrates, dit-il, ont pris l'habitude de décider seuls ; les républicains, de repousser toute collaboration avec leurs adversaires politiques. De là la crainte qui se répand. Pour affronter la crise, les Etats-Unis ne sauraient accepter d'être gouvernés, tant bien que mal, par un président qu'un Congrès récalcitrant affaiblirait. Il faut un dictateur et, ajoute l'un des sénateurs du Michigan, « un dictateur n'est d'aucune utilité s'il ne dicte pas[11] ». Mises en garde inutiles. Le Congrès fait montre d'une remarquable volonté de coopération. Roosevelt n'a pas envie ni besoin de se muer en dictateur ; en fait, il obtient tout ce qu'il demande, y compris les pouvoirs fort étendus dans le domaine bancaire et économique.

Première explication : l'arithmétique électorale. Parmi les démocrates qui siègent à la Chambre, 131 sont de nouveaux élus qui n'ont pas l'expérience du législatif fédéral. Ceux-là ont battu des sortants républicains dans le sillage de Roosevelt. De plus, comme leur assise locale est encore bien fragile, ils ont intérêt à récompenser leurs électeurs, donc à leur offrir des places dans l'administration fédérale, des emplois ou, à défaut, des indemnités de chômage. Non seulement ils appuieront les initiatives de la Maison Blanche en faveur d'un élargissement des pouvoirs fédéraux, mais ils iront souvent au-delà de l'orthodoxie rooseveltienne. Somme toute, ils aspirent au changement, parce qu'ils en sont issus et qu'ils ne conserveront leur siège que par des réformes.

Deuxième explication : le poids des états-majors. Au Sénat comme à la Chambre, les leaders démocrates soutiennent Roosevelt. Peut-être parce qu'ils voient en lui un leader naturel dont viendra la manne des récompenses ; certainement parce que la situation politique en mars 1933 exige de faire confiance à celui qui détient le pouvoir suprême, qu'on attend de lui des miracles, que Roosevelt est l'homme providentiel sur lequel il vaut mieux se décharger.

Troisième explication : les républicains sont en pleine débandade. Un démocrate de la Chambre fait observer à l'un de ses collègues républicains : « Il y a quelques années il vous fallait toute la Chambre pour tenir vos réunions de parti. Aujourd'hui, une cabine téléphonique suffit[12] ». L'image est excessive, mais témoigne, malgré tout, de l'affaiblissement spectaculaire des républicains, réduits au silence ou presque. Ils portent la croix de la défaite, sans chef véritable, sans projet politique, n'osant ni soutenir Roosevelt ni le combattre. D'ailleurs, même auprès des législateurs républicains, le charme du président est irrésistible. Revenant de la Maison Blanche, Charles McNary, le leader des républicains au Sénat, écrit : « Je l'aime beaucoup. » Lorsque Roosevelt reçoit les nouveaux venus du Congrès, il est, d'après un journaliste, « bien entendu, cordial, simple, attrayant, comme on s'y attendait ; une personne extrêmement aimable. On n'a pas le sentiment qu'il est trop charmeur ni qu'on s'expose à tomber dans un piège. (...) On n'a pas l'impression, pour ainsi dire, d'être séduit. C'est simplement un homme très attirant et cordial[13]. »

Quatrième explication : la tactique de la Maison Blanche. Le président ne dispose pas du droit de proposer des lois ni de fixer le calendrier des assemblées législatives. Mais ses recommandations ont du poids. Elles délimitent le cadre du débat politique, suggèrent des échéances et des choix. Le Congrès aurait bien du mal à résister, d'autant que la tactique du président est subtile. Il commence par faire voter une loi qui établit l'équilibre budgétaire. Les dépenses publiques seront strictement limitées. La mesure est impopulaire. Puis il propose une loi sur la bière réclamée par une large majorité et assurant de nouvelles rentrées au Trésor. Hasards de la conjoncture ou habileté consommée ? Avant d'aborder le grand débat sur l'agriculture, Roosevelt fait adopter son projet de Civilian Conservation Corps, pour faciliter la vie des législateurs et les protéger contre les critiques éventuelles de leurs électeurs. Restent les armes traditionnelles de la présidence : l'acceptation des compromis inévitables, une invitation à la Maison Blanche, la photographie de l'invité en compagnie du président pour le journal local, la promesse de quelques prébendes. Voilà un arsenal dont on peut espérer les meilleurs résultats.

Tout s'explique par la crise

Pour rendre compte des succès de Roosevelt, les explications sont nombreuses. S'il fallait n'en retenir qu'une, les historiens tomberaient d'accord sur un mot : la crise. C'est elle qui permet de comprendre l'extraordinaire confiance dont il a joui : il est le magicien, le sauveur, l'homme de l'impossible. Une position à la fois avantageuse et peu confortable, car la déception peut être proportionnelle à l'espérance. Certains, d'ailleurs, s'irritent, quand ils ne s'inquiètent pas du chemin qu'empruntent les Etats-Unis de 1933. Hitler et Roosevelt, Roosevelt et Hitler. Vue d'aujourd'hui, la comparaison n'a pas de sens. Mais les contemporains, le nez collé sur l'événement, n'imaginent pas encore jusqu'où ira Hitler et redoutent que Roosevelt ne s'arrête pas à temps. Ces pouvoirs, que réclame la Maison Blanche et qu'elle obtient, cette ingérence croissante du gouvernement fédéral dans les affaires des Etats et dans le secteur privé, ce goût, pour l'instant maîtrisé, dont témoigne Washington pour les dépenses publiques, la menace d'une inflation qui déboucherait sur des bouleversements révolutionnaires, l'irrésistible puissance de conviction de Roosevelt, autant de dangers qui menacent la démocratie.

Les conservateurs du Congrès, démocrates et républicains, forment un tiers du Sénat, moins d'un quart de la Chambre. Le tableau ci-dessous[14] donne une idée intéressante de l'opposition au New Deal. Il est composé des votes cumulés qui ont été exprimés sur l'AAA, le NIRA, la loi sur la réduction des dépenses publiques, la FERA, la loi sur la suspension des paiements en or et, pour le Sénat seulement, la loi Black sur la semaine de trente heures.

	Pour FDR	Contre FDR	Contre FDR parmi les républicains	Pourcentage contre FDR parmi les républicains	Contre FDR parmi les démocrates	Pourcentage contre FDR parmi les démocrates
Sénat	596	221	175	50	43	7
Chambre des représentants	2 741	800	599	53	201	8

A ce calcul précis et froid, il convient d'ajouter les réflexions que rapportent les journaux. Le Congrès passe pour une chambre d'enregistrement ; ses membres, pour « les laquais du pouvoir ». Un représentant démocrate laisse exploser sa colère : « J'en ai vraiment assez d'être conduit pour ainsi dire par le bout du nez. (…) Je suis prêt à enterrer temporairement mes convictions les plus établies et à accepter d'être traité de godillot, mais, mon Dieu ! devons-nous faire embaumer nos corps et chloroformer nos esprits[15] ? » Pour l'instant, ce sont des protestations isolées, des voix qui crient dans le désert. Elles troublent la parfaite harmonie sans mettre fin encore à la lune de miel.

Le grand communicateur

L'influence de Roosevelt sur l'opinion est avant tout une séduction médiatique. La presse écrite et la radio sont les deux moyens de la communication qu'il privilégie. Avec quel succès ! André Maurois a tout de suite noté « le sentiment si particulier et si vigoureux qui, dans le peuple, s'était attaché à cet homme. Sentiment complexe, adoration tendre née d'un charme personnel, d'un sourire, d'une voix. En dix villes différentes, des chômeurs de toute classe, de toute profession, m'ont dit avec une sincérité émouvante : "Je me souviendrai toujours de la minute où, pour la première fois, j'ai entendu cette voix à la radio. Quand il a dit : « *My friends...* il l'a dit d'un tel ton, avec une telle douceur et une telle force que j'ai compris que c'était vrai, que cet homme était un ami et qu'il allait essayer de faire ce que les autres n'avaient pas fait." » Et Maurois ne résiste pas au plaisir de raconter une anecdote significative : « Lorsqu'il préparait le fameux message sur la crise bancaire, le Président fit venir dans son bureau un peintre en bâtiment qui travaillait à la Maison Blanche et lui lut son brouillon. S'il y a dans ce que je viens de lire, aurait-il dit, des mots que vous ne comprenez pas, arrêtez-moi. Deux ou trois fois, l'homme interrompit la lecture et le Président changea la forme de sa phrase. J'espère que l'histoire est vraie ; c'est celle de Molière et de la servante[16]. »

Les fameuses causeries au coin du feu... Les habitants de l'Etat de New York y sont habitués. Leur gouverneur leur a souvent parlé par l'intermédiaire de la radio. Cette fois-ci, c'est le président des Etats-Unis qui s'adresse à

ses concitoyens. Sans recourir, comme le faisait Hoover,
à un ton solennel[17]. Simplement, directement, en lisant
un texte que ses collaborateurs et lui ont soigneusement
rédigé, sans attendre non plus. La crise bancaire bat son
plein. Le Congrès vient d'adopter en catastrophe une loi
d'urgence. Rien ne peut réussir si les Américains n'y
mettent pas du leur. S'ils ne manifestent pas massive-
ment leur confiance dans les institutions fédérales, les
mesures les plus judicieuses, les plus savantes, les plus
urgentes ne changeront pas la situation. Le dimanche
12 mars, Roosevelt parle à la radio. Il sait que dix-sept
millions de familles possèdent un récepteur et qu'elles
sont presque toutes à l'écoute. Le sujet qu'il aborde est
complexe, mais le ton est dépouillé ; les mots sont ceux de
tous les jours et l'explication passe : « Pendant quelques
minutes, commence-t-il, je veux parler au peuple américain de la banque. » Il rappelle les origines de la crise,
puis il indique le sens des mesures qui viennent d'être
prises. Reste à convaincre les auditeurs qu'ils peuvent –
qu'ils doivent – rapporter leurs dépôts dans les banques.
Sinon, elles ne rouvriront pas. « Je puis vous assurer
qu'il est plus sûr de conserver son argent dans une
banque qui vient de rouvrir que sous son matelas. » Pour
balayer les dernières hésitations : « Ce n'est pas moins
votre problème que le mien. Ensemble, nous ne pouvons
pas échouer[18]. »

Langage sobre, économie d'arguments, discrets appels
aux sentiments patriotiques… Le résultat est extraordinaire. Dès le lendemain, l'argent revient dans les
banques. L'exemple de quatre caisses d'épargne de Philadelphie est instructif. Elles disposent, en tout et pour
tout, de 400 millions. Elles doivent, lundi matin, verser
à leurs clients 10 millions qui correspondent à des
demandes de retraits. Grâce à la causerie, ceux-ci ne
retirent que 1,5 million et 1 million est déposé. Cet
exemple se retrouve, avec des variantes, partout dans le

pays. Or, contrairement à ce qu'on pourrait croire de nos jours, l'intervention radiophonique de Roosevelt n'a pas été répétée. Il n'a pas fait appel à des professionnels pour apprendre des « trucs », pour améliorer sa diction ou rendre ses propos plus dramatiques. Il a parlé comme on parle à des voisins. Bien plus, on peut se demander si la diffusion à 22 heures n'a pas été un peu tardive, encore qu'elle ait été fréquemment annoncée et qu'une attente de plus en plus anxieuse l'ait précédée. En décembre 1932, le président du réseau NBC lui a offert quinze à vingt minutes d'antenne chaque semaine. Roosevelt remercie et répond qu'il parlera si la situation l'exige, mais qu'il ne fera pas d'émission hebdomadaire. Il veut dire que la rareté et surtout l'irrégularité accroissent l'impact de ses propos. Le meilleur expert en communication de l'entourage de Roosevelt, c'est Roosevelt lui-même. Avec ce sens inné du possible et de l'inutile. Il ne cherche pas à manipuler l'opinion, mais à l'informer. L'intuition triomphe plus qu'une technique sophistiquée. A l'ordre du jour, le bon sens et non les « coups tordus ».

Roosevelt, peu auparavant, a démontré son talent de grand communicateur avec les journalistes de la presse écrite. Le mercredi 8 mars, à 10 heures 10, cent vingt-cinq d'entre eux entrent dans le bureau du président. Etonnés, sans doute, intimidés peut-être. Des conférences de presse, les présidents en donnent depuis l'époque de l'oncle Ted. Elles revêtent un caractère formel : le leader de la nation consent à parler aux journalistes, tout en s'adressant, pardessus leur tête, à ses concitoyens. Avec Hoover, qui n'aimait guère les contacts directs et moins encore les questions brutales, le fossé s'est élargi : les journalistes devaient poser leurs questions par écrit et recevaient, par écrit également, la réponse du président. La correspondance remplaçait la conférence. Franklin Roosevelt, lui, bouscule les habitudes. Assis derrière son bureau, il répondra directe-

ment. Ce sera un échange ininterrompu. L'atmosphère
sera à la bonne humeur et à la simplicité. On peut compter sur la convivialité du président pour faire le reste.
Parmi les anciens de la presse washingtonienne, personne n'en croit ses yeux ni ses oreilles. La révolution du
New Deal, c'est déjà cela : le pouvoir ne dissimule pas
l'information. Quand, au beau milieu de la conférence
de presse, deux de ses fils entrent dans le bureau pour
dire au revoir à leur père, Roosevelt explique à ses interlocuteurs médusés que les deux garçons partent pour
l'Arizona. Interruption préparée ou improvisée, on ne
sait… Elle renforce en tout cas l'impression de cordialité
et de bonhomie.

De fait, la conférence suit des règles précises. Le président et son attaché de presse les ont clairement énon-
cées. Pas de citation directe. Les journalistes gardent
pour eux les opinions *off the record* émises par le président. Aux questions orales, Roosevelt répondra ou ne
répondra pas. La régularité des conférences est assurée :
le mercredi à 10 heures, pour donner satisfaction aux
journaux de l'après-midi ; le vendredi à 16 heures, pour
fournir de la copie aux journaux du matin. On le
constate, en dépit d'un apparent désordre, rien n'est
laissé au hasard. La rencontre dure trente-cinq minutes.
Ce jour-là, le président explique la réforme bancaire
qu'il prépare. La curiosité des journalistes est largement
satisfaite. Ils ont désormais de quoi rédiger leurs
papiers. Mieux encore, ils éprouvent le sentiment que le
président des Etats-Unis les a mis dans la confidence,
qu'ils en savent infiniment plus que leurs confrères
absents et, cela va de soi, que les autres Américains. Ils
viennent d'avoir et auront encore un accès direct à la
principale source d'information. Ils n'échapperont pas au
désir d'expliquer les intentions de la Maison Blanche,
donc de justifier la politique du président.

A y regarder de près, Roosevelt fait à merveille ce que la grande majorité des Américains attendent de lui. Certes, son charisme impressionne, mais il ne parviendrait pas à remplir son rôle, s'il n'y avait une attente générale. Face à l'ampleur de la catastrophe qui les frappe, les Américains ne savent plus vers qui se tourner. Les autorités locales, les premières à affronter la crise, ont fait faillite. Comtés et municipalités ont tant dépensé qu'en 1933 leurs dettes atteignent les 9 milliards[19]. Il leur est impossible à présent de trouver de nouvelles ressources. Quant à l'imposition, directe ou indirecte, elle ne donnera rien de plus. Les Etats réagissent dans le désordre. Comment feraient-ils autrement, puisqu'ils n'ont pas l'habitude de coordonner leurs efforts et disposent d'une autonomie à laquelle ils sont très attachés ? Au total, à la fin de 1932, seuls huit des quarante-huit Etats de l'Union sont en mesure de distribuer des secours en argent. Ce qui n'empêche pas la majorité des gouverneurs de proclamer leur volonté de résister aux empiétements du gouvernement fédéral. L'heure est aux restrictions budgétaires et au repliement, alors que les Américains attendent une reprise économique. Avec ou sans Roosevelt, les regards se tournent vers Washington. C'est de là que viendront les solutions. Du moins le croit-on de plus en plus. Hoover l'a bien compris à partir de 1931, mais n'a pas su incarner les espoirs du pays. Par ses qualités personnelles, Roosevelt, lui, réussit infiniment mieux. Dans le manichéisme des impressions populaires, Hoover est l'archange du Mal ; Roosevelt, le Messie. Cela lui facilite la tâche.

Les trois lignes de joueurs

L'entourage, enfin, joue un rôle fondamental. A commencer par Eleanor qui, au cours des Cent Jours, se dépense sans compter. Elle observe, rapporte, rassure, conseille. Elle continue d'être les yeux et les oreilles de son mari. Elle est partout. Un caricaturiste du *New Yorker* a bien saisi ce don d'ubiquité. Tout au fond d'une mine de charbon, un mineur lève la tête et crie à son compagnon de travail : « Mon Dieu ! Voilà Mme Roosevelt ! » A vrai dire, l'équipe qui travaille aux côtés du président s'est considérablement étoffée. Les textes de lois, par exemple, ce ne sont pas les législateurs qui les préparent ; la plupart d'entre eux ont des idées, mais manquent d'expérience. Les conseillers du président sont les principaux rouages du mécanisme. L'image qu'en donne André Maurois mérite d'être retenue. « L'équipe Roosevelt, écrit-il, comporte, comme une équipe de rugby, trois lignes de joueurs. »

En première ligne, le *brain trust*, c'est-à-dire la trinité de la campagne électorale, Moley, Tugwell et Berle, auxquels se sont joints Félix Frankfurter, professeur de droit à Harvard, James Warburg, le banquier, et un essaim d'intellectuels. Des esprits brillants, des universitaires engagés, des travailleurs sociaux, des journalistes, des économistes, des juristes, à la recherche d'un emploi, déferlent sur la capitale fédérale. Les uns attirent les autres. Des colonies se forment dans les départements ministériels et dans les administrations. Ils n'ont pas tous accès aux plus hautes sphères du pouvoir, mais fréquentent ceux qui y ont accès et travaillent pour eux. Ils ramassent des miettes, hument le fumet, ne s'assoient pas à la table des décideurs. Alger Hiss raconte son expérience : il a fait ses études dans l'ombre de Frankfurter, connaît des professeurs de Columbia. Et puis, au début de 1933, il reçoit de Washington un télégramme. On lui propose d'occuper un poste dans l'Agricultural Adjustment Administration. Il hésite, car il vient d'être engagé par un cabinet d'avocats de New York, mais Frankfurter lui conseille d'accepter. Voici Hiss, à vingt-huit ans, dans un bureau de l'AAA, en train de négocier un texte sur la production de coton. « J'avais le sentiment d'être un volontaire. Notre état d'esprit, c'est que nous allions nous battre pour notre pays. Nous étions comme une milice et nous nous étions engagés pour la durée de la guerre. La dépression était la plus grande crise que le pays ait affrontée depuis la guerre de Sécession. Nous étions romantiques. (…) Nous faisions une expérience que, pendant des années de pratique dans un cabinet, nous n'aurions pas eue[20]. » Tous ces jeunes gens se rencontrent, discutent, vivent parfois ensemble. Des idéalistes, oui. Des communistes, non, du moins pour la grande majorité. « Nous étions des enfants, dit l'un d'eux, frais émoulus de la faculté de droit[21]. »

La deuxième ligne est formée de conseillers qui ont une expérience politique et administrative. Ils occupent des postes importants. Lewis Douglas, par exemple, directeur du budget, a exercé un mandat législatif et tenu un rôle important auprès du candidat Roosevelt. A trente-neuf ans, il peut se vanter d'avoir fait une belle guerre sur les champs de bataille français, d'avoir aussi une personnalité séduisante. Sa spécialité, ce sont les économies budgétaires. Il atteint le sommet de la gloire au cours du mois de mars 1933. Dans la même catégorie, il faut placer Hopkins et Bernard Baruch, le financier qui a travaillé pour le gouvernement du président Wilson et reste, pour le moment, en dehors de celui de Roosevelt.

Enfin, « les vieux renards de la politique » se tiennent en troisième ligne. André Maurois ne les nomme pas. Il faudrait, pourtant, mentionner Louis Howe, de plus en plus jaloux de son autorité, Jim Farley, investi des fonctions de Postmaster General, ce qui lui confère également l'impossible mission de satisfaire 1 250 000 militants avec 125 000 emplois fédéraux[22]. « Entre ces Nestors du parti et les enfants prodiges, remarque Maurois, les rapports sont un peu ceux qui existaient chez nous au début de cette législature entre radicaux de générations différentes, et, là-bas comme chez nous, les vieux renards ont plus d'un tour dans leur sac. Si le conflit devient aigu, je plains les enfants prodiges[23]. »

André Maurois dresse un tableau trop sombre. Le capitaine de l'équipe tient en main les trois lignes. Et surtout, il n'hésite pas à recommander la confrontation des idées dont il espère que sortira une belle synthèse. Voici l'exemple du NIRA : Moley et Tugwell ont recommandé, en mars, qu'une initiative soit prise pour favoriser le relèvement industriel. Roosevelt a lu également les suggestions que lui ont adressées des hommes d'affaires. A la mi-avril, son oncle, Frederic A. Delano, lui a fait part de ses idées qui sont très proches de celles du NIRA. On sait l'importance de la loi Black. Frances Perkins, secrétaire au Travail, a, bien évidemment, donné également son avis, sans oublier Roper, le secrétaire au Commerce, ni Ickes, le secrétaire à l'Intérieur. Trois groupes de travail ont préparé des projets. La discussion s'engage alors et conduit à des concessions, à des modifications, à d'interminables batailles au sein du gouvernement et de l'entourage de Roosevelt. Celui-ci tranche en faveur du projet global, c'est-à-dire de l'addition de mesures hétérogènes. Dans un souci d'éviter la concentration des pouvoirs, il confie à Ickes la direction de la PWA et à Johnson celle de la NRA.

Le maître du jeu reste Franklin Roosevelt. Il multiplie les nouvelles agences d'exécution pour ne pas surcharger les départements ministériels, pour éviter les tensions administratives, pour signaler l'importance qu'il attache à telle ou telle réforme, pour bouleverser la machinerie gouvernementale que menace la sclérose[24]. Il met sur pied un organisme de coordination, le Conseil national d'urgence (National Emergency Council) et le laisse s'écrouler sous le poids des organismes à coordonner. Il crée un Conseil exécutif qui rassemble les membres du Cabinet, les directeurs des principales agences chargées du relèvement économique. Sans résultat. Il fait appel à une armée de nouveaux fonctionnaires, sous prétexte que ceux qui occupent les places ont presque toujours été nommés par des présidents républicains. Il puise dans le réservoir de ses amitiés, du gouvernement de l'Etat de New York, de la « machine » qui l'a aidé à remporter les élections, de ses relations, du Parti démocrate. Le hasard, l'amitié, la reconnaissance, les pressions expliquent la plupart des choix, avec cette idée qu'il vaut mieux nommer côte à côte des personnalités contradictoires. « Un peu de rivalité stimule, explique-t-il à Frances Perkins. Chacun est obligé de prouver qu'il est meilleur que son voisin. Et cela assure l'honnêteté[25]. »

Du coup, le président atteint deux objectifs : il accumule à son profit les renseignements, les suggestions et les avis, et il se réserve de choisir. Il ne délègue à personne le soin de trancher. Comme disent les Américains, il assume pleinement le *leadership*.

Le fil d'Ariane

Avec une admirable patience, les historiens et les économistes analysent les idées qui ont prévalu au cours des Cent Jours. Ils réunissent les innombrables lois du New Deal autour de principes directeurs et tentent de donner une interprétation globale du printemps de 1933. Ce sont, il faut en convenir, des questions fondamentales, mais elles sont quasiment insolubles. D'un côté, il y a la déclaration du président de juillet 1933 : « Toutes les propositions et toute la législation depuis le 4 mars ne sont pas simplement une collection de schémas réunis par hasard, mais les parties ordonnées d'un ensemble logique et structuré[26]. » Il faut donc découvrir le fil d'Ariane. De l'autre côté, Raymond Moley a noté en 1934 que « le président a utilisé la pensée et les services de nombreuses écoles de pensée et les a coulés dans un moule unique ». Voilà qui est déjà moins cartésien. Autre citation éclairante, le sénateur Norris interroge Roosevelt : « Que direz-vous quand on vous demandera sur quelle philosophie politique se fonde la TVA ? » La réponse surgit naturellement, et elle n'étonnera pas ceux qui ont entendu et lu Roosevelt : « Je dirai que ce n'est ni du poisson ni du gibier. Mais quoi que ce soit, cela sera sacrément bon pour les habitants de la vallée de la Tennessee. » De quoi décourager définitivement les partisans de la théorisation...

En réalité, les lois des Cent Jours reflètent le programme électoral du candidat démocrate : beaucoup de contradictions, l'inébranlable volonté de tout essayer, de marcher pour prouver le mouvement, une expérimentation constante et aussi peu doctrinaire que possible. Roosevelt aime à se comparer à l'arrière d'une équipe de rugby : il dirige le jeu ; si un mouvement n'a rien donné, il faut en déclencher un autre qui ressemblera ou ne ressemblera pas au précédent. Tout change si vite, écrit-il à House à la mi-mai, que « le problème d'aujourd'hui est demain résolu ou remplacé par un autre. (...) Il faut des jugements éclairs ». En conséquence, la quête d'influences théoriques est souvent infructueuse.

Dès le mois de mars, comme il l'a promis, Roosevelt voudrait réduire autant que possible les dépenses publiques. La faute majeure de Hoover, ne cesse-t-il de répéter, c'est d'avoir gaspillé l'argent. Puisque la déflation domine l'évolution économique, que les prix baissent, les pouvoirs publics doivent donner l'exemple. Des Etats manquent-ils de fonds pour payer les enseignants ? Qu'à cela ne tienne ! Compte tenu de la courbe des prix, leurs salaires peuvent baisser ; ceux des autres fonctionnaires, également. Le train de vie de l'Etat (au sens français du mot) semble-t-il excessif ? Eleanor Roosevelt est encouragée à préparer pour sa famille un déjeuner à 19 cents, et le président fait savoir qu'il a apprécié le repas. La loi sur la réduction des dépenses publiques diminue de 500 millions le budget fédéral. Salaires et traitements chutent de 15 %. Les pensions des anciens combattants subissent un sort identique. Or cette politique est largement approuvée. Pour les milieux d'affaires, elle démontre l'orthodoxie du nouveau gouvernement, son refus de se laisser aller à l'aventurisme financier, son goût d'une gestion saine qui respectera les traditions du fédéralisme et du conservatisme. Du côté des réformistes, même satisfaction, car ils ne veulent pas que le gouvernement endette exagérément la nation, ruine son crédit et continue à dépenser pour les milieux d'affaires. Ils rappellent avec indignation que le nouveau Washington monumental a été l'une des folies de Hoover. Plus on renverse la tendance de la dernière présidence, plus ils sont contents. La chasse au gaspillage est ouverte. Ce sera, pense-t-on, l'arme la plus efficace contre la dépression.

Néanmoins, dans la foulée et avec le même entrain, Roosevelt accepte les prémices d'une inflation salvatrice, recommande et obtient une politique, encore timide, de travaux publics, crée la FERA qui a pour mission de distribuer des secours d'urgence. L'AAA, on l'a vu, est à la fois déflationniste par l'adoption d'une taxe sur la transformation industrielle des récoltes, et inflationniste par l'amendement Thomas sur la frappe de l'argent. Circonstances obligent. Et les 500 millions de la FERA ? Le 22 mai, c'est-à-dire le lendemain de sa prise de fonction, Hopkins fait l'objet d'une vive attaque de la part du *Washington Post* : « L'argent s'envole, titre le quotidien. Le demi-milliard, destiné à secourir les Etats, ne durera pas un mois, si Harry Hopkins, le nouveau responsable des secours, conserve le rythme qu'il a adopté hier en dépensant plus de 5 millions pendant les deux premières heures de son mandat. »

Roosevelt a fourni une explication de l'apparente contradiction de sa politique budgétaire, dans sa conférence de presse du 24 mars. Le budget concerne les dépenses ordinaires. Il doit être au pire équilibré, au mieux excédentaire pour permettre le remboursement de la dette. Nourrir ceux qui ont faim est une opération extraordinaire et n'entre donc pas dans les dépenses annuelles. « Il est très important de faire la différence entre les dépenses courantes du gouvernement et les circonstances extraordinaires. » Puisque le mouvement en faveur d'une aide aux chômeurs est très vigoureux et qu'il semble justifié à Roosevelt, autant en assurer la direction pour empêcher les dérapages. C'est le même raisonnement qui pousse le président à décrocher le dollar de sa parité avec l'or. En même temps, il tente, par une mesure monétaire, de tirer les prix vers le haut. Roosevelt n'est ni un monolithe ni un Janus, mais l'homme des expériences multiples et simultanées.

La difficulté à saisir sa pensée est tout aussi grande. Deux écoles ont marqué sa génération, celle du Nouveau Nationalisme incarnée par Theodore Roosevelt, celle de la Nouvelle Liberté que Woodrow Wilson a représentée. La première insiste sur l'extension des pouvoirs fédéraux pour assurer un contrôle efficace de la vie économique. Le *Big Government* est un contrepoids au *Big Business*. La seconde préfère l'éclatement des concentrations industrielles, pour que soit préservée la liberté d'entreprendre. Les deux écoles sont largement représentées au sein de l'entourage de Roosevelt, et leur choc produit des éclats. Le président lui-même a des penchants pour l'une et l'autre. La législation sur le contrôle des activités boursières, le désir de satisfaire les revendications syndicales et d'assainir les pratiques commerciales et finan-

cières, c'est du wilsonisme, donc dans une large mesure
des victoires pour la Nouvelle Liberté. La protection de
l'environnement, les premiers pas vers la planification,
c'est du Nouveau Nationalisme. Les partisans de la Nouvelle Liberté expriment leurs inquiétudes, tout comme
ils ne comprennent ni n'acceptent la suspension des
mesures antitrusts.

Quant aux champions de la planification, ils n'ont pas
la tâche facile. Roosevelt n'est ni systématiquement pour
ni systématiquement contre. Frank Freidel note[27] à juste
titre que le président approuve la planification régionale
dans le cadre de la TVA et ne veut pas se mêler d'une
planification industrielle qui priverait les milieux
d'affaires de leur liberté de manœuvre. Il accepte un peu
de planification dans la gestion des questions agricoles,
et beaucoup dans la réorganisation des sociétés de chemins de fer. Lorsque, dans sa causerie du 7 mai, il présente le projet de NIRA, il parle d'une association entre
le gouvernement et le monde agricole, industriel, ferroviaire. Une association, ajoute-t-il, qui ne recherche pas
le profit, vise à établir un minimum de planification,
empêchera la petite minorité de perturbateurs de livrer
la guerre des prix, donc de provoquer le chômage. Mais
il n'est pas question d'aller jusqu'à la nationalisation ni
d'envisager on ne sait quelle solution socialiste. Il faut
sauvegarder le capitalisme en l'aménageant, en le
modernisant. L'émietter serait briser son essor. En ce
sens, Franklin Roosevelt est plus proche de Theodore
Roosevelt que de Woodrow Wilson.

Une certaine idée des Etats-unis

En somme, Roosevelt défend une certaine idée de
l'intérêt national. Que les employeurs versent des
salaires décents et imposent une semaine de travail rai-

sonnable ! Ainsi les employeurs auront des clients, les salariés échapperont au chômage et à la misère, le pays sortira de la crise de sous-consommation, étant entendu que la législation mise en place est profondément nationaliste. Ce serait sous-estimer une part importante du New Deal que d'oublier cet aspect. Qu'il s'agisse de l'AAA, du NIRA, des questions monétaires qui débouchent sur la conférence économique de Londres, ces mesures sont sous-tendues par l'idée que les Etats-Unis se tireront d'affaire par eux-mêmes, qu'il est inutile de compter sur la coopération internationale. Non point que les Américains soient des pessimistes invétérés et voient dans le monde une jungle impitoyable. Ils croient, au contraire, dans le progrès, dans l'amélioration des relations internationales. Mais ils attribuent à leur pays la mission de sauver le monde. Si les autres nations avaient le même comportement que les Etats-Unis, le salut de tous serait assuré.

La démarche du président Roosevelt comporte une logique. Elle n'est pas doctrinale. Elle est essentiellement politique. Pendant les dix-huit premiers mois de son mandat, Roosevelt se veut rassembleur. James McGregor Burns en donne de nombreux exemples[28]. En août 1934, le président affirme que le New Deal « a pour but de cimenter la société, les riches et les pauvres, les travailleurs manuels et intellectuels, et d'en faire une fraternité volontaire des hommes libres, unis dans l'effort, pour le bien de tous ». Le gouvernement, ajoute-t-il un peu plus tard, ne cherche pas à déshabiller Pierre pour habiller Paul, mais est « fondamentalement l'expression de l'unité (…) de tous les groupes ». Burns conclut : « A travers les discours de Roosevelt en 1934, court le thème du gouvernement en tant que conciliateur, "harmonisateur", unificateur des intérêts principaux. » En ce sens, Roosevelt tente de surmonter le clivage entre les forces politiques. Il bénéficie d'un très large soutien, qui dépasse l'influence du Parti démocrate. Il est pour quelques mois le président de tous les Américains. C'est ce qui explique que les lois du New Deal n'aillent pas toujours dans le même sens. Elles répondent aux demandes des diverses clientèles, des électorats qui composent la nation. Les agriculteurs, les industriels, les classes moyennes reçoivent partiellement satisfaction. Les régions les plus défavorisées, comme le Sud, font l'objet des attentions de Washington. Peu importe si les mesures relèvent du Nouveau Nationalisme ou de la Nouvelle Liberté, l'essentiel est qu'elles répondent à une attente. Avec, toutefois, une tonalité dominante. En arrivant à la Maison Blanche, Roosevelt est déchiré entre les nécessités immédiates – faire sortir le pays de la crise économique –, les impératifs à moyen terme – résorber le chômage et en attendant aider les victimes –, les objectifs à longue échéance – mener à bien la réforme de la société. Il donne la priorité aux questions économiques. Ce que nous appelons aujourd'hui le « traitement social du chômage » vient en deuxième position, avec le CCC, la FERA et la PWA. La réforme, en l'occurrence la réorganisation bancaire et l'établissement de la TVA, occupe une place relativement mineure. Somme toute, Roosevelt tâche de remettre l'économie sur les rails. Il est persuadé que s'il réussit, le reste suivra, que les maux de la grande dépression disparaîtront et que les Etats-Unis retrouveront le chemin de la prospérité.

CHAPITRE VIII

La création de l'Etat-Providence
1934-1936

Entre les Cent Jours et les années 1934-1936, la diffé-rence est fondamentale. Dans le premier cas, une cas-cade de lois sont adoptées pour faire face à la crise. Leur caractère extraordinaire souligne assez qu'elles ne sont pas destinées à durer ou qu'elles dureront autant que l'exige une situation exceptionnelle. De fait, si l'AAA et le NIRA sont déclarés contraires à la Constitution par la Cour suprême, d'autres lois sont complétées, remaniées ou remplacées suivant les circonstances. A partir de 1934, naît l'Etat-Providence, le *Welfare State*, encore que l'expression ne soit pas utilisée avant les années quarante[1]. Les Américains parlent plutôt de *Welfare*, c'est-à-dire d'assistance sociale, et n'insistent pas sur les changements profonds qui touchent aux fonctions de l'Etat. En dépit des incertitudes du vocabulaire, Roose-velt a bien créé l'Etat-Providence. Sur ses motivations plane, comme toujours, une ombre de mystère. Prend-il acte des échecs de la reprise économique pour donner aux plus démunis les secours indispensables ? Et, dans ce cas, quelle philosophie politique l'inspire ? Prépare-t-il, face à la montée des mécontentements, les élections présidentielles de 1936 et inscrit-il son action dans les cadres d'une politique essentiellement opportuniste ? A moins que ce qu'on appelle un « grand dessein » ne soit que l'addition de mesures exigées par les circonstances et qu'il n'y ait pas eu de plan d'ensemble.

La crise n'en finit pas

Il est incontestable qu'à partir de 1934 Roosevelt s'oriente beaucoup plus vers la gauche. Entendons par là que la réforme des structures sociales et économiques le préoccupe davantage, qu'il prend ses distances à l'égard d'une certaine orthodoxie des affaires et fait un grand pas vers les syndicats et les mouvements de protestation. Une évolution très nette, qui n'a rien de doctrinaire.

Première évidence : malgré les Cent Jours, la dépression persiste. Il suffit de parcourir les rues des grandes villes et les campagnes pour observer qu'au lieu de disparaître, la misère s'étend. Les reporters et les photographes, les travailleurs sociaux, les représentants des pouvoirs publics livrent des témoignages accablants. D'après l'enquête d'une agence fédérale en 1935-1936, les deux tiers des foyers jouissent d'un revenu annuel inférieur à 1 500 dollars, la moyenne nationale ; deux cinquièmes disposent de moins de 1 000 dollars, un tiers de moins de 750 dollars[2]. Ces statistiques ne valent, bien sûr, que pour ceux qui occupent un emploi. Le plus spectaculaire est ailleurs : sur les routes, entassés dans de vieilles guimbardes, cachés au fond des wagons de chemins de fer, des millions de chômeurs et de misérables, seuls ou en famille, parcourent le pays d'un point à l'autre à la recherche d'un travail, de soleil, de quoi manger. L'Amérique reprend sa marche. C'est la migration permanente vers les paradis lointains comme la Californie.

Les journalistes expriment l'inquiétude de beaucoup d'Américains devant cet afflux « d'indigents, (...) de pauvres, de sans-emploi ». Avec ce cri d'alarme : « Cinq mille indigents viennent en Californie du Sud. C'est stupéfiant. Voilà le problème le plus grave qu'affrontent le Etats-Unis. » Et le journaliste de regretter que les Etats-Unis aient construit de si belles routes. Ah ! s'ils avaient fait comme les Chinois qui ont prudemment refusé d'améliorer leur réseau de communications pour éviter les migrations des pauvres[3] ! Les Okies de John Steinbeck ne sont pas les seuls à manger les raisins de la colère. Du 1er juillet 1935 au 31 mars 1938, les Etats (sans compter la Californie) ont fourni 341 930 migrants, dont 205 000 viennent des Etats frappés par la sécheresse (le Sud-Ouest, la vallée du Mississippi, le Middle West). Pour les six derniers mois de 1935, le total a dépassé 40 000. Avec, ancré dans les esprits et les corps, le pessimisme de ceux que le destin ballotte. « En 1927, raconte un migrant, je faisais pousser du coton au Texas. En 1928, je m'en suis tiré de justesse. En 1929, j'ai plongé ; en 1930, davantage encore. En 1931, j'ai tout perdu. En 1932, je suis parti. En 1935, je suis ouvrier agricole en Californie[4]. » L'Amérique rurale se désespère et finit par sombrer.

L'Amérique urbaine ne se porte pas mieux. A Chicago, en 1936, une femme écrit au bureau d'aide sociale : « Je n'ai rien à manger pour moi et pour mon enfant. Il me reste 6,26 dollars pour vivre du 10 au 25. (…) Nous nous couchons le ventre vide. S'il vous plaît, donnez-nous quelque chose à manger. Je ne supporte pas de voir mon enfant avoir faim. » Que dire alors des quartiers, des maisons, des vêtements, de l'hygiène ? Le sentiment prévaut que rien n'a vraiment changé depuis mars 1933.

Un bilan mitigé

Pourtant, de notables progrès ont été accomplis. Le volume des affaires est, en octobre 1933, à l'indice 72

(base 100 : 1929 avant le krach), d'après les calculs du
New York Times. Huit mois plus tard, il atteint l'indice 86.
Ce n'est pas un bouleversement, mais une légère remontée. Ici et là, les commerçants constatent avec satisfaction une augmentation de leurs ventes. Dans l'ensemble,
les indicateurs économiques laissent espérer des jours
meilleurs. Calculé en dollars constants (valeur 1929), le
Produit national brut tombe de 74,8 milliards en 1932 à
72,7 en 1933, puis remonte à 79,5 en 1934. Les prix se
relèvent. Il n'empêche que le chômage continue d'être
fort préoccupant. En 1933, les Etats-Unis comptent
12 830 000 sans-emplois, soit 24,9 % de la population
active. L'année suivante, ils sont 11 340 000, soit 21,7 %
d'une population active qui elle-même a augmenté de
près d'un million. Ce chômage frappe tous et toutes,
quelle que soit la qualification ou la résidence des victimes, quel que soit le secteur d'activité. Mais il touche
les Noirs plus que les Blancs, les femmes plus que les
hommes, les jeunes et les plus âgés[5]. Il revêt dans certains cas un aspect temporaire ; dans d'autres, il se prolonge. La société américaine cahote, comme si le moteur
ne parvenait plus à se remettre en marche. Le sauvetage
n'a pas vraiment réussi.

Roosevelt a suivi, on s'en souvient, une politique
monétaire visant à faire monter les prix. Depuis le
19 avril 1933, le dollar n'est plus convertible en or et
flotte à la baisse. Le but est de faire repartir l'économie
et de libérer les Américains de leurs dettes privées. Le
président a reçu également du Congrès l'autorisation de
gonfler la circulation monétaire, en émettant 3 milliards
de dollars de papier-monnaie, en monétisant l'argent au
taux de 16 pour 1, en dévaluant le contenu d'or du dollar de 50 %. En janvier 1934, il arrête la chute et fait
voter une loi qui fixe à 35 dollars le prix d'une once d'or.
Le nouveau dollar ne vaut plus que 59,06 % du dollar
d'avril 1933. Belle dévaluation ! Pourtant les prix ne

remontent pas vraiment. Sans doute parce que la circulation monétaire et les crédits bancaires n'ont pas été augmentés et que les Européens se sont adaptés au nouveau taux. Roosevelt ne croit plus désormais que la manipulation monétaire fasse une bonne politique. Lui qui, à la conférence économique de Londres de juillet 1933[6], a joué contre la coopération internationale, change son fusil d'épaule. Il songe maintenant à l'abaissement des droits de douane, à une stabilisation monétaire que pratiqueraient tous les Etats et à une relance des échanges commerciaux avec l'étranger.

L'AAA n'est pas non plus une réussite incontestable. Certes, l'abattage de six millions de porcelets et la destruction d'une partie des récoltes ont provoqué l'indignation en un temps où la famine est une réalité de la vie quotidienne[7]. La liste des produits frappés par l'AAA s'allonge au fil des mois. Les prix agricoles sont orientés à la hausse. Si les années 1909-1914 constituent l'indice 100, l'année 1932 correspond à l'indice 65 ; l'année 1933, à l'indice 70 ; l'année 1934, à l'indice 90. Même si les prix industriels vont dans la même direction, le rapport est un peu plus favorable aux fermiers. Mais les effets pervers ne manquent pas. Ce sont surtout les agriculteurs les plus aisés, ceux qui détiennent une part importante du marché et sont tournés vers le commerce, qui profitent des avantages de l'AAA. Les locataires les moins fortunés, les métayers, les ouvriers agricoles sont les victimes, désignées et impuissantes, de la nouvelle politique agricole. Les catastrophes climatiques ne font qu'aggraver les difficultés des faibles au profit des forts, en particulier les capitalistes de la terre[8].

Le NIRA ne suscite pas, lui non plus, un enthousiasme débordant. Mais les tensions sociales s'accentuent. D'abord, l'article 7a a favorisé la syndicalisation, d'autant que les leaders syndicaux ont fait campagne auprès des ouvriers en martelant que « le président Roo-

sevelt veut que vous adhériez au syndicat ». Dans
l'année qui suit l'adoption du NIRA, l'American Federation of Labor passe de 2 973 000 à 3 608 000 membres.
Les syndicats qui prennent de l'ampleur sont ceux des
industries de masse, comme la confection, l'extraction
du charbon et du pétrole, l'automobile, la fabrication de
l'aluminium et du caoutchouc, la transformation du
bois. Bien des employeurs se défendent comme ils peuvent, tantôt en provoquant la naissance d'un syndicat-
maison, tantôt en s'opposant par la violence aux grèves
qui visent à l'amélioration des conditions de vie ou de
travail et à la reconnaissance du droit syndical. Minneapolis, Toledo, San Francisco, Detroit sont le théâtre d'une
agitation qui, à tout moment, peut dégénérer en bataille
de rue. Les grandes entreprises prennent leurs précautions. La Republic Steel a acheté en quelques années pour
80 000 dollars de gaz lacrymogènes. La Youngstown
Sheet and Tube Company possède un arsenal impressionnant : 8 mitrailleuses, 369 fusils, 190 armes à feu d'autres
types, 454 revolvers, 10 000 cartouches et 109 armes à
gaz.

La direction de l'AFL, sclérosée, enfermée dans la
logique des syndicats de métier, hésite à ouvrir les
portes aux non-qualifiés. De plus, elle se préoccupe surtout de la lutte contre le communisme et oublie de
s'opposer avec la même fermeté aux excès de certains
patrons. En octobre 1935, au congrès d'Atlantic City, le
président du syndicat des mineurs, John Lewis, ne
mâche pas ses mots. L'AFL, selon lui, n'est pas capable
d'encadrer les ouvriers des nouvelles industries. Il ne
convainc pas tous ses compagnons de lutte. L'un des
représentants de la fédération de New York exprime
l'opinion de beaucoup de syndiqués : « Ma femme peut
toujours me dire, d'après l'odeur de mes vêtements, quel
type d'étrangers je viens de fréquenter. » Ce qui revient
à dire qu'il y a de bons ouvriers, qualifiés et de vieille

souche, et de moins bons ouvriers, des immigrants de fraîche date, des Noirs sans qualification, qui ne méritent pas d'être protégés par les syndicats. Avec Lewis et Philip Murray, du syndicat des mineurs, David Dubinsky, du syndicat de la confection féminine, et Sidney Hillman, du syndicat de la confection, naît un Comité d'organisation industrielle (le CIO, ou Committee, puis Congress for Industrial Organization). Le Comité reste au sein de l'AFL, mais pour combien de temps ? Il se donne pour mission de syndicaliser les ouvriers non qualifiés, donc d'élargir considérablement le recrutement de l'AFL. Il prépare la mise sur pied d'un *Big Labor*, qui servira de contrepoids au *Big Government* et au *Big Business*.

Reste l'aide aux chômeurs. La PWA doit leur proposer des emplois. Elle avance à si petits pas qu'on la croirait immobile. La FERA a bien commencé, mais elle n'a pas vocation à durer. L'hiver 1933-1934, particulièrement rigoureux, aggrave encore la situation. Le thermomètre descend à − 40° en Nouvelle-Angleterre et à − 16° à Washington. Pour parer au plus pressé, le président obtient la création, en décembre, d'une *Civil Works Administration*. Une fois de plus, Hopkins prend la tête des opérations. Un mois plus tard, 4,5 millions de personnes sont payées par la CWA. Elles ne reçoivent pas une indemnité de chômage, mais un salaire qui rémunère un travail. Construction de routes, d'hôpitaux, d'écoles, d'aéroports, de parcs, d'aqueducs, d'égouts, telles sont les activités traditionnelles que subventionnent les pouvoirs publics. Il y a une nouveauté : 10 % des emplois vont aux « cols blancs ». Ce sont, le plus souvent, des emplois utiles auxquels on n'avait pas songé jusqu'alors : fouilles de sites archéologiques, décoration des bâtiments publics par des peintures murales, enseignement des tout-petits et des adultes illettrés. Les bénéficiaires de la CWA retrouvent leur joie de vivre. « Vous ne pouvez pas vous ima-

giner comme nous sommes heureux », écrit-on à Eleanor
Roosevelt. Pour le président, ce n'est toutefois qu'une
solution exceptionnelle qui pallie les rigueurs d'un hiver
exceptionnel. La belle saison revenue, il dissout la CWA,
sous le prétexte que « personne ne mourra de faim
quand il fait chaud[9] ». Cette mesure provoque de vives
protestations et des manifestations, bien que la FERA
soit chargée de poursuivre la tâche. De bons esprits
poussent, en revanche, des soupirs de soulagement, faisant observer que certaines activités de la CWA n'avaient
aucun sens sur le plan économique, par exemple le ratissage des feuilles mortes.

Tout compte fait, les lois des Cent-Jours n'ont pas produit de miracles. Les meilleures intentions se perdent
dans les sables. Si l'on compare avec les promesses, les
résultats de la première année du mandat de Roosevelt
ne sont pas exaltants. Que reste-t-il de la vague de
confiance, de la folle espérance qui a déferlé sur la Maison Blanche ? Ne serait-il pas temps d'imaginer des solutions plus audacieuses, de réaliser les projets les plus
déraisonnables tout simplement parce que les plus sages
n'ont rien donné ? Et si Roosevelt n'était que l'homme
de la modération, un président exagérément timoré,
alors que la situation appelle des vues hardies et des
conceptions neuves ?

Huey Long, un fasciste ?

C'est pourquoi l'année 1934 est celle de tous les
périls. L'aventure attire les charmeurs de foules. Le plus
menaçant a pour nom Huey Long, « l'un des deux
hommes[10] les plus dangereux des Etats-Unis », selon
Roosevelt. Long est né en 1893. Ses premières fonctions
politiques, il les occupe en 1918, mais il ne parvient au
poste de gouverneur de la Louisiane qu'en 1928. Deux

ans plus tard, il est élu sénateur fédéral de l'Etat. Il hérite d'une tradition populiste, vaguement socialisante. Pas question pour lui de faire comme ses prédécesseurs qui obéissaient, au doigt et à l'œil, aux hommes d'affaires de la Nouvelle-Orléans et aux grands planteurs de l'intérieur. Long fait voter un impôt sur le pétrole raffiné – acte révolutionnaire en Louisiane –, construire des routes, des écoles, des hôpitaux. Il refuse, toutefois, de réglementer le travail des enfants et, plus encore, de soutenir les syndicats. Surtout, en se moquant des notables, en s'enorgueillissant de ses manières grossières, en jouant impeccablement le rôle du tribun populaire, il tient entre ses mains la vie politique de la Louisiane. En toute simplicité, il dit en 1929 : « La constitution ici, c'est moi, maintenant. » La fonction publique est entièrement politisée, la corruption généralisée, l'opposition bâillonnée. Les hommes de Long peuplent les assemblées législatives de l'Etat. C'est la dictature d'un homme et de sa « machine ».

Long est affilié au Parti démocrate et a soutenu en 1932 la candidature de Franklin Roosevelt. Sans doute avec la naïve conviction qu'il serait le principal conseiller du nouveau président. Au cours de l'année 1933, il prend ses distances et publie son autobiographie, *Every Man a King (Chaque homme est un roi)*. Le livre, mal écrit, révèle une insupportable vulgarité et une ignorance crasse, mais trouve beaucoup d'acheteurs et des lecteurs d'autant plus nombreux que Long en fait des distributions gratuites. Grâce à ses innombrables déplacements et à son journal qu'il envoie aux quatre coins du pays, grâce à l'utilisation efficace et astucieuse de la radio, il poursuit son irrésistible ascension. En 1934, il met sur pied une « machine » nationale et annonce enfin son programme. De quoi faire rêver ceux qui n'ont rien et trembler les possédants. Il faut, dit-il, « partager notre richesse » *(to share our wealth)*, c'est-à-dire limiter les fortunes personnelles. Posséder un million de dollars, soit. Un impôt de 1 % frappera le deuxième million. Au-delà de 8 millions, ce sera un impôt de 100 %. Au moyen de cette fiscalité radicale, les pouvoirs publics assureront à chaque famille un revenu annuel de 2 000 à 2 500 dollars, plus un pécule initial de 5 000 dollars pour acheter une maison, une automobile, une radio et le strict nécessaire. En outre, le gouvernement fédéral assurera le financement des établissements d'enseignement, des pensions de retraite, de l'aide aux fermiers, des indemnités aux anciens combattants, des travaux publics, de la réduction des horaires de travail.

Rien de plus simple. Sur quelle philosophie appuyer ce fabuleux programme ? Sur la Bible, répond Long, qui en profite pour dire son mépris pour Wall Street et le capitalisme en général. Démocrates et républicains, poursuit-il, c'est bonnet blanc et blanc bonnet. Le pays « a besoin d'un dictateur ». Un Hitler ou un Mussolini ? Non, pas vraiment, car « ils ne font pas partie de la vie américaine. Et Roosevelt est un plus grand dictateur que chacun d'entre eux ». Alors, en l'absence d'une idéologie nationaliste, en dépit d'une piètre connaissance des mécanismes économiques, Long serait-il un fasciste ? La question l'agace. « Au diable ! s'écrie-t-il. Dites que je suis *sui generis* et n'en parlons plus. » Bien difficile de ne plus en parler, quand les sondages (encore fort rudimentaires) de l'été 1935 lui donnent 2,7 millions de voix aux prochaines élections présidentielles. Roosevelt ne doute pas que la menace soit sérieuse. Il faut retenir ces électeurs qui, par désespoir et simplisme, se précipitent dans les bras de Long.

Un démagogue : le père Coughlin

D'autre se mettent dans le sillage du père Charles Coughlin. A Royal Oak, dans la banlieue de Detroit,

celui-ci a découvert le formidable impact de la radio. A
en croire les millions d'auditeurs qui suivent ses causeries, sa voix et son style sont inimitables. Son charisme
radiophonique est extraordinaire. Seul Roosevelt fait
aussi bien, sinon mieux. Pourquoi, d'ailleurs, les deux
hommes ne collaboreraient-ils pas ? Avec l'appui de son
évêque, Coughlin ne tarde pas à discuter de questions
politiques. Son auditoire, en très grande majorité catholique, attend ses analyses. Or, en 1932, il a pris le parti
de Roosevelt. Il n'a pas fait dans la nuance. C'est « Roosevelt ou la ruine », a-t-il lancé. Et dans la même veine :
« La nouvelle donne, c'est la donne du Christ. » Tout ce
que fait le président, tout ce qu'il dit est merveilleux,
irréprochable. Lui, le virtuose de la radio, est ébloui par
les causeries au coin du feu. Le président est plus
réservé. Il se méfie de Coughlin, qu'il juge un peu trop
démagogue. Mais il ne veut pas, en l'écartant brutalement, perdre le soutien de millions de catholiques. A la
fin de 1933, toutefois, le fossé se creuse. Coughlin
réclame d'abord la remonétisation de l'argent, puis
passe à un programme plus grandiose : la nationalisation des banques fédérales de réserve, l'instauration
d'une « démocratie financière », avec la perspective
d'une inflation monétaire. L'ennemi a plusieurs visages.
C'est à la fois le communisme, la ploutocratie, Wall
Street, la banque internationale. Bientôt, ce sera aussi le
Juif. En novembre 1934, Coughlin fonde l'Union nationale pour la justice sociale (*National Union for Social
Justice*, NUSJ). Ce n'est pas un parti politique, mais un
« lobby structuré » pour que le peuple dispose des
moyens de faire pression sur le Congrès. Le premier
succès ne tarde pas. Coughlin, qui mène aussi le combat des isolationnistes, obtient en janvier 1935 que le
Sénat rejette l'adhésion des Etats-Unis au tribunal
international. Désormais, il est exclu que Coughlin
puisse influer, de quelque manière que ce soit, sur la

Maison Blanche. Dans ces conditions, pourquoi ne fonderait-il pas un parti, le parti des frustrés et des laissés-pour-compte ?

Le bon vieux Dr Townsend

Autre leader des mécontents : le Dr Francis Townsend. Il a raconté lui-même comment le Saint-Esprit de la réforme l'avait touché. En 1933, à soixante-six ans, il vit à Long Beach en Californie, où il exerce la médecine et réalise quelques opérations immobilières. Une vie tranquille dans l'anonymat. Un matin, il aperçoit, par la fenêtre de sa salle de bain, trois vieilles femmes qui fouillent les poubelles à la recherche de nourriture. Le bon docteur étouffe de rage. Son épouse accourt : « "Docteur ! Docteur !" Elle m'a toujours appelé Docteur. "Il ne faut pas crier comme cela. Les voisins vont vous entendre." » Townsend hurle de plus belle : « Je veux que tous mes voisins m'entendent. Je veux que Dieu Tout-Puissant m'entende. Je crierai jusqu'à ce que le pays tout entier m'entende. » La croisade commence, la croisade des personnes âgées. Townsend a tout de suite trouvé la solution : le gouvernement fédéral devrait verser aux citoyens de plus de soixante ans une pension de retraite de 200 dollars par mois, à condition que cette somme soit dépensée dans le mois. Cela injecterait de l'argent dans le circuit économique, donnerait du travail aux jeunes, sauverait les personnes âgées et, en fin de compte, mettrait un terme à la misère des temps. Utopie et réalisme. Les sommes réclamées par Townsend seraient tirées d'un fonds spécial alimenté par une taxe sur les ventes en gros et au détail. L'assurance-vieillesse n'existe pas aux Etats-Unis, mais on en parle depuis une décennie. La population américaine vieillit, ne serait-ce que par l'allongement de la durée de la vie. Et la Californie n'oublie pas sa vocation à faire du neuf, à proposer l'impossible qui finira, un jour, par se métamorphoser en réalité évidente.

La croisade de Townsend attire les protestants des campagnes, méfiants à l'endroit des villes, des politiciens, des intellectuels, persuadés que chacun peut sortir du trou à condition de le vouloir, de compter sur lui-même et sur ses voisins, et non sur les commissions, lointaines et bureaucratiques, de Washington. Les townsendistes, écrit leur fondateur, « croient dans la Bible, croient en Dieu, applaudissent au passage du drapeau national. Ce sont de bons Américains de la *Bible Belt*[11] ». Le 1er janvier 1934 est créée une organisation ayant pour but de distribuer des renseignements sur le mouvement et de susciter des soutiens. De la Californie au Nord-Est, en passant par le Middle West, on compte bientôt un demi-million de clubs Townsend. Le quartier général de Los Angeles publie maintenant le *Townsend National Weekly*.

Il va de soi qu'un mouvement d'opinion de cette ampleur ne saurait laisser indifférent le monde politique. Qu'il s'agisse des membres du Congrès, de la Maison Blanche ou des dissidents comme Long et Coughlin. D'autant plus que Townsend et ses sectateurs expriment une revendication unique et incontestable. Il est plus inquiétant qu'un utopiste comme Upton Sinclair, le très célèbre romancier qui, lui aussi, tâche de mettre fin à la pauvreté. Sinclair expose ses idées dans un best-seller au titre provocateur : *I, Governor of California and How I Ended Poverty* (Moi, gouverneur de la Californie, comment j'ai mis fin à la pauvreté). Grâce à l'impôt sur le revenu, aux droits de succession et à l'impôt sur les terres inutilisées, on pourra créer des coopératives de production et de consommation, stimuler l'emploi et ainsi verser 50 dollars par mois aux indigents de plus de soixante ans. Sinclair fonde un mouvement, l'EPIC *(End*

Poverty in California, Mettez fin à la pauvreté en Californie) et se lance dans la campagne électorale de 1934 pour le poste de gouverneur de l'Etat. Il remporte les primaires démocrates avec la complicité des communistes, mais, victime d'une réaction extrêmement vive des conservateurs de tous bords, il est battu par son adversaire républicain.

Les deux extrêmes

La progression des idées communistes inquiète également Roosevelt. Certes, les communistes américains ne sont que 7 000 en 1930. Mais en 1934, les effectifs s'élèvent à 26 000 et en 1938, à 75 000. Il faut y ajouter les sympathisants, « les compagnons de route » qui multiplient le nombre d'adhérents par cinq ou six. Les uns et les autres pratiquent l'infiltration dans les allées du pouvoir. Une méthode souvent mal perçue à l'époque. Il n'empêche qu'en août 1936, le président demande au directeur du FBI d'enquêter sur les activités des communistes et de leurs amis. On les trouve dans certains syndicats, dans les milieux intellectuels et universitaires, dans les organisations qui militent pour la paix, dans les mouvements de jeunesse. D'après Earl Browder, le chef du Parti communiste américain, cela formerait, en février 1935, un ensemble de 600 000 personnes. De quoi faire réfléchir ! Les communistes profitent de l'air ambiant, de l'esprit de générosité et d'ouverture, d'une certaine naïveté pour prendre pied et s'enraciner[12]. Les socialistes font moins bien. Relevons un propos parmi d'autres de Huey Long. « En Louisiane, dit-il, nous laissons les socialistes s'exprimer. Nous laissons aussi les communistes parler, mais nous ne leur accordons aucune importance. » Et d'ajouter : « Nous n'avons pas un seul communiste ni un seul socialiste en Louisiane. »

Quoi qu'il en soit, les communistes continuent d'appliquer la stratégie classe contre classe. Pas de rapprochement possible avec les social-fascistes de Norman Thomas. De toute évidence, la révolution n'attire guère les Américains, fussent-ils pauvres, chômeurs et désespérés. L'idéologie fait irruption dans la vie politique, mais c'est l'idéologie du changement gradué.

D'ailleurs, si le président se heurte à plus réformiste que lui, il affronte dans le même temps une opposition de droite. Au mois d'août 1934 est fondée la Ligue de la Liberté, un beau nom, qui réunit des adversaires de Roosevelt. Les uns redoutent que le New Deal n'ait franchi les limites acceptables. D'autres réclament le retour à l'orthodoxie monétaire et s'offusquent des progrès de la syndicalisation. D'autres, enfin, redoutent que leur situation personnelle, leurs intérêts, leurs conceptions des rapports sociaux s'en aillent à vau-l'eau. La Ligue, dont les fondateurs sont des démocrates conservateurs comme Al Smith, recrute parmi les industriels et les banquiers. La réaction de Roosevelt et empreinte d'amertume. Ce sont un peu les siens qui l'abandonnent, des hommes d'affaires et des politiciens qui appartiennent à son monde et lui témoignent désormais une profonde hostilité. Une phrase résume ses sentiments. Lorsqu'une grève particulièrement dure éclate à San Francisco, il dénonce les têtes brûlées du syndicalisme et ajoute à l'intention des conservateurs : « Je voudrais dire maintenant qu'il y a une chose plus grave que l'Amérique doit redouter. Ce sont ceux qui cherchent à faire peur au peuple américain[13]. » Etrange position chez un homme qu'on accuse ici d'être l'instrument de Wall Street et le porte-parole des ploutocrates et là le fourrier de la révolution, sinon l'avant-garde du marxisme triomphant...

A gauche, toute !

C'est une position peu enviable, à la veille des élections de novembre 1934 appelées à renouveler la Chambre fédérale des représentants et un tiers du Sénat. Il est courant, attendu, que le parti au pouvoir perde des sièges. Cette fois-ci, pourtant, les démocrates réussissent mieux que prévu. A la Chambre, ils avaient 313 sièges et en obtiennent 322 ; au Sénat, ils passent de 59 à 69. Sans doute est-ce la preuve qu'une fois de plus le charme, la puissance de séduction, le charisme politique de Roosevelt ont joué. Les adversaires du New Deal, il est vrai, n'ont pas encore eu le temps de s'organiser. On imagine l'excitation qui règne dans les couloirs de la Maison Blanche et dans les départements ministériels. Tout semble possible. A ses proches collaborateurs, Harry Hopkins dit avec enthousiasme : « Les gars, c'est notre heure. Nous devons obtenir tout ce que nous voulons, un programme de grands travaux, la sécurité sociale, une loi sur les salaires et les horaires de travail, maintenant ou jamais[14]. » Toutefois, s'il y a bien des projets en cours, si des commissions travaillent sur le problème des secours aux chômeurs, sur la sécurité économique (on ne parle pas encore de sécurité sociale), point de mesures spectaculaires qui suivraient immédiatement la victoire électorale de novembre 1934. D'un côté, Roosevelt aurait tendance à penser, comme Moley, que le New Deal est terminé, que les mesures d'urgence ont été prises et qu'il suffit d'attendre qu'elles exercent leurs effets. D'un autre côté, il ne saurait échapper à l'évidence et sait qu'il faut faire quelque chose pour couper l'herbe sous le pied des apprentis-dictateurs, des démagogues et des mouvements de subversion.

En janvier 1935, il donne un premier signal dans son message annuel au Congrès. « Nous n'avons pas déraciné les privilégiés, déclare-t-il, et nous n'avons pas sorti du trou les plus démunis. » Il faut donc accroître « la sécurité des hommes, des femmes et des enfants de notre pays ». Roosevelt possède, certes, de solides atouts politiques, mais sur le plan économique et social, les Etats-Unis n'ont pas quitté les eaux troublées de la dépression. Alors, quelle voie emprunter ? Keynes suggère que le gouvernement fédéral stimule les dépenses publiques, ne recule pas devant le déficit budgétaire et pousse ainsi vers l'avant la production nationale. Le 28 mai 1934, l'économiste anglais est reçu à la Maison Blanche. Conversation décevante. Roosevelt a gardé le souvenir de l'expert de 1919 qui a torpillé, à sa manière, la paix qu'imaginait le président Wilson. Il retrouve un mathématicien plus qu'un économiste qui l'abreuve d'un fatras de chiffres. Keynes, de son côté, est étonné par les faibles connaissances du président dans le domaine économique[15]. A défaut des conseils de Keynes, Roosevelt pourrait s'inspirer de ceux de Brandeis, de Frankfurter, qui se rattachent à la tradition wilsonienne de la Nouvelle Liberté. Ou bien laisser souffler le Congrès avant de lui proposer un vaste programme qui ferait bouger les gens et les choses. Une bonne majorité de démocrates au Congrès ne veulent plus entendre parler de réformes parce que leurs électeurs ne s'enthousiasment plus pour les transformations sociales. En outre, le président a distribué les places, donc son pouvoir de patronage s'épuise. Enfin, les élections présidentielles de 1936 ne sont plus très éloignées. Avec la contestation qui l'assaille de toutes parts, Roosevelt n'est pas certain d'être réélu. Les hommes politiques, même les démocrates, préfèrent les vainqueurs aux vaincus, ceux qui ont des chances de gagner à ceux qui courent le risque d'être battus.

Le retour du conservatisme frappe les observateurs. Assez d'expériences ! Les Américains, écrit Walter Lip-

pmann en septembre 1935, « aspireront à un gouvernement tranquille, à des chefs énergiques et déterminés, à
la réduction de l'activité publique[16]. » A Roosevelt de
comprendre. Le président choisit d'attendre. Le déclic se
produit le 27 mai. Ce jour-là, la Cour suprême rend un
arrêt qui touche au NIRA, en décidant à l'unanimité qu'il
s'agit d'une loi contraire à la Constitution. Le pouvoir de
faire des lois, en l'occurrence des codes, relève des
seules assemblées législatives, et non du pouvoir exécutif. En outre, la loi, telle qu'elle est rédigée, ne saurait
concerner le commerce entre les Etats. En conséquence,
elle va à l'encontre de deux principes fondamentaux de
la Constitution : le fédéralisme et la séparation des pouvoirs. Depuis plusieurs mois, la Cour suprême passe en
revue la législation des Cent Jours et son approbation
n'est acquise qu'à la majorité de cinq contre quatre. En
donnant un avis défavorable sur le NIRA – qui prendrait
de toute façon fin de lui-même le mois suivant –, une
majorité de juges fait triompher les tenants de la Nouvelle Liberté. Louis Brandeis, le plus brillant d'entre eux,
dit à Tom Corcoran, son disciple qui est aussi l'un des
adjoints de Roosevelt : « C'est la fin de cette affaire de
centralisation, et je veux que vous retourniez dire au
président que nous ne laisserons pas tout centraliser.
C'en est fini[17]. »

Le monde du travail est furieux de la suppression de
la clause 7 a. Dans sa conférence de presse du 31 mai,
Roosevelt dénonce l'interprétation étroite de la Constitution à laquelle la Cour s'est laissée aller. On en est
revenu, dit-il, « au temps des chevaux et des carrioles ».
Mais peut-être n'est-il pas aussi mécontent qu'il essaie
de le faire croire. Les lois de 1933 n'étaient pas toutes
excellemment rédigées et n'avaient pas produit le
miracle qu'on attendait d'elles. L'émoi causé par la décision du pouvoir judiciaire peut alors servir de tremplin
pour préparer une nouvelle législation. C'est bien ce qui

se produit : d'ici à la fin d'août 1935, l'essentiel du *Welfare State* sera mis en place.

Le Welfare State : la sécurité sociale

L'édifice repose sur trois piliers : la sécurité sociale, l'aide aux chômeurs et la justice fiscale. Elle est complétée par la loi Wagner sur l'organisation syndicale. La sécurité sociale n'est pas en 1935 une idée tout à fait neuve. Déjà en 1928, quand il briguait le poste de gouverneur de l'Etat de New York, Franklin Roosevelt avait promis de faire voter le droit à une pension de retraite. Promesse tenue, encore que le gouverneur n'ait pas beaucoup apprécié que la loi ne soit qu'une excroissance de la législation sur la pauvreté. Il ne faut pas confondre, soutenait-il, assistance publique et sécurité sociale. Dans un cas, il s'agissait d'une variante de la charité envers les plus démunis, dans l'autre d'une assurance à laquelle toute personne âgée pouvait prétendre. Dans son discours devant la convention nationale du Parti démocrate en 1932, Roosevelt a donné à sa campagne électorale deux objectifs : l'emploi et la sécurité. Deux ans plus tard, le président recherche les moyens de financer une assurance-vieillesse et une assurance-chômage, sans exclure en rien l'assurance-maladie. Ce qu'il souhaite, en revanche, c'est que le financement soit assuré, non pas par l'Etat fédéral, c'est-à-dire par l'impôt, mais par des contributions que verseraient les employeurs et les salariés – en somme, rien qui puisse mettre en péril le sacro-saint équilibre budgétaire. Quant à la gestion du système, elle s'inscrirait dans un cadre national. Au cours de l'automne de 1934, une commission sur la sécurité économique réunit, sous la présidence du secrétaire au Travail, les secrétaires à l'Agriculture et au Trésor, l'Attorney General, le directeur de la FERA. Un conseil consultatif l'assiste, qui comprend des délégués syndicaux et patronaux, des experts et des administrateurs. Le travail progresse lentement, car les avis s'opposent. Les témoins défilent devant la commission. Les partisans des droits des Etats bataillent contre les partisans du tout-fédéral. Les porte-parole de l'Association des médecins américains protestent ainsi contre l'éventualité d'une médecine fédéralisée, qu'ils assimilent à une médecine socialiste, et obtiennent qu'on reporte l'assurance-maladie aux calendes grecques. Les systèmes que l'étranger a adoptés, en particulier l'Angleterre et l'Allemagne, sont soigneusement analysées. On dissèque les avantages et les inconvénients de la procédure suivis par le Wisconsin, le seul Etat de l'Union à appliquer alors une loi sur l'assurance-chômage. Pendant ce temps, Sinclair, Long et Townsend remuent ciel et terre en faveur de leurs solutions miraculeuses.

La commission remet son rapport à la fin de 1934, et le 17 janvier 1935, le président recommande au Congrès de débattre de la question. Le sénateur Robert Wagner et le représentant David Lewis déposent, chacun de son côté, une proposition de loi qui répond aux vœux de la Maison Blanche. La sécurité sociale (on passe alors d'« économique » à « sociale ») suscite deux oppositions. Les partisans de Townsend, qui la trouvent insuffisante, militent avec opiniâtreté pour le versement mensuel de 200 dollars en faveur des retraités. L'idée est rejetée, mais il est acquis qu'un geste plus que symbolique sera fait à l'adresse des personnes âgées. Les conservateurs, eux, éprouvent de fortes inquiétudes. La sécurité sociale, estiment-ils, sonne le glas de l'individualisme. Plus de « romance dans la vie », gémit un sénateur du New Jersey. La vie de chacun ressemblera à une vie d'assisté. Les Sudistes raisonnent autrement. Le quotidien de Jackson, dans le Mississippi, croit savoir que « le Mississippien moyen ne se voit pas raclant le fond de son portemonnaie pour que des pensions soient versées à des Noirs vigoureux qui resteront assis à ne rien faire, à l'ombre de leurs vérandas, et feront vivre toute leur parentèle. Pendant ce temps, les champs de coton et de maïs attendraient que des ouvriers viennent faire le désherbage[18]. » Les défenseurs du projet soulignent que la sécurité sociale fonctionnera sur le principe des assurances, ce qui n'est pas tout à fait vrai mais rassure les adversaires. Ils démontrent que le versement d'une pension provoquera le départ à la retraite les travailleurs de soixante-cinq ans, donc permettra de nouvelles embauches et aboutira à l'élévation de la productivité. Enfin, en accordant aux vieillards le minimum vital, la loi libérera les plus jeunes du devoir d'aider leurs parents. Bref, des motivations fortes et incontestables qui poussent la Chambre des représentants en avril, le Sénat en juin, à donner leur accord. Le 14 août 1935, le président Roosevelt signe la loi et annonce avec fierté qu'elle aidera au moins trente millions d'Américains, qu'elle est « la pierre angulaire d'une construction en cours » et offre une assurance « du berceau au cercueil ».

Au-delà des dispositions, complexes et changeantes, qui caractérisent la loi sur la sécurité sociale, il faut retenir, à la différence des mesures exceptionnelles de 1933-1935, son caractère permanent. Elle divise les sans-emploi en deux catégories. D'un côté, les chômeurs temporaires, aidés par les agences fédérales, comme le CCC, la PWA et la dernière-née, la WPA dont il sera question plus loin, bénéficieront d'une assurance. De l'autre côté, les « inemployables », ceux qui, pour diverses raisons, ne sont pas en mesure d'exercer une activité professionnelle, par exemple, les veuves avec des enfants à charge, les personnes âgées, les aveugles. La coopération entre le fédéral et les Etats est instituée suivant des proportions savamment dosées.

La législation est loin d'être entièrement satisfaisante, et ses auteurs le savent. L'assurance-vieillesse, par exemple, n'est pas obligatoire pour les fonctionnaires, les domestiques, les ouvriers agricoles, les marins, les employés des associations éducatives, religieuses et philanthropiques. L'aide aux mères qui ont des enfants à charge ne forme pas l'ossature d'une véritable politique de la famille. L'assurance-chômage court en moyenne sur les seize premières semaines et correspond au paiement de la moitié du salaire. Mais qu'en est-il après ? Voilà pourquoi il est embarrassant de porter un jugement tranché sur cette loi. Parmi toutes les mesures du New Deal, elle jouit d'un prestige extraordinaire, comme si elle bouleversait la société de fond en comble. Roosevelt a diffusé l'idée que c'était là « la réussite suprême » de sa présidence. Peut-être le croyait-il. Pourtant, dès son adoption – et plus encore dans les années soixante –, ce texte a fait l'objet de vives critiques. Visait-il à désarmer les démagogues ? En ce cas, il a échoué, car les propositions de Townsend et de Long sont autrement plus séduisantes. Il ne décide aucun paiement en argent, sauf pour les handicapés. La loi est fondée sur le principe de l'assurance mutuelle, rendue obligatoire, mais ne concerne qu'une partie de ceux qui en auraient besoin. Aux autres, elle retire un peu de leurs gains, à une époque où le chômage revêt toujours un caractère dramatique, où la sous-consommation reste le fondement de la crise.

En ce sens, ce n'est pas la loi de 1935 qui favorisera la reprise des activités économiques. D'ailleurs, ceux qui sont contraints d'y souscrire n'ont pas d'autre choix que de rester en bonne santé : faute d'assurance-maladie, ils ne sont nullement certains de pouvoir se soigner en cas de nécessité. Faute de pouvoir se soigner, ils risquent de perdre leur emploi avec la perspective de toucher une modique assurance-chômage et de rejoindre l'armée des sans-emploi. Quant à la gestion du système, elle est contrôlée par un bureau fédéral et partagée avec les Etats, ce qui provoque bien des inégalités : ici, des indemnités et des pensions acceptables ; ailleurs, beaucoup moins, souvent trop peu.

Enfin, comme c'est le cas des handicapés, des aveugles et des mères ayant des enfants à charge, l'aide est accordée à des catégories précises, « les pauvres méritants ». Les dispositions de la loi sur la sécurité sociale sont donc totalement différentes des autres textes du New Deal. En ce sens, elle manque de rigueur. D'autant plus qu'à l'origine, l'aide aux enfants à charge devait aller aux veuves qui habitaient dans des *suitable homes*, entendons des « foyers convenables », un euphémisme pour désigner des foyers sans enfants illégitimes. Une manière de sanctionner les foyers noirs, dans lesquels les naissances hors mariage sont nombreuses. Comme ce sont les Etats qui gèrent ce programme, le localisme exerce des ravages. Certains refusent l'aide aux mères qui ont un casier judiciaire ; d'autres exigent un plancher précis de ressources. Bref, des disparités qui ne sont pas conformes à l'esprit d'égalité ou, plus simplement, à la justice se multiplient.

Ces réserves faites, et personne ne doit en sous-estimer la portée, il reste que la loi sur la sécurité sociale marque une étape décisive dans l'histoire des Etats-Unis. Les pouvoirs publics reconnaissent officiellement le droit au travail et le droit à une retraite décente. Dans la mesure où le financement ne repose pas sur les deniers publics, les tribunaux ne peuvent pas lui réserver le sort du NIRA. En outre, en dépit des lacunes, des obscurités et des maladresses, la loi est perfectible. C'est ce que comprend fort bien un travailleur social de l'époque : « En premier lieu, et c'est d'une importance fondamentale, la responsabilité du gouvernement et du monde industriel pour assurer la sécurité sera reconnue pour la

première fois. A la lumière de l'expérience, le système
sera et pourra être amélioré[19]. »

Le Welfare State : l'aide aux chômeurs

Le deuxième pilier du *Welfare State*, c'est l'aide aux
chômeurs. A vrai dire, elle est antérieure à la loi sur la
sécurité sociale, si l'on s'en tient au calendrier. Dans
l'application quotidienne, elle en est le complément
indispensable. CCC, FERA, PWA, CWA... Tous ces organismes poursuivent le même but : proposer des emplois
à ceux qui n'en ont pas, rémunérer un travail plutôt que
de verser une humiliante indemnité de chômage.
L'indemnité *(dole)*, dit une fois de plus Roosevelt en janvier 1935, c'est « une drogue qui subtilement détruit
l'esprit humain. (...) Je ne veux pas que la distribution
d'argent, de denrées, que le ratissage de feuilles mortes,
le ramassage des papiers dans les jardins publics, que
quelques heures passées chaque semaine à tondre les
pelouses annihilent la vitalité de notre peuple ». Dans
son esprit, les Etats prendront en charge l'aide à ceux
qui ne peuvent pas travailler, tandis que le gouvernement fédéral créera des emplois rémunérés au bénéfice
de la collectivité. Encore faut-il que cette politique
repose sur des bases saines. Les travaux doivent être
utiles. L'argent dépensé servira pour l'essentiel à rémunérer un travail, et les projets réalisés constitueront un
gain, à plus ou moins brève échéance, pour le Trésor
fédéral. Distribués sans tarder, les fonds destinés aux
travaux publics seront répartis entre les régions suivant
le nombre de leurs chômeurs.

Un grave problème, toutefois, se pose : à quel taux
paiera-t-on ? S'il est nettement inférieur aux salaires des
entreprises privées, celles-ci seront victimes de la politique des travaux publics et devront débaucher ; la crise

s'amplifiera. Si c'est à un taux plus élevé, le Trésor fédéral manquera de moyens. En janvier 1935, lorsqu'il présente son projet, Roosevelt suggère que le salaire soit plus élevé que l'indemnité de chômage et plus bas que les salaires habituellement pratiqués. Tollé du côté des syndicats soutenus à la fois par les libéraux du Congrès et par Long et Coughlin. Le président ne cède pas et obtient « des pouvoirs discrétionnaires » pour fixer les salaires dans les opérations de travaux publics. Le 8 avril, le Congrès vote un budget de près de 5 milliards pour « des secours d'urgence ». Le 6 mai, Roosevelt met sur pied la Works Progress Administration (WPA, l'Administration chargée de l'avancement des travaux). A sa tête, Harry Hopkins et, dans une position secondaire, Harold Ickes, le secrétaire à l'Intérieur. La WPA dispose de beaucoup plus de moyens que la FERA ; sa liberté de manœuvre est plus étendue. C'est une réalisation majeure du New Deal.

Une fois de plus, le gouvernement fédéral reconnaît le droit au travail. Le but de Hopkins, tel qu'il le proclame, est de sauver le capitalisme, en le rendant plus humain : « Je ne crois pas, déclare-t-il, que, dans notre système capitaliste, les gens doivent être pauvres. (…) Je crois qu'ils sont pauvres parce que nous n'avons pas assez de cervelle pour diviser, chaque année, notre revenu national et les empêcher d'être pauvres. » Il faut nuancer toutefois ce bel idéalisme. Non pas que Hopkins et son équipe réservent les avantages de l'aide fédérale à leurs amis politiques. Ils sont trop généreux et trop fins pour agir aussi lourdement. Mais, tout naturellement, les secourus éprouvent une immense reconnaissance pour leur bienfaiteur. De Washington vient le salut. Et Washington, ce sont Roosevelt et les hommes du président. Le pouvoir central accapare donc le prestige de l'entreprise.

En deuxième lieu, la WPA se lance dans des projets de grande envergure, parfois inattendus. Elle commence par employer 220 000 personnes en août 1935. Elle passe à 3 millions en février 1936, descend à 1,5 million en septembre 1937, remonte à 3 300 000 en novembre 1938. Elle change de nom en 1939 pour devenir la Works Projects Administration et est dissoute en 1943. Au total, elle a rémunéré 13 686 000 hommes/années. Dans trois cas sur quatre, les travaux subventionnés par la WPA concernent la construction. 100 000 km de rues, 40 000 km de trottoirs, 8 000 parcs, des égouts, des aéroports, des bâtiments publics, 850 000 km de routes réparées et élargies, de nouveaux ponts comme le Triborough Bridge qui à New York unit le Bronx, Manhattan et le Queens… On n'en finirait pas de citer les équipements durables dont la WPA dote les Etats-Unis. Les salaires mensuels varient de 50 à 60 dollars, soit environ 700 dollars par an. La semaine de travail ne dépasse pas quarante heures. Voilà pour le dithyrambe. Mais la WPA n'est pas une œuvre parfaite. Hopkins tient à la participation financière des collectivités locales, donc favorise les Etats riches aux dépens des Etats pauvres. Soutenant qu'un seul membre d'une même famille peut travailler pour la WPA, il encourage implicitement la discrimination dont les femmes souffrent sur le marché de l'emploi. Le recours massif aux chômeurs (90 % des effectifs) nuit à l'encadrement et à la rentabilité des projets entrepris. Les outils manquent quelquefois, et la WPA ne fait pas assez d'efforts pour assurer à ses employés une véritable formation. Les mauvaises langues assurent que l'ardeur au travail n'est pas générale : ne voit-on pas des employés se chauffer autour des braseros au lieu d'affronter la neige, la pluie ou le vent ?

Les projets les plus critiqués ont été les plus originaux. C'est que la WPA, plus encore que la FERA et la CWA, a voulu tirer de l'inactivité tous les chômeurs, même ceux qui n'avaient aucune qualification manuelle. Des enseignants sont chargés d'apprendre à lire aux adultes illettrés et aux immigrants qui ne connaissent pas l'anglais. Des écoles maternelles sont ouvertes, qu'animent des institutrices, des infirmières puéricultrices et des nutritionnistes. Fait jusqu'alors impensable, la WPA emploie même des musiciens, des peintres, des sculpteurs, des acteurs, des danseurs qui font connaître leur art à des hommes et des femmes éloignés de tout centre culturel et ignorant tout de tout. Le théâtre fédéral monte des pièces de Marlowe et d'Auden. Une compagnie composée d'acteurs noirs donne *Macbeth*. Ailleurs, on donne *Meurtre dans la cathédrale* de T.S. Eliot. A Los Angeles, il est possible de choisir entre *Six personnages en quête d'auteur* et des pièces en français, en yiddish ou en espagnol. La fin des années trente consacre l'apothéose du théâtre et des artistes. Wilhem De Kooning, Jackson Pollock, pour ne citer que les peintres les plus connus, enseignent et reçoivent des commandes. Quant aux écrivains, la WPA leur demande de collationner les informations sur les diverses régions des Etats-Unis et de rédiger des guides touristiques. Les historiens, les ethnologues mènent des enquêtes et recueillent des témoignages sur les Italiens de New York, sur les Arméniens du Massachusetts, sur les Noirs de Virginie. Hopkins racontait, mi-sérieux mi-plaisant, qu'il avait remis au travail des rabbins en leur assignant la tâche de rédiger un dictionnaire de yiddish.

Ces expériences ne valent pas seulement par leur originalité, mais aussi par l'état d'esprit qu'elles suscitent. Chacun peut être utile à la place qu'il occupe, avec les talents qui sont les siens et la bonne volonté qu'il souhaite manifester. Mais de cette crise qui se prolonge, il n'y a qu'une manière de se tirer : par l'effort commun, par l'union des énergies, sous l'autorité du gouvernement fédéral et du président.

Il n'empêche que la WPA n'a jamais pu donner du travail à tous. Le chômage des jeunes est particulièrement préoccupant. Le CCC offre une solution, à condition que l'on ait la santé requise, des muscles et le goût de la vie au grand air. Les filles en sont exclues. C'est pourquoi, en juin 1935, est créée la WPA des jeunes. La National Youth Administration (l'Administration nationale de la jeunesse, NYA) subsistera jusqu'au milieu de la guerre. Elle comporte deux types de programmes. Pour les dix-huit-vingt-quatre ans, garçons et filles, elle propose des emplois de type classique, rémunérés suivant la même échelle de salaires que les emplois de la WPA : réalisation ou entretien du marquage des rues, réparation de jouets, construction de meubles, lutte contre l'érosion des sols, travaux de couture, etc. En 1937, un tiers des effectifs de la NYA exercent ce genre d'activités, soit 123 000 jeunes. Les deux autres tiers bénéficient d'une aide éducative. Elèves de l'enseignement secondaire ou supérieur, ils reçoivent une allocation de fonds qui leur permet de poursuivre leurs études. En contrepartie, ils sont tenus de cataloguer les livres de la bibliothèque, de taper à la machine, d'assurer l'entretien du campus ou de mettre sur pied des séries statistiques. Quand on songe au prix des études supérieures aux Etats-Unis ou au coût social d'un élève du secondaire, on comprend sans effort de quelle utilité a pu être la NYA.

Une autre expérience mérite d'être citée, celle de la Resettlement Administration (l'Administration pour la réinstallation, RA). Le président Roosevelt en confie la direction, en avril 1935, à Rexford Tugwell. Le but est à la fois simple et grandiose : lutter contre la pauvreté dans les campagnes, donc poursuivre et étendre l'action de la FERA. La grande idée de Tugwell, ce sont « les villages verts », c'est-à-dire des bourgs construits à proximité des lieux de travail et entourés de verdure. Il réussit à en bâtir trois, près de Washington, de Cincinnati et de Milwaukee. De quoi éblouir les visiteurs américains et étrangers. En fait, la RA manque d'argent. Renforcée par les fonds que lui alloue la loi Bankhead de 1935, elle s'efforce de créer une classe de paysans propriétaires et cède la place en 1937 à la Farm Security Administration (l'Administration pour la sécurité agricole, FSA). Dans le même temps, les experts de l'agriculture redécouvrent toute l'ampleur d'un problème permanent, l'usure des sols que les producteurs malmènent et qu'il faut protéger contre la surproduction, contre les excès du climat, contre les effets pervers de la loi du marché. WPA, NYA et RA vont dans le même sens : le gouvernement fédéral a pris en main le sort des chômeurs, tout comme, par la sécurité sociale, il avait décidé de s'occuper des salariés, de leur présent et de leur avenir. C'est un changement profond dans les mentalités.

Le *Welfare State* : la justice fiscale

Le troisième pilier du *Welfare State* est plus malaisé à mettre en évidence, car il n'est pas le fait d'une seule loi, mais plutôt d'un état d'esprit. Jusqu'alors Roosevelt penchait pour la coopération avec le *Business*. En 1935 commence la mésentente cordiale. Ce n'est évidemment pas la lutte des classes et le président ne devient pas un leader révolutionnaire, mais il respire à pleins poumons l'air du temps, et l'air du temps ne favorise pas les milieux d'affaires. Ils sont accusés d'avoir provoqué la crise, de n'avoir pas su en faire sortir les Etats-Unis, de mener une politique à courte vue et de s'opposer vigoureusement aux mesures de sauvetage que réclame le pays. Nombreux sont maintenant les banquiers, les industriels, les détenteurs de grandes fortunes qui haïssent Roosevelt, « le type de la Maison Blanche ». Poussé

par les événements plus que par des considérations doc-
trinales, Roosevelt franchit progressivement le Rubicon,
un peu malgré lui. L'exemple de la loi Wagner est significatif. Signée le 5 juillet 1935, elle crée un Bureau
national des relations au sein du monde du travail, le
National Labor Relations Board (NLRB), qui contrôle la
naissance des sections syndicales dans les entreprises et
poursuit les employeurs qui violent la législation du travail. Pour l'essentiel, la loi Wagner reprend les dispositions de la clause 7a du NIRA. La Cour suprême a
invalidé la loi de 1933, et ce nouveau texte peut sembler
normal. En fait, le sénateur Wagner a rédigé sa proposition en février 1935. Roosevelt y est hostile, car il
redoute qu'une nouvelle loi ne tende davantage les relations sociales, qu'elle ne mette le feu aux poudres, alors
que lui voudrait contenir encore le vent des réformes. Le
Sénat n'en continue pas moins ses délibérations ; en
mai, il approuve la proposition Wagner à une large
majorité. Les représentants s'apprêtent à suivre l'exemple.
Subitement, Roosevelt annonce alors qu'il a changé
d'avis et qu'il est maintenant favorable à la loi Wagner.

Ce revirement précède de peu l'arrêt de la Cour sur le
NIRA. Ceci explique-t-il cela ? Toujours est-il que ce qui
survit du NIRA, ce ne sont pas les concessions faites au
Business, c'est-à-dire la suspension des lois antitrusts, la
collaboration avec le gouvernement, la possibilité légale
d'empêcher la guerre des prix, mais les avantages acquis
par le monde du travail. La loi Wagner est beaucoup
plus réformiste que le NIRA. Elle conforte les progrès du
syndicalisme, en particulier dans les industries. Encore
membres de l'AFL, les syndicats affiliés au CIO accroissent leurs effectifs et leur influence.

Un autre épisode est révélateur. La loi de 1933 sur les
banques a instauré la séparation entre les banques commerciales et les sociétés d'investissement. En juin 1934,
une commission des opérations boursières (Securities

Exchange Commission, SEC) reçoit pour mission de surveiller l'émission et l'échange des valeurs. L'année suivante, c'est la Banque fédérale de Réserve qui subit une réorganisation : concentration des pouvoirs au profit du conseil des gouverneurs, remaniement des opérations d'*open market*, contrôle plus étroit des banques membres. Ce sont là des mesures capitales. Pourtant, le débat qu'elles ont provoqué ressemble à un murmure comparé avec la discussion de la loi sur les holdings. Signée le 28 août 1935, celle-ci s'oppose au monopole dont disposaient les sociétés productrices d'électricité et de gaz, accorde de larges pouvoirs à la Commission fédérale de l'énergie (pour l'électricité), à la Commission fédérale du commerce (pour le gaz), à la SEC (pour la formation et le fonctionnement des holdings). Les sociétés en pyramide sont interdites. Le monopole sera limité à une seule région. Au bout de cinq ans, tout holding qui ne prouvera pas son utilité et sa soumission à la loi sera dissous. C'est la célèbre « peine de mort » qui fait hurler de désespoir bon nombre d'hommes d'affaires et de banquiers. Roosevelt s'est personnellement engagé dans la bataille. Il défend avec énergie « la peine de mort », en dépit des centaines de milliers de dollars que les compagnies d'électricité et de gaz ont dépensés pour démontrer à l'opinion et au Congrès qu'elles protègent l'intérêt national. Encore le président a-t-il dû consentir des concessions. Mais le vote de la loi réjouit les champions de la Nouvelle Liberté autant que ceux de la planification. Roosevelt est bien devenu l'adversaire du *Business*, le défenseur des « petits » contre les « gros ».

Le dernier exemple touche à la politique fiscale. Le président pourrait choisir entre deux voies : s'il s'inspire des théories de Keynes, il accroîtra les dépenses publiques et, contrairement à l'idée d'équilibre budgétaire, réduira les impôts ; s'il se laisse guider par le souci de la justice sociale, il alourdira la ponction fiscale sur les revenus les plus hauts tout en augmentant, par des paiements de transfert, les revenus les plus bas. Il suit la deuxième voie. Calculées en milliards de dollars, les dépenses fédérales grimpent de 4,6 en 1933 à 6,7 en 1934, faiblissent à 6,5 en 1935, remontent à 8,5 en 1936. Le déficit budgétaire s'élève d'abord à 2,6, puis à 3,6 et 2,8, enfin à 4,4. L'aide à l'agriculture, la lutte contre le chômage, la politique des travaux publics expliquent l'évolution des statistiques[20].

Or Roosevelt fait face à deux types de critiques. A droite, on lui reproche d'avoir renoncé à équilibrer le budget, malgré ses promesses de 1932 et ses tentatives de 1933. A gauche, surtout dans le camp de Huey Long, on rappelle que la redistribution des revenus est une nécessité urgente, qu'elle ne peut se faire que par une nouvelle politique fiscale, qu'il faut prendre aux riches pour soulager les pauvres. Roosevelt marche dans cette direction et recommande au Congrès, le 19 juin 1935, de voter une répartition plus juste de la charge fiscale. Il faut bien limiter le poids de la richesse, l'influence du pouvoir économique, « le malaise social et le sentiment croissant d'injustice ». Les membres du Congrès ne se font pas prier – une preuve supplémentaire que la défense du *Business* n'intéresse guère les hommes politiques. La nouvelle loi est signée le 30 août : au lieu de 13,75 % sur le revenu net des sociétés, il leur sera prélevé de 12,5 à 15 % du volume brut des revenus. Quant aux revenus particuliers, ils seront frappés d'une surtaxe pour les catégories supérieures ; une tranche correspondant à 75 % de prélèvement est même prévue. En outre, la transmission des fortunes fait l'objet d'une imposition supplémentaire. Ce n'est certainement pas « le partage des richesses » que réclament, à cor et à cri, Long et ses partisans, mais c'est une inflexion qui contribue à colorer le *Welfare State*.

La vie à la Maison Blanche

La naissance, puis l'extension du *Welfare State* ne font que souligner la primauté de la présidence dans la vie politique. La Maison Blanche est le centre moteur. Rien d'important ne se fait et ne pourrait se faire sans que Roosevelt y soit mêlé, voire sans qu'il en ait pris l'initiative. Or ce qui étonne les observateurs, c'est que Roosevelt n'a pas changé. Il est resté le leader politique qui sait faire les gestes qu'on attend de lui et n'est pas enfermé dans son rôle de président. Il ne cherche pas à se muer en une figure historique que rien ni personne ne saurait affecter. En un mot, il continue d'être disponible et d'être tout à tous. La Maison Blanche, on l'a dit, lui appartient. Il y est entré avec aisance, comme s'il revenait chez lui, comme si, de tout temps, il était prévu qu'un second Roosevelt occuperait les lieux. A mesure que les mois passent, le palais présidentiel (est-ce bien un palais ?) est « rooseveltisé ». Il est devenu un lieu de passage pour les membres du gouvernement et leur entourage, pour d'innombrables visiteurs, officiels ou non, pour la bruyante famille du président. Même les réceptions ont perdu de leur allure guindée. Et les traditionalistes s'en plaignent. On se croirait « dans une auberge de campagne, le samedi soir », proteste l'un d'eux.

Le spectacle de Hyde Park et d'Albany annonce celui de Washington. Le bureau du président, comme celui du gouverneur, comme celui du fils de Sara, est encombré d'objets hétéroclites, de souvenirs, de pièces de collection rapportés d'un voyage ou offerts par un visiteur. C'est le bric-à-brac d'une longue carrière politique. Des estampes, des modèles réduits, des meubles rappellent à qui l'aurait oublié que Roosevelt éprouve une passion pour la mer et les bateaux. Au milieu de ce joyeux

désordre trône le séducteur. Ses hôtes, illustres ou obscurs, ne résistent pas au charme. Roosevelt sait mettre à
l'aise. Le formalisme, il le rejette. C'est lui qui répand
l'usage des prénoms, bien que lui-même ait droit au titre
de « gouverneur » ou de « M. le Président ». A moins
qu'il ne soit désigné par ses initiales : FDR. Quelle simplicité ! C'est le cri du cœur. Quelle différence avec Herbert Hoover ! Anne O'Hare McCormick écrit, dans le
New York Times, que les chefs de gouvernement portent
sur leur visage les traces de la fatigue et des tensions
qu'ils supportent. Ni Mussolini ni Hitler, ajoute-t-elle, ni
Baldwin ni les successifs présidents du Conseil français
n'échappent à la règle. Roosevelt, lui, aime à être le président. « Il est un peu plus épais, légèrement plus grison-
nant. Autrement, il paraît plus résistant et en meilleure
santé que le jour de son entrée en fonctions. Son visage
est si bronzé que ses yeux paraissent plus clairs. (...)
Après les quatre années excitantes qui nous séparent de
la dernière campagne électorale, ils sont toujours aussi
perçants, curieux, amicaux et impénétrables. » Un autre
journaliste observe toutes les mimiques de Roosevelt au
cours d'une conférence de presse. Sa conclusion rejoint
celle de sa consœur. Roosevelt n'est jamais aussi heureux que dans l'exercice de ses fonctions et, malgré les
apparences, il est si complexe que celui qui croirait per-
cer à jour la personnalité profonde du président se mon-
trerait bien naïf[21].

En 1933, les Américains ont découvert leur nouveau
président. A la veille de la campagne de 1936, ils sont
habitués à l'homme, à son comportement, et subissent,
sans maugréer, sans même s'en apercevoir, son
empreinte. La place d'Eleanor est maintenant un fait
acquis. Les familiers de la Maison Blanche la remar-
quent, non loin de son mari, silencieuse, efficace, un tri-
cot dans les mains. Femme au foyer exemplaire ? Voire.
Elle est la première des *First Ladies* et occupe un rôle pri-

mordial dans la vie politique. Elle fait équipe avec Franklin. En mars 1933, elle dit à un journaliste qui l'interviewe : « Jamais je n'ai pensé que j'avais une position officielle ou que j'avais droit à une position officielle parce que mon mari a été élu président. Je pense que mon travail, c'est de l'aider autant que possible et de faire ce qui me revient[22]. » Fausse modestie, car l'aide qu'elle apporte est capitale. Eleanor est l'hôtesse de la Maison Blanche, celle qui sait recevoir à la fortune du pot et préparer elle-même sa grande spécialité, les œufs brouillés. Elle a même innové en servant pour la première fois dans ce haut lieu de la vie politique des *hot dogs*. Avec le même dévouement quoique avec un moindre succès, elle assume ses devoirs de mère et de grand-mère. Et puis, elle continue à voyager beaucoup. Comme auparavant, elle inspecte pour son mari, lui rapporte ses impressions, intervient en faveur de ceux qui n'ont pas la possibilité de se faire entendre, les pauvres, les Noirs, les chômeurs, les femmes. Son courrier est impressionnant : cinq cents lettres par jour dans les dernières semaines de 1933. Tantôt elle répond personnellement ; tantôt elle confie cette tâche à l'une de ses secrétaires, car, bien entendu, elle dispose d'un secrétariat. Elle exerce son influence auprès du président tout autant qu'auprès des principaux responsables du Parti démocrate dont elle est, on l'a vu, un membre très actif. En outre, elle saisit les nombreuses occasions de parler qui lui sont offertes, bien que ses interventions publiques ressemblent plus à des causeries qu'à des meetings politiques. Elle écrit dans le *Woman's Home Companion* qui lui réserve une page entière. Elle tient une chronique à la radio depuis mai 1934, ce qui ne manque pas de provoquer des critiques. Elle a même été pendant quelque temps rédactrice en chef d'un magazine *Babies, Just Babies*. Elle est, enfin, pigiste et vend à une quarantaine de quotidiens un billet, fort lu, qui a pour titre « Ma

journée ». En 1940, cent trente-cinq journaux seront
abonnés au billet. Nouveauté parmi les nouveautés, la
Première Dame donne très régulièrement des conférences de presse, réservées aux journalistes femmes et
de plus en plus suivies à mesure que la presse prend
conscience des informations qu'on peut y recueillir.
Mme Roosevelt est à Washington l'une des stars de la
politique.

Si Eleanor sert à merveille les intérêts de Franklin, les
journalistes tiennent aussi une place essentielle dans la
glorification de la présidence. Sans doute ne sont-ils pas
systématiquement favorables à sa politique. Bien au
contraire, Roosevelt dit et répète que 85 % des journaux
le combattent. Appréciation un peu pessimiste : de
minutieux calculs démontrent qu'en 1932 environ 40 %
des quotidiens ont soutenu sa candidature, 52 % celle
de Hoover, le reste ne prenant pas parti. En 1936, 36 %
sont pour Roosevelt, 57,1 % pour son concurrent. Par la
suite, l'opposition à Roosevelt atteint 60 à 65 % ; ce qui
est beaucoup, il faut le reconnaître. La *Chicago Tribune*,
la *New York Herald Tribune*, le *New York Journal American*, le *New York Sun* le combattent plus souvent qu'ils
ne l'approuvent. Le *Baltimore Sun*, le *Washington Post*, le
New York World Telegram, le *New York Times* adoptent
une position inverse[23]. Ce décompte ne vaut que pour les
éditoriaux, qui expriment le point de vue du journal,
voire du propriétaire et ne se confondent pas avec le
reste. De plus, il est évident qu'au début du premier
mandat, le soutien est largement majoritaire pour la
politique étrangère et commerciale, plus faible pour les
grandes mesures du New Deal. Mais Roosevelt fait
l'information lui-même. Ses déplacements, ses déclarations, ses moindres gestes sont jetés en pâture aux journalistes. Il a souvent répété que l'essentiel, c'est d'être en
page 1, voire en page 2 et que l'éditorial, perdu dans les
pages 20 ou 30, compte infiniment moins que les gros

titres. D'ailleurs, il continue à apprivoiser les correspondants à Washington. Du 1er novembre 1934 au 31 octobre 1935, il tient quatre-vingt-douze conférences de presse, ce qui donne cent quatre articles de première page dans le *New York Times*, dont vingt et un sont chapeautés par un titre sur deux ou trois colonnes. Dans les trois mois qui précèdent les élections présidentielles de 1936, sept des conférences de presse suscitent six articles de première page dans le *New York Times*, dans le *Baltimore Sun* et dans la *New York Herald Tribune*, quatre dans le *Washington Post*. Un journaliste à qui on demandait quel était le meilleur commentateur de la presse américaine répondit sans aucune hésitation : « Facile. C'est Franklin Roosevelt. Il peut obtenir la première page pour exprimer ses opinions quand il le veut, n'importe quel jour. Et nous sommes bien obligés de le publier. » Ajoutons que les caricaturistes s'en donnent à cœur joie. Leurs astucieuses vignettes sont indispensables pour retracer l'histoire du New Deal. Roosevelt y est sympathique, jovial, dynamique. Il court et s'agite, comme s'il n'avait aucune infirmité physique. Quant aux causeries au coin du feu, elles portent l'estocade aux plus réticents. S'il avait pu utiliser la télévision, ses émissions, à coup sûr, auraient eu un effet dévastateur. Même sans l'information électronique, il reste le premier des grands communicateurs, ce qui ne fait que renforcer la domination de la présidence.

Le débat politique en 1936

Aussi la campagne pour les élections de novembre 1936 revêt-elle une importance primordiale. Elle commence au début de l'été. Pas avant, du moins officiellement. Mais, dès l'année précédente, les politiques et les journalistes ont les yeux fixés sur l'horizon 36. Roosevelt le premier. Il est de tradition qu'un président qui achève son premier mandat sollicite une deuxième fois les suffrages de ses compatriotes. On ignore encore qui sera l'adversaire de Roosevelt. Certes, les républicains ne cessent de chanter les louanges de Hoover, mais ils n'ont aucune envie de refaire la campagne de 1932 et de revivre le même échec lamentable. Les initiés chuchotent des noms : Borah, le sénateur de l'Idaho, ferait un bon candidat, s'il était moins âgé et mieux soutenu par le parti ; Hiram Johnson, le sénateur progressiste de Californie, a ses partisans ; Arthur Vandenberg, le sénateur du Michigan, également. En fait, rien n'est joué de ce côté. L'inquiétude des démocrates vient d'ailleurs. Non pas des socialistes, moins encore des communistes dont l'influence électorale s'est amenuisée depuis 1932 au bénéfice de Roosevelt. La trinité des dissidents démocrates est, en revanche, très inquiétante. Long pourrait obtenir de Coughlin et de Townsend un précieux soutien. En ce cas, il ne serait certes pas élu, mais empêcherait, malgré tout, Roosevelt d'atteindre la majorité absolue des suffrages au sein du collège électoral. A preuve, un sondage rudimentaire qu'a réalisé le comité national démocrate au cours de l'été 1935. Long obtiendrait environ 11 % des voix ; Roosevelt, 54,2 % ; le candidat républicain, 29,6 %. La répartition régionale est plus préoccupante, dans la mesure où Long mord pour l'essentiel sur l'électorat de Roosevelt. En Nouvelle-Angleterre, Roosevelt serait nettement affaibli. Autour des Grands Lacs, dans les Grandes Plaines, dans les Rocheuses et sur la côte Pacifique, le long de la côte Atlantique (moins le Sud), il suffirait de peu pour que la candidature de Long porte à celle de Roosevelt un grave préjudice. Une fois encore, les élections présidentielles sont placées sous la menace d'un tiers parti, dont la progression est imprévisible et le rôle consiste à brouiller les pistes ou à perturber le train-train du bipartisme.

Le 7 septembre 1935, coup de tonnerre dans le monde politique. A Baton Rouge, capitale de la Louisiane, en sortant de la Chambre des représentants de l'Etat, Huey Long est abattu et meurt trois jours plus tard. L'assassin, Carl Weiss, a voulu venger son beau-père, juge de l'Etat auquel Long s'était acharné à faire perdre son poste. Après une brève période de consternation et de deuil, la politique reprend ses droits. Le mouvement que Long dirigeait vole en éclats ; la plupart de ses membres font la paix avec le Parti démocrate, et le reste suit le Révérend Gerald L.K. Smith, une sorte de *groupie* mal-aimé du défunt, qui tâche de nouer des relations étroites avec le père Coughlin et le Dr. Townsend. Avec le premier, ce n'est pas facile, car Coughlin hésite à rompre avec Roosevelt. Toutefois, en décembre 1935, il proclame *urbi et orbi* que son soutien au New Deal a constitué « une erreur ». Sept mois plus tard seulement, il se lance dans la bataille électorale, organise sur le terrain des comités locaux appelés à tenir un rôle décisif. Son candidat sera William Lemke, un représentant du Dakota du Nord, peu connu sauf des milieux agricoles, farouchement hostile au président qui a rejeté l'une de ses propositions de loi. A la mi-juin, Coughlin, à lui tout seul, propulse Lemke à la candidature. Les journalistes racontent plaisamment que la convention pour la nomination de Lemke s'est tenue dans une cabine téléphonique, puisqu'elle a consisté en une conversation par téléphone entre Coughlin et le futur candidat ! Ainsi est fondé le Parti de l'Union. De son côté, Smith qui a tout fait pour se rallier le bon docteur de Californie annonce qu'il soutiendra la candidature de Lemke. Malaisée, cette alliance : les chefs se jalousent, et leurs auditoires continuent de manifester, ici et là, leurs sympathies à Roosevelt. Le programme n'a aucune cohérence. Pour ne rien arranger, Lemke est un fort mauvais candidat. Dans quatorze Etats, dont celui de New York et la Californie, le Parti de l'Union ne parvient pas à recueillir les signatures nécessaires à la présentation du candidat. Aussi le *Banner*, un quotidien de Nashville dans le Tennessee, conclut-il avec raison que « la véritable menace qu'exercerait un nouveau parti a disparu avec la mort de Long[24] ».

De leur côté, les républicains finissent par désigner leur candidat à la présidence. A la convention de Cleveland, ils ont d'abord applaudi vigoureusement le président Hoover, puis ont choisi le 11 juin, au premier tour de scrutin, Alfred M. Landon. Elu gouverneur du Kansas en 1932, réélu en 1934 – ce qui, dans les deux cas, équivaut à un exploit politique –, Landon est un homme honnête, intelligent, partisan de l'équilibre budgétaire, soucieux de laisser aux Etats et non au pouvoir fédéral le soin de traiter le problème du chômage, vaguement progressiste, aspirant au retour du bon vieux temps. Dépourvu d'éloquence, incapable de se servir efficacement de la radio, Landon donne l'impression de se confondre avec la muraille. Au cinéma, on dirait de Roosevelt qu'il a tout du héros, de Landon qu'il a tout de l'anti-héros. Le candidat à la vice-présidence est Frank Knox, propriétaire du *Chicago Daily News*. L'argent ne manque pas : les républicains dépensent 14 millions de dollars, alors que les démocrates limitent les frais à 9 millions[25].

Landon attaque le New Deal, tout en promettant d'en conserver l'essentiel, sauf le nouvel impôt sur les sociétés et la loi qui autorise le président à signer des accords commerciaux. Il saisit toutes les occasions pour revendiquer l'héritage de la tradition progressiste et pour assurer qu'il aidera, s'il est élu, les fermiers, les ouvriers, les chômeurs. Beau programme, mais alors pourquoi voter pour lui plutôt que pour Roosevelt ? Bien des partisans de Landon sont sans doute plus hostiles que leur candidat au président sortant. Les sociologues Helen et Robert Lynd décrivent la campagne dans une petite ville du Middle West qu'ils dissimulent sous le nom de Middletown. Les patrons des usines locales font pression sur leurs employés pour qu'ils portent des macarons en faveur de Landon. Ils font distribuer des tracts qui expliquent que la loi sur la sécurité sociale, applicable dès le 1er janvier 1937, entraînera un prélèvement insupportable, que l'inflation menace, qu'il faut protéger l'industrie pour retrouver le chemin de la prospérité, que, faute de ressources, le gouvernement de Roosevelt sera incapable de distribuer des secours d'urgence, que même des démocrates, comme Al Smith, ont rompu avec le président[26]. Ce qui reste de cette littérature de combat, c'est que pour les républicains comme pour les démocrates, l'amélioration de l'emploi dépend à présent uniquement de la politique qu'on mène à Washington. Signe incontestable qu'une page est tournée dans l'histoire politique, économique et sociale des Etats-Unis.

La stratégie de Roosevelt repose sur le bon sens. Le président sortant n'est pas le challenger. Il doit agir en président de tous les Américains, occuper dans le cadre de ses fonctions le devant de la scène, n'intervenir dans la campagne qu'au dernier moment. Autour de lui, l'équipe s'est renouvelée. Louis Howe, le fidèle parmi les fidèles, est mort en avril 1936. Le *brain trust* s'est désagrégé. Moley est encore aux côtés du président, mais pas pour longtemps. Tous ceux que l'orientation à gauche inquiète ont pris leurs distances, même si, déçus par Landon, ils finiront par voter pour Roosevelt. C'est l'heure d'une nouvelle génération, de ceux qui jusqu'alors ont travaillé dans les coulisses, comme Tom Corcoran, Benjamin Cohen, William Douglas, Robert Jackson. Qu'importe ! Dès qu'il s'agit d'une campagne électorale, Roosevelt reste Roosevelt. Désigné par la convention démocrate de Philadelphie le 23 juin en même temps que son colistier, le vice-président John Nance Garner, le président décide de faire campagne sur son acquis. Il cloue au pilori « les royalistes de l'ordre économique », les champions du conservatisme, sinon de la réaction. En épilogue, il sert la phrase qui fait mouche : « A certaines générations, il a été beaucoup donné. D'autres on attend beaucoup. Notre génération d'Américains a rendez-vous avec le destin. » Il retourne ensuite à ses fonctions présidentielles. S'il se déplace dans le pays, c'est parce qu'il est le chef du gouvernement fédéral. Avant de descendre dans l'arène, il prend son temps. Il s'y décide enfin, le dernier jour de septembre, à cinq semaines du scrutin. Cette fois-ci, contre Lemke et Landon c'est l'offensive tous azimuts, la guerre-éclair. Son thème directeur est qu'il a défendu le peuple contre les intérêts égoïstes. Le 31 octobre, le voici à New York, au Madison Square Garden. L'auditoire, survolté, applaudit à tout rompre sans même écouter le message qui lui est livré ; Roosevelt est contraint de réclamer le silence pour finir son discours. Il dénonce ses ennemis qui s'appuient sur « l'argent », « les forces de l'égoïsme et l'avidité pour le pouvoir ». Il promet de défendre « les millions de gens qui n'ont jamais eu les moindres chances ». Et pour conclure, il rappelle que « jamais auparavant dans notre histoire, [il n'y a eu une telle unité] contre un seul et même candidat. Ils sont unanimes dans leur haine contre moi. Et leur haine me réjouit. » Un tonnerre d'applaudissements déferle alors sur le Madison Square Garden. Mais qu'il soit permis, un demi-siècle plus tard, de noter que rien n'a été dit sur la politique étrangère, alors que Hitler vient de remilitariser la Rhénanie, que Mussolini poursuit son aventure africaine, que la guerre civile déchire l'Espagne. Les Américains, repliés sur eux-mêmes, écoutent avec ravissement les envolées du président Roosevelt. Les bruits et la fureur de l'extérieur ne les atteignent pas.

La coalition rooseveltienne

Les résultats du scrutin du 3 novembre ne surprennent pas. Certes, le *Literary Digest* a prédit, d'après les réponses de ses lecteurs, que Landon gagnera largement, mais le Dr. Gallup, par une méthode plus scientifique, a annoncé le contraire. Jim Farley, le directeur de campagne de Roosevelt, a estimé que son patron remportera quarante-six Etats de l'Union. Prévision rigoureusement exacte : à l'exception du Maine et du Vermont, Roosevelt arrive partout en tête. Il obtient, en conséquence, 523 mandats électoraux, contre 8 à Landon. S'agissant du vote populaire, Roosevelt recueille 27 752 869 voix, soit 5 millions de plus qu'en 1932. Landon fait mieux que Hoover, mais n'obtient que 16 674 665 voix. Les autres candidats sont loin derrière : Lemke avec 882 479 voix, Norman Thomas avec 187 720 voix (soit 700 000 de moins que quatre ans auparavant), Earl Browder, le communiste, avec 80 159 voix, le candidat de la prohibition avec 37 847 voix. Une splendide victoire pour Roosevelt, qui entraîne dans son sillage l'élection de 334 représentants démocrates (13 de plus que dans la législature précédente), tandis que le Sénat comprend désormais 75 démocrates (soit un gain de 5 sièges). Le président a tout balayé sur son passage. Le Parti républicain est subitement devenu un parti minoritaire dont l'accès à la Maison Blanche semble relégué à un avenir incertain. L'Amérique vient de basculer dans le camp des démocrates, à moins qu'elle n'ait basculé dans le camp de Roosevelt.

Quelles explications donner à ce raz de marée ? James McGregor Burns qualifie, à juste titre, Roosevelt de

« sorcier de la politique ». Malgré tout, son secret réclame une analyse. La compréhension de ce que veut l'opinion, l'opportunisme, le souci du détail, la prise en compte des intérêts de chacun des groupes qui composent la coalition démocrate, le charme personnel, le recours, magistral, aux nouvelles techniques électorales, sont autant d'atouts dont a su jouer le vainqueur. Toutes ces qualités sont évidentes. Mais l'interprétation de Samuel Lubell[27] et des politologues en général, sans exclure la précédente, est plus riche, plus profonde. Roosevelt a construit une coalition que faute de mieux on baptisera la « coalition rooseveltienne ». Elle apparaît en filigrane dès 1932, peut-être même en 1928, et se prolongera jusqu'à la fin des années soixante. Comme toutes les coalitions, elle est hétéroclite, mais s'unit autour du programme que défend et qu'applique Roosevelt. Depuis la guerre de Sécession, le Parti démocrate, minoritaire dans le pays, reposait sur deux piliers : les Etats du Sud encore sous le choc du conflit fratricide et de la « reconstruction » républicaine d'une part, les grandes villes du Nord avec leurs « machines », leurs électeurs fraîchement immigrés, encore mal intégrés dans le processus politique d'autre part. Roosevelt a considérablement étendu la clientèle du parti en prenant la tête d'un mouvement social, contre les puissances d'argent, contre « les royalistes de l'économie », pour « l'homme oublié », pour la défense du plus grand nombre, sans pour autant s'aliéner les appuis traditionnels du parti. Il y a à la fois rupture avec le passé et changement dans la continuité. Quatre groupes d'électeurs éclairent la réflexion : les Juifs, les Noirs, les femmes, les ouvriers – étant entendu qu'on pourrait allonger la liste en étudiant le comportement des catholiques, des Irlandais ou des Italiens, des intellectuels ou des Américains de vieille souche. Etant entendu également qu'un même homme ou une même femme appartient à plusieurs groupes à la fois.

Les Juifs[28] forment une communauté puissante aux Etats-Unis : 4 770 000 en 1937, sur 132 millions d'Américains, soit 3,7 %. Les premiers ont débarqué en 1654 dans la colonie anglaise du New York. Ces juifs « portugais » ont été rejoints, dans le courant du XIXᵉ siècle, par des Allemands, des Russes, des Polonais, des Roumains, des Austro-Hongrois, des Lituaniens. De 1881 à 1943, 2,5 millions de nouveaux immigrants juifs s'installent. A l'échelle américaine, ce n'est pas une vague déferlante, car à la même époque des millions d'autres immigrants traversent l'Atlantique pour se retrouver à Ellis Island. Tous les Etats de l'Union comptent des Juifs. L'Etat de New York vient en tête avec 2 206 328, à peu près la moitié du total. La ville juive par excellence, c'est New York avec 2 millions de Juifs, quatre fois plus que la Palestine de l'époque. Baltimore rassemble autant de Juifs que Jérusalem ; Chicago, plus que Varsovie ; Boston, autant que Moscou ou Tel-Aviv ; Philadelphie, plus que Budapest, Lodz, Londres, Kiev ou Paris. Les Juifs américains ne forment pas une véritable communauté, car aucune organisation centrale ne coordonne les activités des 3 728 « congrégations ». Une multitude d'associations ont été créées pour défendre les intérêts religieux, éducatifs, culturels, pour promouvoir la philanthropie. L'intégration dans la société américaine est plus que satisfaisante. S'ils sont absents de la sidérurgie, de la métallurgie et des milieux agricoles, peu présents dans le monde de la banque, ils dominent l'industrie de la confection, le commerce de gros. Leur intégration politique n'est pas moins remarquable. Dans le 75ᵉ Congrès qui siège de 1937 à 1939, on dénombre 10 Juifs (sur un total de 531 législateurs) dont certains occupent des fonctions capitales : Sol Bloom préside la commission des Affaires étrangères de la Chambre ; Samuel Dickstein, la commission de l'Immigration et des Naturalisations ; Emanuel Celler, la commission des Affaires judiciaires. Dans les tribunaux fédéraux, certains ont accédé aux plus hautes charges. Louis Brandeis est le premier Juif nommé, par le président Wilson en 1916, à la Cour suprême. Bernard Baruch, Ben Cohen, David Lilienthal, Isador Lubin, Samuel Rosenman sont, eux, des conseillers influents de la Maison Blanche. Henry Morgenthau est secrétaire au Trésor. Herbert Lehman a été élu cinq fois, de 1932 à 1940, au poste de gouverneur de l'Etat de New York. Des syndicalistes comme Sidney Hillman, des diplomates, des propriétaires de journaux, des producteurs et des acteurs de cinéma, des universitaires et des chercheurs, des artistes démontrent, par leur ascension sociale, qu'aux Etats-Unis tout est possible.

Les Juifs ont longtemps divisé leurs voix entre le Parti républicain – le parti de Lincoln, du progrès et de la modernité – et les partis de l'extrême gauche qui incarnaient, à leurs yeux, une forme laïque de l'espérance messianique. Le Parti démocrate ne les attirait pas, d'autant moins qu'il était, en milieu urbain, dominé par les Irlandais, violemment antisémites, et dans le Sud par de farouches partisans de la ségrégation raciale, tout autant antisémites. Mais au début des années trente, les Juifs changent d'attitude : quel que soit leur statut socio-économique, ils votent à une écrasante majorité pour Roosevelt. En 1936 plus encore qu'en 1932. Ils resteront fidèles au Parti démocrate, le parti du *Welfare* et de la lutte contre le nazisme.

On observe une évolution comparable dans la communauté noire[29]. Le recensement de 1940 dénombre 12 865 518 Noirs, soit 9,9 % de la population totale contre 9,6 % en 1930, dont le quart vivent dans le Nord-Est et l'Ouest, où ils occupent les emplois les moins qualifiés de l'industrie. Les autres sont, dans les Etats du

Sud, des tenanciers vivant dans la misère. Sur le plan politique, l'histoire les lie au Parti républicain. Encore que l'analphabétisme entraîne de leur part un manque d'intérêt pour la vie politique et que, dans le Sud, des moyens légaux, para-légaux ou franchement illégaux les écartent des urnes. Si Lincoln et Theodore Roosevelt sont à leurs yeux deux présidents dignes d'admiration, les Noirs n'ont pas de reconnaissance à exprimer à leurs successeurs. Hoover, par racisme ou indifférence, a laissé faire des lynchages et n'a pas combattu la discrimination raciale. Les Noirs se sont rapprochés des démocrates sous l'influence d'Al Smith. Mais le véritable lien est noué avec Roosevelt grâce à Farley et à Howe. Le directeur d'un journal noir de Pittsburgh encourage alors ses frères de couleur à passer dans le camp démocrate : « Mes amis, écrit-il, retournez le portrait de Lincoln contre le mur. Nous avons complètement réglé notre dette. » Aux élections de 1936, le revirement est achevé. Les Noirs sont entrés de plain-pied, en masse, dans la coalition rooseveltienne.

Et pourtant, Roosevelt ne fait guère d'efforts en leur faveur. La Georgie, répète-t-il depuis 1924, est son « autre patrie », une patrie ségrégationniste à laquelle il ne trouve rien à reprocher. Les journalistes qu'il reçoit dans ses conférences de presse sont tous blancs, et le gouvernement fédéral ne manifeste pas la moindre intention de combattre la ségrégation. Le président sait bien qu'il a besoin du soutien de tous les démocrates, y compris ceux du Sud, pour que ses projets législatifs soient adoptés, ce qui nécessite beaucoup de prudence dans le domaine des relations interraciales. Seulement, Roosevelt passe pour être sensible aux injustices[30]. Il nomme des Noirs à quelques postes de responsabilité. Eleanor montre et démontre qu'elle est « l'amie des Noirs ». Les Noirs, il est vrai, ne bénéficient guère de l'AAA ou de la TVA, dont les Blancs assurent seuls la gestion. Mais ils bénéficient des aides aux chômeurs, entrent dans les syndicats du CIO et se laissent aller à l'optimisme. Ils espèrent beaucoup de Roosevelt. Ils votent pour lui par anticipation plus que par reconnaissance.

La même conclusion vaut pour les ouvriers. Les plus déterminés au sein du mouvement syndical ont cessé de croire à l'avènement du socialisme. Le parti de Norman Thomas ? Dans le meilleur des cas une force de proposition, certainement pas un instrument efficace pour prendre le pouvoir. Dans ces conditions, Roosevelt est le meilleur des seconds choix. La législation qu'il a fait voter, l'hostilité qu'il suscite dans le monde des patrons – bien que des hommes d'affaires comme Joseph Kennedy, Giannini ou Watson[31] le soutiennent –, le langage vigoureux qu'il tient en 1935-1936 témoignent d'un engagement sincère envers les ouvriers. L'un d'eux dit en 1936 : « M. Roosevelt est le seul occupant de la Maison Blanche qui a compris que mon patron est un salaud. » A cette déclaration fait écho celle d'un électricien : « D'un côté, il y a la cupidité et la cruauté pures et dures. De l'autre, des hommes perdus qui crient leurs besoins. » Pourquoi votez-vous pour Roosevelt ? demande-t-on : « Il aide les classes travailleuses. » Et les Lynd constatent, dans leur « Middletown », que 60 % des voix ouvrières se sont portées sur la candidature de Roosevelt. L'un des ouvriers de la ville fournit cette explication : « Nous, les ouvriers, nous avons, en donnant une forte majorité à Roosevelt, réglé leur compte aux gros patrons[32]. » Un dernier exemple paraît hautement révélateur : à Wilmington (Delaware), où se trouve le quartier général de la société Du Pont, le Parti républicain a reçu des *businessmen* plus d'un demi-million de dollars. Mais cela n'empêche pas la ville, pour la première fois de son histoire, de voter démocrate. Roosevelt a donc été le candidat des ouvriers, des malheureux, des laissés-pour-compte.

Le vote urbain est intéressant. Lubell montre qu'en 1932 Roosevelt n'a pas obtenu la majorité dans des villes de plus de 100 000 habitants comme Philadelphie, Columbus, Gary, Duluth ou Grand Rapids. En 1936, il y triomphe, comme à San Francisco et à Los Angeles, comme à Detroit et à Chicago, comme à New York et à Boston. Peuplées ou non d'immigrants récents, d'un nombre considérable de Noirs ou seulement de Blancs, de catholiques, de protestants ou de Juifs, les métropoles ont voté pour Roosevelt. Ce qui ne veut pas dire que le président n'ait pas de soutiens dans les campagnes. Dans l'Iowa, par exemple, il dépasse les 60 %, alors que les candidats démocrates des années vingt atteignaient difficilement les 30 %. C'est que les lois sur l'agriculture, la fin de la prohibition, la sympathie pour les minorités ethniques, la sécurité sociale, l'aide aux chômeurs, le discours égalitaire que tient le New Deal sont des atouts qui ouvrent à Roosevelt le chemin des cœurs. Qu'un leader syndical comme John Lewis rompe avec Roosevelt en 1937, ce n'est qu'un heurt entre deux personnalités, un accident de parcours sans grandes conséquences. L'AFL et le CIO sont désormais des soutiens électoraux et financiers du Parti démocrate. Le *Big Government* peut compter sur l'appui du *Big Labor*.

Les femmes ne font pas l'objet d'une attention prioritaire de la part des politiques[33]. Mais enfin, il y a Eleanor. Et pour beaucoup d'entre elles, Eleanor incarne le mouvement des femmes. C'est très certainement excessif, mais, au niveau de l'administration fédérale, leur condition accomplit au temps du New Deal d'immenses progrès. Pas seulement parce que Frances Perkins est secrétaire au Travail, mais aussi parce que Roosevelt, par principe et réalisme, n'oublie pas le poids politique de l'électorat féminin. Encore que pour celles qui n'ont pas de diplômes, pas de travail, pas de relations, le New Deal n'apporte pas de remède à leurs problèmes. Les administrations qui distribuent les secours donnent la priorité aux hommes, bien que la WPA ait employé jusqu'à 19 % de femmes, deux fois plus dans la subdivision artistique. Jusqu'en 1939, la sécurité sociale ne prévoit pas de pension pour les veuves quand elles n'ont pas d'enfants à charge. Là encore, le vote pour Roosevelt est un vote d'espoir.

Tout se passe donc comme si le président avait su prendre dans ses filets les groupes sociaux les plus divers, les cajoler, leur donner un peu et leur promettre davantage. En créant autour de lui, de son parti et de son programme cette coalition de groupes si divers, Roosevelt donne une vie nouvelle à la notion de libéralisme. Une notion typiquement américaine qui confère au mot une valeur moderniste et progressiste, fait référence au rôle décisif de la fonction présidentielle et, contrairement à l'étymologie, au dirigisme d'Etat.

CHAPITRE IX

La fin du New Deal
1937-1939

Le triomphe de novembre 1936 laisse augurer de beaux
jours pour le New Deal. Cette fois-ci, Franklin Roosevelt a
reçu mandat pour réformer la société et bousculer les
situations acquises. En mai, il avait dit à Morgenthau :
« Attendez un peu l'année prochaine, Henry. Je vais être
vraiment radical. (...) Je vais recommander une série de
mesures radicales. » Dans son discours d'entrée en fonctions, le 20 janvier 1937, il évoque, en une formule choc,
le tiers de la nation « mal logé, mal vêtu, mal nourri ».
Faut-il supposer que le président va emprunter une voie
nouvelle, beaucoup plus révolutionnaire ? Continuera-t-il
la glissade vers une gauche extrême ? Bref, les Cent Jours
de 1933 pourraient faire pâle figure à côté des Cent Jours
de 1937. C'est ce que l'on croit, mais les Américains ne
tardent pas à comprendre que le New Deal est moribond.
En 1938, il est mort, mort de sa belle mort. Le mouvement qui a bouleversé les Etats-Unis a pris fin.

L'affaire de la Cour suprême

La première explication tient en quelques mots :
l'affaire de la Cour suprême. A peine a-t-il entamé son

deuxième mandat, que le président fait un « coup ». Le 5 février, il réunit à la Maison Blanche les principaux leaders du Congrès et les membres de son Cabinet et leur donne lecture, en primeur, du message qu'il s'apprête à envoyer aux deux chambres pour modifier le fonctionnement de la Cour suprême. Il demande que, chaque fois que l'un des juges atteint l'âge de soixante-dix ans et ne part pas à la retraite, un nouveau juge soit nommé. Aux 9 membres de la Cour s'ajouteraient 6 juges au maximum.

Stupéfaction des auditeurs, surtout des représentants du pouvoir législatif. Même les démocrates n'ont pas été prévenus. Peuvent-ils au moins suggérer des modifications ou bien une autre manière d'aborder le problème ? Pas du tout. La réunion a commencé à 10 heures, et le message sera lu au Congrès dès midi. Le texte a d'ailleurs été reproduit et distribué à la presse. C'est la politique du fait accompli. Les fidèles du président non seulement doivent s'incliner, mais il leur revient de batailler pour un projet qu'ils n'approuvent pas ou aimeraient amender. Le vice-président lui-même, qui préside les travaux du Sénat, est embarrassé, en dépit des bonnes raisons que Roosevelt n'a pas manqué de donner. La Cour suprême, explique-t-il, ne parvient pas à traiter toutes les affaires qui viennent jusqu'à elle et ne remplit donc plus son rôle. Quant à l'âge... Roosevelt ne dit pas que la vieillesse est un naufrage, mais il le sous-entend. D'ailleurs, la proposition vaut également pour tous les tribunaux fédéraux.

Le 9 mars, dans une causerie au coin du feu, il prend ses compatriotes à témoin : « Ce projet poursuit deux objectifs principaux. En infusant un sang neuf et jeune dans le système judiciaire, j'espère, en premier lieu, que le fonctionnement de la justice fédérale sera accéléré, donc moins coûteux ; en deuxième lieu, j'espère faire participer à la solution des problèmes sociaux et économiques des hommes plus jeunes qui ont eu l'expérience de la situation actuelle. (...) Ce projet sauvera notre Constitution d'une sclérose de ses artères judiciaires. » Il est vrai que la Cour suprême est devenue le refuge du troisième âge, voire du quatrième. Le Chief Justice, Charles Evans Hughes, magnifique barbiche blanche, port majestueux, a été gouverneur de l'Etat de New York avant la Grande Guerre, candidat républicain à la présidence en 1916, secrétaire d'Etat sous la présidence de Harding et de Coolidge. Il a derrière lui une longue carrière politique, lorsqu'en 1930 le président Hoover le nomme à la Cour suprême. En 1937, il a soixante-quinze ans. Louis Brandeis, l'ami de Wilson, a dépassé les quatre-vingts ans ; Van Devanter a soixante-dix-huit ans ; Sutherland et Mc Reynolds, soixante-quinze ans ; Butler, soixante et onze ans. Quant aux « jeunes », Stone, Cardozo et Roberts, ils ont entre soixante-deux et soixante-sept ans. La sagesse des vieillards ne fait plus recette. Ne cache-t-elle pas un solide conservatisme ? Ne débouche-t-elle pas sur le refus du changement et sur la myopie politique ? On aurait beau jeu de répliquer que le plus ouvert aux réformes est aussi le plus âgé, Brandeis, « le vieil Isaïe », comme Roosevelt l'appelle affectueusement. Peu importe. L'argument impressionne. Le rajeunissement est indispensable. Le New Deal est l'affaire des nouvelles générations. Mais, comme le fait observer un journal, au demeurant fort rooseveltien, c'est là un projet « astucieux, sacrément astucieux, un peu trop astucieux[1]. » Le président ne cache pas qu'il cherche à atteindre des objectifs politiques. « Dans les trois derniers scrutins nationaux, explique-t-il, une écrasante majorité d'entre vous ont donné mandat au Congrès et au président pour qu'ils mettent en place une protection [contre la dépression]. (...) Or, les tribunaux ont jeté la suspicion sur la capacité d'un Congrès élu à nous protéger contre la catastrophe. » Et, pour illustrer son propos, il compare le gouvernement des Etats-Unis à un équipage de trois chevaux : si les trois tirent la charrue dans le même sens, tout va bien. Sinon…

Quelle audace de vouloir toucher à la Cour suprême ! L'un des trois piliers de la Constitution, elle n'a cessé d'étendre son influence depuis 1787. Non seulement elle interprète le texte fondamental qui n'est pas dépourvu d'obscurités ni de lacunes, mais elle a pris l'habitude – une habitude qu'on ne lui conteste pas – de juger avec modération, toutefois, de la constitutionnalité des lois. Jusqu'à la guerre de Sécession, elle s'est prononcée deux fois seulement contre une loi que le Congrès avait votée. Un peu moins réservée par la suite, elle conserve, malgré tout, et même accroît son prestige dans une culture où le judiciaire jouit du respect de tous, où la force du précédent est incontestée. Ce n'est pas le gouvernement des juges. Il n'empêche que le pouvoir des neuf juges pourrait devenir excessif. Et puis, ce chiffre n'est pas sacré : la loi de 1789 a prévu 6 juges ; celle de 1801, 5 ; l'année suivante, 6 ; 9 pour la loi de 1837 ; 10 en 1863 ; 7 en 1866 et 9 depuis 1869. C'est dire qu'en fonction de la conjoncture politique, le législatif a décidé de la composition du judiciaire suprême. Une majorité d'Américains n'ont rien trouvé à y redire. Si Roosevelt faisait passer le total à 15, il n'innoverait pas exagérément. On murmure à Washington qu'il a gardé le souvenir d'un épisode de l'histoire anglaise : en 1909, la Chambre des Lords avait repoussé le budget de Lloyd George et, pour la contraindre à donner un avis favorable, le gouvernement avait agité la menace d'une nouvelle fournée de lords.

Ce qui pousse Roosevelt à entreprendre une telle réforme, c'est qu'il craint que la Cour suprême ne soit en train, arrêt après arrêt, de mettre à bas l'édifice législatif du New Deal. A mesure qu'elle est saisie, elle se prononce sur les lois de 1933, puis sur celles de 1935. En janvier 1935, une disposition du NIRA est déclarée contraire à la Constitution. En mai, elle invalide le NIRA tout entier et la loi sur la retraite des cheminots. En janvier 1936, l'AAA est condamné, car la taxe qui frappe la transformation des produits agricoles est assimilée à une imposition et le droit de fixer l'impôt relève du seul Congrès. Ces arrêts spectaculaires pourraient bien en annoncer d'autres, par exemple sur la sécurité sociale ou sur le droit des salariés à former des sections syndicales. Sans compter les lois des Etats qui sont également menacées. La Cour en fait trop désormais. Déjà de 1920 à 1933, elle s'était prononcée vingt-deux fois contre des lois adoptées par le Congrès fédéral. Depuis les débuts du New Deal, elle accentue cette tendance. Et lorsque Hughes déclare que « la Constitution est ce que les juges disent qu'elle est », il énonce une réalité certaine et contribue, dans le même temps, à approfondir le malaise.

Pour Roosevelt, la situation est relativement claire. A quoi servirait-il d'annoncer et de faire voter un programme législatif qui élargisse le champ des réformes si, un ou deux ans plus tard, la Cour suprême démolit la nouvelle construction ? Le New Deal continuera, à condition que le tribunal adopte une attitude plus raisonnable, c'est-à-dire plus conforme à la conjoncture économique et sociale. Depuis les premiers mois de 1935, Roosevelt songe à la façon de résoudre le problème. L'Attorney General lui a soumis une idée : augmenter le nombre des juges et nommer des partisans du New Deal. Une autre majorité naîtra alors au sein de la Cour, et le New Deal sera sauvé.

Mais d'autres propositions sont faites. Certains suggèrent qu'un amendement à la Constitution interdise au tribunal de se prononcer sur la constitutionnalité des lois. Un sénateur rédige une proposition d'amendement constitutionnel qui contraindrait le tribunal à rendre ses arrêts à la majorité des deux tiers. L'un de ses collègues préférerait que le Congrès puisse, à la majorité des deux tiers, passer outre à une décision de la Cour. L'amendement est une procédure lourde et lente. Roosevelt est convaincu qu'il suffit de modifier le nombre des juges. Il regrette de n'avoir pas eu encore la possibilité de nommer un seul membre de la Cour suprême, alors que son prédécesseur en a nommé trois et que le pouvoir judiciaire est nettement dominé par les républicains. L'heure des règlements de comptes a sonné.

D'une manière ou de l'autre, l'exécutif cherche à abaisser le judiciaire. La formule que retient Roosevelt n'est pas la plus élégante ni la plus radicale. Elle est inquiétante à plusieurs titres. Toucher à une institution prestigieuse subitement, sans avoir préparé le terrain, quelle imprudence ! Le président croit qu'il a l'opinion pour lui. Bien que la question n'ait pas été soulevée pendant la campagne, ne dispose-t-il pas maintenant d'une majorité plus que confortable ? N'a-t-il pas été comme plébiscité ? Contre la Cour suprême, il sera à la fois le champion des exploités et le champion du New Deal. Les juges incarnent le système capitaliste dans toute son horreur, dans toute sa brutalité. Ils refusent les changements auxquels aspirent les Américains ordinaires : « J'ai vu, sur une photographie d'un magazine, la salle à manger de la Cour suprême. Tous les juges ont toute une batterie de couteaux et de fourchettes, des salières et des moulins à poivre extraordinaires. Cela m'a fait comprendre[2] ». Cette réflexion d'un Américain parmi d'autres est éclairante sur l'état d'esprit qui prévaut.

Malheureusement pour Roosvelt, son projet ne suscite vraiment pas l'enthousiasme du Congrès. Le président s'attendait certes à une opposition, mais il avait sous-estimé les réactions hostiles. Les conservateurs crient au loup, et les libéraux leur emboîtent le pas. « Ne touchez pas à la Cour », tel est le nouveau cri de ralliement. La méthode du président choque aussi bon nombre de citoyens. Roosevelt imite-t-il le défunt sénateur Long, en traitant le Congrès de la même façon dont Long traitait les assemblées législatives de Louisiane ? Marche-t-il dans les pas des dictateurs, comme Hitler et Mussolini, et menace-t-il la démocratie ? Pourquoi parle-t-il de la surcharge de travail des juges, au lieu d'aborder franchement le problème qui le préoccupe ? S'il assure qu'à soixante-dix ans les juges doivent prendre leur retraite, cette limite d'âge ne vaut-elle pas aussi pour les autres détenteurs de fonctions publiques, par exemple les sénateurs et les représentants ? Autant de questions qui provoquent une levée de boucliers. Les républicains affichent une franche hostilité. Les démocrates se taisent quand ils ne se déchirent pas entre eux. Tout à coup le débat, en ce début de 1937, fait vibrer l'ensemble de la scène politique : faut-il ou non céder ? De plus, à supposer que le projet soit adopté, qu'en fera le prochain président, s'il est malhonnête ou tyrannique ? Ne doit-on pas imaginer qu'un jour, plus ou moins lointain, l'Amérique perdra ses libertés, sa Constitution, sa raison d'être ?

Le mouvement de protestation ressemble bientôt à une croisade. Plutôt que de tenir tête aux adversaires de Roosevelt, le vice-président Garner décide de prendre des vacances dans son Texas natal. Les journalistes rédigent dans la fièvre commentaire sur commentaire, éditorial sur éditorial. Les législateurs démontrent, sans grande difficulté, que le grand âge n'équivaut pas nécessairement à des idées conservatrices et que les plus jeunes ne sont pas toujours les plus libéraux. Roosevelt ne réagit pas. « Tout ce que j'ai à faire, confie-t-il à Farley, c'est de rédiger un meilleur discours, et toute l'opposition prendra le chemin de la Maison Blanche[3]. » Bel optimisme, extraordinaire entêtement… Les événements lui donneront tort. Le 29 mars, par cinq voix contre quatre la Cour suprême déclare constitutionnelle une loi de l'Etat du Washington sur le salaire minimum, alors que, dix mois auparavant, elle avait annulé une loi semblable de l'Etat de New York. Le 12 avril, la loi Wagner sur les syndicats est approuvée. Le 24 mai, c'est le tour de la loi sur la sécurité sociale. En mars, le Chief Justice rédige à l'intention d'un sénateur une lettre où il dénonce le projet. La Cour, écrit-il, a déjà rattrapé une grande partie de son retard. Si elle se compose d'un nombre plus élevé de membres, ses travaux dureront plus longtemps et le retard augmentera. Sur ces entrefaites, le 18 mai, le juge Van Devanter, qui vote toujours avec les conservateurs, annonce qu'il prend sa retraite. Tout concourt à montrer que la Cour n'est plus et sera moins encore ce qu'elle était. Roosevelt s'entête. Il en va du prestige de la Maison Blanche. Au Sénat, les fidèles combattent autant qu'ils le peuvent, proposent que le maximum des six nouveaux juges soit remplacé par un maximum de deux, tentent de réunir une majorité des voix. Dans ses conférences de presse comme dans ses conversations privées, Roosevelt maintient la pression. Le 22 juillet, par soixante-dix voix contre vingt, le Sénat décide de renvoyer la proposition de loi en commission. Une façon de lui administrer le coup de grâce. Commentaire de Burt Wheeler, le sénateur démocrate du Montana : « Nous devons donner une leçon à ce type de la Maison Blanche. Nous devons lui montrer que le Sénat doit être consulté et qu'il a son mot à dire sur la manière de gouverner les Etats-Unis[4]. »

L'opinion courante est que le président a perdu la bataille et gagné la guerre. Agréable formule qui satisfait l'intéressé. Car, après le départ de Van Devanter que remplace Hugo Black, Butler, Sutherland, Cardozo, Brandeis se retirent à leur tour en 1938-1939, McReynolds, Hughes et Stone en 1941. De sorte qu'à cette dernière date, Roosevelt a nommé huit des neuf juges, parmi lesquels Frankfurter, Byrnes, Douglas. On peut estimer que désormais la Cour suprême ne menace plus

le New Deal et tient compte de la volonté politique de la
majorité des Américains. Elle reconnaît que le vent
souffle dans la direction de Roosevelt et consacre ses
efforts à assurer la défense des libertés civiles. Mais l'épisode a démontré que Roosevelt résistait mal à la tentation
du pouvoir excessif. Il peut, dans certaines circonstances, perdre le sens du possible et de l'opportun.
L'affaire contribue à arrêter le mouvement des réformes,
puisque la coalition rooseveltienne au Congrès a été violemment éprouvée. La Maison Blanche vient d'offrir à
ses adversaires l'occasion inespérée de reprendre des
forces. Que les Américains se rassurent ! Le président
n'exerce pas de pouvoir absolu. Il doit compter avec le
Congrès et, bien sûr, avec le pouvoir judiciaire. Malgré
le mauvais exemple que donnent certains pays étrangers, malgré les tentations d'une petite minorité aux
Etats-Unis, la démocratie américaine se porte bien.

La récession de 1937

Roosevelt commet une deuxième faute qui ne relève
pas du politique, mais de l'économique. Le début du
printemps incite à l'optimisme. Les résultats de l'économie américaine sont plutôt encourageants. Le Produit
national brut, par exemple, continue sa progression. Si
l'on prend la base 100 pour 1929, il est tombé à 69 en
1933, remonte à 76 en 1934, à 83 en 1935, à 95 en
1936. Il atteint 100 en 1937. Le PNB par tête, il est vrai,
est moins bon, mais a tout de même grimpé de 67 à 94
de 1933 à 1937. Le niveau de l'emploi s'améliore également, bien que la population active s'accroisse. De
l'indice 81 en 1933, il passe à 86 en 1934, à 89 en 1935,
à 93 en 1936, à 97 en 1937 ; il reste pourtant 7,7 millions de demandeurs d'emploi, soit 14 % de la population active. Les experts, Hopkins compris, reconnaissent

qu'après la reprise, le pays comptera encore 4 à 5 millions de chômeurs. La production industrielle a légèrement dépassé le niveau de 1929, encore que le taux d'investissement soit faible : à côté des 16,2 milliards de 1929, les 11,8 milliards de 1937 sont insuffisants. En matière de constructions privées, le volume est deux fois plus faible qu'en 1929 ; pour les constructions publiques, il dépasse de 25 % le niveau de 1929. Et pourtant, la Bourse distribue des profits.

Les politiques concluent que la crise est passée et qu'il est temps de revenir aux pratiques de l'orthodoxie budgétaire. A quoi servirait-il de se complaire dans le déséquilibre entre les entrées et les sorties ? Les dépenses fédérales ont atteint 10,3 % du PNB de 1936, contre 3,2 % en 1929 et 8,3 % en 1933. Alors que le budget fédéral a été faiblement excédentaire en 1929 et 1930, il passe dans le rouge en 1931, s'y enfonce par la suite au point de compter, en 1936, un total de recettes de 4,1 milliards, un total de dépenses de 8,5 milliards, soit un déficit de 4,4 milliards[5].

Les conservateurs du Congrès avancent désormais à visage découvert. Puisque la crise est passée, le New Deal ne sert plus à rien. En outre et surtout avec la loi Wagner, les syndicats occupent le devant de la scène. Les grèves sur le tas se succèdent. La WPA a peut-être rendu des services, mais il faut savoir arrêter les secours d'urgence quand l'urgence a disparu. La sécurité sociale est une belle invention, mais la cotisation diminue le niveau de vie, donc retarde le démarrage de la reprise. Toutes ces mesures qui visent à secourir les chômeurs contribuent, c'est évident, à encourager la paresse, car elles habituent les Américains à attendre des pouvoirs publics une aide qui ne devrait venir que d'eux-mêmes. Il est temps de mettre un terme aux dépenses inconsidérées, d'éviter à tout prix une inflation que stimulerait le déficit budgétaire, d'admettre que 1937 ne ressemble pas à 1933 ni à 1935. Contre toute attente, Roosevelt parvient aux mêmes conclusions. Son idéal a toujours été d'équilibrer le budget, d'apparaître comme un bon gestionnaire refusant d'emprunter le chemin de l'aventure, de recommander des mesures exceptionnelles pour les temps exceptionnels et des mesures ordinaires pour les temps ordinaires. Sans doute commence-t-il son deuxième mandat en demandant et en obtenant 1,5 milliard pour la WPA, mais en même temps il allège la liste des secourus et arrête pratiquement les projets de la PWA. Il ne désapprouve certainement pas les banques fédérales de réserve qui resserrent le crédit. Assurément, le malade est guéri. Il faut revenir à la normale.

Malheureusement, la guérison n'est pas achevée, et la rechute ne va pas tarder. En août 1937, le marché boursier s'effondre : au cours des deux mois suivants, le Dow Jones, l'indice des échanges des valeurs, tombe de 190 à 115. Dans la seule journée du 19 octobre, 17 millions de titres sont échangés à la bourse de New York. On se croirait, mois pour mois, presque jour pour jour, revenu huit ans en arrière. Avec les mêmes effets. La production industrielle chute brutalement : la sidérurgie, qui tournait à 80 % de ses capacités, retombe à 19 %. Les activités de services sont frappées de plein fouet. Les réserves d'or fondent comme neige au soleil. Dans les quatre derniers mois de l'année, deux millions de chômeurs viennent alourdir la catégorie des sans-emploi. En 1938, les Etats-Unis en comptent 10,4 millions, soit 19 % de la population active. C'est la nouvelle plongée dans le gouffre. Seule différence avec 1929 : on ne parle pas de crise ni de dépression, mais de récession. Le vocabulaire est pudique ; la réalité, cruelle.

Les responsables politiques sont décontenancés. Quelles peuvent bien être les origines de la récession ? Roosevelt est persuadé que les milieux d'affaires portent une lourde responsabilité, les soupçonne d'avoir organisé un complot pour faire pression sur le gouvernement. Henry Morgenthau, le secrétaire au Trésor, demeure un partisan farouche de l'équilibre budgétaire. Au contraire, Hopkins et Corcoran penchent pour un retour à une politique de dépenses. Partagé, incertain, Roosevelt ne sait pas quoi faire. Au début de novembre, il explose : « J'en ai vraiment assez que le Cabinet, Henry et tout un chacun me disent depuis deux semaines ce qui se produit dans le pays et que personne ne me suggère ce que je devrais faire[6]. » Pense-t-il à ce moment-là à Hoover qui, en 1930-1931, avait la conviction que l'économie nationale reposait sur des bases solides et qu'il suffirait de peu de chose pour qu'elle reparte à vive allure ? L'optimisme a évité le pire en 1933, mais se révèle totalement inopérant en 1937-1938.

Il faudrait autre chose. Keynes peut-être. Roosevelt l'a rencontré, on s'en souvient, et lit régulièrement ses conseils par l'intermédiaire des journaux. La *Théorie générale* a paru en 1936. Peu de gens ont lu cet ouvrage, et certainement pas Roosevelt. Même ceux qui, comme le banquier Marriner Eccles, recommandent une forme de keynésianisme ne connaissent pas à fond la doctrine de Keynes et à peine ses œuvres. Keynes n'en continue pas moins d'exprimer des suggestions. Il réclame, par exemple, la nationalisation des compagnies d'électricité, milite pour une augmentation des investissements publics dans la construction, dans la production d'énergie, dans les transports. En fait, Roosevelt n'est pas sensible à des considérations qu'il juge exagérément théoriques. Pour lui, le problème relève du politique, d'un rapport de forces, et non de l'économique et de ses délicats mécanismes. Il ne veut pas davantage s'engager, pieds et poings liés, dans une seule voie. Son idéal, c'est encore et toujours d'avoir au moins deux fers au feu, et si possible, de les concilier. Keynes reçoit une belle lettre de remerciements, rien de plus[7].

En janvier 1938, le président se décide enfin à agir. Il dénonce « les petites minorités », c'est-à-dire les milieux d'affaires, soucieux avant tout de sauvegarder leurs privilèges, et promet des coupes budgétaires. Les ennemis des trusts et les partisans de l'orthodoxie financière sont enchantés. Mais les résultats ne viennent pas. Au contraire, le marché boursier souffre davantage et le chômage augmente. Roosevelt procède alors, sur le conseil de Hopkins, à un virage radical. A la mi-avril, il demande au Congrès des crédits pour la WPA, le redémarrage de la PWA, une nouvelle aide aux autres agences. Le Congrès vote un programme de 3,75 milliards, avec le souci, puisque l'on est en 1938, année d'élections législatives, de remédier au plus vite à la crise. Les indicateurs économiques frémissent. Le président continue à tenir un discours réformateur. Il se résigne à présenter une loi sur l'aide au logement proposée par le sénateur Wagner en septembre 1937. Des lois en faveur des agriculteurs sont votées, plus particulièrement le 2e AAA qui date de février 1938. La plus importante est la loi sur les salaires et la durée du travail, le Fair Labor Standards Act du 25 juin 1938. Roosevelt en recommande l'adoption depuis 1937, ne serait-ce que pour combler une lacune créée par l'annulation du NIRA. Les conservateurs n'en veulent pas et se battent pied à pied, amendement après amendement. De plus en plus, le président voit dans cette mesure une possibilité d'éviter la sous-consommation. Au bas de l'échelle des salaires, les ouvriers de l'industrie sont, dit-il, victimes d'une injustice et n'ont pas de quoi « acheter à manger, se loger, pourvoir à leurs besoins médicaux, acheter des produits manufacturés ». En fin de compte, les bénéficiaires recevront un salaire horaire de 25 cents au minimum, qui devrait progressivement passer à 40 cents pour une semaine de 44 heures, bientôt ramenée à 40 heures. Les heures supplémentaires seront payées 50 % de plus. Les enfants de moins de seize ans ne doivent pas être employés dans la fabrication de produits relevant du commerce entre les Etats.

Rien de comparable avec la législation des Cent Jours de 1933 ou celle de 1935. La nouvelle législation, malgré tout, étend les pouvoirs du gouvernement fédéral et touche plus de 12 millions de salariés. Pourtant, si l'on ne tient pas compte des aménagements qui seront adoptés en 1939 pour la sécurité sociale, la loi de juin 1938 est le chant du cygne. Le New Deal a pris fin.

La purge de 1938

Les conflits de 1937 et de 1938 laisseront des cicatrices. Car enfin, le Congrès malgré sa très large majorité démocrate, a peu soutenu le président dans son combat contre la Cour suprême et il a vacillé au cours du débat économique. Roosevelt en conclut qu'il faut faire tomber des têtes. Ce sera la troisième faute. Dieu le Père ne dissimule pas ses intentions. Le 24 juin 1938, il s'explique dans une causerie au coin du feu : « Jamais auparavant, nous n'avons eu autant de *Copperheads*[8]. Vous vous rappelez qu'au temps de la guerre entre les Etats, ce sont les *Copperheads* qui ont fait de leur mieux pour que Lincoln et le Congrès abandonnent le combat, pour que la nation retourne à la paix et demeure coupée en deux. La paix à tout prix. (…) En tant que chef du Parti démocrate, (…) je pense que j'ai le droit de parler dans les quelques cas où il y a des différences nettes entre les candidats du Parti démocrate. (…) Comprenez-moi bien. Je n'exprimerai certainement pas une préférence dans une élection primaire, parce qu'un candidat, par ailleurs libéral, s'est opposé à moi sur une question particulière. Je prendrai en considération le comportement général d'un candidat à l'égard des problèmes d'aujourd'hui[9]. »

Cette déclaration appelle des commentaires. Roosevelt promet d'intervenir dans certaines élections primaires. Rien de plus normal en apparence. Sinon qu'il n'interviendra pas partout et qu'il choisira ses cibles, des « amis politiques » qui ont trahi sa confiance et ne méritent pas d'être réélus. Il se mêlera donc des affaires locales du Parti. C'est déjà plus original. Jusqu'à cette date, Roosevelt n'a pas essayé de limiter l'influence des « machines ». Cette fois-ci, il s'efforce de prendre sa revanche contre les traîtres. Il veut aussi construire. Son succès de 1936 a largement dépassé les frontières du parti. Roosevelt a formé derrière lui une coalition présidentielle, qui rassemble des démocrates, des républicains et des indépendants. Si le Parti démocrate décourage son électorat conservateur, s'il attire tous les libéraux, c'est une nouvelle formation politique qui naîtra. Le système américain des partis correspondra alors à de véritables clivages idéologiques. Leader des libéraux, Roosevelt disposera sans difficulté des appuis indispensables pour mener une politique libérale et assurer une profonde transformation des Etats-Unis.

Dès la fin de 1937, Hopkins, Corcoran, Ickes, James Roosevelt, le fils aîné qui sert de secrétaire à son père, ont réfléchi à cette stratégie et créé « un comité d'élimination ». La méthode suivie à New York servira de modèle. Le maire de la ville, en place depuis 1933, s'appelle Fiorello La Guardia, un républicain libéral qui, très indirectement du moins, à reçu le soutien de Roosevelt. Déjà en 1936, la Maison Blanche a encouragé les libéraux démocrates à former le Parti du Travail, l'American Labor Party. Une excellente manière de préparer les élections présidentielles de cette année-là. Roosevelt a manœuvré avec une remarquable habileté et la « machine » démocrate de New York a subi les coups les plus rudes.

La stratégie de 1938 comporte, pourtant, deux faiblesses. Elle rompt avec des années d'indifférence, voire
de compromission, de la part du président. Il ne s'est pas
jusqu'à cette date précipité au secours des candidats
réformateurs ni des autres, on l'a vu. Il a interdit à ses
collaborateurs d'intervenir dans les élections locales. Au
fond, les élus ne lui doivent pas grand-chose. Le parti a
pris l'habitude, à la base comme au sommet, de survivre
dans l'autonomie et d'apprécier la liberté de manœuvre
que lui a laissée Roosevelt. Une intervention subite ne
serait certainement pas appréciée. De plus, les initiatives
projetées devraient porter sur l'organisation matérielle
des campagnes, entraîner des déplacements et des discours. Il faudrait un plan de bataille, qui réclame des
chefs, des états-majors. Roosevelt n'a rien prévu. Il s'y
prend un peu tard, fait confiance à ses talents d'improvisateur, une fois de plus persuadé qu'il connaît assez la
vie politique dans chacun des Etats pour n'avoir pas
besoin d'y réfléchir longuement. Il monte à l'assaut en
sous-lieutenant.

Le Sénat est le principal théâtre d'opérations. Les
conservateurs y font bloc beaucoup plus qu'à la
Chambre des représentants, et la haute assemblée jouit
traditionnellement d'un prestige supérieur. Comme tous
les deux ans, un tiers des sièges de sénateurs sont à
pourvoir, soit trente-deux, plus deux sièges (Tennessee
et New Jersey) exceptionnellement vacants. Dans vingt
et un cas sur trente-quatre, Roosevelt est prêt à soutenir
le candidat démocrate le plus probable. Sur les treize
sièges restants, trois sont occupés par des républicains,
dix par des démocrates conservateurs. La purge portera
sur cette dernière catégorie. On devine que les conservateurs n'affrontent pas une situation facile. Tout président des Etats-Unis dispose d'un pouvoir de patronage :
les faveurs dont il fait bénéficier ses amis sont autant
d'armes contre ses adversaires. En revanche, les conser-

vateurs pourraient faire appel aux républicains, défendre avec ardeur leurs chances de réélection et remporter ailleurs les sièges qu'ils perdraient ici ou là. Mais l'alliance avec les républicains ne prend pas forme – sauf dans l'Etat d'Idaho –, pour diverses raisons qui tiennent surtout à des considérations locales.

Roosevelt ne se contente pas de débloquer des fonds pour la WPA en Floride. Ou de faire monter dans le train présidentiel le candidat de son choix. Il concentre le tir contre cinq sénateurs sortants : Guy Gillette (Iowa), Frederick Van Nuys (Indiana), « Cotton Ed » Smith (Caroline du Sud), Millard Tydings (Maryland) et Walter George (Georgie). Le président, qui, on le sait, a fait du Sud sa deuxième patrie, se déplace en personne. Il est furieux contre les conservateurs du Sud qui ont manifesté leur opposition sur tout ce qui touche aux grèves, aux lois sur le lynchage, le logement et le salaire minimum – et ce plus pour des motivations racistes qu'idéologiques. Déjà, à la fin de mars, Roosevelt dénonce la société « féodale » qu'il compare au fascisme. En mai, il a permis à un *New Dealer* d'annoncer, à sa sortie de la Maison Blanche, sa candidature contre Smith. Le voici en août à Warm Springs, où il déjeune avec l'adversaire de Walter George. Le lendemain, il retrouve les deux hommes devant un auditoire de 50 000 personnes. George, dit-il, est « un gentleman et un savant », « mon ami personnel », mais il ne peut pas, « selon moi être classé dans l'école de pensée libérale. (…) Je n'hésite pas à dire que si je pouvais voter dans les primaires de septembre de cet Etat, je choisirais sans hésitation Lawrence Camp ». Réponse de George qui ne perd pas son sang-froid : « M. Roosevelt, je regrette que vous ayez saisi cette occasion pour mettre en doute mes convictions démocratiques et pour critiquer mon action passée. Sachez que je relève le défi[10]. »

Puis le président remonte dans son train, s'arrête à Greenville en Caroline du Sud et fait quelques méchantes allusions à « Cotton Ed » Smith. De retour à Washington, il donne son opinion sur Tydings qui, dit-il, « a trahi le New Deal et le trahira encore ». Ce n'est pas tout. Camp qui s'oppose à George, Johnston à Smith, Lewis à Tydings reçoivent la bénédiction de Roosevelt. Les membres de l'entourage font eux aussi flèche de tout bois. La manne washingtonienne descend sur les trois « bons » candidats pour mieux affaiblir les « mauvais ». Les « mauvais » répliquent, non pas en attaquant Roosevelt, mais en soulignant leur loyauté, leur indépendance d'esprit. Ce que veut le président, déclare Tydings, c'est un sénateur qui aurait « une tête détachable », qui la laisserait au vestiaire en même temps que son chapeau avant d'entrer en séance et devrait « cesser de réfléchir pour ne faire que ce qu'on lui dit de faire[11] ». Chacun proteste contre l'ingérence du président dans les élections locales. George, qui ne manque pas d'éloquence, rappelle la résistance de la Georgie contre les armées du Nord. Roosevelt, dit-il, conduit « la deuxième marche à travers la Georgie », mais « je suis un georgien ; je suis né et j'ai été élevé ici ; je suis un georgien à plein temps[12] ». Dans les Etats du Sud, les républicains sont inexistants ; les libéraux, discrets, sinon timorés. Le champ de bataille se réduit aux affiliés du Parti démocrate.

Les résultats sont révélateurs. George obtient 43,9 % des suffrages, devançant nettement Talmadge, nettement plus encore Camp. En Caroline du Sud, Smith l'emporte sur Johnston par 55,4 % contre 44,6 %. Tydings fait mieux encore dans le Maryland, puisqu'il recueille 58,8 % des voix. Seule consolation pour Roosevelt : la candidat dont il ne voulait pas dans l'Etat de New York a été battu, mais le président a tenu en l'occurrence un rôle mineur et ce sont ses collaborateurs qui ont livré bataille avec acharnement.

La purge a donc échoué. Comme le fait observer William Leuchtenburg, l'expression elle-même témoigne des réactions que la stratégie de Roosevelt a entraînées[13]. En septembre et octobre 1938, l'Europe résonne du bruit des bottes nazies. Il y a des Américains pour demander – avec beaucoup d'exagération – si la purge de 1934 contre Roehm n'a pas inspiré Roosevelt, si, une fois de plus, les Etats-Unis n'ont pas échappé aux prémices de la dictature ! Au-delà des réflexions et des angoisses des contemporains, il faut tirer deux ou trois conclusions qui éclairent la personnalité, toujours complexe et de plus en plus changeante, de Roosevelt. Cette fois-ci, il a perdu la bataille et la guerre. La défaite de ses protégés marque sa propre défaite. Peu importe que les protégés aient été de médiocres candidats, qu'ils n'aient pas su présenter un programme attrayant ni défendre leurs chances. Roosevelt les a trop soutenus pour n'être pas battu avec eux. Là où la Maison Blanche n'est pas directement intervenue, par exemple dans l'Iowa et l'Indiana, c'est faute d'avoir réussi à découvrir des candidats crédibles qui feraient campagne contre les sénateurs Gillette et Van Nuys. Il est évident, en 1938 comme auparavant, que le Parti démocrate, pas plus que le Parti républicain, n'est une formation nationale. Il est composé de quarante-huit partis d'Etats qui s'unissent exceptionnellement, tous les quatre ans, pour tenter de faire entrer l'un des leurs à la Maison Blanche. Le président ne saurait durablement maintenir un semblant d'unité.

Il y a plus inquiétant encore. Roosevelt ne peut plus, contrairement à ce qu'il avait fait en 1934 et en 1936, servir de « locomotive » au Parti. Un démocrate qui aurait voté contre le NIRA, l'AAA, la TVA, la loi Wagner, la proposition de loi sur la Cour suprême – c'est le cas de Tydings – parvient à conserver son siège, en dépit des attaques de Roosevelt – à moins que ce ne soit grâce à ses attaques, car, si l'on en croit un homme politique du Maryland, Tydings aurait dû être battu par n'importe quel adversaire. S'il a gagné avec 60 000 voix d'avance, il le doit à l'intervention du président des Etats-Unis. Roosevelt a manifesté une confiance excessive en lui. Les Anciens Grecs auraient dit qu'il était saisi par l'*hubris*... Il a oublié une réalité très concrète de la vie politique aux Etats-Unis : c'est que le pouvoir use et que le pouvoir excessif use excessivement. D'autant plus qu'en 1938, nombreux sont ceux qui prévoient que Roosevelt n'est plus à la tête du gouvernement que pour deux ans. Aucun président n'a jamais exercé de troisième mandat ; pourquoi Roosevelt ferait-il exception ? S'il abandonne les affaires en janvier 1941, s'il n'est plus qu'« un canard boiteux », pourquoi se perpétuerait-il au pouvoir en utilisant les organismes de secours ? D'ailleurs, parmi les aspirants à la succession, on cite de plus en plus souvent le nom de Hopkins, qui vient d'être nommé secrétaire au Commerce. Hopkins, c'est aussi et surtout la WPA, donc la distribution des secours et des emplois, l'omniprésence de l'Etat fédéral. Résister aux pressions de Roosevelt, c'est rejeter l'Etat-parti démocrate.

L'échec de la purge prouve aussi que la coalition rooseveltienne demeure très hétéroclite. Les groupes qui la composent défendent, chacun de son côté, leurs intérêts. Ils n'ont pas nécessairement une vue globale de la société ou de l'avenir national. Aucun tropisme ne les pousse à entrer de plain-pied dans un parti libéral qui transcenderait les particularismes. En outre, dans les campagnes du Sud et du Middle West, se fait jour une autre crainte. Le Parti démocrate n'est plus ce qu'il était. Jadis, il unissait des partenaires égaux : des Sudistes, des minorités ethniques. Désormais, le fléau de la balance penche du côté de la composante urbaine, industrielle, nordiste. Le déséquilibre effraie les conservateurs, qui souhaitent garder voix au chapitre.

Ce sont bien ces trois fautes de Roosevelt qui ont été déterminantes. L'usure du pouvoir, la faible inspiration que le président donne à présent au New Deal, l'idée fausse que quelques réformes suffiraient expliquent les résultats des élections législatives de novembre 1938. Les républicains y gagnent treize postes de gouverneur, huit sièges au Sénat et quatre-vingt-un à la Chambre. Certes ils n'ont pas la majorité au Congrès, loin de là, mais leur parti, qui paraissait à l'agonie, se porte mieux. L'histoire est en train de basculer.

La revanche des antirooseveltiens

Aux fautes politiques de Roosevelt il faut ajouter le regain de pugnacité de ses adversaires. Paradoxalement, vue de l'étranger, l'image du président est pourtant prestigieuse, surtout depuis 1936. Il a, de toute évidence, atteint le sommet de sa popularité. Les observateurs français, par exemple, le constatent sans marquer le moindre étonnement. Président du Conseil, Léon Blum chante ses louanges, ce qu'il a commencé à faire dès 1933. En juin 1939, encore, il se plaît à rappeler qu'« entre le New Deal du président Roosevelt et l'expérience entreprise en juin 1936 par le gouvernement du Front populaire », il y a « une étroite parenté et une profonde analogie ». Georges Boris, l'auteur de *La Révolution Roosevelt*, Pierre Cot, Jules Moch, Robert Marjolin vont dans le même sens. « L'accord Matignon rappelle les premiers codes et le NIRA », note Boris. Dans l'esprit des Français, Roosevelt est un homme de gauche qui a engagé son pays dans la voie des réformes. Si cette appréciation n'est pas tout à fait fausse concernant le Roosevelt de 1935-1936, elle est moins évidente pour

1937-1938. Au cours de son premier mandat, les Français hésitaient à le classer. Ils s'interrogeaient sur sa politique et exprimaient des doutes sur les résultats que les Etats-Unis pouvaient escompter. Le voici mué en héros, en modèle à suivre, au moment précisément où les difficultés l'assaillent, où son autorité politique décline. Conséquence de la distance qui sépare l'Amérique de l'Europe ? Complexité d'un personnage et d'une situation, qu'on comprend imparfaitement en France ?

Toujours est-il que la droite et l'extrême droite aux Etats-Unis relèvent la tête. Les clivages idéologiques sont plus sensibles, pour la simple raison que, depuis 1936, le président tient un discours de gauche, dénonce, on s'en souvient, la haine « de classe » dont il est victime, les intérêts spéciaux qui s'opposent à lui. Le fossé entre les deux camps s'élargit. L'image du président rassembleur a disparu. Rumeurs et attaques en tous genres circulent abondamment. En novembre 1938, le magazine *Esquire* publie un dessin de Dorothy McKay. Deux enfants jouent dans la rue. Le petit garçon écrit le nom de Roosevelt sur le trottoir. « Maman, crie la petite fille qui l'accompagne, Wilfred vient d'écrire un gros mot. » Une caricature parmi d'autres. Une autre est tout aussi significative. Des gens du monde vont au spectacle. L'un d'eux entraîne un ami : « Viens avec nous. Nous allons au Translux pour siffler Roosevelt. »

Moins humoristique est la nouvelle qui paraît en mai 1937 dans les journaux de la chaîne McClure's. Roosevelt, annonce-t-on, a été victime d'un coma : « L'examen médical a révélé l'irritation dans le cou qui caractérise certains symptômes inquiétants. » La rumeur sur la prétendue syphilis fait un retour en force. C'est parce qu'il est malade que Roosevelt suit un traitement secret et qu'il a pris quelques jours de repos en mer. Comme si cela ne suffisait pas, les journaux de la même chaîne citent un homme d'affaires qui, au cours d'un dîner, parle du « paranoïaque de la Maison Blanche » et promet une bouteille de champagne à qui lui destinera « quelques balles bien placées »[14]. Une véritable incitation au meurtre…

La presse, en revanche, reste discrète sur la vie privée du président. Son affection pour sa secrétaire, ses rencontres avec Lucy Mercer, devenue Lucy Rutherfurd, ne sont pas ébruitées. La famille, elle, fait l'objet d'un intérêt public. Les échotiers rapportent que le frère d'Eleanor a mis fin à ses jours après avoir mené une vie tumultueuse, et ne manquent pas de mentionner le divorce d'Anna, la fille aînée, et son remariage avec un journaliste. John fait scandale pendant l'été 1937 : de passage à Cannes, il boit un peu trop et insulte le maire ; il faudra que William Bullitt, l'ambassadeur des Etats-Unis à Paris, arrondisse les angles. Franklin Jr., quant à lui, encore étudiant à Harvard, commet des excès de vitesse et provoque plusieurs accidents. Il se bat même avec certains journalistes. Il adore les plaisanteries : en mai 1938, il appelle Paris pour parler à Edouard Daladier. « De la part de Franklin Roosevelt », ajoute-t-il. On frôle l'incident diplomatique. L'année précédente, il a épousé une fille Du Pont, à la grande indignation des *New Dealers* purs et durs. Quant à Elliott, il utilise ses relations pour faire des affaires, devient commentateur dans une station de radio et prend vigoureusement parti en 1939 pour une politique isolationniste, contre un troisième mandat de son père. Comme celle de ses frères et de sa sœur, sa vie conjugale alimente la chronique. James, enfin, est le plus sérieux, le plus dévoué. Après avoir tenté sa chance dans les affaires, il fait office de secrétaire auprès de son père en 1937 et 1938. Le *Saturday Evening Post* l'accuse alors de gagner beaucoup d'argent. Ses revenus annuels se situeraient entre 250 000 et 2 millions de dollars. *Collier's* prend la défense de Jimmy, qui abandonne ses fonctions à la

Maison Blanche pour un poste de vice-président à la Metro-Goldwyn-Mayer. La médiatisation de l'institution présidentielle rend inévitables les bavardages, les médisances et les calomnies. James avait écrit en 1934 : « Je comprends, bien sûr, que les rumeurs commencent à circuler, quelles que soient mes activités, et qu'en cas de succès de ma part, on dira que j'ai tiré parti de mon influence politique[15]. » Il n'est pas facile, en effet, d'être l'un des enfants du président.

Les deux subversions

Les attaques contre la personne de Roosevelt, ajoutées à celles portées contre la faiblesse coupable des *New Dealers* à l'endroit des communistes, trouvent, à partir de 1937, un terrain favorable. Les élections de novembre 1936 et les résultats plutôt décevants de son candidat ont réduit le père Coughlin au silence, mais cela n'a pas duré. Dès le 24 janvier 1937, il est de retour derrière son micro. Désormais, il ne s'embarrasse plus de précautions oratoires. L'ennemi, il le désigne sans fioritures : ce sont les syndicats, les communistes et leurs alliés. Il met sur pied des Conseils de justice sociale, dont sont exclus les « non-chrétiens », c'est-à-dire les Juifs. La démocratie, il la cloue au pilori. En 1938, il présente une nouvelle proposition : les représentants seraient élus par des groupes socioprofessionnels, les partis politiques, supprimés, le président désigné par la Chambre. La même année, il fonde le Front chrétien « qui n'a pas peur du mot fasciste ». D'ailleurs, le numéro de *Social Justice*, le journal du père Coughlin, daté du 23 mai 1938, fait de Mussolini « l'homme de la semaine ». Quatre mois plus tard, le même périodique justifie les revendications de Hitler sur les Sudètes, approuve chaleureusement l'*appeasement* prôné par

Chamberlain. L'antisémitisme se donne libre cours, et *Les Protocoles des Sages de Sion* sont abondamment diffusés. Les Juifs sont tenus pour responsables de la progression des idées communistes et, bien entendu, de la guerre qui éclate en Europe en septembre 1939 tout autant que de l'engagement progressif des Etats-Unis vers une participation active au conflit. Plus que Mussolini, le héros, c'est Hitler. L'anti-héros, c'est Roosevelt, l'auteur d'un *jew deal* (une donne juive) totalement inacceptable.

Si l'on en croit l'Institut Gallup, un quart des Américains en 1938 et encore 15 % en 1939 déclarent approuver Coughlin. Une Amérique catholique, rurale, pauvre, âgée, raciste, encline à soutenir de préférence les candidats républicains, applaudit les propos du « prêtre de la radio ». De gros bras sèment la terreur dans les villes au nom du Front chrétien, là où vit une population catholique, par exemple à New York, à Boston, à Hartford. Sans aucun doute les activistes ne sont-ils qu'une poignée et les auditeurs ne sont-ils pas tous des partisans convaincus, mais les idées de Coughlin font leur chemin. Avant septembre 1939, le Front chrétien condamne les effets du New Deal. Après, il se définit comme le garant incorruptible de la neutralité des Etats-Unis. Deux thèmes qui ne manquent pas de séduire et de trouver des oreilles complaisantes. Est-ce du fascisme ? Coughlin lui-même le croit et l'affirme. L'Amérique est « à la croisée des chemins », assure-t-il à un journaliste. « Une route conduit au communisme ; l'autre au fascisme ». Poussé par le journaliste, il ajoute : « Je prends la route vers le fascisme. » Il est vrai que, par la suite, il fera machine arrière en expliquant que la Justice Sociale évitera l'alternative, vrai également qu'on n'a pas trouvé trace de liens avec Hitler, Mussolini ou tout autre leader fasciste ; vrai, enfin, que l'objectif social de Coughlin n'a rien de moderniste, rien non plus qui rappelle une

société enrégimentée, enfermée dans un nationalisme
étroit. Coughlin s'inspire d'un modèle qui ne correspond
pas aux Etats-Unis des années trente. L'Amérique à
laquelle il aspire, c'est plutôt celle d'hier, dépourvue
d'un gouvernement centralisateur, ouverte aux entreprises individuelles, dominée par les hommes de la terre
et non par ceux des usines. Mais comment Roosevelt
négligerait-il un courant d'idées qu'il déteste pour
l'essentiel, qui lui est délibérément hostile et creuse un
sillon profond dans la société de l'époque[16] ?

Le fascisme de quelques autres est, lui, incontestable,
même s'il est moins influent. William Dudley Pelley
éprouve pour Hitler une admiration sans bornes. La
référence au nationalisme le plus sourcilleux, un antisémitisme forcené, la volonté de militariser les rapports
sociaux, autant de points communs avec le Führer. Pelley fonde en 1933 le mouvement des Chemises argentées, dont les objectifs sont plus que clairs : les syndicats
seront dissous ; une dictature fasciste remplacera les institutions d'une démocratie décadente et pourrie ; l'économie sera rebâtie sur le modèle d'un *Commonwealth*
chrétien. Bien qu'il ait été prédicateur méthodiste et que
bon nombre de ses fidèles soient des anciens du Ku Klux
Klan, Pelley tâche de gommer de son discours tout anticatholicisme. Son meilleur soutien est Los Angeles avec
une extension notable dans le Middle West et la Caroline du Nord. Son rival a pour nom Art J. Smith, qui a
créé les Chemises kaki et fait appel aux anciens combattants. C'est surtout un charlatan qui disparaît avec la
caisse du mouvement, lorsqu'à la suite de l'assassinat de
l'un des siens, le mouvement entre dans une zone de
turbulences. On pourrait allonger la liste de ces petits
chefs : Gerald Smith, l'épigone de Long, a maintenant
viré sans vergogne à l'antisémitisme, au racisme, à l'anticommunisme. Le pasteur Winrod, de Wichita dans le
Kansas, s'en prend avec force aux catholiques et aux

Juifs. Le « Bundesführer » américain Fritz Kuhn met sur pied en 1936 l'Amerikadeutscher Volksbund.

Il ne faut pas surestimer le danger que représentent ces groupuscules. Leur influence est strictement régionale. Leur idéologie, empruntée à l'étranger, répugne à l'immense majorité des Américains, bien qu'ils se réfèrent à un penseur américain, Lawrence Dennis, qui a écrit *The Coming American Fascism (La Venue du fascisme américain)*. Leurs leaders sont plus farfelus que charismatiques. Somme toute, leur action est fort limitée. De plus, que représentent-ils par rapport au Klan des années vingt, à cette vague de fond nativiste qui a entraîné 3 à 4 millions d'Américains disséminés aux quatre coins du pays ?

Pourtant, parce qu'ils chantent les mérites des exemples italien et allemand, que Mussolini et Hitler ne sont pas des fictions, ces groupuscules fascistes font peur, et Roosevelt aurait tort de trop négliger leur impact notamment sur le plan politique. Le président prend garde d'exclure tout compromis, toute concession. Ennemis ils sont ; ennemis ils restent. Ensuite, sur le plan de la sécurité publique. Le 24 août 1936, Roosevelt fait venir dans son bureau J. Edgar Hoover, le directeur du FBI. Jusque-là, le FBI s'est préoccupé de la lutte contre le grand banditisme. L'arrestation, mouvementée, de « Machine Gun » Kelly en 1933 et d'autres gangsters lui ont acquis une solide réputation. Cette fois-ci, Roosevelt lui confie une autre tâche. Il s'inquiète en effet des voyages et des activités du consul soviétique Constantin Oumansky, et évoque la formation d'un réseau d'espionnage qui recueillerait des informations sur les Etats-Unis. De l'espionnage soviétique, donc communiste, la conversation glisse vers Coughlin et ses menées subversives. Roosevelt émet alors le désir que le FBI coordonne les investigations sur les activités fascistes et communistes. Une directive secrète, et orale, puisqu'il

n'existe aucune trace écrite dans les archives présidentielles et qu'on ne connaît la teneur de la conversation
que par le témoignage de Hoover. Quoi qu'il en soit, le
directeur du FBI en profite pour élargir les compétences
de ses services[17]. Cette volonté d'en savoir davantage
pour empêcher toute infiltration n'a pas disparu dans les
années suivantes. Avant même que la guerre n'éclate en
Europe, les Américains redoutent le danger venu de
l'intérieur, ces « menées subversives aux Etats-Unis dont
se rendent responsables les communistes, les fascistes,
les représentants et les avocats des organisations et des
groupes qui militent pour le remplacement du gouvernement des Etats-Unis ».

A vrai dire, parmi les agents possibles de la subversion, les communistes inquiètent beaucoup plus que les
fascistes. Dans les milieux conservateurs, on insiste avec
force sur la menace qu'ils représentent, menace d'autant
plus dangereuse, ajoute-t-on, que Roosevelt pourrait
être complice, involontairement ou non. La Chambre des
représentants finit par mettre sur pied une commission
spéciale ayant pour mission d'enquêter sur « les activités
non américaines ». Un terme vague, qui fait allusion aux
idées venues d'ailleurs, d'Allemagne, d'Italie, d'Union
soviétique. Une manière de rassurer ceux qui sont atterrés par les défilés militaires des Chemises argentées ou
kaki, qui s'effraient des rumeurs sur la pénétration communiste. C'est aussi un excellent thème de propagande
électorale qui pourrait séduire l'Amérique profonde.

Le président de la commission est un représentant
démocrate du Texas, Martin Dies. Les premières audi-
tions ont lieu en août 1938. Quelque temps auparavant,
un membre de la Chambre a bruyamment réclamé une
enquête sur la WPA, en particulier sur les acteurs et les
écrivains qu'elle subventionne. C'est « un foyer de communistes », s'est-il écrié, « infesté de radicaux de la base
au sommet ». Avec une précision qui vaut son prix : la

WPA est « un maillon supplémentaire de la machine à propagande du New Deal ». Les attaques contre l'administration fédérale du théâtre ne cesseront pas. Ne seront pas non plus épargnés certains acteurs de Hollywood, telle la très jeune Shirley Temple, accusée d'avoir adressé son salut au journal communiste français *Ce soir*[18].

La commission commence par enquêter sur les nazis d'Amérique. L'un des témoins qu'elle entend fait état de 500 000 adhérents et sympathisants, d'un vaste réseau d'espionnage implanté dans la minorité allemande du pays et lié à Stuttgart. Mais très vite, elle passe au problème de l'influence communiste. Les témoignages sont diffusés par la presse, avide de nouvelles spectaculaires, peu soucieuse de manifester son esprit critique. Les Américains apprennent alors que le CIO – qui s'est détaché de l'AFL pour former une confédération syndicale ouverte aux ouvriers de la grande industrie – que les grèves sur le tas, que les manifestations en tous genres jouissent de l'appui du Parti communiste et qu'ainsi une révolution se prépare. Parmi les hommes les plus dangereux, Harry Bridges, le principal responsable du syndicat des dockers de la côte Pacifique ; parmi les lieux contaminés, outre Hollywood, les établissements scolaires, des organismes aussi inoffensifs en apparence que l'Union américaine pour la défense des libertés civiles et la Ligue américaine pour la paix et la démocratie. Sans doute la commission n'est-elle pas un tribunal, et, à défaut de preuves, se contente-t-elle d'impressions et de jugements approximatifs. Par exemple, le républicain J. Parnell Thomas[19], l'un de ses membres, demande à un témoin : « Ne pensez-vous pas que les diverses mesures adoptées par le gouvernement ces derniers temps, comme la loi sur la réorganisation de l'exécutif ou sur la Cour suprême, s'apparentent au prélude de la dictature ? » Les démocrates ont beau protester, il n'empêche que la question influence certains esprits. Autre exemple : qu'est-ce qui justifie les accusations contre Bridges ? Réponse : les déclarations des milieux d'affaires, des industriels, des agriculteurs de la côte Pacifique. Le dossier est vide.

Plus systématiques sont les attaques contre les acteurs et les écrivains de la WPA. Les pièces qui ont été montées témoignent, dit-on, d'une profonde influence communiste, à tout le moins de l'influence du New Deal. Les communistes sont partout présents, et Roosevelt ne fait pas grand-chose pour brider leur activisme. Ils sapent les fondements de la société, dénoncent le racisme, n'ont pour héros que des ouvriers et des Noirs. Il n'est guère étonnant qu'en juillet 1939 la WPA ne dispose plus de crédits pour subventionner écrivains et acteurs. Comment pouvait-on croire, en 1938, que 640 associations, 483 journaux, 280 syndicats étaient entre les mains des communistes, que Hollywood se laissait aller à une coupable complaisance ?

La chasse aux communistes est aussi la chasse aux *New Dealers*. La commission n'attaque pas directement le président Roosevelt, mais elle laisse s'exprimer les pires soupçons à l'encontre de Hopkins, d'Ickes et de Frances Perkins. Pour Dies, le secrétaire à l'Intérieur provoque « la haine entre les classes sociales ». Comme Earl Browder, comme Staline. L'année suivante, la commission persiste et signe. Elle entend un témoin qui révèle le « complot du siècle » : des Juifs auraient partie liée avec d'anciens militaires pour prendre le pouvoir au cours du mois d'août. Emotion dans la presse et dans une partie de l'opinion. Enorme succès pour Dies et ses collègues.

La démarche de la commission Dies repose en effet sur l'éternelle idée du complot. La grande dépression résulte d'un complot ourdi par les *businessmen* – une thèse que bien des partisans de Roosevelt applaudiraient. La prolongation de la crise, l'exacerbation des tensions sociales proviennent d'un complot communiste que le gouvernement fédéral ne combat pas et qu'ainsi il laisse s'étendre. De là l'attitude embarrassée de Roosevelt. Dies dispose d'appuis solides au Congrès, tout simplement parce que la thèse du complot séduit beaucoup d'esprits : suivant les sondages, trois personnes interrogées sur quatre souhaitent la poursuite de l'enquête. Au sein même du Cabinet, le vice-président Jack Garner, un homme politique du Texas, protège Dies, tandis que Farley, le stratège du Parti démocrate, recommande la prudence. Roosevelt demande à Ickes de ne pas répliquer et à la guerre préfère la négociation. Dies n'est-il pas affilié au même parti que Roosevelt ? Des émissaires tâchent de faire entendre raison au jeune représentant du Texas, peine perdue. Il ne veut écouter que les sirènes de l'opinion publique. Ce sont d'ailleurs les élections de novembre 1938 qui ont mis les faiblesses de Roosevelt en évidence. Dies se borne à exploiter le climat politique ainsi créé. Ce que le président fait, dit et laisse dire atteste que le New Deal touche à sa fin et que le cœur n'y est plus.

Il est pourtant manifeste que Roosevelt lui-même n'a aucune sympathie pour le totalitarisme rouge, brun ou noir. Sa conversation avec Hoover en 1936 en apporte un témoignage. Il a fort bien compris que, pour les démocraties, la stratégie nouvelle du Komintern, celle du Front populaire (France, Espagne), est plus dangereuse que celle d'hier, classe contre classe. Avant 1935, le président des Etats-Unis était pour les communistes un ennemi de classe ; il est maintenant un « allié objectif ». Les communistes américains célèbrent à présent les valeurs nationales, font l'éloge de Thomas Paine, de Jefferson, de Lincoln... et de Roosevelt. Le président est pris entre deux feux. Prisonnier de son langage de gauche, il ne peut qu'abonder dans le sens des libéraux et se rapprocher implicitement des communistes. Il

serait placé au centre d'une insoutenable contradiction
s'il combatta : l'influence communiste sur les syndicats,
dans le monde politique, dans l'administration. Le Parti
communiste, légal, est partie prenante de la coalition
antifasciste. La société américaine est assez saine pour
lui donner une place, à vrai dire un strapontin, et l'y
maintenir. D'un autre côté, parce qu'il est un remarquable connaisseur de la vie politique, Roosevelt sait
qu'il a besoin du Congrès, qu'ici il doit respecter le jeu
du consensus, surtout lorsque le pouvoir exécutif s'affaiblit. S'il veut faire voter de nouvelles mesures, il lui faut
des voix. Roosevelt est placé entre le marteau et
l'enclume. Ses adversaires triomphent.

La donne inachevée

En 1932, le candidat Roosevelt a promis une nouvelle
donne. Sept ans plus tard, le président Roosevelt a en
effet redistribué les cartes, mais la tâche n'est pas achevée. Sur le plan économique, social et culturel, les Etats-
Unis ont changé. Pas au point, toutefois d'être mécon-
naissables. Il n'y a pas eu de révolution, et le New Deal
s'est arrêté avant d'avoir atteint tous ses objectifs.
Depuis 1933, Roosevelt s'efforce de faire sortir les Etats-
Unis de la dépression. Y est-il parvenu ? Le Produit
national brut calculé en prix constants atteint en 1938
l'indice 95 (base 100 : 1929) et l'année suivante,
l'indice 103. Si l'on s'en tient au PNB par tête,
l'année 1938 correspond à l'indice 89, l'année 1939 à
l'indice 96. Ce qui signifie que, compte tenu de la croissance démographique, le niveau de la production est,
dix ans après le krach boursier, légèrement inférieur.
Difficile de parler d'un franc succès. Quant à l'indice de
la production industrielle, il s'est nettement relevé en
1937, puis retombe de 20 % en 1938, avant d'arriver en

1939 au niveau de 1929. Ce n'est pas du tout le cas des investissements qui atteignent l'indice 57, soit 10 % du PNB – alors qu'en 1929, l'indice 100 correspondait à 16 % du Produit national brut.

Mais le plus inquiétant est ailleurs. Il y avait en 1929 plus de 47 millions d'Américains au travail pour 1,6 million de chômeurs, soit 3 % de la population active. Dix ans plus tard, 45,8 millions occupent un emploi, mais 9,5 millions sont au chômage, soit 17 % de la population active. Bien entendu, les statistiques sont moins effrayantes qu'en 1933, lorsque le taux de chômage avoisinait les 25 %, un peu moins tragiques qu'en 1938 quand il atteignait 19 %. Mais l'année 1939 est moins bonne que 1937 (14 %) et aussi mauvaise que 1936.

Certes, l'existence d'un chômeur a bien changé. Fini le temps où il devait s'en sortir seul, au mieux avec l'aide d'organisations charitables et d'autorités locales fort démunies. A présent, il peut compter sur des allocations, sur la perspective de participer à un programme de travaux publics. Mais il reste que les Etats-Unis n'ont toujours pas réglé le problème de l'emploi, qu'un Américain sur six est à la recherche d'un travail et qu'en dépit de ses belles déclarations, Roosevelt n'a pas tenu son pari. Tout ce qu'il peut avancer pour sa défense, c'est que, de 1933 à 1939, la population active est passée de 51,6 à 55,3 millions (+ 3,7 millions) et qu'il aurait fallu autant d'emplois supplémentaires pour mettre au travail les 12,8 millions de chômeurs de 1933 et les 3,7 millions arrivés sur le marché du travail depuis lors. On comprend, dans ces conditions, que le président ait recouru à des expériences successives et parfois contradictoires et qu'en fin de compte le New Deal économique ait pris fin au cours de l'été 1938, comme si l'imagination des responsables était épuisée, comme si tous les remèdes avaient été essayés et comme s'il ne restait plus qu'à laisser faire la Nature. La Nature ou la nature humaine ?

Car ce qui sauvera l'économie américaine, c'est la guerre en Europe. La machine prendra un nouveau départ, dès que les commandes militaires lui parviendront. De ce point de vue, l'année 1940 marque les débuts d'une nouvelle période dont les effets seront encore décuplés par l'entrée des Etats-Unis dans le conflit mondial. Une fois de plus, Roosevelt est tributaire des circonstances.

Les indicateurs économiques ne suffisent pas pour porter un jugement sur le New Deal. Il faut prendre en compte les nouveaux comportements, les pratiques inédites qu'il a introduites et qui ont transformé l'économie des Etats-Unis. Un changement capital se produit, qui nous semble aujourd'hui naturel. Un observateur l'a noté dès 1934 : « Les nouvelles financières ne prennent plus leur source à Wall Street. (...) [Elles] ne sont plus à présent que l'écho des événements qui ont eu lieu à Washington. (...) Le rythme du téléscripteur dépend maintenant de Washington, et non plus des salles de réunion des sociétés ou des bureaux des courtiers. (...) On ne demande plus à Wall Street ce que fait tel ou tel agent de change, ce qu'un banquier important pense, quelle est l'opinion d'un influent et éminent avocat. La question qu'on pose à Wall Street est tout autre : quelles sont les nouvelles de Washington[20] ? »

Le big government

Le gouvernement fédéral a pris en effet l'habitude d'intervenir en tout domaine. Avec une exception importante : il n'a réalisé aucune nationalisation, encore que la Tennessee Valley Authority corresponde à la création d'un secteur public. Création spectaculaire et limitée, elle offre un modèle qui n'est pas suivi. Elle n'est nullement le préambule à une longue série de nationalisations. Ni les banques ni l'un ou l'autre des secteurs d'activités ne passent sous le contrôle direct du gouvernement fédéral. Le public n'absorbe pas le privé. En revanche, leur association fonde de nouvelles relations. Le *Big Government* collabore avec le *Big Business* et le *Big Labor*. Rien n'illustre mieux ce tournant que les discussions pour élaborer les codes industriels. Le romancier Sherwood Anderson a assisté aux premières séances de la National Recovery Administration. « Voici que pour la première fois on pouvait voir des hommes d'affaires, des petits et des grands, (…) monter sur l'estrade pour rendre des comptes. Cela ne ressemble pas à la mort de la vieille idée qu'un homme possédant une usine, des bureaux ou un magasin a le droit de gérer son bien comme il l'entend. Du moins y a-t-il un effort pour le replacer dans un ensemble plus large, en particulier dans le cadre des relations entre l'individu et ses semblables. Certes, c'est compliqué et les objections ne cesseront pas. Mais je crois fermement qu'un nouveau principe de la vie en Amérique vient d'être établi[21]. »

Ce principe n'a pas cessé de croître, d'étendre ses applications : réglementation du système bancaire, contrôle des opérations boursières, limites imposées aux sociétés en holding, protection accordée aux propriétaires de logements et financement de la construction, sans oublier tout ce qui relève de la FERA, de la CWA, de la PWA, de la WPA, etc. Les signes de la présence de l'Etat fédéral dans l'économie et la vie de tous les jours sont innombrables. En conséquence, des milliers de nouveaux fonctionnaires sont nécessaires. Le mérite de Roosevelt est d'avoir fait appel aux meilleurs des anciens élèves des meilleures universités. Parallèlement au *brain trust*, tout un monde d'intellectuels tous plus brillants les uns que les autres, baptisés experts, s'active à deux pas de la Maison Blanche, dans les ministères et les bureaux des agences fédérales. Edmund Wilson, critique littéraire, évoque son émerveillement. « Partout dans la rue

et dans les bureaux, on tombait sur de vieilles connaissances : les rédacteurs en chef et les rédacteurs de la
presse libérale, les jeunes assistants progressistes des *col-
leges*, les cadres intelligents des fondations, les idéalistes
pratiques des foyers d'hébergements[22]. » Et cette réflexion,
qui laisse deviner l'un des changements majeurs de la
société américaine : « Les garçons brillants des universités de l'Est, au lieu de devoir choisir, comme vingt ans
auparavant, entre les affaires, la Bourse et les missions à
l'étranger, pouvaient aller à Washington pour y chercher
un emploi. » Ces « professeurs », comme on les appelle,
font la pluie et le beau temps. Ils sont l'âme du New
Deal, même si leurs contacts avec Roosevelt sont rares,
voire inexistants. Travailleurs enthousiastes, ils sont, en
outre, plus indépendants que leurs timides prédécesseurs, issus du monde des affaires et de la politique. Ils
ont des idées et s'emploient à les appliquer sans complaisance. Puisque, à l'exemple de leurs contemporains,
ils doutent de l'honnêteté et de l'efficacité des milieux
d'affaires, ils n'hésitent pas à le faire sentir. Ce sont des
croisés, pas encore des technocrates. La notion de profit
leur est étrangère, et ils défendent avant tout l'intérêt
général. En s'appuyant sur leur dévouement, Roosevelt
modernise le système capitaliste.

Une dernière question vaut d'être posée. Les méthodes
du président, sa philosophie économique, les motivations qui l'incitent à remédier à la crise, sont-elles bien
originales ? Les études comparatives sur ces questions
sont rares. Il faut toutefois mentionner celle qu'a entreprise avec témérité et beaucoup de prudence John
Garraty[23]. Il a comparé le New Deal avec la politique
économique de Hitler. Si les buts politiques sont diamé-
tralement opposés et si les transformations sociales n'ont
aucun point commun, l'expérimentation, le recours aux
travaux publics, des essais de planification, l'exaltation
de la vie rurale, la priorité au relèvement national sur la

coopération internationale et pour finir le salut par les dépenses militaires constituent autant de similitudes. Roosevelt n'a certainement pas tiré son pays hors du gouffre, mais il a malgré tout ouvert la voie à la super-puissance qu'atteindront les Etats-Unis en 1944-1945.

Sur le plan social, une réalité domine. Tant que le chômage persiste, la pauvreté ne disparaît pas, en dépit des secours d'urgence, et la répartition des revenus ne change pas, malgré la nouvelle loi fiscale. Roosevelt n'a pas pu ni voulu bouleverser les rapports sociaux. Mais il a considérablement accru le rôle de la présidence. Jusqu'à 1933, les Etats-Unis ont eu des présidents forts qui ont marqué leur temps d'une empreinte inaltérable et des présidents faibles qui n'ont laissé que des souvenirs diffus. Le New Deal fait de la présidence, quel que soit l'homme en place, le centre moteur de la société. Jamais auparavant le mot « chef » n'a représenté une telle force. Qu'il s'agisse de la politique économique, des initiatives législatives, du fonctionnement de l'adminis-tration, sans oublier la politique étrangère, le président règne et gouverne à la fois, incarne la souveraineté populaire, choisit les hauts fonctionnaires qui donneront à son « administration » une image, une caractéristique. Roosevelt a parfaitement rempli ce rôle. Il est le *pater familias* des Américains.

Les changements sont codifiés dans la loi réorganisant la présidence, signée le 3 avril 1939, au terme d'une bataille législative de deux ans. La loi repose sur le rap-port d'une commission *ad hoc* qui était partie de l'idée que « l'exécutif américain doit être considéré comme la plus grande contribution de notre nation au développe-ment de la démocratie moderne[24] ». De quoi stupéfier les Pères fondateurs de la Constitution qui redoutaient l'exécutif et n'avaient vraiment confiance que dans le législatif. L'*Executive Office* (les bureaux de l'exécutif), installé à côté de la Maison Blanche, réunit le Bureau du

Budget et le Bureau de la planification des ressources nationales. Le président dispose, enfin, du droit de nommer six assistants. Grâce aux innombrables emplois qu'il lui appartient de pourvoir, il tire les fils d'une vaste machinerie. C'est la Maison Blanche qui engage, récompense et sanctionne. Dans le même temps, par ses conférences de presse, par ses causeries au coin du feu, par d'harassants voyages à travers le pays, Roosevelt inaugure une forme de démocratie directe qui l'affranchit des médiateurs.

« Président-dictateur », « Néron des temps modernes » : les accusations n'ont pas manqué. Elles sont injustes pour trois raisons. Pour Roosevelt et la majorité de ses concitoyens, l'accroissement du pouvoir fédéral est une nécessité du XXe siècle. Dans son message annuel de 1938 au Congrès, le président le dit avec vigueur : « Le gouvernement exerce la responsabilité suprême du bien-être des citoyens. Si l'initiative privée ne parvient pas à donner du travail à tous ceux qui en cherchent et des secours aux malheureux, ceux qui souffrent sans être responsables de leur sort ont le droit de faire appel au gouvernement et de lui demander de l'aide. Un gouvernement digne de ce nom doit répondre convenablement à cette demande. »

D'autre part, les institutions démocratiques n'ont pas cessé de fonctionner. Les élections, les partis, les groupes de pression ont tenu leur rôle. Lorsque les propositions du président ont paru aller au-delà du supportable, elles ont été rejetées. La Maison Blanche n'est pas toute-puissante, et moins encore dictatoriale. Enfin, les contre-pouvoirs existent. Le Congrès en offre un excellent exemple. Bien qu'il soit dominé par une majorité démocrate tout au long de la présidence de Roosevelt et qu'il délibère sur des propositions de lois dont l'origine, en fait, se trouve dans les bureaux de la Maison Blanche, il ne devient pas une simple chambre d'enregistrement, tout au contraire. Plus les années passent, plus l'opposition se renforce au Sénat comme à la Chambre des représentants. Certes, la création d'agences exécutives débouche sur des délégations du pouvoir législatif, mais le Congrès conserve, et c'est fondamental, le droit de voter ou de refuser les crédits et le budget. L'originalité du New Deal consiste en une étroite collaboration entre la présidence et le législatif, même si le premier des deux pouvoirs, plus imaginatif, mieux équipé, pousse à l'action et tient le rôle de locomotive.

S'il n'est pas tout-puissant, l'Etat fédéral n'en est pas moins devenu, sans nul doute, omniprésent. Avant le New Deal, les petites villes, les villages ne comportaient qu'un seul bâtiment qui l'évoquât : le bureau de poste, trait d'union avec Washington, symbole du service public. Après 1933, d'autres administrations surgissent, qui relèvent du gouvernement fédéral. La bureaucratie de Washington étend ses ramifications, encore qu'une fois de plus, l'œuvre de Roosevelt demeure inachevée.

L'autorité, nouvelle et renforcée, du fédéral annonce des changements qui se produiront plus tard, notamment dans les années soixante ; le progrès social est devenu pour Washington une arme. Le *Welfare State* est loin d'être complètement construit. L'assurance-maladie n'existe pas, l'assurance-chômage et l'assurance-vieillesse ne couvrent qu'une minorité des salariés et leur donnent d'insuffisantes garanties. L'Etat fédéral n'est nullement l'initiateur d'une démocratie sociale. Ni d'une démocratie parfaitement égalitaire, dans la mesure où il n'entreprend aucune réforme sur la condition des Noirs. Ni d'une démocratie nationale, puisque, à côté du New Deal, d'autres New Deals, mis en œuvre par les Etats, tiennent une place non négligeable et créent une infinie disparité dans les mesures de protection sociale ou de relèvement économique. L'indispensable coopération entre le pouvoir central et les pouvoirs locaux laisse d'ailleurs à désirer. Ni la commission des opérations boursières, ni le CCC n'ont de liens avec les administrations des Etats. Pour le NLRB, l'AAA, la Farm Security Administration, la Rural Electrification Administration ou la Federal Housing Administration, il existe une certaine coopération, mais elle n'est guère contraignante. Restent les autres, la PWA, la WPA pour lesquelles les Etats doivent accepter de rendre des services gratuits, d'aider les agents de l'exécutif fédéral, de débloquer des crédits. Par exemple, le département du Travail tâche de faire voter par les Etats des lois fixant un salaire minimum et un horaire maximal pour les femmes et les enfants, des retraites pour les salariés, des limites au pouvoir judiciaire dans les conflits du travail. Une dizaine d'Etats renforcent le contenu des codes de la NRA ; quatorze approuvent l'amendement qui interdit le travail des enfants. Ici et là, sont adoptées de « petites lois » Wagner. Ce sont là les marques les plus évidentes qu'entre le citoyen et l'Etat, entre les divers rouages du fédéralisme, de nouveaux rapports sont définis. Encore conviendrait-il de les parfaire.

Une culture rooseveltienne

Les mêmes conclusions s'imposent, dès que l'on aborde l'évolution de la culture. Tout observateur, témoin ou historien, sent instinctivement que les mentalités ont changé. Un esprit rooseveltien a bien prévalu dans la littérature, les arts, le cinéma, la conception que chacun exprime de l'existence en général. Mais il est difficile à cerner, car les apparences sont parfois trompeuses. On serait tenté, par exemple, d'insister sur *Les Raisins de la colère* ou sur *Qu'elle était verte ma vallée !* pour dégager les grandes lignes d'un cinéma rooseveltien[25]. Mais les deux films de John Ford datent de 1940 et de 1941 et conjuguent le New Deal au passé. Et en 1940, *Autant en emporte le vent* obtient le succès que l'on sait, mais sur un tout autre registre. Quant aux œuvres de Chaplin, elles ont été accueillies avec ferveur par le public, mais elle ne doivent pas faire oublier, bien au contraire, nombre de films d'autres auteurs dont l'histoire n'a pas retenu le nom.

Il faut également se demander si Roosevelt éprouvait suffisamment d'intérêt pour la vie culturelle pour avoir exercé en ce domaine une influence. Relevait-elle pour lui de l'action politique ? La réponse n'est pas évidente. Frances Perkins fait observer[26] qu'il avait beaucoup d'amis parmi les artistes et qu'il gardait, par l'intermédiaire d'Eleanor, le contact avec des hommes de théâtre, des musiciens, des savants, des écrivains, et on l'a vu insister pour que la WPA donne du travail aux peintres, par exemple. « Pourquoi pas ? Ce sont des hommes comme les autres, dit-il. Il faut bien qu'ils vivent. Je suppose qu'en dehors de la peinture ils ne savent rien faire. Il y a sûrement des bâtiments publics où les tableaux manquent. » Frances Perkins s'empresse d'ajouter : « Si Roosevelt accueillit cette idée, ce ne fut pas qu'il s'y connût spécialement en matière d'art ; mais les artistes étaient des êtres humains et avaient besoin de gagner leur vie comme les autres. » De fait, les tableaux qu'il préfère sont ceux qui représentent des bateaux – encore faut-il que le dessin soit rigoureusement exact et détaille le gréement, la voilure et les autres éléments de la construction.

Il n'y a donc au sein du gouvernement aucun secrétaire chargé de la Culture, Roosevelt n'a fixé aucun objectif même vaguement défini. Il n'empêche que les arts bénéficient de l'aide fédérale, ne serait-ce que pour sauver de la misère les artistes et les intégrer un peu mieux dans la société. Si les statistiques en ce domaine ont un sens, il faut rappeler que la WPA a permis la créa-

tion de 1 566 peintures murales, 17 744 sculptures,
108 099 peintures à l'huile ou à l'eau, 240 000 repro-
ductions en tous genres, et que plus de deux millions
d'étudiants ont reçu par ce canal un enseignement artistique. La section théâtrale a monté plus de 1 000 pièces,
dont 77 ont été écrites à cette seule intention. La section
musicale a fait jouer 14 000 compositeurs américains[27].
Il faut en conclure que sous Roosevelt, la culture est
allée vers le peuple et qu'elle a cessé d'être réservée à
une élite. D'autre part, un art américain, dans le sens le
plus large, est né de cet immense effort.

L'apport rooseveltien c'est principalement d'avoir
réconcilié les intellectuels et les artistes avec la société.
« La génération perdue », c'étaient des hommes et des
femmes qui, dans les années vingt, avaient fui une Amérique matérialiste, dominée par des Babbitts, incapable
de comprendre les créations de l'esprit. Une anecdote
suffira à illustrer l'atmosphère nouvelle. Frances Perkins
rencontre le poète Carl Sandburg qui lui dit : « Je pense
beaucoup au président Roosevelt, et je voudrais faire
quelque chose pour lui. Mais quoi ? Peut-être pourrais-je
apporter chez lui ma guitare et lui chanter de ces chan-
sons. » Que certains soient des militants politiques qui
poursuivent des objectifs précis et peu conformes à la
pensée de Roosevelt, qui en douterait ? Pourtant les
cinquante-deux écrivains qui, en 1932, ont signé une
lettre de soutien au candidat communiste ne tarderont
pas à se rallier à Roosevelt : certes il défend le capitalisme, mais un capitalisme « à visage humain ». Sans établir une société marxiste, il applique malgré tout un
programme plutôt à gauche, surtout à partir de 1935-
1936.

Le deuxième trait caractéristique de l'esprit rooseveltien est l'ouverture aux problèmes sociaux, la réflexion
sur la société et ses vicissitudes, l'intérêt constant pour
les pauvres et les déshérités. Du côté de la littérature,

Les Raisins de la colère, qui datent de 1939, suivent *Le Petit arpent du bon Dieu,* ce qui n'empêche pas le succès d'œuvres romanesques plus légères et ne peut faire oublier que les années trente sont marquées par la parution des chefs-d'œuvre de Faulkner. Rien ne rend mieux compte des tendances profondes de la société américaine que l'essor du cinéma, distraction populaire par excellence. En pleine crise, une moyenne de 60 à 75 millions de billets sont vendus chaque semaine, soit l'équivalent de 60 % de la population des Etats-Unis. Pendant les années trente, Hollywood a produit plus de 5 000 films[28]. Même ceux qui racontent la vie et la mort des gangsters ont une tonalité nouvelle. *Little Caesar* dépeint l'univers impitoyable de la compétition économique ; dans *Je suis un évadé,* le héros cherche, dit-il, « un travail d'homme », il a appris que « la vie est plus importante qu'un travail stupide et dépourvu de sens ». Dans *L'extravagant M. Deeds* et dans *M. Smith au Sénat,* Capra montre les riches sous les traits d'hommes incarnant les forces du mal, contrecarrant la volonté populaire. Dans *Vous ne l'emporterez pas avec vous,* les ploutocrates sont tout autant avides et brutaux. En un mot, on retrouve dans le cinéma les traits principaux du New Deal. L'air du temps inspire les cinéastes : le peuple, voilà le mot d'ordre.

La radio, elle aussi, est un reflet de l'Amérique rooseveltienne. C'est le 30 octobre 1938 qu'Orson Welles réussit la plus grande mystification de l'histoire de ce moyen de communication, lorsqu'il annonce, dans une émission du dimanche soir, l'invasion des Martiens. Beaucoup d'auditeurs fuient alors leur maison, préparent fiévreusement leur défense contre les envahisseurs. Un début de panique. La nouvelle donne favoriserait-elle le tout-venant, la culture de masse au détriment de la grande culture ?

Un troisième caractère de l'esprit rooseveltien mérite d'être relevé. On ne croit plus guère au héros tel que, dans les années vingt, Lindbergh l'a incarné. Il avait traversé seul l'immensité de l'océan Atlantique sur son *Spirit of Saint Louis*. Mais en 1937, lorsqu'Amelia Earhart disparaît aux commandes de son avion quelque part dans le Pacifique[29], sa disparition n'inspire à un commentateur de *The New Republic* que cette réflexion désabusée : à quoi sert-il de tenter de tels exploits ? Ne sont-ils pas inutiles ? L'individu doit trouver son accomplissement dans le groupe et non plus isolément. Léopold Stokowski annule un concert à Pittsburgh, parce que les propriétaires de la salle violent les conventions collectives signées avec les syndicats. Dans les milieux musicaux, on recommande fermement aux jeunes instrumentistes de ne pas s'acharner à devenir solistes. Faire partie d'un syndicat, d'un parti, d'un orchestre, voilà le nouvel idéal[30]. Il serait pourtant excessif de prétendre que l'Amérique se mue alors en une « démocratie culturelle », qui prône « l'art pour des millions » [de gens]. La fin des années trente marque la victoire du pragmatisme. Les Etats-Unis n'emprunteront pas la voie du dirigisme culturel.

S'il n'avait pas commis des fautes politiques, si ses adversaires n'avaient pas pris leur revanche, Roosevelt aurait-il poursuivi l'expérience du New Deal ? Rien n'est moins sûr. En ces années 1938-1939, les Américains sont de plus en plus préoccupés par les affaires du monde.

CHAPITRE X

Le monde de l'avant-guerre
vu de la Maison Blanche

De 1933 à 1939, le monde prend feu. En Extrême-Orient, en Ethiopie, en Europe enfin. Mais au moment où leur présence serait la plus nécessaire, où leur participation aux affaires internationales aurait peut-être évité le pire, en tout cas bouleversé le rapport des forces, les Etats-Unis restent à l'écart et se replient sur eux-mêmes. Ils érigent d'innombrables garde-fous pour rester à l'écart des tensions et des conflits. L'Amérique, dernier îlot de paix : dans la définition et le maintien de cette ligne de conduite, le président des Etats-Unis porte une lourde responsabilité. N'aurait-il pas pu, pas dû jouer le rôle d'un véritable éducateur de l'opinion, la sortir brutalement de sa torpeur, lui montrer qu'il était impossible pour une grande nation de demeurer spectatrice d'un drame planétaire ? La question demeure d'autant plus lancinante que Franklin Roosevelt avait les moyens et le talent pour faire passer des messages politiques et qu'il ne manquait pas d'appuis dans le pays. C'est pourquoi les sept années du New Deal, un peu ternes sur le plan de la politique étrangère, font l'objet d'une interminable controverse.

Tout est-il possible ?

En 1933 et 1934, les Américains ne suivent pas les événements de l'étranger. Leur préoccupation majeure, voire unique, c'est la crise économique, le chômage, la reprise des affaires. En conséquence, Roosevelt dispose d'une véritable liberté de manœuvre, d'autant plus que c'est un expert dans le domaine des relations internationales. L'Europe, il la connaît. Depuis sa plus tendre enfance, il y fait régulièrement des voyages. Il parle un peu le français, n'est pas complètement ignorant de l'allemand. Il est vrai que, dans son milieu, les contacts avec les réalités populaires des pays visités sont réduits : il a plus souvent rencontré des gentlemen anglais que des paysans français. Mais, si l'on compare son expérience avec celle de ses compatriotes, il jouit d'un énorme avantage : c'est d'avoir franchi très fréquemment les frontières des Etats-Unis, d'avoir parcouru une bonne partie de l'Amérique latine, d'être, par sa famille maternelle et sa mère elle-même, à l'écoute de la Chine, de son immense potentiel mais aussi de ses drames sociaux et politiques.

Les hautes fonctions qu'il a occupées au département de la Marine lui ont donné le sens de la sécurité nationale. Grand lecteur de l'amiral Mahan, il est partisan d'une flotte puissante. A ses yeux, les Etats-Unis ne rempliront leur rôle dans le monde que s'ils se dotent d'imposantes forces à la fois terrestres et navales, car il leur appartient de manifester leur présence dans l'Atlantique et dans le Pacifique. Comme le cousin Ted, Franklin a milité pour l'expansionnisme, en particulier en Amérique centrale et dans les Antilles. Faut-il rappeler qu'entre 1914 et 1918, le jeune secrétaire-adjoint à la Marine s'est battu bec et ongles pour que son pays se prépare au conflit, qu'il y participe à part entière et qu'il devienne ainsi une puissance mondiale ? Au lendemain de la guerre, il défend avec énergie le programme de paix du président Wilson, et la Société des Nations a été son cheval de bataille. Même après sa défaite aux élections présidentielles de novembre 1920, il a défendu l'internationalisme, entendons par là la participation des Etats-Unis aux affaires internationales. A défaut d'obtenir l'entrée de son pays dans la Société des Nations, il a demandé inlassablement son adhésion à la Cour permanente de justice internationale.

Il ne manque aucune occasion de montrer que les dossiers qu'on discute à Genève, siège de la SDN, et dans les chancelleries n'ont pas de secrets pour lui. En 1923, il a publié dans la revue *Asia* un article intitulé *Devons-nous faire confiance au Japon ?* qu'il a conclu en affirmant avec force que le Japon respecterait les traités de Washington sur le désarmement naval et sur l'intégrité territoriale de la Chine. Une guerre entre les Etats-Unis et le Japon serait catastrophique pour chacun des deux pays, et il faut faire confiance aux Japonais. En 1928, à la veille de la campagne présidentielle, un nouvel article paraît dans *Foreign Affairs*. Les Etats-Unis, soutient-il, ne tiennent pas leur place dans le concert des nations, en particulier dans la reconstruction politique que la Grande Guerre a imposée. Les républicains n'ont rien fait pour collaborer avec la SDN ni pour associer le pays au Tribunal permanent. Le problème des dettes de guerre a été traité en dépit du bon sens. Il serait temps, enfin, de mettre sur pied une nouvelle politique à l'égard de l'Amérique latine. Outre un programme électoral qui devrait servir de référence aux démocrates, c'est là le témoignage d'un intérêt constant et souvent averti pour le reste du monde. Les wilsoniens considèrent Roosevelt comme l'un des leurs.

Pourtant, dès qu'il accède au poste de gouverneur de l'Etat de New York, il adopte un profil bas, ce qui est bien naturel pour un élu appelé à traiter des seules questions de politique intérieure. Quand il définit son nouvel objectif, la conquête de la présidence, il choisit la prudence. Les affaires du monde, il le sait bien, intéressent peu l'électorat ou bien le divisent profondément. Pourquoi s'y attarder ? Réaliste, Roosevelt tire les leçons politiques des dix dernières années, car il a saisi à merveille l'état d'esprit que la dépression a créé. Il va même plus loin et se met en règle avec son passé wilsonien. Le 2 février 1932, on l'a dit, il rejette publiquement la Société des Nations dont Hearst a exigé la répudiation. Là-dessus, il ne reviendra plus. Il a eu raison, tente-t-il de prouver, de militer pour l'entrée des Etats-Unis dans la SDN. Il a maintenant raison de militer pour que les Etats-Unis restent en dehors. Au-delà de la déclaration de principes, il vient ainsi de choisir : il insistera sur la continuité plus que sur le changement. D'ailleurs, s'il est moins protectionniste que Hoover, du moins en apparence, les programmes des deux hommes ne sont pas opposés. Roosevelt estime que les Etats-Unis ne peuvent prendre que des sanctions morales contre le Japon qui vient d'envahir la Mandchourie, que le problème du désarmement en Europe et celui des dettes de guerre ne seront pas résolus en un tournemain. Les conversations qu'il a eues, de novembre 1932 à février 1933, avec Hoover et Henry Stimson, le secrétaire d'Etat sortant, le lui ont amplement démontré.

Hull, Moley et les autres

A la fin de décembre 1932, il n'a pas encore choisi son secrétaire d'Etat, dont il devrait faire, dit-il à ses proches, le pilier central du Cabinet. Dans la première quinzaine de janvier, il désigne Cordell Hull[1]. Celui-ci est né dans le Tennessee en 1871. Après des études de droit, il a siégé à la Chambre des représentants de son Etat, fait la guerre de Cuba en 1898 et occupé les fonctions de juge de district. De 1907 à 1921, puis de 1923 à 1931, il a été membre de la Chambre fédérale des représentants où il se spécialise dans les questions fiscales et douanières. Il accède au Sénat en 1931. Avant même sa nomination, Hull a le comportement d'un secrétaire d'Etat : une attitude sobre et digne, une voix douce et sans éclat. Il a toujours été l'un des plus fermes appuis de Roosevelt dans le Sud, et son influence au Congrès constituera un atout pour le président. Avec l'un des leurs à un poste aussi crucial, les démocrates du Sud se sentiront plus proches encore du président, plus déterminés à voter son programme social et économique.

Quant aux idées de Hull, elles sont simples : il est wilsonien, en ce sens qu'il croit à « la sécurité collective », un mot relativement nouveau qui symbolise l'interdépendance, la confiance dans les négociations multilatérales et les organismes internationaux. Il défend surtout l'internationalisme économique : « Le désarmement économique et le désarmement militaire, écrit-il dans ses Mémoires, me semblaient les deux facteurs les plus vitaux et les plus essentiels pour la paix et la reprise économique[2]. » Le protectionnisme, voilà l'ennemi, la source des guerres, « la seule cause sous-jacente de la panique actuelle ». En décembre 1932, il a lancé un appel au désarmement économique et défini un programme qui mettrait provisoirement un terme à l'accroissement des droits de douane, « une réduction de 10 % sur tous les droits de douane permanents de tous les Etats », avant de décider un abaissement progressif des barrières douanières. Le meilleur moyen pour atteindre cet objectif, d'après Hull, serait de convoquer une conférence économique qui traiterait des droits de douane, des problèmes monétaires, du crédit, de la reconstruction des économies frappées par la crise. Six ans plus tard, le secrétaire d'Etat n'a rien abandonné de ses idées. A l'ambassadeur de France il déclare : « Quand on vient me dire (…) que M. Hitler est un homme raisonnable qui se tiendra pour satisfait lorsqu'il aura obtenu quelques rectifications de frontières du côté de la Tchécoslovaquie, je ne le crois pas. Je crois qu'il est nécessairement entraîné à une politique d'expansion et de conquêtes par son régime d'économie fermée comme un plus grand que lui, Napoléon, l'a été autrefois par le système du blocus continental[3]. » En un mot, la paix dépend du rétablissement de relations économiques normales entre les Etats.

Quoique impatient de se mettre au travail, Hull veut d'abord s'assurer qu'il aura les mains libres, refusant de voir son rôle réduit à celui de directeur de la correspondance avec les gouvernements étrangers. Le département d'Etat est encore une petite administration, dans laquelle les responsables des *desks*, c'est-à-dire des bureaux régionaux, tiennent un rôle capital[4]. Le département peut être un instrument efficace. Roosevelt promet à Hull tout ce qu'il demande. Et, dans le même temps, il nomme un sous-secrétaire d'Etat, William Phillips, officiellement pour décharger Hull des obligations mondaines de sa fonction. En fait, Phillips est un ami personnel du président. Il appartient à la bonne société de Boston, a été secrétaire-adjoint pendant la Grande Guerre et sous-secrétaire de 1922 à 1924. Il sera, au département d'Etat, les yeux et les oreilles de la Maison Blanche. Roosevelt se méfie des diplomates qu'il juge à la fois incompétents et soumis à des influences étrangères, surtout britanniques. Le secrétaire d'Etat ne s'en soucie pas : « Le président, sauf en rares exceptions, n'aurait guère pu avoir plus de considération pour moi qu'il ne l'a fait durant les douze années de mes fonctions comme secrétaire d'Etat. Il approuvait presque toujours mes recommandations ou suggestions, qui souvent concernaient d'importantes décisions de politique extérieure[5]. » Voire ! Roosevelt est un homme secret, dont les motivations restent parfois mystérieuses. Il aime demander l'avis de personnalités très diverses et s'adonne de plus en plus, à mesure que le temps passe, à la diplomatie personnelle. Il ne se trouve pas beaucoup de points communs avec son secrétaire d'Etat. Hull lui-même ne manque pas d'observer « qu'aucune décision de politique étrangère ne fut prise par un vote du Cabinet pendant tout le temps de mes fonctions[6]. » Lorsqu'en 1937 Phillips est nommé ambassadeur en Italie et qu'à Washington le remplace Sumner Welles[7], la position de Hull, loin de se renforcer, est encore affaiblie.

Dès 1933, Hull ne manque pas de sujets de mécontentement. Raymond Moley, par exemple, l'un des membres du *brain trust*, est nommé secrétaire d'Etat adjoint. Ses responsabilités incluent les « dettes étrangères, la conférence économique mondiale (...) et toutes tâches supplémentaires qui pourraient lui être confiées par le président dans le domaine intérieur et extérieur ». A la différence de Hull, Moley est nationaliste et croit que le relèvement des Etats-Unis ne dépend pas de la coopération internationale. Le secrétaire d'Etat fait semblant de ne s'apercevoir de rien. « Lui et moi, écrit-il de Roosevelt, possédions dans presque tous les domaines la même philosophie en matière de relations internationales. » Hull est persuadé et s'efforce de persuader ses lecteurs que « durant sa première présidence, Roosevelt était tellement accablé par les questions intérieures qu'il me laissa la responsabilité presque totale des Affaires étrangères[8] ». En réalité, le président a, comme d'habitude, deux fers au feu. Il entend se servir de Hull et de Phillips, de Hull et de Moley, suivant les circonstances. Le maître du jeu, c'est lui.

La conférence économique de Londres

L'exemple de la conférence de Londres est significatif. Elle était prévue depuis 1932 sous les auspices de la SDN, et le président Hoover en était un chaud partisan. Puisqu'il estimait que la crise avait des causes internationales, il lui paraissait naturel qu'elle fût traitée au niveau international. Il n'avait pas l'intention de transiger sur l'essentiel, sur les mesures protectionnistes que le Congrès avait votées, sur un éventuel compromis concernant les dettes de guerre. En revanche, on pourrait parler du retour de tous à l'étalon-or. L'étalon-or, cause sacro-sainte que la Grande-Bretagne avait désertée en septembre 1931, mais que la France et l'Italie continuaient de soutenir avec vigueur. Pour Hoover, la conférence devait contribuer à « la restauration de l'étalon-or dans les pays clés, l'Angleterre et l'Allemagne ».

Changement de perspective avec Roosevelt. Que la conférence ait lieu ! Qu'elle traite d'« une plus grande liberté du commerce international » ! Hull et les internationalistes sont ravis. Pourtant, Roosevelt a décidé, dès le 19 avril 1933, que, dans le cadre de sa politique de relèvement des prix, le dollar cessera d'être convertible en or. Un mois plus tard la monnaie américaine ne vaut plus que 85 cents en or sur le marché international. Walter Lippmann a bien résumé le débat. Depuis l'été 1931, écrit-il, les Etats du monde capitaliste combattent pour l'étalon-or ou pour les prix intérieurs. Aucun n'a pu défendre les deux à la fois. « Nous avons désormais, je crois, la preuve irréfutable, conclut-il, que la nation qui prend la décision de maintenir la parité de l'or se condamne à une intolérable chute des prix[9]. » Pour réussir une inflation contrôlée, l'abandon de l'étalon-or est donc une nécessité primordiale.

Roosevelt a choisi son camp. Il confie à Moley, Tugwell et Baruch le soin de préparer les dossiers de la conférence. Tous sont convaincus que la réussite du New Deal ne peut ni ne doit être liée à la coopération internationale. Aux côtés de Hull et de Moley, la délégation américaine comprend James Cox et Samuel McReynolds, deux wilsoniens, Key Pittman et James Couzens qui souhaitent l'augmentation des barrières douanières et le recours à l'argent-métal. Les instructions du président sont des plus vagues. Selon Tug-well, les délégués sont des Argonautes partis à la recherche de la Toison d'or. Hull n'en est pas moins très satisfait, parce que, juste avant son départ, le président a promis de recommander au Congrès un abaissement des droits de douane – les prémices de ces traités bilatéraux dont le secrétaire d'Etat attend des merveilles. Quelques heures avant l'ouverture de la conférence, Roosevelt télégraphie à Hull : il a dû renoncer à abaisser les droits de douane ; sinon, le Congrès aurait continué à siéger, et les partisans d'une inflation sans contrôle auraient profité de l'occasion pour jouer leur jeu et gagner le match. Accablement de Hull. « J'étais parti pour Londres avec les plus vives espérances. Je suis arrivé les mains vides. » Une déception qui sera suivie par une autre, d'une portée plus inquiétante.

Comme toutes les réunions internationales, la conférence qui s'ouvre le 12 juin 1933 comporte des moments de tension. Bientôt prévaut le sentiment qu'aucune décision importante ne sera prise. D'interminables pourparlers se poursuivent sur un abaissement de 10 % des droits de douane. Moley part pour Londres un peu plus tard. Quelles sont ses instructions ? Les journalistes ne dissimulent pas leur curiosité et Hull n'en peut plus de rage à l'égard d'un subordonné qui jouit de la confiance totale du président. Entre-temps, la situation a évolué à Washington. Les Cent Jour ont pris fin. Roosevelt se préoccupe davantage de la cohérence nécessaire entre sa politique économique et sa politique monétaire. Il subit aussi des influences qui le poussent à rejeter les contraintes de l'étalon-or. Il prend sa décision le 1er juillet : il refusera de stabiliser les monnaies. Le 3, il adresse un message aux participants à la conférence : « La solidité du système économique d'une nation est un facteur plus important de son bien-être que le prix de sa monnaie en devises d'autres pays. (…) C'est pourquoi les vieux fétiches des prétendus banquiers internationaux sont peu à peu remplacés par des monnaies nationales dans le but de donner à ces monnaies un pouvoir d'achat qui ne varie pas beaucoup en termes de produits et de besoins dans la civilisation moderne. Je dirai franchement que les Etats-Unis recherchent un dollar qui, dans une génération, aura le même pouvoir d'achat et de remboursement de dettes que celui que nous essayons d'atteindre dans l'immédiat. Cet objectif est plus important pour le bien-être des nations qu'un taux de change fixe, pour un mois ou deux, par rapport au sterling ou au franc[10]. »

Cette « nouvelle déclaration d'indépendance » fait l'effet d'une bombe. Roosevelt vient de clamer qu'il ne cédera pas aux Européens, qu'il ne consentira aucune promesse fût-elle anodine, qu'il fera tout pour que les mesures votées par le Congrès donnent tous leurs effets. La stabilisation ne sera possible que lorsque la majorité des Etats auront recouvré leur santé économique, adopteront des budgets équilibrés et vivront selon leurs moyens. Au cœur du message, cette observation : « La conférence économique a été décidée et convoquée pour discuter et élaborer des solutions permanentes en matière d'économie nationale et non pour discuter de la politique économique d'une des soixante-six nations représentées. » Somme toute, « il faudrait laisser aux Etats-Unis un laps de temps suffisant pour nous permettre (…) de démontrer la valeur de nos efforts de revalorisation des prix qui sont bien partis ».

La déclaration provoque deux types de réactions. Moley applaudit, car il est nationaliste et ne peut qu'approuver une position inspirée par le nationalisme économique. Toutefois la déclaration présidentielle porte un coup sérieux à son prestige. Le fragile édifice qu'il a bâti s'écroule comme un château de cartes. Hull devrait être mécontent, mais l'échec apparent de son rival lui met du baume au cœur, le rapproche de Roosevelt et lui permettra de faire approuver, en 1934, une politique de traités de commerce bilatéraux qui pourraient abaisser les droits de douane jusqu'à 50 %. En règle générale, les Américains sont très satisfaits de la décision de leur président. L'opinion prend connaissance des instructions le 4 juillet, et les journalistes ne manquent pas de souligner que de 1776 à 1933, les Etats-Unis n'ont pas cessé de consolider leur indépendance.

En Europe, les réactions sont mitigées. Keynes est enthousiaste et publie, dans le *Daily Mail*, un article intitulé : « Le Président Roosevelt a magnifiquement raison. » Churchill exprime son accord à la Chambre des Communes, et Schacht fait remarquer que Roosevelt agit comme Hitler et Mussolini, en recommandant à chaque pays de prendre son destin économique entre ses propres mains. Les manifestations de désapprobation, voire de colère et d'indignation, sont, pourtant, les plus nombreuses. Philip Snowden qualifie le président de « plaisantin ». (…) Jamais un chef de gouvernement n'avait encore adressé un message pareil à des représentants étrangers. Il sera considéré à l'avenir comme un exemple classique de vanité, d'esbrouffe et d'ambiguïté[11] ». Le Premier ministre britannique, Ramsay McDonald, et le roi George V ne cachent pas non plus leur fureur, tout comme l'opinion française, unanimement hostile. L'éditorial du *Temps* exprime la stupéfaction de beaucoup de

Français : « On a le sentiment d'un grand pays auquel la menace de la détresse fait perdre le contrôle de soi et qui se dispose à tenter les expériences les plus téméraires. » Le « Bloc-or » se constitue immédiatement et réunit la France, l'Italie, la Belgique, la Suisse, les Pays-Bas, la Pologne. Les Etats-Unis sont tenus pour responsables du naufrage de la conférence et de l'inévitable aggravation de la crise[12].

Etablir les responsabilités n'est pas, après plus d'un demi-siècle, une entreprise aisée. Il est évident que Roosevelt n'a songé qu'à défendre les intérêts des Etats-Unis. Mais aucun des participants à la conférence ne peut prétendre s'être battu pour faire triompher l'altruisme. En ces circonstances difficiles, chacun pratique le sauve-qui-peut. Bien audacieux qui affirmerait sans réserve aucune qu'un accord monétaire ou douanier était possible et durable. Roosevelt n'en a pas moins eu des torts évidents. Il a louvoyé, donné l'impression d'aller dans un sens, puis dans l'autre. Faute d'avoir défini une politique avant le 30 juin, il a condamné les représentants américains à adopter une attitude incohérente, et pris le risque de faire capoter la conférence. Erreur psychologique. Reste à savoir si ce fut une erreur économique.

Les problèmes en suspens

S'agissant des problèmes non réglés par Hoover, Franklin Roosevelt fait alterner la nécessité du changement et le principe de la continuité. A l'égard de l'Amérique latine, c'est le changement. Dans son discours d'entrée en fonctions, le nouveau président a exprimé le souhait que « notre pays se consacrât à la politique du bon voisinage ». Chapitre primordial : Cuba et le Mexique. Une fois de plus, Roosevelt poursuit une politique qui a pris forme, lentement, au cours des années vingt. Depuis

1927-1930, les Etats-Unis ont admis qu'ils n'étaient pas les protecteurs de l'Amérique latine, qu'en un mot la doctrine de Monroe n'entraînait pas nécessairement le corollaire Roosevelt[13]. L'intérêt des Etats-Unis pour les affaires du continent ne leur confère pas le droit d'intervenir avec leurs forces armées. Au début de son premier mandat, Roosevelt approuve son nouvel ambassadeur à La Havane, Sumner Welles, et dépêche une trentaine de navires pour surveiller de près une transition difficile à Cuba. Mais le 29 mai 1934, les Etats-Unis acceptent l'abrogation de l'amendement Platt – une disposition de 1901 qui leur permettait d'exercer leur protectorat sur l'île[14]. Désormais, ils se contentent de conserver la base navale de Guantanamo. La même année, les *Marines* quittent Haïti. En 1936, la république de Panama obtient un nouveau traité qui supprime le droit d'intervention des Etats-Unis.

La consécration de la politique de bon voisinage est marquée par la conférence de Montevideo, en décembre 1933. Les Etats-Unis abandonnent tout droit d'intervention en Amérique, latine, obtiennent un traité sur les droits et les devoirs des Etats, donnent leur accord à la jurisprudence latino-américaine en matière de reconnaissance et d'égalité des Etats, s'engagent à ne pas admettre les conséquences d'une politique de force. Un esprit nouveau règne sur le continent. Le prestige de Roosevelt est au zénith, et le New Deal fait figure de modèle.

Tout irait pour le mieux dans le meilleur des mondes, s'il n'y avait le Mexique. En 1934, Lazaro Cardenas exproprie les « fermiers » américains établis dans ce pays et, deux ans plus tard, s'en prend aux privilèges des sociétés pétrolières. Dans le même temps, Cardenas mène une politique violemment anticléricale. Il faut toute la diplomatie de l'ambassadeur des Etats-Unis, Josephus Daniels, l'ancien secrétaire à la Marine du pré-

sident Wilson, pour qu'une situation passablement
explosive ne dégénère pas davantage. Car les investis-
seurs américains et britanniques font autant de bruit que
les catholiques et les nationalistes aux Etats-Unis. Le problème ne sera réglé qu'en 1941-1942. D'une extrémité à
l'autre de l'Amérique latine, le déclin du commerce avec
les Etats-Unis, les différends latino-américains – comme
la guerre du Chaco entre le Paraguay et la Bolivie, ou le
conflit de Leticia entre la Colombie et le Pérou –, et le
poids des investissements américains suscitent l'anti-
américanisme. Si Roosevelt apaise les tensions, il ne les
fait pas disparaître.

Plus originale encore est la politique de Roosevelt à
l'égard de l'Union soviétique. Il désire remédier à la sclérose de la diplomatie américaine, mais ne manque pas
de naïveté. En 1933, les Etats-Unis n'ont toujours pas
noué de liens diplomatiques avec l'URSS. Wilson ne l'a
pas voulu, et ses successeurs républicains ont pris le
parti d'observer et d'attendre. Au fil des années, les circonstances ont évolué, et avec elles l'état d'esprit des
Américains. General Electric a vendu du matériel à
l'Union soviétique pour plusieurs millions de dollars.
Henry Ford envisage de monter là-bas une usine qui pro-
duirait 100 000 automobiles par an. Des capitaux ont
été investis dans la construction du barrage de Dniepros-
troï. Les plans d'industrialisation que Moscou élabore
font rêver les industriels américains. Au moment où le
marché américain est tombé au plus bas, ils imaginent
l'ouverture d'un marché de 150 millions d'hommes et de
femmes qui doivent se vêtir, se nourrir, se loger, s'équiper. Mais ils ne vont pas jusqu'à chercher comment paieront les Soviétiques qui n'ont rien à exporter. Les Etats-
Unis n'ont pas envie d'acheter. Le marché soviétique ressemble à un mirage.

La deuxième motivation de Roosevelt est politique.
Les Etats-Unis sont la seule des grandes puissances à

n'avoir toujours pas reconnu le régime soviétique. Or les communistes sont au pouvoir depuis quinze ans. Une preuve irréfutable que le régime n'est plus aussi fragile qu'on le croyait ou qu'on l'espérait. De plus, Staline, préoccupé par l'industrialisation de son pays, a renoncé, dit-on, à exporter la révolution. Ne parle-t-il pas maintenant de socialisme « dans un seul pays » ? Le président de la commission des Affaires étrangères au Sénat, William E. Borah, surnommé, en raison de sa crinière blanche « le lion de l'Idaho », en est persuadé. Il ajoute avec conviction que la reconnaissance de l'URSS rendra moins inutile la négociation sur le désarmement et assurera, en Europe comme en Asie, une plus grande stabilité politique. De fait, Américains et Soviétiques ont noué le dialogue à Genève depuis 1927. Avec beaucoup d'autres Etats, ils ont signé le pacte Briand-Kellogg. Reste à savoir si Roosevelt est plus sensible à l'argument politique ou à l'argument économique. Il songe, selon toute vraisemblance, à renforcer le camp antinazi et antijaponais.

Quant à la procédure qu'il suit, elle est tortueuse. A la conférence économique de Londres, Maxime Litvinov, le commissaire soviétique aux Affaires étrangères, a fait de discrètes ouvertures auprès des délégués américains. C'est au début d'octobre 1933 que Roosevelt fait savoir aux Soviétiques ce qu'ils doivent faire pour que des relations soient nouées. De son côté, il analyse les éventuelles réactions de l'opinion américaine. Les organisations religieuses refusent tout contact avec un gouvernement qui prêche l'athéisme – une position qu'approuvent Cordell Hull et James Farley. Les syndicats de l'AFL et les Filles de la Révolution américaine (DAR) redoutent l'expansion du bolchevisme, mais le patron de la chaîne de journaux Scripps-Howard réplique que « la menace du bolchevisme sur les Etats-Unis est aussi grande que la menace d'un coup de soleil au Groenland ou d'engelures

au Sahara ». D'une enquête menée par un groupe internationaliste, il ressort que 63 % des journaux souhaitent
la reconnaissance de l'URSS. D'après le département
d'Etat, les Américains sont indifférents au problème.
C'est donc à Roosevelt de donner les garanties qui feront
sauter les dernières hésitations.

Du 8 au 16 novembre, Litvinov négocie avec le président des Etats-Unis. L'accord est contenu dans onze
lettres, un mémorandum et un *gentlemen's agreement*.
L'Union soviétique promet de cesser toute propagande
en direction des Etats-Unis, de protéger les citoyens
américains qui vivent sur son sol et de leur assurer la
liberté religieuse, de rembourser entre 100 et 150 millions de dollars sur les 628 millions empruntés par le
tsar et la Russie de 1917. Est-ce un événement déterminant ? Non, car les Soviétiques ne paieront jamais leurs
dettes et continueront d'aider les communistes chinois.
Le traité de commerce de 1935 donnera des résultats
décevants. Quant à croire que le Komintern puisse arrêter ses activités de propagande en Amérique du Nord...
Moscou prétend qu'il est totalement indépendant de
l'Union soviétique. A défaut de résultats concrets, les
bonnes paroles n'ont pas manqué. A William Bullitt, le
premier ambassadeur des Etats-Unis à Moscou, Staline
déclare en janvier 1934 : « Le président Roosevelt est
aujourd'hui, bien que le dirigeant d'une nation capitaliste, l'un des hommes les plus populaires en Union
soviétique. » Un an plus tard, Bullitt ne nourrit plus
aucune illusion : « Penser que l'Union soviétique est un
allié possible des Etats-Unis en cas de guerre contre le
Japon, écrit-il à Washington, c'est prendre ses désirs
pour des réalités. [Elle attendra] que le Japon ait été
complètement battu et saisira alors l'occasion de s'emparer de la Mandchourie et de soviétiser la Chine. » Voilà
donc une décision, dépourvue de résultats marquants
dans l'immédiat, que Roosevelt a prise à peu de frais.

Quant aux dettes de guerres, aux réparations allemandes et aux pourparlers sur le désarmement, qui perturbent les relations de Washington avec les capitales européennes, ce sont des problèmes qu'on ne cesse pas d'agiter sans les résoudre. Roosevelt opte pour l'immobilisme. Sur le règlement des dettes de guerre, moins internationaliste que Hoover, il ne manifeste aucun désir de les annuler en partie, et moins encore en totalité. La question prend une dimension nouvelle, quand, au printemps de 1934, le Congrès vote la loi Johnson : les Etats qui n'ont pas remboursé leurs dettes ne pourront plus émettre d'emprunts aux Etats-Unis ni bénéficier du moindre prêt. Le 15 juin, deux mois à peine après l'adoption de la loi, les derniers Etats qui avaient fait des versements renoncent à rembourser, à l'exception de la Finlande.

Sur le désarmement, Roosevelt fait une tentative, le 16 mai 1933, pour faire repartir la conférence de Genève, mais en vain. Toute coopération avec la SDN est exclue, car la commission des Affaires étrangères du Sénat rejette sans hésitation une proposition de loi que le secrétaire d'Etat a recommandée et qui aurait permis au gouvernement américain de se joindre aux autres nations pour décréter un embargo contre un agresseur. Le Japon a quitté la SDN en mars 1933 ; l'Allemagne, en octobre. Autant dire que l'organisation internationale a perdu toute influence. Pourquoi les Etats-Unis se précipiteraient-ils au secours d'un moribond, qu'ils n'ont pas voulu fréquenter quand il était encore en bonne santé ?

Reste un problème qui inquiète beaucoup les Américains : l'expansionnisme japonais en Chine. Si l'on peut déceler un changement dans l'attitude américaine, il est minime. Roosevelt est partisan à l'égard du Japon d'un isolationnisme moral. Au nom des principes, il condamne la transformation de la Mandchourie en Mandchoukouo, mais, au nom des réalités politiques et militaires, il refuse d'aller plus loin. Et pourtant, il ne s'agit là que du début d'une longue série d'agressions japonaises. En avril 1934, le Japon fait ainsi savoir qu'il jouit de droits spéciaux sur l'Extrême-Orient ; en décembre, il dénonce le traité de 1922 sur le désarmement naval. L'ambassadeur américain à Tokyo, Joseph Grew, prévoit le pire, surtout de la part de l'armée japonaise, mais il croit déceler l'existence d'un parti modéré que les Etats-Unis devraient conforter en demeurant discrets. Hull abonde en ce sens. Ce qui fait dire à l'historienne Dorothy Borg[15] que Washington ne soutient plus le système international, mais s'efforce seulement d'éviter un conflit américano-nippon. Aux autres nations de réagir ; les Etats-Unis, eux, ne feront rien. Peut-être même la promesse, faite en 1934, d'accorder dans dix ans leur indépendance aux Philippines témoigne-t-elle de l'intention de se désintéresser de l'Extrême-Orient.

Comment alors interpréter la politique extérieure des deux premières années de Roosevelt ? Bien sûr, le président, englué dans la bataille économique, doit ménager au Congrès des sensibilités et des susceptibilités qui pourraient provoquer le rejet du New Deal. Mais ce qui semble surtout incontestable, c'est qu'il n'a pas de dessein, qu'il conduit la politique extérieure au jour le jour, sans se soucier de son rôle de leader, sans rappeler aux Américains qu'ils ont depuis 1917 des responsabilités planétaires. Et pourtant, la vague d'isolationnisme ne déferlera qu'en 1934. C'est plutôt l'indifférence qui prévaut chez les citoyens, laissant une relative indépendance au pouvoir exécutif. Roosevelt préfère la prudence, voire une certaine pusillanimité, peut-être dans la perspective des élections présidentielles de 1936, peut-être parce qu'il n'a pas poussé assez loin sa réflexion. Il a laissé passer l'occasion de mettre sur pied une grande politique étrangère.

La vague isolationniste

L'année 1934 annonce un mouvement de fond. L'isolationnisme est sans doute en Amérique un courant d'idées aussi vieux que la république. Dès 1796, le président George Washington recommandait à ses concitoyens de ne contracter aucune alliance contraignante, et tout au long du XIXᵉ siècle, ce fut l'attitude officielle des Etats-Unis. Lorsque Woodrow Wilson fit voter la déclaration de guerre à l'Allemagne en avril 1917, il évita de parler des alliés et jusqu'au terme du conflit se contenta d'évoquer ses « associés ». Quant aux années vingt, elles furent pour les Etats-Unis l'occasion de tenir une place capitale dans les négociations financières sans jamais se lier les mains ni par des traités ni par une action commune avec la Société des Nations. Somme toute, dans le concert des nations, les Américains interprétaient dans leur coin la partition qui leur plaisait, jouaient à leur convenance et ne tenaient pas compte de ce que faisait l'orchestre. Bien avant 1929, toutefois, des historiens et des politologues[16], amateurs ou professionnels, ont commencé à participer au débat sur les origines de la Grande Guerre, plus précisément sur les raisons de l'entrée en guerre des Etats-Unis. Les conclusions de Charles Beard, d'Harry Elmer Barnes, de C. Hartley Grattan, plus tard de Charles Tansill, quoique différentes les unes des autres, se rejoignent au moins sur un point : les Etats-Unis ont eu tort de faire la guerre, car l'Allemagne n'a pas été la seule puissance à mener une politique détestable. Compte tenu des souffrances qu'elle a provoquées et de ses origines plus ou moins avouables, la Grande Guerre n'a pas été une guerre juste. En outre, les Etats-Unis n'avaient aucun intérêt à prendre part aux querelles de l'Europe. La guerre a été l'une de ces maladies que les Etats-Unis contractent au contact de l'Europe. Le mieux eût été pour eux de se mettre à l'abri. Le roman, comme *A l'Ouest rien de nouveau* (paru en anglais en 1929) ou *L'Adieu aux armes* (paru également en 1929), et le cinéma, à commencer par *La Grande Parade* de King Vidor ou l'adaptation cinématographique du roman de Remarque, allaient dans la même direction et touchèrent un public autrement plus large que les études des historiens.

Si les Etats-Unis sont devenus belligérants, c'est qu'il y a eu, pour les entraîner dans l'odieuse aventure, un complot dont les animateurs étaient détenteurs du pouvoir économique. De la même façon, Beard avait démontré en 1913 que la Constitution avait été élaborée par des groupes d'intérêts et les *muckrakers*[17] avaient dénoncé les méfaits de la Standard Oil et des compagnies ferroviaires. La crise de 1929 donna à l'argumentation un surcroît de crédibilité. L'image des *businessmen*, en particulier des banquiers, prit des couleurs plus sombres, et l'on avait tendance à les rendre responsables de tous les maux dont souffrait la société.

D'autre part, la montée des périls en Europe et en Asie donne une actualité nouvelle, fort préoccupante, aux réflexions sur l'entrée en guerre des Etats-Unis. L'isolationnisme des années trente[18] revêt un caractère nouveau, composé d'une dose de pacifisme et d'une dose de nationalisme. On dénonce la guerre et on exalte la liberté de décision des Etats-Unis qui ne devront plus se laisser entraîner dans un conflit inutile. Les journalistes prennent le relais. Helmuth Englebrecht publie en collaboration un ouvrage au titre accrocheur : *Merchants of Death (Les Marchands de mort)*. La revue *Fortune* propose à ses lecteurs une enquête sur « les armes et les hommes ». George Seldes soutient, dans *Iron, Blood and Profits (Le Fer, le sang et les profits)* que les fabricants d'armements bâtissent leurs fortunes sur le sang des autres.

Le Congrès entre bientôt dans la danse. Gerald P. Nye, sénateur du Dakota du Nord (un Etat qui n'a guère d'activités industrielles et aucune manufacture d'armes), demande au Sénat, le 8 février 1934, la création d'une commission d'enquête et l'obtient le 12 avril. Ni Roosevelt ni Hull ne sont enthousiastes, mais faute de pouvoir résister à l'opinion, ils se rallient à l'initiative et recommandent à la commission de mettre sur pied une solution internationale – ce qu'elle ne fait pas. Dotée d'importants moyens matériels, la commission, comme toutes les commissions spéciales, donne en pâture aux journalistes des bribes d'informations, des conclusions à demi élaborées et à demi démontrées, des certitudes fragiles et des idées simplistes. Elle ne néglige aucune source, y compris les sources diplomatiques (ce qui crée des tensions avec des gouvernements latino-américains) et bancaires (les activités de Wall Street sont passées au peigne fin). En près de deux ans de travail, elle rédige sept rapports, soit 1 400 pages ; chacun des rapports est tiré à 44 000 exemplaires. Leur contenu est très largement diffusé par la presse écrite et radiophonique. Deux idées-forces demeurent inscrites dans les esprits : les Etats-Unis ont été entraînés dans la guerre par la propagande des Alliés ; pour le plus grand bénéfice des trafiquants d'armes et des banquiers. Non, les sénateurs commissaires n'ont pas mal travaillé, mais ils sont partis d'un *a priori* qu'ils ont hâte de consolider. Sans tenir compte de la multiplicité des causes et ignorants des sources étrangères, ils cherchent dans une histoire hâtivement analysée la confirmation de leurs préjugés. En politiques avisés, ils savent dans quelle direction souffle le vent. Ils disent ce que leurs électeurs ont envie d'entendre.

Le succès du livre de Walter Millis montre à Nye et à ses compagnons qu'ils ne se sont pas trompés sur les sentiments des Américains. Millis est un journaliste qui, en 1931, a publié un récit, réaliste, de la guerre de Cuba. A la suite de cette parution, l'épopée, telle que l'avaient fabriquée Theodore Roosevelt et les nostalgiques de l'impérialisme, a sombré corps et biens et a été remplacée par une tragi-comédie anecdotique. En 1935, Millis récidive avec *Road to War (Le Chemin de la guerre)* qui traite de l'entrée en guerre des Etats-Unis en 1917. Les Etats-Unis, conclut-il, ont trébuché dans la guerre. Leur participation n'a servi à rien, car ils ne pouvaient pas atteindre leurs objectifs par la force. Les Américains ont cru, en bons missionnaires du progrès, qu'ils transformeraient le monde. Ils sont partis en croisade sous la houlette des progressistes et des libéraux. Ils sont revenus les mains vides. La faute n'en incombe pas seulement aux ploutocrates, mais au peuple américain tout entier.

Il est difficile d'évaluer le tirage précis d'un ouvrage qui a été sélectionné par le Club du Livre du Mois et a bénéficié de plusieurs réimpressions. Les conclusions de Millis ne sont pas identiques à celles de la commission Nye ni à celles des historiens « révisionnistes », mais peu importe. Elles confortent un courant qui ne peut qu'exercer une influence politique. Comment, en effet, le Congrès et le président resteraient-ils insensibles à un mouvement d'opinion qui touche toutes les régions[19], tous les partis, toutes les communautés ethniques, toutes les classes sociales ? Les uns redoutent qu'une guerre ne réduise à néant l'esprit du New Deal ; les autres qu'elle le renforce et le radicalise. Les uns voudraient que les Etats-Unis abandonnent la défense de quelques droits traditionnels, comme la liberté des mers ; les autres, qu'ils défendent énergiquement leurs seuls intérêts nationaux. Les uns assurent que l'Amérique n'a pas les moyens de se protéger ; les autres, qu'aucun ennemi européen ne pourra s'attaquer à la Forteresse Amérique. Très peu expriment ou ressentent de la sympathie pour l'Allemagne nazie ; presque tous sont convaincus que la Grande-Bretagne et la France forment un rempart indestructible qui protège l'Atlantique, donc le Nouveau Monde. Un seul point commun : tout faire pour que les Etats-Unis ne soient pas attirés dans un nouveau conflit européen.

Un isolationniste de raison

Les isolationnistes remportent une victoire écrasante en janvier 1935. Roosevelt a proposé au Sénat que les Etats-Unis adhèrent au Tribunal permanent de justice internationale. Suivant une formule mise au point par Elihu Root, les Etats-Unis ne seraient pas liés par les arrêts du tribunal. Immédiatement, les sénateurs sont ensevelis sous un déluge de lettres et de télégrammes. Le père Coughlin se déchaîne contre le projet, hurlant dans son micro qu'il faut que « l'Amérique reste aux Américains (…) qu'elle ne soit pas un terrain de chasse pour la ploutocratie internationale ». Il encourage vivement ses auditeurs à faire connaître leur opinion aux sénateurs. William Randolph Hearst, le magnat de la presse, va dans le même sens. Depuis qu'il a été reçu à Berlin par Hitler, il est ébloui par la force du nazisme et croit à une guerre prochaine entre l'Allemagne et l'Union soviétique. Dans un éditorial, il lance un appel à la croisade : « La meilleure façon d'éviter que l'Amérique tombe dans le piège de la Société des Nations, c'est qu'elle se tienne à l'écart du Tribunal. Télégraphiez à vos sénateurs. » Au Sénat, la majorité des deux tiers est requise pour qu'une proposition de ce type soit adoptée. Or les démocrates occupent soixante-huit des quatre-vingt-seize sièges. Et pourtant, Roosevelt est battu. N'insistant pas, il se contente d'un geste en direction des internationalistes. Il prend ainsi acte de l'influence des isolationnistes.

Il y a plus grave encore. Par deux fois en 1935, Roosevelt écrit qu'en fin de compte, William J. Bryan a eu raison en 1915. Quand on se souvient de ce que pensait et disait le jeune secrétaire-adjoint à la Marine à l'époque où Bryan était secrétaire d'Etat, on ne peut que souligner l'ampleur du changement. Il va même jusqu'à déclencher, volontairement ou non, la machine législative et à l'inciter à voter une loi sur la protection de la neutralité[20]. Le 19 mars 1935, alors que Nye et sa commission sont reçus à la Maison Blanche, le président suggère en effet que le Congrès adopte une législation empêchant les Etats-Unis de glisser dans la guerre. Les sénateurs saisissent la balle au bond et proposent que les citoyens américains ne puissent pas voyager dans les zones de guerre, que les gouvernements étrangers ne puissent pas emprunter de fonds à des citoyens privés aux Etats-Unis, qu'un embargo sur les armes frappe tous les belligérants. Les isolationnistes approuvent sans réserve. Les internationalistes, eux, parmi lesquels Hull, sont atterrés. Comme il préférerait que le président puisse décider de l'embargo et dispose de pouvoirs aussi larges que possible pour appliquer la loi, Roosevelt recourt à une tactique dilatoire et inefficace. En définitive, la loi, votée par les deux chambres le 24 août, interdit la livraison d'armes, de munitions et de matériel de guerre à tous les belligérants, mais non celle de denrées alimentaires, de matières premières et de produits finis. Les citoyens américains ne navigueront sur des bateaux appartenant aux belligérants qu'à leurs risques et périls (souvenir de l'affaire du *Lusitania*). Roosevelt a obtenu que la loi ne soit applicable que pour une durée de six mois, mais cela ne l'empêche pas de déclarer le

28 août, au cours d'une conférence de presse, que ce texte « le satisfait entièrement ». Sermonné par Hull, il revient sur son approbation, puisque, le 31, il remarque en le signant qu'il pourrait bien « nous entraîner dans la guerre au lieu de nous en protéger ».

Roosevelt s'est rallié à l'isolationnisme sans enthousiasme car il est bien placé pour savoir qu'aucun comploteur n'a influé en 1917 sur la décision de Woodrow Wilson. Mais, pense-t-il désormais, les Etats-Unis n'étaient pas contraints d'intervenir. En 1933, une majorité d'Américains sont prêts à tout pour éviter de faire la guerre, et leur président est bien obligé de les suivre. A l'un de ses amis il fait une observation qui en dit long sur ses motivations : « C'est une chose terrible de regarder derrière son épaule quand on essaye de gouverner et de s'apercevoir que personne ne vous suit[21]. » Le 11 novembre 1935, il souligne que le but principal des Etats-Unis, c'est d'éviter tout conflit, d'encourager la paix ; mais, tout en refusant « d'élever des murailles autour de nous ou [de] nous cacher la tête dans le sable », ils ne peuvent dissimuler leur inquiétude sur la situation internationale. Le 14 août 1936, à Chautaugua dans l'Etat de New York, il précise sa position : les Etats-Unis ne sont pas isolationnistes, « excepté dans la mesure où nous essayons d'éloigner de nous la guerre ». Vient alors la grande et belle déclaration d'un président pacifiste : « J'ai vu la guerre. J'ai vu la guerre sur terre et sur mer. J'ai vu le sang couler du corps des blessés, j'ai vu des hommes cracher leurs poumons gazés, j'ai vu les morts dans la boue, j'ai vu des villes détruites, j'ai vu deux cents hommes clopinant, épuisés, qui revenaient des premières lignes. C'étaient les survivants d'un régiment d'un millier d'hommes qui étaient montés en ligne quarante-huit heures auparavant. J'ai vu des enfants mourir de faim. J'ai vu l'agonie des mères et des épouses. Je hais la guerre. » Qui douterait de la sincérité

de Roosevelt ? Mais on se souvient qu'en septembre 1918, à son retour d'Europe il a manifesté avec
une égale sincérité son enthousiasme pour l'effort de
guerre des Etats-Unis et qu'il n'aspirait qu'à participer
lui-même aux combats. A dix-huit ans d'intervalle, le
même homme ne tient pas le même langage. Roosevelt
est-il emporté par un mouvement de fond ou attentif à
son électorat ?

Les lois de neutralité

A l'épreuve des faits, quand les événements se précipitent en 1935 et 1936, cette politique ne se révélera pas
une réussite. L'isolationnisme est d'autant plus vigoureux que la perception du danger s'accroît.

Sur l'Allemagne nazie, Roosevelt ne nourrit aucune
illusion. Ses représentants à Berlin l'ont averti à de nombreuses reprises. Hitler et ses acolytes sont prêts à tout,
écrit le 26 juin 1933 le consul général des Etats-Unis. Ils
sont « capables d'actions qui, en vérité, interdisent
toutes relations normales avec eux. Ce sont des psycho-
pathes ». A la fin de l'année, le même observateur
constate que l'esprit militariste ne fait que croître en
Allemagne. L'attaché commercial ne mâche pas non plus
ses mots. Le but des nazis, écrit-il le 21 avril 1934, est
« de faire jouer aux Allemands un rôle de premier plan
dans les destinées du monde, d'assurer l'expansion du
territoire allemand et l'accroissement de la race allemande jusqu'au moment où l'Allemagne sera la nation la
plus étendue et la plus puissante du globe et, finalement, d'après certains chefs nazis, jusqu'au moment où
elle dominera la terre entière ». L'ambassadeur des
Etats-Unis[22] confirme avec force ces avertissements. La
sortie de l'Allemagne des organismes internationaux, le
réarmement, la remilitarisation de la Rhénanie, les lois

de Nuremberg sur la condition des Juifs, la mise en place d'une économie autarcique. Peut-être Allemands, Japonais et Italiens sont-ils alors les mal-aimés de la planète, les sacrifiés de Versailles, les laissés-pour-compte de 1919, comme le pensent certains. Roosevelt pour sa part ne doute pas qu'Hitler ne soit un gangster, que Mussolini et la clique militariste de Tokyo ne vaillent pas mieux.

A la fin de l'été 1935, il suit avec beaucoup d'attention les débuts de la crise éthiopienne. Le 3 octobre, elle débouche sur une guerre qui ne dit pas son nom : les forces italiennes bombardent et envahissent l'Ethiopie. Roosevelt apprend la nouvelle, alors qu'il fait une croisière de quelques jours. Il lit les dépêches. Dès qu'il tombe sur une nouvelle favorable au Négus, il pousse un grognement de plaisir. « Bien, bien », marmonne-t-il. S'il a jamais nourri une ombre de sympathie pour la politique économique et sociale de Mussolini, ce jour-là il n'en reste rien. Sans hésitation, il décide d'appliquer la loi de neutralité. Il n'y a pourtant pas eu de déclaration de guerre. « Ils jettent des bombes sur l'Ethiopie. C'est la guerre, répond-il. Pourquoi attendre que Mussolini l'annonce ? » Conformément à la loi, il met en garde les citoyens américains contre les dangers qu'ils courent s'ils voyagent sur les bateaux des belligérants. Ces mesures touchent plus l'Italie industrielle et moderne que l'Ethiopie rurale et traditionnelle, c'est heureux. L'Italie est l'agresseur. Mais la loi n'évoque que les « articles militaires » et ne dit rien du pétrole, des matières premières, des camions et des tracteurs, qui servent également à faire la guerre. Elle ne prévoit rien sur le commerce indirect qui permet à l'Italie d'acheter des produits américains en recourant à un pays tiers. En un mot, l'embargo n'est pas hermétique. Soutenu par une majorité de ses concitoyens, Roosevelt refuse que les Etats-Unis collaborent avec la Société des Nations qui, elle aussi, applique des sanctions économiques, même si elle n'y inclut pas le pétrole. Les réactions du Congrès lui font peur, et il regrette les hésitations, les demi-mesures qui sont prises à Genève. Pour le moment, il se contentera d'appliquer un « embargo moral » sur les produits non mentionnés par la loi de neutralité. Mais cet embargo demeure justement « moral » : les exportations américaines vers l'Italie (pétrole, cuivre, acier, fer) augmentent. Les Américains veulent bien soutenir la cause de l'Ethiopie, mais pas au point de se joindre aux sanctions décrétées par la SDN, car ils craignent de se trouver engagés dans le conflit. D'ailleurs, la négociation franco-britannique avec l'Italie – connue sous le nom de plan Laval-Hoare – souligne la duplicité des diplomates européens. N'est-ce pas une raison supplémentaire pour garder ses distances ?

Le débat politique sur la guerre d'Ethiopie passe au second plan au début de l'année 1936. C'est que la loi d'août 1935 vient à expiration le 29 février. Une nouvelle législation est indispensable, d'autant plus qu'ici et là dans le monde de nouveaux incendies s'allument. La Maison Blanche souhaite l'adoption d'une loi qui laisse au président une certaine liberté de manœuvre. Le Congrès, lui, préfère que cette liberté soit réduite au minimum. Le gouvernement sait qu'il n'échappera pas au vote d'un embargo automatique des armes à l'encontre de tous les belligérants. S'il pouvait au moins disposer du droit de limiter les autres exportations au niveau antérieur à la guerre, ce serait une manière de faire la distinction entre l'agresseur et l'agressé. Ainsi, le président favoriserait le deuxième et punirait le premier. C'est très dangereux, dit-on au Sénat ; très nuisible aux intérêts des Etats-Unis, ajoutent les sénateurs qui sont les porte-parole des producteurs de coton, de pétrole et de cuivre. Et les Américains d'origine italienne de souligner que le président tirerait parti de la législation pour limiter les exportations en direction de l'Italie. Roosevelt cède alors aux pressions et signe le 29 février 1936 une loi qui prolonge jusqu'au 1er mai 1937 les dispositions de 1935. Seule mesure nouvelle : les prêts aux belligérants sont interdits.

Les Etats-Unis viennent en fait de faire savoir qu'ils ne s'intéressent toujours pas à la sécurité collective, que le Négus devra assurer sa défense sans leur concours, que si les démocraties occidentales décidaient de combattre Mussolini pour l'empêcher d'avaler l'Ethiopie, elles seraient à leur tour classées dans la catégorie des belligérants. Il est vrai que Washington ne reconnaîtra pas la souveraineté italienne sur l'empire du Négus. Roosevelt est satisfait d'avoir échappé à une législation permanente. Mais est-ce là une grande victoire ?

Le deuxième épisode, aussi peu glorieux, montre combien la sympathie des Américains pour l'un des camps peut rester platonique. Le 17 juillet 1936 commence en Espagne une guerre civile qui ne prendra fin que le 28 mars 1939, lorsque Franco et ses troupes s'empareront de Madrid. Les Américains sont bouleversés par le conflit. D'innombrables reportages, des films, des romans, avant comme après 1939, racontent et analysent la tragédie. Une partie de l'opinion, notamment les catholiques et les conservateurs, soutient Franco, non point par sympathie pour les idées qu'il défend et qu'au demeurant on ne cherche guère à connaître, mais parce qu'il incarne, du moins le croit-on, la lutte contre le communisme. Ce qui revient, pour ces gens-là, à penser que le gouvernement républicain et les loyalistes subissent l'influence de Moscou, sont des athées impénitents et violents, de répugnants partageux. Toutefois, même dans ces milieux, l'image de la guerre d'Espagne évolue. Le bombardement de Guernica, le 26 avril 1937, qui fait 1 654 morts et un millier de blessés, indigne beaucoup de partisans de Franco.

Inversement, les libéraux, démocrates et socialistes, les New Dealers, modérés et extrémistes, sont conscients de l'hétérogénéité de la coalition antifranquiste. Quant aux volontaires américains de la brigade Abraham Lincoln, qui fait partie des brigades internationales, ils n'ont jamais été plus de 5 000. Quels que soient ses sentiments personnels, Roosevelt adopte une politique susceptible de ne heurter aucune des grandes tendances de l'opinion. Les élections présidentielles sont proches. Une grande majorité d'électeurs redoutent la guerre plus que tout. Le candidat Roosevelt se doit d'être le champion de la paix. La législation en vigueur n'est pas vraiment contraignante, car la loi de février 1936 est muette sur les guerres civiles. Hull n'en proclame pas moins un embargo moral sur les armes et les munitions. En janvier 1937, le Congrès amende la loi et vote une résolution qui interdit l'exportation des armes aux deux factions opposées en Espagne. Pour éviter toute confusion avec la politique des gouvernements de la Grande-Bretagne et de la France, les Etats-Unis n'adhèrent pas au Comité de non-intervention. Franco est ravi : « C'est un geste pour nous, les nationalistes, nous n'oublierons jamais[23]. »

Les raisons de Roosevelt sont, bien évidemment, fort complexes. Le président veut tout d'abord plaire à ses électeurs catholiques. D'après le secrétaire à l'Intérieur, Harold Ickes, il aurait « dit franchement que lever l'embargo reviendrait à perdre toutes les voix catholiques, que les membres démocrates du Congrès étaient nerveux sur ce sujet et n'en voulaient pas ». Encore faudrait-il démontrer que les catholiques ne voteraient pour Roosevelt qu'en raison de sa position devant la guerre d'Espagne ou bien qu'ils se seraient sentis attirés par le Parti républicain. Ce qui n'est pas le cas. Deuxième motivation : la diplomatie américaine est influencée par la diplomatie britannique. Cordell Hull reconnaît dans ses Mémoires qu'il était *impensable* pour les Etats-Unis d'agir autrement que la Grande-Bretagne.

A l'automne de 1937, l'intervention des Allemands et des Italiens en Espagne et les informations sur les exactions des franquistes provoquent un retournement de l'opinion. Et s'il fallait plutôt aider les loyalistes ? En fait, 24 % seulement des personnes interrogées aspirent à la modification de la loi de neutralité ; dans la catégorie des « femmes au foyer », la proportion tombe à 15 %. En 1938, paradoxe des paradoxes, les sénateurs Nye et Borah proposent la levée de l'embargo, et Roosevelt finit par admettre qu'il a été « une grave erreur ». Mais il est trop tard pour la réparer. Après la prise de Madrid par Franco, la Grande-Bretagne et la France reconnaîtront le nouveau régime. Les Etats-Unis leur emboîteront le pas.

Entre-temps, ils ont adopté une troisième loi de neutralité. Il est entendu que l'embargo sur les armes, l'interdiction, plus ou moins absolue, de naviguer sur des bateaux appartenant à des belligérants, le refus de prêter de l'argent aux combattants resteront en vigueur. Mais comment tirer profit du marché qu'un éventuel conflit créera ? La crise économique exige qu'on ne laisse passer aucune occasion de faire des affaires. La solution est suggérée par Bernard Baruch : ce qui est dangereux pour les Etats-Unis, fait-il observer, ce n'est pas de vendre des marchandises, mais d'assurer le financement des achats et le transport. Pourquoi ne pas vendre, si les clients viennent en Amérique charger sur leurs propres bateaux les produits qu'ils achètent, et s'ils les paient comptant ? C'est la clause *cash and carry*, instituée le 1er mai 1937, qui ne s'applique pas aux armes et restera en vigueur pendant deux ans. Roosevelt est séduit ; l'artifice plaît à beaucoup d'Américains et favorisera les pays qui, comme la Grande-Bretagne, possèdent une flotte puissante. Commentaire d'Everett M. Dirksen, l'un des représentants républicains de l'Illinois : « Nous disons que nous voulons la neutralité, mais en même temps nous voulons une part d'un commerce fructueux avec les pays en guerre[24]. » Quelques isolationnistes s'indignent de l'attitude timorée des Etats-Unis qui renoncent à défendre les droits des neutres. En fait, les neutres n'ont-ils pas le droit de vendre à tous les belligérants ? A défaut de mieux, Anglais et Français se déclarent satisfaits. C'est une alliance anglo-américaine, affirme-t-on à Berlin. A y regarder de près, pourtant, la législation américaine favorise l'agresseur : l'Etat qui déclenche une attaque est assuré que les Etats-Unis ne viendront pas au secours de l'attaqué. Elle lie les mains du président, même s'il lui appartient de reconnaître l'état de guerre entre deux pays, même s'il est maître de recourir ou non à la clause *cash and carry*. Au lieu de consolider la paix dans le monde, elle la rend plus fragile. Loin de pousser les Américains à tenir leur place dans les affaires du monde, elle les incite à l'*appeasement*.

De l'apaisement au réarmement

On croit souvent que le mois d'octobre 1937 marque un tournant dans la diplomatie du président Roosevelt, mais c'est inexact. Il faut attendre les lendemains de la conférence de Munich pour que, de l'apaisement au réarmement, les Etats-Unis empruntent une voie nouvelle. En juillet 1937, les Japonais déclenchent les hostilités contre la Chine : Roosevelt n'applique pas la loi de neutralité qui porterait préjudice à la Chine. De belles déclarations, quelques gestes diplomatiques… Toutefois, le président, voulant contrer le sentiment isolationniste qui lui paraît excessif, décide de prononcer le 5 octobre un grand discours, à Chicago, l'un des hauts lieux de l'isolationnisme. Il propose que les agresseurs soient mis en quarantaine : « Dans le monde moderne, il y a une solidarité et une interdépendance sur le plan moral et technique qui empêchent une nation de s'isoler complètement des bouleversements économiques et politiques du reste du monde, en particulier quand ces bouleversements semblent s'étendre, et non s'apaiser. (…) L'anarchie internationale détruit les fondements de la paix. » Voilà pour répondre aux isolationnistes. « La paix, la liberté, la sécurité de 90 pour cent de la population du monde sont mises en danger par les 10 autres pour cent qui menacent de briser l'ordre et la loi des nations. » Voilà pour les agresseurs. La solution ? « Quand une épidémie commence à s'étendre, la communauté approuve la mise en quarantaine des malades et s'y joint afin de protéger la santé de la communauté contre l'extension de la maladie. (…) J'ai la détermination de poursuivre une politique de paix, d'adopter toute mesure pratique qui évite la participation à la guerre. (…) Il doit y avoir des mesures positives pour préserver la paix. L'Amérique déteste la guerre. L'Amérique souhaite la paix. Aussi s'engage-t-elle activement à rétablir la paix. »

Les réactions sont vives. Le *Wall Street Journal* avertit le président : « Arrêtez de vous mêler des affaires de l'étranger. L'Amérique veut la paix. » Hearst est persuadé que Roosevelt a signé un accord secret avec les Anglais, et Borah croit que la quarantaine entraînera des sanctions qui, elles-mêmes, provoqueront la guerre. Des membres du Congrès suggèrent qu'une procédure *d'impeachment*[25] soit engagée à l'encontre du président. Les républicains soutiennent qu'au moment où Roosevelt éprouve les pires difficultés à faire adopter son projet de réforme de la Cour suprême, il veut détourner l'attention de ses concitoyens. En fait, Roosevelt a prononcé un grand discours, mais n'a pas l'intention de donner suite à ses propos. Le 6 octobre, il s'entretient avec les journalistes. « Acceptez-vous le fait que c'est une répudiation de la neutralité ? – Pas du tout. Cela peut être son expansion. – Vous dites qu'il n'y a pas de contradiction entre ce que vous esquissez et la loi de neutralité ? Cela me semble pourtant être aux antipodes et votre assertion ne m'éclaire pas. – Réfléchissez donc un peu[26]. » Les journalistes insistent : les Etats-Unis vont-ils appliquer des sanctions ? « Le mot "sanctions" est un mot terrible. Elles ont été jetées par la fenêtre. » La signification du discours se trouve dans la dernière phrase : « L'Amérique est engagée activement dans la recherche de la paix. Je ne peux pas vous dire par quelles méthodes. » Certes, Summer Welles fait valoir au président que les Etats-Unis pourraient s'asseoir à la même table de négociations que les signataires du traité de 1922 sur l'indépendance et l'intégrité territoriale de la Chine. Mais la présidence ne bouge pas. Le discours de la quarantaine n'est qu'une condamnation morale de l'agression, « un avertissement et un appel à l'opinion publique américaine » ; il ne faut pas en exagérer la portée : « Il serait illusoire de tirer (...) la conclusion que les Etats-Unis s'écartent brusquement et définitivement en politique extérieure de leur ligne de conduite de ces dernières années. » Telle est l'opinion de Jules Henry, le chargé d'affaires de la France à Washington. Les historiens ne lui donnent pas tort.

Survient l'Anschluss en mars 1938. L'ambassadeur de France, le comte de Saint-Quentin, rend visite à Sumner Welles : « Le gouvernement américain [est] résolu pour le moment à garder la plus grande réserve face à une situation, préoccupante certes, mais devant laquelle les gouvernements français et britannique, plus directement intéressés, semblaient demeurer impuissants », lui dit le sous-secrétaire d'Etat. Pour le diplomate français, le président, le secrétaire d'Etat et leurs collaborateurs ont beau manifester pour la France la sympathie la plus sincère, ils sont prisonniers de l'isolationnisme de l'opinion.

Au Congrès, les extrémistes tiennent le haut du pavé. Le 14 décembre 1937, par exemple, 218 représentants signent une pétition pour que soit discuté, dès le mois suivant, le projet d'amendement constitutionnel déposé par Louis Ludlow, un représentant de l'Indiana. Ce projet vise à soumettre à un référendum national toute déclaration de guerre. Il est repoussé de justesse en janvier, grâce à l'opposition de Roosevelt.

Quant aux sanctions économiques contre le Japon, elles ne peuvent être décidées que par le Congrès ; le président n'est pas libre, là non plus, de ses mouvements. « L'opinion américaine redoute que cette collaboration [avec les démocraties occidentales] ait des conséquences dangereuses. Elle souhaite que, dans le conflit en Asie, les Etats-Unis n'assument aucune obligation que la France et la Grande-Bretagne ne voudraient assumer elles-mêmes. » S'il cherche à « éduquer » ses concitoyens, le président a échoué. L'Amérique n'entrera dans un conflit européen que si ses intérêts sont directement menacés et si elle juge la défense de l'Empire britannique vitale pour elle-même. Le 8 août 1938, à Kingston dans l'Ontario, Roosevelt déclare que la sécurité du Canada ne peut laisser les Etats-Unis indifférents. Faut-il y lire le signe d'un changement ? En parlant du Canada, commente Jules Henry, il « a, par ce moyen détourné, proclamé la solidarité de son pays avec l'Empire britannique, dont l'intégrité devrait être respectée ». Mais le gouvernement américain continue à agir « avec prudence ». La solidarité sera limitée à une aide morale et matérielle.

Même attitude à propos de la persécution des Juifs en Allemagne. Roosevelt et son entourage sont indignés et le font savoir. Sont-ils prêts pour autant à recommander au Congrès une modification de la loi des quotas et à faire entrer plus de réfugiés sur le territoire des Etats-Unis ? Roosevelt lance l'idée d'une conférence interna-

tionale sur cette question. Celle-ci se tient à Evian en
juillet 1938, mais n'aboutit à rien, car l'Europe occidentale a déjà accueilli un grand nombre de persécutés ;
l'Amérique latine n'aidera les Juifs que si les Etats-Unis
font quelque chose, et Washington n'a rien de concret à
proposer. Tout au plus Roosevelt a-t-il additionné les
quotas autrichien et allemand et rappelé son ambassadeur à Berlin après la Nuit de Cristal.

Dans la crise diplomatique qui aboutit à l'accord de
Munich en septembre 1938, le rôle des Etats-Unis est
pratiquement inexistant. Roosevelt a bien envoyé deux
messages, le 26 septembre à Hitler, Chamberlain, Benès
et Daladier, pour les encourager à négocier, le 27 septembre au seul Hitler pour le prier d'accepter une conférence avec ses partenaires européens dans une ville
neutre. La démarche est sans effet, dans la mesure où les
Etats-Unis ne promettent nullement de participer à la
réunion. D'ailleurs, Français et Britanniques auraient eu
plutôt besoin du soutien américain pour résister aux
sirènes de l'apaisement. Ce qui n'empêche pas le président des Etats-Unis de leur manifester, aux uns et aux
autres, une amitié éternelle. « Si la France sombrait, dit-
il à Saint-Quentin en avril 1938, bien évidemment nous
sombrerions avec elle. » Le 1er septembre, il reçoit le
sénateur français Thoumire. « Si les événements devaient tourner au pire, lui déclare-t-il, c'est-à-dire si les
Allemands devaient attaquer la Tchécoslovaquie, les
Etats-Unis s'efforceraient immédiatement d'aider la
France à tenir ses engagements. » Toutefois, note Thoumire, « le président a observé qu'afin d'éviter tout
malentendu, il ne fallait pas que la France compte sur
des envois de troupes ni des prêts d'argent. Quant à ce
dernier point, M. Franklin Roosevelt a ajouté que la
France et la Grande-Bretagne disposaient d'assez grandes
ressources au point de vue crédit pour qu'on trouve une
solution à cette question ». A vrai dire, si l'on exclut de

l'aide les soldats et les dollars, si l'on tient compte des dispositions de la loi de neutralité, les promesses de Roosevelt n'ont pas grande portée, à moins que le président n'envisage, dans le cas d'une agression allemande, de lancer un appel à la conciliation ou d'offrir sa médiation.

Et pourtant, l'accord de Munich ouvre pour les Etats-Unis une nouvelle période. Les Américains ont suivi, jour après jour, heure après heure, le déroulement de la crise. Ils ont eu peur que la guerre n'éclate en Europe. De nombreux journaux ont encouragé les démocraties occidentales à la fermeté. Sans doute les isolationnistes n'ont-ils eu aucune peine à souligner que la négociation avec Hitler apportait une preuve supplémentaire de la duplicité des diplomates européens. Mais comment échapper à l'impression que les démocraties viennent de subir une lourde défaite ? Que la paix n'est nullement assurée ? Que les Etats-Unis sont, plus encore qu'auparavant, menacés d'être entraînés dans la guerre ?

Roosevelt commence par se réjouir de l'accord. Le 28 septembre, il adresse à Chamberlain un télégramme, laconique et louangeur : « *Good man* ». Chamberlain est « un homme de qualité » qui a accepté de négocier et sauvegardé la paix. Dans les tout premiers jours d'octobre, Bullitt, ambassadeur des Etats-Unis à Paris, part pour Washington et y rencontre longuement Roosevelt. Il lui rapporte les propos de Daladier. Le président du Conseil a fait le récit du déroulement de la conférence et conclu que Munich a été « une immense défaite diplomatique pour la France et l'Angleterre », que dans six mois elles devront faire face à de nouvelles revendications italiennes et allemandes, que le temps des négociations diplomatiques est terminé, qu'il faut maintenant « consolider les forces militaires de la France, notamment dans le domaine de l'aviation ».

Le réarmement naval et aérien des Etats-Unis figure désormais à l'ordre du jour. Roosevelt l'a esquissé en janvier 1938 et l'accélère au lendemain de Munich. Le 11 octobre, il annonce une dépense supplémentaire de 300 millions de dollars pour la défense nationale. A ses conseillers militaires, il propose, le 14 novembre, de fabriquer 20 000 avions par an[27]. Face à l'aviation allemande qui s'appuie sur une production impressionnante, les Etats-Unis doivent être prêts à résister « du pôle Nord au pôle Sud », et leurs forces sont encore bien insuffisantes. L'armée de terre compte moins de 200 000 hommes, auxquels s'ajoutent 200 000 gardes nationaux. La marine est un peu mieux lotie, sans compter qu'en janvier 1938 le président a demandé la construction de 46 bâtiments – réduits à 24 par le Congrès. Les journaux ne cessent pas, depuis la fin de septembre, d'insister sur le succès de l'Allemagne. Ils l'expliquent par la faiblesse économique et militaire des démocraties occidentales. Du coup, le programme de réarmement rencontre un accord croissant.

En même temps, les négociations franco-américaines, ouvertes depuis le début de l'année, qui portent sur la vente de matériels aéronautiques, deviennent plus actives[28]. Le principal négociateur français est Jean Monnet qui, au cours de la Grande Guerre, a joué un rôle capital dans la formation des organismes interalliés et exercé, au début des années vingt, les fonctions de secrétaire général adjoint de la SDN. Grâce à Bullitt, Monnet s'entretient avec le président Roosevelt ; celui-ci finit par se convaincre que le réarmement de la France, de la Grande-Bretagne et des Etats-Unis doit être accéléré et n'hésite pas à passer outre l'opposition du chef de l'aviation américaine, le général Arnold. Une mission secrète d'officiers français est envoyée. Malheureusement, en janvier 1939, un avion s'écrase en Californie avec à son bord un officier français ; les journaux amé-

ricains crient au scandale. Roosevelt tient bon et va
même jusqu'à déclarer, en privé, que la frontière des
Etats-Unis se trouve sur le Rhin ! Finalement, la France
passe commande d'environ cinq cents appareils. Le
chiffre n'est pas très élevé, et les livraisons ne pourront
être assurées avant la fin de l'année 1939. C'est, malgré
tout, une marque du désir des Etats-Unis de venir en
aide à la France.

Un autre épisode confirme cet état d'esprit nouveau.
En décembre 1937, Camille Chautemps a fait part à
Washington de la volonté du gouvernement français
d'engager de nouvelles négociations sur le règlement
des dettes de guerre. Le dossier traîne, puis Paul Reynaud le rouvre en février 1939. Ce serait une excellente
occasion de contourner la loi Johnson de 1934. Le
3 mai, a lieu un nouvel entretien entre Monnet et Roosevelt. A moins de verser 700 millions de dollars, la
France restera « en état de défaut », donc soumise aux
dispositions de la loi Johnson. Or elle n'offre que
300 millions. Est-il opportun de fournir au Congrès
l'occasion de discuter le problème ? Roosevelt ne le
pense pas et répond que la France aura le plus grand
besoin de son or pour son réarmement.

L'année 1939 détruit les dernières illusions. Même
aux Etats-Unis. Les sondages d'opinion qu'entreprend
l'Institut Gallup et que Roosevelt suit avec beaucoup
d'intérêt en apportent la preuve : une majorité (60 %)
croit que l'accord de Munich augmente les risques d'une
guerre ; 77 % estiment que la demande du Reich
d'annexer les districts allemands des Sudètes n'était pas
justifiée, mais 59 % reconnaissent que la France et la
Grande-Bretagne ont agi pour le mieux en cédant à
l'Allemagne. Si la guerre éclate, les Etats-Unis pourront-
ils rester en dehors du conflit ? 57 % le croient à la fin
de septembre 1938, 43 % en février 1939, 24 % seulement en août. Les sondages, avec leur part d'inexacti-

tude, sous-estiment sans doute la force du courant isolationniste – sinon, comment expliquer les réticences du Congrès ?

Roosevelt fait un pas décisif dans son message de janvier 1939 : « Il y a bien des méthodes, en dehors de la guerre *(short of war)*, mais plus vigoureuses et plus efficaces que de simples mots, pour faire comprendre aux Etats agresseurs les sentiments de notre peuple. » En fait, il pense à une modification de la loi de neutralité et à supprimer l'automaticité de l'embargo sur les armes en cas de guerre. Le monde politique prend feu et flamme. Le président mesure les difficultés. Au cours d'un dîner à la Maison Blanche, le 10 avril, il rappelle à Saint-Quentin que l'abrogation de la clause d'embargo demandera beaucoup de temps, qu'il est conscient « de la nécessité d'arrêter immédiatement les dictatures » et qu'il cherche les moyens « de les obliger à déclarer leurs intentions et à prendre ainsi leurs responsabilités devant l'opinion, plus particulièrement devant l'opinion américaine ». Cinq mois plus tard, Roosevelt n'a toujours pas obtenu l'approbation du Congrès, malgré la disparition de la Tchécoslovaquie, l'invasion de l'Albanie par les Italiens et l'expansion japonaise en Extrême-Orient. Le 18 juillet, le président convoque à la Maison Blanche les sénateurs les plus influents et leur explique combien la montée des périls rend urgente une révision législative de la neutralité. La guerre menace. Que pourra faire l'exécutif en ce cas ? « Personne, répond Borah, ne peut dire à l'avance ce qui arrivera. Mais mon sentiment, ma conviction, c'est qu'il n'y aura pas de guerre. L'Allemagne n'est pas prête. » Hull intervient pour inviter le sénateur de l'Idaho à lire les dépêches et les télégrammes que reçoit le département d'Etat. « J'ai mes propres sources d'information, rétorque Borah. Dans bien des circonstances, j'ai trouvé qu'elles étaient plus sûres que celles du département d'Etat[29]. » La conclusion du pacte germano-soviétique[30] rend le déclenchement d'une guerre en Europe plus probable encore. Le 1ᵉʳ septembre 1939, Roosevelt n'a toujours pas obtenu satisfaction.

Que de chemin parcouru en quelques mois ! Roosevelt ne croit plus que les Américains éviteront de s'impliquer dans les affaires européennes, qu'il suffit d'apporter un soutien moral aux démocraties occidentales sur les grandes questions, que celles-ci parviendront à se défendre seules et à maintenir la paix en Europe et que les Etats-Unis pourront continuer à faire du commerce avec tout le monde. Pourquoi le changement a-t-il tant tardé ? Certainement pas par manque d'informations. Roosevelt est renseigné par de bons ambassadeurs, au moins à Paris et à Berlin (jusqu'à la fin de 1938). En partie, parce que les Américains, les yeux rivés sur la crise, ne comprennent pas que leur sort dépend aussi du monde. En partie aussi parce que les relations entre la présidence et le Congrès sont difficiles et que Roosevelt a, depuis 1937, multiplié les erreurs, ce qui limite d'autant son crédit dans le domaine de la politique étrangère. Surtout, parce que la force du courant isolationniste est incommensurable, que Roosevelt a cru bon de composer plutôt que de s'opposer, qu'il a voulu s'assurer que les troupes suivraient le chef.

CHAPITRE XI

Un spectateur engagé.
Les Etats-Unis et l'Europe
1939-1941

De septembre 1939 à décembre 1941, pendant les vingt-sept mois de neutralité, la politique étrangère des Etats-Unis manque de clarté, et le président Roosevelt en porte la responsabilité principale. Ce n'est pas que les Américains hésitent, dans leur immense majorité, entre l'Allemagne nazie et les démocraties occidentales. Ils sont acquis à la cause alliée. Mais ils se laissent guider par les événements, par l'opportunisme et les décisions des autres. Ils sont à la croisée des chemins, s'interrogent sur leur rôle dans le monde et ne parviennent pas à une conclusion. Le débat qui les agite ne cesse d'ailleurs pas de poser des questions aux historiens. Aujourd'hui encore, en dépit des innombrables témoignages, du dépouillement systématique des archives, des patients travaux d'une armée de chercheurs, l'ambiguïté n'est pas dissipée.

L'attaque japonaise sur Pearl Harbor met fin aux incertitudes. Et pourtant, là non plus, rien n'est simple. Pearl Harbor est l'aboutissement des tensions entre les Etats-Unis et le Japon, donc des problèmes de l'Extrême-Orient. Or, pendant les deux ans qui ont précédé, Roosevelt n'a pas cessé de suivre en priorité la situation de l'Europe et d'y intervenir de plus en plus. Bien que l'Asie reste en toile de fond, l'Europe occupe le devant de la scène. C'est là que se décide l'avenir de la planète, Roosevelt en est profondément convaincu. Aussi, pour éclairer l'exposé, convient-il, au rique de déformer une réalité complexe, de distinguer ce que les Américains font et disent à l'égard de l'Europe et ce qu'ils font et disent à l'égard de l'Asie.

La « drôle de guerre »

Jusqu'à l'armistice franco-allemand du 22 juin 1940, le président des Etats-Unis ressemble à un spectateur engagé. Le 1er septembre 1939, William Bullitt a téléphoné à Roosevelt pour lui apprendre que les troupes allemandes venaient d'envahir la Pologne. Surprise limitée à Washington. On s'y attendait. Une semaine auparavant, Roosevelt avait envoyé un message à Hitler pour lui recommander une solution négociée : pas de nouveau Munich, mais pas de bain de sang. Les Etats-Unis n'ignorent pas que, dans la dernière semaine d'août, les diplomates occidentaux ont essayé d'éviter le pire et n'y sont pas parvenus. La guerre est imminente. Son déclenchement met le point final aux efforts des *appeasers*. Pour Roosevelt, les tragiques événements de Pologne renvoient à 1917. Le premier conflit mondial est encore à portée de souvenirs. Dans les années vingt et trente, il a dominé les conversations et la réflexion, servi de référence. Roosevelt occupe maintenant la place de Wilson et sent peser sur ses épaules l'immense responsabilité du commandant en chef. Mais, à la différence de 1917, il est impensable de faire entrer les Etats-Unis dans la guerre, car ils n'en ont pas les moyens militaires. Ils ne veulent surtout pas recommencer « l'erreur » d'il y a vingt-deux ans. Un sondage résume l'état des esprits qui prévaut : à peine 2,5 % des personnes interrogées se prononcent pour une entrée en guerre aux côtés de la France et de la Grande-Bretagne ; près de 30 % réclament que les Etats-Unis n'entretiennent aucune relation, même commerciale, avec les belligérants ; pour 37,5 %, il faut ne pas prendre parti et vendre à tous, du moment que les marchandises américaines sont payées au comptant et transportées sur des bateaux étrangers. En somme, pas d'équivoque.

Si Roosevelt avait l'intention d'éveiller ses concitoyens à leurs responsabilités mondiales, de jeter tout son prestige sur l'un des plateaux de la balance, il tenterait l'impossible et ferait bien de se souvenir des élections législatives de novembre 1938 qui ne lui ont pas été favorables. En outre, il arrive au terme de son deuxième mandat. Comme, en pratique, un président n'en sollicite pas de troisième, son influence politique est notablement affaiblie. Alors, plutôt que la réédition de 1917, ne serait-ce pas celle de 1914 ? On le croirait volontiers. Le président proclame, en effet, la neutralité des Etats-Unis et, conformément à la législation en vigueur, déclare l'embargo sur les armes et les munitions.

Toutefois, Roosevelt n'est pas totalement neutre. S'il promet qu'il fera le nécessaire pour que les Etats-Unis ne basculent pas dans le conflit, qu'il n'enverra pas l'armée américaine sur les champs de bataille européens, dans le même temps il introduit deux nuances. Il met en garde ses compatriotes contre la politique de l'autruche. Bien sûr, dit-il dans sa causerie au coin du feu du 3 septembre, les Américains accordent une attention intermittente à ce conflit qui s'est déclenché à des milliers de kilomètres de chez eux et n'affecte pas directement leurs intérêts immédiats. Il faut faire attention, malgré tout : « Chaque mot qui circule, chaque navire qui navigue sur les mers, chaque bataille ont des effets sur l'avenir de l'Amérique. » Deuxième mise en garde : si les Américains entendent demeurer neutres, Roosevelt ne demande pas à chacun d'entre eux d'être neutre en pensée. En 1914, Wilson avait recommandé la neutralité « en actes et en pensées ». En 1939, Roosevelt se limite aux actes. C'est que, pour 82 % de ses concitoyens, Hitler porte la responsabilité de la guerre. Les discours du Führer, les violences des nazis n'ont pas cessé d'horrifier une nation qui déteste la violence politique, l'intolérance, les diverses formes du fascisme. La violation des traités, l'oppression des minorités, le racisme et l'antisémitisme, rien de cela ne peut améliorer l'image plutôt négative qu'une très large fraction de l'opinion s'est formée de l'Allemagne hitlérienne. Sans doute les Américains souhaitent-ils la victoire des Alliés. Le 7 décembre 1937 déjà, quatre ans jour pour jour avant l'attaque sur Pearl Harbor, l'ambassadeur d'Allemagne à Washington a donné son sentiment. Les Américains ne veulent pas participer à une guerre éventuelle, écrit-il à Berlin. Mais si « l'existence de la Grande-Bretagne est en jeu, ils pèseront de tout leur poids sur le plateau anglais de la balance[1] ». Le plateau anglais seulement ? Oui, bien qu'il existe de la sympathie, voire une amitié traditionnelle pour la France, que les Irlando-Américains haïssent l'Angleterre presque autant que l'Allemagne nazie, que la politique impériale de Londres déplaise aux adversaires du colonialisme.

Ce n'est pas Roosevelt qui irait à l'encontre de ce sentiment dominant. Quelques semaines avant que le conflit n'éclate en Europe, il a reçu à Washington les souverains britanniques. Un triomphe a été réservé à George VI et Elizabeth. L'éducation du président, sa culture, son milieu le lient à l'Angleterre, dont il fait le partenaire privilégié – mais non le modèle – des Etats-Unis. Sans doute ajouterait-il que, depuis un siècle, la sécurité des Etats-Unis dépend, pour partie, de la flotte britannique qui assure sur l'Atlantique la défense du

continent américain. Depuis la fin de l'époque napoléo-
nienne, il y a eu un rapprochement historique entre les
deux puissances anglophones – un rapprochement qui
n'exclut ni les tensions passagères ni les divergences
d'intérêts. Une fois de plus, pense-t-on à Washington
comme à New York, à Wichita comme à Richmond, la
flotte de Sa Majesté dominera les mers. Quant à la
France, puissance continentale, elle dispose indubitablement de la meilleure armée du monde. Solidement abri-
tée derrière l'imprenable ligne Maginot, elle résistera
aux hordes barbares avant de leur infliger, comme en
1918, une défaite décisive. Dans cette perspective, le
rôle des Etats-Unis est simple : aider les démocraties
occidentales sur le plan matériel et psychologique
revient à servir l'intérêt national. C'est aussi la manière
la plus efficace de n'être pas entraîné dans le conflit.

A la mi-septembre, le président convoque le Congrès
en session extraordinaire. Une tournée de conversations
téléphoniques l'a convaincu que, dans les circonstances
présentes, le Sénat votera l'abrogation de l'embargo sur
les armes, contrairement aux mois passés, pendant lesquels Roosevelt a livré une bataille épuisante et vaine.
Le 21 septembre, il lance un appel aux membres du
Congrès, au nom de l'intérêt national, en promettant
que les Etats-Unis ne participeront pas au conflit, qu'en
restant à l'écart ils sauveront « la culture de l'Europe
occidentale ». Au nom du droit international aussi : en
vendant des armes à qui peut les payer tout de suite et
les transporter sur ses bateaux (principe de la clause
cash and carry), l'Amérique se met en règle avec les pratiques de la neutralité en temps de guerre. Argument
spécieux qui ne trompe pas les isolationnistes, toujours
bien représentés au Sénat. Hiram Johnson, de Californie, dénonce l'opportunisme britannique et ne croit pas
que les Alliés soient les champions, purs et durs, de la
démocratie ni que les Etats-Unis doivent garantir on ne

sait quel ordre mondial. Gerald Nye attaque la propagande anglaise. William Borah parle à la radio, avec son éloquence coutumière : « Nos garçons suivront les armes au fond des tranchées. » Le « Bloc de la Paix » – c'est ainsi que Borah désigne le dernier carré des isolationnistes intransigeants – ne parvient pas à arrêter le mouvement d'opinion. Beaucoup sont partisans de favoriser les Anglais et les Français, mais à condition qu'on n'aille pas plus loin. Roosevelt exprime le consensus et obtient ce qu'il demande : le 4 novembre, les deux chambres abrogent, à une confortable majorité, l'embargo automatique sur les armes et les munitions. Cela signifie que tous les belligérants pourront, en théorie, acheter aux Etats-Unis des fusils, des avions, des chars, dans les limites prévues par la clause *cash and carry*.

Roosevelt n'a pas pour autant dissipé la confusion, bien au contraire. Il a lourdement insisté sur l'intangibilité de la politique américaine, favorable à la paix et hostile à toute intervention en Europe ! Il a remis à plus tard l'éducation politique des Américains et choisi le compromis. Peut-être n'avait-il pas d'autres moyens d'obtenir satisfaction. Il s'est engagé, pourtant, dans une voie sinueuse. A l'un de ses amis il écrit en décembre : « Les choses bougent à une vitesse si terrifiante qu'il devient vraiment essentiel pour nous de penser en termes plus larges et, en fait, de prévenir le peuple américain qu'il devrait, lui aussi, songer au résultat final en Europe. (...) En conséquence, mon problème, c'est de pousser les Américains à penser aux effets possibles sans leur faire craindre d'être entraînés dans la guerre. » Des phrases alambiquées, d'innombrables arrière-pensées, des actes qui ne correspondent pas exactement aux paroles... Franklin Roosevelt tente de résoudre la quadrature du cercle.

L'espace de quelque mois, les événements le servent. Les armées de Hitler prennent possession d'une partie de la Pologne et celles de Staline du reste. Français et Anglais se bornent à attendre. Une « drôle de guerre », dit-on en Europe. Aux Etats-Unis, on utilise une expression équivalente : Borah parle de « *phony war* », d'une guerre truquée, d'un conflit qui n'en est pas un – sauf pour les Polonais, dont Roosevelt continue de reconnaître le gouvernement en exil. Pour manifester sa sympathie aux Polonais de Pologne comme à ceux des Etats-Unis, il fait du 11 octobre 1939 le *Pulaski Day*. En décembre, c'est au tour des Finlandais de subir l'assaut des troupes soviétiques. Grande émotion aux Etats-Unis. « La brave petite Finlande » a été le seul pays à s'être acquitté de ses dettes de guerre et peut donc prétendre à des crédits et à des prêts, conformément à la loi Johnson. Mais les isolationnistes craignent qu'une aide à la Finlande ne justifie ensuite l'aide à la France et à la Grande-Bretagne. Des quêtes donnent de médiocres résultats. Les Finlandais ne seront guère secourus. L'antisoviétisme, en revanche, prend de l'ampleur, confinant un peu plus encore les communistes américains dans leur isolationnisme. Roosevelt n'hésite pas à dénoncer l'expansionnisme et le totalitarisme de l'Union soviétique. L'idylle de 1933 est bien oubliée. En mars 1940, il condamne le traité russo-finlandais qui consacre la victoire de Staline.

La complexité des affaires européennes, l'attentisme des démocraties occidentales, le pacifisme ambiant que les journalistes américains observent en Europe, en particulier à Paris et à Londres, tout concourt à donner aux Etats-Unis une image floue du conflit, un sentiment profond d'incertitude, voire d'incompréhension sinon d'indifférence. Un nouveau Munich se préparerait-il ? De plus, Roosevelt ne fait rien pour dissiper les malentendus. Des analystes – et non des moindres, comme Joseph Alsop et Walter Lippmann –, se demandent si le président des Etats-Unis a bien une politique étrangère.

Roosevelt observe pourtant le monde avec la plus grande attention. Ses sources d'information, discrètes, sont multiples et abondantes. On sait aujourd'hui que, dès le 11 septembre 1939, il a écrit à Churchill qui vient d'être nommé Premier Lord de l'Amirauté : « Mon cher Churchill. C'est parce que vous et moi, avons occupé des fonctions semblables au cours de la guerre mondiale que je veux vous dire combien je suis heureux que vous soyez de retour à l'Amirauté. Vos problèmes sont, je le comprends bien, compliqués par de nouveaux facteurs, mais l'essentiel n'est pas très différent. Je veux que vous et le Premier ministre sachiez que j'accueillerai avec plaisir tout ce que vous souhaiterez me faire savoir personnellement. Vous pouvez toujours m'envoyer des lettres scellées, par votre valise diplomatique ou par la mienne. » C'est le début d'une étonnante correspondance[2] qui se poursuivra jusqu'à la veille de la mort de Roosevelt ! Les deux hommes échangeront en secret 1 700 lettres, dont 1 000 de Churchill. Elles éclairent, d'une lumière nouvelle, leur personnalité, leur politique, leurs relations. C'est une mine inépuisable pour les historiens.

Pourquoi Roosevelt s'adresse-t-il à Churchill ? Les deux hommes se sont brièvement rencontrés en 1918, mais n'ont gardé de cette entrevue que des souvenirs confus. Il est vrai que Churchill a été l'apôtre d'un anglo-américanisme, qu'il a célébré les mérites du président du New Deal, qu'il s'est imposé comme l'adversaire de l'apaisement envers les dictatures et que les événements lui ont donné raison. Toutefois, ses contacts avec le Premier Lord de l'Amirauté n'apportent pas de révélations au président des Etats-Unis, au moins jusqu'au 10 mai 1940 – date à laquelle Churchill devient Premier ministre. Il est surtout question dans cette correspondance des problèmes maritimes que les hostilités susciteront. Mais elle montre, s'il en était besoin, de quel côté penche Roosevelt et combien la politique étrangère domine à présent ses préoccupations.

Autre signe qui ne trompe pas : la mission de Sumner Welles en Europe. Dans les premiers jours de janvier, Roosevelt demande à son sous-secrétaire d'Etat de traverser l'Atlantique. Aller à Berlin, Londres, Paris et Rome pour essayer, une dernière fois, si infimes soient les chances de réussir, d'empêcher l'inévitable. L'envoyé américain doit chercher avec ses interlocuteurs « les possibilités de conclure une paix juste et permanente » et non « une trêve armée, passagère et hypothétique ». C'est aussi une manière de retarder une offensive allemande qui ne manquerait pas d'avoir des répercussions sur les Etats-Unis. La mission est publiquement annoncée en février. Protestations des isolationnistes. Roosevelt les rassure du mieux qu'il peut en parlant d'une simple collecte d'informations, en aucun cas d'une offre de médiation des Etats-Unis. Welles rentre à Washington à la fin de mars, les mains vides. Ses dossiers regorgent de renseignements sur l'Europe, sur les personnalités, sur les tendances des opinions. Pour le président c'est une manne. Si, par hasard, Roosevelt était de nouveau candidat à la Maison Blanche, la mission de Welles prouverait aux Américains que leur président a tout fait pour sauver la paix.

La défaite de la France

Soudain, la « drôle de guerre » tourne au tragique. Au début d'avril, les Allemands envahissent le Danemark et la Norvège. Une fois de plus, Roosevelt condamne l'agression avec vigueur. Que deviendront les possessions danoises dans l'Atlantique Nord ? Les Etats-Unis ne sont pas disposés à assumer un protectorat sur le Groen-

land, en dépit des demandes du gouvernement danois
en exil, et laissent l'Angleterre occuper l'Islande. Tant
pis pour la doctrine de Monroe ! Le 10 mai, commence
la grande offensive allemande sur les Pays-Bas, puis sur
la Belgique et la France. De jour en jour, la situation des
démocraties occidentales s'aggrave, non sans conséquences pour les Etats-Unis. Plus que jamais, elles voudraient puiser dans l'arsenal américain. En novembre
1939, Londres et Paris ont mis sur pied une commission
commune d'approvisionnement que préside Jean Monnet – cette coordination des services britanniques et
français rappelle celle de 1917-1918. Elle est aussi capitale pour les Américains qui dialoguent ainsi avec un
interlocuteur unique et sont, du même coup, poussés à
accélérer leur propre réarmement. En février 1940, les
usines américaines fabriquent 1 000 moteurs d'avion par
mois et espèrent doubler leur production avant la fin de
l'année. En mars, Anglais et Français passent la plus
grosse commande de matériels aéronautiques jamais
passée aux Etats-Unis depuis 1918. Mais les négociations financières ont pris du temps et les capacités de
production des usines américaines ne sont pas suffisantes. Les livraisons ont à peine commencé, quand la
France subit l'invasion des troupes allemandes. Aussi
Paul Reynaud, président du Conseil, adresse-t-il à Roosevelt appel sur appel pour obtenir plus d'avions, plus de
moteurs ; on peut même se demander si ces appels aussi
angoissés qu'inutiles ne sont pas destinés à attribuer aux
Etats-Unis une part de responsabilité de la défaite. Pourtant, Roosevelt et ses collaborateurs font de leur mieux.

De son côté, Churchill a lancé un appel au secours dès
le 15 mai. Que les Etats-Unis ne tardent pas, écrit-il au
président, sinon « leur voix » et « leur force » ne compte-
ront pas. « Tout ce que je demande à présent, c'est que
vous proclamiez l'état de non-belligérance. Cela voudrait dire que vous nous aiderez de toutes les manières,

à l'exception d'un engagement réel des forces armées. »
Et de préciser que, pour l'instant, 40 à 50 destroyers,
même anciens, sont indispensables à la Grande-Bretagne
pour conserver sa supériorité maritime ; les Etats-Unis
pourraient les lui céder, en même temps que plusieurs
centaines d'avions du dernier modèle, du matériel de
DCA, de l'acier. Et si les Américains pouvaient surveiller
dans le Pacifique « le chien japonais » … Roosevelt
reçoit de nouvelles demandes conjointes des Alliés, le
22 mai, pour des armes, des avions, des machines-outils,
des aciers spéciaux, des explosifs.

Les réponses du gouvernement américain sont intéressantes. Le 16 mai, Roosevelt fait observer à Churchill que la cession de 40 à 50 destroyers réclamerait
l'approbation du Congrès et que le moment est mal
choisi pour susciter un tel débat. Pour le reste, les
Etats-Unis feront tout ce qui est en leur pouvoir. Le 22,
le général Marshall, chef de l'état-major, refuse de
laisser partir des appareils qui, dit-il, sont destinés aux
forces américaines, mais propose la livraison de
500 000 fusils Enfield, de 100 millions de cartouches, de
35 000 mitrailleuses et fusils-mitrailleurs, de 500 mor-
tiers, de 500 canons de 75 et d'un million d'obus. Cet
armement est expédié en Europe. Il faut observer que
c'est le gouvernement des Etats-Unis, et non des entreprises privées, qui livre ces armements, et donc qu'il a
rompu avec une politique de stricte neutralité. Sur le
plan juridique, il s'agit d'un acte de guerre, dont les Allemands auraient pu tirer parti s'ils n'avaient craint de
pousser les Etats-Unis trop loin. De plus, la décision a
été prise en secret, sans que le Congrès ait été consulté,
sans que l'opinion soit informée. C'est un pas de plus
vers la présidence impériale.

Dès le 16 mai, le président Roosevelt a annoncé un
nouveau plan de réarmement et demandé au Congrès le
vote de crédits supplémentaires qui avoisineraient un

milliard de dollars et permettraient la construction de 50 000 avions par an. Il souligne ainsi la rapidité avec laquelle le danger s'est rapproché des Etats-Unis. Pour illustrer la menace, il invite ses concitoyens, un dimanche soir à une heure de grande écoute, à penser « aux femmes, aux enfants, aux vieillards » qui, le long des routes de France, tentent d'échapper aux bombes, aux balles et à la famine. Dans un discours du 10 juin à l'Université de Virginie, à Charlottesville, il précise ses intentions : « Dans l'unité, nous poursuivons simultané-ment deux buts évidents. Aux adversaires de la force, nous fournirons les ressources matérielles de notre nation et, dans le même temps, nous accélérerons nos préparatifs pour utiliser ces ressources, afin que nous ayons en Amérique l'équipement et l'entraînement exi-gés par la situation exceptionnelle à laquelle nous devons faire face. » Deux objectifs, il est vrai, qu'on pourrait estimer contradictoires, mais qui, tous deux, expriment le même désir d'affirmer la présence des Etats-Unis dans la bataille.

Roosevelt a déjà fait l'impossible pour retenir Musso-lini qui brûle d'aller au secours de la victoire et d'obtenir sur la France sa part de butin. Le jour même où l'Italie franchit le pas, le président des Etats-Unis condamne, dans le discours de Charlottesville, ce « coup de poi-gnard dans le dos », mais il n'ira pas plus loin. L'échange de télégrammes entre Paris et Washington est, sur ce point, fort révélateur. Ce même 10 juin, Paul Reynaud confirme que « l'ennemi est aujourd'hui aux portes de Paris ». La France continuera le combat : « Nous lutte-rons en avant de Paris. Nous lutterons en arrière de Paris. Nous nous enfermerons dans une de nos pro-vinces, et, si nous en sommes chassés, nous irons en Afrique du Nord et, au besoin, dans nos possessions d'Amérique. » Mais qu'au moins les Etats-Unis accordent « leur appui moral et matériel par tous les moyens, sauf l'envoi d'un corps expéditionnaire ». Reynaud écrit ce jour-là comme Churchill. Et reçoit la même réponse. « La magnifique résistance des armées françaises et britanniques a profondément impressionné le peuple américain (…) le gouvernement des Etats-Unis fait tout ce qui est en son pouvoir pour mettre à la disposition des gouvernements alliés le matériel dont ils ont un si urgent besoin ».

Mais la situation est si grave en Europe, poursuit Reynaud, qu'il faudrait que les Etats-Unis interviennent directement, qu'ils jettent « dans la balance le poids de la puissance américaine », qu'ils promettent d'entrer en guerre « dans un temps très court ». Roosevelt ne peut que renouveler « l'expression de l'admiration croissante avec laquelle le peuple américain et le gouvernement considèrent le magnifique courage des armées françaises », promettre que l'aide matérielle des Etats-Unis sera maintenue, voire accrue. Toute violation de l'intégrité territoriale et de l'indépendance de la France sera considérée comme nulle et non avenue. Mais Roosevelt ne peut pas engager son pays « sur le plan militaire ». La France ne sera pas sauvée par les Etats-Unis. Roosevelt aurait-il fait la même réponse si la Grande-Bretagne avait, elle aussi, été sur le point de succomber ?

La défaite de la France traumatise les Américains. On n'insistera jamais assez sur le choc que subit l'opinion. La meilleure armée du monde vient d'abandonner le combat. Où sont les grands chefs d'hier ? Pauvre France ! Les caricaturistes expriment une nouvelle fois le sentiment général. Dans le *Dallas Journal*, voici un soldat portant sur l'épaule l'inscription « France », face à une maison détruite. Les traits tirés, l'air abattu, il lâche son fusil. La légende : « Avec le cœur lourd. » Dans le *Times-Picayune* de la Nouvelle-Orléans, le peuple de France, sous les traits d'un homme et d'une femme, est enchaîné et traîne un boulet orné de la croix gammée.

Un membre de la Gestapo les menace de son fouet ; de l'autre main, il jette la *Marseillaise* à la poubelle. Sur un pupitre, la partition du *Horst Wessel Lied* que le gestapiste fait apprendre aux Français en battant la mesure avec le fouet. Dans le *New York City*, un vieillard minuscule portant képi, des étoiles sur les manches, se retrouve dans la main de Hitler. La légende : « Après la Troisième République. » Dans *The Oregonian* de Portland, Pétain assis, accablé, une chaîne nazie autour du cou, signe l'armistice. Derrière lui, les ombres de Foch et de Joffre se détournent pour pleurer. Mangin pleure aussi. Avec la légende : « Dans le palais des rois de France. » Dans l'*Evening World-Herald* d'Omaha (Nebraska), des cercueils symbolisent la Norvège, le Danemark, la Belgique, la Hollande, la Pologne, la Chine, la République française (née en 17…, morte en 1940). En haut du dessin, l'Oncle Sam, sans son légendaire chapeau, est entraîné par un personnage qui incarne le Congrès : « Venez, nous allons être en retard pour notre partie de golf. » Et ce ne sont là que quelques exemples parmi d'autres.

L'effondrement de la France n'ouvre pas seulement à l'Allemagne nazie la domination de l'Europe continentale, mais compromet à terme la sécurité américaine : si Hitler met la main sur la magnifique flotte française, la Grande-Bretagne sera vaincue à son tour ; la défaite de l'Angleterre fera tomber le dernier rempart protégeant les Etats-Unis. Si l'Empire colonial de la France passe entre les mains des nazis, Dakar deviendra « un pistolet braqué » sur le cœur de l'Amérique, la Méditerranée un lac allemand, l'Indochine une base japonaise, les Antilles un nouveau tremplin pour Hitler. Tout l'équilibre des forces dans l'Atlantique et en Asie est menacé. L'hégémonie des Etats-Unis sur l'Amérique latine résistera-t-elle ? A plus ou moins long terme, que restera-t-il des institutions démocratiques ? La flotte, l'Empire, l'or que la Banque de France a entreposé en Amérique, tels sont les trois derniers atouts de la France ; ce sont aussi les trois préoccupations majeures de Washington[3].

Dans cette perspective, le président Roosevelt n'a pas à trancher. Le 17 juin, il enjoint à Anthony Biddle[4], qui suit le gouvernement français dans ses pérégrinations, d'obtenir de Darlan la promesse que la flotte ne sera pas livrée aux Allemands. L'amiral se montre catégorique : « La question ne se pose pas », et Pétain donne la même assurance. Quant à Bullitt, il rentre aux Etats-Unis le 9 juillet et s'entretient dès son arrivée avec le président à qui il fait deux recommandations : que les Etats-Unis maintiennent des relations diplomatiques avec le gouvernement de Vichy et qu'ils envoient en France du ravitaillement pour les mères et les enfants de la zone non occupée. Celles-ci sont, pour l'essentiel, suivies. Non que Roosevelt et Bullitt éprouvent de la sympathie pour le régime, tout au contraire. Mais ils estiment que le peuple français compte beaucoup sur l'aide morale des Etats-Unis, qu'il convient d'être présent à Vichy pour recueillir des informations et veiller au respect des clauses de l'armistice, qu'il faut œuvrer inlassablement pour que les Français respectent leurs promesses sur le sort de la flotte et de l'Empire[5]. Les Britanniques qui, depuis l'affaire de Mers el-Kébir (3 juillet), n'ont plus de liens officiels avec Vichy, ne protestent nullement contre la présence des Américains (et des Canadiens) à Vichy. Quant à de Gaulle, personne ne le connaît à Washington. Et le connaîtrait-on, on estimerait qu'il ne représente que lui-même[6].

Roosevelt et Pétain

Les relations entre les Etats-Unis et la France de Vichy sont loin d'être sans nuages. Roosevelt soutient la résistance des Anglais et approuve leur manière d'agir à Mers el-Kébir. Sans doute a-t-il été tenu au courant des préparatifs britanniques. « Même s'il n'y avait qu'une possibilité extrêmement éloignée de voir votre flotte passer aux mains de l'Allemagne, a-t-il déclaré à l'ambassadeur de France, le gouvernement britannique a eu raison d'agir comme il l'a fait. Je n'aurais pas agi autrement. Je suis réaliste[7]. » Hull n'est pas plus tendre : « La chaleur orageuse aidant, rapporte le comte de Saint-Quentin, il s'est exprimé au sujet de notre flotte en termes dont la vivacité montrait qu'il prend avec passion le parti et les intérêts de l'Angleterre. » La presse est encore plus critique. Les premières mesures antisémites décrétées par Vichy sans même que les Allemands ne l'y aient contraint provoquent aux Etats-Unis une vague d'hostilité. Lorsque le premier ambassadeur de Vichy, Gaston Henry-Haye, parvient à Washington en septembre 1940, il découvre, « en ce qui concerne la situation en France, une atmosphère de fausses nouvelles tendant à représenter notre pays comme subordonné d'une manière complète à la puissance occupante ». « L'agression anglaise contre Dakar » (le 8 septembre), les milieux politiques américains « la considèrent comme une mesure de protection prise en faveur de l'intérêt américain ». Quand survient, le 24 octobre, la rencontre de Montoire entre Hitler et Pétain, les Etats-Unis s'inquiètent davantage : « Si le gouvernement français permettait maintenant aux Allemands d'utiliser la flotte française dans des opérations contre la flotte britannique, une telle action constituerait une rupture flagrante et délibérée de la parole donnée au gouvernement des Etats-Unis. » Comme le précise Sumner Welles, « ce serait un point final à une période de cent soixante ans d'amitié ininterrompue entre la France et les Etats-Unis ». Vichy s'efforce de rassurer, de remonter le courant, de prendre appui sur les Etats-Unis pour se dégager un peu de l'emprise allemande.

En décembre 1940, Roosevelt dépêche à Vichy un nouvel ambassadeur, l'amiral William Leahy. Il a d'abord songé au général Pershing, camarade de combat du maréchal Pétain, et qui aurait été le symbole de l'amitié franco-américaine. Mais celui-ci, malade, a refusé. Leahy, lui, n'est pas un diplomate de carrière. Marin, il nouera sans doute de bonnes relations avec Darlan et obtiendra de nouvelles promesses sur le sort de la flotte française. Dans le même temps, Roosevelt envoie en Afrique française Robert Murphy, conseiller d'ambassade à Paris depuis une dizaine d'années, pour prendre langue avec Weygand, délégué général de Vichy en AFN, jauger des possibilités de l'Empire, manifester la présence des Etats-Unis. Une politique compliquée, difficile à justifier, qu'il faudra juger sur ses résultats.

Le soutien à l'Angleterre

Au cours de la période qui s'étend de juin à novembre 1940, le drame revêt une autre tournure. On attendrait de Roosevelt une position claire et nette, mais les nécessités de la campagne électorale engendrent la confusion. Le débat, loin d'éclairer l'opinion, contribue à l'égarer.

L'Angleterre est désormais seule à affronter l'Allemagne nazie. En Amérique, les isolationnistes résistent farouchement, mais leur audience s'amenuise ; les partisans d'une intervention des Etats-Unis, « short of war », s'organisent. La défaite de la France leur a donné de nouveaux arguments : Hitler, il faut « l'arrêter maintenant[8] ». Après, il sera trop tard. Des groupement locaux sont créés, et des dons, plus ou moins importants, recueillis. Une vague de sympathie vient soutenir la courageuse Angleterre. Le 23 juillet, le *Comité pour défendre l'Amérique par l'aide aux Alliés*, que préside le journaliste William

Allen White, présente un programme en quatre points :
céder aux Britanniques les fameux 50 vieux destroyers ;
évacuer tous les enfants britanniques ; voter une loi qui
rende possible l'aide financière à la Grande-Bretagne ;
ne pas vendre de matières premières aux pays agresseurs. C'est pour Roosevelt un renfort capital au moment
où il tente de faire comprendre aux Américains que leur
avenir se décide aussi à Coventry, à Londres et sur
l'Atlantique.

La troisième candidature

Il ne peut agir, malgré tout, que dans les limites du
consensus, au coup par coup, d'autant que la campagne
pour les élections présidentielles vient de commencer et
qu'il a décidé de briguer un troisième mandat. Pour
n'être pas tout à fait inattendue, la décision n'en est pas
moins extraordinaire compte tenu de l'histoire institu-
tionnelle des Etats-Unis. Jusqu'au 22ᵉ amendement à la
Constitution adopté en 1951, rien n'empêche le président de demander le renouvellement de son mandat
aussi souvent qu'il le souhaite. George Washington, toutefois, a créé un précédent en se contentant de deux.
Certes, on a murmuré en 1920 que Woodrow Wilson
aspirait à un troisième mandat pour faire adopter par
son pays le pacte de la SDN et le traité de Versailles,
mais la rumeur a été sans lendemain. De plus, si Roosevelt a été réélu triomphalement en 1936, il a subi de
graves échecs en 1937 et 1938. Alors, pourquoi tente-t-il
le sort en 1940 ? Sur ses intentions, il a longtemps entretenu le mystère, et personne ne peut dire aujourd'hui pourquoi et quand il a pris sa décision. Sans doute – ce n'est
pas une certitude – y a-t-il un lien entre la poursuite de
la guerre, l'aggravation de la situation en Europe et sa
candidature. La seule indication qu'on puisse retenir,

c'est que Roosevelt n'a pas écarté l'éventualité de se représenter. Il a refusé de répondre, de confirmer ou de démentir les allusions ou les invitations à se représenter. A mesure que la guerre se prolonge, les rooseveltiens répètent que les Etats-Unis ont besoin pour les guider d'un homme d'expérience, un homme qui aurait fait ses preuves en politique extérieure. Le portrait-robot est si ressemblant que les auditeurs n'ont guère de mérites à donner un nom au candidat idéal. Ils laissent entendre, comme le dit le proverbe, qu'on ne change pas de monture au milieu du gué.

Dans cette relative incertitude, d'autres candidats apparaissent et disparaissent au sein du Parti démocrate. Harry Hopkins serait l'un d'entre eux, s'il n'était gravement malade et infailliblement dévoué à Roosevelt. Cordell Hull, peut-être, mais il a soixante-huit ans, et ses appuis dans le parti sont clairsemés. John Nance Garner, le vice-président, serait un candidat plus sérieux, en dépit de son âge et de sa quasi-rupture politique avec le président, s'il n'avait contre lui les militants du parti. Reste James Farley, le *Postmaster General*, le directeur de la campagne présidentielle de 1932, l'un des proches de Roosevelt. Il connaît sur le bout des doigts les états-majors du parti, sait organiser une campagne électorale, bénéficie d'une notoriété certaine. Son handicap, qui n'est pas insurmontable, est d'être catholique. Au début de juillet, alors qu'il est invité à Hyde Park, Roosevelt lui annonce qu'il ne sera pas candidat, mais que, si le parti insiste, il cédera aux pressions de ses amis politiques. Farley, hostile à un troisième mandat, le lui dit avec force, et l'avertit qu'il ne fera pas campagne pour lui. C'est la rupture.

Maintenant, les choses sont claires. A la convention démocrate de Chicago, les appels en faveur du président se succèdent – la machine est bien rodée. Dès le premier tour de scrutin, la candidature de Roosevelt recueille une large majorité : 946 mandats sur 1 093. Mais deux problèmes sont posés, dont la solution est laborieuse. Le programme du parti ayant rejeté toute participation « à une guerre étrangère » (c'est-à-dire qui se déroulerait sur un sol étranger), Roosevelt fait ajouter : « sauf en cas d'attaque ». D'autre part, un représentant du Minnesota a voulu inclure une motion qui condamnerait un troisième mandat : il est conspué et sa motion repoussée. Reste le choix du candidat à la vice-présidence. Roosevelt songe à Henry Wallace, son secrétaire à l'Agriculture, peut-être en raison de son influence dans les Etats agricoles du Middle West. Le choix ne fait pas l'unanimité, loin de là, car Wallace est un démocrate de fraîche date. Franklin résiste aux pressions, et Eleanor lance un appel à l'unité. En fin de compte, Wallace est désigné.

Le 19 juillet, peu après minuit, Roosevelt s'adresse à la convention par radio. Il éprouve, dit-il, « des sentiments mêlés ». Il aurait préféré n'être pas candidat, mais a dû se soumettre aux nécessités politiques et laisser de côté ses états d'âme. Beaucoup d'Américains lui ont demandé de demeurer à son poste. S'il a cédé à leurs instances, ce n'est pas pour mener une campagne ordinaire. Le président des Etats-Unis n'en a pas le temps ni le goût dans les circonstances exceptionnelles de l'été 1940 : quand le monde est à feu et à sang, le débat politicien est dérisoire. Son programme ? « Si notre gouvernement devrait passer en janvier prochain entre d'autres mains, des mains inexpérimentées, nous pourrions espérer et prier qu'elles ne conduiraient pas une politique d'apaisement et de compromis avec ceux qui cherchent à détruire toutes les démocraties partout dans le monde, y compris chez nous. »

Un mois auparavant, à Philadelphie, la convention républicaine a investi son candidat. Compte tenu des votes exprimés par les sénateurs et les représentants républicains, on attendait un candidat isolationniste. Robert Taft, le sénateur de l'Ohio, le fils de l'ancien président, ne manque pas de partisans. Arthur Vandenberg, sénateur du Michigan, est un autre *papabile*. Thomas Dewey, le procureur élu de la ville de New York, très populaire, n'a que trente-sept ans[9] et n'a pas réussi en 1938 à se faire élire gouverneur de New York. Les républicains ont compris que la défaite de la France a fait reculer l'isolationnisme. Ils viennent aussi d'être pris à revers par le président qui a fait entrer dans son Cabinet deux des leurs, Henry Stimson[10] à la Guerre, et Frank Knox[11] à la Marine. Autant de facteurs qui confortent les chances de Wendell L. Willkie : ancien président d'une grosse société de production d'électricité, républicain depuis peu et donc capable de convertir des démocrates, il est plus libéral que conservateur, plus interventionniste qu'isolationniste – le contraire du républicain classique. C'est un excellent exemple de l'indispensable renouvellement du parti, et il bénéficie du mouvement de fond qui vient de bouleverser les rangs des républicains. Enthousiaste, mais dépourvu d'expérience politique, souvent maladroit[12], Willkie promet de mener « une croisade, une campagne vigoureuse et combative ». Mais contre qui, puisque son programme ressemble beaucoup à celui de Roosevelt ? Sur qui s'appuiera-t-il, puisqu'il n'a nullement dissipé la méfiance de bon nombre de républicains ? Quelle tactique définira-t-il pour affronter son adversaire qu'il appelle *The Champ*, le Champion ? Autant d'incertitudes, de faiblesses. Ce qu'il annonce dans son discours du 17 août laisse rêveur. Je suis, s'écrie-t-il, « un démocrate libéral qui a changé d'affiliation politique parce qu'il a découvert la démocratie au sein du Parti républicain plutôt qu'au sein du parti du New Deal ». Sa croisade, au nom de « la liberté américaine », a pour but de donner aux Etats-Unis « une nouvelle direction qui croie dans l'Amérique ». En politique étrangère, il repousse l'isolement et témoigne d'une profonde sympathie pour les nations occupées par les nazis et les Soviétiques. Le président des Etats-Unis doit maintenir le pays dans la paix ; pourtant, Roosevelt a raison de renforcer la défense nationale, de proposer un service militaire sélectif, et d'aider autant que possible la Grande-Bretagne.

Ce candidat ne saurait inquiéter Franklin Roosevelt à qui il suffit d'organiser son camp et de dépêcher, ici et là, ses principaux lieutenants pour répondre à Willkie. Tout l'été, le président travaille d'arrache-pied sur les dossiers de politique étrangère et de défense nationale. Deux faits en portent témoignage. En premier lieu, Roosevelt obtient du Congrès de substantiels crédits pour renforcer la défense : 4 milliards en juillet, 5,25 milliards en septembre. La bataille d'Angleterre n'est évidemment pas étrangère aux décisions du Congrès. Apparaissant de plus en plus comme le commandant suprême, il visite les bases militaires, rencontre Mackenzie King, le Premier ministre du Canada, fait voter une loi sur le service militaire sélectif, qu'il signe le 16 septembre et qui devrait porter les forces armées à 1 400 000 hommes avant la fin de 1941. En deuxième lieu, l'été est marqué par le débat sur la cession des destroyers américains en échange de bases situées sur des territoires britanniques. Les bâtiments que demande Churchill avec insistance depuis longtemps (« une question de vie ou de mort ») permettraient de compenser partiellement le tonnage coulé par les Allemands dans l'Atlantique. Roosevelt est prêt, s'il reçoit l'approbation de la Marine, à accéder à cette demande et à aider également la Grande-Bretagne à assurer la sécurité de ses convois maritimes. Mais il craint que le transfert des bâtiments ne soit considéré par l'Allemagne comme un acte de guerre et relève, en conséquence, des compétences du Congrès. Il ne veut pas non plus, en une période d'extrême sensibilité politique, susciter un débat à l'issue incertaine.

Le grand débat

Le comité White, inquiet de ces réticences, se divise : d'un côté, les partisans d'une simple aide à la Grande-Bretagne « *short of war* » ; de l'autre, le Century Group qui souhaite l'entrée en guerre des Etats-Unis. L'un des animateurs du Century Group, Dean Acheson, élabore un aide-mémoire pour le président : inutile de passer par le Congrès pour régler la question des destroyers. Le président est en droit de recourir à ses pouvoirs de commandant en chef, à condition d'obtenir la location ou le prêt de bases militaires en territoire britannique, dont tous les Américains comprendront l'intérêt pour le pays. Le 1er août, l'aide-mémoire est soumis à Roosevelt, qui l'approuve. Une solution est enfin trouvée. Les Anglais sont d'autant plus aisément convaincus que leur ambassadeur à Washington, lord Lothian, a, dès le mois de mai, suggéré un échange de la sorte. Mais comment Willkie réagira-t-il ? Il ne faudrait pas que l'accord anglo-américain devienne un thème de la campagne électorale. Willkie, d'accord sur le principe, promet de ne pas attaquer le président sur ce thème, mais refuse de s'employer à convaincre ses amis républicains. Ce geste suffit à la Maison Blanche. Le 13 août, Morgenthau, Knox, Stimson et Welles élaborent avec Roosevelt le projet d'échange. Les Etats-Unis céderont les 50 destroyers à la Grande-Bretagne qui accordera aux Américains le droit d'établir sept bases pour quatre-vingt-dix-neuf ans (Bermudes, Terre-Neuve, Bahamas, Jamaïque, Sainte-Lucie, Antigua, Guyane britannique). Churchill, on s'en doute, est ravi, et Hull et Lothian signent l'accord le 2 septembre. Roosevelt l'annonce le lendemain en public et déclare que c'est « la plus importante action visant à renforcer notre défense nationale depuis l'achat de la Louisiane ». Willkie approuve l'accord, mais regrette que le président n'ait pas consulté le Congrès. Trois jours plus tard, nouvelle réaction : voilà « la décision la plus arbitraire, la plus dictatoriale qu'un président ait jamais prise dans l'histoire des Etats-Unis ». La campagne électorale a des effets pervers…

Roosevelt a agi conformément à l'idée qu'il se fait du consensus, mais l'isolationnisme n'est pas mort : peu après la signature de l'accord, un nouveau comité contre l'intervention est fondé sous le nom d'*America First* et rassemble tous ceux qui s'inquiètent d'une marche, en apparence irréversible, vers la participation à la guerre. On y retrouve des militaires comme le général Wood, qui en assure la présidence, des sénateurs comme Burt Wheeler et Gerald Nye, le célèbre aviateur Charles Lindbergh, des industriels et des hommes d'affaires, des leaders syndicaux et des responsables agricoles, des ecclésiastiques, des universitaires venus de toutes les familles politiques, des conservateurs aux communistes (jusqu'en juin 1941), de tous les milieux, de toutes les régions. Les uns ne veulent pas entendre parler d'une aide à l'Angleterre ; les autres l'acceptent sous conditions. Tous sont hostiles, parfois pour des raisons fort différentes, à Roosevelt ; s'il y a unanimité dans le comité, c'est sur l'antipathie à l'encontre des Anglais, prêts à combattre, dit-on, jusqu'à la dernière goutte de sang américain et jusqu'au dernier dollar, et plus soucieux de défendre leur empire que la démocratie. Elle se fonde ensuite sur la priorité absolue à accorder à la défense des Etats-Unis. Tous enfin refusent de croire à une victoire nazie. La création d'*America First* n'annonce toutefois pas « un grand débat » dans l'opinion américaine, car l'aide à l'Angleterre est acceptée par la majorité.

Les décisions de l'été ont beaucoup rehaussé la popularité de Roosevelt. Willkie, sentant qu'il est en train de perdre la partie, se voit contraint de monter à l'assaut, sabre au clair : le président ne réarme pas assez vite ; il pourrait accélérer le retour de la prospérité économique ; il a téléphoné à Mussolini et à Hitler pour leur abandonner la Tchécoslovaquie lors de la crise de Munich. Un troisième mandat, ce serait le début du totalitarisme. Roosevelt jettera, c'est évident, des millions de jeunes dans le conflit. « Si vous m'élisez à la présidence, je n'enverrai aucun jeune Américain combattre en Europe. » A Boston, le 11 octobre, devant une foule immense, il lance : « Nous n'entreprendrons jamais de faire la guerre des autres. Nos garçons resteront à l'écart des guerres européennes. » Le 22 octobre, il explique la différence entre la politique étrangère du gouvernement et celle qu'il suivrait : « Je suis déterminé à rester en dehors de la guerre. J'ai vraiment peur que le gouvernement ne nous conduise vers la guerre. Je suis contre notre entrée dans le conflit et je ferai mon possible pour l'éviter. » Le ton se durcit. Les nuances cèdent le pas à l'agressivité. Willkie n'est plus tout à fait Willkie, et sa popularité remonte dans les sondages.

Roosevelt, pour riposter, prononce cinq discours. Le premier à Philadelphie, le 23 octobre, détruit la légende de prétendus accords secrets signés avec la Grande-Bretagne. En conclusion, il assure ses auditeurs que « c'est pour la paix que j'ai travaillé ; et c'est pour la paix que je travaillerai le reste de ma vie ». Le 28 octobre, au Madison Square Garden de New York, il stigmatise ces leaders du Parti républicain qui ont freiné le réarmement du pays. Deux jours plus tard, il parle à Boston : « En m'adressant à vous qui êtes des mères et des pères, dit-il, je voudrais vous donner une assurance supplémentaire. Je l'ai déjà dit, mais je voudrais le dire encore et toujours. Je n'enverrai pas vos fils faire une guerre étrangère. » Promesse imprudente ! Samuel Rosenman qui a participé à la rédaction du discours rappellera qu'il a simplement suggéré que le président ajoute : « sauf en cas d'attaque », ce qui aurait été conforme au programme du Parti démocrate. Roosevelt avait répondu : « Si nous sommes attaqués, ce n'est plus une guerre étrangère. » D'ailleurs, le 1er novembre à Brooklyn et le 2 novembre à Cleveland, Roosevelt renouvelle sa promesse et, du coup, s'attribue les mérites de la politique isolationniste des années précédentes.

Sans doute la courte campagne de Roosevelt ressemble-t-elle à une guerre-éclair et a-t-elle des effets dévastateurs. Mais il faut bien reconnaître que les déclarations de Willkie et les siennes propres n'ont pas éclairé les Américains. Sont-ils au bord d'un conflit ? Ont-ils la certitude d'y échapper ? Les candidats ont flatté le pacifisme de l'opinion tout en pensant que l'engagement militaire serait, à plus ou moins longue échéance, inévitable.

Roosevelt remporte une victoire confortable : 449 mandats de grands électeurs contre 82 pour Willkie. Il devance son adversaire de 5 millions de suffrages populaires. Il a gagné dans toutes les grandes villes de plus de 400 000 habitants, à l'exception de Cincinnati. Mais Willkie n'a pas démérité : il fait mieux que Landon, mieux que Hoover. Dix Etats lui ont donné la majorité. Les fermiers du Middle West l'ont préféré à Wallace. Les électeurs d'origine italienne, allemande ou irlandaise l'ont, dans leur majorité, choisi. Quoi qu'il en soit, Roosevelt a franchi l'obstacle et a les mains relativement libres.

Le prêt-bail

Une fois réélu, le président prend des initiatives audacieuses. Au cours de l'année 1941, la participation des Etats-Unis à la guerre européenne devient de plus en plus évidente sur le plan politique et économique, mais pas encore sur le plan militaire. Est-ce contraire à la promesse de Boston ? Oui, si l'on estime que Roosevelt ne peut ignorer les conséquences de sa démarche ; non, dans la mesure où le rapprochement avec la Grande-Bretagne ne rompt pas avec les pratiques et les décisions de l'été 1940. Qu'on en juge ! La mise sur pied du prêt-bail, la rencontre au sommet en août 1941 entre Churchill et Roosevelt, la mobilisation progressive des Etats-Unis et l'intervention croissante de la marine américaine, autant d'exemples qui méritent attention.

L'histoire du prêt-bail est bien connue. Il suffit d'en rappeler l'essentiel. A l'automne de 1940, l'Angleterre demande du matériel américain en quantité croissante. Avant même la fin de la campagne, l'état-major britannique veut acheter de quoi équiper une dizaine de divisions et commander pour l'année suivante de 14 000 à 26 000 avions. Roosevelt sera long à donner son accord : ces commandes reviendront, qu'on le veuille ou non, à mettre les Etats-Unis sur le pied de guerre, bien qu'on puisse penser qu'elles renforceront aussi la défense nationale et les intérêts économiques du pays. Cela, il le dit clairement aux électeurs. Il serait même prêt à aller plus loin : puisque le tonnage britannique a subi de lourdes pertes, pourquoi ne pas construire pour les Anglais et leur prêter des bateaux – à moins que l'Angleterre ne les achète. Le problème est que la Grande-Bretagne n'a plus guère de ressources financières, et son ambassadeur à Washington le reconnaît tout à trac : « La Grande-Bretagne est fauchée. » Les Américains et le département du Trésor lui-même ont du mal à le croire. La réputation de Londres, l'image de l'Empire sont tels qu'on n'imagine pas, de l'autre côté de l'Atlantique, que les coffres soient vides. Le 1er décembre, Morgenthau signale que les Anglais prétendent ne pas avoir les 2 milliards de dollars nécessaires pour payer les commandes d'armes du mois d'octobre, mais ses services sont persuadés qu'« il y a pas mal d'argent là-bas ».

Le 2 décembre, Roosevelt part en croisière. Une semaine plus tard, il reçoit à bord de son yacht une longue lettre de Churchill qui lui dresse le tableau de la guerre anglo-allemande et insiste sur la communauté d'intérêts qui lie les Etats-Unis et la Grande-Bretagne. Puis, il lance un appel à l'aide : « Le moment approche où nous ne pourrons plus payer comptant les bateaux et les autres marchandises. Nous faisons de notre mieux. Nous ne reculons devant aucun sacrifice pour assurer nos paiements. Mais vous reconnaîtrez, je crois, qu'il serait mauvais sur le plan des principes et nuisible aux uns et aux autres qu'en pleine bataille la Grande-Bretagne doive se défaire de tous ses actifs vendables et que nous nous retrouvions complètement dépouillés après avoir remporté la victoire avec notre sang, sauvé la civilisation et donné aux Etats-Unis le temps de se prémunir contre toute éventualité. »

Cette fois, Roosevelt a bien compris qu'il doit agir rapidement et efficacement. Le 17 décembre, il propose à Morgenthau une méthode d'action : « La chose à faire est de se débarrasser du problème des dollars. » Lors d'une conférence de presse tenue le même jour, il présente son projet au moyen d'une parabole compréhensible par tous. Supposez, dit-il, que la maison de votre voisin brûle. Irez-vous lui vendre votre tuyau d'arrosage ? Ou bien le lui prêterez-vous immédiatement pour qu'il éteigne l'incendie ? La réponse est évidente. Eh bien, s'agissant de l'aide de la Grande-Bretagne, il en va de même ; pour les détails, on verra plus tard. Le 29 décembre, dans une causerie au coin du feu, il livre le fond de sa pensée : « Je fais au peuple américain cette déclaration qu'il y a bien moins de chances pour les Etats-Unis d'entrer en guerre si nous faisons maintenant tout ce que nous pouvons pour aider les nations qui se défendent elles-mêmes contre l'attaque de l'Axe, que si nous acceptons leur défaite. » Et d'ajouter ces mots qui font mouche : « Nous devons être le grand arsenal de la Démocratie[13]. »

L'opération médiatique est superbement réussie. Les sondages indiquent que 80 % de ceux qui ont entendu la causerie approuvent la proposition. Un flot de lettres et de télégrammes déferle sur la Maison Blanche. Presque tous favorables. Pour mieux définir sa politique, le président énonce, dans son message sur l'état de l'Union du 6 janvier, les quatre libertés qui constituent son programme de paix : liberté de parole, liberté religieuse, liberté à l'égard du besoin, liberté à l'égard de la peur. Reste à élaborer le texte de la proposition de loi. La responsabilité en revient au département du Trésor, encore que, constitutionnellement, seul le pouvoir législatif dispose du droit d'initiative. La proposition porte la référence HR (House of Representatives) 1776, un chiffre hautement symbolique et s'intitule *Loi pour promouvoir la défense des Etats-Unis*. Elle a pour but d'autoriser le président « à vendre, transmettre, échanger, louer, prêter ou céder de toute autre manière (...) des matériels de défense » à « tout pays dont la défense semble au président vitale pour la défense des Etats-Unis ». Libre au président de décider si l'emprunteur devra rembourser en nature, en titres de propriété ou sous n'importe quelle autre forme.

En février, la Chambre donne son accord par 260 voix contre 165. Le Sénat approuve à son tour le 8 mars par 60 voix contre 31. Le président signe la loi le 11 mars 1941. C'est une confortable majorité, sans aucun doute. Roosevelt a su convaincre. Mais les opposants ne se sont pas laissé faire. Ils forment une troupe bruyante qui tient à manifester son hostilité au Congrès comme dans l'opinion. Le comité *America First*, qui sert de porte-parole, dépense et se dépense sans compter. De septembre 1940 à février 1941, il imprime et vend 1 500 000 fascicules et brochures, distribue 500 000 macarons pour automobiles, 750 000 badges, fait apposer 15 000 placards publicitaires sur les bâtiments, réunit 750 000 signatures dans la seule ville de Chicago et suscite 328 000 appels téléphoniques. Sans oublier les émissions radiophoniques – qui, aux Etats-Unis, coûtent cher –, des bulletins, des discours publics et un film intitulé *America First*. C'est dire que l'argent coule à flots. Les deux tiers des dons proviennent de contributions d'au moins 100 dollars. Les milieux d'affaires accordent de généreuses subventions. A croire que les riches craignent tout particulièrement une éventuelle entrée en guerre des Etats-Unis. *America First*, il est vrai, répète à satiété que la participation américaine au conflit provoquera l'effondrement du système de la libre entreprise, la ruine du pays et des individus, le triomphe de la bureaucratie, du dirigisme, du militarisme, la naissance d'une dictature, en un mot l'avènement du communisme, infiniment plus dangereux que le nazisme. Certains de ses membres ajoutent que ce sont les Juifs qui précipitent l'Amérique dans le gouffre. *America First* n'est pas un mouvement pacifiste (bien que le comité soutienne de ses fonds des organisations pacifistes), mais plutôt et surtout son action représente le baroud d'honneur du courant isolationniste ; il demeure puissant, mais il est composé de gens très divers et n'a guère de doctrine.

America First a envoyé les siens témoigner devant les commissions du Congrès, contre la proposition du prêt-bail. Son président dénonce avec vigueur des dispositions qui, selon lui, étendent exagérément les pouvoirs de la Maison Blanche. Il redoute, affirme-t-il, que la Grande-Bretagne n'utilise la marine et l'aviation des Etats-Unis à son profit. Il ne croit pas qu'elle ait épuisé ses ressources. Aux quatre coins du pays, les orateurs

d'*America First* combattent le *war bill* (la loi de guerre).
Le sénateur Wheeler, par exemple, ne fait pas dans la
nuance : la loi « conduira en terre un jeune Américain
sur quatre ». Un autre stigmatise un texte qui donnera à
Roosevelt plus de prérogatives qu'Hitler n'en a jamais
eues. Par l'intermédiaire des journaux locaux, avec l'aide
de la puissante chaîne Hearst, par des brochures, par des
messages publicitaires, le comité fait entendre sa voix.
Sans résultat décisif, sinon que la campagne d'opinion
renforce la volonté d'une majorité d'Américains de ne
pas faire la guerre. De ce point de vue, le langage de
Roosevelt les satisfait : le prêt-bail ne servira qu'à la
défense du pays ; il ne préfigure pas une alliance de
guerre. Toutefois, comment ne pas reconnaître qu'en
adoptant la loi du prêt-bail, les Etats-Unis font un pas de
plus en direction de la participation au conflit ?

Dès la signature de la loi, le Congrès accorde au président un crédit de 7 milliards de dollars, au grand soulagement des Britanniques maintenant certains qu'ils
pourront puiser à volonté dans l'arsenal américain.
L'autorisation donnée à la marine de participer à la protection des convois transatlantiques accentue la tendance. Lorsque, en juin 1941, les armées allemandes
envahissent l'Union soviétique, Roosevelt, après quelques
hésitations, accorde à Moscou le bénéfice du prêt-bail.
Une première mission de Hopkins à Londres en janvier,
puis une autre, en juillet, à Londres de nouveau et à
Moscou laissent entrevoir, à l'horizon de la diplomatie
américaine, la naissance d'une grande alliance. Il est
impossible de croire, dans ces conditions, que Roosevelt
ne sait pas où il va.

Mais il veut y aller à son rythme, ou plutôt à un
rythme que les Américains peuvent tolérer. Le président
ne brusque ni les gens ni les événements. Depuis la mi-
avril, il fait patrouiller des unités navales dans l'Atlantique Nord avec mission de détecter les sous-marins alle-

mands et de signaler leur présense aux Britanniques. C'est « un acte de guerre », lui fait observer Stimson qui souhaite qu'on appelle un chat un chat. – Non, répond Roosevelt, c'est « une simple action de reconnaissance ». Un mois plus tard, Morgenthau pousse le président à demander au Congrès une déclaration de guerre. « J'attends d'être acculé à cette situation », répond son interlocuteur. Comme le remarque Hopkins, « le président éprouve des réticences à nous plonger dans cette guerre. Il préfère suivre l'opinion publique plutôt que de lui montrer le chemin ».

Le 7 juillet, les Etats-Unis franchissent un pas de plus en dépêchant 4 000 *marines* en Islande pour éviter que l'île ne tombe aux mains des Allemands. La Maison Blanche explique qu'il s'agit moins de protéger l'approvisionnement de la Grande-Bretagne que de défendre le continent américain. Le 4 septembre, un destroyer américain, le *Greer*, est attaqué par un sous-marin allemand au large des côtes islandaises. Roosevelt réplique en donnant l'ordre de tirer à vue dans les eaux protégées par la flotte américaine. Les convois transportant du matériel à destination de l'Angleterre sont désormais escortés par des bâtiments américains. Le 9 octobre, Roosevelt demande au Congrès d'amender la loi de neutralité et d'autoriser les cargos américains à s'armer : le Sénat et la Chambre des représentants s'exécutent au début de novembre, après que des sous-marins allemands ont torpillé deux destroyers américains.

La bataille de l'Atlantique a commencé. Les Etats-Unis sont des belligérants sans le dire. L'Allemagne le sait bien et se garde de les pousser à bout. De toute évidence, la politique de défense *stricto sensu* de Roosevelt a échoué. Il a promis qu'en aidant la Grande-Bretagne par des envois de matériels, les Etats-Unis échapperaient à la guerre. Il faut beaucoup de bonne volonté et peu de lucidité pour y croire au cours de l'été et de l'automne de 1941. De toute façon, l'aide américaine, si généreuse soit-elle, ne suffit plus. Dès le 3 mai, Churchill a demandé à Roosevelt de prendre sa décision : les Allemands viennent de conquérir la Cyrénaïque, la Yougoslavie, d'anéantir l'armée grecque et de débarquer en Crète. Ils sont sur le point de déclencher leur offensive contre l'Union soviétique. Roosevelt se contente de parler d'un « état d'urgence illimité ».

La charte de l'Atlantique

Dans le même temps, il exprime le désir de rencontrer Churchill. Une idée ancienne qu'il rappelle de temps à autre depuis un an et demi, avec la conviction que les deux hommes d'État, face à face, finiront par mieux se comprendre. Leur tour d'horizon sera profitable à leurs deux pays, même si, comme le prouvent les instructions données à Hopkins lors de sa mission de juillet à Londres, on précise que l'on ne dira rien « des tractations économiques ou territoriales » et qu'on n'évoquera pas la guerre.

La conférence se tient du 9 au 12 août 1941, au large d'Argentia (Terre-Neuve). Elle conserve un aspect mythique, en tout cas épique. C'est la première des conférences au sommet de la guerre, bien que les États-Unis soient encore officiellement neutres. Roosevelt et Churchill se rencontrent, à bord de deux navires, l'*Augusta* côté américain, le *Prince of Wales* côté britannique. Rien de plus normal pour deux hommes passionnés par les choses de la mer, pour deux politiques qui ont fait une partie de leur carrière dans l'administration de la Marine. La rencontre est entourée du secret le plus épais bien qu'il y ait là beaucoup de monde. Roosevelt est accompagné par le général Marshall, le général Arnold, sous-chef de l'état-major pour l'aviation ; l'amiral Stark, chef des opérations navales, l'amiral King qui commande la flotte de l'Atlantique ; Sumner Welles ; Averell Harriman qui administre alors le prêt-bail, et, bien sûr, Harry Hopkins. En dépit de presque deux siècles d'indépendance américaine, la conférence a des airs de réunion de famille : on fait ou on refait connaissance. Le dimanche matin, on chante ensemble des psaumes. Ce resserrement de l'unité anglo-américaine est un moment historique. Roosevelt et Churchill ne manqueront pas d'insister sur ce thème, dès qu'ils rendront publics leurs entretiens.

L'unité de vues n'exclut pas des discussions serrées. Les Anglais attendent des Américains une aide accrue pour assurer la sécurité des convois transatlantiques, occuper les Açores, préparer un débarquement en Afrique du Nord. Trop ambitieux, répondent en chœur les chefs militaires américains, l'armée n'est pas prête. Les Anglais évoquent des bombardements stratégiques, un blocus et une action de propagande qui éviteraient un débarquement en Europe et provoqueraient l'effondrement de l'Allemagne, mais les Américains restent sceptiques, et Roosevelt ne prend aucun engagement. Il s'efforcera même de persuader ses compatriotes que rien de contraire à la politique officiellement définie n'a été décidé : pas de traités secrets comme les Alliés, mais non les Etats-Unis, en avaient signé entre 1914 et 1918. Une diplomatie vraiment « ouverte » – nous dirions aujourd'hui : transparente.

La conférence débouche sur une déclaration commune : la fameuse Charte de l'Atlantique qui rappelle « les principes touchant à la civilisation du monde » et devrait contribuer à éduquer le peuple américain. Britanniques et Américains envisagent « un avenir meilleur pour le monde » – Comment ?

« Premièrement. Leurs pays ne recherchent aucun agrandissement territorial ou autre. Deuxièmement. Ils ne veulent aucune modification territoriale qui ne soit pas conforme à la volonté librement exprimée des peuples intéressés. Troisièmement. Ils respectent le droit qu'ont tous les peuples de choisir la forme de gouvernement sous laquelle ils veulent vivre ; et ils désirent voir rétablir la souveraineté et l'autonomie de ceux qui en ont été dépouillés par la force. Quatrièmement. Ils s'efforceront, tout en respectant les obligations déjà contractées par eux, de faciliter, sur un pied d'égalité, l'accès de tous les Etats, grands ou petits, vainqueurs ou vaincus, au commerce et aux matières premières mondiales nécessaires à leur prospérité économique. Cinquièmement. Ils désirent établir la plus entière collaboration de toutes les nations dans le domaine économique, dans le but d'assurer à tous l'amélioration des conditions de travail, le progrès économique et la sécurité sociale. Sixièmement. Après la destruction définitive de la tyrannie nazie, ils espèrent voir s'établir une paix qui offrira à toutes les nations le moyen de vivre en sécurité dans leurs propres frontières, et qui apportera aux hommes de tous les pays l'assurance qu'ils peuvent mener une vie normale à l'abri de la crainte et du besoin. Septièmement. Une telle paix devrait permettre à tous les hommes de traverser librement les mers et les océans. Huitièmement. Ils croient que toutes les nations du monde, pour des raisons spirituelles aussi bien que matérielles, doivent renoncer à l'emploi de la force. (…). »

L'effet moral de la Charte ne saurait être sous-estimé. C'est pour les ennemis du nazisme une source d'espoir, et pour les nazis « une déclaration théâtrale[14] ». Sans l'avouer, les Etats-Unis sont entrés de plain-pied dans le camp des Alliés.

Le poids de l'opinion

De 1939 à 1941, les critiques n'ont pas manqué de souligner, les uns que le président a dupé ses concitoyens en les conduisant, par des voies obscures, jusqu'à la guerre, les autres qu'il s'est laissé guider par les événements, qu'il a réagi et non pas agi. Sans doute convient-il de tenir compte des sondages[15]. Le 23 mai 1940, 64 % des personnes interrogées préfèrent que les Etats-Unis se tiennent à l'écart de la guerre, et 36 % souhaitent que les Etats-Unis aident l'Angleterre quel que soit le risque. Le 29 mars 1941, la proportion tombe à 27 % sur le premier point et grimpe à 70 % sur le deuxième point. Le 10 juillet 1941, la position des deux camps est quasi stable : 33 % dans un cas, 61 % dans l'autre. Beaucoup d'Américains se sentent en guerre bien avant que les Japonais n'attaquent la base de Pearl Harbor : le 9 janvier 1941, ils sont 48 % à éprouver ce sentiment, et 56 % neuf mois plus tard. Roosevelt ne se fait pas l'éducateur ou le pédagogue d'une nation ignorante des relations internationales, mais avance à la même vitesse qu'elle. Sinon, il aurait cherché à montrer la fausseté de la notion de « guerre étrangère ». Il aurait tenté d'expliquer que des conflits affectant les intérêts nationaux pouvaient surgir hors du continent américain, que l'Angleterre appartenait au même monde que le leur, que l'Atlantique n'était pas une barrière infranchissable, que Dieu et la nature ne protégeraient pas l'Amérique pour l'éternité. Prisonnier de ses promesses électorales, d'un discours pacifiste qui a eu ses vertus en 1939 mais a perdu son sens en 1940-1941, il est obsédé par le souvenir de Wilson et du douloureux mois de mars 1917 au cours duquel le président des Etats-Unis a cherché, une dernière fois, désespérément, une autre solution que la guerre.

Roosevelt n'a rien d'un guide. Il n'a pas informé les Américains, ne leur a pas dit toute la vérité, n'a pas traité ses concitoyens en adultes, pas assuré la direction d'une démocratie qui aurait bien fini par le suivre. L'accusation selon laquelle il aurait fait en secret le contraire de ce qu'il a dit en public n'est pas sans fondements.

A moins que la véritable question ne soit ailleurs : Roosevelt a-t-il eu raison d'agir comme il a agi ? Le Congrès n'aurait voté la déclaration de guerre ni en septembre 1939 ni en juin 1940. L'aurait-il fait, l'engagement militaire des Etats-Unis aurait été négligeable ; dans le meilleur des cas, leur concours actif n'aurait pas été plus décisif que l'aide matérielle fournie aux démocraties occidentales. En revanche, en 1941, la préparation est intensive, la mobilisation économique a commencé. Des organismes sont mis en place. En novembre, le « Programme de la Victoire » est élaboré et transformera l'économie de paix en économie de guerre ; les objectifs, ambitieux, sont clairement définis.

Sur le plan purement militaire, l'effort est le même. La loi de septembre 1940 sur le service militaire sélectif est prolongée, en dépit des oppositions, l'année suivante. Un début d'instruction est donné aux recrues, et les effectifs atteignent le million et demi. Si le pays n'a pas encore de forces opérationnelles et si de longs mois sont encore nécessaires, la voie est tracée. Dans le domaine stratégique et matériel, le rôle de l'aviation est devenu primordial, la marine est en pleine croissance. La fabrication massive des chars a commencé. Bien plus, dès le printemps de 1941, avant même la rencontre d'Argentia, les chefs militaires des Etats-Unis ont rencontré ceux de la Grande-Bretagne[16]. L'accord ABC-1 prévoit ce que sera la coopération anglo-américaine si les Etats-Unis entrent en guerre. Les états-majors apprennent à travailler ensemble, des liens personnels sont noués. En 1941, contrairement à ce qui s'est passé en 1916, les Etats-Unis ont pris le temps de se préparer à la guerre – grâce, il est vrai, à la résistance, héroïque et solitaire, de la Grande-Bretagne. Roosevelt attend le moment décisif pour faire entrer officiellement son pays dans le conflit. A sa surprise, sans aucun doute, l'initiative viendra non pas de l'Allemagne, mais du Japon.

CHAPITRE XII

Pearl Harbor
7 décembre 1941

Depuis bientôt un demi-siècle Pearl Harbor ne cesse de fasciner[1]. En effet l'attaque japonaise a bouleversé les cartes, contraignant les Etats-Unis à entrer de plain-pied dans le conflit mondial. La guerre n'appartient plus désormais aux seuls Européens. L'événement porte en germe les extraordinaires changements du monde de 1945, notre monde.

Les Américains aidaient activement la Grande-Bretagne et depuis peu l'Union soviétique. Ils s'attendaient à de vives réactions de l'Allemagne, et une forme de guerre larvée avait déjà éclaté dans l'Atlantique. Mais l'attaque décisive se produit dans le Pacifique, à des milliers de kilomètres du théâtre d'opérations qu'on croyait primordial, et elle vient du Japon qui, pour les Américains, ne devrait être qu'un adversaire secondaire. Un raid comme on n'en a jamais vu[2]. L'une des plus grandes puissances maritimes est frappée dans ses forces vives, au cœur de son dispositif.

Ce raid est devenu un véritable mythe, toujours vivace, qui appelle des questions et suscite des réponses plus ou moins satisfaisantes. Faut-il nécessairement, pour comprendre cet événement hors du commun, imaginer le pire, par exemple la complicité des plus hauts

personnages de l'Etat ? Roosevelt aurait-il laissé faire ?
Aurait-il même provoqué l'attaque pour que le Japon
tombe dans le piège et que l'opinion américaine, enfin
convaincue, s'enflamme et accepte la guerre ? A moins
que ledit complot ne soit qu'un de ces fantasmes, qu'une
de ces chausses-trapes que l'historien rencontre sur sa
route. Quoi qu'il en soit, Pearl Harbor demeure dans la
conscience collective des Américains une plaie ouverte.

Les faits

Les faits sont simples[3]. La base est située dans l'île
d'Oahu, au milieu de l'archipel d'Hawaï. En plein océan,
à 3 500 km de Los Angeles, à 5 500 km du Japon, à
7 000 km de l'Australie. L'archipel occupe une position
stratégique, sur la route des « mandats » (Guam, Wake,
Midway), îles que les Etats-Unis administrent depuis le
début du xxᵉ siècle, sur la route des Philippines sur lesquelles les Etats-Unis exercent un protectorat depuis la
guerre hispano-américaine, sur la route des Indes néerlandaises, de la Malaisie, de l'Océanie. C'est dire son
importance stratégique : une sentinelle avancée de
l'empire américain du Pacifique[4]. La base abrite des bâtiments de la flotte du Pacifique : six à huit cuirassés[5],
deux ou trois porte-avions, des croiseurs, des destroyers,
des sous-marins, des mouilleurs de mines, des navires
auxiliaires et, pour entretenir cette flotte, des réservoirs
de pétrole, des cales sèches et des ateliers.

Pour prévenir toute attaque, les navires sont protégés
par 25 000 hommes, des avions de l'armée de terre et de
l'aéronavale[6]. Rien à voir avec le légendaire Fort-Alamo
depuis lequel au siècle dernier, quelques *desperados*
veillaient sur les colons du Texas. D'ailleurs, le général
Walter Short, qui commande les forces terrestres de l'île,
exprime sa satisfaction le 7 avril 1941 : « Ici, à Hawaï,

nous vivons tous dans une citadelle ou dans une île puissamment fortifiée. » Comprenons bien : imprenable, inexpugnable, à l'abri de toute surprise. Les experts sont aussi formels : si une force ennemie – japonaise bien sûr – voulait s'emparer d'Oahu, elle se heurterait à une invincible résistance. La DCA, les canons de la défense côtière, l'artillerie, les 35 forteresses B 17 (un nouveau modèle qui fait l'orgueil des aviateurs), les bombardiers en tous genres lui infligeraient de lourdes pertes. Reste la menace des saboteurs et des sous-marins. Elle serait grave, si les précautions élémentaires n'avaient été prises. La flotte du Pacifique n'a rien à craindre.

Il est vrai que certains militaires ne partagent pas cet enthousiasme. Des marins regrettent que la flotte du Pacifique ne soit plus stationnée à San Diego (Californie), qu'elle ait été affaiblie au profit de la flotte de l'Atlantique ; elle a, disent-ils, mission de faire peur aux Japonais sans en avoir les moyens. Il se trouve en son sein des nostalgiques du principe de la concentration tel que l'avait conçu l'amiral Mahan, des rêveurs qui réclament encore plus de crédits pour la marine. La flotte du Pacifique se sent mal aimée. Mais, quoique diminuée par la nouvelle stratégie sur l'Atlantique, sa puissance lui donne, malgré tout, un formidable sentiment de sécurité.

Ce sentiment vole en éclats le 7 décembre 1941. Un peu avant 8 heures (heure locale, soit 13 heures 30 à Washington), une vague de bombardiers déferle sur la base. Effet de surprise total. C'est un dimanche, le jour le plus calme de la semaine, celui où il ne se passe jamais rien. Le contre-amiral Furlong, à bord du mouilleur de mines *Oglala*, attend son petit déjeuner lorsqu'une bombe explose à quelques mètres de son bâtiment. « Quel est ce pilote stupide qui a mal fixé son dispositif de bombardement ? » s'exclame-t-il, croyant que l'engin vient de tomber accidentellement d'un appareil américain. Sur l'*Oklahoma*, l'alarme est donnée par les haut-parleurs. Un des électriciens du cuirassé se rend à petits pas à son poste de combat, en maugréant contre ce qu'il croit être un nouvel exercice. Mêmes réactions de la part de Short qui pense que la marine ne l'a pas informé de ces manœuvres. L'amiral Husband Kimmel, qui commande la flotte du Pacifique, prévenu par téléphone, se précipite dehors, tout en boutonnant sa vareuse. Sa voisine l'a observé : « Il n'arrivait pas à y croire. Il était complètement abasourdi. Son visage était aussi blanc que son uniforme. »

Partout, dans les premières minutes, les sentiments qui prévalent sont l'incrédulité, l'incapacité à se convaincre que ce sont bien les Japonais qui attaquent. Au milieu des explosions, des balles qui sifflent, du bruit assourdissant des moteurs d'avions, de la fumée et des incendies, les scènes de panique se succèdent. L'*Oklahoma* chavire, quille en l'air. L'*Arizona* subit une terrible explosion qui fait 1 000 morts. Sur le *Vestal*, amarré bord à bord avec l'*Arizona*, le feu provoque des dégâts considérables, et une centaine d'hommes sont projetés par-dessus le bastingage. Sur le pont, raconte un témoin, on voyait des tonnes de débris, « des parties du navire, des jambes, des bras, des têtes ». Un peu plus loin, le *West Virginia* est torpillé. La base aérienne, toute proche, est l'objet d'un assaut comparable. C'est de là que part, à 7 heures 58, le premier message : « Raid aérien, Pearl Harbor. Ce n'est pas un exercice. » Quelques instants plus tard, message identique de Kimmel à Washington. A 8 heures 12, celui-ci télégraphie à toutes les unités de la flotte du Pacifique et à l'amiral Stark, le chef des opérations navales. « Les hostilités avec le Japon viennent de commencer par un raid aérien sur Pearl Harbor. » A 8 heures 17, il s'adresse à l'escadrille de patrouille : « Localisez la force ennemie. » Ce n'est pas de l'hystérie, d'après un témoin, mais de

« l'effroi maîtrisé ». Tirer à la mitrailleuse sur les avions japonais, c'est bien – encore que ce soit de plus en plus difficile à mesure que les navires prennent de la gîte, s'enflamment ou chavirent – mais repérer le gros de la flotte japonaise, ce serait mieux. Comment y parvenir dans une telle confusion ?

Les Japonais disposent de moyens considérables. Entourés par 2 cuirassés, 2 croiseurs lourds, 11 croiseurs légers, 11 destroyers, 3 sous-marins, 8 navires ravitailleurs, les 6 porte-avions de l'amiral Nagumo sont parvenus à moins de 400 km de la pointe nord d'Oahu. C'est de là que s'est envolée, vers 6 heures, la première vague – 49 bombardiers chargés du bombardement horizontal, 40 avions lance-torpilles, 51 bombardiers en piqué, 43 chasseurs –, soit 183 appareils. Une heure plus tard, la deuxième vague décolle : 168 appareils. Le commandement américain ignore tout, bien évidemment, de ces statistiques et des intentions des Japonais. « Je n'imaginais pas, admet Short, quel degré de gravité revêtirait l'attaque. S'ils prenaient un tel risque, ils pourraient aussi bien tenter un débarquement. » Le commentaire qui revient le plus souvent, la première surprise passée, tient en une phrase : « Ils nous ont surpris dans notre sommeil. » Short est « dans un état de confusion animée ». Kimmel est désemparé. En un mot, Pearl Harbor, c'est le K.O. au premier round.

Après un raid d'une heure et demie, les Japonais font demi-tour. Nagumo considère la mission comme achevée. Les pilotes étaient prêts à décoller une deuxième fois pour raser la base, mais l'amiral refuse de céder à leur ardeur. Certes, parmi les navires américains qui ont été frappés ne figurent pas les porte-avions de la flotte du Pacifique. Le hasard a voulu qu'ils ne se trouvent pas à Pearl Harbor ce jour-là, mais en manœuvre. Les Japonais sont déçus d'avoir manqué les pièces maîtresses de la flotte américaine, mais Nagumo ne veut ni perdre de

temps ni s'attirer des représailles ni gaspiller les ressources de la marine japonaise. Ne doit-elle pas, dans le
même temps, lancer des offensives sur la Malaisie,
l'Indochine, la Thaïlande, Singapour, Wake. Guam et
Hong Kong ? Le gouvernement impérial attend de ses
marins des miracles. A quoi bon s'attarder dans les eaux
hawaïennes, alors que la guerre doit se mener sur des
millions de kilomètres carrés ?

De leur côté, les Américains de Pearl Harbor tentent
de riposter. L'aviation fait porter ses recherches sur le
sud, puis sur le nord ; la coordination entre la marine et
l'armée n'est pas excellente. De plus, on attend une nouvelle attaque japonaise. Les deux ou trois sous-marins
aperçus au large donnent à penser qu'une opération
amphibie se prépare. Tandis que les militaires éteignent
les incendies, soignent les blessés, dégagent les morts, la
panique gagne la population civile. De fausses nouvelles
circulent. On aurait vu des parachutistes, des sous-
marins, des avions de reconnaissance, des commandos.
Ici et là, les sentinelles tirent à tort et à travers. La
pagaille est indescriptible. Ce qui n'empêche pas des
actes individuels d'héroïsme qui témoignent du sang-
froid de quelques-uns[7].

A la fin d'une journée qui ressemble à un cauchemar,
l'heure du bilan est venue. Morts immédiatement ou des
suites de leurs blessures : 2 403, y compris les disparus.
Blessés : 1 178. La flotte a perdu 8 cuirassés, 3 croiseurs
légers, 3 destroyers, 4 navires auxiliaires. Sur ces
18 bâtiments, 80 % seront remis en état, La plupart, en
outre, dataient de la Première Guerre mondiale, alors
que la flotte commençait à se doter de bâtiments ultra-
modernes comme les porte-avions. L'aéronavale est privée de 13 chasseurs, 67 bombardiers, 3 avions de transport. L'aviation de l'armée de terre a perdu 4 forteresses
volantes, 12 B18, 2 A20, 32 P40, 20 P36, 4 P26, 20 A9.
Près de 150 appareils, des aérodromes et des installa-

tions diverses ont été endommagés. Du côté japonais, il
n'y a eu que 29 appareils abattus, 1 sous-marin et
5 sous-marins de poche coulés. De quoi enthousiasmer
l'état-major impérial. Pearl Harbor est l'heure de gloire
de la marine japonaise.

A la recherche d'une explication

Ce succès, a été préparé longuement et minutieusement par les marins japonais. L'idée d'un raid sur Pearl
Harbor revient à l'amiral Isoroku Yamamoto, chef
suprême de la flotte, qui l'a exprimée pour la première
fois dès le printemps de 1940. Peut-être l'a-t-il conçue
en songeant au raid de l'amiral Togo contre la flotte
russe de Port-Arthur en 1904. Mais attaquer la flotte
américaine à Pearl Harbor, c'est, compte tenu des distances, une idée folle. Elle va à l'encontre de la doctrine stratégique des marins japonais, dont la mission
principale est de livrer bataille aux abords des côtes de
leur pays. Elle surprend, enfin, quand on sait que
Yamamoto n'éprouve aucune inclination à préparer la
guerre contre les Etats-Unis dont il connaît la puissance
industrielle et redoute les forces navales. Mais, depuis
qu'il a pris ses fonctions en août 1939, il doit mettre au
point la stratégie qui permettra à son pays de
construire une sphère de co-prospérité en Asie, c'est-à-
dire de s'étendre au sud jusqu'à la proximité de l'Australie, à l'ouest jusqu'à Singapour, à l'est jusqu'à Guam,
Wake et Midway. La flotte aura, dans ces conditions,
une stratégie offensive. Dans cette perspective, la flotte
américaine de Hawaï menace le flanc oriental de la
flotte japonaise. Avant de se lancer dans son programme d'expansion territoriale, le Japon est obligé
d'écarter ce danger potentiel. D'ailleurs, Yamamoto ne
prétend pas en rester là. Si la flotte américaine prend la

mer, il engagera le combat. L'essentiel, soutient-il, est de porter « un coup fatal » à l'ennemi.

Le grand chef a confié l'élaboration du projet à des adjoints aussi brillants que discrets. Mois après mois en 1941, les préparatifs ont progressé. Un à un, les problèmes techniques ont été résolus. Les plans prévoient une attaque surprise (traditionnelle chez les stratèges japonais), un raid sur les porte-avions américains, un raid complémentaire sur les avions basés à Oahu. L'attaque devra avoir lieu au petit jour pour éviter les inconvénients de la navigation et du bombardement nocturnes. Comme rien ne peut être entrepris sans de bons renseignements, le consulat japonais d'Honolulu a été chargé de cette mission délicate. Un agent spécial a dressé l'état de la base, relevé le nombre de bâtiments qui y mouillaient habituellement, observé les modalités de l'amarrage, constaté que la flotte avait l'habitude de rentrer à Pearl Harbor au début de chaque week-end et repéré avec soin la topographie.

Le 4 novembre, Yamamoto reçoit le feu vert. Si la guerre éclate, l'attaque se fera le 8 décembre, date de Tokyo (soit le 7, date d'Hawaï). La flotte de l'amiral Nagumo quitte les Kouriles le 26 novembre et sera définitivement fixée sur sa mission le 1er décembre. Toutefois, si précise soit-elle dans les moindres détails, l'opération n'aurait pas réussi sans le concours de la chance. La flotte japonaise a emprunté la voie du Pacifique Nord, mais le temps aurait pu être détestable et gêner, sinon empêcher le ravitaillement en mer. Elle a, par souci de sécurité, rompu tout contact radio, mais une flottille de soutien venue à sa rencontre aurait pu être repérée. La base de Pearl Harbor, habituellement fermée par un filet de protection, est restée ce jour-là ouverte entre 4 et 8 heures. Enfin, les bâtiments américains n'étaient pas protégés par des filets d'acier contre les torpilles.

Le savoir-faire des Japonais n'a eu d'égal que la maladresse, sinon les négligences des Américains. Sur ce thème, les historiens disposent d'une matière abondante. De décembre 1941 à juillet 1946, pas moins de sept commissions administratives et une commission spéciale du Congrès ont mené des enquêtes approfondies, interrogé les acteurs et des centaines de témoins, remué des tonnes de documents, réuni quarante volumes de rapports et de dépositions. Grâce à ce gigantesque travail, les certitudes ne manquent pas. Les sujets de controverse, non plus !

Au banc des accusés, le général Short et l'amiral Kimmel, l'un et l'autre démis de leurs fonctions et contraints de prendre une retraite anticipée. Ils auraient commis « des erreurs de jugement », « des négligences dans l'accomplissement de leur devoir ». Short, par exemple, n'a pas prévu que les Japonais pourraient entreprendre un raid aérien. Il a envisagé des opérations de sabotage, au pire un débarquement ; rien d'autre. C'est précisément pour cela qu'il a ordonné aux aviateurs de regrouper leurs appareils sur les aérodromes, de les serrer les uns contre les autres pour assurer une meilleure surveillance et n'a pas imaginé qu'ils puissent avoir à décoller de toute urgence. La meilleure preuve que l'on n'a pas prévu le pire, c'est que les opérateurs d'un radar installé à la pointe nord d'Oahu ont relevé, le 7 décembre à 7 heures, la présence d'avions sur leur écran de contrôle. Mais ils ont cru qu'il s'agissait d'appareils américains en provenance de Californie, et leurs supérieurs n'ont pas su traiter correctement l'information. Au fond, Short ne croyait pas à l'efficacité du radar, pourtant démontrée pendant la bataille d'Angleterre et la guerre de l'Atlantique. Il considérait cet appareil comme un instrument d'instruction et non un moyen de défense. Celle-ci serait assurée par l'aéronavale, qu'il ne commandait pas. L'amiral Claude Bloch, chargé de la défense navale de la base, s'entendait mal avec Short et ne le mettait guère au courant de ce qu'il faisait ou ne faisait pas. En revanche, il tenait à ce que la flotte soit amarrée dans la base chaque week-end, pour économiser sur les frais de remorquage et sur les opérations de drainage du chenal. Par surcroît, faute de place, les bâtiments étaient amarrés bord à bord et donc beaucoup plus vulnérables aux torpilles.

Quant à Kimmel, il n'a pas ordonné de reconnaissances aériennes, pas transmis à Short tous les renseignements dont il disposait, pas compris ce que signifiait le silence, soudain et prolongé, des porte-avions japonais dont il aurait dû essayer de préciser la localisation. A sa décharge, on dira que le général MacArthur, commandant les troupes des Philippines, dûment averti du raid sur Pearl Harbor, n'a pas fait mieux que Kimmel et passe pourtant pour un héros. Kimmel fut-il le bouc émissaire ?

Kimmel l'a cru, l'a écrit dans ses Mémoires parus en 1955[8] et n'a cessé de le répéter jusqu'à la fin de sa vie en 1968. C'est lui qui a diffusé dans le public la thèse « révisionniste » et rappelé inlassablement que les vrais responsables du désastre étaient à Washington, pas à Hawaï. Que d'occasions perdues, en effet, de déceler, puis de contrecarrer les plans de la Marine japonaise ! Depuis l'été de 1940, le service des transmissions de l'armée de terre a brisé le plus secret des codes diplomatiques japonais. Le système Pourpre est déchiffré par une machine spéciale qui existe en huit exemplaires (4 à Washington, 1 aux Philippines, 2 à Londres ; la huitième, destinée à Pearl Harbor, est échangée en octobre 1941 contre une machine anglaise). Toutefois, les télégrammes japonais déchiffrés, les Magies, ne révèlent pas tout, puisque la marine ennemie dispose de codes spéciaux, très souvent renouvelés, que les Américains ne déchiffrent pas. Mais quand même... Le 24 septembre 1941, par exemple, Tokyo a demandé à son consulat de diviser la base de Pearl Harbor en cinq secteurs et de lui adresser des rapports sur chacun d'entre eux. A Washington, l'armée s'inquiète, mais la Marine fait valoir que les Japonais, insatiables espions, ont décidé de réduire les coûts et le trafic radio. Bien plus, ni Kimmel ni Short, les principaux intéressés, ne sont tenus au courant. Le 27 novembre, tous deux ont reçu de Washington un télégramme faisant état d'une « menace de guerre ». Dans la capitale, on redoute le pire, mais on ne dit pas que les Etats-Unis ont rejeté les propositions japonaises et que les négociations sont quasiment rompues. Le télégramme signifie en substance : « Préparez la défense de la base et ne tirez pas les premiers. » Short en a conclu qu'il suffisait de déclarer l'alerte n° 1, celle qui vise seulement les saboteurs. Le télégramme, estime-t-il, revêt une signification spéciale pour les Philippines, mais non pour Hawaï. Kimmel, lui, quoique inquiet, a pensé qu'une « menace de guerre » n'était pas la guerre et qu'en outre ladite menace ne pesait pas nécessairement sur Pearl Harbor. Enfin, le 7 décembre, le général Marshall, chef d'état-major de l'armée, est persuadé, à la lecture d'un *Magic*, que les Japonais vont attaquer le jour même une base américaine. Il est 11 heures 58 à Washington, 6 heures 28 à Hawaï ; l'attaque aura lieu sans doute vers 13 heures, heure de Washington. Marshall, au lieu de téléphoner, télégraphie en priorité aux Philippines, puis à Panama, San Diego, Hawaï. Le télégramme parviendra à Pearl Harbor huit heures et demie plus tard, bien après la fin du raid aérien[9].

Ces inconséquences sont troublantes, et l'on pourrait, à longueur de pages, citer d'autres coïncidences qui auraient pu, qui auraient dû... qu'on n'a pas exploitées, etc. De fait, les services de renseignement travaillent en

ordre dispersé. Leurs responsables sont parfois incompétents, parfois nonchalants, toujours soucieux de préserver leur indépendance. La coordination n'existe pas et
n'existera qu'avec la création de la CIA en 1947. Les services croulent sous le poids des informations, dans lesquelles qu'il convient de trier. Ce qui paraît évident
après ne l'est pas forcément auparavant. Roberta Wohls-
tetter explique brillamment[10] que tous les « signaux » se
sont perdus dans les rumeurs et les bruits, d'autant que
les Japonais pratiquaient à merveille l'art de la désinformation. Les spécialistes américains n'étaient pas toujours au courant des progrès techniques, ultra-secrets,
auxquels les aviateurs ennemis étaient parvenus, par
exemple pour l'utilisation des torpilles dans les eaux peu
profondes. Autant de raisons pour poser la question
autrement : les Américains en savaient-ils assez ? Ne
manquaient-ils pas de renseignements sur les déplacements de la flotte japonaise ? Sur les décisions du gouvernement impérial ? Trop informés ou insuffisamment
informés, les services de renseignement portent, c'est
évident, une part de la responsabilité.

Mais ils partagent cette responsabilité avec les chefs
militaires. On ne parvient pas à imaginer à Washington
que les Japonais pourraient attaquer Pearl Harbor, si
loin de leurs bases. Pourquoi Yamamoto s'en prendrait-
il à la flotte du Pacifique qui n'a pas de mission offensive, mais défensive ? Certes, en janvier 1941, Joseph
Grew, l'ambassadeur des Etats-Unis à Tokyo, a fait part
au département d'Etat d'« un projet fantastique » sur
Pearl Harbor ; le 3 novembre, il a observé que « la santé
mentale des Japonais ne peut être mesurée avec nos cri-
tères logiques », qu'ils peuvent soudain se plonger
« dans un conflit suicidaire avec les Etats-Unis[11] ». Avertissements inutiles.

Ce n'est pas pourtant que le danger japonais soit sous-
estimé. Depuis longtemps on croit aux Etats-Unis au

« péril jaune », à un expansionnisme exacerbé qui finira par déboucher sur la guerre[12]. On n'oublie pas l'invasion de la Mandchourie, de la Chine et le bombardement du *Panay*[13]. Mais si l'on respecte l'efficacité, la puissance industrielle, les traditions militaires de l'Allemagne, on doute de la force économique du Japon qui n'a pas de charbon, pas de matières premières et ne possède qu'une armée de « petits hommes jaunes » dont les Américains ne feraient qu'une bouchée. Manquant de tout, le Japon se servira de sa belle marine pour occuper les Indes néerlandaises, riches en pétrole, pour consolider sa présence en Chine et en Indochine, pour s'emparer de tout ou partie des possessions britanniques d'Extrême-Orient. Tout au plus les Philippines sont-elles menacées, certainement pas Pearl Harbor.

Au cours de la première enquête sur le drame, Marshall déclare que s'il avait eu recours au téléphone pour diffuser le texte du télégramme du 7 décembre, il aurait appelé MacArthur. Frank Knox, le secrétaire à la Marine, lorsqu'il lit le message de Pearl Harbor est interloqué : « Mon Dieu, s'exclame-t-il, ça ne peut pas être vrai. Il s'agit sûrement des Philippines. » Et Stark de répondre : « Non, monsieur, c'est Pearl. » Il faudrait mettre également en cause Henry Stimson et Knox. Ont-ils suffisamment averti leurs subordonnés ? Ont-ils eu raison de leur faire confiance, sans s'assurer qu'ils prenaient toutes les précautions nécessaires ?

Roosevelt est-il coupable ?

A supposer que Roosevelt ait voulu que son pays entre en guerre, il aurait pu savoir que les Japonais allaient attaquer, ne rien dire et ne rien faire qui mette sur leurs gardes les défenseurs de la base et tirer les conséquences du drame pour atteindre son objectif politique. Ainsi, il aurait été coupable de complicité, de duplicité et du pire des machiavélismes. Cette interprétation, dite « révisionniste », prend forme après la guerre, donc après la mort du président, au cours de l'enquête du Congrès. Elle a des relents politiques. Ses partisans sont d'anciens isolationnistes, mal ou superficiellement convertis, des adversaires du New Deal, des critiques de la politique étrangère des Etats-Unis, des ennemis personnels du président défunt. Ils se sont tus pendant le conflit, mais retrouvent leur voix après le retour de la paix, surtout lorsqu'ils constatent que les Etats-Unis ont livré bataille contre l'Allemagne et le Japon pour le plus grand profit, disent-ils, de l'Union soviétique. Le contre-amiral Robert Theobald, un proche de Kimmel, ne mâche pas ses mots : « Notre conclusion principale, écrit-il dans un ouvrage qui a été traduit en français, est que le président Roosevelt contraignit le Japon à faire la guerre en exerçant en permanence sur lui une pression diplomatique et économique, et l'incita à ouvrir les hostilités par une attaque-surprise en maintenant la flotte du Pacifique dans les eaux hawaïennes comme appât[14]. » Kimmel ne va pas aussi loin, mais relève avec soin les télégrammes et les faits qu'on n'a pas portés à sa connaissance. Dans un ouvrage récent, l'historien John Toland soutient[15] que « la comédie des erreurs du 6 et du 7 [décembre 1941] semble incroyable. Elle n'a de sens que si elle correspond aux prémisses d'une charade, si Roosevelt et son entourage le plus proche ont su qu'il y aurait une attaque ». Quel réquisitoire !

Tous les « révisionnistes » n'expriment pas des opinions aussi tranchées. Des historiens comme Charles Tansill et Charles Beard[16] critiquent vigoureusement la politique étrangère de Roosevelt, qu'ils accusent d'avoir entraîné son pays dans la guerre « par la porte de derrière », mais ils ne pensent pas qu'il ait intentionnellement provoqué les Japonais à Pearl Harbor.

A vrai dire, le scénario du complot machiavélique manque de solidité. Si Roosevelt avait dissimulé ce qu'il savait des intentions japonaises, il aurait dû bénéficier de la complicité de Stimson, de Knox, de Stark, de leurs subordonnés et de tous ceux qui ont eu les télégrammes entre les mains. Le complot serait alors devenu un secret de Polichinelle. Et personne n'aurait jamais rien dit ni aux commissions d'enquête ni aux historiens. De plus, si Roosevelt avait laissé faire l'attaque japonaise, pourquoi aurait-il accepté la destruction de tant de bâtiments et d'avions ? Il aurait pu, au dernier moment, avertir Kimmel, faire sortir la flotte en haute mer et éviter ainsi le désastre, tout en obtenant auprès du Congrès et de l'opinion le soutien qu'il espérait.

Enfin, beaucoup de faits mineurs et de déclarations suspectes ont été déformés et montés en épingle. Le 19 novembre, par exemple, Tokyo recommande à ses représentants à l'étranger de détruire les codes diplomatiques si la situation se détériore ; en ce cas, la radio diffusera un message inclus dans le bulletin météorologique. « Vent d'est, pluie » : les relations américano-japonaises sont en danger. « Vent du nord, nuageux » : les relations avec l'Union soviétique vont mal. « Vent d'ouest, clair » : les relations du Japon avec la Grande-Bretagne empirent. Les spécialistes américains du renseignement se mettent à l'écoute. Ils n'entendent rien. Auraient-ils capté le premier des messages, cela annonçait-il un raid sur Pearl Harbor, sur les Philippines, sur Guam ou sur Wake ? Il est vrai que, le 27 novembre, dans une conversation avec Stimson, Roosevelt mentionne la probabilité d'une attaque japonaise, ce qui n'a rien d'étonnant, car cette probabilité est à cette date évoquée par tous. Mais Roosevelt ajoute, selon Stimson, qu'il faut « manœuvrer » les Japonais jusqu'à ce qu'ils tirent les premiers. Voilà la preuve de la préméditation ! exultent les « révisionnistes ». En fait, l'interprétation du mot qu'emploie

Roosevelt est claire. Pour lui, les démocraties, et les Etats-Unis en particulier, doivent demeurer les farouches défenseurs de la paix. Pas question de déclencher une guerre préventive, il l'a dit et répété. L'opinion américaine, encore marquée par l'isolationnisme, réclame que tout soit fait pour éviter la guerre.

Autre scénario : à défaut d'être personnellement responsable de la tragédie de Pearl Harbor, le président Roosevelt aurait, à l'insu des Américains, suivi à l'égard du Japon une politique qui devait inévitablement conduire à la guerre. Encore une fois, le mythe l'emporte sur la réalité. Qu'il ait éprouvé de fortes sympathies pour l'Angleterre, qu'il l'ait constamment soutenue, qu'il ait, dans une certaine confusion, engagé son pays dans la bataille de l'Atlantique, qu'il ait donné la priorité absolue à la guerre européenne, personne n'en doute. Autant de raisons pour ne pas précipiter les opérations militaires dans le Pacifique. En ce domaine, Roosevelt pratique l'attentisme : son entourage, politique et militaire, ne cesse de réclamer quelques semaines, quelques mois de plus pour préparer une guerre à l'Ouest dont les citoyens ne veulent pas. Mais le Japon prend des initiatives qui nuisent aux intérêts américains. L'agresseur, c'est lui.

Deux dates sont décisives. La première est celle de l'armistice franco-allemand de juin 1940. Depuis plus d'un an, les Etats-Unis ont mis en garde les Japonais contre la poursuite de leur politique expansionniste et disposent d'un moyen de pression efficace : les matières premières et les produits finis dont le Japon ne peut se passer, par exemple les ferrailles, l'acier, le pétrole. Tokyo fait semblant de céder aux injonctions et échappe aux sanctions économiques. Mais la défaite de la France annonce le déclin de l'influence européenne en Asie. Les puissances coloniales, comme la France, les Pays-Bas, peut-être bientôt la Grande-Bretagne, sont désormais impuissantes. La voie est libre pour la poursuite de la conquête de la Chine et l'organisation d'une sphère de coprospérité. Les Japonais rêvent d'annexer, après la Mandchourie, la Chine, l'Indochine française, la Thaïlande, la Malaisie britannique, les Indes néerlandaises, sans doute même la Nouvelle-Zélande, l'Australie et la Birmanie, un jour ou l'autre les Philippines. Pour le moment, ils exigent de prendre pied dans le nord de l'Indochine et obtiennent satisfaction. Ils demandent avec force aux Hollandais que les Indes néerlandaises leur livrent de plus grosses quantités de pétrole. Encore convient-il de s'entendre avec l'Allemagne et l'Italie pour n'avoir rien à craindre de l'Union soviétique ni des Etats-Unis. Le pacte tripartite est signé le 27 septembre 1940 à Berlin. Les Japonais occupent maintenant le Tonkin, font pression sur la Thaïlande et la Birmanie pour que ces deux pays cessent d'approvisionner les troupes de Tchang Kaï-chek. Accaparé par les affaires européennes et la campagne pour les élections présidentielles, Roosevelt se contente de décréter l'embargo sur les exportations de fer et de ferrailles à destination du Japon et d'accorder un nouveau prêt à Tchang.

A mesure que les mois passent, Tokyo et Washington reprennent le fil des négociations interrompues. Ils les mènent avec patience, dissimulation et arrière-pensées, aucun des deux pays ne tenant à pousser l'autre dans la guerre. En 1941, les Japonais tirent parti d'une situation qui leur est favorable : ils ont conclu un traité de neutralité avec l'Union soviétique le 13 avril et disposent d'assez d'indépendance vis-à-vis de l'Allemagne pour n'avoir pas à se précipiter tête baissée sur Singapour et l'Empire britannique.

C'est alors que survient l'invasion allemande de l'URSS en juin 1941, deuxième date décisive. Les Japonais respectent le traité d'avril, contrairement au souhait de Hitler, mais, dès le 2 juillet, décident d'appliquer une politique de force si leur « espace vital » n'est pas reconnu par les Etats-Unis, mettant ainsi deux fers au feu : la négociation ou la guerre ; la négociation pendant qu'on prépare la guerre.

Le 28 juillet, leur armée occupe le sud de l'Indochine. Ils ne peuvent plus parler d'une simple protection de leurs troupes en Chine. Ils prennent avantageusement position pour fondre sur les possessions britanniques et néerlandaises, puis sur les Philippines. Emoi à Washington. Roosevelt convoque l'ambassadeur Nomura. Que le Japon renonce au sud de l'Indochine, et les Etats-Unis feront l'impossible pour qu'il puisse se procurer les matières premières et les produits qu'il désire acquérir. En vain. Les Etats-Unis gèlent alors les avoirs japonais et annulent les licences pour les exportations de pétrole ; le canal de Panama est fermé aux bateaux japonais ; le général MacArthur, rappelé en activité, prend aux Philippines le commandement des forces américaines et locales.

L'embargo sur le pétrole américain, renforcé par l'embargo sur le pétrole britannique et néerlandais, contraint le Japon à un choix dramatique. Il ne dispose plus que de sa propre production, de quoi approvisionner sa flotte pendant un mois seulement. Dans dix-huit mois, ses réserves seront épuisées. Comment obtenir que les Etats-Unis se résignent à accepter la sphère de coprospérité et qu'ils reprennent leurs échanges commerciaux ? Le Japon doit céder à la pression de Washington ou bien faire la guerre. Les Etats-Unis, eux, veulent que le Japon renonce au pacte tripartite et à l'asservissement de la Chine, qu'il cesse de violer les principes wilsoniens de la sécurité collective et de la liberté des peuples à disposer d'eux-mêmes, mais se refusent à la guerre. Roosevelt prétend « materner » les Japonais et non disperser des forces navales et terrestres nécessaires au combat contre l'Allemagne nazie. Il est vrai que s'il désirait s'en tenir à une politique d'apaisement, il aurait mieux fait de ne pas aller aussi loin dans les sanctions économiques[17]. L'attitude de Washington n'est pas dépourvue de contradictions. Peut-être nourrit-on l'illusion que l'Empire du Soleil-Levant n'osera pas attaquer l'Amérique et acceptera, en fin de compte, de restituer à la Chine les territoires qui lui ont été enlevés. Grave erreur.

Le 17 octobre, le général Tojo devient Premier ministre. Sans croire à la possibilité de maintenir des relations pacifiques avec les Etats-Unis, il accepte de tenter un dernier effort. La conférence impériale du 5 novembre définit la stratégie diplomatique du Japon. Une première proposition aux Etats-Unis, le plan A, portera sur la reprise des échanges commerciaux, sur le pacte tripartite et sur l'évacuation de la Chine. Si les Américains n'en veulent pas, ils recevront une deuxième proposition, le plan B, une sorte de *modus vivendi* : les Japonais promettent de ne plus étendre leur Empire si les Etats-Unis allègent leur pression économique. Dans le cas où le président Roosevelt refuserait tout accord, le Japon choisirait la voie de la guerre[18]. Date limite : le 25 novembre. Les négociations commencent à Washington. Le Japon se donne un délai supplémentaire jusqu'au 29 novembre. Les Américains sont au courant grâce aux *Magics*. Ils savent qu'« après cela, les choses suivront automatiquement leur cours ». Cordell Hull n'en pense pas moins que l'abandon de la Chine serait une trahison, un acte immoral, qu'en cédant aux Japonais les Etats-Unis déclencheront de nouvelles agressions. Tout comme son secrétaire d'Etat, le président sent que la guerre est proche et qu'elle éclatera, pour les Etats-Unis, sur deux fronts. Autant faire traîner les négociations pour renforcer le potentiel militaire et acheminer vers les bases du Pacifique un plus grand nombre de forteresses volantes.

Le 26 novembre, Hull rejette les demandes « minimales » et n'en informe que partiellement les responsables militaires. Que reste-t-il à faire sinon deviner où les Japonais frapperont, attendre pour ne pas heurter l'opinion américaine et surtout ne pas diminuer l'aide à la Grande-Bretagne ? Comme on l'a dit, l'état-major américain estime que les Japonais attaqueront les Indes néerlandaises, Singapour ou les Philippines.

Le 6 décembre, Roosevelt télégraphie à l'empereur Hirohito pour le prier de renouer les négociations. La guerre menace en Asie et dans le Pacifique ; le président et l'Empereur ont « un devoir sacré, restaurer l'amitié traditionnelle des deux pays, et épargner au monde d'autres morts et d'autres ruines ». Dans la nuit du 6 au 7, les renseignements de la marine font état d'une intense activité maritime des Japonais en direction du golfe de Thaïlande. Mais, pour le moment, tout est encore possible, puisque Tokyo n'a pas répondu au message de Hull du 26 novembre ni à celui de Roosevelt.

Le dimanche 7 décembre, Eleanor Roosevelt déjeune à la Maison Blanche avec un journaliste qui vient d'arriver de Londres. Dans une autre pièce, le président prend un repas frugal, tout en bavardant avec Hopkins. A 13 heures 40, coup de téléphone de Knox : « M. le Président, il semble que les Japonais ont attaqué Pearl Harbor. – Non, s'écrie Roosevelt. – Si, c'est vrai, reprend le secrétaire à la Marine. Je vais vous lire le message[19]. » Premier commentaire de Roosevelt, tel qu'il est rapporté par Hopkins : « [Il] mentionna les efforts qu'il avait accomplis pour maintenir le pays hors de la guerre et son désir profond de terminer son mandat sans faire la guerre, mais si les Japonais avaient agi ainsi, cela voulait dire que les choses ne dépendaient plus de lui. La décision aurait été prise sans lui[20]. » Roosevelt appelle immédiatement son secrétaire d'Etat qui s'apprête à recevoir l'ambassadeur japonais et à écouter une réponse que le système des *Magics* lui a déjà fait connaître[21] Hull est furieux que Nomura vienne lui parler alors que des bombes et des torpilles japonaises tombent sur **Pearl Harbor**. Il fait semblant de lire le texte du message et congédie les deux diplomates avec brutalité. Après Hull, Stimson, Marshall, Sumner Welles sont mis au courant. La nouvelle est diffusée dans le Washington des officiels, puis rendue publique.

On a reproché à Roosevelt d'avoir été trop conciliant d'abord, trop ferme ensuite à l'égard du Japon, de n'avoir pas pratiqué l'apaisement jusqu'au bout pour éviter une guerre sur deux fronts et, en tout cas, le déclenchement d'un conflit considéré comme mineur au moment où le conflit majeur paraissait imminent. Critique peu convaincante. Les Japonais agissent en fonction de la guerre en Europe, et les Américains sont le plus souvent contraints de réagir à leurs initiatives. A moins d'imaginer une soumission totale de Washington aux diktats de Tokyo, on voit mal quelle autre politique le président aurait pu mener dans le Pacifique.

L'entrée en guerre

La suite des événements suscite moins de questions. La guerre vient de commencer dans le Pacifique. Pourtant, pour Roosevelt comme pour la grande majorité des Américains, l'ennemi principal demeure Hitler. Le 8 décembre, le président des Etats-Unis prononce un message de six minutes et demie devant le Congrès. « Hier, le 7 décembre 1941, une date qui restera marquée d'infamie », les Etats-Unis ont été « soudainement et délibérément » attaqués par les forces aériennes et navales du Japon. Roosevelt fustige le double jeu des Japonais, leur perfidie et demande que l'état de **guerre** soit reconnu[22]. Le Sénat à l'unanimité et la Chambre des représentants à l'unanimité moins une voix[23] l'approuvent. Stimson aurait aimé que Roosevelt recommande en même temps de déclarer la guerre à l'Allemagne et à l'Italie, ce qui eût été plus conforme à la politique des Etats-Unis. Mais le président préfère que Berlin et Rome prennent l'initiative de la rupture ; ce qui convaincra un peu plus encore les Américains qu'ils n'ont d'autre choix possible que de se battre. Hitler et Mussolini franchissent le pas le 11 décembre, et le Congrès en prend acte.

Rien désormais ne sera plus comme avant. Autour du président, c'est l'union sacrée. Il n'est pas nécessaire, comme en 1917, de stimuler le patriotisme. Les Américains serrent les coudes. Des scènes significatives en portent témoignage. Le 7 décembre, à 20 heures 30, le président réunit le Cabinet en présence de Hopkins. « Vous savez ce qui est arrivé, commence Roosevelt. Nous n'avons pas beaucoup d'informations pour le moment. » Quelqu'un pose la question qui obsède tout le monde : « M. le Président, plusieurs d'entre nous débarquent de l'avion. Nous ne savons rien, sinon que nous avons lu l'horrible manchette : "Les Japs attaquent Pearl Harbor." Pouvez-vous nous informer ? » Frances Perkins note : « Le président avait beaucoup changé depuis que nous l'avions vu le vendredi précédent. Alors, il était tendu, inquiet, s'efforçant de rester optimiste comme toujours, (...) il portait visiblement un terrible fardeau de décisions à prendre. (...) Mais, en cette soirée du 7 décembre 1941, en dépit du coup terrible porté à son amour-propre, à sa foi dans la marine et dans ses navires et à sa confiance dans le service américain de renseignement, en dépit de cette horrible chose – notre pays entraîné dans la guerre –, ce 7 décembre 1941 au soir, il avait l'air beaucoup plus calme. L'événement avait résolu sa terrible incertitude morale[24] » Le président s'est métamorphosé. Comme il le dira lui-même plus tard, le Dr. New Deal est devenu le Dr. Gagne-la-guerre.

La soirée n'est pas terminée. Les leaders du Sénat sont reçus à leur tour. Il y a là des démocrates et des républicains, des isolationnistes et des internationalistes. Ils sont tous abasourdis, tous impressionnés par le récit et le comportement du président. « Ils étaient assis dans un silence de mort. (...) Ils prononcèrent peu de mots[25]. » Seul, le sénateur Connally, président de la commission des Affaires étrangères, explose : « Et nous n'avons rien fait ! » Puis, se tournant vers Knox : « Je suis frappé par l'attaque du Japon, mais je suis encore plus étonné par ce qui est arrivé à notre marine. Elle dormait. » A 23 heures, les sénateurs quittent la Maison Blanche. Commentaire de l'un d'eux : « La politique est en vacances. » Un républicain confirme : Nous irons « dans la direction qui nous est demandée ». Un autre ajoute : « Quand l'intégrité et l'honneur de la nation sont en jeu, il n'y a plus qu'un seul parti. »

La mort de l'isolationnisme

L'isolationnisme a perdu sa raison d'être. L'Amérique n'est pas une forteresse. L'ennemi peut frapper n'importe où sur le territoire national, et ce n'est pas en restant en dehors du conflit que l'on échappera à la guerre. Dès après Pearl Harbor, l'isolationnisme apparaît contraire au patriotisme le plus élémentaire. L'annonce du raid japonais provoque des retournements spectaculaires. Le 7 décembre, le comité *America First* tient réunion à Pittsburgh (Ohio). Le sénateur Gerald Nye monte à la tribune pour dénoncer la politique étrangère de Roosevelt. Au beau milieu de son discours, on lui passe un billet. C'est l'annonce du raid sur Pearl Harbor. Nye s'arrête tout net : « Je ne peux pas y croire », murmure-t-il. A Cleveland, quatre-vingts membres de l'Institute of Pacific Relations débattent de la crise en Extrême-Orient. Les nouvelles d'Hawaï tombent sur l'auditoire comme la foudre. « Il y eut un silence de mort, observe un journaliste, pendant deux minutes. En 120 secondes, quatre-vingts opinions différentes s'unirent[26]. » Joseph Kennedy, qui a quitté son poste d'ambassadeur à Londres et manifesté des sentiments isolationnistes, demande, en vain, à partir pour le front, et Lindbergh lui-même se déclare prêt à servir. Le comité *America First* prononce sa propre dissolution.

En ce sens, Roosevelt triomphe pleinement. Il redoutait par-dessus tout de n'être pas suivi par l'opinion. Il ne voulait pas que les Américains aient l'impression d'être jetés dans « la guerre du président », une guerre qu'ils n'auraient pas admise et n'auraient pas tardé à repousser de toutes leurs forces. Une épreuve comme celle-là réclame le consensus, et Roosevelt l'a obtenu. Toute la nation est derrière lui. Cela ne veut pas dire que tous les Américains partagent les mêmes sentiments que leur président ni qu'ils sont tous favorables à sa politique extérieure ou sa politique militaire. La discussion rebondira. Pour le moment, l'unanimisme est de rigueur.

Le « péril jaune »

Non sans céder parfois à l'hystérie collective. Le désastre de Pearl Harbor n'est-il pas imputable à une cinquième colonne, comme Knox le laisse entendre au retour d'une investigation rapidement menée à Hawaï. Les militaires qui mènent la première enquête reprochent à Kimmel et à Short de n'avoir pas pris les mesures nécessaires contre les agents japonais qui ont espionné les mouvements de la flotte. On murmure que des agriculteurs d'origine japonaise ont taillé leurs champs de canne à sucre en forme de flèches pour indiquer aux pilotes de l'armada japonaise l'itinéraire à suivre. On a vu, oui on a vu des Japonais perchés sur les toits et sur des poteaux télégraphiques, qui émettaient des signaux. D'autres utilisaient des pigeons voyageurs ou des émetteurs radio à ondes courtes. Suspicion à Hawaï, suspicion sur le territoire continental des Etats-Unis, suspicion partout. Ces bruits ne sont pas tous sans fondements.

Les pouvoirs publics redoutent les sabotages. Ponts, tunnels, bâtiments officiels, barrages sont placés sous une étroite surveillance. Hull, par exemple, est maintenant accompagné par des gardes du corps. J. Edgar Hoover, le directeur du FBI, a fait arrêter neuf cents citoyens japonais dont les activités pouvaient être suspectes. Ce n'est peut-être pas assez. Le président Roosevelt lui pose avec inquiétude la question : « Avez-vous nettoyé les principaux hôtels de Washington de leur personnel étranger ? On parle beaucoup trop dans les salles à manger. » La méfiance porte surtout sur les Japonais qui vivent en Californie : environ 80 % de ceux qui sont installés aux Etats-Unis. Les deux tiers ont la nationalité américaine, soit parce qu'ils ont été naturalisés comme d'autres immigrants, soit parce qu'ils sont nés sur le sol américain. Subitement, ils deviennent tous suspects. Le général DeWitt, qui commande la quatrième région militaire, celle qui couvre la côte Pacifique, ne tient pas à subir le sort de Short et de Kimmel et prend les devants. Le 9 décembre, il alerte les habitants de San Francisco contre « les ennemis inconnus qui vivent parmi nous ». Les Japonais, précise-t-il, « ne respectent pas les lois de la guerre. Ce sont des gangsters qui doivent être traités comme tels ». La tragique expérience de Pearl Harbor n'est-elle pas assez éclairante ? La presse Hearst ne manque pas d'insister, à longueur de colonnes, sur le « péril jaune ». L'opinion est saisie de panique. Les politiciens la rassurent, en promettant qu'ils vont agir et réclamer la mise à l'écart des espions potentiels[27]. Potentiels, car aucun acte de sabotage n'est commis en Californie ni dans les autres Etats. Qu'à cela ne tienne ! « L'absence de tout sabotage conduit les agences fédérales à penser (…) qu'ils attendent un moment plus propice pour frapper. » On fait remarquer que les Japonais de Californie sont établis, pour l'essentiel, dans les zones d'intérêt militaire. On en trouve partout où des installations « sensibles » assurent la défense du pays. A qui avance que ces Japonais sont, pourtant, dans la majorité des cas des citoyens américains et toujours de paisibles résidents, DeWitt rétorque qu'« un Jap est un Jap ». Opinion partagée par un représentant de l'Etat du Mississippi : « Un Jap reste un Jap. Vous ne pouvez pas régénérer un Jap, le transformer à l'image d'un Blanc, pas plus que vous ne pouvez changer les lois de la nature[28]. » Et l'Attorney General de la Californie (l'équivalent du ministre de la Justice pour l'Etat), Earl Warren[29], précise : « Quand nous avons affaire à des gens qui appartiennent à la race caucasienne[30], nous avons des méthodes pour tester leur loyauté. » Pour les Jaunes, il n'y en a pas. Comme beaucoup de ces Japonais de Californie travaillent la terre avec acharnement et efficacité, certains de leurs voisins aimeraient bien éloigner d'insupportables concurrents et mettre la main sur leurs exploitations. Racisme et jalousie font bon ménage.

Dans les premières semaines de 1942, la campagne d'opinion bat son plein. Même un journaliste comme Walter Lippmann, qui a la réputation de défendre les justes causes, réclame, le 12 février, l'évacuation des Japonais. Son éditorial « La cinquième colonne sur la côte » fait grand bruit. L'un des représentants californiens au Congrès a déposé, le 16 janvier, une proposition de loi afin d'autoriser l'internement de tous les Japonais, quelle que soit leur nationalité. Le problème est alors pris en charge par le gouvernement fédéral. DeWitt a saisi Stimson, son supérieur hiérarchique, sans lui soumettre un plan précis. Le secrétaire à la Guerre estime, à juste titre, qu'une mesure d'évacuation, et plus encore un internement préventif, seraient contraires à la Constitution. Ickes, le secrétaire à l'Intérieur, qualifie cette mesure éventuelle de « cruelle et inutile ». Francis Biddle, l'Attorney General du gouvernement fédéral, se déclare franchement hostile. Les droits des citoyens américains étant imprescriptibles, ils ne sauraient en aucun cas être balayés par l'hystérie qui s'est emparée des esprits. En outre, l'internement serait irréalisable sur le plan pratique, puisque le FBI, qui dépend de l'Attorney General, n'en a pas les moyens. Que le département de la Guerre soit chargé de la besogne si un autre raid ou un débarquement japonais devait de produire sur la côte Pacifique !

Roosevelt fait partie de ceux qui souhaitent l'évacuation et l'internement. Parce qu'il ne veut pas résister à la pression d'une opinion encore traumatisée, qu'il croit à la possibilité d'un sabotage systématique organisé par une prétendue cinquième colonne, qu'à ses yeux les Japonais sont par nature des esprits fourbes, capables de tout. Parce que, si l'on en croit James McGregor Burns, Roosevelt n'est pas assez attaché à la défense des droits de l'individu pour les protéger dans n'importe quelles circonstances. Le 19 février 1942, il signe l'ordre exécutif 9066 qui s'appuie sur les pouvoirs du président en tant que commandant en chef. Les autorités militaires reçoivent l'autorisation d'évacuer et d'interner les individus dont la présence menacerait la sécurité de la nation (les Japonais ne sont pas mentionnés en tant que tels). Peu après, le Congrès donne son approbation. La Cour suprême, à son tour, rend un arrêt qui approuve la décision du président. Et 120 000 Japonais, dont 70 000 citoyens américains sont regroupés dans des camps (Manzanar, Tule Lake, Minodaka, Topaz, Gila River, Poston, Heart Mountain, Granada, Jerome, Rohwer), tous situés dans les Rocheuses et entourés de fils de fer barbelés. Ce ne sont pas des camps de concentration, mais d'internement. Les prisonniers s'organisent, travaillent, survivent dans le froid, la misère et la détresse morale. Très curieusement, les 140 000 Japonais d'Hawaï ne sont pas internés, comme Roosevelt l'aurait souhaité. Mais l'armée et la marine s'y sont opposées, car l'une et l'autre ont besoin de main-d'œuvre.

Les Japonais-Américains de la côte Pacifique ne seront libérés qu'à l'extrême fin de 1944. Le président a préféré que le problème soit résolu « graduellement », surtout en une année d'élections présidentielles. Leur réhabilitation sera prononcée plus tard par les tribunaux. Leur internement est, bien entendu, l'une des conséquences immédiates de Pearl Harbor, mais demeure indubitablement une tache sur l'honneur de Franklin Roosevelt.

La conférence de washington

Reste que le raid de l'aviation japonaise a contribué à renforcer l'alliance anglo-américaine. Dans l'après-midi du 7 décembre, Roosevelt a téléphoné à Halifax, l'ambassadeur de Grande-Bretagne à Washington. Il a aussi cherché à joindre Winston Churchill, mais n'y est parvenu qu'en début de soirée. Le 8 décembre, il lui envoie un télégramme pour l'aviser de la déclaration de guerre des Etats-Unis à l'encontre du Japon. « Aujourd'hui, nous sommes dans le même bateau avec vous et les peuples de l'Empire. C'est un bateau qui ne sombrera pas. » Churchill propose immédiatement de faire le voyage jusqu'à Washington. Ce qu'il craint, et ne dit pas, c'est que les Etats-Unis concentrent leur effort de guerre sur le Pacifique et réduisent leur aide à son pays. Le 21, le voici aux Etats-Unis. La conférence, baptisée Arcadia, commence le 22 décembre et prend fin le 14 janvier. Une nouvelle fois, les deux hommes trouvent immédiatement un terrain d'entente. « Nous nous voyions plusieurs heures chaque jour, écrit Churchill. Nous déjeunions toujours ensemble avec Harry Hopkins. Nous ne parlions que de nos affaires. Et nous sommes tombés d'accord sur bien des points, importants et mineurs. Le dîner était plus mondain, mais tout aussi intime et amical. Le président ne manquait pas de préparer lui-même les cocktails. Je poussais sa chaise du salon jusqu'à l'ascenseur pour lui marquer mon respect. (...) Pour cet extraordinaire homme politique, j'éprouvais une très forte affection, qui s'amplifia avec nos années de combat en commun. (...) L'un et l'autre avions l'habitude ou éprouvions la nécessité de faire une grande partie de notre travail au lit. Aussi me rendait-il visite dans ma chambre quand il en avait envie et m'invita-t-il à en faire autant. »

La conférence débouche sur des décisions déterminantes pour la suite de la guerre. Les Etats-Unis confirment leur promesse de donner la priorité au théâtre d'opérations européen, d'envoyer des troupes et des avions en Grande-Bretagne et de participer à un prochain débarquement en Afrique du Nord. Un commandement unifié place, sous une autorité commune, les troupes américaines, britanniques, hollandaises et australiennes qui combattent en Extrême-Orient. Les états-majors britannique et américain mettent sur pied un comité mixte des chefs d'état-major (Combined Chiefs of Staffs, CCS). Une « Déclaration des Nations-Unies » est signée par les Etats-Unis, la Grande-Bretagne, la Chine et l'Union soviétique[31], qui reprend, grosso modo, les termes de la Charte de l'Atlantique : pas de paix séparée, la guerre totale jusqu'à la victoire, avec pour buts la défense de la liberté, y compris la liberté religieuse, des droits de l'homme et de la justice.

Lorsque Churchill quitte Roosevelt, Hopkins reçoit, comme d'habitude, les confidences du président : « Il m'a dit clairement que lui aussi se réjouissait des résultats obtenus. Il n'est pas douteux qu'il a beaucoup et sincèrement apprécié Churchill. Je suis sûr que Churchill a également apprécié le président. »

Désormais, la guerre planétaire impose son tragique quotidien. Pearl Harbor fut incontestablement un succès tactique pour les Japonais. Le coup d'éclat a frappé et continue de frapper les imaginations. Est-ce une victoire stratégique ? Certainement pas, car les. Japonais ont poussé à bout un géant qui gardait les yeux tournés vers l'est et hésitait à entrer dans le camp des belligérants. Avec la bénédiction de son gouvernement, l'amiral Yamamoto fut un apprenti sorcier.

CHAPITRE XIII

Le chef d'une nation en guerre

Dans ses quatre dernières années de présidence – et d'existence – Franklin Roosevelt accomplit une tâche immense et complexe. Le voici tout à la fois patron d'une économie de guerre, commandant en chef de forces militaires qui opèrent dans l'Atlantique comme dans le Pacifique, en Asie et en Afrique comme en Europe, chef politique, enfin, qui garantit le fonctionnement des institutions démocratiques, fait campagne pour être réélu, milite pour préserver les acquis et poursuivre les réformes sociales. Roosevelt fait alors figure de sorcier, d'un homme providentiel dont les Américains attendent beaucoup – beaucoup trop sans doute. Il a pris conscience de son nouveau rôle. Sa mission, il le sait, est autrement plus étendue, maintenant que les Etats-Unis subissent une extraordinaire mutation qui fera d'eux l'une des superpuissances de la planète.

Patron d'une économie de guerre

Rien n'est plus difficile, par exemple, que de faire passer l'économie de paix au stade de l'économie de guerre. Certes, il y a l'expérience du New Deal, la création d'innombrables agences de l'exécutif qui ont actionné les leviers, remis des millions d'Américains au travail, distribué des secours d'urgence, accru, en fin de compte, le rôle de l'Etat fédéral dans la production industrielle et agricole. La voie est tracée, notamment depuis l'été de 1939. Roosevelt n'a pas oublié les hésitations de Wilson de 1914 à 1917, les insuffisances de la préparation militaire et économique du pays, les faiblesses du pays au moment où il rejoint ses associés dans la Grande Guerre. Il veut, lui, secouer les habitudes. Il crée de nombreux organismes qui ont pour mission d'agir, tant bien que mal, sur l'économie. Dès avant Pearl Harbor, il a mis le moteur en route. Mais, en dépit de ces précautions, il faut bien reconnaître que, le 7 décembre 1941, le moteur est encore froid.

La volonté du gouvernement n'y suffit pas. Une bonne partie de la population, lassée de l'économie dirigée qu'elle subit depuis 1933, aspire au retour d'un libéralisme – plus ou moins mâtiné d'interventions fédérales –, fondé sur l'initiative individuelle et la recherche du profit. Il est d'ailleurs évident que, malgré les efforts de Washington, le chômage reste à un niveau élevé, que le Produit national brut a connu des hauts et des bas sans reprendre sa progression étonnante des années vingt. Somme toute, l'intervention fédérale n'a pas produit des miracles.

Si, en 1941, les affaires vont un peu mieux, si les dépenses des ménages ont augmenté de 6,2 % (contre 5,1 % en 1940), si les investissements intérieurs ont connu une croissance de 26 %, n'est-ce pas le moment ou jamais de tirer parti d'une conjoncture plus dynamique ? Les Américains recommencent à acheter. Pourquoi ne pas en profiter pour fabriquer les biens de consommation qu'à présent ils réclament ? Pourquoi adapter des usines aux besoins militaires, alors que les besoins civils sont loin d'être satisfaits ? Il n'empêche qu'à l'extrême fin de 1940, Walter Reuther, vice-président du syndicat des ouvriers de l'automobile, propose d'utiliser les capacités de production de cette branche industrielle, dont, estime-t-il, 50 % pourraient être reconvertis sans difficulté vers la fabrication d'avions militaires. Le mouvement a déjà été amorcé. Il suffit de le poursuivre. Dans cette perspective, il conviendrait de préserver des machines-outils, donc de renoncer au changement des modèles en 1941 et de recourir à 12 000 ou 15 000 ouvriers qualifiés. Les patrons ne sont pas convaincus par le plan Reuther. Ils ont pour objectif, au contraire, de produire et vendre 4 millions de véhicules, de convertir 15 % seulement des capacités de production. Les sidérurgistes ne raisonnent pas autrement[1].

Là encore, c'est Pearl Harbor qui change les données. Non seulement parce que le raid japonais suscite une prise de conscience et un irrésistible regain de patriotisme, mais aussi parce que l'acier se fait rare et qu'entre les avions et les autos le gouvernement impose son choix. Aussi ne faut-il pas tomber dans le piège des mots et des discours. Roosevelt parle du « grand arsenal de la démocratie ». C'est un programme grandiose et exaltant, mais un programme tout de même, et non une réalité quotidienne. Le 9 juillet 1941, il demande à Knox et Stimson d'explorer « l'ensemble des besoins de production nécessaires pour vaincre nos ennemis éventuels ». Les deux départements se mettent au travail sans négliger la prospective, comme le leur a demandé le président : « Je ne suggère pas un rapport détaillé, a-t-il précisé, mais une note qui, tout en restant générale, traiterait les produits les plus vitaux de notre défense et pourrait alors s'appliquer (...) à la réalité pratique des moyens de production. Il ne semble pas que nous ayons besoin de connaître notre programme dans sa totalité, même s'il peut être modifié ultérieurement. » Voilà qui dénote une remarquable volonté d'organisation. Mais le gouvernement fédéral n'en est encore qu'à tracer les contours d'un chemin long et difficile.

Roosevelt multiplie donc les appels à l'effort en réponse aux événements dramatiques de la guerre. Au printemps de 1940, il a recommandé la construction de 50 000 avions par an ; puis obtenu pour le département de la Guerre 6 milliards de dollars de crédits, soit le budget total des dix-neuf dernières années. Belle réussite, qui n'empêche pourtant pas les sceptiques de sourire de l'optimisme du président... Et les premières installations industrielles à voir le jour ne leur font pas changer d'avis. Le 6 janvier 1942, un mois après Pearl Harbor, Roosevelt annonce le « Programme de la Victoire », selon lequel il faut « accroître notre production d'avions à un rythme si rapide qu'en 1942 nous produisions 60 000 avions », dont 45 000 appareils de combat. « Le taux de croissance progressera, afin qu'en 1943 nous produisions 125 000 avions dont 100 000 de combat ». Les chars ? 45 000 en 1942, 75 000 en 1943. Les canons antiaériens ? 20 000 en 1942, 35 000 en 1943. Les navires de commerce ? 8 millions de tonnes en 1942, 10 en 1943. Le ton est extrêmement ferme : « Que personne ne dise qu'on ne peut le réaliser. On doit le réaliser. Nous avons entrepris de le réaliser. » Ce volontarisme, excellente méthode pour redonner moral aux Américains, doit rester à l'épreuve des faits. Mais tout est possible puisque le potentiel industriel est considérable : en 1939, les Etats-Unis produisaient 42 % des biens d'équipement dans le monde (contre 14 % à 15 % pour l'Allemagne, 14 % pour l'Union soviétique, 10 % pour la Grande-Bretagne et 5 % pour la France).

Pour réussir l'exploit, Roosevelt recourt à ses méthodes habituelles[2], dont il faut bien dire que le désordre n'est pas absent. Il faut mettre en place une politique des achats, répartir les contrats, fixer les prix, établir la liste de priorités dans le domaine des matières premières. Les organismes naissent, croissent, entrent en concurrence, disparaissent, renaissent.

Il y a d'abord le *War Resources Board*, qui fonctionne d'août à octobre 1939. A sa tête, Edward Stettinius, entré chez General Motors comme ouvrier avant d'en devenir vice-président, président à trente-sept ans du conseil d'administration de l'U.S. Steel. A peine nommé par Roosevelt, il élabore un plan pour le cas où les Etats-Unis plongeraient dans le conflit. Mais ce plan est rejeté, car les *New Dealers* le trouvent trop inspiré par la défense des intérêts patronaux, et les esprits ne sont pas encore mûrs. Tout au long de l'année 1940, Roosevelt se borne à écouter les conseils des uns et des autres sans rien décider. Il hésite d'autant plus qu'il se trouve en année électorale et que l'isolationnisme, on l'a vu, a toujours le vent en poupe. Une fois réélu, il crée enfin, le 7 janvier 1941, l'*Office of Production Management* (Bureau de gestion de la production OPM), dirigé par William Knudsen, patron de la General Motors, et Sidney Hillman, un leader syndical. L'association n'est pas aussi surprenante qu'il n'y paraît : Roosevelt songe en effet à amplifier le consensus dans le monde du travail et croit fermement que les bonnes décisions résultent d'un échange de vues sans compromissions et de compromis sans trop d'arrière-pensées. En même temps, le Bureau de l'administration des prix et des approvisionnements civils *(Office of Price Administration and Civilian Supply)* est créé pour protéger les intérêts des consommateurs.

L'édifice administratif donne des résultats médiocres tant il y a de problèmes urgents à régler, d'intérêts contradictoires à prendre en compte ! Le 28 août, Roosevelt reprend le problème à la base et met sur pied le Bureau des priorités d'approvisionnement et des allocations *(Supplies Priorities and Allocation Board*, SPAB), dont le directeur, Donald Nelson, vient de Sears, Roebuck, une grosse firme du commerce de détail. Nouveau remaniement en janvier 1942 : Nelson prend la tête du Bureau de la production de guerre (*War Production Board*, WPB) avec pour mission d'assurer la mobilisation économique. A l'exception du secteur alimentaire, du logement et des transports, le WPB s'occupe de tout, des biens d'équipement, des matériels militaires, des produits de consommation courante. Pour faire bonne mesure, Roosevelt charge Hillman de diriger, sous les ordres de Nelson, un Bureau du travail, encore que les problèmes de la main-d'œuvre – dont on devine l'acuité et l'importance – soient traités par un organisme indépendant, la Commission de la main-d'œuvre de guerre (*War Manpower Commission*, WMC). Passons sur les autres commissions et agences qui s'organisent et se réorganisent, délimitent avec peine leur domaine de compétences et font de l'organigramme de la mobilisation économique un labyrinthe inégalé. Passons aussi sur les sous-commissions en tous genres que chacun de ces organismes ne manque pas de susciter.

A l'automne de 1942, tout est si compliqué, imbriqué, confus que James Byrnes, jusqu'alors juge à la Cour suprême, prend la direction d'un Service de la stabilisation économique *(Office of Economic Stabilization)*. Pour mettre de l'ordre dans ce chaos.

On comprend, dans ces conditions, que le Congrès manifeste son inquiétude. Le sénateur Harry Truman dénonce la gabegie. Truman siège au Sénat depuis 1935 et y représente le Missouri. Il n'a encore jamais fait parler de lui ; bon démocrate, il soutient la politique du président Roosevelt. Depuis février 1941, pourtant, il préside une commission d'enquête. Son but n'est pas de nuire à la Maison Blanche, mais, au contraire, d'aider le pouvoir exécutif à assurer une gestion efficace. Le rapport qu'il signe en août 1941 met les gaspillages en évidence. L'armée a dépensé inutilement 100 millions sur le milliard qui lui a été alloué pour son programme de constructions : elle a versé 702 dollars pour le logement de chaque soldat, alors qu'elle n'en avait prévu que 520. Planification insuffisante, « jugement extraordinairement médiocre », estime Truman. Les militaires et leurs chefs civils ne sortent pas grandis de l'analyse de la commission. Il faudrait, conclut le rapport, un responsable unique. Le choix de Nelson répond à ces préoccupations. Mais le sénateur du Missouri n'estime pas sa mission terminée et poursuit son combat : il ne croit pas, par exemple, que les hommes d'affaires, quand bien même seraient-ils dévoués à la nation, soient d'excellents administrateurs publics. En mai 1942, il stigmatise les grosses sociétés qu'il accuse de retards dans l'industrie du caoutchouc, dans la sidérurgie, dans les constructions navales. Il rappelle que, par avidité, la Standard Oil a préféré dans les années trente collaborer avec l'IG Farben et développer en Allemagne plutôt qu'aux Etats-Unis la production de caoutchouc synthétique. Il dénonce le comportement des sidérurgistes visant à limiter les activités de leurs concurrents les plus faibles. « Nous pouvons perdre la guerre à Washington, écrit-il en novembre 1942 dans l'*American Magazine*. Toutes les enquêtes aboutissent aux mêmes conclusions et soulignent l'absence d'une autorité centrale » qu'il convient de confier, non pas aux hommes d'affaires, mais aux « civils » ; entendons aux fonctionnaires.

Roosevelt ne saurait rester sourd à cet appel : le 27 mai 1943, il prend l'initiative de créer un Service de la mobilisation de guerre (*Office of War Mobilization*, OWM), confié à Byrnes, qui devient ainsi un véritable « président-adjoint » pour les affaires économiques et d'ailleurs s'installe à la Maison Blanche. Ses fonctions de coordinateur sont très étendues, et son autorité s'accroît au fil des mois, au point que l'OWM devient le centre principal des décisions et préparera, à partir du mois d'octobre 1944, la planification d'après-guerre.

Sauvegarder la justice sociale

Produire, c'est bien, mais produire en gardant le souci de la justice sociale, c'est mieux. Là encore, Roosevelt est hanté par ses souvenirs. Au cours de la Grande Guerre, si les profits ont fait un bond en avant, les prix en ont fait autant, ce qui a réduit à peu de chose l'effet des augmentations de salaires. Compte tenu du financement de la présente guerre et des profits exceptionnels qu'elle va engendrer, une grande politique fiscale est indispensable. Mais il faut en même temps lutter contre l'inflation, et ce n'est pas simple. Les Américains disposent de plus d'argent et ont moins de produits à acheter. Le revenu national net, de 92 milliards en 1941, atteint 151 milliards en 1945. Dans le même temps, l'offre des biens de cons mmation civils augmente de 77,5 à 95,5 milliards. Pourquoi ne pas faire appel au civisme, recommander aux commerçants la modération et aux acheteurs la patience sinon la résignation ?

Les résultats de cette campagne de persuasion sont, en fait, décevants : de septembre 1939 à décembre 1941, les prix des vingt-huit denrées de première nécessité ont augmenté de 25 % ; pour la seule année 1941, le coût de la vie croît d'1 % par mois ; les prix agricoles, de 25 % par an ; les salaires de 20 %. Le 30 janvier 1942, le Congrès vote une loi d'urgence sur le contrôle des prix et des loyers, et trois mois plus tard, Roosevelt renforce l'impôt sur le revenu des personnes physiques et des sociétés, bloque les salaires et les prix agricoles, encourage l'épargne et le remboursement des dettes. C'est le *General Maximum*, que les médias nomment, pour les besoins de la propagande de guerre, « Général Max ». Les résultats sont insuffisants. Dans son message du 7 septembre 1942 au Congrès, le président tape du poing sur la table. Il faut agir vite et globalement : « Je demande au Congrès de voter une loi qui autorise expressément le président à stabiliser le coût de la vie, et notamment les prix de tous les produits agricoles. L'objectif devrait être de maintenir les prix agricoles à leur niveau actuel ou sur des bases récentes, quelle que soit la plus élevée de ces références. Je demande au Congrès de prendre cette mesure le 1er octobre. Toute inaction de votre part à cette date m'obligera à prendre l'engagement devant nos concitoyens de veiller à ce que l'effort de guerre ne soit plus mis en péril par la menace du chaos économique. » Il est impensable qu'à l'arrière, les Américains montrent moins de courage qu'au front. Une loi anti-inflation est votée : prix et salaires sont stabilisés à leur niveau du 15 septembre. Il n'empêche que le coût de la vie continue de monter. Le 3 avril 1943, Roosevelt envoie un nouveau message qui tient en une courte phrase : « Hold the line » (Tenez bon).

La situation s'améliore enfin, lentement, jusqu'à la fin de la guerre. L'indice du coût de la vie (base 100 pour 1935-1939) est à 98,6 en août 1939, à 110,5 en décembre 1941, à 116 en mai 1942, à 124,2 en avril 1943, à 124,6 en avril 1944, à 129,3 en août 1945. C'est une stabilisation relative. Rien de comparable, malgré tout, avec les dérapages de 1918-1919.

Le même souci de justice sociale guide la politique fiscale du président. En 1942, il a demandé que la ponction fiscale soit accrue, mais les membres du Congrès ont traîné les pieds – année électorale oblige. Mais Roosevelt les bouscule et obtient, le 21 octobre, le vote d'un *Revenue Act* : réduction des exemptions, majoration de 4 % à 6 % du taux d'imposition ordinaire, imposition jusqu'à 90 % des superprofits, augmentation de l'impôt sur les sociétés. La Maison Blanche tente d'aller plus loin en 1943. Le Congrès résiste avec plus d'acharnement encore et n'accorde, l'année suivante, que des miettes. Malgré ce freinage, les dépenses de guerre sont couvertes à 46 % par l'impôt, et l'éventail des revenus se referme légèrement. Tout en accordant aux hommes d'affaires une confiance nouvelle chez lui, Roosevelt n'en demeure pas moins un président réformiste. Le Dr. Gagne-la-guerre n'est pas sans rappeler le Dr. New Deal.

Une économie mixte

Grâce à tous ces efforts, l'économie de guerre enregistre des résultats spectaculaires. De Pearl Harbor au débarquement de Normandie, les Etats-Unis ont fabriqué 171 257 avions (et en produiront encore 100 000 de plus jusqu'à la fin des hostilités), 65 000 bateaux de débarquement, 1 200 navires de guerre (53 millions de tonnes au total), 90 000 chars d'assaut, sans oublier les pièces d'artillerie, les armes portatives, des millions de tonnes de munitions. C'est dans cet immense arsenal qu'ont été fabriquées 35 % des armes utilisées contre l'Allemagne et 86 % de celles qui ont servi contre le Japon[3]. Quand on songe à l'équipement du corps expéditionnaire du général Pershing en 1917-1918, si dépendant des Français et accessoirement des Britanniques, on mesure l'énorme effort accompli par les Etats-Unis de Roosevelt. On devrait ajouter des statistiques, tout aussi impressionnantes, sur les camions, les tracteurs, les produits pharmaceutiques et textiles, la production d'énergie électrique, d'acier, d'aluminium, etc.

Comme on ne peut tout faire en même temps, les biens de consommation courante sont rationnés. La nourriture est moins abondante[4]. Il est plus difficile qu'auparavant de trouver des pneus pour les automobiles particulières, du mazout pour se chauffer, de l'essence pour rouler. La matière plastique remplace parfois le fer. La mode s'adapte à la raréfaction des textiles.

Les Américains ont dû choisir, malgré leur impatience à sortir de l'interminable dépression, et attendre encore le retour des beaux jours. Il faut pourtant reconnaître que ces restrictions ne sont pas bien rudes, comparées à celles qui frappent au même moment les Européens. De plus, par le courage avec lequel elles ont été acceptées, elles témoignent du sens des responsabilités des Américains pendant le conflit. Dès 1942, leur production de guerre équivaut à celle de l'Allemagne, du Japon et de l'Italie réunis et représente le double en 1944. Cette gigantesque poussée conforte leur avance et fait des Etats-Unis une superpuissance économique qui, bien évidemment, dominera le monde de l'après-guerre. De cette réussite rapide, Roosevelt est le principal artisan.

Un second effet de la politique économique de Roosevelt mérite d'être souligné. En dépit de ses fluctuations et de ses incertitudes, il a mis sur pied une économie de type mixte. Le New Deal était un remède exceptionnel pour soigner un pays frappé par la plus cruelle des dépressions ; en un mot, « le réamorçage de la pompe ». Les Américains ont longtemps cru qu'après la tempête ils reviendraient au capitalisme d'hier, vaguement aménagé. A tort. La guerre, période exceptionnelle également, les habitue à compter de plus en plus avec l'intervention du gouvernement fédéral dans la vie économique.

Sans doute serait-il excessif de parler d'étatisme, car le *Business* est sorti de sa torpeur, et de nombreux cas sont là pour prouver que l'initiative individuelle, le goût de la compétition, l'esprit d'entreprise n'ont pas déserté les Etats-Unis, que ce soit dans les grosses ou les petites sociétés. A York en Pennsylvanie, par exemple, des fabricants de conditionneurs d'air, de réfrigérateurs et de dents artificielles sous-traitent une partie de leurs fabrications pour se reconvertir dans les matériels de guerre. Sur une tout autre échelle, Henry Kaiser installe dans ses chantiers navals des chaînes de production pour les *liberty ships*. Il n'empêche que, plus que jamais, le gouvernement fédéral est le partenaire privilégié du *Business*. Les achats relevant de la défense nationale, qui représentent en 1939 1,2 milliard de dollars, soit 1,32 % du Produit national brut, passent à 49,4 milliards en 1942, soit 31,17 % du PNB. Même au cours du dernier trimestre de 1945, alors que les hostilités ont pris fin, les dépenses militaires représentent encore le quart du PNB. Ce qui revient à dire qu'avec l'essor du complexe militaro-industriel, le keynésianisme triomphe, puisque le gouvernement fédéral injecte des sommes considérables dans le circuit économique. La planification à la manière rooseveltienne s'enracine à Washington comme dans les Etats. Le phénomène est d'autant plus net que l'effort de guerre n'a pu commencer que grâce aux réalisations du New Deal auxquelles le gouvernement fédéral avait déjà pris une part prépondérante. L'homme d'affaires retrouve son prestige, à condition de fréquenter les bureaux de l'administration de Washington.

Une société en mouvement

Une métamorphose de cette ampleur entraîne d'inévitables tensions sociales. Comment y faire face, lorsqu'on gère une guerre planétaire ? Le monde des campagnes, pour citer l'exemple le plus frappant, continue d'inquiéter et de s'inquiéter. Trop de bras, des récoltes surabondantes, une productivité encore médiocre. Dans les exploitations marginales, le chômage ne dit pas son nom. Partout, la surproduction menace. Un haut fonctionnaire propose, en novembre 1940, que 5 millions d'agriculteurs parmi les plus démunis quittent la terre et prennent un emploi dans les industries travaillant pour la défense nationale. Appel entendu, au grand soulagement de tout le monde. Mais le dépeuplement des campagnes ainsi provoqué revêt un caractère excessif, puisqu'en cinq ans, 1,5 million de ruraux sont incorporés dans l'armée et que 5,5 millions s'établissent en ville. Il faut accorder des sursis d'incorporation, inciter les agriculteurs au retour à la terre, utiliser des prisonniers de guerre allemands et, dans certains Etats de l'Ouest, les malheureux Japonais-Américains. Surtout que la demande croît dans des proportions inattendues : il y a plus de citadins à nourrir, des alliés à approvisionner, la baisse des importations à compenser. Le tout dans l'inégalité. L'offre augmente plus vite pour le bétail et les produits animaux que pour les récoltes, mais, s'agissant de la productivité, les terres cultivées donnent de meilleurs résultats que les pâturages. Le revenu net total tiré de l'agriculture progresse de 2,3 milliards en 1940 à 9,5 milliards en 1945.

La situation se renverse, et les campagnes, après tant d'années difficiles, retrouvent l'optimisme. On repeint les maisons, on améliore les installations, on achète les terres affermées, on rembourse les dettes, et même l'épargne progresse. C'est sans doute le début d'un nouvel âge d'or. Mais surgit alors une nouvelle forme d'inquiétude. Les fermiers n'ont pas assez de machines, car les industries de guerre bénéficient de la priorité ; il faudra attendre 1944 pour voir sauter ce goulot d'étranglement. Les prix agricoles augmentent, beaucoup de 1940 à 1943, à peine en 1944-1945. Les fermiers redoutent un nouvel effondrement du marché. Leur intérêt n'est-il pas de sauvegarder la notion de parité ? Le gouvernement fédéral ne peut se permettre de perdre de vue les revendications et les craintes du monde rural qui, par ses organisations professionnelles et par ses délégués au Congrès, a acquis l'art de ne pas se faire oublier. Des agences et des commissions suivent de près la situation. Roosevelt voudrait d'abord contrôler les prix pour assurer la stabilisation du coût de la vie, mais les porte-parole des fermiers préfèrent l'inflation et, en janvier 1942, obtiennent satisfaction. Le président revient à la charge, on le sait, à la fin de l'année. L'objectif majeur est d'abord d'accroître la production pour répondre aux besoins ; puis, avec les signes annonciateurs de la paix, de veiller aux effets de la surproduction. Le gouvernement fédéral ne réglera certainement pas les problèmes en un tournemain.

L'insatisfaction des ouvriers est tout aussi préoccupante. Elle n'est pas sans dérouter. Du 8 décembre 1941 au 14 août 1945, on compte aux Etats-Unis 14 731 arrêts de travail, 6 744 000 grévistes, 36 millions de journées de travail perdues. Et ce en pleine guerre, au moment où les combats les plus durs ensanglantent l'Europe et les îles du Pacifique, où les soldats américains livrent des batailles décisives. N'est-il pas surprenant, également, que les ouvriers fassent grève, alors qu'en 1939 le pays a 9,5 millions de chômeurs (17 % de la population active), qu'au cours des cinq années suivantes 10 millions d'Américains sont appelés sous les drapeaux, que 2 millions sont embauchés par l'administration fédérale et que 5 millions d'emplois sont créés dans le secteur privé ? Le nombre des chômeurs est maintenant passé grâce à la mobilisation en dessous de la barre du million. L'heure du quasi plein emploi a sonné. Il y a du travail, y compris pour les femmes qui de 11,3 millions à exercer une activité professionnelle en 1940, passent à plus de 17 millions en 1944.

Les nécessités économiques font loi et provoquent une révolution des mœurs chez les jeunes et les personnes âgées, chez les petits Blancs du Sud qui accourent vers les Etats riverains du golfe du Mexique sur la côte atlantique et dans la région des Grands Lacs, chez les Noirs qui « montent » vers le Middle West et New York, à moins qu'ils ne préfèrent la Californie. Tous se trouvent embarqués dans la même galère, sans craindre les conditions du voyage ni l'inconfort d'une installation précaire. Les uns et les autres nourrissent l'espoir d'effacer le souvenir d'une décennie que le chômage et la misère ont marquée de leur empreinte.

Sans doute ces migrations engendrent-elles des difficultés : séparation des familles, difficultés du nouvel enracinement, insuffisance des équipements sociaux, nécessité d'une formation professionnelle, horaires plus lourds puisqu'ils passent de 38,1 heures par semaine en 1940 à 45 heures en 1943-1944. Mais les progrès de la syndicalisation devraient satisfaire le monde ouvrier. Ainsi les usines Ford finissent-elles, comme d'autres, par avoir, en 1941, au terme d'une lutte de plusieurs années, leurs sections syndicales. Partout, l'AFL et le CIO accroissent leurs effectifs, au point qu'un salarié sur trois cotise à un syndicat. C'est un taux très élevé dans l'histoire du syndicalisme américain.

Les conflits sociaux ont deux causes principales. La première touche à l'embauche. Faudra-t-il, comme le réclament les syndicats, être d'abord syndiqué avant d'obtenir un emploi ? En ce cas, les syndicats disposeraient du monopole de l'embauche. Ce serait le système de la *closed shop*. Ou bien se contenteront-ils, une fois l'embauche faite sans référence à la syndicalisation, de tenir une place de premier plan dans l'entreprise ? Les New Dealers purs et durs sont formels : guerre ou pas, la lutte continue. Le monde du travail doit être sur un pied d'égalité avec le monde des affaires et le monde politique. *Big Government, Big Labor, Big Business*, voilà le tiercé gagnant. D'ailleurs, le *Business* ne tente-t-il pas de recouvrer, à la faveur de la guerre, le pouvoir absolu qu'il a perdu en temps de paix ?

Pour le moment, Roosevelt ne veut pas entendre parler de *closed shop*, surtout si le principe est défendu par John Lewis, le président du syndicat des mineurs qui le déteste depuis plusieurs années et a voté, en 1940, pour Willkie. En 1942, le *War Labor Board* (WLB) met au point une formule ingénieuse : avant d'obtenir sa titularisation, un employé peut ou non quitter le syndicat, à condition qu'il prenne sa décision dans les quinze jours. La plupart des syndicats et des employeurs approuvent cette disposition.

Le deuxième problème est celui des salaires. Il faut les geler, comme les prix et les loyers ; soit. Mais l'inflation ne disparaît pas, et le contrôle des salaires échappe à l'OPA, sauf en quelques cas précis. Le WLB penche, en juillet 1942, pour la formule de Little Steel[5], c'est-à-dire pour une augmentation de 15 % par rapport à janvier 1941. Puis, intervient une nouvelle stabilisation au niveau du 15 septembre 1942. Une sorte d'échelle mobile des salaires apparaît avec l'établissement de profits non rémunérés *(fringe benefits)*. Les mineurs ne sont pas satisfaits et font grève en 1943. Furieux, Roosevelt supprime alors pour les grévistes de moins de quarante-cinq ans l'exemption de service militaire dont les mineurs jouissaient. L'opinion lui donne raison, le Congrès va même au-delà du simple mécontentement. En dépit du veto présidentiel, la loi Smith-Connally, adoptée en juin 1943, accorde au président le droit de saisir une entreprise qui travaille pour la défense nationale si le travail est interrompu par une grève. A trop exiger, certains syndicats ont ainsi provoqué un retour de bâton, dont la loi Taft-Hartley de 1947 sera la conséquence.

Face au racisme, Roosevelt manifeste moins de fermeté. Il prend avant tout en considération les aspects politiciens du problème, au mieux les tendances dominantes de l'opinion. Si le sort des Noirs est moins cruel que celui des Japonais-Américains, ils subissent pourtant la discrimination et souvent une réelle ségrégation. Les militaires eux-mêmes séparent les races. L'armée de terre préfère ne pas confier aux Noirs des missions de combat, et la marine en emploie quelques-uns dans les mess. L'aviation, elle, est plus libérale. En conformité avec les pratiques ambiantes, la Croix-Rouge fait fonctionner deux banques de sang, l'une pour « le sang blanc », l'autre pour « le sang noir ». Les Américains noirs peuvent, en outre, constater que si les prisonniers de guerre allemands sont admis à la table de leurs geôliers américains, eux ne le sont pas.

Poussé par la crainte de manifestations de rues, vivement encouragé par Eleanor et des organisations noires, Roosevelt signe, le 25 juin 1941, l'ordre exécutif 8802, qui encourage les Noirs à suivre des cours de formation professionnelle, interdit la discrimination dans les usines travaillant pour la défense nationale, institue un comité de surveillance, le *Fair Employment Practices Committee*. Décision capitale, certes, mais Roosevelt ne fait rien de plus. Quels que soient ses sentiments personnels, le président sait trop bien qu'il a besoin des voix des démocrates du Sud. Un journaliste de Louisville (Kentucky) dit sans ambages ce qu'on pense dans le Sud : « Toutes les armées du monde, qu'elles soient celles des Nations unies ou celles de l'Axe, ne sauraient imposer au Sud l'abandon de la ségrégation raciale. » Le racisme fait aussi des victimes dans le Middle West, par exemple au cours d'une émeute à Detroit en 1943, dans l'Ouest, à Los Angeles où des Mexcains-Américains sont violemment pris à partie. Loin d'apaiser les passions, la guerre les exacerbe. Roosevelt se contente, en l'occurrence, d'observer.

Le commandant en chef

La Constitution confère au Congrès la prérogative de déclarer la guerre, mais c'est au président qu'il revient de la faire, donc de conduire les opérations et d'assumer les responsabilités suprêmes. Il est le commandant en chef des forces militaires[6], et rien ne l'oblige à déléguer son autorité. Abraham Lincoln n'a pas hésité, jusqu'à 1864, à se mêler de stratégie et de tactique. Woodrow Wilson, lui, a laissé faire le général Pershing, soit que les distances l'eussent empêché d'intervenir, soit qu'il n'en eût pas le goût. Quoi qu'il en soit, Roosevelt dispose en ce domaine de pouvoirs qui paraissent d'autant plus étendus que le conflit revêt des aspects nouveaux.

Ce n'est pas qu'il éprouve une attirance irrésistible pour la chose militaire. Sa culture en ce domaine est faible, sauf en ce qui concerne la marine. Ses goûts personnels, son expérience de 1913-1920 l'ont conduit à se passionner pour les bâtiments, les batailles navales et la réflexion stratégique. Il reste très fier d'avoir suggéré la pose de mines entre la Norvège et l'Ecosse pour fermer l'Atlantique aux sous-marins allemands. Mais sitôt qu'il a quitté le département de la Marine, il a cessé de suivre les problèmes militaires, quitte à parler, à longueur de conversations, du « bon vieux temps ». Non sans impatience, le général Marshall lui fait observer que le président des Etats-Unis ne saurait dire « nous » quand il fait allusion aux marins et « eux » quand il s'agit du reste des forces militaires. Habitudes et convictions sont plus fortes que les convenances. Qu'on n'attende donc pas, de Roosevelt, des idées géniales, des plans brillamment conçus comme Churchill en a le secret. Qu'on n'attende pas davantage qu'il suive, pas à pas, les opérations militaires pour jouer les stratèges en chambre !

C'est pourquoi le rôle de l'entourage militaire du président est capital. Le mérite de Roosevelt est d'avoir su choisir les hommes et, dans la mesure du possible, de leur avoir conservé sa confiance, de les avoir confortés par son soutien. Une tâche délicate et nouvelle. Car les Etats-Unis de 1939 sont une puissance militaire faible,

loin, très loin derrière celles qui s'affrontent en Europe.
Si un service militaire sélectif a été établi en septembre 1940 pour un an et si cette loi a été prolongée
en 1941, l'accroissement des forces militaires est postérieure à Pearl Harbor. Comme le reste, elle se fait dans
le désordre. Les experts ignorent combien d'hommes
seront incorporés. A la fin de 1941, le général Wede-
meyer, chargé des plans de mobilisation, estime, sans
études préalables, qu'environ 9 millions d'hommes revê-
tiront l'uniforme – son intuition ne le trompe guère. A
ces conscrits il faudra ajouter 5 à 6 millions de volontaires. Toute le monde doit être logé, nourri, équipé,
entraîné, encadré, transporté sur les théâtres d'opérations à des milliers de kilomètres, approvisionné en
armes et en munitions.

Les Américains ne mesurent pas encore l'ampleur et les
modalités de leur participation à la guerre. Interviendront-
ils dans la bataille terrestre ? Mais alors où, quand et
comment ? Aux côtés des Britanniques ou tout à fait
indépendamment ? Donneront-ils la priorité à la guerre
aérienne et navale ? Mais alors, ne faudrait-il pas que
l'aviation conquière, enfin, son indépendance ? Entre les
états-majors et entre les hommes, les tiraillements se
multiplient. Les difficultés logistiques semblent insurmontables. Le traumatisme de Pearl Harbor produit une
agitation brouillonne. Il n'est pas facile pour les Etats-
Unis d'entrer de plain-pied dans le conflit. Et pourtant,
leur intervention ne tarde pas. Sur mer d'abord : dès
juin 1942, au large de Midway, leur flotte détruit une
partie de la flotte japonaise, notamment les porte-avions
qui ont participé au raid sur Pearl Harbor. Une revanche
qui en annonce d'autres. Sur terre ensuite : le débarquement de novembre 1942 en Afrique du Nord n'est pas
une réussite totale, mais constitue la première intervention armée des troupes américaines depuis leur entrée

en guerre, et l'expérience acquise servira aux débarquements postérieurs.

L'organisateur de la victoire, c'est le général George
Marshall. Âgé d'un an de plus que Roosevelt, il a, après
avoir obtenu son diplôme du Virginia Military Institute,
participé à la Première Guerre mondiale dans l'état-
major de Pershing. Il a ensuite connu la longue patience
des officiers américains, la routine des camps et des
fonctions administratives, l'interminable attente d'une
promotion. C'est au cours de l'été 1939 qu'il a accédé au
poste de chef d'état-major de l'armée. Il lui faudra des
mois, voire des années pour gagner toute la confiance de
Roosevelt, mais ensuite son influence ne cessera de
croître, au point qu'il sera dans les derniers mois de la
présidence le principal, sinon le seul décideur en
matière militaire. A partir de 1943, le président ne peut
plus se priver de son aide et ne s'en cache pas. Marshall
est le responsable des grandes nominations : celle
d'Eisenhower pour le débarquement en Afrique du Nord,
puis celui de Normandie ; celle de MacArthur pour les
opérations du Pacifique ; celles aussi de leurs subordonnés immédiats. Roosevelt les approuve toutes. Il n'est
d'ailleurs pas question pour lui, à la différence de Churchill, de relever de leurs fonctions des chefs militaires.
Pas question, non plus, de critiquer les décisions des
commandants d'armées. Les Alliés reculent-ils dans les
Ardennes en décembre 1944 ? Roosevelt n'intervient pas
ni ne met en doute les qualités des chefs. Cette règle de
la discrétion souffre, pourtant, une exception en Chine,
en Birmanie, dans les Indes, parce que Roosevelt y suit
de près l'évolution politique, ou bien dans certaines circonstances en Afrique du Nord et en Normandie, parce
qu'il vit, on le verra, dans l'obsession de la question française.

L'amiral Ernest King dirige la marine. A l'époque de
Pearl Harbor, il commandait la flotte de l'Atlantique et

c'est à la suite du drame qu'il a été nommé à la tête de l'U.S. Navy. Dès mars 1942, il cumule ces deux fonctions avec celle de chef des opérations navales, tandis que l'amiral Stark part pour l'Angleterre prendre le commandement des forces navales américaines en Europe. Quant au général Henry Arnold, un aviateur surnommé Hap, c'est l'adjoint de Marshall ; à mesure que la guerre se poursuit, il acquiert une indépendance croissante et met l'aviation sur un pied d'égalité avec l'armée de terre et la marine. Encore faut-il coordonner l'action des trois services. Sur cette question, Roosevelt ne prend pas de décision claire et nette, laissant faire les gens et les choses.

A la veille de Noël, Churchill établit ses quartiers à la Maison Blanche. Ses principaux conseillers militaires l'accompagnent et débattent de stratégie avec leurs homologues américains. Des conversations de ce genre ont déjà eu lieu, et il y en aura bien d'autres jusqu'en 1945. Pour que les contacts soient maintenus, les Britanniques laissent à Washington l'un des leurs, le maréchal Dill qui, à sa mort, sera remplacé par le général Wilson. Les hommes s'entendent bien. Ainsi naît l'organe des *Combined Chiefs of Staff* (CCS) : les états-majors sont intégrés, comme le commandement le sera lors de la libération de l'Europe. Une réussite somme toute exceptionnelle dans une guerre de coalition. Dans les états-majors américains, le même pragmatisme l'emporte. Armée et marine avaient l'habitude de coordonner, plus ou moins bien, leurs activités dans des comités désuets et inefficaces. S'inspirant des CCS, elles harmonisent leurs plans dans le *Joint Chiefs of Staff* (JCS), dont Arnold fait également partie. La première réunion officielle des JCS a lieu le 9 février 1942. Quelques mois plus tard, à son retour de Vichy, l'amiral William Leahy, chef d'état-major du président, sera chargé de présider les JCS et de veiller au bon fonctionnement de l'institu-

504 FRANKLIN D. ROOSEVELT

tion. Ni aux CCS ni aux JCS, les débats ne se déroulent
dans une sérénité sans nuages. Au contraire, ils sont
souvent houleux. Mais ce sont deux lieux de rencontres
et d'explications où l'on met en forme une stratégie commune.

La « grande stratégie »

S'il ne s'occupe ni d'intendance ni de tactique, Roosevelt tient une place primordiale dans l'élaboration de la
« grande stratégie », c'est-à-dire dans les décisions qui
impliquent des choix politiques déterminants, ceux qui
décideront de l'issue de la guerre et de la configuration
de l'après-guerre. De là cette liste, longue et fastidieuse,
de conférences anglo-américaines et les deux conférences anglo-américano-soviétiques. Pour résumer, Roosevelt y défend deux principes. Les intérêts des Etats-
Unis doivent être sauvegardés. En aucun cas, ils ne sauraient être sacrifiés sur l'autel de l'amitié avec la Grande-
Bretagne ou sur celui de l'alliance avec l'URSS. Une position peu surprenante de la part du président des Etats-
Unis. Mais elle ne l'empêche pas d'estimer que l'esprit de
compromis doit l'emporter sur l'intransigeance. Comme
il le dit à Marshall, il est le gardien de la Grande
Alliance, sans laquelle la victoire restera inaccessible :
« Je suis responsable du maintien de la Grande Alliance.
Vous ne pouvez pas (...) la briser. » La position est difficile à tenir, car elle suppose beaucoup de talents et de
diplomatie. Au président la délicate mission d'harmoniser les points de vue de ses conseillers militaires, de ses
alliés ensuite, tout en tenant compte – surtout pendant
les campagnes électorales qui reviennent tous les deux
ans – de l'état de l'opinion américaine. Cette gageure,
Roosevelt la tient à merveille. Il est vrai qu'en cette
affaire il a bénéficié d'une aide estimable, celle de son

conseiller le plus proche, Harry Hopkins, à l'écoute des Anglais et des Soviétiques, interlocuteur privilégié des personnalités les plus influentes de quelque nationalité qu'elles soient, au courant des pensées les plus secrètes du président.

En 1942 et en 1943, le débat est essentiellement anglo-américain. Avec l'expérience qu'ils ont acquise depuis 1939 et le prestige que leur a valu leur résistance solitaire et acharnée aux nazis, les Britanniques jouissent d'une puissante influence. Puis les Etats-Unis rattrapent leur retard et dépassent, dans leur spectaculaire effort de guerre, l'allié britannique. De plus en plus, la partie se joue entre Roosevelt et Staline, tandis que Churchill fait figure de conseiller, un peu bougon, cynique, toujours fidèle au président.

En 1942, il y a entre Britanniques et Américains accord et désaccord à la fois. Il y a accord total sur la priorité à donner au théâtre d'opérations européen. Marshall, Stark, Stimson et Roosevelt sont unanimes pour combattre, d'abord et surtout, l'Allemagne hitlérienne. Ce qui signifie un accroissement de l'aide à la Grande-Bretagne et à l'Union soviétique, une participation massive à la bataille de l'Atlantique contre les sous-marins allemands, la préparation d'un débarquement en Europe occidentale. C'est un schéma classique pour les Américains depuis le milieu du XIXe siècle, quand les principes de Jomini ont été adoptés comme les fondements de leur pensée stratégique : il convient d'abattre l'ennemi le plus fort là où il est le plus fort[7]. La victoire sur l'Allemagne est d'autant plus urgente qu'elle sera suivie d'un effort considérable contre le Japon. Pour le moment, il suffit de contenir les forces japonaises, de les repousser quand cela est possible, de fournir aux forces du Pacifique le strict minimum, de consolider l'armée chinoise et de collaborer avec les Britanniques aux abords des Indes.

Le désaccord anglo-américain porte sur l'ouverture d'un second front, donc sur la possibilité immédiate d'un débarquement anglo-américain en Europe occidentale. Staline réclame le second front à cor et à cri. Stimson et Marshall recommandent que les Etats-Unis commencent tout de suite, dès décembre 1941, à transporter des unités en Angleterre, à y stocker du matériel. Churchill propose, lui, une stratégie qui sert avant tout les intérêts de l'Empire britannique : les Alliés contiendront l'avance des Allemands dans l'Atlantique, en Méditerranée, en Afrique, et des Japonais dans l'océan Indien ; ils entreprendront alors la reconquête de l'Afrique du Nord pour dégager la Méditerranée et abattre l'Italie, puis renforceront leur action en Asie. A ce moment seulement, ils mettront sur pied un débarquement en Europe avant d'en terminer avec le Japon. On le voit, la stratégie périphérique anglaise diffère profondément de la stratégie frontale des Américains.

Face à des recommandations contradictoires, Roosevelt n'est pas un roc de fermeté. Il commence par approuver Marshall, qui prépare le débarquement en Europe pour avril 1943, et il promet même aux Soviétiques l'ouverture du second front avant la fin de 1942. Ensuite, il change d'avis, peut-être parce que Churchill est tout spécialement venu à Washington en juin 1942 et l'a convaincu ; peut-être parce qu'il sent que l'opinion américaine réclame tout de suite un succès militaire et que le débarquement en Afrique du Nord lui donnera, dans les semaines à venir, des satisfactions qu'elle ne veut pas attendre. Staline est mécontent, mais tant pis ! A la conférence de Casablanca de janvier 1943, Churchill pousse son avantage. Après la victoire en Afrique du Nord, soutient-il, les Alliés devraient libérer la Sicile, sans ralentir pour· autant les préparatifs en Grande-Bretagne ni oublier le Pacifique. Une fois réussi le débarquement en Sicile, il faut avancer vers Rome, puis vers le nord de l'Italie.

Nouvelle rencontre au sommet en août 1943 à Québec. Les Américains acceptent le plan de Churchill, mais Marshall persuade le président que l'opération Overlord, c'est-à-dire le débarquement en Normandie, doit avoir lieu le 1er mai 1944. Churchill continue d'évoquer des opérations en Norvège et dans les Balkans. Staline proteste contre les retards des Occidentaux qu'il accuse des pires intentions. Aux Etats-Unis, les champions de la priorité au Pacifique retrouvent leur voix. En un mot, la Grande Alliance entre dans une zone de turbulences. Entre deux conférences au Caire, à l'extrême fin de novembre 1943, Churchill et Roosevelt vont à Téhéran et rencontrent enfin au terme de longues négociations, après des interminables voyages, Staline pour la première fois. Celui-ci obtient l'assurance que les Anglo-Américains feront porter l'essentiel de leur effort sur Overlord, que sera préparé un débarquement complémentaire dans le sud de la France. Marshall triomphe, avec l'appui de Staline, et Churchill admet que, pour sauver ses bonnes relations avec Roosevelt, il doit céder. L'Union soviétique promet qu'après la défaite de l'Allemagne, elle participera à la guerre contre le Japon. Eisenhower est désigné au commandement en chef des troupes alliées qui se battront en Europe occidentale. Reste aux Américains à résister aux derniers arguments de Churchill pour qui les Alliés, au lieu de débarquer dans le sud de la France, devraient foncer sur l'Autriche et l'Europe centrale. De toute évidence, un conflit stratégique, donc politique, aurait éclaté entre Staline et Churchill si Roosevelt n'était intervenu. Son influence dans les réunions interalliées est déterminante.

Toutefois, après la conférence de Téhéran, Roosevelt n'intervient plus guère dans la définition de la stratégie en Europe, et les choses suivent leur cours. Le poids de la puissance américaine, qu'il s'agisse des effectifs ou du matériel, est désormais déterminant, Marshall et Eisenhower prennent les décisions majeures, non seulement parce que Roosevelt a d'autres préoccupations, que sa santé est moins bonne et qu'il délègue de plus en plus, mais aussi parce que les Américains, échaudés par les intrigues britanniques, ont décidé une fois pour toutes de s'en tenir aux seules considérations militaires. Les Anglais souhaitent-ils lancer une offensive dans le nord de l'Allemagne pour prendre Berlin avant les Soviétiques ? Inutile et dangereux, répond Eisenhower : Berlin n'a pas de valeur militaire. Churchill persuade-t-il Roosevelt, à la deuxième conférence de Québec, en septembre 1944, de fournir des péniches de débarquement aux forces anglaises qui s'apprêtent à mettre pied en Istrie puis à marcher sur Vienne ? C'est une victoire à la Pyrrhus, car les Américains n'ont nullement l'intention de barrer la route aux Soviétiques en Europe centrale et balkanique.

En 1944 plus qu'en 1943 et en 1945 plus qu'en 1944, Roosevelt tourne son attention vers la guerre du Pacifique. Il sait, bien évidemment, qu'après l'Allemagne viendra le tour du Japon et que là les Américains, même aidés par les Britanniques, peut-être aussi par les Soviétiques, ne devront compter que sur eux-mêmes. Il faut de toute façon en finir avec la blessure de Pearl Harbor. Suivant quelle stratégie ? l'amiral Nimitz, qui commande la flotte américaine du Pacifique, croit dans la supériorité des opérations navales et aériennes. Le général MacArthur, avec son goût pour les gestes théâtraux et son sens du spectacle, voudrait, lui, mener jusqu'à son terme la stratégie des « sauts de mouton » d'île en île, d'archipel en archipel. Il n'oublie pas le serment qu'il a fait au moment de s'enfuir en Australie, lorsque les Japonais ont pris possession des Philippines : « Je reviendrai. » Nimitz et MacArthur réclament, chacun de son côté, d'énormes moyens. L'amiral voudrait préparer un débarquement à Formose, le général à Leyte. En juillet 1944, Roosevelt se rend à Hawaï pour entendre les deux hommes et trancher. Rencontre mémorable, au moment où débute la campagne pour les élections présidentielles et où Roosevelt est une fois encore candidat – MacArthur a failli l'être. En fin de compte, Roosevelt approuve le débarquement à Leyte qui, prévu pour le 20 décembre, aura lieu deux mois plus tôt et contribuera à libérer les Philippines. Quant à l'assaut final contre le Japon, c'est une terrible perspective qui fait frémir les stratèges américains. C'est ce qui explique qu'à la conférence de Yalta Roosevelt accepte, en échange de la participation soviétique dans la guerre d'Asie, que Staline mette la main sur les Kouriles, sur la partie sud de Sakhaline, sur Port-Arthur et sur Darien en Chine, que l'URSS recouvre les droits des tsars sur les chemins de fer mandchouriens. Au nom de la Grande Alliance et des nécessités militaires.

Roosevelt, un grand stratège ? Il ne l'a pas été et n'a pas cherché à le devenir. Il ne s'est pas mêlé de problèmes qui n'étaient pas les siens. Il a fait confiance et accordé sa confiance à qui la méritait dans son entourage. Roosevelt est avant tout le ciment de la coalition, l'homme qui arrondit les angles sans perdre de vue l'essentiel. Mais ses deux défauts habituels resurgissent de temps à autre : il nourrit des illusions sur ses partenaires, sans doute par excès d'optimisme ; il donne à ses décisions stratégiques un caractère militaire plus que politique, sans doute par excès de pragmatisme.

Les formes nouvelles de la guerre

Roosevelt est un homme de son temps qui a compris que la guerre revêt des formes nouvelles. En premier lieu, il a tiré les leçons de Pearl Harbor. Jusqu'au début de la Seconde Guerre mondiale, les Etats-Unis n'ont pas jugé nécessaire de mettre sur pied un grand service de renseignement, l'armée et la marine ayant les leurs. On sait de quel prix le manque de coordination, l'absence d'homogénéité ont été payés. Le raid japonais du 7 décembre 1941 a clairement démontré qu'une grande puissance comme les Etats-Unis ne saurait se passer d'un service d'analyse, et qu'il ne s'agit pas là d'un luxe, un peu pervers, réservé aux cyniques Européens.

L'initiative vient d'un improvisateur génial, William Donovan. Né en 1883[8], il a remarquablement combattu en 1918, puis exercé la fonction d'avocat. De ses ancêtres irlandais, il a hérité la générosité, l'esprit d'entreprise et le caractère un peu brouillon. Dès 1935, il a fait de nombreux voyages à l'étranger et transmis ses impressions à la Maison Blanche. Membre du Parti républicain, il est devenu, en 1940, au temps de l'union sacrée, l'émissaire discret du président. Il admire chez les Anglais l'Intelligence Service. Dès le mois de juin 1941, il propose la création d'une agence qui centraliserait les renseignements. Il rédige un rapport de cinq pages au bas duquel le président griffonne une ligne à l'intention de son directeur du budget : « Jack, voyez Bill Donovan, et arrangez cela avec lui. » Un ordre exécutif sera préparé, qui soulignera que l'agence « coordonne les renseignements intéressant le gouvernement ». Bien que le FBI s'inquiète, que l'armée et la marine mettent des bâtons dans les roues, Donovan avec l'appui de la Maison Blanche persiste : à la fin de juin 1942, l'*Office of Strategic Services*, OSS, est créé sous le contrôle des JCS, le comité des chefs d'état-major. L'OSS dispose de fonds secrets. Ses « coups » sont parfois spectaculaires et dangereux, comme le cambriolage du consulat japonais à Lisbonne. Son but est de voler les codes, ce qui peut mettre en péril le déchiffrement des *Magics* dont les militaires sont si fiers. C'est que les agents de l'OSS sont des amateurs issus de tous les milieux. Ils ont, comme leur patron, l'esprit d'aventure et beaucoup de bonne volonté. Ils jouent un rôle en Afrique du Nord, en Italie, dans les Balkans et en Extrême-Orient. Presque toujours, ils collaborent avec l'Intelligence Service. Mais, en dépit de son dynamisme, l'OSS reste une création de la guerre, et le président Truman, le 20 septembre 1945, le supprimera. Deux ans plus tard, la CIA nouvellement créée prendra la suite de l'OSS avec la mission de « coordonner et d'évaluer les renseignements relatifs à la sécurité nationale ». Roosevelt a eu raison d'appuyer les initiatives de Bill Donovan. Il a eu tort, en revanche, de ne pas aller plus loin dans la coordination des renseignements.

La même critique vaut pour la guerre psychologique. Roosevelt sait depuis longtemps que l'art de la communication est à la fois malaisé et indispensable, surtout en temps de guerre. Là encore, pourtant, il n'éprouve pas le besoin d'unifier et de coordonner : l'armée, la marine et l'OSS ont chacun son service d'action psychologique. En outre, à la Bibliothèque du Congrès Archibald McLeish dirige l'*Office of Facts and Figures* (le Bureau des Faits et des Chiffres), et tout ce qui touche à l'Amérique latine relève de Nelson Rockefeller, le coordinateur des affaires interaméricaines. Les uns et les autres tâchent de ne rendre des comptes qu'au président et de ne pas harmoniser leurs efforts.

En 1942, Roosevelt fonde l'*Office of War Information*, OWI (Bureau de l'information de guerre), placé sous la direction d'un journaliste de la presse écrite et radiodiffusée, Elmer Davis. Dès l'année suivante, l'OWI étendra ses compétences à l'étranger. Ce n'est pas un ministère de la Propagande ou de l'Information. Surveillé de près par le Congrès, tenu pour suspect par les défenseurs de la liberté d'expression, il éprouve des difficultés à s'insérer dans la machine administrative. Il agit malgré tout par la diffusion d'affiches et de brochures qui rappellent aux Américains leurs devoirs. Il encourage Allemands et Italiens à la résistance, surveille discrètement le contenu des scénarios qu'Hollywood met en images et donne son avis sur les films. Puisque les Etats-Unis font la guerre au fascisme, à la discrimination raciale, à l'intolérance religieuse, aux privilèges, le cinéma doit occuper sa place – et quelle place ! – dans cette croisade à l'échelle de la planète. Dans *Pour qui sonne le glas*, tourné en 1942, la violence est exercée par les seuls républicains espagnols : l'OWI fait observer qu'ils sont maintenant les alliés des Nations Unies. Dans *Little Tokyo*, les espions japonais sont poursuivis, combattus et battus : est-ce bien un comportement conforme aux idéaux démocratiques ? Les producteurs résistent d'abord, puis, par patriotisme ou par conformisme, acceptent de réinterpréter l'histoire. Du côté des réalisateurs, le colonel Frank Capra, le major Anatole Litvak, le lieutenant-colonel William Wyler, le major John Huston apportent sans rechigner leur contribution. Après la guerre, ce sera pour Hollywood le retour de bâton.

La chasse aux espions

Roosevelt ne se borne pas à susciter ces initiatives de propagande, mais il invite le FBI à poursuivre les agents de la subversion. La chasse aux espions est ouverte. En juin 1942, des saboteurs allemands sont arrêtés à Long Island, près de New York. Ils viennent de débarquer d'un sous-marin et s'apprêtent à faire sauter des ponts et des usines. Le président est impitoyable. « Cette situation est parfaitement identique à l'affaire du major André pendant la Révolution et à celle de Nathan Hale, dit-il[9]. Ils furent tous deux pendus. » Il traduit les saboteurs devant une commission militaire dont la procédure offre encore moins de garanties aux accusés qu'un tribunal militaire[10]. Sur les sept officiers passés en jugement, six sont exécutés dans la semaine. La Cour suprême a donné son approbation. Même dans des cas moins flagrants, il est évident que J. Edgar Hoover, le chef du FBI, ne fait pas dans la nuance, et réunit les terribles fichiers qui feront sa réputation. Une récente étude a montré qu'aucun des grands intellectuels de l'époque n'a échappé à son enquête, de Nelson Algren à Pearl Buck, de John Dos Passos à Sinclair Lewis, de John Steinbeck à Tennessee Williams[11]. Pour se borner à un exemple parmi beaucoup d'autres, Pearl Buck suscite la curiosité du FBI en 1941-1942, car elle vient d'écrire, dans une brochure intitulée *Freedom for All* (La liberté pour tous) : « Les discriminations contre les soldats de couleur dans l'armée de terre, dans la marine et l'aviation, l'exclusion des Noirs des industries de la défense nationale et des syndicats apportent l'aide la plus efficace à nos ennemis en Asie et au Japon. » Sabotage, mensonges ! prétend le FBI. Hoover s'appuie aussi sur l'autorisation que Roosevelt lui a donnée en 1940 de mettre tout suspect sur table d'écoute. Sous sa direction, le FBI devient une police politique.

Roosevelt évite pourtant les excès de 1917-1918, lorsque tout ce qui rappelait l'Allemagne était banni. Ainsi – peut-être par prudence, peut-être par opportunisme – ne traduit-il pas le père Coughlin devant un tribunal, bien que le prêtre de Royal Oak ne soit pas avare de propos incendiaires. Mais il obtient de l'archevêque de Detroit que Coughlin cesse de parler. Quand il recourt à des pratiques contestables, c'est parce que la situation le commande. Au risque de voir la démocratie prendre de mauvaises habitudes et ne pas revenir au respect des lois et de la morale.

L'énergie atomique

Roosevelt se passionne pour les armes révolutionnaires. Y compris les plus fantaisistes. Il prend la peine de lire un projet sur l'utilisation des chauves-souris contre les Japonais, et un deuxième projet qui fait allusion à l'emploi des abeilles et des serpents. A défaut de la guerre animale, la guerre biologique ne l'effraie pas. Le 29 avril 1942, il puise dans les fonds spéciaux pour financer la production de substances toxiques qui provoqueraient des anthrax et le botulisme. Deux ans plus tard, l'aviation met au point une technique de bombardement et quatre usines produisent le poison qui, précisons-le, ne sera jamais utilisé.

On pourrait allonger la liste des innovations technologiques que la guerre a suscitées. Elles ne sont pas toutes nées de la sollicitude du président, mais il a certainement eu conscience de leur importance. La plus décisive est évidemment la bombe atomique, dont l'histoire est bien connue[12]. Il suffira d'en rappeler les grandes lignes. A l'automne de 1939, les physiciens Fermi et Einstein attirent l'attention du président sur l'énergie atomique. Roosevelt saisit l'intérêt primordial des découvertes récentes. En juin 1940, il crée un Comité de recherches sur la défense nationale, qui devient, un an plus tard, le Bureau de la recherche et du développement scientifique, dirigé par Vannevar Bush, le président de la Carnegie Institution. Mais le véritable départ de la recherche est postérieur à Pearl Harbor. Désormais, les Américains mettent les bouchées doubles, font appel à toutes les énergies, à tous les talents, à toutes leurs ressources. Dans le plus grand secret, le projet, baptisé Manhattan, est confié à l'armée et placé sous la direction du général Leslie Groves. Le 28 décembre 1942, Roosevelt franchit le pas : les Etats-Unis produiront la bombe atomique et commenceront par investir 400 millions de dollars dans cette entreprise. Une course contre la montre est en effet engagée, car il s'agit de savoir qui, des Alliés ou des Allemands, disposera en premier de cette arme absolue et qui, du coup, remportera la guerre. Il faut aussi apprendre à se servir de l'arme nouvelle : grâce à ses conseillers, notamment Stimson et Marshall, le président comprend qu'il est nécessaire d'inciter l'aviation à prévoir et planifier. Dans le même temps, Roosevelt suit attentivement le développement de l'utilisation du radar. Seulement, maintenant qu'il sait qu'un jour ou l'autre, les Etats-Unis possèderont la bombe atomique, il tient à la politique du secret.

A Los Alamos, dans le Nouveau-Mexique, à Oak Ridge, dans le Tennessee, à Hanford, dans le Connecticut, le général Groves veille sur la communauté scientifique et coupe tout contact avec le monde extérieur, afin d'empêcher les activités d'espionnage des ennemis et même des amis. Ces précautions sont-elles suffisantes ? L'affaire Klaus Fuchs prouvera le contraire[13]. A Washington, seuls une poignée de responsables partagent le secret. Dans ses rapports avec les Alliés, Roosevelt est méfiant à l'extrême. Il lui paraît impensable de communiquer le moindre renseignement aux Soviétiques, et la collaboration avec les Britanniques n'est pas dépourvue d'arrière-pensées. A Casablanca (janvier 1943), Churchill se plaint que les échanges sur ces questions entre Anglais et Américains aient cessé. C'est la faute des militaires, répond Hopkins. A moins que ce ne soit celle de Roosevelt, puisque c'est à peine s'il accepte de transmettre des informations sur l'atome civil. A Québec, en août 1943, un accord anglo-américain de coopération atomique est, malgré tout, signé ; un comité mixte est chargé de veiller à son application. Aux côtés d'Oppenheimer, de Fermi, de Szilard, travailleront les meilleurs physiciens britanniques. Le débat rebondit pourtant à Hyde Park le 18 septembre 1944. Churchill et Roosevelt signent alors un autre accord, ultra-secret comme le précédent : les deux nations collaboreront à la fabrication d'une bombe atomique dont ils pourraient, le moment venu, se servir contre les Japonais ; l'Union soviétique est exclue du club pendant la guerre comme pour l'après-guerre.

Le 30 décembre, Roosevelt donne son accord à la production et à l'expérimentation de la première bombe, et les sites à frapper sont définis. On sait, par exemple que Stimson a rayé de la liste la ville de Kyoto qui, à ses yeux, reste l'une des villes saintes du monde. Hiroshima, Niigata, Nagasaki et Kojura sont, en revanche, retenues. Deux questions hantent, malgré tout, l'esprit. Pourquoi les objectifs sont-ils uniquement japonais ? Les Etats-Unis espéraient-ils gagner la guerre contre l'Allemagne sans recourir à la bombe ? Refusaient-ils d'utiliser cette arme terrible contre un pays européen ? Avaient-ils l'indéfectible volonté de prendre leur revanche sur Pearl Harbor ?

A en croire Stimson, il semble que Roosevelt n'ait jamais hésité à utiliser l'atome : « Je n'ai jamais entendu, à aucun moment, de 1941 à 1945, suggérer par le président ou par un membre responsable du gouvernement que l'énergie atomique ne devrait pas être utilisée pendant la guerre. Nous comprenions tous, bien entendu, la responsabilité que comportait notre tentative de donner le jour à une arme aussi dévastatrice. Le président Roosevelt m'entretint souvent et spécialement de la conscience qu'il avait de la puissance catastrophique de notre travail. Mais le travail devait être accompli puisque nous étions en guerre. » Stimson témoigne qu'un mois avant sa mort, Roosevelt n'avait certainement pas changé d'avis[14].

Cette histoire passionnante révèle, plus que toute autre, le caractère de Roosevelt, avec ses qualités et ses défauts. Il remplit ses fonctions de commandant en chef avec la détermination, la compétence et la hauteur de vues qui conviennent. S'il ne veut surtout pas briser la Grande Alliance, il montre par son attitude qu'il en connaît les faiblesses ; que, pour lui, l'Union soviétique est un allié de circonstance ; que la Grande-Bretagne est un faux troisième Grand. En somme, par leur complexe militaro-industriel, par l'étroite collaboration qui unit les universités, la défense nationale et le monde indus-triel, les Etats-Unis sont devenus une superpuissance militaire et entendent le demeurer. De Pearl Harbor à Alamogordo[15], Roosevelt a fait franchir à son pays une distance incommensurable.

Le leader politique

Plus que jamais Roosevelt est un président-monarque. Lorsque les Etats-Unis entrent en guerre, il entame son troisième mandat. Les Américains se regroupent der-rière lui : la personnalité du président subit une quasi-sacralisation. Lincoln lui-même n'était devenu un martyr de la république qu'après son assassinat, et Wilson n'a pas eu le temps de créer une présidence de guerre. Roo-sevelt marque d'une forte empreinte l'institution prési-dentielle, bien qu'il ne manque pas d'adversaires, chez les républicains comme chez les démocrates, dont les attaques n'ont rien perdu de leur vigueur.

L'immédiat avant-guerre a ouvert la voie à une inter-prétation présidentialiste de la Constitution. Dès 1938, un « ordre exécutif » a autorisé l'armée à transférer des

armements obsolètes à des entreprises privées qui pourraient les vendre à l'étranger. Deux ans plus tard, l'échange
des cinquante vieux destroyers américains contre des
bases navales en territoire britannique a accentué la tendance. La loi sur le prêt-bail, votée en mars 1941, donne
à la Maison Blanche des pouvoirs considérablement élar-
gis, sans oublier toutes ces agences fédérales qui fleuris-
sent comme les jonquilles au printemps. En 1942, on en
compte quarante-deux, dont trente-cinq ont été créées
par la seule volonté de Roosevelt qui s'appuie sur la
notion de « pouvoirs de guerre ». Saisis en 1944, les tribunaux fédéraux donneront leur bénédiction, tout en
faisant de ces « services », de ces « administrations », de
ces « agences », des organismes consultatifs.

Dans son message du 7 septembre 1942, il exhorte
vigoureusement le Congrès à agir. Sinon, dans le cas
contraire, souligne-t-il, le « président dispose des pouvoirs que lui confèrent la Constitution et les lois votées
par le Congrès de prendre les mesures nécessaires pour
empêcher un désastre qui retarderait d'autant la victoire. » Et d'ajouter que la guerre lui confère des pouvoirs spéciaux qu'il rendra au peuple une fois la victoire
obtenue. Comme l'observe un éminent historien de la
Constitution, Edward Corwin[16], Roosevelt fait appel non
plus aux pouvoirs qui lui ont été délégués, mais à la
conception des pouvoirs inhérents à la Constitution. Il
ne se limite plus à ceux d'ordre militaire, mais puise
dans « un agrégat de pouvoirs ». Il s'approprie une partie
des prérogatives législatives du Congrès. Il faut ajouter
que le conflit exige la pratique du secret, et Roosevelt ne
manque pas d'en user. Il détient les clefs des informations, de l'arsenal, des leviers de l'action. La superpuissance produit le superprésident.

Or, contrairement à ce qu'on pourrait imaginer,
l'entourage du président est réduit. En 1939, le Congrès
a autorisé la création de l'*Executive Office of the President*

(Bureau exécutif du président, EOP), l'équivalent d'un cabinet de la présidence – à condition que l'expression ne soit pas confondue avec le Cabinet composé des secrétaires. L'EOP est divisée en une direction du personnel, une direction des affaires fiscales, une direction des plans. Quant à la Maison Blanche proprement dite, elle peut, grâce à la même loi, recruter trois assistants administratifs supplémentaires, soit désormais un total de six, qui sont à la disposition du président. Roosevelt n'a que trois assistants, l'un pour la gestion du personnel, l'autre pour les questions politiques et le « patronage », le troisième pour les problèmes économiques. En fait, il « emprunte » à d'autres administrations les hommes dont il a besoin, prend appui sur Hopkins, officiellement investi de la seule mission d'administrer le prêt-bail, mais en fait président-adjoint, confident, conseiller spécial. Il continue aussi d'écouter, non sans impatience parfois, les avis de son épouse, reçoit de très nombreux visiteurs qu'il régale de sa conversation plus qu'il ne les entend. Outre Hopkins, Roosevelt recourt, après 1942, à l'amiral Leahy à titre de conseiller militaire et à Samuel Rosenman qui se charge de la politique au jour le jour. En outre, pour la première fois dans l'histoire des Etats-Unis, le vice-président est investi de véritables responsabilités : Henry Wallace remplit des missions diplomatiques en Amérique du Sud, en Chine, en Union soviétique. Il est même placé à la tête des services d'action économique. En conséquence, il foule les terres du secrétaire au Commerce qui proteste. Roosevelt règle le différend en leur retirant à tous deux leurs responsabilités. Au total donc, une petite équipe autour de laquelle gravite une constellation d'agences. Comment les uns et les autres définiraient-ils aisément des objectifs communs ? On enfermera les responsables dans une chambre, répond Roosevelt avec un large sourire, et ils n'en sortiront qu'après être tombés d'accord.

A l'évidence, Roosevelt veut garder les mains libres, tout savoir et pouvoir éventuellement tout faire. Il ne déteste rien tant qu'abandonner un peu de son autorité. Plus que jamais il aime que, du haut en bas de la hiérarchie, on sache qui commande. Il encourage les uns et les autres à venir dans son bureau sans tenir compte de la voie hiérarchique, invite à Hyde Park des fonctionnaires qui n'espéraient pas un tel honneur. Ce n'est pas sans hésitation qu'il nomme James Byrnes à la tête des services économiques, comme s'il acceptait l'inacceptable. Pour ses admirateurs, Roosevelt incarne l'anticonformisme, brise les barrières, démolit les fondements d'une bureaucratie dangereuse et contraire au principe de la souveraineté populaire. Pour ses détracteurs, il établit la dictature, concentre entre ses mains des pouvoirs excessifs, porte préjudice à la démocratie.

Ne vaudrait-il pas mieux, plutôt que d'entrer dans ce débat, se demander si cette manière de gouverner est inévitable et si elle est efficace ? Inévitable, elle l'est certainement, car les Etats-Unis n'ont pas de solides traditions administratives. En cas de besoin, on fait appel pour occuper les places vacantes à des personnalités du monde des affaires, des syndicats, des universités, des cabinets d'avocats, étant entendu que la mobilisation des bonnes volontés sera temporaire, qu'aucun des « extras » ne songera à faire carrière dans les bureaux et que la plupart accepteront un traitement dérisoire. En 1917-1918, le même phénomène a débouché sur la débandade de 1919, quand les Etats-Unis ont choisi « le retour à la normale ». Deux décennies plus tard, les premières années du New Deal ont servi de répétition générale à la réapparition de ce personnel venu de l'extérieur. On pourrait sans doute reprocher à Roosevelt de n'avoir pas montré sans détours à ses concitoyens que les Etats-Unis devaient, étant donné la situation, se doter d'urgence d'une véritable administration. Au fond, il a établi la présidence impériale subrepticement, et il a agi comme si, après le conflit, les Etats-Unis devaient revenir au *statu quo ante*. Les résultats de ces usages ont été inégaux. C'est un miracle que les forces économiques et militaires aient ainsi pu, dans l'improvisation, se concentrer et jouer leur rôle. Quels efforts le président et les principaux responsables n'ont-ils pas dû déployer ! Roosevelt en a été conscient et l'a souvent dit, mais en plaisantant. Il n'a pas vraiment réformé les mécanismes.

La vie quotidienne à la Maison Blanche reflète à merveille la personnalité du président. Désordre, amoncellement des objets les plus hétéroclites, animation continuelle, convivialité, voilà les expressions qui reviennent sous la plume des témoins. Tous relèvent le goût du patricien pour la simplicité et sa bonhomie aristocratique. Le meilleur guide est encore Robert Sherwood. Il vient souvent à la Maison Blanche pour participer à la rédaction des discours du président[17]. Au rez-de-chaussée, explique-t-il, se trouvent les salles de réception ; c'est la Maison Blanche officielle, celle des bals, des dîners de gala, des cérémonies, celles que des centaines d'Américains visitent chaque jour. Au premier étage, les appartements du président, son bureau, un petit appartement pour Eleanor, un autre pour Hopkins, un dernier pour les visiteurs de marque comme Churchill. Au deuxième étage, des bureaux, le logement des principales secrétaires. Nulle part on ne note le moindre souci pour la décoration. Eleanor n'a ni le temps ni le goût de s'en occuper, car elle est toujours par monts et par vaux, parlant à la radio ou dans des réunions publiques, inspectant, rassurant, se mettant à l'écoute des autres. Quant à Franklin, il préfère les objets, avec le souvenir qui leur est attaché, aux œuvres d'art. Il a un esprit de collectionneur, sans discrimination, donc sans choix esthétique.

Sa journée commence à 8 heures avec le petit déjeuner au lit et la lecture des grands quotidiens. Puis,

viennent les réunions, les réceptions des visiteurs,
l'interminable ballet des familiers. Certes, Roosevelt
tente d'échapper aux contraintes de l'agenda. Il prend
son temps et du retard même, manifeste une égalité
d'humeur qui étonne – encore que ses proches sachent
repérer très vite ses impatiences et ses colères rentrées.
La conversation demeure l'art dans lequel il exerce une
complète maîtrise, qu'il soit avec le plus humble de ses
concitoyens ou avec des rois et des reines. Roosevelt est
toujours à l'aise. Mais est-il accessible ? De moins en
moins, en tout cas de manière erratique.

Roosevelt est-il le symbole de la magistrature républicaine ou bien mène-t-il une existence quasi royale ? Pas
de cérémonies majestueuses, Roosevelt n'imite pas le roi
d'Angleterre. Il est tout à tous. Du moins le croit-il et
voudrait-il qu'on le croie. A vrai dire, la position crée les
distances. Plus il exerce les fonctions présidentielles,
plus il s'éloigne, qu'il le veuille ou non, des autres
hommes. Il vit au sommet de l'Olympe, avec le sentiment que les dirigeants des autres pays et lui sont en
communion constante, puisqu'ils constituent un monde
à part. Ce n'est pas « l'exercice solitaire du pouvoir »,
mais l'habitude prolongée d'un pouvoir grandissant. Ce
n'est pas une mégalomanie de despote qui en est la
cause, mais simplement la pratique exceptionnellement
longue – une décennie – de la magistrature suprême.

Le génocide des Juifs

Ce président de guerre réunit derrière lui une coalition de partisans qui lui restent inconditionnellement
fidèles et dont le nombre s'accroît, notamment à
l'extrême gauche. Les électeurs juifs, par exemple, illustrent bien cette loyauté absolue. Sans hésitation, on le
sait, ils ont choisi le camp démocrate depuis 1932. Ils

ont découvert en Roosevelt l'homme du rassemblement, le gouverneur qui a su parler à la fois au nom des Italiens, des Irlandais, des Juifs, des Américains de vieille souche, puis le président qui a défendu un programme libéral et combattu le nazisme et le fascisme. Leur confiance en lui est totale, ils sont pour Roosevelt et le resteront après sa mort.

Pourtant, ils auraient bien des raisons de lui en vouloir, car il ne fait rien pour sauver ne serait-ce que quelques-uns des Juifs d'Europe que les nazis persécutent depuis leur arrivée au pouvoir et massacrent par millions à partir de 1941[18]. Sans doute a-t-il protesté, le 3 janvier 1936, contre « l'autocratie et l'oppression », contre les infâmes lois de Nuremberg[19]. Certes, après la Nuit de Cristal de novembre 1938, l'ambassadeur des Etats-Unis à Berlin a été rappelé à Washington pour consultation. Mais le gouvernement fédéral en est resté là. Comme l'a dit Cordell Hull, il s'agissait de ne pas franchir « les limites des usages diplomatiques ». Les décisions d'Hitler sont celles d'un chef d'un Etat souverain ; le problème juif est une affaire intérieure à l'Allemagne. « Nous ne pouvons rien faire, sauf pour les citoyens américains », déclare Roosevelt. En 1936, Harold Ickes, le secrétaire à l'Intérieur, envoie un message de soutien à la communauté juive américaine, formée, écrit-il, « des représentants d'une grande race virile », mais ce ne sont que de bonnes paroles. Les Etats-Unis pourraient ouvrir leurs frontières et laisser entrer des réfugiés, mais ils ne le font pas. La conférence d'Evian de juillet 1938, dont l'initiative, on l'a vu, revient à Roosevelt, n'a donné aucun résultat.

La législation des quotas limite les entrées à 150 000 personnes par an sur le territoire américain. Au sein du département d'Etat, Breckinridge Long, responsable de la section des visas, applique strictement, par étroitesse d'esprit sinon par antisémitisme, la réglementation tout en se prévalant de ses liens étroits avec Roosevelt. Du coup, les consuls américains restreignent autant que possible la délivrance des visas pour l'Amérique : du 5 août au 18 décembre 1940, au moment où de nombreux Juifs allemands et non allemands demandent l'autorisation d'immigration, les Etats-Unis n'en accordent que 238. Les quotas ne sont même pas atteints, il s'en faut de beaucoup. En 1939, 90 000 immigrants seulement ont pu entrer sur le territoire américain parmi lesquels 43 450 Juifs, tandis que l'Amérique latine recevait 84 000 immigrants de toutes origines, la Palestine 60 000, la France 38 000, la Grande-Bretagne et ses colonies 48 000. Plus grave encore, de moins en moins de Juifs sont admis à mesure que les hostilités s'étendent : 36 145 en 1940, 23 737 en 1941, 10 608 en 1942, 2 400 en 1944. Au total, 150 533 Juifs entrent aux Etats-Unis de 1937 à 1943 ; alors que, de 1933 à 1943, les autorités fédérales auraient pu, d'après les quotas, accueillir 1 650 000 personnes (à raison de 150 000 par an), elles n'en ont reçu que 501 000. C'est bien la preuve qu'il y aurait eu, si on l'avait voulu, des places libres pour les Juifs persécutés. Les protestations des uns et des autres n'y font rien, celles des mouvements juifs pas davantage que celles d'organisations non juives ou même l'intervention ponctuelle d'Eleanor Roosevelt. De mars 1941 à août 1942, seulement 309 enfants juifs de la France non occupée sont acceptés aux Etats-Unis. Les démarches pour le départ de 5 000 autres traînent tant que les autorisations arrivent trop tard, bien après la rupture des relations diplomatiques entre les Etats-Unis et le gouvernement de Vichy.

Avec l'année 1942 commence une deuxième période. Maintenant belligérants, les Etats-Unis peuvent, en conséquence, dénoncer la politique nazie, menacer de représailles Hitler et ses acolytes, peut-être agir pour limiter l'étendue du génocide. De plus, au mois d'août 1942, Gerhart Riegner, délégué du Congrès juif mondial en Suisse, fait savoir à Londres et à Washington ce que signifie la « solution finale[20] ». Le 22 août, dans une conférence de presse à la Maison Blanche, Roosevelt dit aux journalistes : « La communication que je viens de recevoir (...) donne lieu de craindre que, la défaite approchant, le régime d'occupation ne devienne encore plus barbare et plus impitoyable et n'aille même jusqu'à l'extermination de certaines populations. » Le 8 décembre, le rabbin Stephen Wise, accompagné par d'autres responsables de la communauté juive américaine, est reçu par le président. Ils demandent que les crimes de guerre de l'Allemagne nazie soient dénoncés, que tout soit fait pour limiter l'extermination. Roosevelt promet d'adresser l'avertissement. « Le gouvernement des Etats-Unis, précise-t-il, est parfaitement au courant de la plupart des faits sur lesquels vous attirez aujourd'hui mon attention. Nous en avons malheureusement reçu confirmation par de nombreuses sources. Des représentants du gouvernement américain en Suisse et dans d'autres pays neutres nous ont fourni des preuves qui confirment les horreurs dont vous parlez. » Serrant la main de ses visiteurs, il ajoute : « Nous ferons tout ce qui est en notre pouvoir pour aider votre peuple dans ces moments tragiques. »

Les journaux américains et anglais publient des articles sur le massacre des Juifs, mais les Alliés n'engagent pas la guerre psychologique. Déjà, en janvier, huit gouvernements en exil à Londres ont lancé une proclamation sur les atrocités de guerre, mais sans mentionner le martyre des Juifs. Le 17 décembre, Anglais et Américains élaborent une déclaration commune sur les crimes de guerre : « Les responsables de ces crimes n'échapperont pas au sort qu'ils méritent. » Ce qui revient à dire que les Juifs seront sauvés après la guerre... s'il en reste. L'Union soviétique, les Etats-Unis et la Grande-Bretagne lancent, de Moscou, le 1er novembre 1943, une proclamation annonçant des représailles contre les criminels de guerre, et se donne la peine de mentionner les crimes contre les paysans crétois, mais, elle est muette, une fois encore, sur les Juifs. Roosevelt attendra mars 1944 pour amender le texte en y ajoutant le cas des Juifs.

Les Etats-Unis n'acceptent toujours pas d'ouvrir plus grandes leurs portes aux réfugiés. La conférence des Bermudes, en avril 1943, donne l'occasion d'un échange de vues sur cette question avec les Britanniques. Les arguments sont toujours les mêmes : il faut d'abord gagner la guerre, ne pas souscrire aux propositions de rançon qu'a transmises la Roumanie, n'envoyer ni vivres ni médicaments aux ghettos et aux camps puisque les nazis s'en serviraient pour leur propre effort de guerre, pousser les Anglais à ne pas admettre de réfugiés en Palestine, ne pas diminuer le tonnage réservé aux munitions et aux transports de troupes, ne montrer aucune bienveillance à l'égard des réfugiés parmi lesquels se glisseront, à coup sûr, des espions. Breckinridge Long s'acharne. De leur côté, les Juifs américains, plus particulièrement les sionistes révisionnistes[21] du groupe de Peter Bergson, amplifient leur campagne d'opinion, achètent par exemple une page entière du *New York Times*, le 4 mai 1943, pour faire passer un message-choc : « Pour les 5 millions de Juifs enfermés dans le piège mortel des nazis, la conférence des Bermudes a été une farce tragique. »

Un grand rassemblement au Madison Square Garden en 1943 a défendu l'idée que « c'est maintenant qu'il faut arrêter Hitler ». Les journaux, y compris ceux de la chaîne Hearst, font connaître les dimensions de l'horreur. Eleanor Roosevelt parle, dans la chronique qu'elle vend à des centaines de quotidiens, des « souffrances » et de la « persécution » des Juifs. Mais elle ne sait quelle démarche préconiser : « Je ne sais pas ce que nous pouvons faire pour sauver les Juifs d'Europe et leur trouver des foyers, mais je sais que c'est nous qui serons les victimes si nous laissons se produire de grandes injustices sans nous efforcer de les corriger. » Le 6 octobre 1943, 400 rabbins orthodoxes viennent à Washington pour demander des mesures d'urgence, mais c'est le vice-président qui les reçoit. Roosevelt, lui, est occupé « par d'autres tâches ». Seul, pourtant, il pourrait bousculer la passivité, voire l'hostilité du département d'Etat, décider d'une politique nouvelle de l'immigration, montrer au monde et à la postérité que le combat des Nations unies contre le nazisme est aussi le combat pour la défense des droits de l'homme. Il ne fait rien, ne dit rien, jusqu'à l'extrême fin de l'année 1943, quand il sent que l'opinion américaine devient sensible au problème, que le Congrès va lancer une offensive contre le département d'Etat et qu'il se doit de faire une proposition pour désamorcer l'indignation et la colère.

C'est Henry Morgenthau, le secrétaire au Trésor, qui donne l'impulsion décisive. En avril 1943, ses proches collaborateurs, tous chrétiens, font une découverte qui les laisse pantois : depuis deux mois, le département d'Etat a interdit à son représentant à Berne de transmettre les télégrammes de Riegner, sous le prétexte que les mauvaises nouvelles nuisent au moral de la nation américaine. Le 7 janvier 1944, Morgenthau convainc enfin le président que les Etats-Unis n'ont pas cessé jusqu'à présent d'acquiescer à « l'assassinat des Juifs ». Quinze jours plus tard, un Bureau des réfugiés de guerre (*War Refugee Board*, WRB) est créé pour contrecarrer « les plans nazis visant à l'extermination des Juifs ».

La troisième période, celle des dix-huit derniers mois de la guerre, ne provoque pas pour autant un retournement brutal de l'attitude officielle des Etats-Unis. Le WRB possède peu de pouvoirs. Certes la guerre psychologique est plus active, et les neutres qui interviennent en faveur des Juifs, comme le Vatican, la Suisse, la

Suède et l'Espagne, bénéficient de l'aide américaine. Mais les Etats-Unis persistent à fermer à l'immigration juive leur territoire – d'ailleurs, quels sont les Juifs qui, en cette période, auraient pu atteindre le Nouveau Monde ? Ils refusent également de bombarder les camps d'extermination, notamment Auschwitz ou les voies ferrées qui y conduisent[22]. Le secrétaire adjoint à la Guerre, John McCloy, au demeurant bien disposé à l'égard des Juifs[23], déclare, le 4 juillet 1944, que des bombardements de ce genre seraient « d'une efficacité douteuse » et pourraient déclencher des représailles (lesquelles ? contre qui ?) des Allemands. La seule affaire d'importance dans laquelle les Etats-Unis interviennent en sous-main concerne les Juifs hongrois, ce qui n'empêche pas qu'un demi-million d'entre eux soient déportés en 1944.

En fait, la pression des Juifs américains a été insuffisante. Ils redoutent l'antisémitisme ambiant, même s'ils ont tendance à en exagérer l'ampleur. D'autre part, ils sont divisés : sionistes « généraux » et sionistes « révisionnistes », bundistes, orthodoxes, conservateurs et libéraux, Juifs d'origine allemande et Juifs d'origine russe, etc, les Juifs américains eux-mêmes ne forment pas une communauté homogène. Et puis, ils ont, en dépit de tout, une admiration sans bornes pour Roosevelt et ne marchandent pas leur soutien au président. Certainement sensible au drame, encore qu'il éprouve des difficultés à en imaginer l'étendue et le tragique, il a autour de lui des amis et des collaborateurs juifs qui sont relativement discrets sur le drame de leurs coreligionnaires européens. Il ne veut pas non plus heurter de front les restrictionnistes, les partisans des quotas qui rejettent toute exception à la limitation des entrées. Il sait surtout combien l'électorat juif lui est attaché et qu'il n'a pas besoin de le conquérir ou de faire de grands efforts pour le maintenir derrière lui. Il n'ignore pas, en bon politicien, qu'à trop se soucier des Juifs il suscitera

les demandes des autres communautés et qu'il ne pourra
peut-être pas les satisfaire. Enfin, argument majeur, il
est devenu, par la force des circonstances, le responsable
suprême d'une nation en guerre. Son devoir est de se
préoccuper de l'essentiel, sauf à laisser à des subordonnés, comme Breckinridge Long, la gestion du quotidien.
Il estime en fait que le sauvetage des Juifs européens est
subordonné à la victoire. En ce qui concerne la création
d'un foyer national juif, il s'efforce de rassurer ; à
Washington, en 1943, il encourage Chaim Weizmann,
donnant l'impression de souhaiter une politique plus
libérale de l'immigration en Palestine. Mais, rencontrant
le roi Ibn Saoud au lendemain de la conférence de Yalta,
il exprime des réticences à l'égard de la création d'un
Etat juif. Tout au plus fait-il mentionner en 1944, dans
la plate-forme du Parti démocrate, la nécessité d'établir
un « Commonwealth juif ». Le sauvetage des Juifs n'est
pas pour lui un problème vital. Du moins dans l'immédiat.

Roosevelt et la gauche

Sur la gauche de l'échiquier politique, la coalition rooseveltienne gagne du terrain. Etrange alliance que celle
de Roosevelt avec les communistes ! Elle tient avant tout
à la conjoncture internationale et s'accommode d'innombrables arrière-pensées. Le président a défini sa position
en février 1940 devant l'American Youth Congress[24]. Il
ne partage pas les illusions de certains *New Dealers,* y
compris Eleanor, qui croient fermement que l'AYC sera
le fer de lance d'un nouveau New Deal. Il sait que le
Parti communiste en tire les ficelles, mais il a accepté de
parler aux congressistes. Ce qu'il leur dit ne les satisfait
guère : assurément, le gouvernement veut changer la
société, mais il n'y parviendra pas du jour au lendemain.

Il combattra le chômage avec une inlassable détermination, mais il aidera dans le même temps « la brave petite Finlande ». Quant à l'Union soviétique, c'est « une dictature aussi absolue que n'importe quelle autre dictature dans le monde ». Le Parti communiste américain, on le comprend, n'a dès lors aucune raison de ne pas présenter de candidat aux élections présidentielles de novembre 1940, d'autant plus qu'il fait alors campagne contre une éventuelle participation à la guerre et contre l'aide à la Grande-Bretagne.

C'est l'invasion de l'Union soviétique par les armées allemandes qui change les données du problème. Désormais, Etats-Unis et URSS sont des alliés. Pearl Harbor ne fait que rendre plus étroites, plus chaleureuses, les relations entre les deux pays. Du coup, le Parti communiste américain « s'américanise ». Présent dans le monde du travail, en particulier dans bon nombre de syndicats, il milite, comme Staline, pour l'ouverture immédiate d'un second front. Il devient en fait l'aile gauche de la coalition rooseveltienne, une aile aussi respectable, aussi dévouée que les autres. Earl Browder, le principal dirigeant communiste, a été condamné en mars 1941 à quatre ans de prison, pour avoir violé la législation sur l'utilisation des passeports. L'union sacrée déclenchée par Pearl Harbor offre aux communistes et à leurs sympathisants l'occasion de réclamer plus fort et plus efficacement sa libération. Un meeting à Manhattan, en mars 1942, leur donne l'occasion de faire de Browder « le vrai fils de la Grande Amérique (...) l'Amérique, pays du général MacArthur et d'Earl Browder ». Et six semaines plus tard, Roosevelt le fait libérer. Browder voit dès lors dans le président le garant de la coopération américano-soviétique. Il rencontre Sumner Welles et correspond avec lui. C'est la lune de miel.

Roosevelt n'a toutefois pas l'intention d'aller très loin avec les communistes. Il n'ignore pas que des groupes de pression, fort influents, formés par les Américains d'origine polonaise, balte ou finlandaise sont vivement hostiles à l'Union soviétique et votent démocrate. L'oublierait-il, on le lui rappellerait sans ménagements. De plus, si Roosevelt accepte un repas avec le diable, du moment qu'il utilise une longue cuillère, il n'a pas envie de déjeuner tous les jours avec lui. Un geste suffira. D'un côté il rejette l'attitude manichéenne du représentant Dies qui, au sein de la Commission des activités non-américaines, pourchasse les influences communistes et fait du maccarthysme avant la lettre ; de l'autre il laisse le FBI libre d'accumuler les preuves d'actions subversives, sur toutes les formes de subversion. Ni Eleanor, pourtant idéaliste, quelquefois naïve et toujours prête à défendre les causes progressistes, ni Franklin, avant tout stratège politique, ne peuvent être tenus pour des « compagnons de route ». La responsabilité du président se borne à avoir laissé se développer un excès d'amitié qui sera suivi par un excès d'hostilité. Browder, quant à lui, a eu le tort de croire que le Parti communiste trouverait sa place naturelle dans la société américaine, qu'il avait raison, en mai 1944, de transformer le Parti en une association et que le Komintern laisserait faire[25].

Un parti présidentiel

Compte tenu de l'évolution politique, Roosevelt rêve de fonder un nouveau parti. Jusqu'à quand, se demande-t-il, une majorité d'Américains voteront-ils pour un Parti démocrate qui recueille à la fois les suffrages de ségrégationnistes du Sud et ceux des Noirs, défend les revendications des groupes ethniques et celles des conservateurs ? Jusqu'à quand le président des Etats-Unis devra-t-il traiter avec un Congrès où les démocrates et les républicains s'unissent ou s'opposent

suivant des clivages obscurs et mouvants ? La tentation
est forte de mettre sur pied un mouvement politique qui
réunirait tous les partisans du président. Le rêve d'une
majorité présidentielle... Puisqu'il est à la fois le champion du libéralisme à l'américaine et de l'internationalisme, Roosevelt devrait attirer à lui des démocrates et
des républicains qui applaudissent son programme et
combattre des démocrates et des républicains qui préfèrent l'immobilisme. Il prendrait ainsi la tête d'un parti
libéral et laisserait ses adversaires former un parti
conservateur. Son allié naturel serait Willkie, dont les
positions n'ont cessé de se rapprocher des siennes. Le
président a d'ailleurs envoyé en mission à l'étranger son
ancien concurrent aux élections présidentielles de 1940.
De la connivence à la collaboration, il n'y a qu'un pas.

Or la modernisation des partis politiques échoue après
s'être esquissée une première fois en 1942, année des
élections législatives et locales. La campagne a porté sur
la politique de la Maison Blanche, sur les résultats économiques obtenus ou espérés, sur le mécontentement
suscité par la mobilisation accélérée des forces de la
nation. Comme il arrive souvent dans des *midterm elections*, les démocrates, le parti au pouvoir, essuient une
défaite. A la Chambre des représentants, ils conservent
la majorité, mais perdent 47 sièges. Au Sénat, les républicains conquièrent 9 sièges sur les 32 soumis à réélection. Dans les Etats, les changements sont du même
ordre : 26 ont désormais un gouverneur républicain.
Parmi eux, l'Etat de New York qui, depuis 1920, a toujours élu un démocrate et vient de désigner Thomas
Dewey, un administrateur énergique qui a fait ses
preuves au poste de *district attorney* et demeure un
espoir du parti. Les démocrates ont du mal à comprendre les raisons de leur défaite. Le fond du problème,
c'est qu'ils forment une coalition hétéroclite empêchant

Roosevelt de compter sur un parti solide et uni qui lui permettrait d'agir efficacement et rapidement.

En 1944, on reparle de l'union des libéraux. Roosevelt dépêche son conseiller politique, Sam Rosenman, auprès de Willkie, tout en confiant qu'il s'agit d'une opération à long terme, pour 1948 dans le meilleur des cas. Willkie approuve, à la réserve près que rien ne sera fait ni révélé avant le scrutin de novembre. Vains espoirs. Des fuites se produisent tout de suite. Willkie a le sentiment d'avoir été floué : Roosevelt ne se serait-il pas servi de lui pour renforcer sa main au moment où il va, pour la quatrième fois, présenter sa candidature à la présidence ? L'initiative disparaît dans l'océan des projets mort-nés[26]. Les caciques des deux partis, qui n'ont aucun désir de favoriser le rajeunissement des formations politiques, l'enfoncent même au plus profond des flots. On en reparlera plus tard, trop tard.

Un quatrième mandat, malgré tout

Il est surprenant, voire remarquable, qu'une consultation électorale aussi capitale que l'élection du président ait lieu en 1944 en dépit de tout. Malgré la guerre, qui atteint son point culminant en Europe et reste terriblement éprouvante et incertaine dans le Pacifique ; malgré la complexité des mécanismes économiques mis en œuvre ; malgré les plans préparés pour l'après-guerre ; malgré les bons apôtres qui suggèrent à Roosevelt que l'application de la Constitution pourrait souffrir des exceptions et l'élection être reportée.

Les Américains voteront suivant le calendrier traditionnel. Une nouvelle fois, la candidature de Roosevelt ne surprend pas. Il a beau ne se déclarer qu'en juillet, c'est depuis longtemps un secret de Polichinelle, même pour les non-initiés. Mais des rumeurs insistantes circulent sur son état de santé. En janvier, il a souffert d'une grippe et de maux de tête. Hypertension, diagnostiquent les médecins de l'hôpital de la marine à Bethesda. L'illustre malade, après quatre semaines passées dans la propriété de Bernard Baruch en Caroline du Sud, rentre à Washington dans les premiers jours de mai. Il va mieux. Pourtant les journalistes découvrent subitement que le président a soixante-deux ans, qu'il a maigri et vieilli.

Au mois d'août, nouvelle alerte. Roosevelt rentre de son voyage à Hawaï où il a rencontré le général MacArthur. Il fait à Bremerton, non loin de Seattle, le compte rendu de ses discussions. Son débit est haché ; il se tient difficilement debout, sans doute à cause du nouvel appareillage orthopédique qui enserre ses jambes. C'est alors qu'une violente douleur le saisit au point qu'on redoute autour de lui une attaque cardiaque. C'est le symptôme d'une angine de poitrine, diagnostic que son médecin et ses proches cachent aux Américains. Deux mois plus tard, Robert Sherwood, qui le revoit après une longue absence, est atterré : le président a perdu près de 10 kilos depuis mai. Il flotte dans ses vêtements. Son regard est morne, les traits sont accusés. L'hypertension n'a pas disparu. Le poids des années et des responsabilités suprêmes se fait sentir. Quels seront les effets d'un quatrième mandat ?

Reste le choix d'un candidat à la vice-présidence. Non pas qu'il s'agisse de succéder dans l'avenir proche à Roosevelt, car personne n'y songe vraiment. Mais le vice-président occupera une position privilégiée pour briguer la présidence en 1948. Il sera l'héritier, le successeur probable du président. Comme à son habitude, Roosevelt se réfugie dans l'ambiguïté. Il laisse Wallace penser à un deuxième mandat, alors qu'il sait qu'une majorité de démocrates le trouvent trop à gauche et n'aspirent qu'à s'en débarrasser, tout en encourageant Byrnes qui commence par n'exprimer qu'un intérêt modéré pour l'aventure et rencontre tout de suite l'opposition des libéraux. D'autres encore sont les victimes du discours charmeur du président. A la convention de Chicago, c'est Truman qui est désigné. Roosevelt a décidé qu'il ferait le meilleur candidat à la vice-présidence.

Du côté des républicains, la course est beaucoup plus indécise. Willkie a pris des positions tranchées. Il n'y a pas moyen pour lui d'obtenir à la hussarde l'investiture du parti, comme en 1940. Il tente sa chance dans les élections primaires et n'obtient pas les résultats qu'il escomptait. Certains murmurent le nom du général MacArthur qui, tout compte fait, préfère conserver son commandement. Finalement, c'est la candidature de Dewey qui l'emporte. A quarante-deux ans, c'est un bel homme, et Alice Roosevelt Longworth – la cousine du président et la fille de Theodore – dit méchamment de lui qu'avec sa fine moustache, impeccablement taillée, ses cheveux gominés et son air trop sage il ressemble à la figurine du jeune marié qu'on place sur le gâteau de mariage. Ses propos ne sauraient froisser personne. C'est l'orateur de la platitude, plus libéral que conservateur, plus internationaliste qu'isolationniste. Par rapport à celle de Roosevelt, sa philosophie tient en une expression : « Moi aussi. » Dewey peut gêner Roosevelt ; il ne peut pas le battre.

D'ailleurs, le président retrouve son énergie pour aborder, au retour de la deuxième conférence de Québec, la campagne électorale. Il défend son bilan depuis 1933, insiste sur son rôle de leader d'un pays qui est engagé dans « la lutte pour la survie ». Il évoque l'élaboration d'une déclaration des droits économiques : droit au travail, à une nourriture décente, aux loisirs, à l'instruction, au logement ; protection contre la maladie et le chômage. Dès que la guerre aura pris fin, un nouveau New Deal transformera la vie des Américains, et la paix

sera fondée sur des bases solides ; les Américains défendent une grande cause. Enfin, le président continue à
plaire : il sait plaisanter, à la différence de Dewey,
même quand il s'indigne des accusations dont il est
l'objet. Il aurait, prétendent ses adversaires, envoyé un
destroyer dans les Aléoutiennes aux frais des contribuables, pour y chercher son chien Fala. « Je ne suis pas
sensible aux attaques ; ma famille, non plus, mais Fala
ne les supporte pas. » Dernier éclat de rire en pleine
guerre, dans une campagne un peu terne. Dernier scin-
tillement d'une étoile qui se meurt...

Le scrutin est conforme aux prévisions. Roosevelt,
réélu, a recueilli 25 602 505 voix et 432 mandats de
grands électeurs. Dewey a obtenu 22 006 278 voix et
99 mandats. Une victoire incontestable, moins brillante,
toutefois, que celle de 1940. Au Sénat, les démocrates
ont perdu un siège ; à la Chambre, ils en gagnent 20.
Dans l'Ohio, le Massachusetts, le Missouri, l'Idaho et le
Washington, c'est un démocrate qui est élu au poste de
gouverneur. Les Américains ont renouvelé leur confiance
à l'équipe en place : la toute récente victoire de la
marine américaine dans le golfe de Leyte (Philippines)
a aidé le président-candidat. Certains, toutefois, se
demandent, non sans inquiétude, si les Etats-Unis sont
condamnés à la domination d'un parti, si, d'élection en
élection, Roosevelt ne sera pas le président à vie des
Etats-Unis. La victoire démocrate de novembre 1944 a
un arrière-goût d'amertume.

CHAPITRE XIV

Roosevelt,
la France et les Français
1941-1945

Il n'est pas possible, dans une biographie de Franklin Roosevelt, de ne pas consacrer un chapitre à la France et aux Français. Les raisons ne manquent pas, ne serait-ce que parce qu'une quarantaine d'années après la mort du président, on continue de s'interroger des deux côtés de l'Atlantique : Roosevelt fut-il antifrançais ou seulement antigaulliste ? Quel après-guerre imaginait-il pour la France ? Retrouverait-elle son rang ou avait-elle définitivement cessé d'être une grande puissance ? Pourquoi les Etats-Unis ont-ils soutenu Pétain, puis Darlan, enfin Giraud, pour retarder autant que possible la reconnaissance qu'ils n'ont accordée que du bout des lèvres au Gouvernement provisoire de la République française, dirigé par de Gaulle ? Si un autre homme que Roosevelt avait exercé le pouvoir suprême aux Etats-Unis, les relations franco-américaines – ou plutôt franco-anglo-américaines – auraient-elles évolué différemment ?

Sur ces thèmes battus et rebattus beaucoup d'approximations, d'analyses fausses et contestables ont été proposées aux lecteurs français et américains. Celle qui suit a au moins l'avantage de venir après les autres, donc d'emprunter un chemin balisé, reconnu et aménagé. Si le sujet est complexe, c'est d'abord parce que la situation de la France et des Français pendant la Deuxième Guerre mondiale est elle-même fort complexe.

Sitôt l'armistice franco-allemand signé, Britanniques et Américains ont compris qu'ils auraient à traiter un dossier embrouillé : un gouvernement jusqu'alors démocratique qui vient de conclure un accord avec l'Allemagne nazie, une majorité de Français pétainistes qui mettra un certain temps à s'effriter, une infime minorité de gaullistes qui s'accroît peu à peu, de très nombreux attentistes, un Empire colonial d'une inestimable valeur stratégique, une flotte magnifique dont le ralliement à l'un ou à l'autre camp pourrait faire pencher un plateau de la balance, la difficulté d'apprécier sereinement et correctement l'évolution politique à l'intérieur des frontières métropolitaines, voilà les ingrédients d'un insoluble casse-tête – « notre mal de tête commun », écrit Roosevelt à Churchill.

Le « pari » américain

Il n'est pas nécessaire de revenir sur la politique française des Etats-Unis en 1940 ni sur un « pari » qui n'en est pas un, puisque Washington a jugé naturel, conforme à la neutralité des Etats-Unis, avantageux pour les Américains et les Britanniques de maintenir des relations diplomatiques avec le régime de Vichy. Au moment où le Congrès déclare la guerre au Japon, quel bilan Roosevelt peut-il dresser de son « jeu vichyssois » ? Dans l'ensemble, il est négatif, et le passif s'alourdira dans les mois suivants. La Maison Blanche et le département d'Etat ont donné trois raisons principales pour justifier leur politique : éviter une collaboration trop étroite entre l'Allemagne et le gouvernement de Pétain ; empêcher que la flotte française ne tombe aux mains de Hitler ;

recueillir des renseignements sur la France, sur ses colonies, sur la guerre. Aucun de ces trois objectifs n'a été atteint, et si l'un ou l'autre a pu sembler se réaliser, rien ne prouve que l'attitude des Etats-Unis puisse en être créditée.

Premier point : la collaboration. L'amiral Leahy qui arrive à Vichy en janvier 1941 est envoyé auprès de Pétain pour lui exposer « la position prise par les Etats-Unis dans le présent conflit et lui souligner que, nous en avons la ferme conviction, seule la défaite des pouvoirs qui dirigent actuellement le destin de l'Allemagne et de l'Italie peut permettre au monde de vivre dans la liberté, la paix et la prospérité[1] ». Les relations sont confiantes. Leahy constate avec plaisir que le vieux maréchal se montre sensible aux marques d'attention de Roosevelt et « plein de reconnaissance pour ce que l'Amérique a fait et continue de faire pour lui ». Il « semblait se rapprocher de moi, poursuit-il, quand ses ennuis avec les nazis s'accroissaient. Il me réclamait plus souvent et paraissait soulagé d'avoir quelqu'un à qui confier ses peines[2] ». Pourtant, Leahy nourrit peu d'illusions sur l'influence, au sein de son propre gouvernement, de Pétain, « vieil homme solitaire », « las, soucieux, (...) parfois désorienté », très animé, en revanche, dès que revient dans la conversation le nom de De Gaulle, « un serpent mordant le sein qui l'a réchauffé ». Symbole indispensable à ceux qui veulent régenter la France, « Pétain, observe Leahy en juillet 1941, est, lentement peut-être mais sûrement, acculé à une situation où son seul rôle consistera à maintenir le loyalisme du peuple français et à faire des discours aux enfants des écoles et aux anciens combattants ».

On ne voit pas dans quelles circonstances l'appui américain aurait conforté Pétain à résister aux demandes allemandes. L'affaire la plus importante dans l'histoire des relations franco-américaines est, en novembre 1941, le renvoi de Weygand de son poste de délégué général du gouvernement Leahy exerce de fortes pressions en faveur du général et n'obtient rien, sinon que Pétain lui explique que Weygand en AFN « manque de diplomatie » et est « indiscret ». A la veille de Pearl Harbor, Leahy n'est plus un partisan enthousiaste de Pétain qu'il considère comme « un vieillard faible et intimidé, entouré par des conspirateurs égoïstes[3] ». La vérité, c'est qu'en cette sombre année 1941, le pouvoir est détenu par Darlan. Excellente aubaine, a d'abord pensé Roosevelt : l'ambassadeur des Etats-Unis et le dauphin du Maréchal sont tous deux amiraux et découvriront vite des terrains d'entente. Une illusion qui ne tarde pas à se dissiper. Au début, Leahy a trouvé l'amiral « aimable, voire amical ». Certes, il déteste les Anglais, mais penche moins du côté des Allemands que Laval ; n'a-t-il pas juré ses grands dieux qu'il ne cédera pas aux exigences des nazis ? Entre deux maux...

En dépit de ces assurances, Darlan promet le 6 mai 1941 à l'ambassadeur du Reich, Otto Abetz, de mettre les bases aériennes de Syrie à la disposition des Allemands et évoque la possibilité d'une offensive contre les gaullistes en Afrique Equatoriale Française. Les 11 et 12 mai, il rencontre Hitler à Berchtesgaden et promet la collaboration de la France pour la mise sur pied d'un nouvel ordre européen. A mesure que filtrent les informations, l'émoi saisit les Américains. Leahy accourt auprès de Pétain et l'avertit que « toute aide militaire à l'Allemagne, qui dépasserait les limites strictes de l'armistice, provoquerait la rupture définitive de l'amitié et des bons sentiments du peuple américain à l'endroit de la France[4] ». Pétain rassure son interlocuteur, mais n'en soutient pas moins Darlan publiquement.

Roosevelt fait alors, dans les termes les plus sévères, une déclaration officielle, et Hull sermonne l'ambassadeur français, Gaston Henry-Haye. Rien n'y fait, puisque, le 28 mai, Darlan signe les Protocoles de Paris. Sans doute l'ambassade des Etats-Unis est-elle tenue au courant des dissensions au sein du gouvernement français. Sans doute l'attitude américaine conforte-t-elle les adversaires de Darlan, mais il faut bien dire que le rejet des Protocoles, le 6 juin, doit plus à l'hostilité de Weygand qu'aux pressions de Leahy. William Langer lui-même, qui défend avec honnêteté la politique vichyssoise des Etats-Unis, déduit de cet épisode que Leahy ne croit plus du tout en Pétain ni en Darlan, que ce dernier souhaite une collaboration au moins militaire avec les Allemands. « Heureusement, conclut-il, nous avons entrepris de soutenir Weygand de toutes les manières. Weygand est aussi décidé que nous à exclure les Allemands de l'Afrique du Nord et à empêcher tout projet de collaboration. C'est au général que revient incontestablement le mérite d'avoir torpillé la politique de Darlan, mais il n'est pas douteux que l'influence de l'amiral Leahy a été aussi d'une grande importance[5]. » Sans doute est-ce vrai pour Weygand, mais moins vrai pour Leahy qui n'a exercé, en tout cas, qu'une influence fragile, contestable et contestée, toujours contrebalancée par une profonde méfiance envers les hommes de Vichy et le sentiment qu'ils ont trahi, trahissent ou trahiront les intérêts de la France autant que l'amitié franco-américaine.

L'entrée en guerre des Etats-Unis ne fait qu'alourdir le passif dans leurs rapports avec la France de Vichy, bien que les relations diplomatiques ne soient pas rompues tout de suite après Pearl Harbor. « Nous avons le triste privilège, dit Pétain à Leahy, de vivre l'un des moments les plus grands et les plus terribles de l'histoire[6]. » La France de Vichy restera neutre, du moins si l'Allemagne ne lui demande pas de rompre avec les Etats-Unis. Une nouvelle déception, cruelle, attend Washington : en avril 1942, Pierre Laval revient aux affaires, investi de formidables pouvoirs et bien décidé à aller jusqu'au bout de la politique de collaboration. Leahy demande alors, et obtient, d'être rappelé à Washington. S'il tarde à rentrer aux Etats-Unis, c'est uniquement pour des raisons familiales : sa femme est gravement malade.

Qui défendrait aujourd'hui la thèse officielle selon laquelle les Etats-Unis ont joué un rôle décisif à Vichy ? Déjà en 1941, une grande partie de l'opinion américaine n'hésite pas à protester contre l'excessive complaisance du département d'Etat pour le régime. Les diplomates, entend-on dire et lit-on dans la presse, sont des esprits réactionnaires qui entraînent les Etats-Unis dans une impasse. Le département d'Etat répond que la diplomatie est rarement la fille de l'idéologie et que, si les Etats démocratiques n'entretenaient de relations qu'avec d'autres Etats démocratiques, leur action diplomatique serait bien réduite. Seule compte l'efficacité. Aussi, plutôt que de défendre sur le seul terrain de Vichy une politique contestable, les partisans du département d'Etat et de la Maison Blanche soutiennent-ils qu'il faut prendre en considération d'autres aspects : l'Empire français, la flotte, la collecte des renseignements.

L'Afrique française

L'Afrique française intéresse beaucoup le président des Etats-Unis. Dès la fin de l'année 1940, son représentant personnel, Robert Murphy, fait une grande tournée à Alger, à Dakar, au Soudan, en Tunisie, au Maroc[7]. Il a beaucoup vu et entendu. Il a noué des liens avec le général Weygand, délégué général de Vichy depuis le 9 septembre 1940. Murphy envoie à Washington, le 17 janvier 1941, un rapport dont Roosevelt fait une lecture attentive. Le président est convaincu avec quelques autres que par sa position stratégique, l'Afrique du Nord tiendra une place primordiale dans la suite de la guerre. Plus que tout il redoute que les Allemands ne mettent la main sur Dakar, et qu'une occupation de l'AOF n'annonce l'invasion des Amériques. Voilà pourquoi il encourage avec vigueur l'élaboration d'un accord entre Weygand et Murphy.

Pour que l'Afrique française puisse conserver son indépendance à l'égard de l'Allemagne, il envisage de lui allouer une aide économique, et ce d'autant plus vite que, depuis la deuxième moitié de l'année 1940, on parle beaucoup d'une entrée des troupes allemandes en AFN. Soutenir Weygand, c'est soutenir un chef militaire prestigieux, capable de s'opposer aux prétentions allemandes et de mettre l'Afrique française en état de résister. Murphy est enchanté par l'accueil qu'il reçoit en Afrique française et comprend sans peine que l'accès d'anglophobie consécutif aux événements de l'été 1940 (Mers el-Kébir) provoque une américanophilie croissante.

Le 26 février 1941, Murphy et Weygand, fortement encouragés par Roosevelt, tombent d'accord pour « permettre l'envoi immédiat de certains produits particulièrement nécessaires », à condition toutefois : « 1. que le ravitaillement de l'Afrique du Nord n'ait pas pour résultat la constitution de stocks excessifs ; 2. que des dispositions soient prises en vue d'assurer que ces produits et les produits similaires seront consommés en Afrique du Nord française et ne seront réexportés sous aucune forme ; 3. qu'en vue de réaliser ce qui précède, le gouvernement américain soit autorisé à désigner des représentants chargés du contrôle dans les ports et sur les chemins de fer ; 4. qu'en cas de violation de l'accord relatif à la non-réexportation, la coopération économique entre les Etats-Unis et l'Afrique française du Nord prenne fin automatiquement et définitivement[8] ». Mur-

phy, enthousiaste, donne à croire qu'un pas décisif vient
d'être franchi et insiste sur l'importance du point 3.
Pourtant, les envois américains à l'AFN sont fort limités.
Jusqu'en août 1941, ils atteignent 28 000 tonnes pour le
pétrole, 4 000 tonnes pour le charbon, 300 tonnes pour
le lait condensé et 1 250 tonnes pour les cordages. Plus
rien n'arrive après cette date[9].

Quant aux envois américains à destination de la
France métropolitaine, ils seraient encore plus nécessaires et urgents, mais les Anglais manifestent les réticences les plus vives à lever le blocus, car ils craignent
que les marchandises finissent dans les entrepôts allemands. Les longues négociations qui s'engagent entre
Londres et Washington à ce propos s'enlisent. La politique d'aide économique dont Murphy se flatte a des
effets très limités.

Il y a pire. En novembre 1941, quand Vichy limoge
Weygand, les Américains sont une nouvelle fois désar-
çonnés, car ils partagent l'opinion de l'ancien délégué
général : « L'organisation d'une Europe germanisée est
impossible sans le contrôle de cette importante voie
maritime, la Méditerranée[10]. » Abandonner l'Afrique aux
nazis, soutient-il dans son rapport à Vichy, reviendrait à
consolider leur puissance et à livrer la France à l'arbitraire des Allemands. Laisser partir Weygand, concluent
les Américains, reviendrait donc à perdre un allié précieux. Leahy proteste alors auprès de Vichy contre « une
abjecte capitulation » et propose à Washington d'arrêter
toute aide économique à l'Afrique du Nord, voire d'être
rappelé « pour consultation ». Weygand prie ses amis
américains de n'en rien faire et de continuer comme
auparavant, leur assurant que Pétain a raison, que rien
n'a changé en Afrique du Nord en dépit de son limo-
geage, que les liens franco-américains survivront au
départ d'un homme. La Maison Blanche suspend pourtant son aide, en dépit des télégrammes de Murphy et

du revirement de Leahy, puis la rétablit à la fin de décembre 1941, peut-être parce qu'à la conférence anglo-américaine de Washington – baptisée Arcadia –, Churchill et Roosevelt ont évoqué l'éventualité d'un débarquement allié en Afrique du Nord.

Le président des Etats-Unis n'en continue pas moins d'entretenir l'espoir de rallier Weygand à la cause des Nations unies. Mission est confiée à un jeune diplomate, Douglas MacArthur, le neveu du général, de prendre contact avec le général, qui s'est retiré sur la Côte d'Azur. « Weygand s'est montré très courtois », rapporte Leahy, mais il a refusé d'examiner nos propositions. Il a déclaré n'être qu'un citoyen ordinaire, sans mandat officiel, totalement dévoué au Maréchal[11]. MacArthur lui ayant demandé de ne pas ébruiter sa visite, Weygand répond que sa loyauté l'oblige à rendre compte à Pétain sans toutefois que cette information soit divulguée. Deux jours plus tard, Pétain en personne dit à Leahy que la France défendra ses colonies d'Afrique « contre n'importe quelle puissance étrangère ». Il faut bien admettre que la « brillante » politique nord-africaine de Robert Murphy n'a pas donné les résultats escomptés.

La flotte

S'agissant de la flotte française, on ne dira jamais assez combien les Etats-Unis y sont attentifs. Leurs représentants ne manquent aucune occasion de rappeler à Pétain ou à Darlan que la derrière chance de la France est sa marine et que si celle-ci passe, en partie ou en totalité, sous la coupe des Allemands, c'en sera fini de l'amitié américaine. Mais on ne saurait soutenir que c'est l'insistance des Américains qui a empêché les navires français de tomber aux mains des Allemands. Le tragique sabordage de novembre 1942 en rade de Toulon montre bien que les amiraux français, proches de Darlan, n'ont jamais eu l'intention d'écouter les conseils de leurs amis américains et qu'ils ont défendu, bec et ongles, une « certaine idée » de la flotte française.

La seule région du monde où les Etats-Unis exercent une influence sur des territoires français, ce sont les Antilles. Proximité géographique oblige. Depuis le 30 août 1939, l'amiral Georges Robert occupe les fonctions de commandant en chef du théâtre d'opérations de l'Atlantique Ouest et de haut commissaire de la République aux Antilles et en Guyane française[12]. Les Etats-Unis obtiennent, non sans mal, que les trois navires de guerre ancrés à la Martinique, le stock d'or d'une valeur de 245 millions de dollars et les 106 avions américains achetés et payés par la France soient immobilisés. Mais là encore, les démarches américaines n'ont pas d'effets déterminants, puisque, jusqu'en juillet 1943, l'amiral Robert résiste à la fois à Vichy et à l'Allemagne, qui réclament le retour de l'or et la destruction des navires, à de Gaulle, qui exige le ralliement des Antilles à la France libre, et aux Etats-Unis, qu'il soupçonne de desseins annexionnistes.

La quête des renseignements

Les Américains ont-ils au moins recueilli, grâce à leur attitude ambiguë, des renseignements précieux à Vichy et en Afrique du Nord, comme Murphy, Leahy et leur entourage ainsi que Langer l'affirment ? En un temps où les Etats-Unis ne sont pas encore dotés de ce grand et indispensable réseau d'espionnage sans lequel une politique étrangère manque des plus élémentaires ressources, les diplomates, professionnels et amateurs, jouent un rôle capital. Très certainement, les Américains de Vichy ont suscité des sympathies, provoqué des confidences, réconforté par leur présence les Français qui cherchaient à préparer la lutte contre les occupants ou à reprendre espoir. Ils ont apporté l'air du large. Là-dessus les témoignages, qu'ils proviennent de hauts fonctionnaires ou de simples citoyens, ne manquent pas. Sans doute est-il excessif de prétendre comme Leahy l'écrit à Roosevelt en 1941 que « les Français restent les amis de l'Amérique et tous, pratiquement, vous considèrent comme leur unique espoir d'être délivrés de la domination nazie[13] », mais cela est vrai pour beaucoup d'entre eux. Il y a aussi eu ceux qui attendaient l'indispensable visa pour entrer sur le territoire américain, qui espéraient une intervention miraculeuse de l'ambassadeur ou l'aide alimentaire des Etats-Unis ; l'attente n'a souvent eu d'égale que la désillusion.

Il est frappant de constater qu'en dépit d'un climat de sympathie, les diplomates américains ont mal saisi les évolutions de l'opinion française. Quel auteur n'a pas régalé ses lecteurs de cette observation désopilante de Leahy ? « Il existait, note-t-il à la page 53 de la version française de ses Mémoires, un groupe qui se qualifiait de gaulliste. C'étaient des Français qui se référaient, semble-t-il, à l'ancienne appellation de la France, mais qui n'étaient pas des degaullistes. » Ce qui ne l'empêche pas, une page plus loin, d'ajouter avec le plus grand sérieux : « Quelques-uns de ces gens me firent impression, parce qu'ils me parurent d'excellents patriotes. Leur intention était de créer des ennuis aux Allemands, mais chaque fois ceux-ci s'en prenaient au Maréchal et c'était finalement celui-ci qui était ennuyé. » Quant à la dizaine de vice-consuls qui, en vertu des accords Murphy-Weygand, ont été dépêchés en Afrique du Nord, ils observent dans les ports du Maroc, de l'Algérie et de la Tunisie les mouvements des navires, les allées et venues des agents allemands, prennent note des réactions de la population locale. En conclure qu'ils ont rempli une mission exceptionnelle et préparé le débarquement de novembre 1942, voilà qui paraît bien exagéré[14]. La meilleure preuve en est le désordre qui a suivi l'arrivée des troupes alliées, le désarroi des uns et des autres devant une situation inattendue. Les aventures nord-africaines des vice-consuls alimentent la chronique, grossissent le lot des anecdotes ; elles ne font pas l'histoire.

Somme toute, en décembre 1941, les Américains sont désabusés à l'égard de leur politique vichyssoise. Pour une grande partie de l'opinion, c'est une politique de compromission avec un régime « fasciste » soumis au nazis, dirigé par un vieillard glorieux et affaibli, une politique dont la responsabilité revient aux conservateurs du département d'Etat. Pour Roosevelt, qui en a défini les grandes lignes et en suit de près les circonvolutions, rien n'est plus déconcertant que cette France de Vichy. « Au cours de ces derniers mois, écrit-il à Leahy le 26 juin 1941, vous avez connu une vie qui tient du punching-ball, des montagnes russes et des histoires de pirates, bref, assez infernale. Je pense que, comme moi, vous avez renoncé à faire des prophéties sur ce qui peut se passer en France demain ou après-demain[15]. » Ce n'est pas qu'il regrette d'avoir envoyé un ambassadeur à Vichy et de l'y maintenir. Sans doute aurait-il pu faire autrement, mais il lui aurait fallu renoncer aux avantages, mineurs, d'une présence américaine à Vichy et à l'espoir d'en tirer de plus grands profits. Quoi qu'il en soit, au moment où ils entrent dans le conflit mondial, les Etats-Unis n'ont plus guère de politique française. Désorientés, ballottés au gré des péripéties, les Américains, Roosevelt le premier, ont perdu de vue leurs repères. Il est temps, grand temps, de faire le point et de définir une nouvelle ligne de conduite.

L'affaire de Saint-Pierre et Miquelon

Cette affaire marque un tournant capital dans l'histoire des relations franco-américaines. Jusqu'alors, les Etats-Unis n'ont manifesté aucune sympathie pour la France libre, sauf en novembre 1941 quand ils ont, au titre du prêt-bail, autorisé les Britanniques à céder aux Forces françaises libres des matériels et des munitions. Entre de Gaulle ou Pétain, le choix leur paraît trop abrupt. L'intérêt national les pousse, on l'a vu, à choisir Pétain, et l'on continue à croire à Washington que Vichy compte de nombreux patriotes dans ses rangs. Quant aux gaullistes, ils font beaucoup de bruit, parlent trop – au point qu'on ne peut leur confier aucun secret – et agissent peu. Que les Anglais s'en chargent !

Décembre 1941 ouvre la voie à un revirement de l'attitude américaine à l'égard des gaullistes. Rien n'est impossible au lendemain de Pearl Harbor. De plus, par leur volonté d'en découdre, les Français libres ont fini par s'attirer en Amérique des sympathies qui s'expriment avec une force et une insistance croissantes dans la presse. Dans la guerre contre les Allemands, les Japonais et les Italiens, tous les alliés, si faibles soient-ils, sont les bienvenus.

Mais le revirement se fait attendre, sans doute à cause de l'affaire de Saint-Pierre et Miquelon[16], de petites îles au large de Terre-Neuve dont de Gaulle a ordonné la libération et que les bâtiments de son compagnon l'amiral Muselier viennent rallier à la France libre le 24 décembre 1941. Stupeur et indignation au département d'Etat qui vitupère « les soi-disant Français libres » et proteste de son respect pour l'accord avec les autorités de Vichy (en l'occurrence l'amiral Robert, dont relèvent Saint-Pierre et Miquelon). Devant ce geste spectaculaire et provocateur des Français libres, les diplomates américains, britanniques et canadiens sont furieux ou compréhensifs, jamais indifférents. Réunis alors à la Maison Blanche, Roosevelt et Churchill ne peuvent manquer d'être directement impliqués dans le conflit.

Quand à la presse alliée, elle salue avec joie la libération des îles. C'est bien « dans le style et à la manière d'Alexandre Dumas », note le *New York Times*. De leur côté, les représentants de l'armée américaine à Terre-Neuve sont ravis : Ira Wolfert, le journaliste américain qui a accompagné l'amiral Muselier, parle « du plus beau cadeau de Noël que le monde ait reçu cette année ». Le communiqué du département d'Etat provoque une flambée de protestations dans le milieu des intellectuels et des journalistes. Lorsque Cordell Hull réclame le retour au *statu quo ante* et enjoint aux Canadiens d'intervenir sans attendre et de chasser les gaullistes, il s'attire les foudres d'une violente campagne de presse. Pour la *New York Herald Tribune*, l'attitude de Washington, « très déplaisante », repose sur « un étonnant tissu de contradictions ». Le journal conclut que « la cause des Français libres, [c'est] la nôtre ». Le *New York Post* n'y va pas par quatre chemins : le département d'Etat a tout essayé, « les caresses, les pots-de-vin, les yeux fermés, la stupidité pour obtenir le soutien de Vichy contre Hitler. Maintenant il essaie la fourberie ». Et l'on pourrait allonger la liste des commentaires, des éditoriaux qui, à des degrés divers, donnent tort au département d'Etat et choisissent de faire cause commune avec les Français libres. La presse reçoit même le renfort de Churchill : en visite à Ottawa, il prend, le 30 décembre, avec l'éloquence qu'on lui connaît, la défense des Français libres et cloue au pilori les hommes de Vichy.

Qu'en pense et que fait Roosevelt ? Si l'on en croit Cordell Hull, il approuve sans aucune réserve les déclarations de son secrétaire d'Etat. Voire... Jusqu'à cette date, le secrétaire d'Etat a toujours été bien traité par la presse. Le président n'est pas mécontent d'observer la tempête qui déferle sur Hull. Cette fois-ci, il rit sous cape. Dans un premier temps, l'importance donnée à l'affaire lui semble excessive. La libération de Saint-Pierre et Miquelon, l'installation d'un poste émetteur dans les îles, les protestations de Vichy, le triomphe de De Gaulle ne pèsent pas lourd face aux problèmes stratégiques de l'heure dont il s'entretient avec Churchill et alors qu'il faut élaborer, puis mettre en œuvre les plans d'ensemble d'une guerre mondiale. Il ne s'agit, à ses yeux, que d'une péripétie qui devrait tomber très vite dans les oubliettes de l'histoire. D'ailleurs, il ne le mentionne même pas dans son message sur l'état de l'Union de janvier 1942.

En réalité, le président tire immédiatement les leçons de l'affaire. La première d'entre elles concerne la déclaration des Nations unies : la France libre sera-t-elle ou non parmi les signataires ? Roosevelt s'y refuse, et Hull est catégoriquement contre. Churchill et Eden tentent encore de convaincre leurs interlocuteurs, mais en vain. Ils suggèrent alors que la déclaration soit signée par des « gouvernements » et des « autorités », ce qui laisserait une place au Comité national français que préside le général de Gaulle. Les Etats-Unis restent inflexibles : la France libre, devenue France combattante, puis Comité français de libération nationale, enfin Gouvernement provisoire de la République française, attendra 1945 pour figurer dans la liste des signataires.

La deuxième conséquence de l'affaire de Saint-Pierre et Miquelon provoque une sorte de crispation entre de Gaulle et Roosevelt. Il fallait bien nouer des relations avec Vichy, donc respecter la parole donnée aux représentants de Pétain ; comme l'écrit le secrétaire d'Etat, « nos amis britanniques paraissent croire que le peuple de France tout entier suit de Gaulle, mais d'après mes informations et celles de mon entourage, 95 % des Français sont contre Hitler, alors que 95 % de ceux-ci ne sont pas gaullistes et ne suivraient pas de Gaulle[17] ». Ce qui était jusque-là une politique, donc sujet à discussion et à révision, se mue pour Hull comme pour Roosevelt en un véritable dogme, un tabou.

Pourtant, ce de Gaulle, dont on connaît le caractère difficile, il faut bien lui parler, négocier avec lui, en particulier pour l'établissement de bases dans les territoires de l'Empire ralliés à la France libre. Ainsi Pointe-Noire, au Congo, fait-elle l'objet d'un âpre marchandage : des aérodromes contre des avions de transport. En Nouvelle-Calédonie, les autorités mises en place par la France libre depuis septembre 1940 résistent aux empiétements du général Patch[18]. Les Anglais n'aident guère les Américains : en mai 1942, le CNF sera chargé par eux, en dépit des réticences des Etats-Unis, de l'administration de Madagascar.

Un allié encombrant, agité, parfois insolent, peu soucieux du rapport des forces au sein de la coalition, un allié dont on se méfie, voilà comment se dessine le personnage de De Gaulle à Washington. Bien obligé de suivre, Roosevelt le fait à contrecœur, et la clarté de sa politique s'en ressent. D'un côté, il fait, par l'intermédiaire de ses représentants militaires et diplomatiques, un pas dans la direction de la France libre : en avril 1942, un consulat américain est ouvert à Brazzaville ; une mission militaire est accueillie à Washington ; à Londres, ont lieu des entretiens entre Français libres et Américains. Pour concrétiser le rapprochement, Washington nomme l'amiral Stark et le général Bolte officiers de liaison auprès de la France combattante. Il est même de plus en plus question d'inviter de Gaulle à Washington : on causerait, on dissiperait les équivoques, on remettrait les pendules à l'heure. Aux

Etats-Unis, on cherche en fait à compenser du côté de De Gaulle ce qu'on a perdu du côté de Pétain ; on songe à l'étendue de l'Empire français dont le territoire sert déjà et pourrait servir mieux encore l'effort de guerre des Alliés. En tout cas, au milieu de l'année 1942, une voie nouvelle s'entrouvre.

D'un autre côté, les préventions et les arrière-pensées à l'encontre de De Gaulle n'ont pas disparu. Le département d'Etat continue de témoigner une profonde hostilité à cet « apprenti-dictateur » dont il ne cesse d'annoncer l'affaiblissement et de prédire le très prochain remplacement. Les chefs militaires, essentiellement pragmatiques, sont tout à fait disposés à coopérer avec de Gaulle, mais ont reçu la consigne d'être prudents et discrets. L'entrevue de De Gaulle, le 23 juillet à Londres, avec Marshall, Eisenhower et King en donne la preuve irréfutable. Courtoisie, champagne, et silence total sur les projets des Alliés, alors que la décision de débarquer en Afrique du Nord française a déjà été prise. De Gaulle fait la conversation ; ses interlocuteurs écoutent poliment[19]. Roosevelt demeure persuadé qu'avec les gaullistes les fuites sont inévitables et que sans eux tout ira bien, voire mieux en Afrique du Nord. Le souvenir de l'expédition gaullo-britannique contre Dakar, de l'affaire de Saint-Pierre et Miquelon ? Est-ce tout simplement une idée fixe dans l'esprit du président ? Est-ce l'influence des réfugiés français à Washington comme Alexis Léger (Saint-John Perse) ? Mais Léger n'a pas toujours été systématiquement opposé au général de Gaulle, et d'autres influences françaises que la sienne existent dans la capitale. Est-ce la division entre les gaullistes d'Amérique ? Est-ce le rôle capital que tient, dans la gestion des affaires françaises, l'amiral Leahy, rentré de son ambassade en France et stratégiquement très bien placé auprès du président ? Est-ce « la rancune » de Hull, l'incompré-

hension de Welles ? Beaucoup de questions et d'hypo-
thèses. Peu de certitudes.

La « Comédie » d'Alger

Après les déceptions que Pétain a suscitées, après le
refus de Weygand d'entrer en dissidence, Robert Murphy repart à la quête du Graal. Entendons : l'homme
providentiel qui pourra aider les Alliés le jour où
l'Afrique du Nord deviendra un théâtre d'opérations.
D'Alger à Casablanca, les rumeurs vont bon train. Pétain
reste un chef populaire en AFN, et de Gaulle ne compte
pas beaucoup de partisans. Peut-être les Américains
devraient-ils approcher le général de Lattre de Tassigny,
à moins qu'Yves Chatel, le gouverneur général de l'Algérie, ne renonce à servir Vichy. On murmure que Darlan
lui-même pourrait voler au secours de la victoire si les
Américains lançaient en Europe ou en Afrique du Nord
une très vaste offensive. Et voilà que, le 17 avril 1942, le
général Henri Giraud s'évade, avec l'aide des services de
renseignement français, de la forteresse de Koenigstein.
Un coup d'éclat contre lequel les Allemands élèvent les
plus vives protestations. Pour une fois, Pétain ne cède
pas, refuse de livrer l'ancien prisonnier et se contente de
lui faire signer une déclaration de loyalisme assortie de
la promesse de ne pas reprendre le combat. Quoique
hostile aux Allemands – qu'il ne connaît que sous le nom
de Boches –, Giraud refuse de rejoindre Londres, mais
l'atmosphère qui règne à Vichy le déçoit. C'est alors que
ce vieux baroudeur, ce général d'armée devient vite
pour Murphy l'homme providentiel. Peu importent ses
idées sociales, très réactionnaires et proches du programme de la Révolution nationale, ses convictions politiques, plus royalistes que républicaines, ses conceptions
stratégiques qui appartiennent au passé, Giraud est,

dans l'esprit de Murphy, puis dans celui de Roosevelt, l'homme clé, le substitut de Weygand, dans une large mesure l'anti-de Gaulle.

Le 4 septembre 1942, recevant Murphy à Hyde Park[20], Roosevelt lui annonce le prochain débarquement en Afrique du Nord, l'opération Torch. Murphy aura pour mission d'en préparer les aspects politiques : reddition des chefs militaires français, mise sur pied d'un réseau de partisans, intronisation de Giraud. Et de Gaulle ? Surtout ne rien lui dire. D'ailleurs, l'Afrique du Nord, c'est l'Afrique du Nord ; ce n'est ni la métropole ni tout l'Empire. Il y a un temps pour chaque problème : « Vos relations, vous les limiterez aux responsables français sur le plan local, aux préfets et aux militaires. Je n'aiderai personne à imposer un gouvernement au peuple français. » Le président ne se soucie pas, pour l'instant, de régler le sort de la France après la guerre. Il se contente de penser aux opérations qui se dérouleront bientôt sur le continent africain. Il sera toujours temps de prendre une décision difficile. De toute façon, c'est la victoire qui apportera demain la réponse aux questions d'aujourd'hui. Puisque Murphy a obtenu l'accord de Giraud, l'appui des réseaux algérois, la complicité de quelques militaires et de fonctionnaires, la participation, directe ou indirecte, de De Gaulle ferait tout échouer sans rien apporter sur le plan militaire. La guerre impose que l'on mette la politique en vacances.

Mais rien ne se passe comme prévu. La présence, inattendue, de Darlan à Alger ressemble au grain de sable qui enraye la machine la plus perfectionnée. Par surcroît, dans une situation mouvante sinon insaisissable, les vacillements de Roosevelt ont de quoi surprendre. Pour annoncer le débarquement, il a préparé une série de messages. Celui qu'il destine à Pétain respire la cordialité : « Mon cher vieil ami. Je vous envoie ce message, non seulement en tant que chef d'Etat des Etats-Unis au chef d'Etat de la République française, mais comme l'un de vos amis et de vos camarades des grands jours de 1918. Espérons que nous reverrons l'un et l'autre la France victorieuse de son ancien ennemi. » Trop aimable, commente Churchill, qui obtient que le ton soit courtois, sans plus. Du coup, la réponse de Pétain est ferme, nette et hostile ; Vichy rompt les relations diplomatiques avec Washington.

A Alger, règne la plus totale confusion. Quand les troupes alliées parviennent, enfin, dans la ville, le 8 novembre, les généraux français d'Afrique du Nord, à l'exception d'une poignée de rebelles parmi lesquels Mast, refusent de rompre leur serment au maréchal Pétain et de passer du côté des Alliés avant que Darlan ait pris position. Au Maroc, le général Noguès, le résident général, jette en prison le général Béthouart qui a montré trop tôt ses sympathies pour les Alliés. La fragile construction imaginée par Murphy tombe à terre.

Après d'interminables tergiversations, Darlan donne l'ordre d'arrêter les combats contre les Alliés. Pour justifier ce « manquement à l'honneur », il met en avant l'invasion par les Allemands de la zone « libre » (11 novembre) crée la fiction d'un Maréchal empêché souhaitant s'unir aux Alliés sans le dire et clamant son hostilité sans la ressentir. Finalement, l'adjoint d'Eisenhower, le général Mark Clark, signe un accord avec Darlan et institue en Afrique du Nord (excepté la Tunisie, que les Allemands ont envahie) « un vichysme sous protectorat américain ». Quant à Giraud, parti de France clandestinement à bord d'un sous-marin anglais, il débarque au P.C. d'Eisenhower, le 7 novembre, à Gibraltar, passe une nuit entière à tenter de convaincre le général en chef américain qu'il faudrait envahir non pas l'AFN, mais la France métropolitaine, atterrit le 9 en Algérie où les chefs militaires français refusent de reconnaître son autorité. Il conseille alors aux Américains, selon Murphy, de négocier avec Darlan.

La politique française de Roosevelt vient de subir un nouvel échec grave. En Grande-Bretagne comme en Amérique, l'opinion publique est scandalisée, la vague de protestations s'enfle. Le « Darlan Deal » est indéfendable sur le plan moral, et c'est une faute politique. On ne compose pas avec le Mal. On ne prépare pas la libération de l'Europe en commençant par négocier avec un Quisling, ce Norvégien devenu le symbole de la collaboration avec les nazis. Dans les milieux libéraux américains qui ont été les meilleurs soutiens du Dr. New Deal, on accuse le département d'Etat, peuplé, d'après eux, d'aristocrates bornés. Au mépris de toute justice, on y voit aussi une infâme conspiration des Anglais. Pour eux, il ne suffit pas de gagner la guerre : les buts idéologiques doivent l'emporter sur les considérations stratégiques.

Pour rassurer son opinion, le gouvernement américain s'emploie alors à placer le problème sur le plan militaire : le département d'Etat fait savoir que l'affaire relève des seuls chefs de l'armée et qu'ils sont satisfaits de l'arrangement. Comme l'argument ne porte guère, Washington annonce que le régime d'Alger ne sera pas celui de Vichy, que la vie politique sera libéralisée, que les prisons seront ouvertes, les lois raciales abrogées. C'est encore peine perdue. Roosevelt doit monter en première ligne. Oui, dit-il en substance dans une déclaration publique, nous avons dû négocier avec le dauphin de Pétain, mais nous ne voulons pas d'une renaissance du vichysme. Oui, nous avons voulu sauver des vies dans le camp des Alliés, mais les Français choisiront leur gouvernement après la victoire ; non, Darlan ne restera pas au pouvoir indéfiniment. L'amiral n'est qu'un « expédient temporaire », et les Etats-Unis n'ont pas l'intention de tolérer d'autres Quisling, ni en Afrique du Nord ni en Europe. Roosevelt vient d'accomplir là un geste d'homme d'Etat. Il a couvert le général Eisenhower, assumé l'entière responsabilité de la confusion, mais n'a pas énoncé de politique pour une raison très simple : c'est qu'il n'en a pas. A Churchill qui lui a écrit qu'il conviendrait d'éviter « par tous les moyens de créer des gouvernements français, émigrés et rivaux, chacun soutenu par l'un de nous », il répond le 1er janvier 1943 : « En ce qui concerne de Gaulle, j'ai jusqu'à maintenant éprouvé une tranquille satisfaction à le laisser entre vos mains. Apparemment, je me suis créé un problème semblable avec le père Giraud. (…) Il y a aussi actuellement des accrochages entre Giraud et Darlan. (…) L'idée essentielle qu'il faut mettre dans la tête de ces trois *prima donna* est que la situation est aujourd'hui d'ordre militaire, et que toute décision qu'ils prendront est soumise à l'examen et à l'approbation d'Eisenhower. »

Le ton bonhomme de cette lettre montre que Roosevelt n'est pas systématiquement hostile à de Gaulle. Il a pris conscience qu'il faut lui trouver une place dans la réorganisation future de la France. Il a reçu, le 20 novembre 1942, André Philip, commissaire à l'Intérieur à Londres, et Adrien Tixier qui lui ont remis une lettre du général datée du 26 octobre. C'est une lettre exceptionnelle, dans laquelle le chef de la France libre s'explique longuement sur ses motivations, sur ses objectifs. Il en attend, de toute évidence, une spectaculaire amélioration de ses relations avec Roosevelt. Mais celui-ci ne répond pas.

Le président, pourtant, « s'est déclaré heureux de voir qu'un nombre croissant de Français libres combattent contre les puissances de l'Axe, avec le général de Gaulle, avec le général Giraud, avec le général Barré en Tunisie, etc. (…) Lui, Président, accepterait même la collaboration d'un autre diable nommé Laval, si cette collaboration livrait Paris aux Alliés. Comme chef suprême de l'armée américaine, le Président fait la guerre. L'heure n'est pas venue de former un gouvernement français, même provisoire, ni de choisir entre les chefs qui veulent participer à la lutte contre l'Axe[21] ». Roosevelt songe aussi que l'Afrique du Nord est en état d'« occupation militaire » et que les armées alliées traiteront « avec les autorités locales dans la zone du front ». Le mieux serait donc, selon Roosevelt, l'unification des états-majors français avec comme seul objectif la victoire militaire. Les querelles de personnes ont assez duré, elles gênent l'effort de guerre et sèment la discorde entre les Alliés.

Encore une fois, on ne peut que relever chez Roosevelt une grave méconnaissance de la situation et de consternantes contradictions. Il réduirait volontiers le problème à un problème psychologique dans lequel des personnalités un peu vaniteuses ne parviendraient pas, pour des raisons futiles, à trouver un terrain d'entente. Le relèvement de la France après la guerre est assurément une grande question, mais il faudra le traiter après l'écrasement des armées du Reich.

Avant le 11 novembre 1942, Vichy était le gouvernement légal de la France. Pourquoi cesse-t-il d'être légitime ? Pétain était, la veille du débarquement, « mon cher vieil ami ». Pourquoi symbolise-t-il maintenant la collaboration avec l'Allemagne nazie ? Pourquoi Darlan, son dauphin, est-il acceptable, ne serait-ce qu'à titre temporaire ? Boisson, le gouverneur général de l'AOF, qui a fait tirer sur les Anglais et les gaullistes à Dakar en septembre 1940, Noguès, qui a fini par se soumettre aux ordres de Darlan, sont-ils vraiment des « patriotes » ? Giraud, que les Américains ont poussé en avant, est tenu à l'écart. De Gaulle, avec lequel un rapprochement s'est esquissé, fait désormais figure d'intrus. Tantôt Roosevelt parle de la « libération » de l'Afrique du Nord, tantôt de son « occupation militaire ». Il promet que les adversaires du nazisme et de Vichy arrêtés seront immédiatement libérés, mais les journalistes de la presse alliée découvrent avec horreur, en Algérie comme au Maroc, les camps dans lesquels croupissent des républicains espagnols, des Juifs non français, des communistes, des gaullistes, des amis de l'Amérique et de la Grande-Bretagne. Quand Darlan est assassiné le 24 décembre à Alger, son remplacement par Giraud, qui prend le titre de commandant en chef civil et militaire, ne simplifie qu'en apparence une situation extraordinairement embrouillée. Le voyage de De Gaulle à Washington, une fois de plus annoncé, vient d'être, une fois de plus, reporté. Comment Roosevelt sortira-t-il du guêpier dans lequel il s'est mis ?

La conférence d'Anfa

L'occasion lui semble s'offrir à la mi-janvier 1943, lors de la conférence d'Anfa, près de Casablanca, où il rencontre Churchill avec les chefs militaires britanniques et américains. A l'ordre du jour : la stratégie à définir pour l'année qui commence. Garantir la sécurité des voies de communication des armées alliées est toujours une nécessité impérative, car la campagne de Tunisie n'est pas terminée, loin de là, et, dans la perspective d'une opération prochaine en Sicile et en Italie du Sud, l'Afrique du Nord devient une base politique où la paix politique doit être assurée – voilà deux raisons majeures qui militent en faveur d'un règlement de la question française. L'opinion des Etats-Unis le réclame, et la réalisation des projets alliés l'exige. Dans l'atmosphère d'effervescence et même de divertissement qu'il a su créer pour son premier voyage à l'étranger depuis longtemps, pourquoi Roosevelt ne tenterait-il pas de réconcilier de Gaulle et Giraud ? Un beau mariage en perspective, pense Roosevelt. Le « marié » d'Alger

retrouvera la « mariée » de Londres. Roosevelt et Churchill béniront l'union. Cette fois-ci, l'improvisation n'est
plus de mise : le président applique un plan qu'il a
exposé à Churchill dans une lettre du 1er janvier 1943.
Les Français seront équipés par les Etats-Unis, et prendront part au combat sans autre objectif que de remporter la guerre. L'union nationale des Français est à l'ordre
du jour. « Pourquoi de Gaulle ne fait-il pas la guerre ? »
Il faudra bien trouver une réponse à cette question qui
hante Roosevelt. « Le futur gouvernement français sera
établi, non point par tel ou tel en France métropolitaine
ou outre-mer, mais par le peuple français lui-même
après qu'il aura été libéré par la victoire des Nations
unies. (...) Je ne veux pas que [nos amis français] pensent que nous allons reconnaître un homme, un comité
ou un groupe comme représentant le gouvernement
français ou l'Empire français. Le peuple de France
réglera ses propres affaires après que nous aurons gagné
la guerre. Jusque-là, nous pouvons traiter avec les Français sur une base locale partout où nos armées occupent
un territoire auparavant français. Et si ces administrateurs ne veulent pas jouer le jeu, nous devrons les
remplacer[22]. »

Roosevelt a enfin défini une politique à l'égard de la
France, ce qui ne veut pas dire qu'elle ne soit pas criti-
quable. Sur quels principes les Français s'uniront-ils
pour reprendre le combat ? Est-il satisfaisant de continuer à justifier *a posteriori* l'accord avec Darlan ? Si les
Français sont souverains, pourquoi les empêcher de former dès maintenant un gouvernement provisoire et
pourquoi menacer les autorités locales qui ne joueraient
pas le jeu ? Que devient la Résistance ? Comment expliquer la volonté affichée de Roosevelt d'obtenir la libération des adversaires de Vichy, si l'on tient ce régime
pour légal, voire légitime ? Le principe de la collaboration des Alliés avec les autorités locales ne revient-il pas,

suivant l'analyse du gaulliste Catroux, à faire de la France « une sorte d'Etat mineur, privé de ses droits souverains et du premier de ces droits, celui de concourir les armes à la main à sa libération » ? Quoi qu'il en soit, cette démarche remplace avantageusement les liens avec Vichy et les incertitudes, les vacillements de novembre 1942.

Pour renforcer l'autorité de Giraud, Roosevelt décide de lui adjoindre, en la personne de Jean Monnet, un conseiller politique. Réfugié aux Etats-Unis depuis l'été de 1940, Monnet connaît bien les milieux dirigeants américains, car il a activement participé à l'élaboration du « Programme de la Victoire ». C'est un esprit avisé, ingénieux, un partisan résolu de la démocratie, qui ne s'est jamais compromis avec Vichy. Le 16 janvier, au tout début de la conférence d'Anfa, Roosevelt informe Hull, demeuré à Washington : « Giraud manque apparemment de capacités administratives, et les officiers français n'accepteront pas l'autorité de De Gaulle. Puisqu'il n'y a aucun civil français qui soit disponible dans cette région, que pensez-vous de la venue de Jean Monnet ici ? Il n'a trempé dans aucune combinaison politique des dernières années, et j'ai de lui une impression très favorable. Je crois que Morgenthau connaît Monnet et lui fait confiance. Mon espoir est que nous évitions pour le moment les discussions politiques. » Hull aurait préféré Alexis Léger ou le diplomate Roger Cambon, mais Roosevelt n'en fait aucun cas.

Monnet n'est pas investi d'une mission précise. Il devra arrondir les angles, donner à Giraud une meilleure image, lui faire comprendre qu'il doit séduire l'opinion américaine s'il veut obtenir des armes pour ses soldats. Toujours pour conforter l'autorité de Giraud, Roosevelt lui a en effet promis, un peu à la légère, de quoi équiper treize divisions, du blé, du sucre, des tissus. Pour faire bonne mesure, il approuve un texte par lequel les Etats-Unis reconnaissent au général la qualité de *trustee* (gérant) sur le plan militaire, économique, financier et moral. Cette « gérance » n'est pas de nature politique, mais s'étend à l'ensemble des territoires français excepté la métropole. Cela signifie que Giraud n'a pas vocation à créer un gouvernement provisoire, que personne ne peut exprimer les volontés d'une France captive et muette. Un deuxième mémorandum, approuvé également par Roosevelt, promet à Giraud l'appui américain et britannique pour réaliser, dans le domaine politique, l'unité des Français.

Roosevelt croit avoir ainsi brisé de Gaulle et rendu inévitable son ralliement. Mais le chef de la France libre traîne les pieds pour venir au rendez-vous d'Anfa, et les entretiens entre les deux généraux français débouchent sur un communiqué aux termes vagues, à la promesse mutuelle d'échanger des représentants et à une poignée de mains, en présence de Churchill et de Roosevelt, pour faire plaisir aux photographes et aux cadreurs de la presse alliée.

De Gaulle a, enfin, rencontré Roosevelt. Celui-ci a mis en œuvre ses capacités de séduction, et a su se donner l'air déterminé, le chef d'un « Etat puissant » qui entendait, note de Gaulle « que la paix fût américaine ». A son retour à Londres, de Gaulle est donc plutôt satisfait. « Mes conversations avec Roosevelt ont été bonnes, dit-il aux représentants de la France combattante. J'ai l'impression qu'il a découvert ce qu'est la France combattante. Cela peut avoir de grandes conséquences par la suite[23]. » Roosevelt, lui, voit les choses avec ironie. Comme il aime raconter des histoires, il déforme la réalité pour la rendre plus drôle. De Gaulle se prend pour Jeanne d'Arc, puis pour Clemenceau, plaisante-t-il. A mesure que les mois passent, l'histoire prend une telle ampleur qu'elle finit par ridiculiser de Gaulle. Mais ce qui compte, c'est que les Etats-Unis ont abandonné toute ambiguïté, tout au moins dans leur attitude à l'égard de Vichy. Un nouveau chapitre dans l'histoire de la politique française des Etats-Unis s'est ouvert. Après en avoir défini les grandes lignes, Roosevelt laisse l'exécution des accords d'Anfa aux mandataires respectifs de Giraud et de De Gaulle, sous la haute surveillance de Robert Murphy et du général Eisenhower.

De Londres à Alger

En dépit du nouveau cadre de réflexion et de la rencontre d'Anfa, le problème français n'est en rien réglé. Bien plus, Roosevelt va devoir reculer sans cesse, pied à pied, comme s'il ne pouvait résister à l'offensive d'un adversaire, parce qu'il a sous-estimé plusieurs facteurs. Tout d'abord, Giraud n'a pas la tête politique. Conseillé par Jean Monnet qui est arrivé à Alger le 28 février, il prononce le 14 mars 1943 un discours dans lequel il déclare nulle et non avenue la législation de Vichy et annonce un accord avec de Gaulle. « Le premier discours démocratique de ma vie », observe-t-il en rédigeant ses souvenirs. Il tarde, pourtant, à limoger les hauts fonctionnaires et les chefs militaires compromis avec Vichy et ne parvient pas à se rallier les mouvements de résistance. Bien au contraire, ceux-ci s'unissent en mai et donnent leur appui à de Gaulle. Du coup, Alger se trouve en position de faiblesse par rapport à Londres, tandis qu'une partie des troupes giraudistes passent avec armes et bagages, en Afrique du Nord et sur les bâtiments de la marine, du côté des FFL. Jusqu'où de Gaulle ira-t-il ? Les négociations entre Monnet, qui parle au nom de Giraud, et Catroux, qui représente de Gaulle à Alger, traînent en longueur.

Au début de mai, alors qu'il s'apprête à recevoir Churchill à Washington dans le cadre de la conférence interalliée baptisée Trident, Roosevelt prépare un mémorandum inspiré par Murphy. Le mouvement gaulliste, écrit-il, ne sert à rien sur le plan militaire et ne fait que créer des difficultés sur le plan politique. De Gaulle a une personnalité insupportable ; affligé d'un complexe messianique, il se croit l'élu du peuple français. Le plus simple serait de mettre Giraud à la tête de toutes les troupes françaises, de réorganiser le Comité national français en en écartant des gens « impossibles » comme André Philip, d'y faire entrer des hommes forts comme Monnet et d'autres collaborateurs de Giraud en AFN. Une fois en France, les armées alliées auront, pendant au moins six mois, la direction politique du pays en s'appuyant sur 90 % des maires et un grand nombre de fonctionnaires. Quant à de Gaulle, il conclut qu'il ne sait trop quoi en faire : « Peut-être pourriez-vous le nommer gouverneur de Madagascar ! » Roosevelt a-t-il remis à Churchill le texte de ce mémorandum ou en a-t-il discuté avec lui, on ne le sait pas. Mais peu importe, à vrai dire. Jamais la méfiance américaine à l'égard de la France combattante n'a été aussi vive. De Gaulle est d'autant plus isolé que, pour des raisons tactiques, Churchill approuve Roosevelt. Seule, la presse, qu'elle soit anglaise ou américaine, ne cesse, dans l'ensemble de reprocher au président son attitude envers de Gaulle.

L'arrivée de De Gaulle à Alger le 30 mai, la formation, les 3 et 4 juin, du Comité français de Libération nationale (CFLN) co-présidé par les deux généraux ne contribuent pas à détendre la situation, bien au contraire. Pour les acteurs et les observateurs, il est de plus en plus évident que les erreurs de Giraud, son incompétence politique sont autant d'atouts pour de Gaulle. Les crises succèdent aux crises. De Gaulle tente bien de donner des garanties aux Américains pour se les concilier. Le 8 juin, par exemple, il fait observer à Murphy que les communistes constituent un danger pour la France de l'après-guerre, que lui seul, de Gaulle, sera capable de les contrôler. Deux nouvelles affaires viennent mettre le feu aux poudres. La première est la destitution du gouverneur général de l'AOF, Boisson, intolérable en temps de guerre, estime Roosevelt, surtout lorsque les Français doivent faire l'union sacrée. « Je pense que toute cette histoire d'une domination gaulliste sur Dakar est trop grave pour que je reste passif. Ni vous ni moi ne savons exactement jusqu'où ira de Gaulle », écrit-il à Churchill. La deuxième préoccupation des Américains concerne le commandement de l'armée française. A leurs yeux, on l'a vu, seul Giraud possède les qualités requises et offre les garanties suffisantes. Or, pour de Gaulle, « le commandement militaire, quand bien même celui qui l'exerce serait ministre ou président, sera donc nommé par le gouvernement et lui restera subordonné ». Sur le conseil de Robert Murphy, Roosevelt charge alors Eisenhower, par son télégramme du 17 juin, de dire aux deux co-présidents que les Américains ne poursuivront le réarmement de l'armée française que si celle-ci est placée sous le commandement d'un chef jouissant de leur confiance, en l'occurrence Giraud. Le même jour, il écrit à Churchill : de Gaulle a adopté une attitude intolérable ; il nuit à l'effort de guerre allié ; il fait tout ce qu'il peut pour diviser Anglais et Américains. Il faut rompre avec lui, mettre sur pied une administration militaire de la France, empêcher le comité tel qu'il est formé de poursuivre ses réunions, encourager la formation d'un nouveau comité. En attendant, il convient que les Anglais apportent leur soutien à la démarche d'Eisenhower. L'avertissement est délivré par celui-ci le 19 juin à de Gaulle et l'on connaît la fière réponse du général[24].

Finalement, Roosevelt lâche un peu de lest, et, le 24 juin, Boisson est contraint à la démission. La reconnaissance limitée que Washington accorde au CFLN en août 1943 clôt le deuxième chapitre de la politique française des Etats-Unis. Un échec de plus pour Roosevelt. L'union entre les deux généraux n'a pas pris la forme qu'il souhaitait : Giraud, peu à peu écarté de la direction politique, se retirera des affaires en novembre. Loin de n'être qu'un comité de gestion traitant des affaires courantes, le CFLN évolue vers un gouvernement provisoire qui ne dit pas encore son nom. Les deux débarquements en Italie (juillet et septembre 1943) détournent un moment l'attention et pourraient laisser croire que les Etats-Unis ne suivent plus d'aussi près la question française. Impression trompeuse. Les événements de 1944 vont montrer le contraire.

La libération de la France

A mesure que l'heure du débarquement en Normandie approche, Roosevelt défend des positions de moins en moins claires. Sa politique se fige, comme s'il ne voulait pas reconnaître qu'elle est erronée, et les problèmes n'ont pas avancé. La France sera-t-elle occupée ou libérée ? Comment le maintien de l'ordre le long des voies de communication sera-t-il assuré ? De quelle liberté d'expression les Français disposeront-ils ? Quand les Etats-Unis et la Grande-Bretagne harmoniseront-ils leurs positions sur la France ? Quelle place de Gaulle occupera-t-il dans la France de demain[25] ?

Sur toutes ces interrogations, Roosevelt tient le même discours, toujours aussi évasif : « Les objectifs fondamentaux de notre gouvernement n'ont pas changé, dit-il en 1944. [Ils correspondent] à une ferme volonté de laisser le peuple français recouvrer sa complète liberté dans l'exercice de ses droits politiques[26]. » S'il est exclu de chercher une solution du côté de Vichy, malgré les rumeurs et les supputations qui circulent avant puis après le 6 juin 1944, il n'est pas question non plus d'accepter que le CFLN se transforme en un gouvernement provisoire. D'autres forces politiques pourraient surgir qui remettraient de Gaulle à sa véritable place. La grande majorité des Français, observe Roosevelt, « ignorent tout de la situation et n'ont pas encore décidé si de Gaulle et son comité formeront le gouvernement[27] ». « Le droit à l'autodétermination, déclare-t-il à Marshall, n'est pas une expression vide de sens. Il touche à un principe fondamental qui régit les affaires humaines. » Voilà pour les principes. Leur application sera relativement souple et variera suivant l'état de la situation.

L'affaire de l'AMGOT (*Allied Military Gouvernment of Occupied Territories*, gouvernement militaire allié des territoires occupés) en porte témoignage[28]. Le 8 janvier 1944, Morgenthau propose au président qu'après le débarquement, des billets de banque soient émis par l'autorité militaire alliée, au nom de la République française. « Comment savez-vous quel type de gouvernement il y aura après la guerre ? répond Roosevelt. Peut-être sera-ce un empire. Peut-être y aura-t-il un nouvel empereur. Je ne veux d'aucune façon indiquer le type de gouvernement qu'il y aura. » Jean Monnet obtient cependant que les billets soient revêtus d'un drapeau tricolore, un rectangle blanc étant réservé à la mention « République française. Trésorerie centrale », mais l'inscription ne sera imprimée qu'après la reconnaissance du CFLN[29]. Le président, lui, aurait préféré « La France » avec un drapeau français entouré de la Bannière étoilée et l'Union Jack.

Une explication est ici nécessaire. Ces billets sont indispensables pour régler les achats des troupes alliées, mais l'émission de monnaie est un privilège étatique. Si les Etats-Unis et la Grande-Bretagne battent monnaie pour la France, c'est qu'ils considèrent qu'elle est, comme l'Italie, un pays occupé, qu'ils mettent en place un gouvernement militaire – l'AMGOT – qui tiendrait lieu d'administration provisoire. En revanche, s'ils confient cette mission au CFLN, ils le reconnaissent implicitement comme le gouvernement provisoire. Dilemme insoluble pour Roosevelt. A ses yeux, de Gaulle ne peut être considéré comme le seul représentant du peuple français. Son attitude à l'égard de Giraud prouve à l'évidence qu'il provoquera une guerre civile s'il dispose du pouvoir. De plus, le président américain vient de recevoir un rapport de l'OSS qui lui assure que l'influence gaulliste décline. Il est persuadé qu'il y aura sous peu un reclassement des forces politiques en France ; il pense qu'il faut à tout prix éviter l'agitation le long des voies de communication. Antigaulliste, Franklin Roosevelt ? Certainement pas. « Je suis tout à fait d'accord pour que de Gaulle soit président, empereur, roi ou n'importe quoi d'autre, écrit-il à Eisenhower, pour autant que la décision vienne du peuple français librement et sans contraintes[30]. » Il n'empêche que l'inévitable référence au « devoir moral » dessert de Gaulle : « Il faut veiller à ce que rien ne soit imposé au peuple français par des forces extérieures. Il faut que ce soit un choix français. » Peu importent les pressions, subtiles ou brutales, des Anglais. Peu importe qu'un rapport de l'OSS du 3 avril fasse état d'une montée du gaullisme en France. Peu importe que Stimson, Marshall et Eisenhower tentent de faire changer d'avis le président. Cordell Hull, lui aussi, continue de s'étrangler de rage dès que la conversation porte sur de Gaulle[31].

Tout ce que fait, tout ce que dit le général étant suspect, il faut le mettre en quarantaine, et surtout ne pas l'informer de la date du débarquement. De Gaulle tempête-t-il contre une consigne dont il s'est rendu compte ? « Le ton de ses messages, observe Roosevelt dans une lettre à Churchill du 8 avril, est de plus en plus dictatorial, surtout si nous nous en tenons aux faits. En ce qui me concerne, je ne pense pas que nous puissions confier des renseignements militaires à qui n'a pas fait ses preuves en matière de secret. Sa menace implicite de rester à l'écart des opérations en France, si elle est mise à exécution, causera au Comité et à ses chefs un tort irréparable[32]. »

De Gaulle est donc mis au courant des opérations de débarquement, au dernier moment, et Eisenhower le regrette, car sans l'appui du CFLN – transformé en gouvernement provisoire de la République française (GPRF) en mai à Alger – les armées alliées affronteront les pires difficultés sur le terrain. Roosevelt ne bouge pas d'un pouce. Lorsque de Gaulle, finalement informé du projet d'émission de billets de banque par les autorités militaires alliées, parle de « fausse monnaie », Roosevelt ne comprend pas qu'il s'agit là d'une réaction nationaliste. Il croit que de Gaulle, en faisant rejeter cette mesure, cherche seulement à obtenir la reconnaissance *de facto* du GPRF qu'il dirige, comme le seul gouvernement légal de la France. D'ailleurs, les Alliés n'ont pas besoin du Comité : « Je n'importunerai certainement pas de Gaulle pour qu'il fasse une déclaration de soutien à la monnaie [de l'AMGOT]. Du moment qu'il agit clairement et entièrement sous sa propre responsabilité et sans notre accord, il peut signer sur la monnaie n'importe quelle déclaration en tant que n'importe quoi, y compris en tant que roi du Siam. » Après tout, si les Français n'en veulent pas, les troupes alliées paieront en dollars à « sceaux jaunes » et en billets militaires britanniques, ce qui entraînera une forte dépréciation du franc.

Au lendemain du débarquement, toutefois, l'opinion et l'attitude de Roosevelt commencent à s'assouplir. Hervé Alphand, responsable auprès de De Gaulle des questions financières, en témoigne : « Le débarquement à Bayeux, l'accueil de la population, le fait qu'on reconnaissait parfaitement l'autorité du général de Gaulle ont forcé la décision de Roosevelt et lui a montré qu'au fond

tous ses soi-disant conseillers français se trompaient.
C'est ensuite que de Gaulle a admis que l'on fasse des
accords, les *Civil Affairs Agreements*. (...) Ce qui a
compté, c'est surtout le fait que les représentants du
général de Gaulle se sont installés purement et simplement en France[33]. »

Cédant aux instances de Churchill, le président
accepte enfin de recevoir – mais non d'inviter – le général de Gaulle à Washington. La population réserve à
l'homme du 18 Juin un accueil chaleureux. On attendait
un personnage « arrogant », « difficile » et l'on découvre
un allié plutôt sympathique ; même Hull et Leahy sont
séduits. Mais si l'opération de relations publiques se
révèle une réussite, les conversations avec Roosevelt
donnent des résultats plus limitées. Les deux hommes se
mettent pourtant en frais. A son arrivée à Washington,
de Gaulle prononce – fait rarissime – un discours en
anglais, et Roosevelt l'accueille en français, lui présente
sa famille, offre une réception en son honneur.

Le président a pris le parti de parler pour ne point
avoir à écouter. Il évoque ses objectifs politiques. Il y
aura quatre Grands : les Etats-Unis, l'Union soviétique,
la Grande-Bretagne, la Chine. La force américaine sera
présente partout dans le monde. « C'est un système permanent d'intervention qu'il entend instituer de par la loi
internationale », commente de Gaulle. Roosevelt dit
aussi qu'il aime bien la France, mais qu'il a été déçu par
le désastre de 40 et reste sceptique sur sa rénovation.
Extraordinaire Roosevelt, au charme duquel de Gaulle
lui-même a du mal à résister ! « Le Président (...) ne
présente nullement les choses comme un professeur qui
pose des principes ni comme un politicien qui caresse
des passions et des intérêts. C'est par touches légères
qu'il dessine, si bien qu'il est difficile de contredire catégoriquement cet artiste, ce séducteur. »

Que pense Roosevelt de son interlocuteur, on ne le sait pas vraiment. Le général a reçu la copie d'une lettre adressée, huit jours après le départ du Français, par le président à un membre du Congrès, et qu'il rapporte dans ses Mémoires : « Quand il s'agit des problèmes futurs, il semble tout à fait "traitable", du moment que la France est traitée sur une base mondiale. Il est très susceptible en ce qui concerne l'honneur de la France. Mais je pense qu'il est essentiellement égoïste. » Et de Gaulle de s'interroger sur le sens du mot « égoïste[34] », alors même que la presse américaine célèbre les retrouvailles de la France et des Etats-Unis.

Reconnaissance du GPRF

La seule mesure concrète prise par Roosevelt, sous la pression de ses conseillers, est de reconnaître le CFLN-GPRF comme « l'administration civile qui exerce temporairement l'autorité *de facto* en France ». Encore faut-il que le général Eisenhower n'abandonne rien de ses pouvoirs dans le domaine militaire et que « le peuple français ait la possibilité de choisir librement son gouvernement ». Cela prouve, s'il en était besoin, que le souci majeur de Roosevelt demeure la situation militaire et qu'il fait son possible pour n'évoquer avec de Gaulle que l'effort de guerre. La reconnaissance diplomatique du GPRF, le 23 octobre, est le pas supplémentaire que le général de Gaulle attendait depuis longtemps.

Yalta

Décevant, ce troisième et dernier chapitre des relations franco-américaines pendant la guerre. Il se clôt sur l'affaire de Yalta, la plaie vive, la faute que de Gaulle ne saurait pardonner, le symbole de l'humiliation de la France. Il est vrai que l'exclusion de la France est indéfendable, dans la mesure où la conférence traite de l'Europe de demain. Même si les Français n'ont pas encore de gouvernement constitutionnel, même si des élections n'ont pas encore eu lieu, rien ne justifie que de Gaulle n'ait pas été invité. Le général ne se fait pas faute de le dire et de le répéter à Jefferson Caffery, le nouvel ambassadeur des Etats-Unis à Paris. Pour le calmer, Roosevelt demande à Hopkins de s'arrêter à Paris avant de gagner Moscou.

La rencontre a lieu le 27 janvier 1945. « L'entrevue s'est très mal passée, se rappelle Etienne Burin des Roziers, membre du cabinet de De Gaulle. La conversation ne s'est même pas engagée. Le général en a gardé certainement une mauvaise impression et le sentiment que si les apparences étaient meilleures, puisque de Paris à Washington s'étaient établies des relations régulières, les Etats-Unis n'en entendaient pas moins régler le sort de l'Europe sans les puissances continentales[35]. » Hopkins voit « la cause de l'état fâcheux des relations entre les deux pays » dans l'effondrement de la France en 1940, la déception qu'ont provoquée « ceux des grands chefs politiques et militaires français à qui nous fîmes tour à tour confiance ». Le général de Gaulle, conclut Hopkins, est « la preuve vivante de notre erreur ». Le chef du gouvernement provisoire se montre conciliant, reconnaît qu'en bien des circonstances l'aide américaine a joué un rôle exceptionnel dans la libération de la France.

Cinq jours plus tard, on laisse croire à Paris que de Gaulle rencontrera Roosevelt à son retour de Yalta, mais, le 12 février, il refuse tout net. Pourtant, à Yalta, la France a beaucoup reçu sans être présente. Malgré l'opposition de Staline et les hésitations de Roosevelt, elle a obtenu une zone d'occupation en Allemagne et a

574 FRANKLIN D. ROOSEVELT

été admise à siéger à la Commission de contrôle interalliée avec droit de veto. Roosevelt, suivant les conseils de Churchill et de Hopkins, a fini par admettre que « la stabilité en Europe était inconcevable sans une France forte et influente ».

La politique de Roosevelt envers la France est en mutation, mais il se hâte avec une exaspérante lenteur. De Gaulle a provoqué outre-Atlantique une salutaire réflexion. Certes la France de 1940 a failli, certes elle a cessé d'être une grande puissance, mais ses querelles internes pourraient affaiblir l'Europe occidentale.

Les rapports de l'ambassadeur Jefferson Caffery font découvrir à Washington une France exsangue. Les moyens de transport manquent tragiquement. Des régions entières, y compris celle de Paris, sont frappées par la misère. Il appartient aux Etats-Unis de consentir un effort, en dépit des contraintes de la guerre. Sinon, le mécontentement grandira, car aux tensions politiques s'ajouteront les tensions économiques et sociales. Qui peut prévoir la suite ? Le continent européen tout entier tomberait sous la coupe d'une seule puissance, amie ou ennemie ; la fermeture de son marché aux produits, aux idées, aux influences des Etats-Unis serait alors quasi assurée. Dans ces conditions, l'opinion américaine, encore mal remise de l'isolationnisme, peut fort bien refuser de voir les Etats-Unis s'enliser dans les mesquineries de l'Ancien Monde. Tous les projets de Roosevelt pour l'après-guerre sur la sécurité collective, sur l'Organisation des Nations Unies, sur la reconstruction économique de l'Europe seraient condamnés.

Caffery estime que les communistes, à la fois « agressifs et militants », pourraient bien l'emporter et, à terme, « tout le continent européen passerait sous la domination des Russes ». Bien qu'il soit « un homme très difficile », de Gaulle est le seul en France, malgré tout, qui soit capable de contenir la volonté subversive du Parti communiste. Si les Américains ne l'aident pas, ce sera le chaos. L'ambassadeur reprend là un argument dont de Gaulle use lui-même inlassablement auprès de ses interlocuteurs américains depuis 1942. A la longue, l'idée a fait son chemin : en 1945, Roosevelt se convainc que de Gaulle est bien le rempart dont la France et le monde occidental ont besoin[36].

L'Indochine

Deuxième exemple de revirement chez Roosevelt au sujet de la France : l'Indochine. Profondément, sincèrement hostile au colonialisme, le président l'a montré en recevant le sultan du Maroc à Anfa en janvier 1943. Il en témoigne encore par sa préoccupation constante au sujet de Dakar : si les Etats-Unis étaient amenés à assumer un *trusteeship* sur la ville, ce serait uniquement pour protéger les Américains et empêcher que, dans une région aussi sensible, une puissance coloniale ne mette en danger la paix du monde. Une perspective qui fait fi des garanties données par le département d'Etat sur l'intégrité du territoire de la France et de son Empire. Quant à l'Indochine, qui l'obsède plus que toute autre colonie française, Roosevelt n'envisage en aucun cas de la restituer à la France quand les Japonais en auront été chassés. Le protectorat en sera confié aux Nations Unies, et les Américains guideront les populations sur le chemin de l'indépendance. Roosevelt continue de dire haut et fort que l'Indochine ne reviendra pas sous l'autorité française, qu'il convient de la laisser dans la zone d'opérations confiée aux forces de Tchang Kaï-chek. Il stigmatise l'attitude du département d'Etat et du Foreign Office, dont la complicité, au moins la connivence avec la France, l'irritent.

L'historien Walter LaFeber a fort bien démontré[37] que c'est pourtant Roosevelt qui a été responsable du retour des Français à Saïgon. Il a tout d'abord cédé aux pressions du département d'Etat, soucieux de rétablir la France dans son Empire pour mieux assurer l'équilibre des forces en Europe, donc pour faire contrepoids à l'influence soviétique. Pressions aussi des Britanniques, désireux d'écarter toute menace sur les Indes et conscients qu'un retour des Français en Indochine consoliderait leur présence sur le subcontinent. Enfin, il ne faut pas sous-estimer la ferme volonté des Français, c'est-à-dire du général de Gaulle.

Les idées de Roosevelt sur le *trusteeship* ont changé au cours de l'été 1944, peut-être parce qu'il a pris conscience de la rivalité naissante entre son pays et l'Union soviétique. Il ne songe plus qu'à un nouveau statut économique des colonies et se garde bien, à la conférence de Dumbarton Oaks, d'évoquer l'indépendance des peuples sous tutelle. « Nous n'avons pris aucune décision définitive sur le sort de l'Indochine », fait-il observer en octobre. Le 1er janvier 1945, il déclare même à Edward Stettinius, le nouveau secrétaire d'Etat, que la question de l'Indochine se réglera après la guerre. Le 16 mars, l'ambassadeur des Etats-Unis à Paris lui fait part d'une conversation avec de Gaulle. Après avoir demandé l'aide américaine pour les unités françaises aux prises avec les Japonais en Indochine, le général a ajouté : « Quels sont vos objectifs, à vous les Américains ? Voulez-vous que nous devenions, par exemple, un Etat fédéré sous l'autorité des Russes ? (...) Quand l'Allemangne s'effondrera, ils tomberont sur nous. (...) Nous ne voulons pas devenir communistes. » Cette fois-ci, le plaidoyer convainc le président qui, dans les quarante-huit heures, dépêche une aide aérienne en Indochine. Pour Roosevelt, la France de 1945 a pris une importance que n'avait pas la France de 1944.

Beaucoup plus tard, au temps de la guerre au Vietnam, les Américains regretteront que Roosevelt n'ait pas pu imposer à la France l'abandon de sa position prédominante, et que Truman n'ait pas poursuivi la politique de son prédécesseur. De fait, Truman s'est contenté de suivre la direction esquissée par Roosevelt.

En résumé, les relations franco-américaines ont emprunté, de juin 1940 à mars 1945, une voie tortueuse, creusée d'ornières, parsemée d'espoirs, d'illusions et de déceptions. Les Etats-Unis ont d'abord cru qu'ils tireraient profit de leur bienveillance à l'égard de la France de Vichy : premier échec, encore que leur présence en métropole et dans l'Empire leur ait procuré quelques avantages secondaires. Au lendemain du débarquement de novembre 1942, ils tentent d'unir de Gaulle, Giraud et leurs partisans dans un comité appelé à ne faire que la guerre : deuxième échec, bien qu'ils aient équipé, armé, approvisionné l'armée française renaissante. Ils cherchent, enfin, dans la première moitié de l'année 1944, à préserver la liberté de choix du peuple français telles qu'ils la voient : troisième échec. Pourtant, c'est bien aux Américains que la France doit, pour une large part, la libération de son territoire tout comme la participation glorieuse aux combats des Forces françaises libres et de la Première Armée du général de Lattre de Tassigny.

Roosevelt porte l'entière responsabilité de ces échecs. C'est lui qui a pris les décisions majeures et a décidé les revirements, qui en a suivi l'application, qui a fermement maintenu ses caps successifs. Il s'est obstiné dans l'erreur. Est-ce dû à des questions de personnalités ? Bien sûr, tout le sépare de Gaulle, mais celui-ci n'a pas éprouvé une hostilité systématique à l'encontre du président, bien au contraire. Il a tenté de se rapprocher des Etats-Unis, même s'il s'est servi de ses difficultés avec eux pour consolider son image de champion de l'indépendance nationale.

Roosevelt s'est rarement, au cours de sa carrière politique, laissé guider par ses sentiments personnels. Les attaques de la presse, les conseils de ses proches et son pragmatisme habituel n'ont pas suffi à le faire changer d'avis, du moins jusqu'à l'été 1944. Trop enclin à n'écouter que lui-même, se croyant infaillible et pour une fois exagérément pessimiste, il a cru que la France ne se relèverait pas du désastre de 1940.

Il en a déduit que les Etats-Unis auraient, au lendemain du conflit, la mission de reconstruire et de réorganiser l'Europe continentale, que la France serait désormais une puissance de second ordre amputée peut-être en métropole et certainement dans l'Empire, enfin qu'il fallait l'empêcher d'introduire dans le monde de l'après-guerre des germes de discorde. Il a sous-estimé le patriotisme des Français, l'impact de la Résistance, l'obstination du général de Gaulle et n'a compris que fort tard qu'il avait pris un mauvais chemin. La question française a certainement été le maillon faible de sa politique étrangère.

CHAPITRE XV

Préparer l'après-guerre

La politique étrangère de Franklin Roosevelt a été très contestée avant comme après 1945, depuis l'éclat qui a fait capoter la conférence économique de Londres jusqu'aux conséquences de Yalta, en passant par le discours de la quarantaine, la loi sur le prêt-bail et les négociations avec le Japon avant Pearl Harbor. Ni de son vivant ni après sa mort, il n'est parvenu à réunir un consensus. Ce qui est d'autant plus surprenant qu'on tient pour acquis que les Américains ne suivent pas attentivement les affaires internationales et laissent faire leurs responsables politiques. On se trompe lourdement, car le président ne peut faire ce qu'il veut : le Congrès le surveille et dispose des moyens d'entraver son action, les groupes de pression s'efforcent de l'influencer, les électeurs le jugent. Jamais Roosevelt, en dépit de sa popularité, de son savoir-faire et de sa longévité politique, n'a bénéficié d'une indépendance totale ; jamais non plus il n'a recueilli une approbation massive.

L'œuvre est pourtant impressionnante. Ce n'est pas un fossé, mais un gouffre qui sépare l'année 1933 et l'année 1945. C'est à la fin de la Deuxième Guerre mondiale que l'Europe d'aujourd'hui et une grande partie du reste du monde prennent leur physionomie actuelle. Les Etats-Unis tiennent désormais un rôle international que

justifient leur puissance économique et leur poids politique. Dans l'un et l'autre cas, Roosevelt porte une
incontestable responsabilité. Il a tout fait pour que les
Etats-Unis abandonnent définitivement leur isolationnisme frileux et acceptent d'être une superpuissance.

Le monde de l'après-guerre sera terriblement dangereux. Le poids effrayant des armements atomiques, les
tensions avec l'Union soviétique, l'instabilité du Moyen-
Orient, de l'Amérique latine, bientôt de l'Afrique, la rupture des équilibres sur les rives du Pacifique et de
l'océan Indien, en un mot la guerre froide, voilà d'autres
responsabilités auxquelles Roosevelt ne saurait échapper. Avec Churchill, Staline et quelques autres, il a su
gagner la guerre. L'après-guerre qu'il a contribué à
modeler mérite-t-il des éloges ou des critiques ? S'il
avait survécu à 1945, Roosevelt aurait-il été satisfait de
son œuvre ? Rien n'est moins certain.

Les grandes illusions

L'année 1942 fut celle des grandes illusions. Les Américains viennent d'être précipités dans la guerre. Depuis
septembre 1939, ils sentent que l'heure de vérité
approche, mais ils ont cru que l'isolationnisme ou l'aide
à l'Angleterre suffirait à éloigner la guerre. Sans en
prendre conscience, pourtant, le pays a fait de petits pas
vers la participation au conflit.

Le coup de tonnerre de Pearl Harbor met fin aux hésitations. Il faut combattre, à corps perdu, avec détermination. Les Etats-Unis doivent faire la guerre, puisque la
guerre leur a été imposée. Leur but est de se venger de
l'agression japonaise et de participer à l'anéantissement
du nazisme. Au-delà de cette évidence, l'avenir reste
incertain. Pour quel monde nouveau les Américains
militent-ils ? L'opinion publique n'en sait pas grand-

chose. En septembre 1942, un sondage Gallup, tenu secret, révèle que 40 % des personnes interrogées ignorent « sur quoi porte la guerre[1] ». N'est-ce pas inquiétant, après trois ans de combats en Europe et un an après l'embrasement planétaire ? Le mois suivant, 60 % souhaitent que le président en dise davantage sur la guerre ; un bon tiers aspirent à un véritable débat sur les buts de guerre.

En 1917, les Américains rêvaient d'un monde débarrassé de la violence. La Grande Guerre, croyaient-ils, mettrait fin aux conflits. En y prenant part, ils menaient une croisade pour la Liberté, la Justice, le Droit. Au terme du conflit, la paix régnerait pour l'éternité. Et sur les ruines de l'Allemagne impériale et militariste surgirait le soleil radieux de la Société des Nations. Vingt-cinq ans plus tard, l'atmosphère n'est plus la même. Chacun fait son devoir là où il se trouve, à l'armée, dans les campagnes, dans les usines, sans enthousiasme ni dégoût. La bataille est inévitable, et les états d'âme s'arrêtent là. Lorsque la guerre aura pris fin avec la victoire des démocraties alliées, il sera temps de songer à la reconstruction du monde. « Le peuple américain, conclut en 1943 un expert en analyses d'opinion, ne met pas en question la nécessité de faire la guerre jusqu'au bout. Néanmoins, les deux tiers seulement affirment avoir une idée claire de nos raisons de combattre[2]. » Et Archibald McLeish, le poète qui dirige le Bureau des faits et des chiffres, décrit des hommes « qui sont prêts, si c'est nécessaire, à mourir pour aider les autres peuples, mais qui sont incapables de comprendre clairement ou d'imaginer précisément ce que signifiera notre victoire dans cette guerre ». La bataille d'aujourd'hui sera autrement longue que celle de 1917-1918, on le sait, on le sent, et personne, cette fois-ci, ne se laisse griser par les illusions de l'après-guerre. On aspire au concret, à des mesures qui assureraient vraiment le rétablissement et le maintien de la paix. Parmi les soldats et les civils, le patriotisme est dépourvu de faiblesses, tout comme il est dépourvu d'ardeur.

De son côté, Roosevelt n'a pas attendu Pearl Harbor pour dire ce qu'il espérait de la paix. En janvier 1941, il a énoncé les quatre libertés fondamentales sans lesquelles la démocratie ne peut exister. Au mois d'août, il a élaboré avec Churchill la Charte de l'Atlantique qui, dans une large mesure, a dessiné les contours de la paix future, mais ne s'est pas embarrassé de détails. Ce texte, Roosevelt y tient, comme en témoigne une apostrophe lancée en 1943 aux sceptiques : « Si ces gens avaient vécu il y a un siècle et demi, ils auraient souri de la déclaration d'Indépendance. (…) S'ils avaient vécu il y a mille ans, ils se seraient moqués des principes de la Grande Charte. S'ils avaient vécu il y a plusieurs milliers d'années, ils auraient ri de Moïse quand il est descendu de la Montagne avec les Dix Commandements[3]. »

Le 1er janvier 1942, les Etats-Unis – désormais belligérants – signent avec la Grande-Bretagne, l'Union soviétique, la Chine et une vingtaine d'autres nations la Déclaration des Nations unies qui s'inspire de la Charte de l'Atlantique. Elle définit les principes (la vie, la liberté, l'indépendance, la liberté religieuse, les droits de l'homme) qui fondent la lutte des démocraties contre « les forces brutales et sauvages », engage les signataires à mener une guerre totale et à ne pas accepter d'armistice ou de paix séparés. L'expression « Nations Unies » est significative. Elle annonce le monde de demain et vaut beaucoup mieux, selon Roosevelt qui en est l'inventeur, que la formule « puissances associées » trop marquée par le souvenir de 1917.

La mention de la liberté religieuse est une victoire personnelle de Roosevelt. Elle satisfait une majorité d'Américains qui regrettaient bruyamment son absence dans la Charte de l'Atlantique. Elle a également été acceptée par Maxime Litvinov, l'ambassadeur soviétique à Washington, parce que Roosevelt l'a convaincu que « liberté religieuse » et « liberté de conscience » sont une seule et même chose.

Peu importe que la déclaration omette, parmi les buts à atteindre, la « sécurité sociale » – en dépit de l'insistance de Churchill – ; qu'elle appelle à la destruction des pays de l'Axe avec lesquels chacune des Nations Unies est en guerre, ce qui revient à ne pas mentionner le Japon contre lequel l'Union soviétique n'a pas déclenché les hostilités ; qu'elle ne porte ni la signature de l'Inde – Empire britannique oblige – ni celle des Français libres – Cordell Hull y a veillé, quelques jours à peine après l'affaire de Saint-Pierre et Miquelon. C'est un document de grande importance sur le plan stratégique et sur le plan politique. Il définit des buts de guerre aussi séduisants qu'imprécis, convenons-en, mais il insiste sur les principes et les libertés fondant la vie des démocraties occidentales pourtant exclus de l'arsenal idéologique de l'URSS. N'est-ce pas suffisant ?

En 1944, le journaliste Walter Lippmann résume à merveille l'état d'esprit qui prévaut : « Des principes généraux comme ceux formulés dans la charte de l'Atlantique et dans le message présidentiel sur les quatre libertés ne constituent pas non plus ce que nous entendons par buts de guerre. Ce sont des étoiles qui peuvent nous guider[4]. »

Des étoiles... Pourquoi Roosevelt ne redescend-il pas sur terre ? Parce qu'il est trop tôt, que la situation militaire est encore confuse, qu'elle se prête mal à des prévisions, fussent-elles à moyen terme. Il convient de mettre sur pied la Grande Alliance des Etats-Unis avec la Grande-Bretagne et l'Union soviétique, L'heure n'a pas sonné de déclencher l'opposition d'intérêts nationaux antagoniques, et un débat sur les buts de guerre diviserait à coup sûr les Américains. En 1942, Roosevelt dirait

584   FRANKLIN D. ROOSEVELT

volontiers qu'il est urgent d'attendre et que le plus
simple à décider est de ne rien décider.

Autour du président, on agite malgré tout des idées.
Le vice-président Henry Wallace annonce « le siècle de
l'homme ordinaire », « la paix du peuple », de quoi justifier « le prix d'une victoire du monde libre ». Commentaire perfide d'Adolf Berle : ce programme magnifique
« réclamerait des dieux pour être appliqué[5] ». Quant à
J. Edgar Hoover, le chef du FBI, il préfère que le
monde de l'après-guerre repose sur la force militaire des
démocraties. Wendell Willkie, de plus en plus proche de
Roosevelt depuis qu'il a perdu les élections présidentielles de 1940, rapporte d'un tour du monde effectué en
1942 un livre, *One World (Un monde unique)*, qui, paru
en avril 1943, se vend en trois mois à plus d'un million
d'exemplaires. Il y plaide pour une participation active
des Etats-Unis au maintien de la paix, pour la disparition
de tout colonialisme et de tout impérialisme, y compris
celui de la Grande-Bretagne. Les internationalistes tiennent maintenant le haut du pavé et donnent libre cours
à leur wilsonisme, tandis que les isolationnistes, atterrés
et muets, se font oublier. Le *Council on Foreign Relations*,
la *Foreign Policy Association*, la Fondation Woodrow Wilson débattent, proposent, publient. Dans les milieux spé-
cialisés, les idées bouillonnent. Toutefois, pour qu'elles
atteignent la masse des Américains, la médiation du président est inévitable. Or, Roosevelt a décidé de remettre
à plus tard le temps des propositions. Puisque les événements ne l'obligent pas à préciser les buts de guerre du
pays, il n'en parle pas.

Ce qui ne veut pas dire qu'il n'ait pas d'opinion, bien
au contraire. Le spectre de Wilson hante la Maison
Blanche. Dans la salle du Cabinet, là où le président met
la dernière main à ses discours, remarque Robert Sherwood, trône le portrait de Woodrow Wilson ; de temps
à autre, Roosevelt le contemple. « La tragédie de Wilson

était toujours quelque part dans sa conscience. Roosevelt ne pouvait pas oublier les fautes de Wilson, qui avaient été commises avec les intentions les plus nobles et découlaient des concepts les plus purs de l'éthique chrétienne. Wilson avait soutenu "une paix sans victoire". Il avait exposé les Quatorze Points qui devaient servir de bases pour une reddition honorable de l'Allemagne. La violation de ces principes (...) avait conduit à l'ascension de Hitler et à la Seconde Guerre mondiale. Il n'y eut pas de motivation plus forte dans la politique de Roosevelt au cours du conflit que la volonté d'éviter la répétition de ces erreurs[6]. »

Les manifestations de cette obsession ne manquent pas. Le 14 juillet 1941, par exemple, Roosevelt, dans un message à Churchill, fait allusion à des rumeurs suivant lesquelles la Grande-Bretagne songerait à rétablir la Yougoslavie et lui attribuerait Trieste : « Vous vous rappelez sans aucun doute qu'en 1919 nous avons eu des ennuis avec les promesses, réelles et supposées, qui avaient été faites aux Italiens et à d'autres. A mon avis, il est beaucoup trop tôt pour que nous souscrivions à des engagements, pour la bonne raison que les Etats-Unis et la Grande-Bretagne veulent assurer la paix future par le désarmement des perturbateurs et, deuxièmement, par la reconstruction des petits Etats pour maintenir l'harmonie, même si cela doit se faire par le recours aux plébiscites. (...) Je suis enclin à penser, termine-t-il, qu'une déclaration générale de votre part serait utile en ce moment, si elle disait clairement qu'aucun engagement n'a été souscrit pour l'après-guerre en ce qui concerne les territoires, les populations et les économies. Je pourrais alors appuyer cette déclaration dans les termes les plus vigoureux[7]. »

De ce message il faut retenir deux idées. Tout d'abord, Roosevelt ne veut pas d'accords secrets. Ils vont à l'encontre des traditions américaines, et leur révélation postérieure ferait renaître l'isolationnisme. Wilson n'a pas agi autrement en 1917. La deuxième idée, c'est qu'il est inutile, voire dangereux, d'annoncer *urbi et orbi* un programme de paix complet comme les Quatorze Points de janvier 1918. Chacun des deux principes énoncés ici se réfère à Wilson. Roosevelt est un wilsonien réaliste. C'est ainsi que la Charte de l'Atlantique ne mentionne pas d'« organisation internationale efficace » –, formule à laquelle Churchill tenait – de peur d'effaroucher les isolationnistes américains. « Le temps est venu d'être réaliste », note Roosevelt.

Woodrow Wilson, que les Français d'aujourd'hui connaissent mal et dont ils ne mesurent pas suffisamment l'influence, domine le débat de 1942 sur l'après-guerre. Ses principes demeurent au cœur de la diplomatie américaine : le droit à l'autodétermination ; la mise sur pied d'une économie mondiale moins vulnérable aux crises graves, propices à la naissance des dictatures ; la fondation d'une organisation internationale qui, par la sécurité collective, garantisse le maintien de la paix, la défense des libertés publiques et individuelles, autant d'idées wilsoniennes que Roosevelt reprend à son compte.

Le passé donne des leçons dont il faut tenir compte. Sur ce point, un parfait accord règne entre Roosevelt et Wallace, lequel déclare : « Nous avons échoué dans notre tâche à la fin de la Première Guerre mondiale. (…) Mais nos erreurs nous ont beaucoup appris. A la fin du présent conflit, nous serons en mesure de tirer parti de nos connaissances pour construire un monde raisonnable sur le plan économique, politique et, j'espère, sur le plan spirituel. » Le président lui fait écho : « Nous avons tiré profit de nos erreurs passées. Cette fois-ci nous saurons comment faire usage de la victoire[8]. » Rien ne se fera, on l'a vu, sans la victoire des Alliés. Cela signifie que les Nations Unies iront jusqu'au bout et refuseront de négocier avant que l'ennemi n'ait reconnu sa défaite. Il n'y aura pas de pourparlers, comme en octobre 1918, entre les Américains et les Allemands. Sinon, un nouvel Hitler ne tarderait pas à reparaître sur la scène politique et tout serait à refaire, des millions d'hommes et de femmes seraient morts pour rien. « Tous les Allemands nient, en fait, s'être rendus dans la dernière guerre, dit Roosevelt dans une conférence de presse. Cette fois-ci, ils le sauront. Les Japs aussi[9]. »

Puisque la victoire est la priorité absolue, la stratégie militaire n'a pas à se soumettre à la stratégie diplomatique. Les Nations Unies font la guerre, rien que la guerre. Les chefs militaires peuvent écarter d'un revers de main les considérations politiques qui ne seront discutées que lors du règlement final. « La seule chose importante, c'est de faire la guerre et de la gagner[10]. »

Roosevelt est convaincu que les différends entre Etats ressemblent à s'y méprendre aux différends entre les individus. Rien ne vaut le contact personnel, la discussion, la confiance née d'un dialogue direct. A ce jeu, il sait qu'il dispose de puissants atouts : il charme, séduit, détend l'atmosphère, raconte une bonne histoire au moment où elle vient à point, fait quand il le faut la concession indispensable. Il personnalise la diplomatie américaine comme jamais aucun de ses prédécesseurs ni aucun dirigeant d'une démocratie ne l'a fait. Entre chefs d'Etat ou de gouvernements, pense-t-il, il existe une sorte de complicité, un terrain d'entente naturel. C'est la raison pour laquelle il « présidentialise » également la diplomatie.

Le département d'Etat occupe en effet sous Roosevelt une place de second rang. Hull n'accompagne pas le président aux grandes conférences internationales. Il est si peu au courant de ce que pense Roosevelt qu'en octobre 1943, à la conférence de Moscou où il représente les Etats-Unis, il répond aux Soviétiques que « des études complémentaires doivent être entreprises ». Sumner

Welles est plus proche de Roosevelt, mais démissionne en septembre 1943 pour des raisons personnelles. Trop souvent, le président communique avec les chefs d'Etat étrangers sans même en informer le département d'Etat. Il recourt aux services exceptionnels de son ami Harry Hopkins comme Wilson recourait à ceux du colonel House. « Winston et moi, confie-t-il à Morgenthau, écrirons le traité de paix. » Peut-être l'exercice lui rappelle-t-il sa jeunesse, le temps où il rédigeait lui-même la constitution de Haïti. En mars 1942, il écrit à Churchill, à propos des frontières soviétiques, qu'il sera « brutalement franc » : « Je pense que je peux personnellement m'occuper de Staline beaucoup mieux que votre *Foreign Office* ou que mon département d'Etat. Staline déteste l'impudence de vos hauts fonctionnaires. Il pense qu'il m'aime mieux et j'espère qu'il continuera[11]. » Cette confiance en soi est-elle excessive ? Seuls les résultats le diront. En 1942, l'ambition de Roosevelt ne semble pas déplacée. La démarche de l'homme et de son pays ne semble pas devoir être entravée par le passé, par la mauvaise conscience. Roosevelt a tiré les leçons de la Première Guerre mondiale.

La chimère de l'amitié américano-soviétique

Roosevelt le réaliste n'en poursuit pas moins une chimère. Il croit dans la solidité de l'amitié américano-soviétique. A sa décharge, il faut préciser qu'une vague de fond prosoviétique déferle sur les Etats-Unis, lorsque les armées allemandes envahissent l'URSS. Une vague devenue raz de marée après Pearl Harbor. Les grands procès de Moscou, le pacte germano-soviétique sont oubliés ; la guerre russo-finlandaise, qui a suscité un éphémère mouvement de sympathie pour la Finlande, appartient à un passé bien révolu. De même les déclarations de Roosevelt devant le Congrès américain de la jeunesse en 1940 sont enfouies au fin fond de la mémoire collective. En entrant dans la guerre quoique malgré elle, l'URSS devient pour les Américains un allié à part entière. Au lendemain du 22 juin 1941, Sumner Welles a beau préciser dans un communiqué officiel que les Américains émettent d'insurmontables réserves à l'égard de « la dictature communiste », Roosevelt déclare que « les armées de Hitler sont aujourd'hui le principal danger pour l'Amérique », et que l'aide matérielle des Etats-Unis est acquise aux Soviétiques.

Roosevelt dépêche le fidèle Hopkins à Moscou, se dépense sans compter pour surmonter les obstacles administratifs qui retardent ou limitent les envois américains vers l'Union soviétique, pousse le Congrès à voter des crédits considérables (un milliard de dollars dans le cadre du prêt-bail). En novembre, il fait savoir au responsable du prêt-bail comme à l'opinion publique que « la défense de l'Union des Républiques socialistes soviétiques est vitale pour la défense des Etats-Unis ». C'est ainsi que se noue la Grande Alliance à l'automne de 1941.

Avec les Soviétiques, la guerre prend une tournure nouvelle. Dans un premier temps, les Allemands devront atténuer leur pression sur la Grande-Bretagne et l'Atlantique, ce qui évitera peut-être aux Etats-Unis d'entrer dans le conflit. Dans un deuxième temps, si les Etats-Unis s'y trouvent finalement, ils auront le plus grand intérêt à ce qu'un deuxième front demeure actif. Autant de raisons pour ne pas marchander l'aide aux Soviétiques.

Mais que se passera-t-il si, à force de la consolider, les Etats-Unis donnent à l'URSS les moyens de repousser les Allemands puis d'occuper une partie, voire la totalité de l'Europe ? C'est un fantasme, rétorque Roosevelt : il ne croit pas, déclare-t-il le 26 juin 1941, que « nous devions nous faire du souci au sujet d'une possible domination russe ». Trois ans plus tard, il n'a pas changé d'avis quand Morgenthau lui fait observer qu'il y a deux sortes d'hommes : les uns, comme Anthony Eden, pensent que l'on doit « faire confiance à la Russie pour établir la paix dans le monde » ; les autres, comme Churchill, la redoutent et se demandent ce qu'il y aura « entre les neiges de Russie et les falaises de Douvres ». Roosevelt répond sans détours à son secrétaire au Trésor : « J'appartiens à la même école qu'Eden. » Les Soviétiques libéreront l'Europe ; ils ne l'occuperont pas. Ils chasseront les nazis sans prendre leur place. Sans doute « la dictature soviétique » recèle-t-elle d'incontestables dangers pour le monde libre, admet-il dans une lettre au pape, mais ce n'est pas par la force qu'elle pourrait s'étendre ; tout au plus recourt-elle à la propagande. Le président revient perpétuellement sur son argument massue : « Considérez le nombre d'Allemands tués et le nombre de tanks détruits. » A l'adresse de Churchill : « Les Russes tuent aujourd'hui plus d'Allemands et détruisent plus de matériels que vous et moi réunis. » Si les Soviétiques immobilisent en Europe orientale 3,5 millions de soldats allemands, « nous pouvons gagner sans aucun doute ». Le prêt-bail doit les aider sans limites : « J'irai moi-même prendre les marchandises sur les étagères des magasins. Je paierai n'importe quel prix. Je les chargerai sur des camions et les acheminerai de toute urgence jusqu'aux bateaux. » Ce ne sont pas des propos en l'air, puisque, de 1941 à 1945, les Etats-Unis n'ont pas fourni aux Soviétiques moins de 376 000 camions, 14 700 avions, 7 000 tanks, 52 000 jeeps, 11 000 wagons de marchandises, 15 millions de paires de bottes[12]. Pour le président, un effondrement soviétique serait plus catastrophique que la perte de la Nouvelle-Zélande ou de l'Australie.

Si Roosevelt a été en avance sur l'opinion américaine, celle-ci ne tarde pas à le rattraper et même à le dépasser. L'image de l'Union soviétique subit une rapide mutation qui doit tout à l'enthousiasme des médias[13]. Quotidiens et périodiques ne font pas dans la nuance. *Life*, dont l'anticommunisme n'est pas contestable, chante les louanges du « petit dictateur trapu » qui est parvenu à presque arrêter la Wehrmacht. Une photographe tire le portrait du « petit père des peuples » et lui trouve « beaucoup de charme et une personnalité magnétique ». En 1943, les Américains découvrent avec étonnement que les Soviétiques s'habillent, mangent, pensent, « comme les Américains ». Quant au NKVD, ce n'est rien d'autre que l'équivalent du FBI. Un membre éminent des *Daughters of the American Revolution*, une organisation de défense des valeurs traditionnelles et qui n'a jamais versé dans le progressisme, fait cette remarque désarmante : « Staline est un universitaire qui a fait des études poussées. C'est un homme capable de reconnaître et de corriger les graves erreurs qu'il constate. Actuellement, en Russie, le communisme est pratiquement inexistant. » Le pacte germano-soviétique résulte, c'est évident pour les Américains, de la capitulation des Anglais et des Français à Munich.

Somme toute, les deux pays sont maintenant plus que des alliés. L'URSS ne résistera pas à la chaude amitié que lui prodiguent les Etats-Unis. Son esprit et son cœur une fois conquis, elle n'aura jamais la moindre tentation de conclure une paix séparée avec Hitler. Le régime se libéralisera, la société subira les effets de l'influence occidentale. Staline renoncera même à la dictature et goûtera au charme discret de la démocratie...

Ce courant d'idées jouit, à l'extrême fin de 1941, du renfort de l'ouvrage de Joseph Davies *Mission à Moscou*. Riche avocat du Wisconsin, l'auteur a ensuite exercé les fonctions d'ambassadeur des Etats-Unis à Moscou de janvier 1937 à juin 1938 – une nomination qu'il ne doit pas à ses talents de diplomate, mais à de généreuses contributions versées dans les caisses du Parti démocrate. Davies n'a rien vu, rien compris, mais il sait tout. Grâces soient rendues, assure-t-il, aux procès de Moscou ! « Il n'y avait pas d'agents de la cinquième colonne dans la Russie de 1941. Ils avaient été fusillés. Les purges ont nettoyé le pays. Elles l'ont débarrassé de la trahison. » Staline n'aurait pas dit mieux. La Russie de Lénine et de Trotsky – la Russie bolchevique – n'existe plus, et le système évolue à toute vapeur vers le capitalisme. Le communisme appartient au passé. L'Amérique ne court plus aucun risque, le reste du monde, non plus. Staline a renoncé à organiser la subversion. Son but est de créer une société d'égalité et de justice sociale, à la manière de Jésus… Il s'agit d'un brave homme que la préparation de la guerre contre l'Allemagne a contraint à prendre des mesures très rigoureuses, un allié de l'Amérique qu'il convient d'aider, puisque Hitler est l'ennemi commun. Aujourd'hui, on parlerait de « désinformation », encore que Davies ait été de bonne foi – ce qui est plus grave et dangereux, car nul n'aurait songé à mettre son témoignage en doute. Litvinov ne tarde d'ailleurs pas à chanter les mérites d'un ouvrage dans lequel il découvre « une précision et une véracité de premier ordre ». Le *Daily Worker*, le journal du Parti communiste américain, juge l'analyse « réaliste, nette et objective ». Plus inattendus sont les applaudissements de la presse américaine et ce commentaire, certes ambigu, de Roosevelt : « Cet ouvrage durera. » En tout cas, Hollywood porte le best-seller à l'écran avec Walter Huston dans le rôle de Davies. Au même moment, les visiteurs soviétiques sont accueillis les bras ouverts, comme c'est le cas du lieutenant Ludmilla Pavilichenko, un partisan de vingt-six ans, qui a tué trois cent neuf soldats allemands et répond gentiment à un journaliste que, dans le combat, elle ne pense pas à se maquiller !

En dépit de l'ampleur du mouvement prosoviétique, les Américains ne mordent pas tous à l'hameçon. L'annexion des Etats baltes a provoqué l'hostilité des gens originaires de Lituanie, de Lettonie et d'Estonie, et de nombreux catholiques protestent contre le rapprochement avec le diable soviétique. Des observateurs avertis tentent de nuancer l'enthousiasme de leurs compatriotes. George Kennan, bras droit d'Averell Harriman à l'ambassade des Etats-Unis à Moscou, envoie des rapports et des dépêches qui, il le reconnaît, restent sans effets sur le département d'Etat. En 1943, William Bullitt, qui a précédé Davies à Moscou, rédige deux notes pour mettre Roosevelt en garde contre « le bandit caucasien ». Mais ces avertissements ne servent pratiquement à rien. La grande majorité des Américains, parmi lesquels figure le président, prennent leurs désirs pour des réalités et ne comprennent ni les ambitions soviétiques ni les méthodes de Staline. En 1942, indique un sondage, 71 % des personnes interrogées estiment qu'il vaut mieux que la Russie domine l'Europe plutôt que l'Allemagne hitlérienne. En 1943, la confiance des milieux d'affaires dans l'Union soviétique est plus forte qu'au sein des autres catégories de la population : 48 % estiment que l'URSS ne tentera pas d'imposer aux autres pays d'Europe un régime communiste. En 1944, très nombreux sont encore les *businessmen* qui soupèsent les incommensurables avantages du marché soviétique et tirent des plans sur la comète. Un Américain sur cinq environ seulement exprime sa méfiance à l'endroit de l'allié soviétique, un sur trois croit que la coopération américano-soviétique de l'après-guerre restera sans nuages. Les autres sont hésitants, sans être hostiles. Dans l'ensemble, l'ignorance des réalités internationales

est consternante. Mais le plus consternant, c'est que
Roosevelt, qui, lui, ne les ignore en rien, laisse faire
parce que les nécessités de la guerre l'exigent et que,
pour le moment, son seul but de guerre est le maintien
de la Grande Alliance, l'amitié indéfectible entre les
Américains, les Britanniques et les Soviétiques.

Un dessein planétaire

Après les grandes illusions de 1942 vient l'heure du
dessein planétaire, esquissé en 1943, puis peaufiné par
la suite. La situation militaire des Alliés est plus satisfaisante. La bataille de Stalingrad prend fin pendant l'hiver
de 1942-1943, après la capitulation des armées allemandes et la capture de leur chef, le maréchal Paulus ;
et le débarquement anglo-américain en Afrique du Nord
provoque la défaite des Allemands en Tunisie le 7 mai
1943. Anglais, Américains et Français partent à la conquête
de l'Italie ; dans le Pacifique, l'avance japonaise est stop-
pée.

Si Roosevelt ne fait aucun geste diplomatique, s'il
n'annonce pas, ne serait-ce que dans les grandes lignes,
ses plans pour l'après-guerre, les républicains le critique-
ront sans ménagements. Or 1944 sera une année d'élections présidentielles, législatives et locales. Le président
peut compter sur le soutien d'une opinion en majorité
internationaliste et wilsonienne. Le retournement est
clairement apparu à George Gallup dans l'été de 1942 :
il évoque alors « un profond changement du point de
vue des affaires internationales ». En mai 1943, 74 %
des Américains souhaitaient que leur pays participe à
une force de police qui maintiendrait la paix dans le
monde. A la question : « Aimeriez-vous voir les Etats-
Unis adhérer à une Société des Nations après la
guerre ? », 49 % répondaient oui en mai 1941 ; ils sont

72 % en juillet 1944. A l'automne de 1943, le Congrès adopte, à une large majorité, une résolution qui recommande l'entrée des Etats-Unis dans une organisation internationale.

Roosevelt n'a pas oublié les années 1919-1920, et redoute en permanence une possible résurgence de l'isolationnisme. Il invite ses concitoyens à la vigilance contre la vieille garde qui relèverait la tête si les événements le permettaient. En privé, il fait cette confidence en 1944 : « Quiconque pense que l'isolationnisme est mort dans ce pays est fou. Dès que la guerre sera terminée, il sera plus fort que jamais. » Il faut donc avancer avec prudence, sans rien décider qui puisse choquer ; il est nécessaire d'éduquer l'opinion avec patience. Même si la majorité des membres du Congrès – républicains et démocrates mêlés – le soutiennent, cet appui peut lui être retiré ; il n'est donc pas aussi libre de ses mouvements que Staline ni même que Churchill. C'est ainsi que, retour de Yalta, il déclare au Congrès : « J'ai passé une bonne partie de mon temps à enseigner à deux nations étrangères la Constitution des Etats-Unis. » Sénateurs et représentants savent bien que sans leur accord, sans le soutien du peuple américain, « la conférence n'aura aucun résultat durable ». Roosevelt doit donc mobiliser l'opinion, maintenir d'étroits contacts avec le pouvoir législatif, avancer à pas comptés.

A Casablanca, en janvier 1943, le président des Etats-Unis et le Premier ministre de Sa Majesté ont beaucoup parlé, dans le secret le plus absolu, du prochain débarquement allié en Sicile. La conférence de presse qui clôt la rencontre révèle la présence au Maroc des deux hommes d'Etat et permet à Roosevelt de donner un *scoop* à son auditoire : « Il choisit ses mots avec soin, a noté Hopkins, et recourut à ses notes. Le seul ajout important par rapport au communiqué fut la déclaration du président suivant laquelle Churchill et lui étaient déterminés à ne rien accepter d'autre de l'Allemagne, du Japon et de l'Italie qu'une reddition sans conditions[14]. » Pas de paix négociée, pas d'accord possible avec les fascistes et les nazis, pas de pourparlers d'armistice sur la base d'on ne sait quels Quatorze Points remis au goût du jour. Beaucoup estiment qu'en se prononçant pour la guerre jusqu'au bout, Roosevelt renonce à l'espoir de négocier avec les réseaux de résistance allemands et italiens ; qu'en poussant les ennemis européens à ne pas compter sur un changement de régime pour négocier de meilleures conditions de paix, il prépare le triomphe de l'Union soviétique[15]. D'autres, Churchill par exemple, feignent de n'avoir pas été prévenus que Roosevelt tiendrait des propos aussi spectaculaires. L'intéressé soutient avec désinvolture que l'idée lui est venue au cours de la conférence de presse.

Dans les mois qui ont précédé, les conseillers militaires et politiques du président, les experts chargés de préparer l'après-guerre ont insisté pour que Roosevelt parle de reddition sans conditions. L'expression figure noir sur blanc dans les dossiers préparatoires à la conférence. Churchill le sait bien, car Roosevelt n'a pas quitté des yeux les notes qu'il tient à la main et qui résument les points d'accord avec le Premier ministre. La reddition sans conditions permet d'atteindre plusieurs objectifs. Elle prouve à Staline que les Etats-Unis et la Grande-Bretagne n'abandonneront pas l'Union soviétique. Promesse capitale au moment où l'ouverture du second front est reportée à des jours meilleurs. Elle rassure les opinions anglaise et américaine qui ont condamné la négociation avec l'amiral Darlan et redoutent qu'une fois de plus, les chefs militaires ne tombent, tête baissée, dans le piège des compromissions et des tractations. Elle fixe un but indiscutable aux combats, une sorte de terme

obligatoire à l'épopée et, en ce sens, ne peut que satisfaire les exigences morales des Américains.

Le sort de l'Allemagne

Une fois l'Allemagne incontestablement vaincue, il
faudra, réclament les Américains, que ses institutions
soient démocratisées. Mais que d'obstacles ! Russes et
Américains n'ont pas la même conception de la démocratie, ni du démembrement ni de la dénazification. Quelles
seront les frontières de la nouvelle ou des nouvelles Allemagnes ? A titre personnel, se souvenant du court
séjour qu'il a effectué dans son enfance en Allemagne,
n'oubliant pas les années vingt et trente, Roosevelt n'a
guère de sympathie pour les Allemands. Il penche pour
la division de l'Allemagne en trois, quatre ou cinq Etats,
pour l'élimination de la « clique militaire prussienne ».
En collaboration avec l'Union soviétique, les Etats-Unis
veilleront sur le désarmement de l'Allemagne.

Mais il faut reconnaître que ces idées ne sont ni
fermes ni précises. Lors de la conférence de Téhéran qui,
du 28 novembre au 1er décembre 1943, réunit pour la
première fois Staline, Churchill et Roosevelt, ce dernier
propose le démembrement du Reich. Si Staline applaudit, Churchill traîne les pieds. Roosevelt se fait alors plus
hésitant ; on décide que la Commission consultative
européenne préparera le dossier. Quand Staline lève son
verre à la liquidation physique de 50 000 à 100 000 officiers allemands, Churchill reste de marbre ; Roosevelt,
s'en tirant par une boutade, propose d'en fusiller seulement 49 000. Le désaccord persistant, le président choisit, une fois de plus, de retarder la décision. On verra
bien après la victoire. D'ici là, les experts réfléchiront.

La délimitation des zones d'occupation en Allemagne
souffre de la même imprécision. Le département d'Etat

estime indispensable que chacune des trois zones ait un accès à Berlin, mais les officiers du département de la Guerre jugent que l'affaire relève du pouvoir militaire et non du pouvoir civil. Nous sommes à la fin de 1943. Peu après, les Britanniques présentent leur plan : une zone soviétique à l'est ; une zone américaine dans le sud-ouest ; une zone britannique dans le nord-ouest ; un accord tripartite pour administrer Berlin, placé au cœur de la zone soviétique. Staline approuve, mais Roosevelt proteste, non pas contre le statut de Berlin, mais contre la localisation de la zone attribuée aux Américains, qui les obligerait à établir leurs lignes de communication à travers la France. Or, d'après l'amiral Leahy, la France sera, à la Libération, sens dessus dessous, ce qui compliquera la tâche des troupes américaines. Le département de la Guerre soumet un nouveau plan : la zone américaine, dans le nord-ouest, touchera à Berlin, la zone soviétique étant réduite. Cette dernière idée est de Roosevelt, mais il y renonce pour mieux concentrer ses efforts sur la localisation de la zone américaine. Face à l'obstination des Britanniques, il finit par céder à condition d'obtenir un libre accès à la mer du Nord par les ports de Brême et de Bremerhaven.

Naturellement, à la suite du débarquement en Normandie, les bureaux de Washington et les commissions consultatives s'agitent, non sans tiraillements, malentendus et rivalités, dans la fièvre d'une victoire toute proche. S'il n'entre pas dans les détails, à juste titre, Roosevelt se laisse séduire par le plan que Morgenthau lui présente le 12 août 1944. Le secrétaire au Trésor, qui souhaite ardemment tenir une place primordiale dans la préparation de l'après-guerre, aspire à punir les Allemands contrairement au département d'Etat qui prêche la modération. Pour maintenir la paix, soutient Morgenthau, il faudra priver l'Allemagne de ses capacités industrielles ; elle devra « se pastoraliser », c'est-à-dire revenir au stade le plus primitif du développement économique, les activités agricoles. Politiquement, elle n'existera plus et sera divisée en un certain nombre de petits Etats dépourvus des moyens de déclencher une guerre. Roosevelt est transporté d'enthousiasme. A Stimson qui combat le plan, le président rétorque : « Il est de la plus haute importance que chacun en Allemagne prenne conscience que cette fois l'Allemagne est vaincue. Je ne veux pas les faire mourir de faim. Mais, à titre d'exemple, s'ils ont besoin de manger le strict minimum, on leur donnera trois fois par jour une soupe que distribuera l'armée. (...) Le fait qu'ils forment une nation vaincue doit, sur le plan collectif comme sur le plan individuel, être marqué à tel point qu'ils hésiteront avant d'engager une nouvelle guerre. » Les chefs nazis ne portent pas seuls la responsabilité de ce qui s'est passé : « La nation tout entière est entrée dans une conspiration sauvage contre la civilisation moderne[16]. » En outre, la « pastoralisation » de l'Allemagne assurera à la Grande-Bretagne une suprématie industrielle en Europe. Enfin, elle dissipera les craintes soviétiques quant à une éventuelle réconciliation germano-américaine.

A la mi-septembre, lors de la conférence de Québec, Roosevelt convainc Churchill, non sans mal, peut-être en lui promettant une aide financière. Mais les arguments contre le plan Morgenthau s'accumulent. Les Soviétiques réclament de fortes réparations. Il faudra bien que l'Allemagne produise, donc conserve un potentiel industriel. Le 29 septembre, Roosevelt fait savoir publiquement que rien n'a encore été décidé sur l'avenir de l'économie allemande. « Personne ne veut faire de l'Allemagne une nation complètement agricole, dit-il à Cordell Hull. Personne ne veut la complète éradication de la capacité de production industrielle de l'Allemagne dans la Ruhr et dans la Sarre. » On enterre donc le plan Morgenthau, d'autant plus qu'à la mi-décembre la bataille des

Ardennes incite les experts à la prudence : la victoire n'étant pas forcément à portée de main, ne vaut-il pas mieux remettre à plus tard les grandes décisions sur l'Allemagne ?

Briser le Japon

Contre le Japon, Roosevelt s'efforce de resserrer l'alliance entre les Etats-Unis, la Grande-Bretagne et la Chine et tente d'obtenir des Soviétiques qu'ils entrent, enfin, dans la guerre d'Extrême-Orient. En octobre 1943, à Moscou, Hull n'a reçu à ce sujet qu'une vague promesse. A Téhéran, Staline a assuré que « la défaite finale de l'Allemagne permettrait d'envoyer en Sibérie les renforts nécessaires afin de venir à bout du Japon grâce à un front uni ». En échange de quoi ? On reste dans le flou, mais il est déjà question de Sakhaline et des Kouriles.

Le sort du Japon est scellé par Roosevelt et Tchang Kaï-chek au Caire du 22 au 26 novembre, puis du 4 au 6 décembre 1943. Il rendra à la Chine tous les territoires qu'il lui a pris depuis 1895, y compris la Mandchourie, la Corée, Formose et les îles Pescadores. Dépouillé des îles du Pacifique qu'il occupe depuis la fin de la Première Guerre mondiale – c'est-à-dire les Carolines, les Marshalls, les Mariannes –, il sera aussi expulsé d'Indochine, du Siam, de Birmanie, de la Malaisie, des Philippines, des Indes néerlandaises. En un mot, il redeviendra une nation insulaire. Ces mesures territoriales seront complétées par la modernisation des institutions.

Voilà pour les deux principaux responsables du conflit mondial lorsqu'ils auront été vaincus. Quant à la paix, elle sera assurée par la sécurité collective. Sur ce point, Roosevelt songe à un organisme international qui remplacera la défunte Société des Nations et rassemblera les

Nations Unies. Ce sera pour Wilson un triomphe posthume. Un mouvement d'opinion se dessine en ce sens, Des ouvrages, des articles soutiennent le courant d'idées. Les experts couchent sur le papier des propositions plus ou moins originales qui ont toutes pour philosophie de donner une voix à chaque membre de l'Organisation. Roosevelt les approuve en public et en privé sans attacher son nom à l'un des projets. A Moscou, Hull obtient l'accord de principe des Soviétiques, puis Roosevelt en parle à Staline à Téhéran : une assemblée de trente-cinq nations tiendrait des réunions périodiques. Mais le Soviétique ne croit pas qu'un organisme de ce genre soit suffisant pour empêcher le rétablissement complet de l'Allemagne. Mais enfin, le projet avance et les experts s'attellent à la besogne.

Aux Etats-Unis, Roosevelt s'assure le soutien des républicains. Une commission bipartisane sur la politique étrangère de l'après-guerre a été créée dès le début de 1942. Le 7 septembre 1943, les gouverneurs républicains, réunis à Mackinac Island dans le Michigan, ont promis leur appui, et le Congrès a suivi. John Foster Dulles, principal expert républicain en politique étrangère, a travaillé avec Hull.

L'Organisation des Nations Unies

Roosevelt ne manque jamais de préciser que l'Organisation des Nations Unies sera dirigée par un comité exécutif composé des « quatre policiers » et habilité « à faire face immédiatement à toute menace contre la paix ». Pour atténuer la méfiance de Staline, il s'empresse d'ajouter que « c'est une idée dont la forme précise exigerait une étude approfondie ». Les quatre policiers seront les Etats-Unis, la Grande-Bretagne, l'Union soviétique et la Chine. Etrange et bien peu wilsonien, ce concert des puissances, cette Sainte Alliance du XXᵉ siècle qui mêle le principe de la sécurité collective avec l'idée des sphères d'influence.

Le 29 mai 1942, il a exposé ses projets à Molotov, ministre soviétique des Affaires étrangères. La Société des Nations ayant démontré son impuissance, il ne faut pas la ressusciter. Les quatre policiers – par la suite, Roosevelt acceptera que les petites nations jouent un rôle plus actif – auront des responsabilités mondiales, par exemple contrôler le désarmement des autres, empêcher par la force le déclenchement d'une guerre, gérer les territoires colonisés ou sous mandat d'importance stratégique cruciale. Il justifiera tant bien que mal le choix de la Chine (une grande nation, hier comme demain) et l'exclusion de la France.

Désormais, tous les plans américains qui tracent les contours de la future ONU comportent un comité exécutif avec les quatre policiers, mais le reste demeure dangereusement flou. D'un côté, Roosevelt démontre à Staline comment les « quatre policiers » auraient pu intervenir dans la crise éthiopienne de 1935, mais de l'autre il ne voit pas comment envoyer des troupes américaines sans l'accord du Congrès. De quelle manière les quatre policiers maintiendront-ils la paix ? demande alors Staline. Les Etats-Unis, répond le président, fourniront des avions et des navires ; l'Union soviétique et la Grande-Bretagne, des forces terrestres. N'est-ce pas là donner, involontairement, un feu vert à l'Armée soviétique ? Rien de précis n'ayant été décidé à Téhéran, il ne fait pas la moindre allusion aux « quatre policiers » en rendant compte de la conférence à ses concitoyens.

L'ébauche prend une forme quasi définitive à la conférence tenue du 21 au 28 septembre à Dumbarton Oaks, dans la banlieue de Washington, entre les Anglais, les Américains et les Soviétiques, puis du 29 septembre au 7 octobre 1944 avec en plus les Chinois[17]. Un projet de charte est élaboré et des institutions créées : Assemblée générale, Conseil de sécurité, Secrétariat, Cour internationale de justice, Conseil économique et social. Les membres permanents du Conseil de sécurité seront les « quatre policiers » plus la France, que de Gaulle, on l'a vu, est parvenu à faire admettre. Deux problèmes restent toutefois en suspens. Premièrement, les Soviétiques réclament pour l'ensemble des républiques socialistes soviétiques seize sièges à l'Assemblée générale, ce dont Roosevelt tente de les dissuader. Secundo, le droit de veto des membres permanents du Conseil de sécurité s'appliquera-t-il aux affaires dans lesquelles ils sont partie prenante, ce que souhaite Moscou et que Londres rejette ? Washington hésite. Après tout les grandes puissances pourraient renoncer à leur droit de veto quand elles sont directement mêlées à l'affaire dont on discute. Somme toute, à travers les fluctuations, les projets qui naissent et meurent, Wilson n'aurait pas reconnu ses idées. Roosevelt innove par rapport à la tradition wilsonienne.

Un système bipolaire

Plus qu'un système à quatre ou à cinq, c'est un système bipolaire que Roosevelt construit. Pour lui, les liens entre les États-Unis et l'Union soviétique sont au cœur des relations internationales de demain, et il aurait pu signer ces lignes écrites par Walter Lippmann en 1944 : « Plus que d'aucune autre chose, l'issue dépend des relations entre l'Union soviétique et les États-Unis. Chacune des deux nations est maintenant le centre de gravité de vastes étendues de la terre. Ces deux nations peuvent empêcher une troisième guerre mondiale. Si elles entrent en conflit, ce sera la plus terrible de toutes les guerres mondiales[18]. » Seulement, l'heure des grandes effusions est passée. Il faut organiser l'avenir et s'interroger sur la place de l'Union soviétique dans le monde de l'après-guerre.

Roosevelt persiste à ne pas redouter l'expansion du communisme ni l'expansionnisme de l'URSS. La dissolution du Komintern en 1943 l'a rassuré. Son raisonnement, on le connaît : les Alliés ne gagneront pas la guerre sans l'appui des armées soviétiques, et la paix ne sera pas durable sans la coopération de l'URSS. Pour atteindre ces objectifs, deux voies sont possibles : l'une correspond à une politique de force qui pourrait déboucher sur un conflit américano-soviétique dont les Américains ne veulent surtout pas ; l'autre à une politique de modération et de conciliation dont rien n'assure qu'elle réussira.

Le président américain aurait assurément pu choisir la manière forte. En 1943, Bullitt lui a soumis, on l'a dit, deux notes où il compare la menace soviétique sur la liberté de l'Europe à la menace hitlérienne quelques années plus tôt. L'alliance avec l'Union soviétique est indispensable pour abattre l'Allemagne et le Japon, mais les Soviétiques feront tout pour mettre ensuite la main sur l'Europe et l'Extrême-Orient. Il faut obtenir maintenant de Staline les promesses de coopération qu'il ne donnera pas plus tard. Pourquoi ne pas l'inquiéter en lui laissant croire que les Etats-Unis pourraient accorder une attention prioritaire à la guerre du Pacifique ou bien envahir les Balkans ? Mais Roosevelt finit par refuser de recourir aux pressions diplomatiques ou militaires. « J'ai l'intuition, dit-il, que Staline n'est pas un homme de ce genre. Harry [Hopkins] me rapporte qu'il ne l'est pas et qu'il ne souhaite que la sécurité pour son pays. Je pense que si je lui donne tout ce que je peux, si je ne lui demande rien en retour, *noblesse oblige*[*], il n'essaiera pas d'annexer quoi que ce soit et collaborera avec moi pour établir un monde de démocratie et de paix[19]. »

Pourquoi ne pas tenter d'exercer des pressions économiques ? Les Américains ont organisé en 1944 des conférences internationales sur les problèmes économiques de l'après-guerre. A Bretton Woods, les experts ont traité du commerce et de l'organisation financière dans le monde de demain. A Hot Springs, ils ont parlé d'agriculture ; à Chicago, de l'aviation civile. Un organisme, l'UNRRA, a été créé pour répartir l'aide immédiate aux pays victimes de la guerre et administrer leur reconstruction. L'Union soviétique aura besoin, c'est évident, du soutien des Etats-Unis pour relever les ruines que les armées allemandes ont causées. Mais les Américains ne s'estiment pas vraiment en position de force, parce qu'ils craignent que l'après-guerre ne débouche, comme en 1919-1920, sur une dépression. De leur côté, les Soviétiques, persuadés que la guerre est nécessaire au capitalisme pour se développer, attendent sereinement que les Etats-Unis les supplient de leur donner accès aux richesses et aux débouchés de l'URSS.

En janvier 1944, l'Union soviétique demande un prêt d'un milliard de dollars au taux de 1,5 % d'intérêt qui viendrait s'ajouter aux 10 millions de tonnes d'équipements en tous genres livrés de juin 1941 à juin 1944. Les experts américains, l'ambassadeur Harriman en tête, réclament des Soviétiques qu'ils distinguent les besoins de la guerre et ceux de la reconstruction ; c'est une nécessité qui découle de la loi sur le prêt-bail. Les négociations traînent en longueur et échouent en raison du changement de climat politique, au mois de mars 1945. Roosevelt a soutenu jusque-là qu'en limitant leur aide aux Soviétiques les Américains nuiraient à leurs propres intérêts et affaibliraient leur propre camp.

Plusieurs exemples donnent une illustration de cette politique de conciliation. Celui des Etats baltes est très significatif. L'Union soviétique les a annexés en 1939, cela contredit les principes de la Charte de l'Atlantique et donc la déclaration des Nations Unies. Les Etats-Unis ne sauraient promettre à Staline qu'il conservera cet acquis territorial. C'est la conférence de la paix qui devra trancher. Roosevelt peut-il aller plus loin, obtenir pour les Baltes le droit d'émigrer librement, conseiller aux Soviétiques de laisser voter les habitants des Etats annexés, alors que Staline soutient qu'ils se sont déjà exprimés ? La marge de manœuvre est étroite. Si le président parvenait à persuader les Soviétiques qu'en se conduisant ainsi, ils noircissent leur image…, que le statut de grande puissance se mérite…, que de bonnes relations avec les Etats-Unis valent bien quelques efforts… Mais, à Téhéran, Roosevelt dit à Staline qu'« il ne fera pas la guerre à l'URSS » pour les Etats baltes. Le réalisme fait foi.

La position américaine sur la Pologne est ambiguë. Roosevelt n'éprouve pas une sympathie débordante pour le gouvernement en exil qui siège à Londres. Certes il n'approuve pas le honteux partage de la Pologne en 1939 entre l'Allemagne et l'Union soviétique, mais, à mesure que les armées soviétiques progressent, il constate que la Pologne passera, quoi qu'il dise ou fasse, sous leur coupe. En outre, il n'apprécie pas l'insistance des Polonais de Londres à tout attendre de la Grande-Bretagne et des Etats-Unis, à réclamer le retour à un régime qui n'était pas une démocratie incontestable, sans compter qu'ils exigent une enquête de la Croix-Rouge sur les massacres de Katyn et refusent de voir leur pays gagner à l'ouest ce qu'il perdrait à l'est, comme l'ont envisagé les Alliés. Ce problème polonais l'agace d'autant plus qu'il se sent impuissant sur le plan militaire. Mais une partie de son électorat est d'origine polonaise. Aussi garde-t-il à Téhéran un silence prudent, lorsque Churchill donne à Staline son accord sur une modification des frontières polonaises. En tête à tête avec le Soviétique, le président n'y va pas par quatre chemins : « Il expliqua que 1944 était une année électorale et, bien que ne désirant pas personnellement faire une fois de plus acte de candidature, il pourrait y être obligé si la guerre se poursuivait. Il ajouta que les Etats-Unis comptaient de 6 à 7 millions d'Américains de souche polonaise[20] et qu'en homme pratique, il ne voulait pas perdre leurs suffrages. Il précisa qu'il partageait personnellement les vues du maréchal Staline sur la nécessité de restaurer l'Etat polonais, mais qu'il aimerait voir la frontière orientale de l'Etat repoussée davantage vers l'ouest et sa frontière occidentale avancée au besoin jusqu'à l'Oder. Il espérait, toutefois, que le maréchal comprendrait que, pour les raisons politiques ci-dessous esquissées, il ne pourrait participer à aucune décision ici à Téhéran ou même l'hiver prochain sur cette question et qu'il ne prendrait actuellement part à aucun arrangement public de cette nature. » Commentaire de Staline : il a « compris ». Sans doute le président fera-t-il plus d'efforts pour obtenir que le futur gouvernement polonais soit composé d'un plus grand nombre de Polonais de Londres. Dans le même temps, il encourage le gouvernement en exil à se montrer plus compréhensif envers l'Union soviétique. Autant dire que, jusqu'à la fin de 1944, Roosevelt continue à privilégier ses bonnes relations avec Moscou.

Les Etats-Unis et la Chine

La Chine pose un tout autre problème. Alors peuplée d'environ un demi-milliard d'habitants, elle est sans doute appelée à devenir l'un des grands de ce monde.

Mais, en 1943, c'est un pays que déchire la guerre civile, peu développé sur le plan économique, qu'il serait excessif de placer sur un pied d'égalité avec les Etats-Unis, l'Union soviétique et le Royaume-Uni. Mais Roosevelt cède avec délices aux mirages du mythe chinois. Il rappelle avec émotion que sa mère, ses grands-parents ont vécu en Chine, qu'ils y ont commercé – il oublie de dire que l'opium constituait la partie la plus fructueuse de ce commerce ! La Chine, ne cesse-t-il de répéter avec obstination, est promise au plus brillant avenir, ce qui n'empêche pas Staline et Churchill de demeurer sceptiques. Dans l'immédiat, toutefois, en dépit des apparences et de son enthousiasme verbal, il ne croit ni au caractère démocratique du régime de Tchang Kaïchek ni même à l'efficacité de ses troupes. La jolie Mme Tchang a beau séduire les Américains, Roosevelt le tout premier, et ses plaidoyers ne pas laisser ses auditeurs insensibles, le président critique en son for intérieur le gaspillage auquel l'aide américaine donne lieu.

En 1944, il tente d'imposer à Tchang le général Stilwell qui conduirait enfin efficacement l'effort de guerre chinois. A court terme, il juge indispensable que les Chinois participent à la guerre contre le Japon ; les Américains y tiennent et lui aussi. A moyen terme, la Chine contribuera à assurer la paix et la stabilité en Extrême-Orient en servant de contrepoids à la fois à l'Angleterre, à l'Union soviétique et au Japon. Elle participera, selon lui, à l'inéluctable processus de décolonisation, dont l'étape initale sera la création de mandats sous tutelle internationale. Enfin, à long terme, la Chine deviendra une grande puissance industrielle. « Nous devrions probablement assister en Chine, dans les cinquante prochaines années, à un développement similaire à celui du Japon dans les dernières années du xixᵉ siècle », dit-il à Eden.

Somme toute, il vaudrait mieux que le futur géant soit acquis à la cause occidentale plutôt que livré aux démons du nationalisme et de l'expansionnisme. L'inclure parmi les « quatre policiers » relève de la prudence la plus élémentaire. Reste à obtenir, dans l'immédiat, la coopération des Soviétiques et, via Moscou, des communistes chinois. Une manière pour les Etats-Unis de définir une grande politique pour le pourtour du Pacifique.

Le reste du monde

Dans ce dessein planétaire qui sous-tend son action, certains problèmes glissent au second plan, et les idées que s'en fait Roosevelt sont nettement moins claires. Si l'on en croit les rumeurs répandues à l'époque, la Grande-Bretagne aurait été investie, à la conférence de Casablanca, de la mission de gérer les dossiers de l'Europe balkanique et de la Méditerranée orientale. Cela n'empêche pas le président des Etats-Unis de suivre avec attention la situation en Egypte, en Irak, en Syrie et au Liban, en Palestine, autour du golfe Persique. L'Iran, par exemple, ne le laisse pas indifférent. Depuis 1942, les Etats-Unis y ont envoyé une mission militaire qui assure, dans le cadre du prêt-bail, le transport des marchandises et des matériels vers l'Union soviétique. L'année suivante, une unité non combattante de 30 000 hommes a pris en main le fonctionnement des chemins de fer et la circulation routière. De cette façon, les Américains font équilibre à la présence soviétique dans le nord, à la présence britannique dans le sud. Ils défendent ainsi à la fois le principe de l'autodétermination et leurs intérêts économiques, en particulier les intérêts des sociétés pétrolières qui extraient le brut en Arabie Saoudite et en Iran. Le 1er décembre 1943, à la conférence de Téhéran précisément, les trois Grands promettent d'appliquer à l'Iran les principes de la Charte de l'Atlantique. Tout au long de l'année 1944, les experts échangent des notes : comment obtenir le retrait d'Iran des troupes étrangères, stimuler la production pétrolière, protéger la souveraineté du pays ? En dépit de l'agacement de Churchill qui y voit une ingérence dans les affaires de l'Empire britannique ou dans sa zone d'influence, Roosevelt rencontre également, de retour de Yalta, les trois souverains Haïlé Sélassié d'Ethiopie, Farouk d'Egypte et Ibn Saoud d'Arabie. Rien de précis ne sort de ces conférences, rapides et improvisées, sinon que les Etats-Unis n'entendent pas prolonger leur absence de cette partie du monde.

Sur le règlement de la paix en Europe occidentale, les projets sont encore plus imprécis. Là aussi, les Américains laisseraient volontiers carte blanche aux Britanniques. Pourtant, en mars 1943, Roosevelt dessine devant un Eden interloqué la carte de demain : une nouvelle « Lotharingie » surgira, qui engloberait la Belgique et la Lorraine. Est-ce un projet sérieux ou un ballon d'essai ? Nul le sait. Sans doute Roosevelt songe-t-il que la conférence de la paix décidera, le temps venu. Etant entendu que la Grande-Bretagne exercera une responsabilité particulière, car les Britanniques seront les tuteurs de l'Europe occidentale et les Américains ne prolongeront pas leur présence militaire.

Le décolonisation suscite de plus graves préoccupations. Il sera facile de priver le Japon vaincu, les Pays-Bas et la France affaiblie de leurs colonies les mieux placées sur le plan stratégique. La Grande-Bretagne, elle, ne se laissera pas faire ; Churchill ne veut rien abandonner de l'Empire, et refuse d'entendre parler des Indes. Et de Gaulle n'a pas l'intention de céder aux pressions américaines. Encore une fois, Roosevelt relègue ces problèmes à l'après-guerre. Quoi qu'il en soit, il est évident que les Etats-Unis ne rentreront plus dans leur coquille.

Yalta

Le symbole de la préparation de l'après-guerre, c'est
Yalta. Comme si le partage du monde, du moins de
l'Europe, y avait été décidé[21], comme si les travaux diplomatiques d'avant et d'après ne revêtaient qu'un aspect
secondaire. Ce mythe a la vie dure. Dans la mémoire collective du monde occidental, il y eut à Yalta un vainqueur, Joseph Staline, et un vaincu, Franklin Roosevelt,
qui aurait été berné par le dictateur soviétique. Naïf, il
n'aurait su esquiver les crocs-en-jambe de son principal
interlocuteur. Il n'aurait pas compris les ambitions de
l'Union soviétique, la nature de l'idéologie marxiste, les
roublardises du camp d'en face. Il aurait cru que l'Oncle
Joe n'était qu'un politicien comme on en voit tant dans le
Kansas ou l'Illinois. Malade, épuisé, moribond, Roosevelt
aurait été trop affaibli, physiquement et intellectuelle-
ment, pour saisir toutes les implications d'une négociation
capitale pour l'avenir de la planète. Trahi, il aurait même
été la victime d'une « taupe ». L'ombre d'Alger Hiss[22]
plane sur Yalta – Hiss, le traître qui faisait semblant de
servir les intérêts des Etats-Unis pour mieux informer
l'Union soviétique ; Hiss, l'incarnation d'une Amérique
idéaliste et un peu sotte, prête à se livrer pieds et poings
liés à l'illusion de la coexistence. Yalta serait la preuve par
neuf que l'après-guerre n'a pas été préparée avec sérieux,
que les Etats-Unis n'ont pas compris leur rôle de superpuissance, que Roosevelt n'a pas su s'élever à la hauteur
des circonstances exceptionnelles. Il n'est pas facile de
déraciner des idées aussi profondément ancrées dans les
esprits. Mais si l'historien renonçait à sa mission, fût-elle
difficile, d'expliquer, de suivre les enchaînements, de rappeler les contraintes, à quoi servirait-il ?

En février 1945, la guerre n'est pas terminée en
Europe. Les stratèges alliés ont été trop optimistes. Si

l'offensive allemande dans les Ardennes a très vite échoué, elle a pourtant contraint le général Eisenhower à prendre des précautions, à rectifier sa ligne de front, à arrêter pour un temps la progression de ses armées. La marche en avant reprend à la fin de janvier. Le gros des troupes ne franchira le Rhin que dans la deuxième moitié de mars.

En Europe orientale et centrale, la conjoncture militaire est toute différente. L'avance des armées soviétiques est spectaculaire. Dès septembre 1944, la Roumanie, puis la Finlande ont abandonné le combat. Le mois suivant, c'est le tour de la Bulgarie. Le 20 octobre, les Soviétiques et les partisans yougoslaves ont pris Belgrade. La Vistule est franchie à l'automne. Le 20 janvier 1945, la Hongrie rend les armes. Varsovie est libérée des nazis le 17 janvier 1945, après avoir subi, en août et septembre 1944, une violente contre-attaque allemande que les Soviétiques ont laissé faire. Les armées de Staline ont ensuite pénétré en Prusse orientale, puis en Silésie, atteignent l'Oder le 23 janvier et se retrouvent à une soixantaine de kilomètres de Berlin. Pour des raisons mystérieuses, elles arrêtent alors leur offensive, mais elles pourraient, à n'importe quel moment, prendre d'assaut la capitale du Reich. Le vent de la défaite qui frappe les nazis souffle plus fort de l'est que de l'ouest.

Sur le théâtre d'opérations du Pacifique, les Américains ont réussi à libérer les Philippines. Leurs forces navales et aériennes font des ravages aux abords et sur le territoire de l'archipel nippon. Mais un million de soldats japonais en Mandchourie, deux millions au Japon sont prêts à résister, avec toute leur énergie, à l'assaut final.

Au total, les Soviétiques occupent des positions autrement plus avantageuses que les Américains et les Anglais. Si l'on ne tient pas compte de la bombe atomique américaine qui explosera bientôt, leur potentiel militaire est le plus impressionnant, d'autant que les Américains démobiliseront très vite pour satisfaire une opinion avide de paix.

Pourquoi, dans ces conditions, une rencontre entre les trois Grands ? Pourquoi ne pas attendre, comme le veut la tradition, la fin du conflit pour réunir une conférence de la paix ? C'est Roosevelt qui a été demandeur. Le 17 juillet 1944, il a proposé à Staline une rencontre au sommet qui se tiendrait en Ecosse. Moscou a fait observer que la situation militaire exigeait la présence en Union soviétique du commandant en chef. « Une telle réunion m'aurait aidé sur le plan de la politique intérieure » dit Roosevelt, déçu. Preuve supplémentaire que la proximité des élections présidentielles tient une place primordiale dans les décisions de politique étrangère. En septembre, le président propose une nouvelle réunion en n'importe quel lieu de la Méditerranée à la fin de novembre. Staline refuse à nouveau : ses médecins lui interdisent de longs déplacements depuis qu'à son retour de Téhéran il a été souffrant ; d'ailleurs, Molotov ferait tout aussi bien l'affaire. Roosevelt revient à la charge : puisque Staline ne veut pas quitter le sol de l'URSS, pourquoi pas les bords de la mer Noire ? Hopkins transmet l'idée à Andrei Gromyko, l'ambassadeur d'Union soviétique à Washington, et, cette fois, Staline s'y montre très favorable. Mais Roosevelt revient sur sa suggestion : tout compte fait, il préférerait Athènes, Malte ou Chypre. Churchill propose alors Jérusalem, que Staline parviendrait à atteindre par le train. Ce dernier restant partisan des rives de la mer Noire, Roosevelt, le 9 décembre, avance les noms de Batoum ou de Yalta. Pourquoi pas Moscou ? ironise Churchill. Les trois Grands tombent enfin d'accord sur Yalta. La rencontre reçoit le nom de code d'« expédition des Argonautes ». Sept mois de négociations... Roosevelt a manifesté autant d'opiniâtreté que d'esprit de conciliation. Donnant une dernière preuve de sa volonté conciliatrice, il accède à la demande de Churchill qui souhaite s'entretenir longuement avec lui à Malte avant que ne commence la conférence à trois. Le président accepte une réunion, mais très brève, de peur que Staline ne croie à une collusion anglo-américaine et n'en prenne ombrage.

Imagine-t-on les efforts que Roosevelt surtout, Churchill aussi, ont dû consentir pour se rendre à Yalta ? Le président quitte Washington le 22 janvier à 22 heures 45 et embarque à Norfolk sur le *Quincy*, traverse l'Atlantique jusqu'aux Canaries, arrive à Malte le 2 février. A 3 heures et demie du matin, après quelques heures d'escale[23] – au cours de laquelle il s'entretient avec Churchill – il est hissé à bord d'un DC 3. L'avion file à 350 km/heure, accompagné par cinq chasseurs P 38[24] à l'altitude de 2 000 mètres. Au terme d'un voyage de sept heures, le voici à Saki, un aérodrome de Crimée. Ce n'est pas fini. Après une rencontre avec Churchill, arrivé peu avant, et Molotov, le président prend quelques rafraîchissements avec du caviar et de la vodka ; la dernière partie du trajet est parcourue en automobile. Il faut cinq heures sur de médiocres routes sinueuses pour atteindre Yalta. Au total, Roosevelt a parcouru 12 000 kilomètres en douze jours, dont le dernier tiers a été épuisant. Le voyage de Churchill a, bien sûr, été plus rapide, mais de Londres à Malte, de Malte à Saki et de Saki à Yalta, il a dû lutter, lui aussi, contre la fatigue. L'un des avions de sa suite s'est écrasé avant d'atteindre Malte. Quant à Staline, il vient de Moscou – 1 500 kilomètres confortablement parcourus en train –, ce qui ne l'empêche pas d'arriver au rendez-vous avec un jour de retard.

A soixante-trois ans, Roosevelt est le moins âgé des trois grands. C'est, pourtant, un homme malade. Là-dessus, les témoignages concordent[25]. Bullitt écrit en 1948 qu'il « ne restait pas grand-chose de la vigueur physique et mentale qui fut sienne quand il entra à la Maison Blanche en 1933. Il éprouvait souvent des difficultés à formuler sa pensée et davantage à l'exprimer avec cohérence ». Eden est stupéfait par le changement : « Je ne pus m'empêcher d'observer son vieillissement considérable depuis Québec. J'eus l'impression que ses forces l'abandonnaient. » Le général Marshall, l'amiral King sont également frappés. Sir Hastings Ismay confirme le sentiment général : « Il semblait s'être contracté : son manteau flottait sur ses larges épaules, et son col donnait l'impression d'être beaucoup trop large. (...) On avait la pénible impression de se trouver en présence d'un spectre[26]. » Ajoutons qu'à son arrivée à Yalta, le président souffre d'un gros rhume, compliqué de sinusite. En conclure que Roosevelt n'est pas en mesure de tenir sa place à Yalta serait pourtant exagéré. Certes, il aura, au cours de la conférence, des hauts et des bas, mais Eden est plus mesuré : « Je ne crois pas que la santé déclinante du président ait altéré son jugement, bien que son comportement à la conférence fût moins sûr qu'il aurait pu l'être. » Une opinion confirmée par Charles Bohlen, le diplomate américain qui a servi d'interprète : « Bien que son état physique ne fût pas aussi bon que la normale, son état mental et psychologique n'était certainement pas affecté. Il était léthargique, mais aux moments importants il était mentalement alerte. Notre chef était malade à Yalta, (...) mais efficace. »

Est-ce à dire que la maladie l'a empêché de préparer soigneusement la conférence ? Il convient de ne pas oublier que Roosevelt n'a jamais apprécié les techniques de la diplomatie. Il reste l'homme du désordre, de l'improvisation, des décisions instinctives. Mais à Yalta il est entouré d'une armada de conseillers : Edward Stettinius, qui a succédé à Cordell Hull, l'amiral Leahy, Harry

Hopkins, James Byrnes, le général Marshall, l'amiral King, Averell Harriman, etc. De plus, de rencontre en réunion, de dépêche en aide-mémoire, les préparatifs de l'après-guerre ont beaucoup avancé avant son départ. La Pologne, l'Allemagne, l'Organisation des Nations Unies, pour ne citer que les dossiers les plus importants, font depuis deux ans l'objet de négociations et de discussions en tous genres. Mais cet argument à double tranchant peut être retourné en défaveur de Roosevelt : tout ce qui sera traité à Yalta, les ministres des Affaires étrangères, des représentants spéciaux ou les ambassadeurs auraient pu en débattre à la place du président. En ce sens, les réticences de Staline sont plus justifiées que l'insistance de Roosevelt. Enfin, l'expérience de Téhéran a montré les limites de ces sommets à trois : on apprend à se connaître, on parle, on échange des toasts, on nomme des commissions d'experts et on prend des décisions – peu – qu'on n'aurait pas prises autrement ou ailleurs.

A vrai dire, en allant à Yalta, Roosevelt poursuit un double objectif qui tient en un mot : diplomatie personnelle. Il est fermement convaincu que lui seul parviendra à amadouer l'Oncle Joe, parce qu'il y a entre eux des liens particuliers, tout comme entre lui et Churchill. Il ne dirait plus, comme en 1942 : « Winston et moi rédigerons le traité de paix », mais : « Joe et moi, en consultant Winston de temps à autre, reconstruirons le monde. » En outre, la modération dont il fait preuve depuis 1941 à l'égard de l'Union soviétique, cet espoir fou d'une planète policée par le concert des puissances bienveillantes et pacifiques ne prendront leur sens que si Staline est pleinement rassuré sur les intentions américaines. Yalta, c'est l'ultime tentative de séduction, le sommet des illusions, la chimère à laquelle on ne peut renoncer. C'est pourquoi l'attitude de Roosevelt ne résulte pas de son affaiblissement physique et moins encore d'un prétendu affaiblissement mental. Elle découle d'une politique entrevue dès 1942, précisée en 1943-1944, maintenue dans les premières semaines de 1945.

Le déroulement de la conférence

Du 4 au 11 février, les trois Grands abordent, dans les séances plénières et dans des conversations privées, les questions essentielles de la guerre finissante et de l'après-guerre. En premier lieu, l'Allemagne. Depuis quatre mois, Roosevelt a renoncé au plan Morgenthau. Reste à déterminer le montant des réparations, à décider du démembrement du pays, à engager le processus de dénazification, mais on n'entrera pas dans les détails. A l'ordre du jour figureront, selon Roosevelt, la délimitation des zones d'occupation et la participation éventuelle de la France à l'occupation de l'Allemagne.

Staline, qui vient de recevoir à Moscou le chef du gouvernement provisoire de la République française, n'a été impressionné ni par l'homme ni par la contribution de la France à la victoire. Roosevelt en profite pour raconter pour la centième fois son mot favori : de Gaulle = Jeanne d'Arc = Clemenceau. Mais quelles que soient ses réticences, quelle que soit son hostilité à la présence de la France au sein de la Commission de contrôle, Staline accepte que la France administre une zone d'occupation si les Etats-Unis et la Grande-Bretagne lui font une place en restreignant l'étendue de leur zone. C'est pour lui une querelle anglo-américaine. Churchill insiste au nom de « l'équilibre des puissances » en Europe ; Roosevelt refuse d'abord, puis se résigne. Reste la question d'un siège pour la France à la Commission de contrôle. Ce sont les ministres des Affaires étrangères et leurs experts qui en débattront.

Staline s'intéresse beaucoup plus aux projets de démembrement de l'Allemagne. Sur ce point, Roosevelt n'a pas de religion. Il a proposé, à Téhéran, la création de cinq Etats allemands, et les Britanniques ont élaboré des projets un peu différents. Comme Staline veut qu'on tranche tout de suite, Roosevelt s'efforce de trouver un compromis, mais on n'y parvient pas, et le dossier est renvoyé devant un comité spécialisé. Les Alliés décident, cependant, de proclamer leur droit, lors de la reddition allemande, de procéder au démembrement du Reich. La question des réparations n'est pas davantage tranchée en raison des accrochages entre l'Anglais et le Soviétique et en dépit d'une tentative de médiation de l'Américain. Quant à la dénazification, elle est à peine abordée : Churchill a fait allusion à un procès des criminels de guerre, dès qu'ils auront été identifiés. Mention fugace et superficielle d'un problème capital.

Les progrès sont plus nets sur l'Organisation des Nations Unies. Roosevelt et sa délégation sont très attentifs à ce projet qui porte la marque indélébile des Etats-Unis. « Notre principal objectif, écrit Byrnes, était d'obtenir un accord sur les propositions de Dumbarton Oaks pour la création d'une organisation internationale chargée de maintenir la paix. » Soviétiques et Britanniques sont réservés sur ce point, Staline parce qu'il croit au rôle des grandes puissances, Churchill parce qu'il estime que la fondation d'une organisation internationale n'est ni fondamentale ni urgente. Les trois Grands finissent toutefois par se mettre d'accord sur la procédure de vote au sein du Conseil de sécurité : droit de veto pour chacun des membres permanents, majorité fixée à 7 voix sur 11. C'est alors que revient la revendication des Soviétiques : 16 sièges à l'Assemblée générale. Ils changent soudain d'attitude : ils se contenteront de 3 sièges, tout en faisant observer que les dominions de l'Empire britannique disposeront eux aussi d'un droit de vote. Roosevelt accepte avec la conviction que ce qui comptera, ce sera le Conseil de sécurité, mais prend la précaution d'écrire à ses deux partenaires que les Etats-Unis se réservent le droit de réclamer autant de sièges que l'URSS.

Jusque-là, il n'y a pas eu de querelle majeure. Le ton monte quand on aborde la question des *trusteeships*. Churchill explose dès qu'il a l'impression que Roosevelt et Staline veulent toucher à l'Empire britannique. Le président américain le calme, en lui faisant remarquer que le processus des *trusteeships* ne s'appliquera qu'aux territoires ennemis. L'accord sur l'ONU ravit les Américains : les toasts qui le saluent sont pleins d'une cordialité extraordinaire. La vodka aidant, Staline devient lyrique, et Roosevelt en conclut que les Alliés forment maintenant une grande famille. Pourquoi cette explosion de joie ? Staline et Roosevelt savent bien que le Conseil de sécurité tiendra une place primordiale. Mais pour les Américains, l'ONU, c'est le mécanisme fondamental, l'alpha et l'oméga, la clef de la paix.

Et la Pologne ? Depuis 1943, Roosevelt ne refuse plus que ses frontières subissent des modifications. L'URSS s'avancerait vers l'ouest pour renforcer sa sécurité. L'Allemagne ou les Allemagnes perdraient quelques territoires de l'est au profit de la Pologne. Mais Roosevelt continue de penser à ses électeurs d'origine polonaise. Il l'a dit à Téhéran et le répète à Yalta, il veut faire « un geste envers les six millions de Polonais vivant aux Etats-Unis » en défendant le principe des élections libres. La Pologne de demain devrait être gouvernée par les élus du peuple, venus à la fois du comité de Lublin, soutenu par l'URSS, et du gouvernement en exil à Londres. Cela contribuerait en même temps à renforcer l'unité de l'Europe au lieu de créer des sphères d'influence et assurerait aux Occidentaux un droit de regard, sinon une présence à Varsovie. Pour Roosevelt un accord sur les élections libres en Pologne serait la pierre de touche des relations américano-soviétiques. Du coup, la Pologne prend valeur de symbole.

Ces considérations n'impressionnent pas Staline, qui est pressé d'agir et franchit les étapes au rythme de l'avance des troupes soviétiques. La position que Roosevelt défend à Yalta tient en peu de mots : d'accord pour que l'Union soviétique annexe Koenigsberg et fixe sa frontière occidentale le long de la ligne Curzon[27], à condition que la Pologne conserve Lvov et sa région avec les puits de pétrole de Galicie ; d'accord pour qu'elle reçoive le reste de la Prusse orientale et une partie de la Poméranie ; pas d'accord, en revanche, pour que la Pologne annexe Stettin et Breslau et établisse sa souveraineté sur une population de 8 à 10 millions d'Allemands ; pas d'accord non plus pour que les Allemands de Silésie soient expulsés. Roosevelt rejette la suggestion de ses conseillers diplomatiques qui souhaitaient la création d'une commission de contrôle des territoires libérés pour assurer la liberté des élections.

Les discussions des Occidentaux avec Staline occupent l'essentiel de la conférence. Elles sont surtout menées par Churchill, encore que Roosevelt y prenne une part très active en réclamant de Staline une position modérée « pour sauver la face » et en admettant qu'un gouvernement polonais, quel qu'il soit, ne saurait être hostile à l'Union soviétique. Au total, note Churchill, ce débat correspond à 18 000 mots dans les comptes rendus de la conférence. Le cœur de la discussion porte sur les élections, le régime de Varsovie devant être « représentatif ». Un gouvernement provisoire d'unité nationale serait chargé d'organiser la consultation sous la surveillance des ambassadeurs des trois Grands, ce que les Soviétiques acceptent, encore qu'ils rejettent le principe du contrôle. Les Anglais et les Américains ne sont toujours pas résignés à reconnaître la Neisse occidentale comme la nouvelle frontière polonaise. Par un tour de passe-passe terminologique, Roosevelt limite la portée de ses engagements : « Les trois chefs de gouvernement estiment que la frontière orientale de la Pologne devrait suivre la ligne Curzon. [...Ils] pensent que [sur la frontière occidentale] il faudra consulter le gouvernement provisoire. »

Est-ce pour les Etats-Unis un bon accord ? Oui, si l'on aime les accords les plus vagues qui suscitent toutes les interprétations et font par la suite l'objet de toutes les contestations. Non, si l'on garde en mémoire les attitudes récentes des Soviétiques. Les Américains pouvaient-ils obtenir davantage ? C'est peu vraisemblable. Les armées soviétiques font la loi en Pologne. A la mi-janvier, Roosevelt a donné son opinion à un groupe de sénateurs : « Les Russes [détiennent] le pouvoir en Europe orientale. Il [n'est] évidemment pas possible de rompre avec eux. En conséquence, la seule attitude pratique [est] de recourir à l'influence que nous pouvons avoir pour améliorer la situation[28]. » Les pressions militaires sur l'Union soviétique auraient été plus efficaces en 1944 qu'en 1945, et les pressions économiques éventuelles laissent Staline indifférent[29]. Quelquefois on dit que les Américains disposaient d'un argument convaincant : ils venaient de libérer des camps allemands ou avaient fait prisonniers des centaines de milliers de citoyens soviétiques enrôlés dans les armées nazies et que Moscou réclamait à cor et à cri[30]. Pourquoi ne pas les utiliser comme monnaie d'échange en menaçant d'accorder l'asile politique à ceux qui le demandaient ? C'eût été contestable sur le plan moral et politique et aurait porté préjudice aux prisonniers anglais et américains que les Soviétiques tardaient, de leur côté, à rapatrier.

Il faut aussi rappeler qu'à Yalta la négociation était globale. En cédant sur un point, tout négociateur espérait obtenir un avantage sur un autre point. Deux exemples le démontrent. Les Américains éprouvent une grande satisfaction d'avoir obtenu une Déclaration sur l'Europe libérée, la confirmation de la Charte de l'Atlantique et de la Déclaration des Nations Unies. Elle témoigne avec éclat de « notre détermination à bâtir, en coopération avec d'autres nations pacifiques, un ordre mondial régi par la loi, dédié à la paix, à la sécurité, à la liberté et au bien-être général de toute l'humanité ». Une belle profession de foi, qui justifie « la croisade », plaira à l'opinion américaine, fera accepter les concessions et les compromissions, mais qui n'arrêtera pas les progrès de l'influence soviétique et n'engagera pas ceux qu'elle devrait contraindre.

Le deuxième exemple concerne l'Extrême-Orient. Persuadé que la guerre contre le Japon sera difficile à gagner, que les Américains ne parviendront à remporter la victoire qu'au prix d'un terrible sacrifice, Roosevelt croit qu'avec l'aide des Soviétiques la tâche sera moins gigantesque. A Téhéran, Staline a promis qu'après avoir vaincu l'Allemagne, l'URSS déclarera la guerre au Japon, ce qui, il ne s'en est pas caché, lui donnera l'énorme avantage de rentrer, par la grande porte et aux moindres frais, dans les affaires de l'Extrême-Orient. En décembre 1944, il a fait savoir à Harriman qu'il entendait mettre (ou remettre) la main sur les Kouriles, le sud de Sakhaline, sur les chemins de fer de la Chine orientale et obtenir la concession du port de Dairen et de Port-Arthur. Il a également dit qu'il souhaitait le maintien de la République de Mongolie extérieure comme entité indépendante ». C'est un peu cher payer l'intervention soviétique, mais Roosevelt y est prêt. Ses raisons ne sont pas toutes militaires. Ses conseillers, marins et aviateurs, l'ont persuadé qu'avec des bombardements intenses le Japon finira par se soumettre, ce qui rendrait inutile une intervention terrestre, fort coûteuse en hommes. La fabrication de la bombe atomique va bon train, et les sites du premier bombardement ont déjà été choisis. Les motivations politiques sont également importantes. Roosevelt a perdu un peu de sa confiance dans la Chine de Tchang Kaï-chek. Les Soviétiques seront, en conséquence, doublement utiles en modérant les ambitions de Mao Tsé-toung et en reconnaissant le pouvoir de Tchang comme le gouvernement légal de la Chine. Peut-être aussi accepteront-ils que cet immense pays choisisse de maintenir des liens privilégiés avec les Etats-Unis. Ils seront tellement impliqués dans cette région du monde qu'ils deviendront les garants de la paix et de la stabilité.

A suivre cette pente, Roosevelt emprunte un chemin qui le conduit au club des trois, et non plus des quatre « policiers ». Mais de l'Union soviétique il n'a rien obtenu, sinon la promesse secrète d'entrer en guerre contre le Japon trois mois après la défaite de l'Allemagne, alors qu'il a donné le sentiment de lâcher les Chinois de Tchang, dont la cause est très populaire aux Etats-Unis et qui ont obtenu, grâce à Roosevelt lui-même, le statut de grande puissance. En outre, les concessions territoriales dont bénéficie l'Union soviétique heurtent la morale internationale. Elles vont à l'encontre de la Charte de l'Atlantique, au moment même où la Déclaration sur l'Europe libérée en reprend les principes pour ce continent. Enfin, l'accord est secret, ce qui est contraire à ses promesses ; il l'expose, si le public l'apprend, à une vague d'indignation. En finassant un peu trop, Roosevelt s'est mis dans une position peu enviable.

On retrouve la même duplicité à l'égard de la Palestine. Dans le programme électoral du Parti démocrate en

1944, la liberté des Juifs d'immigrer en Palestine a été clairement affirmée, et Roosevelt a défendu publiquement l'idée d'un Commonwealth juif en Palestine. Juste après Yalta, il rencontre le roi Ibn Saoud et fait tout pour le rassurer sur ce point. Ce qui ne l'empêche pas, à son retour aux Etats-Unis, de renouveler son soutien au mouvement sioniste. Où est le vrai Roosevelt ? se demande-t-on.

Les lendemains de Yalta

Le bilan de la conférence n'est pas d'une éblouissante clarté. Il ressemble à un tableau en trompe-l'œil. Les trois Grands ont resserré les liens noués à Téhéran. Comme à son habitude, Roosevelt a plaisanté de Churchill, un peu moins de Staline. Il a raconté des histoires, ri et fait rire. Sympathique contraste avec un Churchill bougon et un Staline lourdaud et impénétrable, mais impuissant à assurer le succès d'une réunion au sommet.

Le but du président des Etats-Unis était de rendre la coopération entre les Soviétiques et les Occidentaux inévitable dans l'après-guerre. Certes, lui et les autres membres de la délégation américaine « exultent », comme le dit Hopkins : on peut négocier avec les Soviétiques ; la Grande Alliance survivra à la guerre, et l'Organisation des Nations Unies garantira une paix durable. Cette joie, Roosevelt la fait partager au Congrès le 1er mars, quand il vient lui faire son compte rendu. La salle est pleine à craquer, et un tonnerre d'applaudissements salue son entrée. Première surprise, Roosevelt parle assis : « Il m'est plus facile, explique-t-il, de ne pas porter dix livres d'acier au bas des jambes et (…) je viens d'achever un voyage de 22 000 kilomètres. » Deuxième surprise : le président s'exprime difficilement ; sa main droite tremble ; son visage est émacié. Ce qu'il dit, pourtant, réjouit ses auditeurs. Que les législateurs prennent leurs responsabilités ! Les négociations de Yalta éviteront une autre guerre. Le temps des alliances exclusives, des actions unilatérales, des sphères d'influence est passé. Les Alliés vont mettre sur pied « une structure permanente de paix. »

En privé, il faut bien dire que, dans les semaines qui suivent, son optimisme a fondu comme neige au soleil et qu'il est moins convaincu que tout aille pour le mieux dans le meilleur des mondes. « Adolf, confie-t-il ainsi à Berle, je n'ai pas dit que le résultat est bon. J'ai dit que c'était le meilleur que je pouvais obtenir. » A Rosenman et à Frances Perkins aussi, il s'ouvre de ses doutes. Tout au long du mois de mars, les signes inquiétants se multiplient. Staline proteste contre la négociation de Berne, qui a abouti à la reddition des armées allemandes d'Italie ; il n'a pas été invité à signer et fait mine de croire à une paix séparée. La situation en Pologne n'a pas de quoi satisfaire les Britanniques et les Américains : l'URSS y installe les représentants du comité de Lublin sans tenir compte des exilés de Londres. Ses agissements dans les autres pays d'Europe que ses troupes occupent laissent redouter le pire. De plus, elle promet de n'envoyer à San Francisco, à la conférence qui mettra sur pied l'Organisation des Nations Unies, que son ambassadeur aux Etats-Unis, Andrei Gromyko, et non son ministre des Affaires étrangères, Viatcheslav Molotov. Et pourtant, le général Eisenhower a manifesté la bonne volonté américaine en rejetant l'idée de déclencher une offensive sur Berlin qui aurait peut-être permis aux armées occidentales de prendre la ville avant les Soviétiques. On a respecté les engagements politiques, en l'occurrence la délimitation des zones d'occupation.

L'opinion américaine exprime maintenant son inquiétude et sa déception. Lorsque, le 23 mars, Roosevelt nomme les membres de la délégation américaine à la conférence de San Francisco – deux démocrates, le sénateur Tom Connally et le représentant Sol Bloom, et deux républicains, le sénateur Arthur Vandenberg et le représentant Charles Eaton –, la *New York Herald Tribune* révèle à ses lecteurs et, du coup, à tous les Américains, que l'URSS disposera, avec la bénédiction des Etats-Unis, de trois voix à l'Assemblée générale. A Yalta, il y a donc eu au moins un accord secret. Et quel accord ! Il témoigne à la fois de l'excessive bienveillance du président, de la volonté dominatrice des Soviétiques et des dangers de ces conférences au sommet sur lesquelles le peuple demeure mal informé. Voilà encore une de ces mauvaises actions dont Roosevelt, disent ses adversaires, est capable et coupable. Le Congrès et l'opinion réclament des éclaircissements sur les décisions – sur toutes les décisions – que les trois Grands ont prises à Yalta.

L'heure est désormais à la fermeté, à la vigilance. La conciliation serait-elle désormais inutile ? Faut-il désespérer après avoir tant espéré ? Une fois de plus, le 11 avril, Roosevelt écrit à Churchill pour lui dire sa satisfaction à la suite de la reddition des armées allemandes en Italie, et pour souligner qu'il ne faut pas lui accorder trop d'importance. Il ne dissimule pas son inquiétude. « Nous devons rester fermes. »

C'est sans doute là son testament politique, car cette lettre est la dernière qu'il rédige. Le lendemain, le président de Etats-Unis meurt brutalement.

En 1953, Charles Bohlen déclare à l'une des commissions du Sénat : « Je crois que la carte de l'Europe serait la même dans une très large mesure, si la conférence de Yalta n'avait pas eu lieu. » L'appréciation est en grande partie exacte : la zone d'influence de l'URSS correspondait à la position des armées soviétiques. Bohlen aurait pu ajouter que l'ONU n'aurait pas vu le jour sans Yalta. De toute façon, en cette fin d'hiver 1944-1945, il était trop tard pour que les Argonautes rapportent de Crimée la Toison d'or.

CHAPITRE XVI

Tel qu'en lui-même, enfin

Le mois de mars 1945 est éprouvant pour Franklin Roosevelt. La fatigue du voyage en Crimée n'est pas dissipée, et la conférence de Yalta provoque des remous qu'il convient d'apaiser. Il faut préparer en toute hâte la grande fête de San Francisco qui, dès le 25 avril, devrait mettre sur pied l'Organisation des Nations Unies. Or l'Union soviétique ne fait rien pour faciliter les préparatifs.

Le président part pour Warm Springs le 29 mars. Ses médecins jugent qu'il doit prendre du repos avant d'entreprendre son voyage en Californie. Tous ceux qui l'ont rencontré sont unanimes pour noter la détérioration de son état physique. Robert Sherwood, racontant à sa femme l'entrevue qu'il vient d'avoir, n'a jamais trouvé le président aussi mal en point et rentre chez lui, « déprimé », encore abasourdi d'avoir dû animer la conversation avec Roosevelt[1].

La mort de Franklin Roosevelt

« La petite Maison Blanche » est relativement modeste. Il n'y a même pas de réfrigérateur, mais une glacière, fait observer Elliott Roosevelt[2]. Sont là deux ou

trois domestiques, deux cousines, un entourage politique réduit au minimum : voilà les hommes et les
femmes avec lesquels Roosevelt vivra ses derniers instants.

Rien ne laisse deviner que le drame est proche. Le
président lit ses dossiers, signe son courrier et des textes
législatifs, rédige des lettres et des dépêches, notamment le message destiné à Churchill le 11 avril. Le temps
est superbe. Roosevelt a retrouvé un peu de son appétit
et, chaque après-midi, fait une promenade en automobile. Philatéliste impénitent, il dessine, à ses moments
perdus, le timbre qui commémorera l'ouverture de la
conférence de San Francisco. Il met aussi la dernière
main au discours qu'il a promis de prononcer, le
13 avril, en l'honneur de Jefferson. Henry Morgenthau
est son invité à dîner, le 11. Les deux hommes parlent
de l'avenir de l'Allemagne. Morgenthau est effrayé par le
tremblement des mains, les difficultés du président à se
rappeler les noms, les efforts qu'il doit fournir pour
mouvoir son corps. Le lendemain matin, toutefois, Roosevelt va un peu mieux.

Le lendemain, c'est le jeudi 12 avril. Le cardiologue
personnel du président, le commandant Howard
Bruenn, l'examine à 9 heures 20. Un léger mal de tête,
la nuque un peu raide, rien de grave. Roosevelt s'installe
dans le salon qui sert aussi de salle à manger et lit son
courrier. Il est vêtu d'un costume gris et porte une cravate rouge, la cravate de Harvard. Elizabeth Shoumatoff
vient d'arriver pour peindre le portrait du président. A
13 heures, Roosevelt regarde sa montre et indique au
peintre que, dans 15 minutes, il sera temps de passer à
table. Tout à coup, il lève la main à la tempe. « J'ai un
terrible mal de tête », dit-il. Puis, il glisse dans son fauteuil de cuir. On se précipite. « J'ai une douleur terrible
derrière la tête », murmure-t-il.

Les domestiques le transportent jusqu'à sa chambre et l'allongent sur son lit. Le Dr. Bruenn est appelé d'urgence. Les symptômes sont nets : rythme cardiaque accéléré, sueurs froides, tension élevée, et le diagnostic immédiat : hémorragie cérébrale. Bruenn fait une injection de papavérine et téléphone à l'amiral McIntire, le médecin du président qui est resté à Washington. A 14 heures 45, le cardiologue constate un léger mieux : la tension a baissé. L'une des deux cousines téléphone à Eleanor, lui apprend que Franklin a perdu connaissance et lui demande de prendre le premier avion pour atteindre Warm Springs. Bruenn fait deux autres piqûres et entreprend, par un massage cardiaque, de ranimer son malade. Les pupilles sont dilatées. La respiration est très lente. Le visage prend une couleur bleu violacé. Le médecin procède à une injection d'adrénaline dans le muscle cardiaque. Sans effets. A 15 heures 35 (16 heures 35, heure de Washington), le médecin renonce. Franklin Roosevelt est mort. Une mort brutale, dramatique, presque sans douleur, en pleine action, mais une mort telle qu'on peut la souhaiter.

Les obsèques

La suite relève des grands spectacles de la vie politique. Le vendredi 13, les pensionnaires de la Fondation, assis sur leurs chaises roulantes, assistent au départ du cortège funèbre[3]. Un maître principal de la Marine joue sur son accordéon un air que Roosevelt appréciait. Les cloches des alentours sonnent le glas. Les tambours sont voilés. Un millier de fantassins, venus de Fort Benning, rendent les honneurs. Le cortège traverse la petite ville et atteint la gare. Là, la dépouille mortelle est hissée dans le wagon de queue du train présidentiel. Eleanor est là. « Des soldats montaient la garde autour du cercueil sur la plate-forme arrière du train où Franklin s'était si souvent assis, raconte-t-elle. Je reposais sur ma couchette et regardais par la fenêtre, tous stores levés, ces paysages qu'il avait tant aimés et tous ces visages qui emplissaient les gares, qui apparaissaient même aux passages à niveau, visages de ceux qui, toute la nuit, défilèrent pour lui rendre un dernier hommage[4]. » Les journalistes aussi décrivent la foule massée le long des voies et dans les gares. Beaucoup pleurent. Nombreux sont ceux qui prient. Le train avance à petite vitesse. Il ne lui faut pas moins de vingt-trois heures pour parvenir jusqu'à Washington, où il arrive le samedi matin à 9 heures 50.

D'Union Station, la dépouille rejoint l'avenue de Pennsylvanie, tirée par six chevaux blancs, suivie comme le veut l'usage par un cheval harnaché, sans cavalier, le symbole du combattant disparu. Le cercueil est déposé à l'intérieur de la Maison Blanche. Le Tout-Washington politique et diplomatique est présent, lorsqu'à 16 heures, l'évêque épiscopalien de la ville, le Très-Révérend Angus Dun, prononce l'homélie et rappelle l'une des formules les plus célèbres du défunt : « La seule chose que nous ayons à craindre, c'est la crainte elle-même. » Puis, une fois l'hymne national exécuté, la dépouille mortelle est de nouveau transférée jusqu'au train présidentiel qui prend la direction de Hyde Park.

Le lendemain dimanche 15 avril, à Hyde Park, vingt et un coups de canon sont tirés. La musique joue *Hail to the Chief !* et la *Marche funèbre* de Chopin. Un court service religieux rappelle aux trois cents personnes présentes le passage du Nouveau Testament que Roosevelt préférait, le chapitre XIII de la Première Epître de saint Paul aux Corinthiens.

En somme, une cérémonie aussi simple que possible, comme Franklin l'aurait souhaité. « Nous avions souvent parlé, à l'occasion de funérailles nationales, de ces défilés de foule devant le corps exposé en grand apparat au Capitole, dans son cercueil ouvert, raconte Eleanor. Nous avions horreur de cette coutume et nous nous étions dit que nous ne permettrions pas cela. Une fois le cercueil déposé dans le salon Est, je le fis ouvrir pour y enfermer quelques fleurs et me recueillir seule un moment, avant qu'il ne fût refermé pour toujours. Il avait désiré que le souvenir que l'on garderait de lui fût celui du vivant[5]. »

Ce récit des obsèques ne rend pas compte de l'extraordinaire émotion qu'a provoquée la mort de Roosevelt. Il y a d'abord la symbolique. Le président est mort comme un soldat, à un moment où les journaux publiaient régulièrement la liste des tués. James McGregor Burns reproduit l'une de ces listes qui a paru dans le *New York Post,* où le nom de Franklin Roosevelt figure parmi d'autres[6]. Le président est l'une des victimes de la guerre, un héros comme ceux qui sont tombés à Guadalcanal et sur les plages de Normandie. La mort l'unit pour toujours à ceux qu'il a commandés. En second lieu, le rapprochement avec la mort de Lincoln vient à l'esprit immédiatement et inévitablement[7]. Tous deux ont disparu à la mi-avril, au terme d'une guerre dont ils n'ont pas tout à fait vu la fin, mais dont ils sont sortis vainqueurs. Si Roosevelt a beaucoup fait pour célébrer la mémoire de Thomas Jefferson, symbole de l'Indépendance, du combat pour la Liberté et du Parti démocrate, il a œuvré avec une énergie comparable, sinon supérieure, pour dresser un parallèle entre le « Grand Emancipateur » et lui-même. Ainsi Robert Sherwood, l'un des principaux rédacteurs des discours de Roosevelt, en même temps auteur de scénarios de films et de pièces de théâtre, a-t-il écrit *Abe Lincoln in Illinois* pour chanter la gloire du défenseur de l'Union, du New Deal et de son champion, l'unité nationale qui transcende les clivages politiques, pour promouvoir la réconciliation et le rassemblement de tous les Américains. La disparition brutale de Roosevelt renvoie bien à celle de Lincoln, et les deux hommes siègent ensemble au panthéon des Etats-Unis.

Du traumatisme que les Américains viennent de subir, les illustrations sont innombrables. La vie s'arrête tout à coup. Un coiffeur de Cleveland interrompt son travail, s'assied et reste, dix minutes, le regard perdu dans le vide. A San Francisco, les invités à un cocktail posent leurs verres et prennent congé de leur hôte sans attendre davantage. A New York, les night-clubs, les restaurants ferment, et sur les vitrines des magasins on découvre une affiche : « Fermé par respect pour FDR. » *Life*, dont le propriétaire, Henry Luce, n'éprouvait guère de sympathie pour Roosevelt de son vivant, publie les photographies 't les déclarations qui témoignent de l'affliction profonde de tous. David Lilienthal, qui fut le premier directeur de la TVA, prend un taxi à Knoxville (Tennessee) pour aller jusqu'à l'aéroport et gagner Washington. Le chauffeur lui confie son sentiment sur Roosevelt : « Ils ne nous traitaient pas comme des êtres humains. 16 cents par heure. (...) Si vous demandiez d'avoir votre dimanche, le contremaître disait : "D'accord, restez chez vous dimanche, mais quand vous reviendrez lundi, quelqu'un d'autre aura pris votre place". Non monsieur, je n'oublierai pas ce qu'il a fait pour nous. »

Cette émotion intense, on la retrouve presque partout dans le monde. A Moscou, Harriman vient apprendre la nouvelle à Staline. Le Soviétique tient longuement entre ses mains la main de l'ambassadeur et promet que finalement Molotov ira à San Francisco[8]. Le drapeau rouge est bordé de noir, et les dignitaires du régime, Molotov en tête, assistent à la cérémonie qu'organise l'ambassade américaine. Les Russes arrêtent dans la rue les Américains pour leur exprimer leurs condoléances. Au Vatican, des prêtres disent des prières pour Roosevelt, « le plus chrétien des hommes d'Etat ». Le président du Conseil italien décide un deuil national de trois jours. A Paris, la gratitude à l'égard du président des Etats-Unis est vivement ressentie. C'est un ami, un membre de la famille qui vient de mourir, l'homme qui a incarné l'espoir pendant la guerre tout comme de Gaulle a symbolisé la résistance. Les Français ont découvert avec étonnement qu'entre les deux hommes les relations n'ont pas été sans nuages, mais la mort fait oublier les différends politiques. A Londres, Churchill apprend la nouvelle dans l'instant. « Ma première réaction fut de partir en avion assister aux funérailles, et j'avais déjà commandé un avion. » Mais les contraintes parlementaires l'obligent à rester à Londres[9], et c'est donc Anthony Eden qui remplacera le Premier ministre. Churchill ne s'est jamais vraiment consolé d'avoir dû céder à des devoirs politiques, comme s'il avait trahi son ami américain. L'éloge funèbre qu'il prononce aux Communes reste un extraordinaire morceau d'éloquence. « Les Britanniques, rapporte un journaliste, voyaient dans Roosevelt le meilleur ami de leur pays et, après Churchill, le plus grand homme du monde. » Les Japonais eux-mêmes interrompent leur programme de radio pour diffuser de la musique classique. Un communiqué passe sur les ondes de Tokyo : « Nous déplorons la mort du président Roosevelt. Nous ne pensions pas qu'il disparaîtrait quand le monde entier est dans un tel état chaotique. »

Seule fausse note : à Berlin, Goebbels crie sa joie. Il fait apporter du champagne et appelle au téléphone Hitler qui se terre dans son bunker. « Mon Führer, je vous félicite. Roosevelt est mort. Il est écrit dans les étoiles que la deuxième moitié d'avril sera un tournant décisif pour nous. C'est vendredi 13. Voilà le tournant décisif[10]. » On ne connaît pas les réactions de Hitler qui se suicidera deux semaines plus tard.

Des secrets bien gardés

La mort de Franklin Roosevelt a suscité et suscite encore des questions auxquelles il n'est pas facile de donner des réponses définitives. Et ce ne sont pas des questions sans importance. Passons sur les doutes que Staline, persuadé que le président des Etats-Unis avait été empoisonné, a pu exprimer. Sans doute projetait-il sur un autre les angoisses qui le rongeaient sur son propre sort. Passons aussi sur les passionnés de mystère qui relèvent avec étonnement que le cercueil a été immédiatement fermé, que le public n'a pas vu le visage du défunt et qu'en conséquence il y avait quelque chose à cacher. Là-dessus, les explications d'Eleanor sont parfaitement convaincantes.

Mais une question sérieuse mérite d'être posée : qui était présent à Warm Springs, aux côtés de Roosevelt, le jour de sa mort ? La version officielle a été donnée plus haut, et c'est elle qu'on a tenue pour exacte pendant un quart de siècle. L'ouvrage de Joseph Lash, paru en 1971, lève un coin de voile et confirme des rumeurs[11]. Lucy Mercer Rutherfurd tenait compagnie à Franklin Roosevelt, et c'est elle qui a commandé le portrait que peignait Elizabeth Shoumatoff. Elle a discrètement quitté les lieux, lorsque le président a perdu connaissance, craignant que les journalistes ne découvrent sa présence. Et l'on apprend ainsi que devenue veuve, Lucy est venue plusieurs fois à la Maison Blanche pendant la guerre, alors qu'Eleanor était absente et qu'Anna, la fille aînée, tenait lieu de maîtresse de maison. D'ailleurs, des lettres et des coups de téléphone ont été échangés entre Anna et Lucy après le 12 avril[12].

Eleanor a été mise au courant dès son arrivée à Warm Springs. Elle a, en effet, demandé dans quelles circonstances l'hémorragie s'était produite. Ses deux cousines lui ont fait un récit détaillé de la matinée. Grace Tully, la secrétaire personnelle du président, a aussi donné sa version. De fil en aiguille, il a été impossible de dissimuler la présence de Lucy et ses visites à la Maison Blanche. Le 14 avril, Eleanor reproche à sa fille de le lui avoir dissimulé. La scène, violente, a eu lieu au premier étage de la Maison Blanche, alors que le cercueil du président était exposé au rez-de-chaussée. Après cela, Eleanor ne dit plus rien. Dans ses Mémoires, elle reste muette sur cet épisode. A moins qu'on ne lise entre les lignes : « Tout être humain a ses faiblesses, note-t-elle, ses tentations, ses crises. Après de longues années de vie commune, maris et femmes connaissent les points faibles, mais aussi les qualités profondes de l'un et de l'autre. (…) Il aurait été peut-être plus heureux avec une femme dépourvue de sens critique. Je n'ai jamais pu endosser ce rôle, et il en a été quitte pour chercher cette candeur chez d'autres. En tout cas, je crois que j'ai toujours été pour lui un aiguillon, même si l'aiguillon n'était pas toujours le bienvenu. (…) Franklin et moi, avions fini par accepter tous nos défauts, petits et grands. Nous nous aimions bien, nous nous comprenions et nous étions d'accord sur les valeurs essentielles. Nous pouvions compter l'un sur l'autre[13]. »

La vérité, c'est que, dans les dernières années de sa vie, Franklin Roosevelt ne peut plus guère compter sur sa famille. Sa mère est morte en 1941. Les enfants ont à leur tour eu des enfants. Tous les garçons sont mobilisés. L'un des quatre seulement, Elliott, qui est général de brigade et vient d'être blessé dans un raid aérien sur l'Allemagne, assistera à l'enterrement, les trois autres étant affectés trop loin pour faire le voyage. Anna a accompagné son père à Yalta et remplit auprès de lui un rôle capital. Eleanor parcourt le pays, continue d'écrire ses articles et de prononcer des conférences et des causeries. De plus, même si elle aime encore son époux, elle n'en a pas moins des inclinations successives, la dernière en date, avant 1945, ayant pour objet le jeune Joseph Lash qui deviendra son biographe. La guerre a aggravé encore le fossé entre les époux, entre Franklin, ses enfants et ses petits-enfants : il est trop absorbé pour pouvoir être disponible. Les membres de sa famille doivent prendre rendez-vous pour le voir et lui parler.

Hopkins est son meilleur ami, et son entourage lui donne les compensations affectives qu'il ne peut pas attendre de sa femme. Quelquefois, Eleanor tente de faire passer une idée, de solliciter une intervention. Tantôt elle réussit, tantôt elle provoque des réactions d'agacement. Son rôle de médiateur est désormais de plus en plus difficile à tenir. Aussi faut-il se garder de lui attribuer un rôle politique qu'elle n'a pas joué auprès de lui.

Après 1945, elle continue sa carrière politique. Elle prend une part active à l'élaboration de la Déclaration universelle des Droits de l'Homme. Profondément marquée par la découverte du génocide des Juifs, elle utilise son influence en faveur des « personnes déplacées » et de la création de l'Etat d'Israël. Elle visite l'Inde et le Pakistan, suit de près les questions internationales et nationales. Dans les années cinquante, elle est devenue la conscience du Parti démocrate, plus exactement la conscience de l'aile gauche du parti. Elle soutient la candidature d'Adlai Stevenson en 1952 et 1956, souhaite qu'il soit de nouveau le porte-drapeau du parti en 1960 et n'a pas de mots assez durs pour John Kennedy, prétendant à l'investiture démocrate. En dépit de son âge – elle a soixante-dix-sept ans quand elle meurt, le 7 novembre 1962 –, elle a une activité débordante. Elle dispose alors de 100 000 dollars de revenus professionnels, dont 33 500 proviennent des conférences qu'elle donne, 60 000 de ce qu'elle écrit, 6 500 des cours qu'elle fait à l'université Brandeis[14]. Elle observe avec humour : « Je ne peux lire pour mon plaisir qu'en avion ; chez moi je n'ai jamais le temps de prendre un livre qui me plaise. » Etonnante réussite chez cette femme dont la timidité, un demi-siècle auparavant, faisait sourire !

Eleanor ne s'est jamais voulue la gardienne du musée, pas davantage la réincarnation du président défunt ou l'inébranlable défenseur de la tradition rooseveltienne. Certes, mieux que d'autres, elle savait ce que Franklin pensait et voulait faire, mais elle n'a pas vraiment percé les mystères de l'homme qui a gouverné les Etats-Unis douze années durant. La remarque vaut davantage encore pour les fils de Franklin, même si Franklin Jr., dans une moindre mesure, et Jimmy ont essayé de mener, eux aussi, une carrière politique. Somme toute, Roosevelt n'a pas laissé d'héritier direct. Compte tenu de la complexité de son caractère, de la mobilité et de la diversité de ses idées, il n'a légué aucun corps de doctrine. Personne ne saurait prétendre qu'il aurait agi comme ceci ou comme cela dans telles ou telles circonstances.

Deuxième question : que savait-on de l'affaiblissement spectaculaire de Roosevelt ? Pas grand-chose. Beaucoup d'Américains ont même ignoré jusqu'au bout que leur président était paralysé des deux jambes. On se rappelle que les caricaturistes cachaient cette invalidité, que les photographes montraient un président assis et souriant de toutes ses dents, que les auditeurs voyaient un homme qui atteignait la tribune au bras de son fils ou d'un garde du corps, qu'en un mot le journal télévisé n'existait pas. Des rampes d'accès avaient été installées à la Maison Blanche, dans les bâtiments officiels de Washington, partout où le président devait aller. Mais elles disparurent immédiatement après sa mort. Tout a été fait, y compris par Roosevelt lui-même, pour que le président ne donne pas l'image d'un invalide. Lorsqu'à son retour de Yalta il parle au Congrès assis, cela représente, on l'a dit, une nouveauté, et Eleanor comprend alors « qu'il avait pris son parti d'un certain degré d'impotence ». Six semaines avant sa mort, douze ans après sa première entrée en fonctions... Les insuffisances cardiaques du président ont fait l'objet de la même dissimulation. Tout au long de l'année 1944, on laisse l'opinion dans le vague ; les médecins diffusent des bulletins de santé rassurants. Le même Roosevelt qui a inauguré la pratique de donner des nouvelles de sa santé, quand elle était excellente, se mure dans le silence quand la détérioration est évidente. Or, en dépit de leurs dénégations, les médecins savent que le président souffre d'artériosclérose, qu'il est donc en permanence menacé d'hémorragie cérébrale ou d'accidents cardiaques. Dans quelle mesure portent-ils la responsabilité à l'égard des Américains et de leur patient d'avoir laissé un homme gravement malade conserver les rênes du pouvoir ? Les réponses ne sont pas simples, mais la question ne mérite pas moins d'être posée[15]. Aujourd'hui encore, des commentateurs politiques soutiennent, à tort, que, dans la dernière année de sa vie, Roosevelt ne pouvait plus travailler que trois heures par jour et en tirent argument pour affirmer qu'un candidat à la présidence doit administrer la preuve d'une santé excellente.

Reste une dernière interrogation : pourquoi Roosevelt a-t-il si peu préparé son éventuel successeur à sa tâche ? En cet après-midi du 12 avril, le vice-président Truman, comme le veut la Constitution, préside le Sénat. Au terme de la séance, il se rend dans le bureau de Sam Rayburn, le *speaker* de la Chambre des représentants, pour y boire un verre et discuter des affaires courantes. A 17 h 05, une demi-heure après le décès de Roosevelt

(compte tenu du décalage horaire), Steve Early, le secrétaire de presse du président, l'appelle au téléphone et lui
demande de venir le rejoindre d'urgence à la Maison
Blanche. Truman accourt. Le temps de prendre un taxi
et voici Truman au premier étage du palais présidentiel.
Mme Roosevelt le reçoit immédiatement. « Harry, lui
dit-elle, le président est mort. » Le lendemain, Truman
confiera aux journalistes : « Si jamais vous priez, priez
pour moi maintenant. Je ne sais pas s'il vous est arrivé
de recevoir sur vous une charge de foin. Mais quand on
m'a appris hier ce qui était arrivé, j'ai eu l'impression
que la lune, les étoiles et les planètes étaient tombées
sur moi. » Reprenant un peu ses esprits, il demande à
Eleanor : « Que puis-je faire pour vous ? – Que pouvons-
nous faire, nous, pour vous ? C'est vous qui avez des
ennuis maintenant. »

Deux heures plus tard, Truman a prêté serment. Il est
le trente-troisième président des Etats-Unis. Que sait-il
des affaires qu'il est appelé à traiter ? Roosevelt ne l'a
mis au courant de rien. En dehors des réunions du Cabinet, il a rencontré deux fois seulement le vice-président
depuis le mois de janvier. Celui-ci n'a pas été invité à
accompagner Roosevelt à Yalta ni tenu informé des décisions qui y ont été prises[16]. Truman n'a jamais reçu le
secrétaire d'Etat ni été reçu par lui. Lorsque prend fin la
première réunion du Cabinet que le nouveau chef de
l'exécutif a présidée, Stimson vient auprès de Truman. Il
lui confie la moitié d'un secret : un explosif « d'une force
exceptionnelle » est sur le point d'être fabriqué ; le
Congrès l'ignore. De quoi parle exactement Stimson ?
Truman ne le comprendra que quinze jours plus tard,
quand enfin, on lui apprend ce qu'est la bombe atomique.

D'ailleurs, le mot de « président » continue à désigner
Roosevelt. Truman téléphone au directeur d'une agence
administrative et lui annonce la nomination d'un de ses

adjoints. Le directeur s'étonne : est-ce que c'est le « président » qui, avant de mourir, a pris la décision ? Truman doit lui rappeler que maintenant le président, c'est lui. Le cercueil de Roosevelt est-il placé dans le hall de la Maison Blanche ? Truman arrive pour rendre hommage au défunt. Personne ne se lève sur son passage ; éclipsé par la famille, il se tient modestement au second rang. Les anciens ne mâchent pas leurs mots. A l'annonce de la mort du Chef, David Lilienthal répond : « Impossible à croire. Voilà ma première réaction. Puis, un sentiment de désespoir, la consternation à la pensée de ce trou du c... Le pays et le monde ne méritent pas cela, Truman à la tête du pays maintenant. » Les *new dealers* redoutent le pire du nouveau venu, un obscur, un sans-grade, l'ancien sénateur du Missouri que de sombres manœuvres ont tiré de l'anonymat pour en faire le vice-président des Etats-Unis. Quelle horreur !

Ne sentant pas la mort venir, Roosevelt n'a pas préparé sa succession. S'il a choisi Truman comme colistier, c'est que les vicissitudes de la politique l'y poussaient. A l'égard de son vice-président, il n'a aucune sympathie, aucune admiration, ne décèle en lui aucun point commun. Truman est un bon démocrate, un fidèle « godillot » qui, de temps à autre, pourrait embarrasser la Maison Blanche, par exemple en poussant trop loin l'investigation de sa commission sénatoriale en 1941, et sait qu'il ne faut pas dépasser certaines limites. Il n'a ni les ennemis de Wallace ni ceux de Byrnes. Il fait un excellent « deuxième compromis du Missouri[17] ». Mais, Dieu ! qu'il manque d'éclat ! Qu'il est proche de la « machine » démocrate de Saint Louis et de ce boss véreux qui a pour nom Tom Pendergast ! Qu'il est provincial et apparemment borné, cet ancien chemisier qui s'est lancé sur le tard dans la politique ! Pour Roosevelt comme pour un très grand nombre de présidents, la vice-présidence est une voie de garage, une impasse

pour les médiocres qui ont au moins une qualité, celle
d'apporter des voix au *ticket*. Il arrive aussi aux présidents d'oublier qu'ils sont mortels.

Vingt-cinq ans de tradition rooseveltienne

Comment survivre à Roosevelt ? Dans les sondages
que les Américains ne manquent pas de faire, il est
aujourd'hui encore classé parmi « les grands », presque
toujours parmi « les très grands ». Peut-être son rang
n'égale-t-il pas celui de George Washington, le Père de
la Nation, ou d'Abraham Lincoln, le Sauveur assassiné
de l'Union. Mais Roosevelt fait mieux que Wilson, mieux
que son cousin Theodore, mieux que tout autre président du xxe siècle. Pendant vingt-cinq ans, son image,
son style, sa politique habitent ses successeurs, comme
s'il était désormais impossible d'être président des Etats-
Unis sans se référer au modèle que Roosevelt a légué[18].

Rien de moins surprenant de la part de Truman.
Avant de tenir un rôle primordial dans l'histoire de son
pays et du monde, celui-ci nourrit une idée fixe : « Je
vais essayer de faire ce qu'il aurait voulu faire. » Une
ombre épaisse, omniprésente, obsédante, plane sur la
Maison Blanche. Il consulte Eleanor comme on consulte
un médium. Lors des élections législatives de novembre
1946, les chefs du Parti démocrate ne trouvent qu'un
moyen de faire une campagne efficace : c'est de diffuser
les discours enregistrés du défunt président. Fiorello La
Guardia, le maire de New York, soupire en 1947 :
« Comme il nous manque ! Il n'y a pas un seul problème
intérieur aujourd'hui, pas une seule situation sur le plan
international, à propos desquels nous ne disions : Ah ! si
FDR était là... » En 1948, le Parti démocrate est scindé
en trois. Les experts prévoient que Truman sera battu
par Thomas Dewey, le candidat républicain. Il faut donc

que Mme Roosevelt vienne à son secours. De Paris où elle participe aux travaux de l'ONU – pas encore installée à New York –, elle prononce une allocution de six minutes en faveur du président sortant. Ce qui n'empêche pas les fidèles du New Deal de rire d'un président qui confond la TVA (Tennessee Valley Authority) et TWA (une compagnie aérienne), qui n'a pas l'humour de son prédécesseur, qui, même élu maintenant par le peuple, n'a pas une légitimité identique. Truman en souffre, ne cessant de comparer son sort à celui d'Andrew Johnson, qui a succédé à Lincoln. Il fait par écrit une observation, qui dénote à la fois son désarroi et sa finesse d'esprit : « Il a fallu quatre-vingts ans pour que la vérité sur Andrew Johnson apparaisse. Maintenant, on sait quel président il fut. » Le drame de Johnson fut de suivre la politique de Lincoln. Et si Lincoln n'avait pas été assassiné, « il aurait fait la même expérience, mais (…) les héros savent quand il faut mourir ».

Le cas d'Eisenhower est différent. Il est républicain, bien que son affiliation soit tardive et que des démocrates, y compris les fils de Roosevelt, aient tenté de le pousser à se présenter à la présidence en 1948[19]. Eisenhower doit sa carrière militaire à Franklin Roosevelt. Dans l'esprit des contemporains, les deux hommes sont liés. Eisenhower rassure, un peu comme le faisait Roosevelt, et légitime également les acquis du New Deal. Pourtant, il n'a pas une profonde estime pour les qualités politiques de Roosevelt, et n'apprécie nullement la manière dont il gouvernait. Le spectre n'a plus sa place à la Maison Blanche ; il est poliment congédié. Toutefois, Eisenhower se rend compte qu'il sera pleinement apprécié si la présidence de Roosevelt n'est plus l'objet d'un culte. En un certain sens, il aurait tendance à jouer à l'anti-Roosevelt. Une autre manière de sentir la présence d'un prédécesseur.

John Kennedy, lui, n'a jamais éprouvé une admiration sans bornes pour Roosevelt, tradition familiale oblige. Dans les relations entre Joseph Kennedy, le fondateur du clan, et le président des Etats-Unis, le passif l'emporte sur l'actif[20]. Certes, l'homme d'affaires a, pour l'essentiel, soutenu le New Deal ; dans la campagne électorale de 1936, il a généreusement contribué à emplir les caisses du parti et rallié une partie des *businessmen* à la candidature de Roosevelt[21]. La récompense est venue immédiatement : Joseph Kennedy a été nommé président de la Commission des opérations boursières (la SEC) ; puis, en 1938, lui, catholique d'origine irlandaise, ambassadeur des Etats-Unis à Londres. « Je n'arrive pas à me rappeler un repas, remarquait Robert Kennedy, pendant lequel la conversation n'était pas dominée par les faits et gestes de Franklin Roosevelt. » Les relations avec la Maison Blanche se sont pourtant dégradées à mesure que Kennedy a manifesté des tendances isolationnistes, voire proallemandes et antisémites. En 1940, le fils aîné, Joe, a été le seul délégué démocrate du Massachusetts à prendre parti contre un troisième mandat. Et, lorsque son père est rentré aux Etats-Unis, ç'a été pour témoigner ses sympathies au comité *America First*. Roosevelt ne pardonne pas. Kennedy ne pardonne pas qu'on ne lui pardonne pas et, dans une large mesure, attribue à Roosevelt la mort au combat de son fils aîné en 1944. Quant à John, l'esprit du New Deal ne l'atteint pas. Siégeant à la Chambre des représentants de 1947 à 1953, puis au Sénat, il n'est nullement un partisan déterminé du libéralisme tel que l'envisageait Roosevelt. D'ailleurs, plus que les questions sociales, ce sont les problèmes internationaux qui retiennent son attention. On comprend pourquoi Eleanor n'a pour lui aucune inclination, pourquoi elle préfère la candidature de Stevenson à la sienne.

La conversion date de 1960. John Kennedy affronte, dans les élections primaires du Parti démocrate, Hubert Humphrey, l'un des héritiers du New Deal. La bataille est rude ; l'Etat de Virginie-Occidentale en est l'un des théâtres d'opérations. Là, les électeurs démocrates, très marqués par le protestantisme et le New Deal, continuent d'idolâtrer Roosevelt. Kennedy comprend alors que, pour l'emporter, il doit s'approprier l'héritage et fait appel à Franklin Jr., qui prononce quelques discours en sa faveur et envoie des milliers de lettres, postées depuis Hyde Park. Kennedy tâche d'attirer Eleanor dans son camp et y parvient, non sans mal. Dès lors, il s'inspire du style de Roosevelt. La réconciliation entre les deux familles est totale. « En fin de compte, déclare le candidat, nos relations avec les autres pays, notre politique étrangère seront très marquées par ce que nous ferons chez nous aux Etats-Unis. C'est ce que fit Franklin Roosevelt à l'intérieur, qui bâtit sa grande réputation à l'étranger. Ce que nous sommes compte beaucoup plus que ce que nous disons. » Peut-être convient-il d'ajouter que l'historien Arthur Schlesinger, qui publia entre 1956 et 1960, la première des grandes études sur le New Deal et fut l'un des conseillers les plus proches de Kennedy (avant d'être aussi son biographe), contribua à favoriser l'identification entre les deux présidents.

Enfin vient Johnson, sur lequel aucune hésitation n'est possible. Il est arrivé à Washington en 1937, et Roosevelt l'a pris sous sa protection. Quand il apprend sa mort, Johnson, les larmes aux yeux, dit : « Il fut pour moi comme un père, toujours. Il était la seule personne que j'aie connue qui n'ait jamais eu peur. » L'un des principaux adjoints du président Johnson fait cette instructive comparaison : « La relation de Johnson à FDR ressemblait à celle de Platon à Socrate. Il était l'élève de Roosevelt. Roosevelt n'a pas pu s'en apercevoir, mais

Johnson l'a toujours étudié. L'influence de Roosevelt sur Johnson est comme l'empreinte que laisse la rivière préhistorique dans une grotte. Si vous allez, par exemple, voir les grottes de Luray[22], il se peut que vous ne voyiez pas la rivière, mais vous sentez partout sa présence. » C'est le plus rooseveltien des présidents. De là d'incessantes comparaisons. Johnson compare les résultats électoraux de 1964 et ceux qu'a obtenus Roosevelt, sa politique sociale avec le New Deal, l'intervention des Etats-Unis au Vietnam avec la résistance à l'expansionnisme nazi, les succès d'hier avec les siens. Lorsqu'il évoque l'Indochine, il fait part de son intention de développer le bassin du Mékong en y créant l'équivalent de la TVA et rejette toujours l'esprit de compromis de Munich[23]. Quand il sent que l'échec est insurmontable, il le compare à l'échec de Roosevelt dans l'affaire de la Cour suprême.

On serait tenté de penser que Richard Nixon, le républicain, l'homme politique de l'après-guerre, ne ressent pas cette fascination. C'est vrai dans une large mesure, bien que Roosevelt incarne pour lui l'antimodèle, l'adversaire, le défi permanent, le legs à mettre au rancart. Et, dans le même temps, Nixon pousse à l'extrême la présidence impériale que Roosevelt a fait naître et que ses successeurs se sont bornés à développer. En ce sens, lui aussi est un héritier de Roosevelt. Chacune des initiatives du gouvernement fédéral s'est accompagnée par la création de nouveaux organismes qui ont accru l'influence du pouvoir exécutif. Ce sont maintenant des dizaines de milliers de fonctionnaires fédéraux qui servent l'Union à l'intérieur et à l'extérieur. La présidence est devenue obèse. Au temps de Roosevelt, une dizaine d'assistants avaient fini par travailler à la Maison Blanche. Ils sont 37 à l'époque d'Eisenhower, 23 à celle de Kennedy, 45 en 1971 et 48 en 1973. Le Cabinet perd de son importance, et le Congrès n'exerce plus vraiment cette force de contrepoids que lui assigne la Constitution[24]. La médiatisation croissante de la fonction accentue encore l'évolution. L'utilisation de la télévision décuple, centuple la prédominance de l'exécutif, sinon sa toute-puissance. Mais le revers de la médaille, c'est que Watergate est au bout du chemin. Voilà le butoir sur lequel se fracassent un style, une manière, un comportement dont Roosevelt a été l'initiateur.

La philosophie politique du grand homme domine aussi le quart de siècle qui suit sa mort. Sur le plan économique comme sur le plan politique, une idée domine, qui découle de l'interprétation que les historiens donnent de la présidence de Roosevelt. Le New Deal n'a pas résolu la crise. A la veille de l'entrée en guerre des Etats-Unis, le nombre des chômeurs est si élevé que les *new dealers* ne peuvent chanter victoire. Mais le New Deal a sauvé à la fois le capitalisme et la démocratie, d'abord en introduisant une dose variable de keynésianisme, ensuite en protégeant les libertés et les principes de la démocratie. En conséquence, les Etats-Unis ont renoncé au capitalisme pur et dur. Ils l'ont humanisé et fait évoluer vers une sorte de social-démocratie. La voie étant tracée, il suffit de poursuivre. C'est ce que fait Truman en défendant un programme qu'il baptise le *Fair Deal* (la juste donne). Eisenhower ne touche pas aux réalisations de ses deux prédécesseurs et, de ce fait, leur donne l'estampille du consensus. Le *Welfare State* fait partie de l'héritage commun. A la grande colère des conservateurs qui ont voté pour lui et le trouvent un peu trop « *new dealish* », Eisenhower répond : « Si un parti politique essayait d'abolir la sécurité sociale, les lois sur les syndicats et les mesures en faveur des fermiers, on n'entendrait plus parler de ce parti dans notre histoire. »

Kennedy et Johnson, plus encore Johnson que Kennedy, sont les véritables continuateurs de Roosevelt. Poussés par des journalistes et des travailleurs sociaux qui décrivent ce qu'ils voient, les Américains découvrent, au cœur de leur société d'abondance, que la pauvreté est terriblement présente. Des logements insalubres, la sous-alimentation et la malnutrition, la rupture du tissu familial, les progrès effrayants de l'usage de la drogue, l'aggravation de la criminalité, autant de symptômes qui doivent déclencher le signal d'alarme. Une fois de plus, le gouvernement fédéral est chargé de remédier au mal. N'est-ce pas le message qu'a laissé Roosevelt ? « La guerre contre la pauvreté » passe à l'ordre du jour. Du coup, les prestations sociales prennent une ampleur nouvelle, qu'il s'agisse de la sécurité sociale qui maintenant couvre 90 % des Américains, de l'allocation-chômage ou de l'aide aux familles qui ont des enfants à charge. Les prestations en nature suivent. Les personnes âgées et les pauvres bénéficient de la quasi-gratuité des soins médicaux et chirurgicaux. Le gouvernement fédéral accorde une aide au logement, distribue des bons d'alimentation (les *food stamps*) et subventionne les repas pris à l'école. Des programmes de formation et de recyclage complètent l'arsenal. Au total, un vaste ensemble, un énorme budget, des filets de sécurité pour éviter les chutes castastrophiques dans le misère. Dans le même temps, la déségrégation raciale accomplit des progrès spectaculaires tout comme l'inclusion des exclus dans le système, c'est-à-dire de tous ceux qui, minoritaires, n'ont guère bénéficié jusqu'alors de la bienveillance des pouvoirs publics. La Grande Société complète le New Deal et innove dans certains domaines, comme les relations interraciales ou la protection contre la maladie, que le New Deal n'avait pas osé aborder. Richard Nixon n'engage pas les Etats-Unis sur une autre route. N'est-ce pas lui qui alloue des sommes colossales au programme de subventions des repas à l'école et déclare : « Le moment est venu de chasser la faim définitivement de l'Amérique ? »

Une deuxième idée sous-tend la philosophie dominante après 1945. C'est que l'isolationnisme a fait faillite, que les Etats-Unis ont le devoir de tenir leur place de superpuissance dans le monde, d'assurer la défense de la Liberté contre les menaces du totalitarisme. Là encore, l'influence de Roosevelt est sensible. Il a rendu irréversible la participation de l'Amérique aux affaires internationales et converti ses concitoyens au principe de la sécurité collective. La doctrine Truman et le plan Marshall de 1947, la résistance au blocus de Berlin, le traité de l'Atlantique Nord, le Point 4, l'intervention militaire en Corée, l'attention portée au Moyen-Orient, la priorité à la construction et à la défense de l'Europe occidentale, la présence constante en Extrême-Orient, le rôle primordial dans les organismes internationaux, voilà autant de preuves que les Etats-Unis n'entendent pas renoncer à l'héritage de Roosevelt. Les Américains entrent avec ardeur dans l'ère de la croisade. Il faudra attendre les écueils du Vietnam pour voir détruire le beau rêve et les illusions, le consensus se briser. La superpuissance peut aussi perdre une guerre. Les libéraux portent, en cette affaire, une lourde responsabilité. L'échec de Humphrey, aux élections présidentielles de novembre 1968, est de ce point de vue particulièrement significatif.

Bien entendu, la tradition rooseveltienne suscite des oppositions, même à l'époque où elle triomphe. A droite, on continue de prendre feu et flammes contre l'interventionnisme de l'Etat (au sens français du mot). On crie à la « socialisation », voire à la « communisation » de la société. On tempête contre ce New Deal qui ne veut pas mourir. On souligne, à gros traits, que la « collectivisation » n'a jamais conduit à la richesse et au bonheur, que le *Welfare State* transforme des millions d'Américains en assistés, détruit l'initiative privée et la libre entreprise, ruine les finances publiques, conduit à l'excès de pouvoir et à la dictature. On ajoute, à coups d'enquêtes et de témoignages plus ou moins sollicités, que le New Deal a été infiltré par les communistes, qu'une véritable campagne de subversion a manqué détruire la société américaine, que la trahison a connu ses plus beaux jours entre 1933 et 1945, voire jusqu'en 1953. Le maccarthysme est une arme contre le New Deal, une revanche contre Roosevelt, le sabre brandi par bon nombre de républicains pour prendre la Maison Blanche d'assaut. A gauche, on n'est pas plus tendre. Le New Deal n'aurait été qu'un emplâtre sur une jambe de bois. La Nouvelle Gauche des années soixante pointe son artillerie sur la prétendue « révolution de Roosevelt ». Rien, dit-elle, n'a fondamentalement changé de 1933 à 1945. Le chômage n'a pas été résorbé. La pauvreté n'a pas disparu, loin de là. Une véritable politique des revenus n'a pas été instaurée, et l'éventail des revenus n'a pas été resserré. L'égalité raciale reste à faire. Les grosses sociétés dominent le marché. Les mesures les plus spectaculaires, comme l'établissement de la sécurité sociale ou la mise sur pied de l'aide aux fermiers, ont engendré des effets pervers. Loin de favoriser les petits, le New Deal a fait encore grossir les gros. Quant à la politique étrangère, elle est à l'origine de la guerre froide. Autant dire que Roosevelt n'est pas le héros des contestataires des années soixante. Il serait même, à cause des illusions qu'il a créées, leur bête noire, l'incarnation du capitalisme roublard, de l'impérialisme latent, le Mal revêtu d'un costume à paillettes.

Il n'empêche qu'en dépit de ces critiques la majorité de l'électorat américain demeure plutôt rooseveltienne, et la coalition qu'il a formée tient bon. Le vocabulaire en donne une première preuve. Les Américains emploient aussi des expressions européennes comme « gauche » et

652 FRANKLIN D. ROOSEVELT

« droite ». Pour eux, la gauche, ce sont les libéraux ; la droite, les conservateurs. Depuis le New Deal, le libéral, c'est un partisan du progrès économique et social. Il souhaite que tous les membres de la société américaine jouissent également des avantages de la production et de la consommation de masse. Il réclame l'égalité des droits pour tous les Américains et se bat notamment pour que les Noirs ne subissent plus les effets de la discrimination raciale. Il reconnaît aussi à son pays une mission dans le monde, en souhaitant qu'il défende la liberté politique en Asie comme en Europe ou en Amérique latine. Pour exécuter ce programme, le libéral fait confiance au gouvernement fédéral, plus précisément à la présidence et aux agences de l'exécutif formées dans ce but, au Congrès et à la Cour suprême, somme toute au *deus ex machina* de la société. Le libéral américain aspire au dirigisme et diffère, du tout au tout, du libéral européen.

Inversement, le conservateur défend les droits des Etats, croit aux vertus d'un capitalisme sans contraintes, vante l'individualisme, le patriotisme, les valeurs traditionnelles et manifeste souvent une hostilité profonde à l'endroit des intellectuels, des experts en tous genres qui pullulent dans la bureaucratie de Washington, des « faux prophètes » de la côte Est.

Chacun des deux grands partis réunit d'ailleurs une aile libérale, une aile conservatrice et un centre, étant entendu que le Parti démocrate a une aile libérale plus forte que celle du Parti républicain. En 1970, 57 % des républicains se classent parmi les conservateurs, 30 % parmi les centristes, 10 % parmi les libéraux. Du côté démocrate, 32 % se classent parmi les conservateurs, 38 % parmi les centristes, 26 % parmi les libéraux. Une synthèse des sondages annuels de 1972 à 1976 indique que plus on monte dans la hiérarchie des statuts socio-économiques, plus la proportion des républicains croît ;

que les démocrates sont plus nombreux parmi les Américains d'origine irlandaise, allemande, scandinave, latino-américaine, parmi les Américains dont les parents ou les grands-parents sont venus d'Europe orientale, parmi les Noirs, les catholiques et les Juifs. Les démocrates atteignent également la majorité absolue chez les ouvriers non qualifiés et semi-qualifiés, chez les ouvriers agricoles, parmi les citoyens les moins instruits, dans les familles au revenu annuel modeste et dans le Sud. Ils frôlent la majorité absolue chez les employés, les ouvriers qualifiés, les blancs parmi les gens qui ont reçu une instruction secondaire, chez les protestants, les familles dont le revenu varie de 10 000 à 20 000 dollars, dans le Nord-Est et dans l'Ouest. Même dans le *Business* et au sein des professions libérales, le Parti démocrate l'emporte aisément sur le Parti républicain. Il est devenu un parti « attrape-tout ». Un politiste a relevé, non sans ironie, que les démocrates sont les premiers à la fois parmi les libéraux, les modérés et les conservateurs. Est-ce là le triomphe posthume de Roosevelt ? Oui, à condition d'insister sur l'hétérogénéité de la coalition démocrate, sur la multiplicité des groupes d'intérêts qui forment le parti et attendent de lui que leurs revendications spécifiques soient satisfaites en priorité.

Or, en dépit de sa domination arithmétique, le Parti démocrate ne gagne pas nécessairement toutes les élections. Si Truman, Kennedy et Johnson accèdent à la magistrature suprême, Eisenhower et Nixon, chacun utilisant des arguments différents et profitant de conjonctures particulières, donnent la victoire au Parti républicain, au moins dans les élections présidentielles. Au Congrès, les démocrates conservent la majorité des sièges, sauf de 1947 à 1949 et de 1953 à 1955. Il est vrai aussi qu'ils ne pratiquent pas la discipline de vote et que les conservateurs du parti n'hésitent pas à faire cause commune avec les républicains. Au niveau des

Etats, la situation est différente. Les grands Etats industriels du Nord ont souvent des gouverneurs républicains.
Les assemblées législatives des Etats situés à l'ouest du
Mississippi sont largement dominées par le Parti républicain.

Mais celui-ci ne cesse, tout au long de cette période,
de vingt-cinq ans, de se heurter à une difficulté majeure.
Il doit élaborer un programme qui tranche sur celui des
démocrates et attirer une majorité de voix, donc élargir
sa clientèle traditionnelle. Après 1945, les républicains
proposent, à l'exception d'une petite minorité, une politique étrangère qui ressemble beaucoup à celle des
démocrates. Tout au plus martèlent-ils que leurs adversaires sont toujours des va-t-en-guerre qui ont précipité
les Etats-Unis dans deux conflits mondiaux, puis dans la
guerre de Corée et finalement dans celle du Vietnam. En
politique intérieure, il est bien difficile de suggérer aux
Américains de renoncer aux acquis du New Deal. Impossible de faire machine arrière, surtout que le courant
progressiste a aussi traversé leur parti et que des républicains libéraux applaudissent des deux mains les résultats de la politique démocrate. Le Parti républicain se
fait alors accuser de dire « moi aussi », de pratiquer le
me tooism, en un mot de manquer d'originalité. En
conséquence, l'attirance vers le programme républicain
décline. Pour être élu à la présidence, le candidat du
parti doit être suivi à la fois par l'aile libérale et par l'aile
conservatrice, mordre sur l'électorat démocrate, passer
pour un homme providentiel ou profiter des divisions du
camp d'en face. Quand il y parvient, c'est souvent la
quadrature du cercle.

Voilà la véritable victoire de Roosevelt. Il a convaincu
une majorité de l'électorat des bienfaits et des avantages
de ses idées politiques, économiques et sociales. Mais
quand surviennent les tempêtes, la guerre du Vietnam et

l'affaire du Watergate, alors ces idées sont remises en question. Comme un bateau qui prend l'eau, la coalition rooseveltienne ne coule pas tout de suite. Elle s'enfonce lentement pour n'être plus, à la fin des années soixante-dix, qu'une survivance, bientôt un simple souvenir.

Roosevelt aujourd'hui

La vie politique n'exclut pas les miracles. Que le président Gerald Ford n'accorde pas une grande importance à la mémoire de Roosevelt, on n'en sera pas surpris. Que son successeur, Jimmy Carter, qui tente d'incarner le renouveau du Parti démocrate, ne fasse pas mieux, voilà qui étonne davantage. Certes Carter a pris soin de lancer sa campagne électorale à Warm Springs et invité les deux fils de l'ancien président, Jimmy et Franklin Jr. On a joué l'air célèbre qui servait de thème à la campagne de 1932, *Les Jours heureux sont de retour*. L'ancien gouverneur de Georgie a, par la suite, mentionné deux ou trois fois ce que le pays doit à Roosevelt et même remis à la mode les causeries au coin du feu. Et puis plus rien. En 1977, alors qu'un millier d'anciens *new dealers* tiennent une réunion du souvenir à Washington, à deux pas de la Maison Blanche, Carter ne vient pas, bien qu'il l'ait promis. Son vice-président, Walter Mondale, fidèle parmi les fidèles au souvenir de Roosevelt, est, lui aussi, absent. Somme toute, Carter ne se réfère pas au New Deal, et d'ailleurs les *new dealers*, ceux d'hier comme ceux d'aujourd'hui, ne se reconnaissent pas en Carter, président hésitant, faible, tenté par le conservatisme à mesure que son mandat avance, de plus en plus abandonné par les siens.

Le vrai miracle, c'est de voir Ronald Reagan reprendre le flambeau que Carter n'a pas voulu brandir. En 1980, devant la convention républicaine de Detroit qui vient de le désigner pour porter les couleurs du parti, Reagan évoque son souvenir avec force. Les délégués n'en reviennent pas. Et le *New York Times*, tout aussi ahuri, titre avec humour : « Franklin Delano Reagan ». Une fois élu, Reagan renouvelle l'exploit en décembre 1981, lorsqu'il fait l'éloge de la WPA et du travail qu'elle a accompli à Dixon (Illinois), la ville de son enfance : elle a, dit-il, construit un parc le long du fleuve et un aéroport. Il n'hésite pas à confier qu'il a voté pour Roosevelt en 1932, la première fois qu'il a participé à une consultation électorale, qu'il a encore voté pour Roosevelt en 1936, en 1940, en 1944. Il rappelle qu'au temps où il exerçait le métier de journaliste-reporter à la station WHO de Des Moines (Iowa), il a suivi avec émotion la visite du président. « Et vous l'avez acclamé ? demande l'interviewer. – Bien sûr », répond Reagan. Il a, précise-t-il, écouté toutes ses causeries au coin du feu, approuvé sa politique de fermeté à l'égard de l'Allemagne nazie. « [Roosevelt] a donné confiance au peuple. Il n'a jamais perdu un seul instant sa foi dans notre pays. » Dans son autobiographie, le même Reagan prétend avoir été un « libéral invétéré ». Ce qui paraît confirmé par son attitude politique jusqu'aux débuts des années cinquante.

Bien sûr, parmi les divers Roosevelt possibles, Reagan choisit le sien avec soin. Le Roosevelt qu'il loue, c'est celui qui a résisté à l'Allemagne nazie, à Hitler qui « construisait le même genre de monstre militaire que l'Union soviétique de nos jours ». Le Roosevelt qui a décidé de construire 50 000 avions par an et a réussi à en fabriquer 350 000 en quatre ans mérite tous les éloges. Le Roosevelt qui a combattu les excès du pouvoir fédéral a droit à tous les égards : « FDR, dit-il, a hissé les couleurs de l'espoir et de la confiance. Et moi aussi, comme des millions d'autres, je fus un *new dealer* enthousiaste. Nous suivions FDR parce qu'il proposait un mélange d'idées et de mouvement. Je crois qu'il serait étonné et atterré, lui qui fut aussi gouverneur, par la croissance du gouvernement fédéral. Trop nombreux sont ceux qui, au gouvernement, ont invoqué son nom dans les dernières années pour justifier leur politique. Ils ont oublié que c'est Roosevelt qui a déclaré : "Dans la conduite des services publics, des banques, de l'assistance sociale, des assurances, de l'agriculture, de l'éducation, il ne faut pas encourager Washington à intervenir". » Reagan aime dans la politique de Roosevelt ce qui ressemble à la sienne et la justifie. Sauf à ajouter, non sans perfidie ni malhonnêteté intellectuelle, que le New Deal a puisé son inspiration dans le fascisme mussolinien. On comprend que les démocrates bon teint, les nostalgiques du New Deal et les historiens s'en étouffent de rage. D'autant plus qu'avec le temps, le souvenir précis de Roosevelt, de ses déclarations, voire de ses politiques successives plongent dans la grisaille des à-peu-près. En 1982, pour le centenaire de la naissance de Roosevelt, Reagan organise une belle fête à la Maison Blanche et promet, peu après, que le mémorial dont on parle depuis près de trente ans sera enfin érigé.

Pourtant, il n'est pas certain que Reagan ait réhabilité Roosevelt aux yeux des conservateurs qui persistent à voir surtout dans le New Deal le temps du tout-Etat. Et dans la politique étrangère de Roosevelt, ils insistent sur l'inusable mythe de Yalta davantage que sur la résistance à Hitler : « Sans FDR, écrit George Will, Hitler aurait pu gagner la guerre, mais Staline aurait pu moins gagner de la guerre. FDR avait le provincialisme d'un progressiste, la conviction que la menace fondamentale contre la liberté vient de la droite et que la tendance naturelle de l'histoire est d'aller vers la démocratisation. La crise polonaise jette une lumière cruelle sur le centenaire d'un homme qui n'a pas compris de quoi il traitait à Yalta[25]. »

De fait, le reaganisme va à l'opposé du New Deal. Sur
le plan économique, la reaganomie est le contraire du
keynésianisme. Comme Roosevelt, Reagan arrive aux
affaires au moment où le pays affronte une crise grave.
Le taux de chômage n'est pas de 25 % comme en 1933,
mais de 7,5 % en 1981 et de 9,5 % pour les deux années
suivantes. Les prix ne chutent pas ; ils grimpent à un
rythme que les Américains n'ont encore jamais connu.
La production industrielle stagne. Le déficit de la
balance commerciale s'accentue d'année en année. La
monnaie américaine est affaiblie. Conseillé par les
champions de la théorie de l'offre, Reagan tente de
modifier les comportements. L'Etat (au sens français),
ne cesse-t-il de répéter, est trop encombrant. Il faut en
revenir à l'initiative individuelle. Les impôts sont trop
lourds, les dépenses fédérales, excessives. En conséquence, la fraude et le gaspillage ralentissent les investissements privés. Si, au contraire, l'Etat intervient
moins dans la vie économique, si la ponction fiscale est
allégée, les détenteurs de capitaux investiront davantage, créeront plus d'emplois, donc contribueront à
résoudre la crise tout en accroissant les rentrées de
l'administration fédérale. L'Etat se contentera alors de
déterminer le montant des impôts, ce qui est son rôle, et
cessera de réguler la conjoncture économique. La
relance ne se fera pas par la consommation, mais par
l'aide aux investissements. On ne manquera pas de répliquer à la démonstration de Reagan que Roosevelt n'a
pas été vraiment keynésien, qu'il a successivement mis
en œuvre des politiques différentes, sinon opposées et
qu'il a toujours conservé, en son for intérieur, la nostalgie de l'équilibre budgétaire. On observera également
que Reagan, en réduisant les ressources de l'Etat et en
augmentant les dépenses de la défense nationale, a
accentué le déficit budgetaire, que la hausse du dollar a
encore aggravé la tendance et qu'en fin de compte

l'énorme trou qu'il laisse à ses successeurs ressemble à s'y méprendre aux dépenses publiques que recommandait le bon M. Keynes. Roosevelt faisait du keynésianisme sans le vouloir. Reagan fait du keynésianisme sans le savoir.

La théorie de l'offre comporte des conséquences sociales. Reagan commence par recommander une très sensible réduction du budget social, car les transferts sociaux, estime-t-il, contribuent à stimuler l'inflation. Or « l'inflation et le chômage vont main dans la main ». Si la machine économique repart – et c'est la priorité sans laquelle rien de sérieux ne peut être fait –, elle créera des emplois, donc rendra moins nécessaires les encombrants programmes sociaux que le New Deal et la Grande Société ont légués à l'Amérique. En 1971, par exemple, les dépenses du *Welfare* équivalaient à 7,75 % du Produit national brut ; cinq ans plus tard, elles atteignaient 11,62 %. De 31,69 % du budget fédéral, elles grimpaient à 40,95 %. Le coût de la sécurité sociale a doublé de 1971 à 1976. Les bons d'alimentation pour les pauvres, créés en 1964, sont devenus un poids insupportable : le nombre de leurs bénéficiaires a doublé de 1971 à 1976 et, depuis 1977, on les leur fournit gratuitement. Le *Welfare*, soutiennent les conservateurs, secrète une énorme administration animée par des milliers de bureaucrates. Le département de la Santé et des Services humains, qui gère la plupart des programmes, compte les effectifs les plus nombreux de l'administration fédérale, juste après le département de la Défense : un employé fédéral sur vingt y travaille. Dans ce maquis de lois, d'administrations, de règlements, les tricheurs prolifèrent. Les *Welfare Queens* (les reines de l'assistance sociale[26]), homosexuels, drogués, immigrants illégaux savent tirer profit d'un système compliqué, ingérable. En fin de compte, rien n'est plus nuisible à l'éthique sociale, car le *Welfare* encourage à la paresse, à la fraude.

Comme le dit ironiquement le libéral John Kenneth Galbraith, « les riches ne travaillent pas parce qu'ils n'ont pas assez d'argent. Les pauvres ne travaillent pas parce qu'ils ont trop d'argent ». La famille est victime d'une assistance sociale qui va dans tous les sens : les naissances illégitimes sont plus nombreuses, la délinquance juvénile augmente, l'aide aux handicapés physiques est insuffisante. Il faut réaménager de fond en comble le système de protection sociale et ne pas se contenter de limiter un peu les dépenses ici, tout en laissant subsister le gaspillage ailleurs.

Enfin, le *Welfare State* sert des clientèles électorales qui attendent tout du gouvernement fédéral. Leurs multiples et insistantes revendications s'entrechoquent au point de rendre le pays ingouvernable. C'est à qui demandera et obtiendra le plus. Une sorte de complicité s'établit entre les groupes de pression et les administrations qui gèrent les programmes. Comme le fait observer Theodore Lowi, dans *La Deuxième République des Etats-Unis*[27], l'Etat libéral (au sens américain) croît par délégation. Il prolifère, non point au profit de l'intérêt général, mais pour le plus grand profit des intérêts catégoriels. Il faut donc en revenir à des pratiques saines et combattre « la balkanisation de l'Amérique ». Autant dire que là non plus, Roosevelt ne reconnaîtrait pas les siens. Le New Deal est à cette critique du *Welfare State* ce que le jour est à la nuit.

Et pourtant, les élections présidentielles de 1980 et de 1984 ont montré avec netteté qu'une majorité d'Américains, du moins parmi ceux qui prennent la peine de voter[28], rejettent le New Deal de papa et de grand-papa. De ce point de vue, rien n'est plus significatif que l'échec de Walter Mondale. Il a passé sa jeunesse dans le culte de Roosevelt, à la recherche de celui qui pourrait lui succéder et aller plus loin dans la transformation de la société. Il a fait ses classes auprès de Humphrey et a acquis son expérience au Sénat au service des causes libérales. Lorsqu'il se présente à la présidence en 1984, il peut compter sur l'appui de la plupart des syndicats, des champions des droits civiques, des groupements ethniques, des cadres du Parti démocrate. C'est la configuration de la coalition rooseveltienne. Rien n'est plus conforme aux traditions du parti que ses déclarations, ses attitudes, ses ambitions sociales et économiques. S'il y a aujourd'hui un héritier de Roosevelt, de Truman et de Humphrey, c'est bien Mondale. Il recueille 41 % des suffrages exprimés et ne remporte la majorité des voix que dans le Minnesota, son Etat. Quelle humiliante défaite ! De 1980 à 1984, Reagan fait mieux dans tous les groupes d'électeurs, sauf dans les communautés noire et juive. Ont voté pour lui 67 % des Blancs, 47 % des Hispaniques, 73 % des Blancs du Sud, 61 % des protestants, 59 % des catholiques, 60 % des moins de trente ans et la majorité des familles sauf celles dont le revenu est inférieur à 10 000 dollars par an. Certes, une analyse plus fine du scrutin montre que Reagan a remporté une victoire personnelle et que le Parti républicain n'en est pas devenu pour autant le parti majoritaire. Mais par deux fois, il a démontré que la coalition rooseveltienne a volé en éclats.

C'est que l'atmosphère politique a changé dans les années quatre-vingts. Les clivages idéologiques sont aujourd'hui moins creusés. La différence entre les partis s'amenuise. Dans leur majorité, les Américains ont perdu confiance dans l'action du gouvernement fédéral. Ils estiment que la bureaucratie a pris une ampleur excessive, que la lutte pour les droits civiques a atteint des résultats satisfaisants et qu'il n'est plus nécessaire d'en faire un thème de combat. Une vision exagérément simpliste pousserait à croire que les plus riches sont les plus conservateurs et les plus défavorisés, les plus libéraux. C'est une erreur. L'équilibre du budget fédéral, la limitation des dépenses publiques sont des revendications qu'expriment les ouvriers et les cadres supérieurs. Du haut en bas de l'échelle des revenus, les syndicats et le monde des affaires sont perçus de la même manière. Des problèmes nouveaux, comme la qualité du cadre de vie, la production et la consommation d'énergie, le rythme de la croissance économique brouillent les cartes. On n'attend plus du gouvernement fédéral qu'il stimule l'activité économique, mais qu'en intervenant moins il n'entrave pas l'initiative individuelle. Ce qui n'exclut pas les contradictions, car, si l'on souhaite moins de dépenses fédérales, on ne renonce nullement aux acquis sociaux qui coûtent de plus en plus cher.

Aujourd'hui, le clivage entre libéraux et conservateurs porte davantage sur les changements de la société. Plus le niveau d'instruction est bas, plus les positions sont conservatrices sur la place de la religion, sur l'avortement, sur le travail féminin, sur le divorce, sur l'éducation des enfants, sur les rapports du travail et des loisirs. Un observateur averti décèle du « Karl Marx à l'envers », lorsque des ouvriers qualifiés approuvent les valeurs morales du monde des affaires et que les cadres supérieurs expriment à cet égard les critiques les plus vives. Selon Seymour Martin Lipset, on pourrait distinguer cinq positions différentes[29]. Sur le plan économique, les libéraux continuent d'approuver l'intervention fédérale quand les conservateurs y sont hostiles. Sur le plan des mutations sociales, les libéraux se préoccupent des droits civiques, des libertés individuelles (pour les femmes, les homosexuels, les enfants), et militent contre l'excès de patriotisme qui conduit tout droit à l'accroissement des dépenses militaires. On peut être libéral ou conservateur, à la fois dans le domaine économique et dans le domaine social, libéral dans l'un et conservateur dans l'autre. En outre, il y a parmi les démocrates un groupe formé à la fois de libéraux économiques et de conservateurs sociaux qui sont franchement racistes, à la différence de la majorité de cette tendance. En conséquence, conclut Lipset, le bipartisme dissimule une division du monde politique en cinq forces principales. Les sondages donnent à penser que les partisans du libéralisme économique (dans le sens américain du mot) et du conservatisme social forment le groupe le plus nombreux, sans doute 35 %, ceux du libéralisme et du conservatisme dans tous les domaines ne dépassent pas la proportion de 20 %, et ceux du conservatisme économique et du libéralisme social représentent 15 % de l'électorat. Les deux partis sont donc tous deux touchés par cette nouvelle répartition des sensibilités politiques.

La même complexité vaut pour les attitudes au regard de la politique étrangère. Au début des années soixante, un libéral approuvait l'intervention militaire au Vietnam : combattre le communisme, estimait-il, était une nécessité. Survivance du maccarthysme, il ne voulait pas passer pour un « mou ». Dix ans plus tard, il proteste contre le cynisme de Nixon et de Kissinger, manifeste dans la rue et sur les campus contre la guerre et, comme le sénateur George McGovern, candidat démocrate à la présidence en 1972, recommande aux Etats-Unis de se replier sur eux-mêmes, d'abandonner leur rôle de gendarme de l'impérialisme. Depuis 1972, les isolationnistes nouvelle manière sont moins nombreux : les deux tiers des Américains pensent que leur pays doit jouer un rôle actif dans le monde. Mais ces internationalistes sont divisés en deux groupes. Les libéraux assignent aux Etats-Unis la mission de maintenir la paix, d'assurer la liberté des approvisionnements énergétiques, de favoriser la coopération internationale, de participer à l'effort de limitation des armements, de combattre la faim dans le monde et l'apartheid, de renforcer les Nations Unies, bref des objectifs larges, plutôt économiques, orientés vers la paix, symbolisés par la politique des droits de l'homme. Les conservateurs accordent une place particulière, sinon primordiale, à la lutte contre le communisme, à la protection des intérêts américains à l'étranger, au renforcement de la sécurité des alliés des Etats-Unis, dans une moindre mesure à la défense de la démocratie et du capitalisme, somme toute des objectifs de concurrence, d'agressivité, avec des résonances militaires et un arrière-goût de guerre froide. Ils bénéficient d'un soutien capital, celui d'intellectuels qu'on appelle néo-conservateurs ou néo-nationalistes, comme Irving Kristol, Jeane Kirkpatrick, Norman Podhoretz, d'anciens libéraux qui ont tiré la leçon des événements de la dernière décennie.

Cette dichotomie ne correspond plus au bipartisme. Car le parti le plus nombreux de nos jours est composé des Américains qui ne sont affiliés à aucun parti. Ce sont des indépendants. Ni démocrates ni républicains, ils existent dans tous les groupes professionnels, encore qu'ils soient plus nombreux dans les emplois à haute qualification, parmi les Blancs, les diplômés de l'enseignement supérieur, les familles à revenus élevés. Le phénomène n'est pas lié à la pauvreté, à l'analphabétisme ou à l'incompréhension des problèmes politiques. C'est tout le contraire : la multiplication des indépendants s'explique par l'enrichissement, l'accès à la culture, l'essor de la société de consommation et des loisirs. A vrai dire, ils se rattachent à la tradition d'antipartisme, aussi ancienne que les partis eux-mêmes. Ils se méfient des politiciens qu'ils jugent corrompus ou corruptibles, des combines que suscite le pouvoir de l'argent. De là une sorte de morne résignation. On ne peut éviter les partis dans un système démocratique, mais quel danger ! Ils ne rendent que de très minces services. La crise de confiance touche en même temps les institutions sociales et politiques, l'administration fédérale et la présidence des Etats-Unis.

Alors, si les indépendants se méfient du système politique, s'ils suivent la télévision plus que les partis, s'ils manifestent néanmoins pour les affaires publiques un intérêt qui ne faiblit pas, bien au contraire, quelle influence exercent-ils ? Ils contribuent à rendre l'opinion plus fluctuante, plus insaisissable. Leur devise pourrait être ce propos qu'on entend partout : « Je vote pour l'homme, et non pour le parti. » Ce qui revient à accorder une importance excessive aux personnalités, à leur image et une place insuffisante à l'échange d'idées. On comprend pourquoi, dans ces conditions, le bipartisme survit, mais très affaibli, parcouru de turbulences, suscitant ici et là plus de frustrations que de satisfactions.

Les solutions de 1933 ou de 1936, les attitudes de 1941 ou de 1945 ne conviennent plus à l'Amérique de 1988 ; cela n'a rien d'étonnant dans un pays qui change très vite. Les Etats-Unis d'aujourd'hui sont profondément différents de ceux d'hier. Le New Deal appartient au passé. La croisade pour la Liberté et le Démocratie ne fait plus recette. Voilà pourquoi Roosevelt est entré dans l'Histoire. Mais, pendant près d'un demi-siècle, il a animé le débat politique et inspiré bon nombre de réformes. En ce sens, c'est grâce à lui que la société américaine d'aujourd'hui est plus juste, plus humaine, somme toute plus démocratique. Il a aussi présidé à une extraordinaire métamorphose des Etats-Unis qui, en douze ans, sont devenus une superpuissance politique, économique, militaire et culturelle. Il laisse, à sa mort, un pays autrement plus fort que celui qu'il a trouvé lors de sa première élection en 1932. Peu d'hommes d'Etat peuvent s'enorgueillir d'un bilan comparable. Malgré ses lacunes, ses ambiguïtés, ses défauts et ses échecs, Franklin Roosevelt a sans aucun doute été le plus grand président des Etats-Unis du XXe siècle.

Notes

I. Le couronnement
4 mars 1933

1. Pour une description des principaux bâtiments de Washington, voir Claude Fohlen, *L'Amérique du Nord*, Paris, Presses Universitaires de France, 1969, pp. 171-182. Et *Etats-Unis*, Paris, Hachette, Les guides bleus, 1983, pp. 969-1005.

2. *New York Times*, 5 mars 1933.

3. La reconstitution des événements du 4 mars et des jours qui ont précédé est tirée du *New York Times*, de la *Chicago Tribune* et de la *San Francisco Chronicle*.

4. Cité par Frank Freidel, *Franklin D. Roosevelt, Launching the New Deal*, Boston, Little, Brown and Company, 1973, p. 159.

5. Cité par J. William Youngs, *Eleanor Roosevelt. A Personal and Public Life*, Boston, Little, Brown and Company, 1985, p. 154.

6. Le mot « fermiers » est un américanisme. Il désigne tous ceux qui exploitent le sol, quel que soit leur statut juridique. Les Américains n'aiment pas utiliser le mot « paysans » qu'ils considèrent comme impropre pour les Etats-Unis.

7. *Literary Digest*, 4 mars 1933.

8. Ces chiffres sont extraits de Lester V. Chandler, *America's Greatest Depression 1929-1941*, New York, Harper and Row, 1970, p. 24 et *sq*.

9. Chandler, *op. cit.*, p. 59.

10. Une très bonne analyse de la vie quotidienne dans Dixon Wecter, *The Age of the Great Depression 1929-1941*, New York, New Viewpoints, A Division of Franklin Watts, 1975 (1re édition 1948).

11. « Are We Going to Have a Révolution ? », in *Harper's*, CLXV, August 1932, pp. 277-280.

12. Cité par Arthur M. Schlesinger, Jr., *The Age of Roosevelt. The Crisis of the Old Order, 1919-1933*, Boston, Houghton Mifflin Co., 1958, p. 4.

13. *Cf.* Freidel, *op. cit.*, p. 189.

14. *Cf.* Freidel, *op. cit.*, p. 182.

15. Emil Ludwig, *Roosevelt. Essai sur le bonheur et le pouvoir*, Paris, Plon, trad. de l'allemand, 1938, p. 220.

16. Cité par Youngs, *op. cit.*, p. 189.

17. La formule est, d'après les experts, empruntée à Henry Thoreau qui, en 1851, a écrit : « Il n'y a rien qu'il faille craindre autant que la crainte. » Une formule semblable aurait été utilisée par Montaigne. *Cf. International Herald Tribune*, 21 septembre 1987.

18. Richard Hofstadter, *Great Issues in American History*, New York, Vintage Books, 1958, II, pp. 352-357.

II. Un jeune homme de bonne famille
1882-1910

1. Sur la naissance de Franklin Roosevelt, voir Frank Freidel, *Franklin D. Roosevelt. The Apprenticeship*, Boston, Little, Brown and Company, 1952, pp. 20-34, et Kenneth S. Davis, *FDR. The Beckoning of Destiny, 1882-1928, A History*. New York, G.P. Putnam's Sons, 1971, pp. 45-65.

2. Une très intéressante et vivante description dans Joseph Alsop, *FDR. A centenary Remembrance*. New York, The Viking Press, 1982.

3. Sur la période révolutionnaire, *cf.* André Kaspi, *L'Indépendance américaine, 1763-1789*, Paris, Gallimard, coll. « Archives », 1976.

4. Au sein du monde protestant des Etats-Unis, il existe une hiérarchie sociale des « dénominations ». Les épiscopaliens, qui diffèrent des anglicans en ce sens qu'ils ne reconnaissent pas l'autorité suprême du souverain d'Angleterre, ont une image plutôt aristocratique.

5. Les informations sur les Roosevelt dans l'histoire sont tirées de Freidel, *op. cit.*, pp. 3-19.

6. *Cf.* Freidel, *op. cit.*, pp. 16-19.

7. Des anecdotes et beaucoup de renseignements dans Rita S. Halle Kleeman, *Gracious Lady. The Life of Sara Delano Roosevelt*, New York, D. Appleton Century, 1935, pp. 81-104.

8. Kleeman, *Roosevelt, op. cit.*, pp. 186-188 « Tlevesoor » est l'anagramme de Roosevelt.

9. « A terrible snob », d'après Eleanor Roosevelt. Cité par Geoffrey C. Ward, *Before the Trumpet. Young Franklin Roosevelt, 1882-1905*, New York, Harper and Row, 1985, p. 356.

10. Cité dans *Mrs. James Roosevelt as Told to Leighton Isabelle, and Forbush. Gabrielle*, New York, 1952, p. 19.

11. Kleeman, *op. cit.*, p. 146.

12. Ward, *op. cit.*, p. 159.

13. Sur l'importance de Groton, *cf.* Freidel, *op. cit.*, pp. 35-51.

14. L'amiral Mahan, l'un des grands stratèges navals des Etats-Unis, a exercé une forte influence sur les partisans de l'expansionnisme à la fin du XIXᵉ siècle et au début du XXᵉ siècle. Il est le maître à penser de Theodore Roosevelt et de ses amis politiques. Franklin lui a voué une profonde admiration, dont témoigne un échange de correspondance.

15. Cité par Freidel, *op. cit.*, p. 72.

16. Ward, *op. cit.*, p. 236.

17. Davis, *op. cit.*, p. 175.

18. La meilleure biographie d'Eleanor Roosevelt a été écrite par l'un de ses amis et admirateurs, Joseph P. Lash, *Eleanor and Franklin*, New York, A Signet Book, 1973.

19. Lash, *op. cit.*, p. 114.

20. Sur cet épisode de la vie d'Eleanor, voir Lash, *op. cit.*, pp. 128-133.

21. Lash, *op. cit.*, p. 161.

22. Ward, *op. cit.*, pp. 337-338.

23. Freidel, *op. cit.*, p. 75.

24. Lash, *op. cit.*, p. 231.

25. La maison est située au 47-49 East 65th Street.

III. Sur les pas de Theodore Roosevelt
1910-1920

1. Joseph P. Lash, *Eleanor and Franklin*, New York, A. Signet Book, 1973, p. 173.

2. Un *sachem* est un chef indien. Les leaders de Tammany Hall ont l'habitude de se désigner eux-mêmes par ce titre.

3. Elliott Roosevelt, éd., *F.D.R. His Personal Letters 1905-1928*, New York, Duell, Sloane and Pearce, 1948, p. 154.

4. Eleanor Roosevelt, *Ma vie*, Paris, Editions Gonthier, coll. Femmes, 1965, p. 80.

5. FDR Diary, 1er janvier 1911. Cité par Frank Freidel, *Franklin D. Roosevelt. The Apprenticeship*. Boston, Little, Brown and Company, 1952, p. 98.

6. Eleanor Roosevelt, *op. cit.*, p. 81.

7. C'est évidemment une erreur. Le 30 janvier 1911, Franklin Roosevelt a eu vingt-neuf ans.

8. Elliott Roosevelt, *op. cit.*, p. 162.

9. Frances Perkins, *Roosevelt*. Paris, Le Livre du Jour, 1947, p. 17.

10. Frank Freidel, *op. cit.*, p. 126.

11. Eleanor Roosevelt, *op. cit.*, p. 85.

12. Eleanor Roosevelt, *op. cit.*, p. 84.

13. Thomas Greer, *What Roosevelt Thought*, East Lansing, Michigan State University Press, 1958, p. 41.

14. Frances Perkins, *op. cit.*, p. 19.

15. Joseph Lash, *op. cit.*, p. 250. Et Frank Freidel, *op. cit.*, pp. 148-152.

16. Frank Freidel, *op. cit.*, p. 135.

17. Eleanor Roosevelt, *op. cit.*, p. 89.

18. Josephus Daniels, *The Wilson Era*, Chapel Hill, The University of North Carolina Press, 2 vol. 1944-1946, p. 124.

19. *New York Sun*, 19 mars 1913.

20. Lorsque la guerre éclate entre l'Espagne et les Etats-Unis en avril 1898, Theodore Roosevelt démissionne de son poste de secrétaire-adjoint à la Marine et lève un régiment de volontaires, les *Rough Riders* ou les Rudes Cavaliers. Il en assure le commandement en second, avec le grade de lieutenant-colonel. A la tête du régiment, il conduit les 1er et 2 juillet l'assaut victorieux sur les collines de San Juan à Cuba.

21. Elliott Roosevelt, *op. cit.*, p. 199.

22. William J. Bryan est un homme politique du Nebraska. Il a été le candidat démocrate aux élections présidentielles de

1896, de 1900 et de 1908. Woodrow Wilson le nomme secrétaire d'Etat en 1913.

23. Elliott Roosevelt, *op. cit.*, p. 245.

24. Discours du 14 août 1936 à Chautaugua (New York). Lorsque le président Roosevelt prononce ces mots, les Etats-Unis sont profondément pacifistes et isolationnistes. Il n'empêche que Roosevelt transforme son expérience personnelle pour les besoins de la cause.

25. La liaison de Franklin Roosevelt avec Lucy Mercer fut longtemps tenue secrète. Les historiens eux-mêmes n'en parlaient pas. Pour une analyse complète, se reporter à Joseph Lash, *op. cit.*, p. 302 pour la citation et chapitre 21 (pp. 301-311). Joseph Alsop, *FDR. A Centenary Remembrance*, New York, The Viking Press, 1982, pp. 67-71.

26. J. William T. Youngs, *Eleanor Roosevelt. A Personal and Public Life.* Boston, Little, Brown and Company, 1985, pp. 105-106.

27. Cité par Ted Morgan, *FDR* New York, Simon and Schuster, 1985, p. 222.

28. Joseph Lash, *op. cit.*, p. 303.

29. Cité par Frank Freidel, *Franklin D. Roosevelt. The Apprenticeship.* Boston, Little, Brown and Company, 1954, p. 14. Les Américains insistent beaucoup à la fin de la Grande Guerre sur « leur désintéressement ». Ce qu'ils veulent dire, c'est qu'ils n'ont pas de revendications territoriales, qu'ils ne cherchent pas à obtenir le paiement de réparations, qu'ils souhaitent avant tout et uniquement l'établissement d'un nouvel ordre international.

30. Emil Ludwig, *Roosevelt Essai sur le bonheur et le pouvoir.* Paris, Plon, trad. de l'allemand, 1938, p. 86.

31. Ted Morgan, *op. cit.*, p. 251.

32. Cité par Frank Freidel, *op. cit.*, pp. 81-82.

IV. L'homme malade
1921-1928

1. Frank Freidel, *Franklin D. Roosevelt. The Ordeal*, Boston, Little, Brown and Company, 1954, p. 98.

2. *Ibidem.*

3. Elliott Roosevelt, *F.D.R. His Personal Letters 1905-1928*, New York, Duell, Sloan and Pearce, 1948, p. 524.

4. Joseph P. Lash, *Eleanor and Franklin*, New York, A Signet Book, 1973, p. 362. Sur l'anecdote à propos des honoraires du médecin, *cf.* Freidel, *op. cit.*, p. 99.

5. Cité par Lash, *op. cit.*, p. 364.

6. Cité par Freidel, *op. cit.*, p. 100.

7. Ted Morgan, *FDR*, New York, Simon and Schuster, 1985, p. 275.

8. Cité par Lash, *op. cit.*, p. 365.

9. Cité par Freidel, *op. cit.*, p. 100.

10. Bien qu'il ne faille pas sous-estimer ni surestimer les causes proprement psychologiques des maladies.

11. Cité par Freidel, *op. cit.*, p. 102.

12. Cité par Morgan, *op. cit.*, p. 276.

13. Cité par Morgan, *op. cit.*, p. 279.

14. Cité par Morgan, *op. cit.*, p. 280.

15. Sur les convictions religieuses de Roosevelt et le rôle qu'elles ont tenu dans les années vingt, *cf.* Robert McElvaine, *The Great Depression. America, 1929-1941*, New York, Time Books, 1984, p. 121.

16. Frank Freidel a étudié de près le programme des lectures de Roosevelt. Il cite, en outre, une lettre de Franklin, fort instructive sur les velléités d'écrivain de Roosevelt : « Je suis toujours dans le délicieux état d'esprit de dire "Oui" dès qu'il s'agit d'écrire, que ce soit un article dans un magazine ou une histoire de la marine en 12 volumes. A condition, toujours, que la rédaction soit terminée la semaine prochaine ou la semaine suivante. Missy LeHand qui prend mon texte approuve de la tête et dit : c'est vrai, beaucoup trop vrai. » In Freidel, *op. cit.*, p. 131.

17. Cité par Freidel, *op. cit.*, p. 120.

18. Cité par Morgan, *op. cit.*, p. 285.

19. *Ibidem.*

20. Cité par Lash, *op. cit.*, p. 405.

21. Cité par Lash, *op. cit.*, pp. 416-417.

22. J. William T. Youngs, *Eleanor Roosevelt. A Personal and Public Life*, Boston, Little, Brown and Company, 1985, p. 128.

23. Cité par Youngs, *op. cit.*, p. 145.

24. Les lois sur les quotas ont été votées en 1921 et 1924. Sur les années vingt, voir André Kaspi, *La Vie quotidienne aux Etats-Unis au temps de la prospérité, 1919-1929*, Paris, Hachette/Littérature, 1980.

25. La scène se passe en 1924, en présence de Franklin Roosevelt, qui, on s'en doute, n'apprécie pas. *Cf.* Morgan, *op. cit.*, p. 299.

26. Cité par Morgan, *op. cit.*, p. 315.

27. Henry L. Mencken (1880-1956) est un écrivain et un critique littéraire.

28. Le lieutenant-gouverneur occupe dans chaque Etat des fonctions équivalentes à celles du vice-président au niveau fédéral.

V. Gouverneur de l'Etat de New York
1929-1932

1. Cité bar Thomas Greer, *What Roosevelt Thought. The Social and Political Ideas of Franklin D. Roosevelt*, East Lansing, Michigan State University Press, 1958, p. 79.

2. Frances Perkins, *Roosevelt*, Paris, Le Livre du Jour, 1947, pp. 104 et 100.

3. Dans *FDR. A Centenary Remembrance*, New York, The Viking Press, 1982, Joseph Alsop fait remarquer (p. 101) que, dans l'arrière-pays du New York, en territoire républicain, Roosevelt devance son concurrent principal de 167 000 voix. Il se positionne sans ambiguïté dans l'aile gauche du parti démocrate. Il est alors « libéral », et non plus « progressiste ». Ce qui ne heurte pas les démocrates des Etats du Sud, moins conservateurs que populistes ruraux.

4. Emi Ludwig, *Roosevelt. Essai sur le bonheur et le pouvoir*, Paris, Plon, 1938, p. 145.

5. Cité par Ted Morgan, *FDR*, New York, Simon and Schuster, 1985, p. 360. Les trois membres du Cabinet sont Henry Stimson, secrétaire d'Etat (et plus tard secrétaire à la Guerre du président Roosevelt), Ogden L. Mills, sous-secrétaire au Trésor et Patrick Hurley, secrétaire à la Guerre. Hurley est un citoyen de l'Oklahoma.

6. Frank Freidel, *Franklin D. Roosevelt. The Triumph*, Little, Brown and Company, 1956, p. 159.

7. Cité par Daniel R. Fusfeld, *The Economy Thought of Franklin D. Roosevelt and the Origins of the New Deal*. New York, Columbia University Press, 1956, pp. 168-169.

8. Cité par Freidel, *op. cit.*, p. 162.

9. Au Sénat, les démocrates passent de 39 à 47 sièges ; les républicains, de 56 à 48 ; un siège est occupé par un indépendant. A la Chambre des représentants, les démocrates occupent désormais 220 sièges ; les républicains, 214 sièges ; un siège pour un indépendant.

10. Roosevelt poursuit : « Cette tendance qui consiste à rassembler un grand pouvoir à la tête du gouvernement est tout à fait incompatible avec notre système et convient mieux à une dictature ou au comité central d'un gouvernement communiste. » Cité par Ludwig, *op. cit.*, pp. 146-147.

11. C'est là, bien évidemment, un sujet délicat. Jusqu'en 1940, Roosevelt a cru que Mussolini était un homme raisonnable, qui saurait atténuer les effets de la folie de Hitler. A la question d'un historien, Roosevelt répond : « Il conviendrait de se souvenir que pendant toutes ces années Mussolini a conservé un semblant de gouvernement parlementaire et qu'ils étaient nombreux, y compris moi-même, ceux qui espéraient qu'après avoir restauré l'ordre et le moral en Italie, il tâcherait, de sa propre initiative, de remettre en place le processus démocratique. » A ses yeux, le fascisme était avant 1933 « dans son stade expérimental ». Sans Hitler, Mussolini n'aurait pas orienté son régime vers l'absolutisme. Cité par Greer, *op. cit.*, p. 32.

12. Cité par Morgan, *op. cit.*, p. 338.

13. Cité par Perkins, *op. cit.*, p. 115.

14. Cité par Robert Sherwood, *Roosevelt and Hopkins. An Intimate History*, New York, Harper and Brothers, 1948, p. 31.

15. Cité par Perkins, *op. cit.*, p. 107.

16. Cité par Sherwood, *op. cit.*, p. 33.

17. Cité par Freidel, *op. cit.*, p. 223.

18. Lorena Hickok, *The Road to the White House*, New York, Scholastic Books Services, 1962, p. 181.

19. Le secrétaire d'Etat de l'Etat de New York est une sorte de directeur de cabinet du gouverneur. Il remplit des fonctions administratives. Rien à voir avec le secrétaire d'Etat du prési-

dent des Etats-Unis, qui lui, est l'équivalent d'un ministre des Affaires étrangères.

20. Cette excellente observation est faite par Alsop, *op. cit.*, p. 101.

21. D'après Freidel, *op. cit.*, p. 199.

22. Cité par Freidel, *op. cit.*, p. 200.

23. Cité par Freidel, *op. cit.*, p. 139.

24. Cf. Greer, *op. cit.*, pp. 78-79.

25. Cité par Arthur M. Schlesinger, Jr., *The Age of Roosevelt : The Crisis of the Old Order, 1919-1933*, Boston, Houghton Mifflin Co., 1958, p. 409.

26. Cité par Freidel, *op. cit.*, p. 67.

27. Cité par Sherwood, *op. cit.*, p. 33.

28. Un ex-champion de boxe, bien sûr. Cité par Freidel, *op. cit.*, p. 158.

29. Cité par Ludwig, *Op. cit.*, p. 161.

30. Cité par Perkins, *op. cit.*, p. 97.

31. Cité par Joseph P. Lash, *Eleanor and Franklin*, New York, A Signet Book, 1973, pp. 437-438.

32. Cité par Perkins, *op. cit.*, pp. 66-67. Il faut lire tout le chapitre consacré au « Cercle de famille ».

VI. L'Amérique au Bois dormant
L'année 1932

1. André Maurois, *Chantiers américains*, Paris, Gallimard, 1933, p. 112. Il faut lire le reportage, fin, bien documenté, que Maurois rapporte des Etats-Unis. L'auteur sait à merveille reconstituer l'atmosphère de cette Amérique, brutalement plongée dans la crise.

2. Question inévitable que se posent tous les observateurs. Dans son dernier chapitre (pp. 167-187), André Maurois compare la situation américaine avec l'expérience mussolinienne et les conditions qui prévalent dans les démocraties occidentales.

3. Cité par Ted Morgan, *FDR*, New York, Simon and Schuster, 1985, pp. 371-372.

4. Cité par Frank Freidel, *Franklin D. Roosevelt. The Triumph*, Boston, Little, Brown and Company, 1956, p. 249.

5. Cité par Freidel, *op. cit.*, pp. 251-252.

6. L'expression a été inventée par un journaliste, James Kieran, qui désignait les universitaires, réunis autour de Roosevelt, par l'expression de *brains trust*. Ce que Maurois traduit par « le trust des cerveaux ». Par la suite, l'expression de Kieran s'est imposée à tous, aux Etats-Unis et à l'étranger, mais au singulier. Il est donc d'usage courant d'écrire *brain trust*.

7. L'ouvrage date de 1879. Henry George était un économiste. Il a publié en 1871 un ouvrage dans lequel il recommande l'établissement d'un impôt unique, qu'il défend avec vigueur dans *Progress and Poverty*. L'impôt unique serait prélevé sur les revenus fonciers. Ce qui entraînerait la suppression de tous les autres impôts, donc favoriserait le développement économique.

8. Bryan a été le candidat démocrate aux élections présidentielles de 1896, de 1900 et de 1908. Il exprime les idées des populistes, surtout leur volonté de conserver le bimétallisme. On se rappelle que le président Wilson l'avait placé à la tête du département d'Etat et qu'il a démissionné de son poste à la suite de la crise diplomatique déclenchée par le torpillage du *Lusitania*. Bryan est mort en 1925 après avoir témoigné, au procès du singe, en faveur du créationnisme, contre la théorie de l'évolution des espèces.

9. L'ouvrage de Beard a paru en 1913. Il a conservé une grande influence sur les historiens et l'ensemble de la société américaine jusqu'au début des années cinquante.

10. Basil O'Connor est un avocat qui a travaillé dans le même cabinet d'affaires que Roosevelt.

11. Au temps où l'esclavage divisait les Américains, c'est-à-dire dans les années 1840-1860.

12. Chaque délégué est accompagné par son suppléant. En outre, pour que toutes les minorités soient représentées, des sièges sont divisés en quarts ou moitiés de voix.

13. Une excellente biographie de Hearst : W.A. Swanberg, *Citizen Hearst. A Biography of William Randolph Hearst*, New York, Charles Scribner's Sons, 1961. Le film d'Orson Welles, *Citizen Kane*, est directement inspiré par la vie de Hearst.

14. Les deux scènes sont rapportées par Freidel, *op. cit.*, p. 311, et par Morgan, *op. cit.*, pp. 388-389.

15. *New Deal* signifie : nouvelle donne. André Maurois, *op. cit.*, p. 69, fait observer que l'image n'est pas « très exacte, car elle implique l'idée que les cartes distribuées sont toujours les mêmes. Or, le caractère essentiel du nouveau régime, c'est un changement d'équipe. Non point seulement changement d'hommes (qui s'expliquerait tout naturellement par l'arrivée au pouvoir d'un nouveau parti), mais changement du type d'homme appelé à participer au pouvoir, transfert d'une large part de la puissance gouvernementale du groupe des politiciens professionnels à celui des intellectuels. » A vrai dire, Rosenman, Roosevelt ou Howe n'ont nullement imaginé l'impact qu'aurait l'expression. Sur son origine, *cf.* Arthur M. Schlesinger, Jr., *The Age of Roosevelt. The Crisis of the Old Order, 1919-1933*, Boston, Hougthon Mifflin Co., 1958, p. 532, note 30.

16. Sur le discours de Theodore Roosevelt, *cf.* Robert Sherwood, *Roosevelt and Hopkins. An Intimate History*, New York, Harper and Brothers, 1948, pp. 41-43.

17. Roosevelt imagine un dialogue entre Alice et Humpty Dumpty :

« *Alice :* Si vous vendez un plus grand nombre d'actions, si vous construisez plus d'usines, si vous accroissez le rendement, ne produirez-vous pas plus de biens que nous n'en achetons ?

Humpty Dumpty : Non. Plus nous produisons, plus nous achetons.

— Et si nous surproduisons ?

— Eh bien, nous vendrons à des consommateurs étrangers.

— Comment les étrangers feront-ils pour payer ?

— Nous leur prêterons de l'argent.

— Je comprends. Ils achèteront notre surplus avec notre argent. Les étrangers nous rembourseront, bien entendu, en nous vendant des produits.

— Pas du tout. Nous élèverons des barrières, que nous appelons des droits de douane.

— Mais alors, comment les étrangers rembourseront-ils leurs emprunts ?

— Très simple. N'avez-vous jamais entendu parler du moratoire ? » (Cité par Frank Freidel, *Franklin D. Roosevelt. The Triumph*, Boston, Little, Brown & Company, 1956, p. 340.)

18. Cité par Jean Heffer, *La Grande Dépression. Les Etats-Unis en crise (1929-1933)*, Paris, Gallimard-Julliard, collection Archives, 1976, p. 61.

19. Cité par Daniel R. Fusfeld, *The Economic Thought of Franklin D. Roosevelt and the Origins of the New Deal*, New York, Columbia University Press, 1956, p. 231.

20. Un très vivant témoignage dans Katie Louchheim, *The Making of the New Deal. The Insiders Speak*. Cambridge, MA, Harvard University Press, 1983, pp. 6-7.

21. Cité par Schlesinger, *op. cit.*, p. 257. Sur les responsabilités de Hoover et celles de MacArthur, *cf.* Joan Hoff Wilson, *Herbert Hoover. Forgotten Progressive*. Boston, Little, Brown and Company, 1975, pp. 161 et 164.

VII. Les Cent Jours
Mars-juin 1933

1. Une intéressante discussion sur l'historiographie du New Deal dans Elliott A. Rosen, *Hoover, Roosevelt, and the Brain Trust. From Depression to New Deal*, New York, Columbia University Press, 1977, pp. 115-120.

2. *Literary Digest*, 11 mars 1933.

3. La Reconstruction Finance Corporation (RFC) a été créée en février 1932. Elle prête de l'argent aux entreprises en difficulté.

4. Raymond Moley, *After Seven Years*, New York, 1939.

5. Il faut rappeler que le secrétaire à l'Intérieur a pour fonction principale de gérer les ressources naturelles qui relèvent du gouvernement fédéral. Il n'est nullement l'équivalent du ministre de l'Intérieur dans un gouvernement français.

6. *Cf.* chapitre VI, pp. 222-223.

7. L'Agricultural Adjustement Act crée l'Agricultural Adjustment Administration, l'AAA.

8. William E. Leuchtenburg, *Franklin D. Roosevelt and the New Deal*, New York, Harper Torchbooks, 1963, p. 55.

9. Il y a deux lois Glass-Steagall. La première date du 27 février 1932. Elle a pour but d'éviter des restrictions au crédit, qui proviendraient des retraits de dépôts étrangers et de la thésaurisation de l'or. La deuxième date du 16 juin 1933.

10. Le total est de 432, et non de 435 ; en raison de la vacance momentanée de trois sièges.

11. Cité par James T. Patterson, *Congressional Conservatism and the New Deal. The Growth of the Conservative Coalition in Congress, 1933-1939*, Lexington, University of Kentucky Press, 1967, pp. 1-2.

12. Cité par Patterson, *op. cit.*, p. 5.

13. Cité par Patterson, *op. cit.*, p. 8.

14. Cité par Patterson, *op. cit.*, p. 6.

15. Cité par Patterson, *op. cit.*, pp. 14-15.

16. André Maurois, *Chantiers américains*, Paris, Gallimard, 1933, pp. 64-65.

17. On oublie souvent que le président Hoover a beaucoup utilisé la radio au cours de son mandat, presque autant que le gouverneur Roosevelt pendant son deuxième mandat. Mais Hoover n'a pas trouvé le ton juste, qui convient à ce moyen de communication.

18. Frank Freidel, *Franklin D. Roosevelt, Launching the New Deal*, Boston, Little, Brown and Company, 1973, p. 232.

19. Cité par James T. Patterson, *The New Deal and the States. Federalism in Transition*, Princeton, New Jersey, Princeton University Press, 1969, p. 26.

20. Cité par Katie Louchheim, *The Making of the New Deal. The Insiders Speak*, Cambridge, Harvard University Press, 1983, p. 237. Sur la « trahison » d'Alger Hiss à Yalta, *cf.* p. 611.

21. Témoignage de Frank Watson. Cité par Louchheim, *op. cit.*, p. 109.

22. Le Postmaster General, c'est-à-dire le secrétaire aux Postes, avait notamment pour fonction de répartir entre les membres du parti la manne des emplois. Car les postes sont l'une des principales administrations fédérales et bon nombre d'emplois sont disponibles lors de l'entrée en fonctions d'un nouveau président. Sur les difficultés du rôle de Farley, *cf.* John T. Flynn, *The Roosevelt Myth*, New York, The Devin-Adair Company, 1948, p. 6.

23. Maurois, *op. cit.*, p. 76.

24. D'intéressantes observations sur ce thème dans Stephen Hess, *Organizing the Presidency*, Washington, DC, The Brookings Institution, 1976, p. 36.

25. Cité par Hess, *op. cit.*, p. 30.

26. Cette citation et celles qui suivent sont tirées de Freidel, *op. cit.,* p. 351.

27. Freidel, *op. cit.,* p. 409.

28. *Cf.* James McGregor Burns, *Roosevelt, The Lion and the Fox*, New York, Harcourt Brace Jovanovich Inc., 1956, pp. 183-184.

VIII. La création de l'Etat-Providence
1934-1936

1. Sur l'origine de l'expression, *cf.* Roland Marx, *La Vie quotidienne en Angleterre au temps de l'expérience socialiste, 1945-1951*, Paris, Hachette, 1983, p. 20.

2. Cité par Dixon Wecter, *The Age of the Great Depression 1929-1941*, New York, New Viewpoints, A Division of Franklin Watts, 1975 (1re édition 1948), p. 272.

3. Cité par Paul Taylor, *On the Ground in the Thirties*, Salt Lake City, Gibbs M. Smith, 1983, p. 175.

4. Cité par Taylor, *op. cit.*, p. 176.

5. Statistiques tirées de Lester V. Chandler, *America's Greatest Depression 1929-1941*, New York, Harper & Brothers, 1970, pp. 3-8.

6. Se reporter au chapitre X.

7. Précisons que les carcasses ont été achetées par la Federal Surplus Relief Administration et que la viande a été distribuée dans le cadre des secours d'urgence. Ce qui n'a pas calmé l'indignation de la Société protectrice des animaux.

8. Pour un bilan de l'AAA, voir Theodore Saloutos, « New Deal Agricultural Policy : An Evaluation », in *The Journal of American History*, 61, septembre 1975, pp. 316-337.

9. Cité par James T. Patterson, *America's Struggle Against Poverty 1900-1980*, Cambridge, Harvard University Press, 1981, p. 59. Sur la CWA, un excellent ouvrage de Bonnie Fox Schwartz, *The Civil Works Administration 1933-1934. The Business of Emergency Employment in the New Deal*, Princeton, Princeton University Press, 1984.

10. L'autre est le général MacArthur. Cité par Frank Freidel, *Franklin D. Roosevelt. Launching the New Deal*, Little, Brown and Company, 1956, p. 331.

11. La *Bible Belt*, la « ceinture de la Bible », part de la Virginie, traverse le Sud profond, franchit le Mississippi et se termine en Californie méridionale. Elle a pour caractère d'être le fief des fondamentalistes protestants.

12. Sur la bibliographie concernant le Parti communiste américain dans les années trente et quarante, se reporter aux deux articles de Theodore Draper, « American Communism Revisited », et « The Popular Front Revisited », *The New York Review of Books*, 9 et 30 mai 1985, pp. 32-37 et 44-48.

13. Cité par James McGregor Burns, *Roosevelt. The Lion and the Fox*, Londres, Secker & Warburg, 1956, p. 208.

14. Sur l'atmosphère qui prévaut dans l'entourage, *cf.* Robert Sherwood, *Roosevelt and Hopkins. An Intimate History*, New York, Harper & Brothers, 1948, p. 65.

15. Sur la rencontre de Keynes et de Roosevelt, se reporter à Burns, *op. cit.*, pp. 330-336 et à Schlesinger, *op. cit.*, pp. 401-408.

16. Cité par James T. Patterson, *Congressional Conservatism and the New Deal*, Lexington, University of Kentucky Press, 1967, pp. 75-76.

17. Cité par Schlesinger, *op. cit.*, p. 280.

18. Cité par William E. Leuchtenburg, *Franklin D. Roosevelt and the New Deal*, New York, Harper & Row, 1963, p. 131.

19. Une très bonne analyse de Robert Bremmer, « The New Deal and Social Welfare », in Harvard Sitkoff, *Fifty Years Later. The New Deal Evaluated*, Philadelphia, Temple University Press, 1985.

20. Statistiques tirées de Jim Potter, *The American Economy Between the World Wars*, New York, John Wiley and Sons, 1974, p. 143.

21. Cité par Burns, *op. cit.*, pp. 264-265.

22. Cité par Frank Freidel, *Franklin D. Roosevelt. Launching the New Deal*, Boston, Little, Brown and Company, 1973, p. 289.

23. Analyse tirée de Graham J. White, *FDR and the Press*. Chicago, The University of Chicago Press, 1979, p. 23.

24. Cité par Alan Brinkley, *Voices of Protest. Huey Long. Father Coughlin, & the Great Depression*, New York, Alfred A. Knopf, 1982, p. 258. Cet ouvrage récent est une excellente étude des dissidences démocrates.

25. Statistiques tirées de Robert S. McElvaine, *The Great Depression : America, 1929-1941*, New York, Times Books, 1984, pp. 320-321.

26. Robert S. Lynd and Helen Merrell Lynd, *Middletown in Transition. A Study in Cultural Conflicts*, New York, Harcourt Brace Jovanovich, 1937, pp. 361-362.

27. On lira avec grand profit l'ouvrage de Samuel Lubell, *The Future of American Politics*, Garden City, NY, Doubleday Anchor Books, 2ᵉ édition, 1955.

28. *Cf.* André Kaspi, « Les Juifs américains face à la Choa », in *Yod*, numéro 19, année 1984, pp. 81-96.

29. *Cf.* Harvard Sitkoff, « The New Deal and Race Relations », in Sitkoff, *op. cit.*, pp. 93-111. Une bibliographie complète l'étude.

30. L'impression est renforcée par la loi du 18 juin 1934 sur la propriété foncière des Indiens. *Cf.* Nelcya Delanoe, *L'Entaille rouge*, Paris, Maspéro, 1982.

31. Joseph Kennedy est le père du futur président. Giannini est le fondateur de la Bank of America. Watson préside aux destinées d'IBM.

32. Cité par McElvaine, *op. cit.*, p. 322.

33. *Cf.* Susan Ware, « Women and the New Deal », in Sitkoff, *op. cit.*, pp. 113-132.

IX. La fin du New Deal
1937-1939

1. Cité par James McGregor Burns, *Roosevelt The Lion and the Fox*, Londres, Secker & Warburg, 1956, p. 297.

2. Cité par Ted Morgan, *FDR. A Biography*, New York, Simon and Schuster, 1985, p. 520.

3. Cité par Robert McElvaine, *The Great Depression : America, 1929-1941*, New York, Times Books, 1984, p. 235.

4. Cité par Morgan, *op. cit.*, p. 528.

5. Statistiques tirées de Lester, V. Chandler, *America's Greatest Depression 1929-1941*, New York, Harper & Row, 1970, pp. 129-132.

6. Cité par Burns, *op. cit.*, p. 320.

7. Citée par Burns, *op. cit.*, p. 333.

8. Les *copperheads* sont des serpents. Dans le Nord, on désignait par ce terme les partisans de la cause sudiste au temps de la guerre de Sécession. On notera que Roosevelt recourt à la formule « la guerre entre les Etats », une formule relativement neutre qui satisfaisait les Etats du Sud.

9. Cité par Morgan, *op. cit.*, p. 546.

10. Excellente analyse de la campagne d'opinion de Roosevelt dans James T. Patterson, *Congressional Conservatism and the New Deal*, Lexington, University of Kentucky Press, 1967, p. 280.

11. Cité par Patterson, *op. cit.*, p. 281.

12. Allusion, bien évidemment, aux séjours de Roosevelt à Warm Springs et à sa volonté de se considérer lui aussi comme un Sudiste.

13. William E. Leuchtenburg, *Franklin D. Roosevelt and the New Deal*, New York, Harper Torchbooks, 1963, p. 269.

14. Cité par Morgan, *op. cit.*, p. 530.

15. Cité par Morgan, *op. cit.*, p. 509.

16. Sur les idées et l'influence de l'extrême droite, voir Seymour Lipset et Earl Raab, *The Politics of Unreason. Right-Wing Extremism in America, 1790-1970*, New York, Harper & Row, 1973 (1re édition 1970), pp. 150-208.

17. Sur les nouvelles missions du FBI, voir Athan Theoharis, *Spying on* Americans. Political Surveillance from Hoover to the Huston Plan, Philadelphie, Temple University Press, 1978, pp. 66-70.

18. Sur l'histoire de la commission, voir Walter Goodman, *The Committee*, Baltimore, Maryland Penguin Books, 1969 (1re édition 1964), pp. 25 et *sq.* La commission aura une activité autrement plus spectaculaire de 1947 à 1954.

19. Thomas poursuit sa carrière politique après la Deuxième Guerre mondiale. Il continue à siéger dans la commission jusqu'au moment où il est condamné à la prison pour corruption.

20. Cité par Harvard Sitkoff, ed., *Fifty Years Later. The New Deal Evaluated*, Philadelphie, Temple University Press, 1985, p. 217.

21. Cité par Sitkoff, *op. cit.*, p. 216.

22. Cité par Sitkoff, *op. cit.*, p. 214.

23. Dans le recueil d'études qu'a publié Harvard Sitkoff et qui a été déjà mentionné plusieurs fois.

24. Sur la loi, voir Richard Polenberg, *Reorganizing Roosevelt's Government*, Cambridge, Harvard University Press, 1966.

25. Sur le cinéma américain des années trente, voir Jean-Loup Bourget, *Hollywood, années 30, Du krach à Pearl Harbor*, Paris, Hatier/5 Continents, 1986.

26. Frances Perkins, *Roosevelt*, Paris, Le livre du jour, 1947, pp. 81-84.

27. Statistiques tirées de Alan Lawson, « The Cultural Legacy of the New Deal », in Sitkoff, *op. cit.*, p. 163. Se reporter surtout à Jane De Hart Mathews, « Arts and the People : The New Deal Quest for a Cultural Democracy », in *The Journal of American History*, vol. LXII, September 1975, pp. 316-337.

28. Cité par McElvaine, *op. cit.*, pp. 238-239.

29. Les traces d'Amelia Earhart n'ont jamais été retrouvées. Ce qui alimente les interprétations les plus diverses et les plus farfelues. *Cf. International Herald Tribune*, 6 juillet 1987.

30. Ces exemples sont tirés de Leuchtenburg, *op. cit.*, p. 340.

X. Le monde de l'avant-guerre
vu de la Maison Blanche

1. Sur Cordell Hull, voir Julius Pratt, *Cordell Hull*, New York, 1964.

2. Cordell Hull, *The Memoirs of Cordell Hull*, New York, 2 vols., p. 155. Sur les relations passablement compliquées entre Roosevelt et Hull, voir F. B. Misse, « Roosevelt et le département d'Etat », in *Revue d'histoire de la Deuxième Guerre mondiale*, n° 82, avril 1971, pp. 1-26. Et une très bonne analyse dans Jean-Baptiste Duroselle, *De Wilson à Roosevelt. La politique extérieure des Etats-Unis, 1913-1945*, Paris, Librairie Armand Colin, 1960, p. 252.

3. Ministère des Affaires étrangères (MAE). Saint-Quentin à Affaires étrangères, 3 août 1938. Toutes les citations des dépêches des représentants français à Washington sont tirées des archives, non publiées, du ministère des Affaires étrangères.

4. Sur le fonctionnement du département d'Etat, voir William L. Langer et S. Everett Gleason, *The Challenge to Isolation, 1937-1940*, New York, Oxford University Press, 1952, pp. 8-10.

5. Hull, *op. cit.*, p. 195.

6. Hull, *ibidem*.

7. Sumner Welles est né en 1892 dans le même milieu que Roosevelt. Il fait sa scolarité, lui aussi, à Groton et à Harvard. Puis il entre au département d'Etat en 1915, sert à Tokyo, à Buenos Aires, dans la République dominicaine, au Honduras et, bien sûr, à Washington. C'est un spécialiste des affaires de l'Amérique latine. Il fut à l'origine de la politique de « bon voisinage ». Avant d'être nommé sous-secrétaire d'Etat en 1937, il a été ambassadeur à Cuba et exercé les fonctions de secrétaire-adjoint. Il quittera le département d'Etat en 1943. Il a tenu un rôle important à la convention démocrate de Chicago en 1932.

8. Hull, *op. cit.*, p. 194.

9. Cité par Arthur M. Schlesinger, Jr., *The Age of Roosevelt*, Boston, Houghton Mifflin Co., 1958. Traduction française chez Denoël (1971), II, p. 226.

10. Traduction de Maurice Vaïsse, « Les aspects monétaires du New Deal vus en France », in *Revue d'histoire moderne et contemporaine*, tome XVI, juillet-septembre 1969, pp. 462-479.

11. Cité par Schlesinger, *op. cit.*, p. 253.

12. Voir sur les réactions françaises l'excellent article de Maurice Vaïsse.

13. En 1904-1905, le président Theodore Roosevelt a défini le corollaire à la doctrine de Monroe : puisque les Etats-Unis estiment que les puissances européennes ne doivent pas intervenir dans les affaires de l'Amérique latine, il appartient à Washington de régler les conflits qui naîtraient dans cette région du monde.

14. L'amendement Platt est inclus dans le traité de 1903 entre Cuba et les Etats-Unis.

15. Dorothy Borg, *The United States and the Far Eastern Crisis of 1933-1938*, Cambridge, Harvard University Press, 1964.

16. Très bonne étude dans Warren I. Cohen, *The American Revisionists*, Chicago, The University of Chicago Press, 1967.

17. Les *muckrakers* (les fouille-merde) sont des journalistes, des écrivains, des historiens, des travailleurs sociaux, qui

dénoncent les effets pervers de l'enrichissement des Etats-Unis, en particulier la corruption et la fraude qui favorisent les riches au détriment de l'intérêt général. Leur heure de gloire remonte aux premières années du XXe siècle.

18. Voir Manfred Jonas, *Isolationism in America, 1935-1941*, Ithaca, N.Y., Cornell University Press, 1966.

19. Bien que le Middle West soit plus sensible que les autres régions des Etats-Unis à l'isolationnisme. L'ambassadeur d'Allemagne à Washington note en 1937 dans un rapport sur les isolationnistes : « Leurs sympathisants, on les trouve d'abord dans de larges fractions de la population, notamment dans le Midwest, qui sont indifférentes à la politique étrangère et n'aspirent qu'à la tranquillité ; puis, dans toutes les organisations pacifistes, notamment celles qui tirent leur soutien des milieux libéraux et ouvriers. » Cité par Jonas, *op. cit.*, p. 208.

20. Sur tout ce qui touche à la législation de la neutralité, *cf.* Robert A. Divine, *The Reluctant Belligerent. American Entry Into World War II*, New York, John Wiley and Sons, 1965.

21. Cité par Selig Adler, *The Uncertain Giant 1921-1941*, New York, The Macmillan Company, 1965, p. 150.

22. Roosevelt a nommé comme ambassadeur à Berlin un professeur d'histoire, de l'Université de Chicago, William E. Dodd, dont les rapports sur le régime nazi sont excellents. Son successeur est Hugh Wilson, qui est rappelé à Washington à la fin de 1938, en signe de protestation contre la Nuit de Cristal.

23. Cité par Allen Guttmann, *The Wound in the Heart. America and the Spanish Civil War*, New York, The Free Press of Glencoe, 1962, p. 119.

24. Cité par Jonas, *op. cit.*, p. 158.

25. Par la procédure de l'*impeachment*, le Congrès peut suspendre le président de ses fonctions. Elle s'appuie sur la Constitution et est prévue dans le cas de « trahison, concussion ou autres crimes et délits ».

26. Ce dialogue est rapporté dans Duroselle, *op. cit.*, pp. 269-270.

27. *Cf.* Langer et Gleason, *op. cit.*, p. 38.

28. Sur cette question, voir John McVickar Haight, *American Aid to France, 1938-1940*, New York, Atheneum, 1970.

29. La réponse de Borah est d'une insolence rare. Elle témoigne d'une ignorance inquiétante sur la situation européenne. Toutefois, en d'autres circonstances, Roosevelt lui-même disait à Frances Perkins : « Je sais ce que pense le département d'Etat. Vous savez, les moyens officiels de communication et d'information sont souvent passablement rigides. Ils doivent se baser sur des sources officielles. Ceux qui font un pareil travail se mêlent rarement à la foule. » Cité par F.B. Misse, « Roosevelt et le département d'Etat », in *Revue d'histoire de la Deuxième Guerre mondiale*, n° 82, avril 1971, p. 8.

30. Il est vraisemblable que Roosevelt a su que Soviétiques et Allemands s'apprêtaient à signer un pacte de non-agression et qu'il en a averti Londres et Paris. Charles Bohlen, alors en poste à Moscou, a été informé par un diplomate allemand antinazi. Il a alerté le département d'Etat qui est resté sceptique, mais a passé l'information aux ambassadeurs français et britannique. *Cf.* Charles Bohlen, *Witness to History, 1929-1969*, New York, W. W. Norton and Company, 1973, p. 82.

XI. Un spectateur engagé. Les Etats-Unis et l'Europe 1939-1941

1. Cité par Manfred Jonas, *Isolationism in America. 1935-1941*. Ithaca, NY, Cornell University Press, 1966, p. 208.

2. Cette correspondance est publiée par Francis L. Loewenheim, Harold D. Langley et Manfred Jonas, *Roosevelt and Churchill. Their Secret Wartime Correspondence*, New York, Saturday Review Press / E.P. Dutton & Co., 1975.

3. *Cf.* Forrest Davis et Ernest K. Lindley, *How War Came. An American White Paper. From the Fall of France to Pearl Harbor*, New York, Simon and Schuster, 1942.

4. Ambassadeur américain en Pologne, Biddle est replié en France. Bullitt, ambassadeur en France, est resté à Paris.

5. Sur les grandes lignes des relations franco-américaines, telles qu'elles sont rapportées dans les documents diplomatiques américains, voir Adrienne Hytier, « La politique des Etats-Unis en Europe entre 1939 et 1941 (d'après les documents diplomatiques américains) », in *Revue d'histoire de la Deuxième Guerre mondiale*, n° 67, juillet 1967, pp. 31-50.

6. C'est l'opinion qu'exprime Robert Murphy, *Diplomat Among Warriors*, Garden City, NY, Doubleday & Company, 1964, p. 52.

7. Correspondance entre le comte de Saint-Quentin et Paul Baudouin, in Ministère des Affaires étrangères, Papiers Charles-Roux, carton 34.

8. Les 10 et 11 juin 1940 paraît dans les journaux de New York, de Chicago, de Los Angeles, de Dallas, de Des Moines et de Portland un article de Robert Sherwood, l'un des proches collaborateurs de Roosevelt. Titre de l'article : « Arrêtez Hitler maintenant ! » Argument principal : « Les nazis attendront-ils que nous soyons prêts à les combattre ? Celui qui soutient qu'ils attendront est ou bien un imbécile ou bien un traître. » Cité par Walter Johnson, *The Battle Against Isolation*, Chicago, The University of Chicago Press, 1944.

9. Harold Ickes a une formule très percutante pour faire grief à Dewey de sa jeunesse. Pour dire d'un homme politique qu'il entre en lice, on dit en anglais qu'il jette son chapeau sur le ring. Ickes dit de Dewey qu'il a jeté « sa couche-culotte dans le ring ».

10. Henry Stimson est pour Roosevelt une très brillante recrue. Il a été nommé en 1906 par le président Theodore Roosevelt à un poste judiciaire. Puis, le président Taft en fait son secrétaire à la Guerre. De 1927 à 1929, il exerce les fonctions de gouverneur général des Philippines. Le président Hoover lui confie la tâche de diriger le département d'Etat de 1929 à 1933.

11. Frank Knox, propriétaire d'un des quotidiens de Chicago, a été en 1936 le colistier d'Afred Landon.

12. S'adressant à la convention républicaine, Willkie promet de défendre « votre » cause. Il conclut : « Je m'adresse à vous, les républicains, pour que vous vous ralliez à moi. » Ces maladresses expliquent les réticences des vétérans au sein du Parti républicain. L'un d'eux dit à Willkie : « Vous savez que chez nous, en Indiana, nous trouvons très bien que la prostituée locale aille à l'église, mais nous ne lui confions pas la direction du chœur dès le premier soir. » Cité par Robert E. Burke, « Election of 1940 », in Arthur M. Schlesinger and Fred Israel, *American Presidential Elections*.

13. Sur les origines du prêt-bail, voir Jean-Baptiste Duroselle, *De Wilson à Roosevelt. La politique extérieure des Etats-*

Unis 1913-1945, Paris, Librairie Armand Colin, 1960, pp. 307-312. L'auteur de la formule finale serait, d'après Robert Sherwood, William Knudsen ou Jean Monnet.

14. Sur les réactions allemandes à la conférence de l'Atlantique, voir Saul Friedländer, *Hitler et les Etats-Unis, 1939-1941*, Paris, Editions du Seuil, 1966, *op. cit.*, pp. 260-264.

15. Les sondages cités ci-dessous sont tirés de Duroselle, *op. cit.*, pp. 292-295.

16. *Cf.* Forrest Pogue, « La conduite de la guerre aux Etats-Unis (1942-1945). Ses problèmes et sa pratique », in *Revue d'histoire de la Deuxième Guerre mondiale*, n° 100, octobre 1975, pp. 67-94.

XII. Pearl Harbor
7 décembre 1941

1. Ce chapitre a été publié, dans sa plus grande partie, sous le titre : « Pearl Harbor, une provocation américaine ? », in *L'Histoire*, n° 101, juin 1987, pp. 36-44.

2. Il est vrai que l'attaque britannique de la flotte italienne à Tarente, le 11 novembre 1940, tient lieu de répétition générale pour la marine japonaise. Mais les plans de Yamamoto sont bien antérieurs à novembre 1941. Et l'ampleur du raid japonais sur Pearl Harbor est supérieure à celle du raid britannique sur Tarente. A vrai dire, le modèle du raid sur Pearl Harbor, c'est un autre raid japonais, celui de l'amiral Togo sur Port-Arthur et la flotte russe en 1904.

3. Le meilleur ouvrage est celui de G.W. Prange, *At Dawn We Slept The Untold Story of Pearl Harbor*, New York, McGraw-Hill, 1981.

4. Les Américains disposent d'une base navale dans l'archipel d'Hawaï depuis 1887, soit onze ans avant l'annexion.

5. Précisons que dans la marine américaine les cuirassés portent des noms d'Etats.

6. L'aviation n'est pas encore une arme indépendante. Elle dépend pour partie de l'armée de terre, pour partie de la marine.

7. Walter Lord, *Pearl Harbor*, Paris, Robert Laffont, 1957. Donne beaucoup d'anecdotes.

8. Husband E. Kimmel, *Admiral Kimmel's Story*, Chicago, Henry Regnery Company, 1955.

9. Le retard s'explique par les embouteillages et la pagaille que le raid a créés.

10. Dans un ouvrage passionnant, intitulé *Pearl Harbor. Warning and Decision*, Palo Alto, California, Stanford University Press, 1962.

11. In *Paix et Guerre, 1931-1941*, Washington, D.C. Département d'Etat des Etats-Unis, 1944, p. 149.

12. De très nombreux exemples de cette crainte apparaissent dans les premières années du xxᵉ siècle, sous la présidence de Theodore Roosevelt. En même temps que des marques d'hostilité en Californie à l'encontre de la communauté japonaise.

13. Le *Panay* est une canonnière américaine stationnée sur le Yang-tseu-kiang, qui a été bombardée par des avions japonais le 12 décembre 1937. En plein jour. Deux marins sont tués ; une trentaine blessés. Les survivants sont mitraillés. Tokyo présente ses excuses et verse des réparations. La crise s'apaise, surtout parce que l'opinion américaine ne veut pas entendre parler de guerre.

14. *In Le secret de Pearl Harbor*, Paris, Payot, 1955 (la version américaine date de 1954), p. 151.

15. John Toland, *Infamy : Pearl Harbor and its Aftermath*, New York, Doubleday, 1982.

16. Charles Tansill, *Back Door to War*, Chicago, Henry Regnery Company, 1962. Charles Beard, *President Roosevelt and the Coming of the War, 1941*, New Haven, Yale University Press, 1948.

17. C'est ce que fait observer Paul W. Schroeder, *The Axis Alliance and Japanese-American Relations*, Ithaca, N.Y., Cornell University Press, 1958. Schroeder estime que les Etats-Unis ont eu tort d'insister sur le problème chinois. En demandant le retrait des forces japonaises, ils ont réclamé l'impossible, donc accepté le risque d'une guerre sur deux fronts.

18. Voir William L. Langer et S. Everett Gleason, *The Undeclared War, 1940-1941*, New York, Harper & Brothers, 1953, pp. 825-854. A vrai dire, pour le gouvernement impérial, les plans A et B sont les dernières formalités nécessaires avant de faire la guerre. Un ultime témoignage que tout a été tenté.

19. La scène est décrite dans Forrest Davis et Ernest K. Lindley, *How War came*, New York, Simon and Schuster, 1942, p. 5.

20. Robert Sherwood, *Roosevelt and Hopkins. An Intimate History*, New York, Harper & Brothers, 1948, p. 431.

21. Les services de décryptage américains ont travaillé plus vite que les services japonais de décodage. Ils ont traduit le message de Hirohito avant que l'ambassadeur Nomura n'en ait le texte intégral. Nomura devait remettre le message à 13 heures. Juste au moment où commencerait le raid sur Pearl Harbor. Il a plus d'une heure de retard. De plus, Nomura ignore tout de ce qui se prépare contre Hawaï.

22. Le raid a été entrepris avant toute déclaration de guerre. Mais, dans l'après-midi du dimanche, les Japonais ont fait connaître leur décision d'entrer en guerre. Les Etats-Unis reconnaissent, le lendemain, un état de fait.

23. La voix dissidente est celle de Jeannette Rankin, représentante du Montana. Elle avait été la seule voix dissidente en avril 1917 et venait d'être réélue à la Chambre quelques mois avant Pearl Harbor.

24. Frances Perkins, *Roosevelt*, Paris, Le Livre du Jour, 1947, p. 406.

25. Extrait du journal de Henry Stimson, 7 décembre 1941. Cité par Prange, *op. cit.*, p. 558.

26. Cité par Lee Kennett, *For the Duration. The United States Goes to War*, New York, Charles Scribner's Sons, 1985, p. 11.

27. Sur l'atmosphère qui prévaut, voir Richard R. Lingeman, *Don't You Know There's a War On ?*, New York, Paperback Library, 1971.

28. C'est le même législateur, John Rankin, qui demande en mars que les sexes soient séparés dans les camps d'internement pour éviter que les Japonais ne fassent des enfants.

29. Ironie du sort. Earl Warren, à la tête de la Cour suprême de 1953 à 1969, soutiendra une politique libérale, hostile à la ségrégation raciale et favorable à la défense des droits individuels.

30. La race caucasienne désigne aux Etats-Unis les Blancs. En l'occurrence, il s'agit des étrangers ou des Américains d'origine allemande et italienne. Ceux-là ne sont pas dangereux.

Roosevelt partage à moitié cette opinion. Il ne redoute pas les Italiens, « des chanteurs d'opéra », précise-t-il. Mais les Allemands, c'est une autre affaire. Et pourtant, rien n'a été entrepris contre les Américains d'origine allemande.

31. Une vingtaine d'autres Etats y apposent ensuite leur signature. Roosevelt refuse que la France Libre fasse partie des signataires. *Cf.* chapitre XIV.

XIII. Le chef d'une nation en guerre

1. Pour une vue d'ensemble, voir Harold G. Vatter, *The U.S. Economy in World War II*, New York, Columbia University Press, 1985.

2. Sur la mise en place d'une économie de guerre, se reporter au numéro 65, janvier 1967, de la *Revue d'histoire de la Deuxième Guerre mondiale*. On y trouvera une introduction de Jacques Néré et des articles de R. M. Leighton, d'A. Blum et J. Grossman, d'E. Smith et de T. B. Worsley. Il y a là des informations de tout premier ordre.

3. Le bilan est fort bien dressé par Henri Michel, *La Seconde Guerre mondiale*, Paris, Presses Universitaires de France, 1969, tome 2, pp. 21-36.

4. Sur la vie quotidienne pendant la guerre, Richard R. Lingeman, *Don't You Know there's a War on ? The American Home Front, 1941-1945*, New York, Paperback Library, 1971. Et John Morton Blum, *V Was for Victory. Politics and American Culture During World War II*, New York, Harcourt Brace Jovanovich, 1976.

5. Little Steel regroupe les sidérurgistes qui ne font pas partie de l'U.S. Steel. C'est un regroupement informel.

6. Voir Forrest C. Pogue, « La conduite de la guerre aux Etats-Unis (1942-1945). Ses problèmes et sa pratique », in *Revue d'histoire de la Deuxième Guerre mondiale*, n° 100, octobre 1975, pp. 67-94. Et du même auteur, « Roosevelt et Marshall : une étude des relations entre deux commandants », *ibidem*, n° 82, avril 1971, pp. 27-46.

7. Sur la stratégie américaine, *cf.* Jean-Baptiste Duroselle, *De Wilson à Roosevelt. La politique extérieure des Etats-Unis, 1913-1945*, Paris, Librairie Armand Colin, 1960.

8. Deux ouvrages récents sur l'OSS et Donovan : Richard Dunlop, *Donovan. America s Master Spy*, New York, Rand McNally and Co., 1982. Et Bradley F. Smith, *The Shadow Warriors. OSS and the Origins of the CIA*, New York, Basic Books, 1983.

9. Deux Américains condamnés pour espionnage au bénéfice de l'Angleterre au cours de la guerre d'Indépendance.

10. *Cf.* Richard Polenberg, « Les libertés civiles aux Etats-Unis », in *Revue d'histoire de la Deuxième Guerre mondiale*, n° 88, octobre 1972, pp. 19-44.

11. Herbert Mitgang, « Policing America's Writers », in *The New Yorker*, 5 octobre 1987, pp. 47-90.

12. La liste des ouvrages qui traitent de cette question serait longue. Deux articles apportent une mise au point intéressante. Nicole Leblanc, « Du projet Manhattan à Hiroshima : histoire d'une décision », in *Relations internationales*, n° 49, printemps 1987, pp. 71-93 et Martin J. Sherwin, « The Atomic Bomb and the Origins of the Cold War : U.S. Atomic Energy Policy and Diplomacy, 1941-1945 », in *The American Historical Review*, volume 78, n° 4, octobre 1973, pp. 945-968. Chacun de ces articles est complété par une abondante bibliographie.

13. Klaus Fuchs est un réfugié allemand qui a acquis la citoyenneté britannique en 1942. Physicien renommé, il fait partie de l'équipe britannique qui collabore, aux Etats-Unis, avec les Américains. Puis, il participe à la fabrication de la bombe britannique. Il est arrêté pour espionnage en 1949 et condamné en janvier 1950. Il est mort en République démocratique allemande en 1988.

14. Henry Stimson, *Faut-il recommencer la guerre ?*, Paris, l'Elan, 1949, p. 408.

15. C'est à Alamogordo (Nouveau-Mexique) au sud de Los Alamos qu'a eu lieu, le 16 juillet 1945, la première expérience atomique.

16. Edward S. Corwin, *The President, Office and Powers 1787-1948. History and Analysis of Practice and Opinion*, New York, New York University Press, 1948.

17. Robert Sherwood, *Roosevelt and Hopkins. An Intimate History*, New York, Harper & Brothers, 1948.

18. Sur cette question, le meilleur ouvrage est celui de David Wyman, *L'Abandon des Juifs*, Paris, Flammarion, 1984.

19. Une grande partie du passage sur les Juifs et Roosevelt a paru dans *Yod*, numéro 19, année 1984, sous le titre : « Les Juifs américains et la choa » par André Kaspi.

20. *Cf.* Walter Laqueur, *Le Terrifiant Secret*, Paris, Gallimard, 1980.

21. Les sionistes révisionnistes sont les partisans de Jabotinsky. Ils forment l'aile droite du mouvement sioniste et ont rompu avec les sionistes généraux.

22. D'après Wyman, *op. cit.*, note 9, p. 397, aucun document ne permet de conclure que Roosevelt était au courant des projets de bombardements sur le camp d'Auschwitz ou les voies ferrées qui y conduisaient.

23. Il est intervenu auprès du général Giraud, au printemps de 1943, pour que le décret Crémieux soit rétabli en Algérie.

24. Sur le Parti communiste américain pendant la guerre, voir Maurice Isserman, *Which Side were You on ?*, Middletown, CT, Wesleyan University Press, 1982.

25. En 1945, Jacques Duclos adresse un sévère rappel à l'ordre aux communistes américains. Peu après, Browder est exclu.

26. Willkie meurt brutalement le 9 octobre 1944.

XIV. Roosevelt, la France et les Français
1941-1945

1. Cité par William Leahy, *J'étais là*, Paris, Plon, 1950, p. 525.

2. Leahy, *op. cit.*, pp. 30 et 35.

3. Leahy, *op. cit.*, p. 75.

4. Cité par William Langer et S. Everett Gleason, *The Undeclared War*, New York, Harper & Row, 1953, p. 151.

5. Langer et Gleason, *op. cit.*, p. 161.

6. Leahy, *op. cit.*, p. 83.

7. Là-dessus, il faut consulter Robert Murphy, *Diplomat among Warriors*, Garden City, N.Y., Doubleday & Company, 1964.

8. Cité par Langer et Gleason, *op. cit.*, pp. 399-401.

9. Cité par Adrienne Hytier, *Two Years of French Foreign Policy. Vichy 1940-1942*, Genève, Droz, 1958, p. 274.

10. Le rapport de Weygand adressé à Vichy est transmis par Robert Murphy à Washington le 18 novembre 1941. U.S.

Department of State, *Foreign relations of the United States (FRUS)*, II, 1941, p. 461.

11. Leahy, *op. cit.*, p. 95.

12. Sur la situation aux Antilles françaises, voir Jean-Baptiste Duroselle, *L'Abîme*, Paris, Imprimerie Nationale, pp. 256-259. Et Henry Blumenthal, *Illusion and Reality in Franco-American Diplomacy 1914-1945*, Baton Rouge, Louisiana State University Press, 1986, pp. 279-280.

13. Leahy, *op. cit.*, p. 59.

14. L'un d'entre eux a publié ses souvenirs. Kenneth Pendar, *Le Dilemme France-Etats-Unis*, Montréal, Editions Beauchemin, p. 1946.

15. Leahy, *op. cit.*, p. 48.

16. La meilleure étude est de Douglas Anglin, *The Saint-Pierre and Miquelon Affaire of 1941*, Toronto, University of Toronto Press, 1966.

17. Anglin, *op. cit.*, p. 146.

18. Excellent article de Kim Munholland, « The Trials of the Free French in New Caledonia, 1940-1942 », in *French Historical Studies*, vol. XIV, n° 4, Fall 1986, pp. 547-579.

19. Charles de Gaulle, *Mémoires de guerre. L'unité*. Paris, Librairie Plon, 1956, pp. 7-8.

20. Pour ce passage sur la « comédie » d'Alger, voir André Kaspi, *La Mission de Jean Monnet à Alger, mars-octobre 1943*. Paris, Editions Richelieu et Publications de la Sorbonne, 1971. ce travail se fonde sur le dépouillement des papiers personnels de Jean Monnet.

21. De Gaulle, *op. cit.*, pp. 408-412. Compte rendu intégral de la conversation.

22. *FRUS*, II, Europe, 1943, p. 23.

23. De Gaulle, *op. cit.*, p. 441.

24. « Oui ! Pendant la Première Guerre mondiale, vous, Américains, n'avez tiré le canon qu'avec nos canons, roulé en char que dans nos chars, volé en avion que sur nos avions. Avons-nous, en contrepartie, exigé de la Belgique, de la Serbie, de la Russie, de la Roumanie, avons-nous exigé des Etats-Unis la désignation de tel ou tel chef ou l'institution d'un système politique déterminé ? » De Gaulle, *op. cit.*, p. 116.

25. Sur l'« affaire de la Lotharingie », voir p. 610.

26. *FRUS*, III, 1944, p. 742.

27. Cité par Robert Dallek, *Franklin D. Roosevelt and American Foreign Policy, 1932-1945*, New York, Oxford University Press, 1979, p. 458.

28. Voir Charles-Louis Foulon, « L'affaire de l'AMGOT. Un gouvernement militaire allié pour la France », in *L'Espoir*, n° 47, juin 1984, pp. 18-22.

29. En fait, les billets furent imprimés sans la mention « République française ». *Cf.* Duroselle, *op. cit.*, p. 493.

30. Cité par James McGregor Burns, *Roosevelt : the Soldier of Freedom*, New York, Harcourt Brace Jovanovich, 1970, p. 481.

31. Encore l'attitude de Cordell Hull ne tardera-t-elle pas à changer.

32. Cité par Francis Loewenheim, Harold Langley et Manfred Jonas, *Roosevelt and Churchill, Their Secret Wartime Correspondence*, New York, Saturday Review Press/E.P. Dutton, 1975, p. 531.

33. Dans *L'Espoir*, n° 26, mars 1979, p. 51.

34. De Gaulle, *op. cit.*, pp. 236-240.

35. Dans *L'Espoir*, n° 26, mars 1979, pp. 50-51.

36. *Cf.* Steven Sapp, thèse non publiée, soutenue devant Kent State University, août 1978.

37. Walter LaFeber, « Roosevelt, Churchill, and Indochina : 1942-1945 », in *The American Historical Review*, vol. 80, n° 5, December 1975, pp. 1277-1295. Compléter avec Gary Hess, « Franklin Roosevelt and Indochina », in *The Journal of American History*, vol. LIX, n° 2, September 1972, pp. 353-368.

XV. Préparer l'après-guerre

1. Cité par Robert Dallek, *Franklin D. Roosevelt and American Foreign Policy, 1932-1945*, New York, Oxford University Press, 1979, p. 358.

2. Cité par Charles Alexander, *Nationalism in American Thought, 1930-1945*, Chicago, Rand McNally & Company, 1969, p. 192.

3. Cité par William Neumann, *After Victory : Churchill, Roosevelt, Stalin and the Making of the Peace. U.S. and Allied Diplomacy in World War II*, New York, Harper Colophon Books, 1967, p. 50.

4. Walter Lippmann, *Buts de guerre des Etats-Unis*, New York, Overseas Editions, 1944, p. 1.

5. Cité par Dallek, *op. cit.*, p. 359.

6. Robert Sherwood, *Roosevelt and Hopkins. An Intimate History*, New York, Harper & Brothers, 1948, p. 227.

7. Francis Loewenheim, Harold Langley et Manfred Jonas, *Roosevelt and Churchill. Their Secret Wartime Correspondence*, New York, Saturday Review Press / E.P. Dutton, 1975, pp. 149-151.

8. Cité par John Lewis Gaddis, *The United States and the Origins of the Cold War*, New York, Columbia University Press, 1972, p. 2.

9. Cité par Gaddis, *op. cit.*, p. 9.

10. Cité par Gaddis, *op. cit.*, p. 13.

11. Cité par Neumann, *op. cit.*, p. 65.

12. *Cf.* Russell Buhite, *Decisions at Yalta*, Wilmington, Delaware, Scholarly Resources Inc., 1986.

13. Un très bon chapitre dans Gaddis, *op. cit.*, pp. 32-62.

14. Sherwood, *op. cit.*, pp. 693-694.

15. George Kennan soutient cette thèse avec vigueur. In *Russia and the West*, Boston, Little, Brown and Company, 1960, pp. 349-369.

16. Cité par Dallek, *op. cit.*, p. 472.

17. Le gouvernement provisoire de la République française n'est reconnu par les Etats-Unis que le 23 octobre. En conséquence, il ne participe pas à la conférence de Dumbarton Oaks.

18. Lippmann, *op. cit.*, p. 100.

19. Cité par Gaddis, *op. cit.*, p. 64.

20. Roosevelt exagère l'importance arithmétique et politique de la communauté polonaise aux Etats-Unis.

21. Il faut rappeler, une fois de plus, que c'est Churchill, à la conférence de Moscou d'octobre 1944, qui a délimité avec Staline les pourcentages d'influence en Europe orientale et centrale. Les Américains ne sont nullement liés par cet accord secret.

22. Alger Hiss a été mis en accusation devant la commission des activités non-américaines de la Chambre des représentants en 1948. Traduit devant un tribunal pour faux témoignage, il

est condamné à cinq ans de détention en janvier 1950. Il aurait passé des documents aux Soviétiques. Il était présent à Yalta comme directeur adjoint du Bureau des affaires politiques du département d'Etat. Ce qui lui donnait peu d'influence. Il a dirigé la délégation américaine à la conférence de San Francisco.

23. L'escale est réduite au minimum pour dissiper toute méfiance de la part de Staline.

24. Une partie de l'itinéraire est encore soumise aux tirs de la DCA allemande.

25. Voir Buhite, Sherwood, et Cyrus L. Sulzberger, *Such a Peace. The Roots and Ashes of Yalta*, New York, A Giniger Book, Continuum, 1982.

26. Cité par F.B. Misse, « Le rôle des Etats-Unis dans les conférences de Malte et de Yalta », in *Revue d'histoire de la Deuxième Guerre mondiale*, n° 75, juillet 1969, pp. 41-70.

27. La ligne Curzon, définie par les Alliés en 1919, défendue en 1920 par lord Curzon, ministre britannique des Affaires étrangères, fixe la frontière entre la Pologne et l'Union soviétique. Elle passe par Grodno, Valovka, Nemurov, Brest-Litovsk et à l'est de Przemysl. *Cf.* Jean-Baptiste Duroselle, *Histoire diplomatique de 1919 à nos jours*, Paris, Dalloz, 9ᵉ édition, 1985, p. 44.

28. *Cf.* la communication non publiée d'Arthur M. Schlesinger pour le colloque de Cagliari, 24 avril 1987, « Roosevelt's Diplomacy at Yalta. »

29. Voici l'opinion de Roosevelt en janvier 1945 : « Notre position économique ne nous donne pas une arme dans la négociation, parce que son seul impact porte sur le prêt-bail. Si nous le réduisons, nous nous nuirons tout autant que nous nuirons aux Russes. »

30. Buhite, *op. cit.*, pp. 58-62, raconte l'affaire. Elle concerne deux millions de citoyens soviétiques, dont 500 000 ont été contraints ou ont accepté librement de revêtir l'uniforme allemand. Les autres sont des prisonniers de guerre et des déportés du travail. En fait, la négociation entre les Occidentaux et les Soviétiques a commencé dès l'été 1944. Il s'agit d'obtenir, dans les meilleures conditions possibles, un échange. L'accord est conclu à Yalta. Son application donnera lieu à des scènes

déchirantes, lorsque bon nombre de citoyens soviétiques, devinant le sort qui les attend, tentent par tous les moyens de rester dans les pays occidentaux.

XVI. Tel qu'en lui-même, enfin

1. Robert Sherwood, *Roosevelt and Hopkins. An Intimate History*, New York, Harper & Brothers, 1948, p. 880.

2. Elliott Roosevelt et James Brough, *A Rendezvous With Destiny. The Roosevelts of the White House*, New York, A Dell Book, 1975, p. 419. Elliott Roosevelt prend soin, compte tenu de la date à laquelle son livre est publié, de souligner que la petite maison de Warm Springs, en bois, n'a rien à voir avec la propriété de Richard Nixon à San Clemente.

3. La description du cortège, au départ de Warm Springs, est tirée de *Life*, 23 avril 1945, pp. 19 et suivantes.

4. Eleanor Roosevelt, *Ma vie*, Paris, Editions Gonthier, 1965, p. 269.

5. Eleanor Roosevelt, *op. cit.*, p. 269. Une autre interprétation serait que la famille a voulu dissimuler le visage de Roosevelt, fortement marqué par les effets de l'hémorragie cérébrale.

6. James McGregor Burns, *Roosevelt : the Soldier of Freedom*, New York, Harcourt Brace Jovanovich, 1970, p. 602. Sous le titre : « Today's Army-Navy Casualty List ». (Liste des pertes de l'Armée et de la Marine aujourd'hui).

7. Voir un ouvrage très intéressant de Alfred Haworth Jones, *Roosevelt's Image Brokers, Poets, Playwrights, and the Use of the Lincoln Symbol*, Port Washington, N.Y., National University Publications, 1974.

8. Sherwood, *op. cit.*, pp. 883-884. Le récit de l'entrevue entre Harriman et Staline est donné par Hopkins lui-même et reproduit par Sherwood.

9. Winston Churchill, *The Second World War. Triumph and Tragedy*, Boston, Houghton Mifflin Company, 1953, pp. 471-478.

10. La scène est rapportée par William Shirer, *The Rise and Fall of the Third Reich*, New York, Simon and Schuster, 1960, p. 1110.

11. Joseph Lash, *Eleanor and Franklin*, New York, W.W. Norton, 1971.

12. *Cf.* la lettre de Lucy à Anna, datée du 9 mai 1945 et reproduite dans Hugh Gregory Gallagher, *FDR's Splendid Deception*. New York, Dodd, Mead & Company, 1985, pp. 226-228.

13. Eleanor Roosevelt, *op. cit.*, p. 272.

14. Sur Eleanor après 1945, voir Joseph Lash, *Eleanor : the Years Alone*, New York, W.W. Norton, 1972. Le détail de ses gains est extrait de l'ouvrage de Lash (édition : New American Library), p. 298. Voir également J. William Youngs, *Eleanor Roosevelt. A Personal and Public Life*, Boston, Little, Brown & Co., 1985.

15. Elle fait l'objet d'un chapitre du livre de John T. Flynn, *The Roosevelt Myth*, New York, The Devin-Adair Company, 1948. Mais l'ouvrage est violemment hostile à Roosevelt. La première partie a pour titre : *L'épreuve et l'erreur*. La deuxième partie : *La confusion*. La troisième partie : *La trahison*. C'est le chapitre XIV de la troisième partie qui traite de la mort du président et met en cause les médecins de la Maison Blanche.

16. C'est l'une des raisons qui expliquent pourquoi le président Truman a désigné James Byrnes pour occuper les fonctions de secrétaire d'Etat. Byrnes, on s'en souvient, était à Yalta. De plus, en l'absence d'un vice-président, le secrétaire d'Etat était alors le successeur éventuel du président. Les deux hommes ont rompu en 1947.

17. Le premier « compromis du Missouri » remonte à 1820. Il porte à la fois sur l'entrée dans l'Union du nouvel Etat et sur les limites territoriales de l'esclavage.

18. Sur ce thème, un ouvrage excellent, celui de William Leuchtenburg, *In the Shadow of FDR*, Ithaca, N.Y., Cornell University Press, 1983.

19. C'était au moment où les démocrates croyaient impossible de faire élire Truman et cherchaient un candidat qui puisse remporter les élections de novembre 1948.

20. Sur les relations fort complexes entre Joseph Kennedy et Franklin Roosevelt, voir Michael Beschloss, *Kennedy and Roosevelt. The Uneasy Alliance*, New York, W.W. Norton, 1980.

21. Il a alors publié une plaquette dont le titre est significatif : *I'm for Roosevelt*. Peu d'hommes d'affaires partageaient en

1936 son enthousiasme pour Roosevelt qui, rappelons-le, avait pris l'image d'un dangereux révolutionnaire.

22. Dans l'Etat de Virginie.

23. Sur les motivations de Johnson, voir Doris Kearns, *Lyndon Johnson and the American Dream*, New York, Harper & Row, 1976.

24. Sur la présidence de Nixon, voir André Kaspi, *Le Watergate*, Bruxelles, Editions Complexe, 2ᵉ éd., 1986, pp. 73-105.

25. George Will, « The splendid legacy of FDR », in *Newsweek*, 1ᵉʳ février 1982, p. 78.

26. C'est-à-dire les femmes qui savent tirer parti de la législation sociale et obtenir du *Welfare* tous les avantages, quelquefois en trichant.

27. Paru, en traduction française, aux Presses Universitaires de France en 1979. En fait l'ouvrage a été écrit une dizaine d'années auparavant.

28. Le taux d'abstention n'a cessé d'augmenter dans les récentes élections présidentielles, au point d'atteindre 47 % à 48 %. Il est encore plus élevé dans les autres scrutins.

29. Seymour Martin Lipset, *Emerging Coalitions in American Politics*, San Francisco, Institute for Contemporary Studies, 1978, pp. 444-448.

Bibliographie sélective

Faute de place, il n'est pas possible de proposer une bibliographie exhaustive. En conséquence, j'ai privilégié les titres en français et mentionné les principaux ouvrages en anglais.

I. Biographies de Roosevelt

Trois biographies dominent le lot :

Burns (James McGregor), *Roosevelt. 1. The Lion and the Fox. 2. The Soldier of Freedom*, New York, Harcourt Brace Jovanovich, 1956-1970.
Touffu, mais passionnant.

Freidel (Frank), *Franklin D. Roosevelt. 1. The Apprenticeship. 2. The Ordeal. 3. The Triumph. 4. Launching the New Deal*, Boston, Little, Brown and Co., 1952-1973.
Un travail considérable qui repose sur le dépouillement des archives. Le sujet est complètement renouvelé. Malheureusement, l'ouvrage s'arrête en 1934.

Schlesinger (Arthur M., Jr.), *The Age of Roosevelt. 1. The Crisis of the Old Order. 2. The Coming of the New Deal. 3. The Politics of Upheaval*. Boston, Houghton Mifflin Company, 1958-1960.
Très clair, solide, mais incomplet et un peu vieilli. Les deux premiers volumes ont été traduits en français et publiés, chez Denoël, sous le titre : *L'Ere de Roosevelt*.

On peut ajouter :

Alsop (Joseph), *FDR A Centenary Remembrance*, New York, The Viking Press, 1982.
Des souvenirs, des photos.

DAVIS (Kenneth S.), *FDR*. 1. *The Beckoning of Destiny, 1882-1928*. 2. *The New York Years, 1928-1933*. New York, G. P. Putnam's Sons (pour le premier), Random House (pour le second), 1971-1985.

GALLAGHER (Hugh Gregory), *FDR's Splendid Deception*, New York, Dodd, Mead & Company, 1985.
Les effets de la maladie sur la carrière politique de Roosevelt.

HOFSTADTER (Richard), *Bâtisseurs d'une tradition*, Paris, Seghers, Vent d'Ouest, 1966.
Le chapitre 13, « Franklin D. Roosevelt : le patricien opportuniste », pp. 429-480, propose une interprétation intéressante.

MORGAN (Ted), *FDR A Biography*, New York, Simon and Schuster, 1985.

WARD (Geoffrey), *Before the Trumpet. Young Franklin Roosevelt, 1882-1905*, New York, Harper & Row, 1985.

Les proches de Roosevelt ont écrit ou suscité des études qui apprennent beaucoup sur le président :

KLEEMAN (Rita S. Halle), *Gracious Lady. The Life of Sara Delano Roosevelt*, New York, Appleton Century, 1935.
Madame Mère raconte l'enfance de son fils.

ROOSEVELT (Eleanor), *Ma vie*, Paris, Editions Gonthier, coll. Femmes, 1965.
Instructif sur plusieurs épisodes de la vie de Roosevelt.

LASH (Joseph P.), *Eleanor and Franklin*, New York, A Signet Book, 1973.
Très favorable à Eleanor. Une étude fouillée des relations entre les deux époux, de l'influence politique d'Eleanor sur son mari.

Pour la période postérieure à 1945 :

LASH (Joseph P.), *Eleanor. The Years Alone*, New York, New American Library, 1973.

YOUNGS (J. William T.), *Eleanor Roosevelt. A Personal and Public Life*, Boston, Little, Brown and Co., 1985.
Un résumé critique des ouvrages de Lash.

ROOSEVELT (Elliott) and BROUGH (James), *A Rendezvous With Destiny. The Roosevelts of the White House*, New York, A Dell Book, 1975.

De très nombreux collaborateurs du président ont publié leurs souvenirs :

PERKINS (Frances), *Roosevelt*, Paris, Le Livre du Jour, 1947.
Vivant, révélateur.

SHERWOOD (Robert E.), *Roosevelt and Hopkins. An Intimate History*, New York, Harper & Brothers, 1948.
A partir des papiers personnels de Hopkins. Capital pour la période 1940-1945.

Depuis une bonne quarantaine d'années, aucune biographie en français n'a paru.

II. Les Etats-Unis de 1882 à 1932

Dans quel monde Franklin Roosevelt a-t-il vécu avant qu'il ne soit élu président des Etats-Unis ?

1. *Ouvrages généraux :*

KASPI (André), *Les Américains. Les Etats-Unis de 1607 à nos jours*, Paris, Le Seuil, 1986.

NOUAILHAT (Yves-Henri), *Evolution économique des Etats-Unis du milieu du XIXᵉ siècle à 1914*, Paris, SEDES, 1982.

Les Etats-Unis : l'avènement d'une puissance mondiale, 1898-1933, Paris, Editions Richelieu et Imprimerie nationale, coll. L'Univers contemporain, 1973.

Et sur l'évolution de la société :

FOHLEN (Claude), *La société américaine, 1870-1970*, Paris, Arthaud, 1973.

2. *Sur le progressisme :*

HOFSTADTER (Richard), *The Age of Reform*, New York, Vintage Books, 1955.

Anti-Intellectualism in American Life, New York, Vintage Books, 1963.

GOLDMAN (Eric F.), *Rendezvous With Destiny. A History of Modern American Reform*, New York, Vintage Books, 1952.

Ces trois ouvrages permettent de replacer le New Deal dans l'histoire du mouvement réformiste. Compléter avec :

FAULKNER (Harold U.), *The Quest for Social Justice, 1898-1914*, Chicago, Quadrangle Books, nouv. édit., 1971.

ZUNZ (Olivier), *Naissance de l'Amérique industrielle. Détroit, 1880-1920*, Paris, Aubier, Coll. historique, 1983.

LINK (Arthur S.), *Woodrow Wilson and the Progressive Era, 1910-1917*, New York, Harper Torchbooks, nouv. édit., 1963.
Par le biographe de Wilson.

RICARD (Serge), *Theodore Roosevelt et la justification de l'impérialisme*, Aix-en-Provence, Université de Provence, 1986.
Avec une bonne bibliographie sur le cousin Ted.

3. *Sur la participation des Etats-Unis à la Grande Guerre :*

KASPI (André), *Le Temps des Américains. Le concours américain à la France, 1917-1918*, Paris, Publications de la Sorbonne, 1976.

NOUAILHAT (Yves-Henri), *France et Etats-Unis. Août 1914-avril 1917*, Paris, Publications de la Sorbonne, 1979.

Sur les métamorphoses des Etats-Unis pendant la guerre :

DUROSELLE (Jean-Baptiste), *De Wilson à Roosevelt. La politique extérieure des Etats-Unis, 1913-1945*, Paris, Armand Colin, 1960.
Ouvrage malheureusement épuisé. Devrait être réédité.

PAXSON (Frederic), *American Democracy and the World War*, Boston, Houghton Mifflin Company, 1939.
Sur la mobilisation économique, militaire et psychologique des Etats-Unis.

SLOSSON (Peter W.), *The Great Crusade and After, 1914-1928*, Chicago, Quadrangle Books, nouv. édit., 1970.
Irremplaçable sur l'histoire de la vie quotidienne.

SOULE (George), *Prosperity Decade : From War to Depression, 1917-1929*, New York, Harper Torchbooks, nouv. édit., 1968.

4. *Sur les années 20, la crise, le rôle de Hoover :*

BARBER (William J.), *From New Era to New Deal. Herbert Hoover, the Economists, and American Economic Policy, 1921-1933*, Cambridge, MA, Cambridge University Press, 1985.

BURNER (David), *The Politics of Provincialism. The Democratic Party in Transition, 1918-1932*, New York, W. W. Norton, nouv. édit., 1975.

COHEN (Warren I.), *The American Revisionists. The Lessons of Intervention in World War I*, Chicago, The University of Chicago Press, 1967.

FAUSOLD (Martin L.), *The Presidency of Herbert C. Hoover*, Lawrence, University Press of Kansas, 1985.

HEFFER (Jean), *La Grande Dépression. Les Etats-Unis en crise 1929-1933*, Paris, Gallimard-Julliard, coll. Archives, 1976.

HICKS (John D.), *Republican Ascendancy, 1921-1933*, New York, Harper Torchbooks, 1963.

ROMASCO (Albert U.), *The Poverty of Abundance. Hoover, the Nation, the Depression*, New York, Oxford University Press, 1965.

ROSEN (Elliot A.), *Hoover, Roosevelt, and the Brains Trust. From Depression to New Deal*, New York, Columbia University Press, 1977.

SEIDLER (Murray B.), *Norman Thomas. Respectable Rebel*, Syracuse, New York, Syracuse University Press, 2ᵉ éd., 1967.

SWANBERG (W. A.), *Citizen Hearst. A Biography of William Randolph Hearst*, New York, Charles Scribner's Sons, 1961.

WILSON (Joan Hoff), *Herbert Hoover. Forgotten Progressive*, Boston, Little, Brown and Co., 1975.

III. Le New Deal

1. *Etudes générales* :

ARTAUD (Denise), *L'Amérique en crise. Roosevelt et le New Deal*, Paris, Armand Colin, 1987.
Clair et bien informé. L'édition remaniée d'un ouvrage antérieur.

BROGAN (Denis), *The Era of Franklin D. Roosevelt. A Chronicle of the New Deal and Global War*, New Haven, Yale University Press, 1950.
Agréable à lire. Un peu dépassé.

CONKIN (Paul K.), *The New Deal*, New York, Thomas Y. Crowell, 1967.
Très bref, mais fort stimulant.

EINAUDI (Mario), *Roosevelt et la révolution du New Deal*, Paris, Librairie Armand Colin, 1961.

Favorable à Roosevelt. A lire.

FOHLEN (Claude), *L'Amérique de Roosevelt*, Paris, Imprimerie nationale, coll. Notre Siècle, 1982.

La meilleure étude en français.

FRANCK (Louis R.), *Histoire économique et sociale des Etats-Unis de 1919 à 1949*, Paris, Aubier, 1950.

Vieilli, mais encore utile.

GELFAND (Lawrence E.) and NEYMEYER (Robert J.), *The New Deal Viewed from Fifty Years*, The Center for the Study of Recent History of the United States, s. l. n. d.

Quelques bonnes contributions.

HAMBY (Alonzo L.), *The New Deal. Analysis and Interpretation*, New York, Longman, 1981.

Commode pour saisir les diverses interprétations du New Deal.

LEUCHTENBURG (William E.), *Franklin D. Roosevelt and the New Deal*, New York, Harper Torchbooks, 1963.

La plus solide des synthèses en anglais.

LOW (David), *Years of Wrath. A Cartoon History : 1931-1945*, New York, Simon and Schuster, 1946.

L'histoire du temps à travers les caricatures.

MCELVAINE (Robert S.), *The Great Depression : America, 1929-1941*, New York, Times Books, 1984.

Un manuel honnête.

PERKINS (Dexter), *The New Age of Franklin Roosevelt, 1932-1945*, Chicago, The University of Chicago Press, 1956.

Une synthèse qui rend encore des services.

SITKOFF (Harvard), *Fifty Years Later. The New Deal Evaluated*, Philadelphia, Temple University Press, 1985.

Un ensemble de contributions de grande valeur.

2. *Evolution économique et sociale :*

AARON (Daniel) and BENDINER (Robert), *The Strenuous Decade : A Social and Intellectual Record of the Nineteen Thirties*, Garden City, New York, Doubleday, 1970.

Des témoignages éclairants.

BENEDICT (Murray R.), *Farm Policies of the United States, 1790-1950*, New York, The Twentieth Century Fund, 1953.

Pour pénétrer dans les arcanes des politiques agricoles.

BERNSTEIN (Barton), « The New Deal : the Conservative Achievements of Liberal Reform », in *Towards a New Past : Dissenting Essays in American History*, New York, Vintage Books, 1969.
Une réflexion stimulante sur les rapports entre le New Deal et le monde des affaires.

BERNSTEIN (Irving), *The Lean Years. A History of the American Worker*, Boston, Houghton Mifflin Company, 3 vol., 1960-1985.
Une histoire du monde ouvrier de 1920 à 1941.

CHAFE (William H.), *The American Woman. Her Changing Social, Economic, and Political Roles, 1920-1970*, New York, Oxford University Press, 1972.

CHANDLER (Lester V.), *America's Greatest Depression, 1929-1941*, New York, Harper & Row, 1970.
Un manuel commode d'histoire économique.

DELANOE (Nelcya), *L'Entaille rouge. Terres indiennes et démocratie américaine, 1776-1980*, Paris, Maspero, 1982.
Le New Deal pour les Indiens.

DORFMAN (Joseph), *The Economic Mind in American Civilization*, 1606-1933, New York, The Viking Press, 5 vol., 1959.
Pour replacer les idées du New Deal dans la pensée économique aux Etats-Unis.

FOCH (René), *La Haute Autorité de la vallée du Tennessee*, Paris, Presses Universitaires de France, 1952.

FUSFELD (Daniel R.), *The Economic Thought of Franklin D. Roosevelt and the Origins of the New Deal*, New York, Columbia University Press, 1956.
Pour comprendre ce que savait et voulait Roosevelt dans le domaine économique.

GREER (Thomas H.), *What Roosevelt Thought. The Social and Political Ideas of Franklin D. Roosevelt*, East Lansing, Michigan, Michigan State University Press, 1958.
Complète l'ouvrage cité plus haut.

HOBSON (Archie), *Remembering America. A Sampler of the WPA American Guide Series*, New York, Columbia University Press, 1985.
Un exemple des activités de la WPA.

KINDLEBERGER (Charles P.), *The World in Depression, 1929-1939*, Berkeley and Los Angeles, University of California Press, 1973.

La crise économique aux Etats-Unis et dans le reste du monde.

KIRBY (John B.), *Black Americans in the Roosevelt Era Liberalism and Race*, Knoxville, The University of Tennessee Press, 1980.

Un problème fondamental dans l'histoire du New Deal.

LEFF (Mark H.), *The Limits of Symbolic Reform : the New Deal and Taxation, 1933-1939*, Cambridge, MA, Cambridge University Press, 1984.

MCGRAW (Thomas K.), *TVA and the Power Fight, 1933-1939*, Philadelphia, J. B. Lippincott Company, 1971.

MCKINLEY (Charles) and FRASE (Robert W.), *Launching Social Security. A Capture-and-Record Account, 1935-1937*, Madison, The University of Wisconsin Press, 1970.

MITCHELL (Broadus), *Depression Decade. From New Era Through New Deal, 1929-1941*, New York, Harper Torchbooks, 1947.

Ancien, mais encore utile.

PATTERSON (James T.), *America's Struggle Against Poverty, 1900-1980*, Cambridge, MA, Harvard University Press, 1981.

Etude fondamentale de la lutte contre la pauvreté.

POPPENDIECK (Janet), *Breadlines Knee-Deep in Wheat. Food Assistance in the Great Depression*, New Brunswick, N. J., Rutgers University Press, 1986.

POTTER (Jim), *The American Economy Between the World Wars*, New York, John Wiley and Sons, 1974.

Un manuel bien fait et à jour.

ROMASCO (Albert U.), *The Politics of Recovery. Roosevelt's New Deal*, New York, Oxford University Press, 1983.

SCHWARTZ (Bonnie Fox), *The Civil Works Administration, 1933-1934 : The Business of Emergency Employment in the New Deal*, Princeton, N. J., Princeton University Press, 1984.

TERKEL (Studs), *Hard Times. An Oral History of the Great Depression*, New York, Avon Books, 1971.

Encore des témoignages.

WECTER (Dixon), *The Age of the Great Depression, 1929-1941*, New York, New Viewpoints, A Division of Franklin Watts, nouv. édit., 1975.

Une histoire de la vie quotidienne.

WEISBERGER (Bernard A.), *The WPA Guide to America. The Best of 1930's America as Seen by the Federal Writers'Project*, New York, Pantheon Books, 1985.

3. *L'atmosphère culturelle* :

BOURGET (Jean-Loup), *Hollywood, années 30. Du krach à Pearl Harbor*, Paris, Hatier, 1986.

Fort utile pour saisir l'air du temps.

LIPMAN (Eric), *L'Amérique de George Gershwin*, Paris, Messine, 1983.

LOUCHHEIM (Katie), *The Making of the New Deal. The Insiders Speak*, Cambridge, MA, Harvard University Press, 1983.

Les jeunes administrateurs du New Deal racontent leurs souvenirs et décrivent l'atmosphère dans laquelle ils travaillaient.

LYND (Robert S.) and LYND (Helen Merrell), *Middletown in Transition. A Study in Cultural Conflicts*, New York, Harcourt Brace Jovanovich, 1937.

Deux sociologues enquêtent dans une petite ville du Middle West.

MARLING (Karal Ann), *Wall-to-Wall America : A Cultural History of Post Office Murals in the Great Depression*, Minneapolis, University of Minnesota Press, 1982.

La peinture dans les bâtiments publics.

PARK (Marlene) and MARKOWITZ (Gerald E.), *Democratic Vistas : Post Offices and Public Art in the New Deal*, Philadelphia, Temple University Press, 1984.

Encore une étude de la peinture dans les bâtiments publics.

SALZMAN (Jack), *Years of Protest. A Collection of American Writings of the 1930's*, Indianapolis, Bobbs-Merrill, 1967.

TISSOT (Roland), *L'Amérique et ses peintres, 1908-1978. Essai de typologie artistique*, Lyon, Presses Universitaires de Lyon, 1980.

4. *La vie politique* :

BESCHLOSS (Michael R.), *Kennedy and Roosevelt. The Uneasy Alliance*, New York, Wm. Norton and Company, 1980.

BRINKLEY (Alan), *Voices of Protest. Huey Long, Father Coughlin, and the Great Depression*, New York, Alfred A. Knopf, 1982.

COLLIER (Peter) et HOROWITZ (David), *Les Kennedy*, Paris, Payot, 1985.

CORWIN (Edward S.), *The President. Office and Powers, 1787-1948*, New York, New York University Press, 1948.
Une histoire classique de la fonction présidentielle.

GOODMAN (Walter), *The Committee. The Extraordinary Career of the House Committee on Un-American Activities*, Baltimore, Maryland, Penguin Books, 1969.
Les débuts de la commission de la Chambre des représentants sur les activités non-américaines.

HESS (Stephen), *Organizing the Presidency*, Washington, D. C., The Brookings Institution, 1976.
De lumineuses comparaisons entre les présidents du XXe siècle.

GOLDMAN (Ralph M.), *Search for Consensus. The Story of the Democratic Party*, Philadelphia, Temple University Press, 1979.

LATHAM (Earl), *The Communist Controversy in Washington. From the New Deal to McCarthy*, New York, Atheneum, 1969.
Au cœur d'une question brûlante de l'histoire contemporaine des Etats-Unis.

LIPSET (Seymour M.) and RAAB (Earl), *The Politics of Unreason. Right-Wing Extremism in America, 1790-1970*, New York, Harper & Row, 1973.

McCOY (Donald R.), *Angry Voices. Left-of-Center Politics in the New Deal Era*, Lawrence, University of Kansas Press, 1958.

MILES (Michael W.), *The Odyssey of the American Right*, New York, Oxford University Press, 1980.

MURPHY (Paul L.), *The Constitution in Crisis Times, 1918-1969*, New York, Harper & Row, 1969.
Indispensable sur l'affaire de la Cour suprême.

PATTERSON (James T.), *The New Deal and the States. Federalism in Transition*, Princeton, N. J., Princeton University Press, 1969.
Congressional Conservatism and the New Deal. The Growth of the Conservative Coalition, 1933-1939, Lexington, KY, University of Kentucky Press, 1967.

POLENBERG (Richard), *Reorganizing Roosevelt's Government. The Controversy Over Executive Reorganization, 1936-1939*, Cambridge, MA, Harvard University Press, 1966.

POLLARD (James E.), *The Presidents and the Press*, New York, The Macmillan Compagny, 1947.

TEBBEL (John), *The Press and the Presidency. From George Washington to Ronald Reagan*, New York, Oxford University Press, 1985.

WHITE (Graham J.), *FDR and the Press*, Chicago, The University of Chicago Press, 1979.

WILLIAMS (T. Harry), *Huey Long*, New York, Bantam Books, 1969.

5. *La politique étrangère :*

ADLER (Selig), *The Uncertain Giant, 1921-1941. American Foreign Policy Between the Wars*, New York, Collier Books, 1969.

ALEXANDER (Charles C.), *Nationalism in American Thought, 1930-1945*, Chicago, Rand McNally, 1969.

ARTAUD (Denise), *La fin de l'innocence. Les Etats-Unis de Wilson à Reagan*, Paris, Armand Colin/Actualité, 1985.

BEMIS (Samuel Flagg), *The Latin American Policy of the United States. An Historical Interpretation*, New York, W. W. Norton & Co., nouv. édit., 1967.

BENNETT (Edward M.), *Franklin D. Roosevelt and the Search for Security. American-Soviet Relations, 1933-1939*, Wilmington, Delaware, Scholarly Resources, 1985.

DALLEK (Robert), *Franklin Roosevelt and American Foreign Policy, 1932-1945*, New York, Oxford University Press, 1979.
La grande synthèse qu'on attendait. Hélas ! confus et d'un maniement difficile.

DUROSELLE (Jean-Baptiste), *De Wilson à Roosevelt. La politique extérieure des Etats-Unis, 1913-1945*, Paris, Librairie Armand Colin, 1960.

GUTTMANN (Allen), *The Wound in the Heart. America and the Spanish Civil War*, New York, The Free Press of Glencoe, 1962.

HAIGHT (John McVickar), *American Aid to France, 1938-1940*, New York, Atheneum, 1970.
Renouvelle le sujet.

IV. La Seconde Guerre mondiale

1. *Ouvrages généraux :*

Outre les ouvrages de Jean-Baptiste Duroselle, Denise Artaud et Robert Dallek, il faut mentionner :

AMBROSE (Stephen E.), *Rise to Globalism American Foreign Policy, 1938-1970*, Penguin Books, The Pelican History of the United States, vol. 8, 1971.

BUCHANAN (Russell), *The United States and World War II*, New York, Harper Torchbooks, 2 vol., 1964.

DIVINE (Robert A.), *Roosevelt and World War II*, Baltimore, The Johns Hopkins Press, 1969.

KIMBALL (Warren F.), *Franklin D. Roosevelt and the World Crisis, 1937-1945*, Lexington, MA, D.C. Heath and Company, 1973.

Un recueil d'interprétations par différents historiens.

LANGER (William L.) and GLEASON (S. Everett),

1. *The Challenge to Isolation, 1937-1940*.

2. *The Undeclared War, 1940-1941*, New York, Harper & Row, 2 vol., 1952-1953.

Longtemps incontesté, cet ouvrage fondamental doit être complété, voire nuancé par d'autres études.

NINKOVICH (Frank A.), *The Diplomacy of Ideas. U. S. Foreign Policy and Cultural Relations, 1938-1950*, Cambridge, MA, Cambridge University Press, 1981.

Un tout nouveau domaine dans l'histoire de la politique étrangère des Etats-Unis.

SMITH (Gaddis), *American Diplomacy During the Second World War, 1941-1945*, New York, John Wiley and Sons, 1965.

Une mise au point utile.

2. *L'entrée en guerre des Etats-Unis* :

BAKER (Leonard), *Roosevelt and Pearl Harbor*, London, the Macmillan Company, 1970.

DAVID (Forrest) and LINDLEY (Ernest K.), *How War Came. An American White Paper. From the Fall of France to Pearl Harbor*, New York, Simon and Schuster, 1942.

Une réflexion « à chaud » et encore intéressante.

DIVINE (Robert A.), *The Reluctant Belligerent. American Entry into World War II*, New York, John Wiley and Sons, 1965.

Foreign Policy and U.S. Presidential Elections, 1940-1948, New York, New Viewpoints, 1974.

Dans quelle mesure la politique extérieure a-t-elle influencé les élections présidentielles ?

FEHRENBACH (T. R.), *FDR's Undeclared War, 1939 to 1941*, New York, David McKay Company, 1967.

Favorable à Roosevelt.

FEIS (Herbert), *The Road to Pearl Harbor. The Coming of the War Between the United States and Japan*, Princeton, N. J., Princeton University Press, 1950.

Favorable également à Roosevelt.

FRIEDLANDER (Saul), *Hitler et les Etats-Unis, 1939-1941*, Paris, Editions du Seuil, 1966.

Comment Hitler jugeait la politique de « neutralité » des Etats-Unis.

KIMBALL (Warren F.), *The Most Unsordid Act. Lend-Lease, 1939-1941*, Baltimore, The Johns Hopkins Press, 1969.

L'importance déterminante de la loi sur le prêt-bail.

LORD (Walter), *Pearl Harbour, 7 décembre 1941*, Paris, Editions Robert Laffont, 1957.

Si l'on aime les anecdotes.

OFFNER (Arnold A.), *America and the Origins of World War II*, Boston, Houghton Mifflin Compagny, 1971.

Roosevelt a-t-il pratiqué l'appeasement ?

PRANGE (Gordon W.), *At Dwan We Slept. The Untold Story of Pearl Harbor*, New York, McGraw-Hill Book Company, 1981.

Ce que l'on fait de mieux en matière d'enquête historique.

ROUSSY DE SALES (Raoul de), *L'Amérique entre en guerre. (Journal d'un Français aux Etats-Unis)*, Paris, la Jeune Parque, 1948.

WALLER (George M.), *Pearl Harbor. Roosevelt and the Coming of the War*, Lexington, MA, D. C. Heath and Company, 1965.

Des extraits d'ouvrages historiques avec les diverses interprétations de la politique étrangère de Roosevelt en 1940-1941.

3. *Roosevelt et Churchill :*

FEIS (Herbert), *Churchill, Roosevelt, Stalin. The War They Waged and the Peace They Sought*, Princeton, N. J., Princeton University Press, 1957.

KIMBALL (Warren F.), *Churchill and Roosevelt : the Complete Correspondence*, Princeton, N. J. Princeton University Press, 3 vol., 1984.

LOEWENHEIM (Francis L.), LANGLEY (Harold D.), JONAS (Manfred), *Roosevelt and Churchill. Their Secret Wartime Correspondence*, New York, Saturday Review Press/E. P. Dutton, 1975.

NEUMANN (William L.), *After Victory : Churchill, Roosevelt, Stalin and the Making of the Peace. U.S. and Allied Diplomacy in World War II*, New York, Harper & Row, 1967.

4. *Les principaux collaborateurs du président :*

ADAMS (Henry H.), *Witness to Power : the Life of Fleet Admiral William D. Leahy*, Annapolis, Naval Institute Press, 1985.

AMBROSE (Stephen E.), *Eisenhower*. 1. *Soldier, General of the Army, President-elect*. 2. *The President*, New York, Simon and Schuster, 1983.

Très bonne biographie.

DUNLOP (Richard), *Donovan. America's Master Spy*, New York, Rand McNally & Co., 1982.

Le fondateur de l'Office of Strategic Services.

MANCHESTER (William), *American Caesar. Douglas MacArthur, 1880-1964*, New York, Dell Publishing Co., 1979.

MORISON (Elting E.), *Turmoil and Transition. A Study of the Life and Times of Henry L. Stimson*, Boston, Houghton Mifflin Company, 1960.

SMITH (Bradley F.), *The Shadow Warriors. O.S.S. and the Origins of the C.I.A.*, New York, Basic Books, Inc., 1983.

POGUE (Forrest C.), *George C. Marshall*. 1. *Education of General*. 2. *Ordeal and Hope, 1939-1942*. 3. *Organizer of Victory, 1943-1945*, New York, The Viking Press, 1963-1973.

SHERWOOD (Robert E.), *Roosevelt and Hopkins. An Intimate History*, New York, Harper and Brothers, 1948.

5. *La question française :*

ANGLIN (Douglas G.), *The St. Pierre and Miquelon Affaire of 1941. A Study in Diplomacy in the North Atlantic Quadrangle*, Toronto, University of Toronto Press, 1966.

BLUMENTHAL (Henry), *Illusion and Reality in Franco-American Diplomacy, 1914-1945*, Baton Rouge, Louisiana State University Press, 1986.

DUROSELLE (Jean-Baptiste), *L'Abîme, 1939-1945*, Paris, Imprimerie nationale, 1982.

FERRO (Maurice), *De Gaulle et l'Amérique, une amitié tumultueuse*, Paris, Plon, 1973.

HURTSFIELD (Julian G.), *America and the French Nation, 1939-1945*, Chapel Hill, N. C., The University of North Carolina Press, 1986.

HYTIER (Adrienne), *Two Years of French Foreign Policy. Vichy, 1940-1942*, Genève, Droz, 1958.

LACOUTURE (Jean), *De Gaulle. 1. Le rebelle*, Paris, les Editions du Seuil, 1984.

PATTI (Archimedes L. A.), *Why Viet Nam ? Prelude to America's Albatross*, Berkeley and Los Angeles, University of California Press, 1980.

PENDAR (Kenneth), *Le Dilemme France-Etats-Unis. Une aventure diplomatique*, Montréal, Editions Beauchemin, 1946.
Les souvenirs d'un vice-consul américain en Afrique du Nord.

VIORST (Milton), *Les Alliés ennemis. De Gaulle-Roosevelt*, Paris, Editions Denoël, 1967.

6. *Les origines de la guerre froide :*

BUHITE (Russel D.), *Decisions at Yalta. An Appraisal of Summit Diplomacy*, Wilmington, Delaware, Scholarly Resources, 1986.
Pas de révélations, mais un traitement systématique des questions qui ont été débattues à Yalta.

FEIS (Herbert), *The Atomic Bomb and the End of World War II*, Princeton, N. J., Princeton University Press, 1961.

FUNK (Arthur L.), *De Yalta à Potsdam. Des illusions à la guerre froide*, Bruxelles, Editions Complexe, 1982.

GADDIS (John Lewis), *The United States and the Origins of the Cold War, 1941-1947*, New York, Columbia University Press, 1972.
Un ouvrage capital sur un sujet qui a suscité un nombre impressionnant d'études.

GOWING (Margaret), *Dossier secret des relations atomiques entre Alliés, 1939-1945*, Paris, Plon, 1965.

ISSERMAN (Maurice), *Which Side Were You on ? The American Communist Party During the Second World War*, Middletown, CT, Wesleyan University Press, 1982.
Le Parti communiste américain à la croisée des chemins.

KENNAN (George F.), *Russia and the West Under Lenin and Stalin*, Boston, Little, Brown and Co., 1960.

SULZBERGER (Cyrus L.), *Such a Peace. The Roots and Ashes of Yalta*, New York, Continuum, A Giniger Book, 1982.

Le témoignage d'un des grands journalistes de notre époque.

YERGIN (Daniel), *La Paix saccagée*, Paris, Balland, 1980.

7. *La guerre contre les Japonais* :

COSTELLO (John), *La Guerre du Pacifique*, Paris, Gérard Watelet/Pygmalion, 2 vol., 1981.

IRIYE (Akira), *Power and Culture. The Japanese-American War, 1941-1945*, Cambridge, MA, Harvard University Press, 1981.

PRANGE (Gordon W.), *Miracle at Midway*, New York, Penguin Books, 1982.

SPECTOR (Ronald), *Eagle Against the Sun; the American War With Japan*, New York, Free Press, 1985.

WEGLYN (Michi), *Years of Infamy. The Untold Story of America's Concentration Camps*, New York, William Morrow and Co., 1976.

8. *L'attitude des Américains à l'égard du génocide des Juifs* :

FEINGOLD (Henry L.), *The Politics of Rescue. The Roosevelt Administration and the Holocaust, 1938-1945*, New Brunswick, N. J., Rutgers University Press, 1970.

Un des tout premiers ouvrages qui fait le point à partir des archives du gouvernement des Etats-Unis.

LAQUEUR (Walter), *Le terrifiant secret. La « solution finale » et l'information étouffée*, Paris, Gallimard/coll. Témoins, 1981.

Que savait-on sur le génocide ?

LIPSTADT (Deborah E.), *Beyond Belief : the American Press and the Coming of the Holocaust, 1933-1945*, New York, Free Press, 1985.

WYMAN (David S.), *L'Abandon des Juifs. Les Américains et la solution finale*, Paris, Flammarion, 1987.

Une excellente étude des attitudes américaines.

9. *La vie économique et sociale aux Etats-Unis* :

BLUM (John Morton), *V Was For Victory. Politics and American Culture During World War II*, New York, Harcourt Brace Jovanovich, 1976.

COSTELLO (John), *Virtue Under Fire. How World War II Changed our Social and Sexual Attitudes*, Boston, Little, Brown and Company, 1985.

DAVIS (Kenneth S.), *The American Experience of War, 1939-1945*, London, Secker and Warburg, 1967.

HESS (Gary R.), *The United States at War, 1941-1945*, Arlington Heights, IL, Harlan Davison, The Forum Press, 1987.

HILLEL (Marc), *Vie et mœurs des GI's en Europe, 1942-1947*, Paris, Balland, 1981.

KENNETT (Lee), *For the Duration. The United States Goes to War. Pearl Harbor, 1942*, New York, Charles Scribner's Sons, 1985.

LINGEMAN (Richard R.), *Don't You Know There's a War on ? The American Home Front, 1941-1945*, New York, Paperback Library, 1970.
Un ouvrage débordant de vie et d'informations sur le quotidien des Américains.

PERRETT (Geoffrey), *Days of Sadness, Years of Triumph. The American People 1939-1945*, New York, Coward, McCann & Geoghegan, 1973.

WINKLER (Allan M.), *Home Front USA : America During World War 11*, Arlington Heights, IL, Harlan Davison, The Forum Press, 1987.

VATTER (Harold G.), *The U. S. Economy in World War II*, New York, Columbia University Press, 1985.

V. L'après-Roosevelt

FLYNN (John T.), *The Roosevelt Myth*, New York, the Devin-Adair Company, 1948.
A l'assaut du mythe Roosevelt.

HAMBY (Alonzo L.), *Liberalism and its Challengers. FDR to Reagan*, New York, Oxford University Press, 1985.

JONES (Alfred Haworth), *Roosevelt's Image Brokers. Playwrights and the Use of the Lincoln Symbol*, Port Washington, N. Y., Kennikat Press, 1974.

LEUCHTENBURG (William E.), *In the Shadow of FDR. From Harry Truman to Ronald Reagan*, Ithaca, N. Y., Cornell University Press, 1983.

Démontre à merveille et avec beaucoup d'illustrations combien le souvenir de Roosevelt a dominé la vie politique depuis 1945.

LUBELL (Samuel), *The Future of American Politics*, New York, Doubleday Anchor Books, 2ᵉ éd., 1955.

La nature et la survie de la coalition rooseveltienne.

PARMET (Herbert S.), *The Democrats. The Years After FDR*, New York, Oxford University Press, 1976.

VI. Sources

Les sources écrites, orales et iconographiques, les fonds d'archives constituent une masse si considérable, dont une partie seulement est réunie à la bibliothèque Franklin Roosevelt de Hyde Park, que le lecteur fera bien de se reporter à trois ouvrages déjà cités :

FOHLEN (Claude), *L'Amérique de Roosevelt*, pp. 329-330.

Pour une présentation de la bibliothèque présidentielle de Hyde Park.

LEUCHTENBURG (William E.), *Franklin D. Roosevelt and the New Deal*, pp. 349-363.

Pour une analyse des sources sur la période du New Deal.

DALLEK (Robert), *Franklin D. Roosevelt and American Foreign Policy*, pp. 539-628.

Pour tout ce qui touche à la politique étrangère étrangère du président Roosevelt.

Index

Table

TABLE   735

TABLE 737

collection tempus
Perrin

Déjà paru

À PARAÎTRE

Composition Nord Compo
Villeneuve-d'Ascq

Impression réalisée par

CPi
BRODARD & TAUPIN

La Flèche (Sarthe), le 30-05-2012
pour le compte des Éditions Perrin
76, rue Bonaparte
75006 Paris

N° d'édition : 2829 – N° d'impression : 68757
Dépôt légal : juin 2012
Imprimé en France